Dansk
Identitetshistorie

DANSK IDENTITETSHISTORIE
2

ET YNDIGT LAND
1789-1848

Redaktion: Ole Feldbæk

C.A. Reitzels Forlag

Dansk Identitetshistorie 2
Et yndigt land 1789-1848
© *Forfatterne*
og C.A. Reitzels Forlag
København 1991
Bogen er sat med Palatino,
og trykt hos Olesen Offset, Viborg
Omslag: Lisa Ahrenkiel
Printed in Denmark 1991
ISBN bd. 2 87-7421-712-7
bd I-IV 87-7421-696-1

Forsiden:
Bøgeskov i maj. Motiv fra Iselingen.
Malet af P.C. Skovgaard 1857.
Statens Museum for Kunst.

Indhold

Flemming Conrad: Den nationale litteraturhistorieskrivning 1800-1861 *391*

Tyskerfejden 1789-1790
Den første nationale konfrontation
Ole Feldbæk og Vibeke Winge

Tyskerfejden, der blev udkæmpet i 1789 og 1790, var den første åbne konfrontation mellem dansk og tysk[1]. De sproglige, kulturelle og sociale spændinger var væsentligt ældre.[2] Men den korte Struensee-periode havde bragt dem op til overfladen og skabt en egentlig konflikt mellem dansk og tysk. I 1776 havde den danske enevælde derfor gjort et politisk bemærkelsesværdigt forsøg på at skabe harmoni mellem helstatens danske, norske og tyske befolkningsgrupper. Midlet havde været loven om Indfødsretten, der gav eneretten til embeder til dem, der var født i helstaten. Målet havde været at konstruere en fælles identitet, koncentreret om enevoldskongen og helstatsfædrelandet.[3]

Ole Feldbæk, født 1936; professor, dr.phil. Institut for økonomisk Historie. Københavns Universitet. Ansvarlig for Forskningsgruppen for dansk Identitetshistorie 1.9.1988-31.12.1990 samt for publikationen af Dansk Identitetshistorie 1-4. 1991-92. Vibeke Winge, født 1943; lektor, cand.mag. Institut for germansk Filologi. Københavns Universitet. Tilknyttet Forskningsgruppen for dansk Identitetshistorie 1.1.1989-30.6.1990.

1. Kapitel 1: *Dansk og tysk 1776-1789* og kapitel 3: *Holger Danske og Holger Tyske* er af Vibeke Winge. Kapitel 2: *Danmark i 1789* og kapitel 4: *Den nationale konfrontation* er af Ole Feldbæk. Indledningen samt kapitel 5: *Dansk identitet i 1789* er forfattet i fællesskab. Hvor intet andet anføres, er trykkestedet København.
2. Se Vibeke Winge: Dansk og tysk i 1700-tallet. *Dansk Identitetshistorie*. 1. 1991.
3. Se Ole Feldbæk: Fædreland og Indfødsret. 1700-tallets danske identitet. *Dansk Identitetshistorie*. 1. 1991.

Det havde været helt bevidst, at enevælden ved hjælp af en patriotisk identitet søgte at inddæmme og afsvække den særlige danske identitet, der på det tidspunkt havde udviklet sig, og som med sin anti-tyske karakter udgjorde en trussel mod helstaten. Dette tidlige forsøg på *nation-building* slog imidlertid fejl. En dansk identitet havde på det tidspunkt udviklet sig for langt til, at den flersprogede og kulturelt sammensatte helstat kunne skånes for de opløsende virkninger af den tidlige nationale identitet, der havde udviklet sig i borgerlige danske kredse. I de første år efter udstedelsen af Indfødsretten holdt spændingerne sig ganske vist under overfladen. Men i 1789 eksploderede de i et intenst opgør mellem dansk og tysk.[4]

Tyskerfejdens mange og meget følelsesladede indlæg giver en enestående mulighed for at trænge ind i det kompleks af tanker, følelser og aspirationer, som indgik i den danske identitet netop på det tidspunkt, hvor Den franske Revolution satte sit skarpe skel mellem den gamle tid og den nye. Debatindlæggene er ikke opbyggelig læsning. Men de er en hovedkilde, når det gælder om at indkredse dansk identitet i denne formative fase, og forstå, hvad der skete i 1800-tallet. Om Tyskerfejdens historiske betydning og dens perspektiv skrev den mand, der bedre end nogen kendte og følte sin egen tids konflikt mellem dansk og tysk: rigsarkivar A.D. Jørgensen, da han hundrede år senere udsendte sine *Fyrretyve Fortællinger af Fædrelandets Historie:*[5]

> Der vankede mange drøje Ord og bitre Beskyldninger fra begge
> Sider, og der er ingen Tvivl om, at jo det Fjendskab, som i hele
> dette Aarhundrede mere eller mindre bevidst har hersket mellem de to Nabofolk, oprindelig stammer fra den store Tyskerifejde i Slutningen af forrige. For vort Vedkommende var denne

---

4. Tyskerfejden er tidligere behandlet af P. Hansen i Holgerfeiden. En litteraturhistorisk Skildring, i *Nytaarsgave, udgiven af Foreningen 'Fremtiden',* 2. årgang, 1867, af N.M. Petersen i *Bidrag til den danske Literaturs Historie i Oplysningens Tidsalder. 1750-1800.* I. 1860, s. 74-91, af F. Rønning i *Rationalismens Tidsalder. Sidste Halvdel af 18. Aarhundrede. En literærhistorisk Fremstilling.* III:1. 1896, s. 401-409, og af L.L. Albertsen: Holgerfejden. *Baggeseniana.* 1971. Som det fremgår af titlerne, er disse tidligere arbejder koncentreret om Tyskerfejdens litterære aspekter. Et summarisk referat af indlæggene er givet af Jens Møller i P.F. Suhms regeringsregler 1774. Statens grundstøtter. Menneskeretserklæringer. Sprog og Indfødsret. *Historisk Tidsskrift* 12:6. 1972, s. 152-55. Fejdens placering i dansk identitetshistorie er kort markeret af Ole Feldbæk i Kærlighed til fædrelandet. 1700-tallets nationale selvforståelse. *Fortid og Nutid* 1984, s. 281-82.
5. A.D. Jørgensen: *Fyrretyve Fortællinger af Fædrelandets Historie.* 1882. Her citeret fra fjerde oplag, 1898, s. 336.

Kamp en Nødvendighed og et Nødværge; thi uden den vilde
vor selvstændige Folkelighed være gaaet til Grunde.

1. DANSK OG TYSK 1776-1789

Loven om Indfødsretten kunne kun bilægge de dansk-tyske spændinger på
overfladen. Med den forsøgte man at lægge låg på en gryde, der langtfra var
gået af kog, og op gennem 1770'erne og 1780'erne var den flere gange tæt på
at koge over.

Både i Danmark og Tyskland udkom der i disse år skrifter, hvis forfattere
beskæftigede sig med forskellene mellem folkeslagene i almindelighed og
dansk og tysk i særdeleshed. I en række tilfælde gav disse anledning til
polemikker, som tydeligvis retrospektivt set var forvarsler om Tyskerfej-
den, dog uden at nå den i omfang og varighed.

1. Kinderspiele

Et tysk angreb på danskerne kom fra Leipzig 1776-78 i form af et lille
anonymt skrift *Kinderspiele und Gespräche*, en tilsyneladende harmløs lille
læsebog for skolebørn, hvoraf nogle afsnit er formuleret som spørgsmål og
svar mellem lærer og elever. I bind 1 findes et afsnit om geografi, »Das
geographische Spiel.« En elev fremsiger nogle vers om tyskernes og fransk-
mændenes forhold til vin og ånd (Wein und Geist). Den tyske ånd er lige
som den tyske vin beskeden, ildfuld, stærk og ren, franskmandens er let og
boblende, men ak, beklageligvis er der et folk, som hverken har vin eller
ånd, og det er danskerne. Dette uheldige folk kan ikke lide tyskerne, og på
elevernes spørgsmål om, hvordan det kan være, forklarer læreren, at det
skyldes den ulykkelige historie med Struensee og Brandt. Efter den er
danskerne blevet så vrede på tyskerne, at de har lavet en lov, ifølge hvilken
ingen udlænding mere kan få embede i Danmark. Og det er galt, for
danskerne er langt tilbage i kunst og videnskab og kunne lære meget af

udlændingene. Men hvis de ikke vil, ja så vil de for evigt være tilbagestående.[6]

I Danmark var man oprørt. En nedladende tysker frakendte danskerne ånd, og hvad værre var, han hånede Indfødsretten og antydede, at danskerne ikke var gode nok selv, men behøvede hjælp fra udlændinge. Hvem var forfatteren? Det var en udbredt opfattelse i samtiden, at de ondskabsfulde ord kom fra digteren Friedrich Leopold Graf zu Stolberg, en antagelse, der går igen i flere litteraturhistoriske fremstillinger af perioden.[7]

Friedrich Stolberg var af holstensk adel og kom til København 1756, da hans far blev overhofmester hos enkedronning Sophie Magdalene. Han studerede i Tyskland, men var 1776-81 igen i København som gesandt for hertugen af Oldenburg. Som diplomat i forskellige fyrsters tjeneste foretog han i 1780'erne og 1790'erne utallige rejser, men opholdt sig også periodevis

6. Lehrer: Nun noch eins zu guter letzt! Welch Volk will uns zum Possen nicht klug werden
   Schüler: Die Dänen, die Dänen!
   Lehrer: I wie kommen Sie denn mit einem mal auf den Einfall? Ich dachte Wunder, was ich für ein schweres Räthsel aufgegeben hätte.
   Schüler: Ich habe mir eine Blumenlese gemacht, da stehn ein paar Verse drinn auf die Dänen, die fielen mir eben ein.
   Lehrer: Lassen Sie doch einmal hören!
   Schüler: Bescheiden, feurig, stark und rein,
   Ist deutscher Geist und deutscher Wein.
   Des Franzen Wein und Geist ist leicht:
   Voll Schaum ist jener, dieser seicht.
   Den Dänen, sey es Gott geklagt,
   Ward Wein und Geist zugleich versagt.
   Lehrer: Ey, das ist ein arges Ding! Von wem ist es denn?
   Schüler: Ich habe mirs abgeschrieben, ich weiss selber nicht mehr von wem.
   Lehrer: Nun gut! Aber wie ist denn das zu verstehen, wenn ich sage, die Dänen wollen uns Deutschen zum Possen nicht klug werden?
   Schüler: Ja das weiss ich nicht.
   Lehrer: Das hängt so zusammen; seit der unglücklichen Geschichte mit Struensee und Brand, die ich euch damals erzählt habe, haben die Dänen auf uns Deutschen einen ganz gefährlichen Hass geworfen, und da haben sie nun in der ersten Hitze das Gesetz abgefasst, dass kein Ausländer jemals wieder in Dännemark ein Amt oder eine Beförderung haben soll. Nun sind die Dänen in Künsten und Wissenschaften noch weit zurück. Wenn sie nun durchaus von keinen Ausländern was lernen wollen ... sie werden immer und ewig zurück bleiben! Bd. 1, s. 284-86.
7. N.M.Petersen: *Bidrag til den danske Literaturs Historie* 5:1. 2. udg. 1870, s. 51f.
   Flemming Conrad: Rahbek og Nyerup. Bidrag til den danske litteraturhistorieskrivning. *Studier fra Sprog- og Oldtidsforskning* 89. 1979, s. 49, note 19.
   Leopold Magon: *Ein Jahrhundert geistiger Beziehungen zwischen Deutschland und Skandinavien 1750-1850.* Dortmund 1926 nævner, at nogle i samtiden også pegede på Matthias Claudius. S. 481, note 101.

i København og hos sine slægtninge på de slesvig-holstenske godser. Han var begejstret for den sjællandske natur, men lagde ikke skjul på sin foragt for alt andet i landet og blev berygtet for sine ringeagtende udtalelser om danskerne[8]. Han skadede derved hele den tyske kreds' omdømme, og ikke mindst fandt man det pinligt, da han var svoger til den mægtige minister A.P.Bernstorff. At også hans landsmænd var klare over, at han var en belastning for det i forvejen anspændte forhold mellem dansk og tysk i helstaten, fremgår af nogle linier fra digteren Johann Heinrich Voss, (ganske vist først skrevet 1819), hvor han mere end antyder, hvorledes Stolbergs utålelige arrogance faldt danskerne for brystet og var med til at forværre forholdet.[9]

At man så hårdnakket skød på Stolberg som forfatter til det ulyksalige skrift, kan synes mærkeligt, da forfatterens navn allerede optræder i nogle anmeldelser fra samtiden.

Den rigtige forfatter var Johann Gottlob Schummel fra Magdeburg. Han var kendt som udgiver af pædagogiske og satiriske skrifter, men det er ikke umiddelbart klart, hvorfra han har kendskab til danske forhold, eller hvem der kan have hvisket ham i øret, hvordan danskerne var. I den periode, han skrev *Kinderspiele*, var han lærer i Magdeburg.

En kraftig reaktion på *Kinderspiele* kom i form af en række digte, der

8. F.eks. var man forarget over digtet: »Ich bin ein Deutscher, Stürzet herab, der Freude Thränen, dass ich es bin«, *Gesammelte Werke der Brüder Christian und Friedrich Leopold Grafen zu Stolberg.* Hamburg 1820-25. Bd. 1, s. 55.
   17. *Jambe Das Ungeziefer* i Fr.Leopold Graf zu Stolberg *Jamben*, Leipzig 1784 og L.Bobé: En tysk Satire over danske Stats- og Hofmænd 1784 i *Historisk Tidsskrift* 7:5 1904-05, s. 388-96 samt talrige brevsteder, f.eks. 17.2.1776 til Johann Martin Miller, 9.8.1776 til Katharina Stolberg, 6.7.1779 til Friedrich von Hahn og 5.9.1788 til Ernst Schimmelmann, se Fr.Stolberg: Briefe. Hrsg. J.Behrens. Neumünster 1966. *Kieler Studien zur deutschen Literaturgeschichte* 5.
9. *Wie ward Friz Stolberg ein Unfreier? beantwortet von Johann Heinrich Voss.* Frankfurt am Main 1819, s. 6.
   Bernstorf hatte so viele Deutsche nach Kopenhagen gebracht, dass die Dänen sich gekränkt fühlten; durch häufige Reibungen entbrannte der noch fortlodernde Hass, der auf alles, was Deutsch heisst, überschlug. Im Kampfe der Parteien gewöhnte sich Friedrich Leopold früh an ein hohes Wir, das Anhänglichkeit foderte, und gegenüber nur Gemeines und Verächtliches erkannte. So entstand jenes Gemisch vornehmer, sich einander verklärender Gefühle, die bald in lyrischem Tone laut wurden: Ich bin ein Deutscher! Ich ein Graf! ein Stolberg aus mythischem Alterthum! ein Muttersproß vom alternden Castell! Ahnherr künftiger Freiheitshelden! ein mehr als gräfliches Genie! ein gottbegeisterter Poet! ein rechtgläubiger Christ!

hyldede Indfødsretten. Hyldesten kunne endog lægges i munden på en af de lykkelige fremmede, der havde fået lov at dele danskernes lykke.[10]

Det betydeligste indlæg mod skriftet kom dog fra Tyge Rothes hånd.[11] I skriftet *Brev og Bøn til vore Skribentere* 1778 lader han et fingeret selskab analysere indholdet i *Kinderspiele*. Nogle tror, at der måske kan være lidt sandhed i det, men de får læst og påskrevet af de andre. Tyge Rothe går ikke ind på, hvem forfatteren er, men han opmuntrer de danske:

> Skaffer os Moed! Skaffer os Agtelse! og da vorde Eder baade Tak
> og Hæder. At Tydsken, der dømte os al Geist fra, at andre
> Tydske, hvilke qvæde i NationalHovmodens tunge skrydende
> Tone, at de maatte faae en Snert, at den Snert gjorde Ridse i
> Huden...

og han giver »de tydske Mænd« svar på tiltale:

> I tydske Mænd. Vi have Geist: vi kunnne blive varme ved at føle:
> kommer og seer os og hører os: Kommer frit; Vi beskiemme
> ingen: det vilde vi være for ædle til.

og han anslår nye toner: »vi have den Ære at være Nordiske.«[12]

Begge skrifter er anmeldt i tidsskriftet *Nye Kritiske Tilskuer* 1778. Her anføres Schummel som forfatter, men de, der ville hænge Stolberg ud, må have læst

---

10. F.eks. Benjamin Georg Sporons tre sange i *Adresseavisen*, der er formet som en fingeret tak fra en indvandrer (uddrag af nr. 1 efter udgaven i *Dansk Muse-Almanak for hvilket Aar man vil.* 1781, s.103ff)
Jeg kom herind fra Donaus Vand,
Og Landet tog mod mig,
Og Kongen tog mig naadig an,
Og jeg blev lykkelig.

Og nu – da nu Kong Christian
Mig skienker Indføds-Brev –
Om jeg Hans Roes ei stemte an
Det mig en Skiændsel blev.
Thi skiønt jeg fremmed er, jeg kan
Begribe Indføds-Ret:
Hver Fremmed, som da tages an
Bør og begribe det;
Men kan du ei, min Ven! saa gak
Fra dette Fader-Bud
Til Leine eller Vildebæk
Og hulk din Ode ud.
(Den formodede forfatter til *Kinderspiele*, Stolberg var i Göttingen, ved floden Leine.)
11. Mere udførligt om Tyge Rothe i Ole Feldbæk: Fædreland og Indfødsret.
12. Cit. *Brev og Bøn til vore Skribentere.* 1778, s. 9-12.

hen over det. Anmelderen af Tyge Rothes skrift er fuld af retfærdig harme. Rothe har ret. Enhver tysker bør læse Ove Mallings *Store og gode Handlinger*.[13] Danskerne er stille og beskedne, men ikke ringere end andre folk, tyskerne er storpralende; men det er bedre at være som en lille lampe, der brænder stille og konstant, end et vældigt blus, der hurtigt brænder ud. Den lille stille lampe vil blusse op og brænde varigt, når det store blus er slukket.

Dette lidt selvtilfredse billede af danskerne som det lille, men nok så gode folk vender tilbage gang på gang i den nationale debat og er heller ikke i dag ukendt.

Anmelderen af Schummels skrift er ikke så foruroliget. Kritikken af danskerne kan da kun stemple forfatteren selv. Der er jo nok af eksempler på, at vi stadig er parate til at lære af fremmede, og anmelderen påpeger, at forfatteren dog heller ikke går af vejen for at kritisere sit eget land, idet han et andet sted lader eleverne spørge, hvad for et land der har de største narre, hvortil læreren siger Tyskland, fordi de aber franskmændene efter.[14]

Anmeldelserne i *Den kritiske Tilskuer* er anonyme, og som udgiver figurerer kun »Et Selskab«; men for årgang 1775 kender man udgiverne, og det var Werner Abrahamson, Claus Fasting og Johann Clemens Tode, dvs. nogle af de fremtrædende deltagere i de følgende fejder og aktivt interesserede i nationale spørgsmål. Flere år senere, i en anmeldelse i forbindelse med polemikken om operaen *Holger Danske* siger da også netop Johann Clemens Tode, at det faktum, at en dansk digter har bragt et tysk værk ny berømmelse, er »en Omstændighed, hvorved en Schummel og hans Lige beskæmmes.«[15]

2. Det nordiske Sprogs Fordærvelse

Efter Tyge Rothes skrift og anmeldelserne af dette og af Schummel synes der at herske nogenlunde ro, og der opstår ikke nogen egentlig polemik før i slutningen af 1780'erne.

Men stemningen kan aflæses mellem linierne mange steder. I de litterære tidsskrifter optræder det stereotype fjendebillede af tyskeren som brov-

13. Behandles udførligt i Ole Feldbæk: Fædreland og Indfødsret.
14. *Nye Kritiske Tilskuer* 1778. Tyge Rothe anmeldes 15.1. s. 22. *Kinderspiele* anmeldes 19.11 s. 405.
15. *Kritik og Antikritik* 25.8.1789, s. 556.

tende snylter gang på gang, hvor forfatterne kan finde den mindste anledning. Hvis Tyskland eller tyskere nævnes i et indlæg selv om helt andre emner, i en anmeldelse eller i en nekrolog, sker det sjældent uden nogle negative bemærkninger om landet eller befolkningen. Skillingsviser er også et forum, hvor de nationale modsætninger kan luftes,[16] og endelig bliver der flere og flere eksempler på, at enkeltpersoner ytrer sig imod den tyske indflydelse. Disse enkeltpersoner er ikke hvem som helst, men er at finde i de kredse, som er knyttet til de litterære tidsskrifter og som også ytrer sig i de litterære polemikker. Først og fremmest Werner Abrahamson, der skønt slesviger af fødsel og opdraget på det tysksprogede Landkadetakademi beherskede dansk til fuldkommenhed og var meget bevidst om netop sprogets rolle i den nationale kamp, i kraft af dets betydning som symbol på national identitet.

I et upubliceret skrift *Det nordiske Sprogs Fordærvelse* dateret 8.maj 1782[17] vil han beskæftige sig med alle de folkeslag, hvis sprog har påvirket dansk, men det udvikler sig hurtigt til et angreb på fortyskningen alene, fra hanseaterne: »Men da al Handel var i de tydske Hansemænds Hænder kom ogsaa Fordærvelsen ind i det borgerlige Sprog.« De hanseatiske købmænd »gjorde en styg Blanding af det og nordiske Ord.« Haandværkerne »indførte den vederstyggelige Jargon, som endnu er i Haandværkernes Kunstsprog«. Kongehuset var tysk, men Abrahamson undskylder dog deres mangelfulde dansk med, »at disse Konger indtil Christian 6. havde saameget at bestille med Krigs- og Fredshandlinger at de fik ikke mange Stunder til at tænke paa Sprogets Forbedring.« Selv om netop hoffet havde bidraget til at styrke det tyske sprogs stilling gennem flere århundreder, må majestætens loyalitet over for sit folk og dets sprog ikke drages i tvivl. Det fremgår ikke, hvad dette skrift skulle bruges til, men i 1787 appellerer Abrahamson til kongens interesse for sit folks sprog i et brev til hofmarskal Johan Bülow[18]. Han finder det forkasteligt at skulle holde en tale på tysk i Landkadetakademiet:

> Jeg kommer da til at tale tydsk i en Stiftelse, bestaaende mest af dansk Ungdom, bestemt til Officerer i den danske Armee, midt i Hovedstaden af den danske Stat og for den danske Kronprinds.

16. F.eks. *Der teutsche Aufschneider.* 1781, der handler om den tyske pralhans, der fortæller, hvordan alt hjemme hos ham er større og bedre.
17. KB. Håndskriftsamling, signatur: NKS 825 AS 4⁰.
18. Originalen i de Bülowske papirer i Rigsarkivet. Her citeret efter N.M.Petersen. *Bidrag til den danske Literaturs Historie* Bd. 5:1. 2.udg. 1870, s. 58f.

Men han håber, at Kronprinsen forstår hans dilemma:

> Det fejler ikke, at Hs.Kgl.Højhed jo vil lægge Mærke til denne Inconsequence, der i det mindste har en Slags Skin af Nationalsprogets Ringeagtelse.

Tysk som kommandosprog i hæren var blevet afskaffet allerede i 1773. Men sproget var stadig det mest brugte inden for militæret, da de mange tyske og holstenske officerer ikke var holdt op med at bruge deres modersmål, og tysk endnu var et hovedfag på de to officersskoler, Landkadetakademiet og Artilleriskolen.[19]

3. Hviids Dagbog

Den polemik, der i sit forløb har flest lighedspunkter med og mest foregriber Holgerfejden, er fejden om professor A.C.Hviids rejsedagbog. Her er mange fælles træk. Først og fremmest er en af hovedpersonerne, professor C.F.Cramer fra Kiel, den onde ånd i begge fejder. Han var søn af hofpræst og professor i teologi i København, senere i Kiel, J.A.Cramer, en fremtrædende repræsentant for den tyske kulturelite i København. C.F.Cramer blev selv professor i orientalske sprog og homiletik i Kiel, men på grund af for udtalte sympatier for den franske revolution blev han afskediget og endte sine dage som boghandler i Paris.

Professor A.C.Hviid var teolog og regensprovst. Han foretog i årene 1777-78 en rejse fra Danmark gennem Tyskland over Wien til Rom, og første del af hans rejsedagbog udkom 1787[20]. Anden del udkom som fragment, da Hviid før sin død i maj 1788 havde bedt en ven destruere de uudgivne dele.

Det afsnit af dagbogen, der fremkaldte debatten, står i første del og handler om hans ophold i Kiel. Han kritiserer kvaliteten af forelæsningerne, bl.a. hos Cramer:

> Jeg hørte ligeledes Cramer i Dag læse over Polemiken paa Latin,
> vi vare 6 Auditores. Kiedsommeligt var det.

Og han frastødes af de tyske studenters mentalitet. »Her vrimler det overalt af de saa kaldte Genier«. De er sværmere, »seraphiske Contemplantere« og

---

19. Vibeke Winge: *Geschichte der deutschen Sprache in Dänemark.*. Heidelberg 1991.
20. *Udtog af en Dagbog, holden i Aarene 1777-78 paa en Reise igennem Tyskland, Italien, Frankrig og Holland.* 1787.

»de giøre Vers til Maanen.«[21] En tysk magister kan man ikke nærme sig uden at blive tung i hovedet. Hviid synes at være rejst ud med de gængse fordomme mod tyskerne i bagagen, hvilket også motiverer ham til at citere fra et brev, han modtager hjemmefra: »Tydskheden tager til, og Patriotismen af, og i hvor meget dog om Indfødsretten blev siunget, ere Rigets indfødte gamle Undersaattere ikke mere agtede end en Havre Avn.«[22]

De danske anmeldere er positive, en enkelt finder dog udtalelserne om forholdene i Kiel uovervejede, da det jo ikke er et fremmed universitet, men hører til helstaten:

> Det er ubegribeligt, hvorledes det kan gaa til, at en dansk Mand i
> en Dagbog, som uden mindste Tvivl vil blive oversat, kan skrive
> saadanne Ting om et Universitet, der lige saa vel hører hans
> Fædreneland til som Kiøbenhavn.[23]

Reaktionen fra Kiel udeblev da heller ikke. Dagbogen anmeldtes i *Kieler gelehrte Zeitung*, og denne anmeldelse blev udgivet som en del af skriftet *Hviids Reise durch Deutschland. Ein Turnier zwischen Heinze und Cramer in Kiel*, Kiel 1788.

Den krænkede part er naturligvis C.F.Cramer. Hviids udtalelser om tyske forhold og tysk sprog vidner efter Cramers mening om et rystende ukendskab til disse materier. Hviids tyske citater er grammatisk ukorrekte, så det gør ondt, men allermest lider Cramers nationale stolthed. Hvordan kan man kalde et par tyskere »en Slump Tydskere« som var det en slump tobak. Det er »pöbelhafte Unverschämtheit« at tale nedsættende om tyskerne, når det danske monarki omfatter tyske provinser, en række ministre er tyskfødte (men kan begge sprog), når kongen og hans bror (arveprinsen) er barnebarn og søn af tyskere og hersker over »eine zwiefache Nation«. Et frugttræ, der ikke podes med fremmed kraft, bærer kun »Holzäpfel«. Landet vil ende i en åndelig sump uden inspiration udefra, et argument, som også hørtes hos Schummel og ofte fremføres i den senere Tyskerfejde.

Cramers modskrift blev anmeldt i efteråret 1788 og sidste gang i februar 1789, dvs. kun et par måneder før Holgerfejden brød løs, i de samme tidsskrifter, som senere fulgte og kommenterede Holgerfejden og Tyskerfejden. Hviid var død allerede i maj 1788 og blev således ikke vidne til det røre, hans bog havde vakt.

21. Sst. s. 9-10.
22. Sst. s. 125.
23. *Kritik og Antikritik* 13, 8.2.1788, s. 201.

CARL. FRIEDR. CRAMER.

Carl Friedrich Cramer (1752-1807). Søn af Frederik 5.s hofpræst Johann Andreas Cramer og opvokset i Københavns dansk-tyske miljø. Som professor i Kiel arbejdede han utrætteligt for at etablere kontakter mellem danske og tyske åndspersoner. Hans rolle i de litterære fejder har givet ham et dårligt eftermæle, mens han i musikhistorien vurderes mere positivt som den, der skaffede en række begavede komponister til Danmark. Det kongelige Bibliotek.

De danske anmeldere er enige om, at Cramer overreagerer. Han finder fejl hos Hviid »med Brille og Knappenaal«. Hans forsvar for tyskerne er malplaceret »og giør en ganske modsat Virkning«.[24]

Cramer overser, at Hviid også taler om »fortjente Tydske Mænd, hvis mundtlige og skrivtlige Underviisning, han skyldte saa meget«. Hviid dadler hverken hele nationen, ej heller den flittige »Tydske Almue« i Danmark, ej heller kunstnere og videnskabsmænd, som gavner med »Genie og Indsigt«. Han dadler:

> disse halvlærde Kraftgenier, som paa vor Nation vil hævne den Foragt, deres egen viser imod dem, og som derfor dadler vort Sprog, vor Charakteer og vore Indretninger, uden at kiende nogen af Delene tilgavns. Ved foragtelige Tydskere forstaar man disse litteraire Oldfuxer ...[25]

4. Rigsdalersedlen

Disse ord var ikke Hviids, men den anonyme anmelders. Han tegner billedet af tyskeren som den usympatiske, halvstuderede plattenslager, det samme billede, som man får i samtidens skønlitteratur, begyndende med Ewalds barber Geert i *Harlequin Patriot*, i skillingsviserne og i de satiriske skrifter som P.A.Heibergs *Rigsdalersedlens Hændelser*. De udkom i perioden 1787-1793 og bragte løbende kritik af forskellige forhold i staten, herunder også »Tydskheden«, de mange ikke lige velkvalificerede indvandrere, der tog brødet ud af munden på danskerne. De skarpeste indlæg findes i numrene fra og med april 1789 under den egentlige Tyskerfejde, men allerede fra de første numre er der udfald mod udenlandske (tyske) snyltere. Budskabet turde være klart nok i udsagn som »i dybeste Bedrøvelse over at se sig selv nødt til at sulte ihjel paa den Landevej i hans Fødeland,

24. *Kritik og Antikritik* 24, 1788, s. 376ff.
25. *Nyeste kiøbenhavnske Efterretninger om lærde Sager* 7, 1789 s. 106.

Föd. d. 16. Nov. 1758.

P.A. Heiberg (1758-1841). Hans spidse pen har tegnet nogle af de mest giftige tyskerportrætter i dansk litteratur. En selvironisk kommentar til tidens heftige fejder lyder: »At skrive om Tyskhed i Danmark er en saa frugtbar Materie, at man med meget maadelige Skrive-Evner er i Stand til at fylde Folianter.« Det kongelige Bibliotek.

hvor Udlændingene fandt dækkede Borde overalt ...« eller »de (udlændingene) er Græshopper, der æder Landets Korn fra dets egne Børn«.[26]

5. Dansk contra tysk, tysk contra fransk

Schummels *Kinderspiele* var udkommet i Leipzig, mens fejden om Hviids dagbog var et anliggende mellem København og Kiel; og det er fristende at spørge, hvor meget man i det øvrige Tyskland gik op i, hvad danskerne syntes om deres nabofolk. Man kan faktisk hist og her finde omtale af de voksende spændinger, ikke mindst havde Struensees skæbne vakt megen opsigt (jvf. bl.a. de citerede linier fra *Kinderspiele*). Ikke tilfældigt havde tyskerne imidlertid også selv netop i disse år problemer med deres eget forhold til det store franske befolkningselement, der havde skaffet sig gode positioner i alle de tyske småstater. Fremmedhad udsprunget af mindreværdsfølelse var ikke noget specielt dansk.

Snobberiet for alt fransk blev kritiseret heftigt, som allerede antydet hos Schummel; og i tidsskriftet *Deutsches Museum*, der udkom fra 1776, føres i årgangene 1785-86 en polemik om fransk indflydelse, hvor forfatteren direkte paralleliserer med forholdene i Danmark. Debatten udspringer af kritik af det fransk dominerede repertoire på teatret i Kassel, men går over i betragtninger over tyskernes for store afhængighed af fransk og deres underdanighed over for franske indvandrere, der bare er snyltere, der tager de gode stillinger fra de indfødte. Indlæggene er anonyme, men blandt bidragyderne til *Deutsches Museum* var flere forfattere med tilknytning til Danmark, (Friedrich Stolberg, Johann Heinrich Voss, August Hennings, H.P.Sturz, Friedrich Klopstock), så man kan forstå, at følgende passage kan forekomme: Det er forkasteligt, at franske æventyrere ved tyske hoffer kan få positioner, der slet ikke tilkommer dem. Men det vi tyskere finder os i fra

---

26. *Rigsdalersedlen* Nr. 5, Kap. 18, s. 97 og Nr.5 Kap.19, s. 100. P.A.Heibergs *Udvalgte Skrifter* udg. af Otto Borchsenius og Fr.Winkel Horn. 1884.

franskmændenes side, det gør vi selv mod vores nordiske naboer, som klager på samme måde over *tyske* eventyrere.[27]

Forfatteren har tydeligvis kendt til stemningen i Danmark.

Der kan ses en linie og nogle fælles træk i disse tidlige nationale fejder mellem Indfødsretsloven og Tyskerfejden.

De førtes lige som senere Tyskerfejden af borgerlige litterater på begge sider. Det er tydeligt, at parterne ikke er jævnbyrdige. Danskerne føler sig underlegne, er straks i defensiven og overreagerer derfor. De skaber eller har egentlig allerede gennem en længere proces skabt fjendebilleder af tyskeren som den pralende, bedrevidende snylter, mens danskeren er beskeden, dog ikke uden en god portion selvtilfredshed. Tyskeren gør sig lidt lystig over danskeren, men føler sig ikke ramt og har ikke brug for fjendebilleder.

2. DANMARK I 1789

Tyskerfejden blev ikke udkæmpet i et tomrum. Det København, der i 1789 og 1790 blev dens slagmark, var et samfund, hvor udviklingen de foregående fem år var løbet hurtigt – efter manges mening for hurtigt – og hvor nerverne lå tæt under huden.[28]

Medvirkende til spændingen i samfundet var, at lovgivningen om ytringsfriheden var indholdsmæssigt uklar, og at tolkningen af lovgivningen afhang af de politiske konjunkturer. I 1770 var censuren blevet ophævet, men allerede året efter var det blevet indskærpet, at enten for-

27. *Deutsches Museum*. Leipzig 1786, s. 269 i noten.
Daß französische Abentheurer sich an deutschen Höfen als etwas produziren, das sie nicht sind und Rollen spielen, solte freilich nicht so sein. Allein was wir Deutsche hierin von Frankreich dulden, vergelten wir unsern nordischen Nachbaren, die über deutsche Abentheurer die nämliche Klage führen.
28. Hvor intet andet anføres, bygger kapitlet på Edvard Holms tre grundlæggende arbejder: *Kampen om Landboreformerne i Danmark i Slutningen af 18. Aarhundrede. (1773-1791)*. 1888; *Den offentlige Mening og Statsmagten i den dansk-norske Stat i Slutningen af det 18de Aarhundrede (1784-1799)*. 1888; og *Danmark-Norges Historie fra Den store nordiske Krigs Slutning til Rigernes Adskillelse (1720-1814)*. V og VI 1-2. 1906-1909; samt Ole Feldbæk: Tiden 1730-1814. *Gyldendals Danmarks Historie*. 4. 1982, og samme: Den lange fred. 1700-1800. *Gyldendal og Politikens Danmarks Historie*. 9. 1990. Oplysninger om enkeltpersoner bygger, hvor intet andet citeres, på de tre udgaver af *Dansk biografisk Leksikon*, hhv. 1887-1905, 1933-44 og 1979-84.

fatterens eller bogtrykkerens navn skulle anføres på trykte skrifter, samt at
»alle Injurier, Pasqviller og oprøriske Skrivter fremdeles, ligesom forhen,
skal være underkastede den derfor satte Straf«.[29] Det styre, der kom til
magten efter Struensees fald, var overordentligt følsomt over for kritik, som
i en enevældig stat som den danske jo også i sin yderste konsekvens måtte
være en kritik af styret. Lovgivningen om ytringsfriheden blev formuleret
med et reskript af 20. oktober 1773, der skulle blive gældende indtil decem-
ber 1790.[30] Det var herefter forbudt at skrive »noget, som enten angaaer
Staten og Regjeringen, almindelige Foranstaltninger, eller andre Strids-
Skrivter, især hvor Personer derved angribes, ei heller Bye-Rygter eller
andre opdigtede Fortællinger, som indeholde noget Fornærmeligt, eller
Uanstændigt«; og myndighederne kunne arbitrært idømme mulkter på fra
50 til 200 rigsdaler for overtrædelser af disse bestemmelser. I 1780 tog
Guldberg-styret endelig mistelten i ed, da det instruerede Københavns
politimester om at føre et nøje tilsyn med klubberne og gjorde klubbernes
formænd bekendte med dette tilsyn.[31]

Med så snævre grænser for, hvad der kunne skrives, måtte administratio-
nen af lovgivningen få afgørende betydning.[32] På det formelle plan mar-
kerede Guldberg-styret sin respekt for ytringsfriheden, og skærpelsen af
lovgivningen satte sig kun spor i tre egentlige sager, to i 1773 og en i 1774.
Men styret greb direkte ind i et større antal tilfælde og markerede, hvor
grænsen skulle gå. Realiteten var, at forfattere og bogtrykkere pålagde sig
en høj grad af selvcensur.

Derfor kom regeringsskiftet i 1784 til at opfattes som en lempelse af
ytringsfriheden. Følelsen af, at trykket lettede, udtrykte en af Tyskerfejdens
fremtrædende kombattanter, *Minervas* redaktør Christen Pram, da han i
1790 skrev, at »den Trykkefriehed, der begyndte 1771, men, heel maadeligen
dengang brugt, blev indskrænket af det derpaa følgende Ministerium, og
vaagnede ikke førend efter dets Forandring, efter 1784, saa begyndte man at

29. Laurids Fogtman (udg.): *Kongelige Rescripter, Resolutioner og Collegialbreve for Danmark og Norge*. VI:1. 1766-1776. 1786, s. 328.
30. Reskript 20. oktober 1773 til politimesteren i København samt kancelli-promemoria 27. november 1773 til stiftamtmændene i Danmark og Norge samt overhofmesteren ved Sorø Akademi. Sst. s. 438-39 og 446.
31. Kabinetsordre 10. maj 1780 til politimesteren i København. Aftrykt i Stig Iuul: Nogle Bemærkninger om Foreningsfriheden under Enevælden. *Juristen* 1945, s. 156-57.
32. I sine afhandlinger om den offentlige mening 1746-1799 udelod Edvard Holm perioden 1773-1784. I kortere form behandler han den i *Danmark-Norges Historie*. V. 1906, s. 142-65, hvortil der henvises.

tale om alt, hvad man havde noget at erindre ved«.[33] Kontroversielle skrifter, som forfatterne havde holdt tilbage, udkom nu. Man vidste, at den unge kronprins Frederiks hofmarskal Johan Bülow og udenrigsminister A.P. Bernstorff var indstillede på at acceptere en vidtgående trykkefrihed, og i praksis demonstrerede de nye mænd styrets ændrede holdning. Offentliggørelsen af finansplanen i 1785, af en oversigt over Københavns Universitets formue og indtægter 1787 og af Den store Landbokommissions forhandlinger 1788-89 var ment som tillidsskabende foranstaltninger – samtidig med at det nye styres mænd var vel vidende om, at de dermed fik en slagkraftig offentlig mening på deres side i de års politiske kamp om reformer.

1. Reformer og frihed

Centrale emner i den offentlige debat efter regeringsskiftet var reformer og frihed. Hovedparten af debatdeltagerne tilhørte den højere middelklasse. De var borgerlige, af fødsel såvel som af holdning, og de var storforbrugere af ord som borgerdyd, borgerånd, borgersamfund, borgerpligt, borgerret og borgerfrihed. Som børn af oplysningstiden nærede de en stærk, optimistisk fremskridtstro. De følte, at de levede i en lykkelig tidsalder, hvor fornuft og konstruktiv kritik ville bortrydde fordomme og tvang og fjerne de faktiske forrettigheder, som adelen nød på borgerliges bekostning. Uden at kende et udtryk som opinionsstyret enevælde var de overbeviste om, at styret ikke blot ville lytte til dem, men også følge deres råd.[34] Og de tvivlede ikke på, at de – og kun de – repræsenterede folket og var folkeviljens tolk og talerør. Den opfattelse, som Tyge Rothe udtrykte på sin knudrede facon: at »den høiere Middelstand«, »den oplyste Del af Almenfolket« var den offentlige menings »sande Tolk og Organ«, og at »Middelstandsmændenes Sjæle ere

---

33. *Minerva* april 1790, s. 137-38.
34. Jens Arup Seip: Teorien om det opinionsstyrte enevelde. (Norsk) *Historisk Tidsskrift.* 38. 1958-59. En delvist afvigende opfattelse af dette centrale begreb er fremført af Øystein Sørensen: *Frihet og enevelde. Jens Schielderup Sneedorffs politiske teori.* Oslo 1983.

det egentligste Giemme for Nationalgeisten«.[35] De havde en mission, og de troede – eller valgte at tro – at de havde magthaverne på deres side.

Umiddelbart retfærdiggjorde udviklingen deres optimisme. For ikke blot lod styret forstå, at det ville lytte til den offentlige mening og værne om ytringsfriheden. Det markerede det også i gerning, ved at nedsætte kommissioner, hvor også debatdeltagerne fik sæde, og som skulle fremkomme med reformforslag på en række af de områder, hvor den offentlige mening havde ladet sin røst høre. Om landboforhold, undervisning, handel, søfart, told og militær. Og i hastig rækkefølge fulgtes disse kommissionsdrøftelser af frihed: for bonden, for kornhandelen, for den islandske handel, for studehandelen og for Finmarkshandelen.

Selv om engagementet var bredt, var der dog ét emne frem for andre, der optog hovedstadens borgerlige opinion efter 1784: landboreformerne. Og netop det borgerlige engagement i landboreformerne afslørede, hvor kompliceret situationen i virkeligheden var, og hvor mange til dels modstridende interesser der hér løb sammen. For når debatten om landboreformerne blev ført med så stor en skarphed og hadefuldhed, som den gjorde, skyldtes det, at agitationen for bondens frihed i virkeligheden var en agitation for borgerens lighed med det gamle samfunds herskende klasse: godsejerne. En klasse, som borgerne endvidere – med begrænset ret – valgte at opfatte som aristokratisk og som fremmed af fødsel og kultur.

Kompleksiteten blev fremhævet ved regeringsskiftet i 1784. For det styre, der blev styrtet, havde ikke kun været reaktionært i sit forhold til ytringsfriheden: det havde samtidig i sin borgerlighed og danskhed været progressivt. Og det styre, der kom til i 1784, var ikke kun progressivt i sin respekt for den offentlige mening og sin vilje til reformer og frihed: det havde samtidig et aristokratisk og tysk kulturpræg.

2. Regeringskrise

Spændingen i offentligheden blev yderligere forstærket af konflikten inden for den regering, der var kommet til magten i 1784. De mænd, der tiltog sig

---

35. Tyge Rothe: *Til Publikum. Om Selskab for Borgerdyd*. 1785, s. 12, samt hans artikel: Hvad betyder Publikum? Hvilken Værd har Publikums Dom? *Minerva* februar 1786, s. 155 og 166-67.

Frihedsstøtten uden for Københavns Vesterport blev angiveligt rejst af enige og taknemmelige borgere for den enevoldskonge, der i 1788 havde ophævet stavnsbåndet og skænket bonden friheden. I virkeligheden var rejsningen af monumentet i 1792 en politisk manifestation: en håndfæstning i sten. Det politisk aktive borgerskab søgte hermed at fastholde enevælden på den bondevenlige reformlovgivning, der var blevet indledt i 1784, men som en godsejerreaktion nu truede med at sætte i stå. Farvelagt tegning af ukendt kunstner omkring 1800. Kobberstiksamlingen.

den politiske ledelse under den 16-årige kronprins Frederiks forsæde, havde nemlig kun været enige om at styrte de gamle magthavere, ikke om hvilken politik de ville føre. Det var en offentlig hemmelighed, at der fandt en magtkamp sted om landboreformerne mellem et dansk og et tysk parti.

Lederne af det danske parti – tidens ord for en politisk gruppering – var to veteraner i gehejmestatsrådet, de højadelige godsejere J.O. Schack-Rathlou og Frederik Christian Rosenkrantz. De var begge – som det var deres borgerlige sympatisører magtpåliggende at understrege – af *gammel dansk* adel, og de kunne påregne støtte fra kronprinsens indflydelsesrige hofmarskal Johan Bülow. De to magnater var danske, men de var samtidig adelige, og de var endvidere imod landboreformer og modstandere af trykkefriheden.

Det tyske partis ledende skikkelse var udenrigsminister A.P. Bernstorff, der ligeledes havde sæde i statsrådet, og som inden for topadministrationen kunne støtte sig til finansminister Ernst Schimmelmann og chefen for Rentekammeret, Christian Ditlev Reventlow. Bernstorff og Schimmelmann var tyske af fødsel, sprog og kultur, og den unge grev Reventlow var lige som sin bror Ludvig Reventlow nok dansk af fødsel, men gennem ægteskabsforbindelser intimt forbundet med den eksklusive tyske kreds, der også talte kronprinsens svoger, hertug Frederik Christian af Augustenborg. Dette tyske parti indtog en demonstrativt positiv holdning til de landboreformer, der ville svække de danske godsejeres position, og til den trykkefrihed, som kunne sikre dem opinionens opbakning i den politiske kamp.

Den magtkamp i den politiske ledelse, der formelt tog sin begyndelse med nedsættelsen af Den store Landbokommission, fandt sin afslutning, da kronprinsen valgte at følge reformtilhængerne og den 30. maj 1788 lod sin far approbere Kommissionens forestilling om en ophævelse af stavnsbåndet. Schack-Rathlou og Rosenkrantz reagerede på en måde, som ingen ministre under enevælden før havde gjort: de forlod statsrådet i protest, og sprængte dermed regeringen.

Regeringens egentlige politiske medlemmer bestod herefter af A.P. Bernstorff og kronprinsens sachsisk fødte militære mentor, general Wilhelm von Huth. For Bernstorff rejste det problemet, hvordan han kunne rekonstruere regeringen, så det på en gang sikrede magten for ham og hans kreds og reformernes gennemførelse og imødekom modstandernes og den offentlige menings krav om en nationalt afbalanceret regering.

Hans første træk var den 20. august 1788 at optage finansminister Ernst

Schimmelmann i statsrådet, og ni dage senere udnævne borgerskabets yndling, den norskfødte sekretær i Den store Landbokommission, Christian Colbiørnsen, til generalprokurør. Den nationale balance i statsrådet blev imidlertid først tilvejebragt den 28. november 1789. Den dag udnævntes to mænd, der af offentligheden opfattedes som repræsentanter for gammel dansk adel og som garanter for en fortsat, men forsigtig reformpolitik, til medlemmer af statsrådet. Den ene var Schack-Rathlous svoger, diplomaten og officeren, stiftamtmand over Sjælland, Gregers Christian Haxthausen. Den anden var stiftamtmand over Aggershus Stift, Jørgen Erik Skeel – en udnævnelse, der var og blev opfattet som en imødekommende gestus over for Norge og norske interesser.[36] For en konservativ dansk som biskop Balle var det en »Trøst og Vederqvægelse for redelige Danske, at Hans Excellence hr. Greven af Haxthausen blev Statsminister«;[37] men en indsigtsfuld iagttager som grevinde Sophie Schulin på Frederiksdal så utvivlsomt rigtigt, når hun erkendte, at Jørgen Erik Skeel var elsket og savnet i Norge, men at han i København ville blive præsenteret for loyalitetskrav både fra det tyske parti, der havde udnævnt ham, og det danske.[38] Og samme dag placeredes det sidste vægtlod på den politiske balancearm. Christian Ditlev Reventlows titel som chef for Rentekammeret blev opgraderet fra førstedeputeret til præsident, som en markering af styrets fortsatte støtte til reformer.

Hermed havde A.P. Bernstorff tilvejebragt den balance, som politiske og nationale hensyn krævede.

36. Autobiografi af Ove Malling. L. Bobé og C. Dumreicher (udg.): *Gemt og Glemt. Minder fra gamle Dage*. 3. 1916, s. 180-81.
37. Biskop Nicolai Edinger Balle 9. januar 1790 til J.O. Schack-Rathlou. Rigsarkivet. Privatarkiv 6266. Pakke 6. Breve fra forskellige.
38. »Que croyes Vous de son Influence dans les affaires? Je ne crois jamais qu'il aura la fermeté et la Consequence qu'il lui faudroit dans ce poste. Ceux qui l'ont créé dans le poste qu'il va occuper, le regarderont comme leur Vasal, les Danois voudrons le tirer de l'autre coté – et il ne saura à quel saint se vouer«. Sophie Schulin 12. januar 1790 til broderen Friedrich Carl von Warnstedt. Frederiksdal. Jeg takker lensgreve Johan Schulin for tilladelse til at benytte dette arkiv. Om regeringskredsens opfattelse af de to nyudnævnelser, se Christian Ditlev Reventlow 8. december 1789 og 13. februar 1790 til søsteren Louise Stolberg. Louis Bobé (udg.): *Efterladte Papirer fra den Reventlowske Familiekreds*. I. 1895, s. 96-98.

3. Adelskritik og kirkekritik

Balance i den politiske ledelse var i 1789 så meget mere nødvendig, som den offentlige debat om adel, kirke og religion – det gamle samfunds grundpiller – havde antaget en stedse skarpere karakter.

Debatten om forfatningen og styreformen var i disse år grundlæggende loyal. Der var generel enighed om, at den danske enevælde garanterede al fornøden borgerlig frihed: det vil sige liv, ære og ejendom – og ytringsfrihed, så længe debatten holdt sig inden for grænserne for, hvad styret kunne acceptere. Debatten var derfor ikke uden et element af selvcensur; mange indlæg var anonyme – uden at deres forfattere dermed var ukendte; og kritikken afholdt sig som hovedregel fra at angribe navngivne personer. Af samme grund var debatten præget af et modsætningsforhold mellem skribenter, der opfattede sig selv som besindige og som ansvarlige for ytringsfriheden, og forfattere, der bevidst opererede på grænsen af det tilladelige – med indlæg, der af ansvarlige anmeldere blev karakteriseret som »skrevet af Sult og under al Kritik«.[39]

Et spændingsmoment i debatten efter 1784 var de voksende angreb på adelen og dens faktiske forrettigheder. En traditionens mand som Tyge Rothe, der tidligere havde argumenteret for enevældens behov for adel omkring tronen, i god overensstemmelse med sit store forbillede Montesquieu, afviste nu lige som en rabiat reformtilhænger som Colbiørnsen ethvert mellemled mellem fyrste og folk. Selv en protegé af den schimmelmannske kreds som Jens Baggesen kunne fremkomme med antiaristokratiske udtalelser; og med P.A. Heibergs *Rigsdalersedlens Hændelser*, der begyndte at udkomme i 1787, fik den adelsfjendske tendens en betydelig gennemslagskraft.

Debattens antiaristokratiske tendens sled på magthavernes principielle vilje til at våge over ytringsfriheden. Tilsvarende blev den religionskritiske og kirkefjendske debat – der havde været utænkelig før 1784 – en belastning af den politiske ledelses tolerance. Kirkens egen erkendelse af fornuftens og den historiske kritiks berettigelse over for Den hellige Skrift havde i offentligheden efterladt indtryk af, at kirken var svækket, og stillet den blot for oplysningstidens angreb. Da den kongelige konfessionarius Christian Bastholm i 1785 udsendte et skrift om en mere tidssvarende liturgi, gav det anledning til en intens offentlig fejde om kirkelige og religiøse forhold, hvor

---

39. Edvard Holm: *Den offentlige Mening*, s. 6.

skrifternes antal nåede op på siden af debatindlæggene om de års væsent-
ligste emne: landboreformerne. Skønt religion og kirke ifølge Kongeloven
og Danske Lov var enevældens grundpiller, og skønt mænd som Bernstorff
og brødrene Reventlow personlig var fromme kristne, undlod den politiske
ledelse at skride ind, og legitimerede dermed en kirkefjendsk tendens, der
øgede spændingen i offentligheden.

4. Krig med Sverige

Også den kortvarige krig med Sverige i efteråret 1788 bidrog til at øge
spændingen i offentligheden og til at flytte trykkefrihedens grænser.

Enevoldskongens udenrigspolitik og hans forhold til andre fyrster faldt
klart uden for trykkefrihedens grænser. Sidste gang, Danmark havde været
i krig, havde været i 1762. Den danske hær var den gang ikke kommet i kamp
med russerne i Nordtyskland, før en paladsrevolution i St. Petersborg
fældede zar Peter 3. Men om krisen, der kunne have udviklet sig til en
eksistenskamp for helstaten, havde der i offentligheden hersket en død-
lignende stilhed, og aviserne havde iagttaget en demonstrativ tavshed.

I efteråret 1788 måtte Danmark – hvor meget end Bernstorff ønskede at
undgå det – opfylde sine traktatforpligtelser over for Rusland, der var blevet
angrebet af Sverige. Et dansk korps trængte derfor fra Norge ned i Bo-
huslen, men før det kom til en egentlig militær konfrontation, blev Danmark
tvunget af et stormagtspres til at trække sig ud af konflikten, og den danske
udenrigsminister kunne drage et lettelsens suk.

I den korte tid, krigen varede, havde den i høj grad haft den danske
offentligheds bevågenhed. Og det var karakteristisk, at der ikke var tale om
en egentlig svenskfjendtlig holdning, men derimod om en udpræget hadsk
indstilling til Gustav 3., der blev opfattet som Nordens store fredsforstyrrer.

Men en kritik af en konge af Guds nåde – der ovenikøbet var den danske
konges svoger – var noget hidtil uhørt. I 1776 havde Guldberg-styret nok
tilladt de danske aviser at bringe en ordret oversættelse af den amerikanske
uafhængighedserklæring, til trods for, at dens ord og tanker var uforenelige
med alt, hvad den danske enevælde stod for. Men på ét punkt havde
aviserne censureret deres referat. Enhver kritisk omtale af kong Georg 3.

– også den danske konges svoger – blev omredigeret til 'det engelske ministerium'.[40]

12 år senere var grænsen for ytringsfriheden imidlertid blevet markant udvidet. I efteråret 1788 fremkom der i København en række satiriske stik, der fremstillede den troløse svenske konge i lidet flatterende situationer. Trods Bernstorffs misfornøjelse og trods politiets efterforskninger fortsatte produktionen ind i 1789, hvor de hadefulde satirer blev suppleret med stik, der viste svenskekongens og løjtnant Benzelstiernas ukristelige komplot om at opbrænde den russiske eskadre og den danske flåde, der i februar lå indefrosset i København.[41]

I 1789 kunne man kritisere og håne Herrens salvede – når han var svensker. Med rette må mange have spurgt sig selv, hvor grænsen herefter gik?

5. Kritik af regeringen

Spektret for kritik var bredt, og selv om grundholdningen var dybt loyal, var styrets mænd ikke fredhellige. Om den sindssyge konge talte man ganske vist aldrig i den offentlige debat, men kronprinsen, hans ministre og hans nærmeste rådgivere blev lejlighedsvis genstand for en både skarp og direkte kritik.

Den unge kronprins Frederik var – modsat sin far – i stand til at synliggøre og personliggøre den enevældige kongemagt. Det i sig selv sikrede ham en betydelig popularitet. Hertil kom, at han stod i spidsen for et styre, som ihvertfald opinionen i hovedstaden forbandt med fremskridt og reformer. Og på rejser i Danmark, i Norge og i hertugdømmerne mødte befolkningen en fyrste, hvis markerede interesse man ikke havde set magen til siden hans tipoldefar Frederik 4. Hans hjemkomst efter felttoget mod Sverige gav anledning til patriotiske demonstrationer, og hans bryllup i sommeren 1790

40. Thorkild Kjærgaard: Denmark gets the News of '76. 1976, s. 12.
41. Bent Blüdnikow: Sladder og satire. Københavnerliv i 1780'erne. 1988, s. 142-61.

og det unge pars indtog i hovedstaden bragte de royale stemninger på kogepunktet.

Billedet af kronprinsen var dog ikke uden lyde. Hans stærke optagethed af militær eksercits, parader og manøvrer blev kritisk bemærket, og på baggrund af den danske enevældes traditionelt civile karakter og det latente spændingsforhold mellem borgerskabet og hærens officerer med deres aristokratiske tyske præg kunne det ikke undgå at skabe misstemning. Et slagsmål i sommeren 1787 mellem bagersvende og officerer viste klart, hvor befolkningens sympati lå. Dele af befolkningen sluttede op bag svendene imod de ildelidte 'røde kjoler', og politiet måtte sættes ind for at dæmpe tumulterne i hovedstaden.[42] Og at man så en forbindelse mellem optøjerne og kronprinsens stærke militære interesser, fremgik af en række satiriske stik, der harcelerede over misforholdet mellem kronprinsens unge alder og hans martialske optræden.[43]

Også kampen om landboreformerne blev ført på det personlige plan. Mens reformtilhængerne fremstillede kronprinsen og hans oplyste rådgivere i et næsten forklaret skær, søgte modstanderne at få opinionen over på deres side ved at afbilde en ung og uerfaren prins, der vildledes af en ræv og en bjørn, hvis lighed med Christian Ditlev Reventlow og Christian Colbiørnsen var tydelig for enhver.[44]

Det var naturligt, at reformmodstanderne søgte at slå en kile ind imellem fyrsten og hans rådgivere. Sådanne angreb, der friholdt fyrsten og spillede på den traditionelle kongetroskab, samtidig med at de mistænkeliggjorde ministre og embedsmænd, havde været ført før, og var under den eksisterende trykkefrihedslovgivning formentlig den eneste farbare vej for kritikerne. Det var den tankegang, der lå bag fablen *Kongen og hans Vindve*, der kunne læses i *Minervas* septembernummer 1789.[45] Fablen skildrede, hvorledes den unge fyrstes forstokkede ministre og embedsmænd – »Gammeldags-Fjæsene« – søger at forhindre ham i med egne øjne at se, hvad der rører sig uden for det vinduesløse slot. Men fyrsten gennemtvang sit ønske om selv at se, over for »Aristocratismen«, der »som alt fortreffeligt i Verden, har sine ulykkelige Øieblikke«. Og man påstår, slutter den anonyme forfatter, »at under hans Regiering vare ingen saadanne Revolutioner muelige, som de der nu forefalde i Frankerig«.

42. Sst. s. 109-17.
43. Sst. s. 36-41.
44. Sst. s. 64-68. Se illustrationen s. 37.
45. *Minerva* september 1789, s. 378-83, signeret: »Olaus Retsaa«.

Når stemningen var særligt spændt i det sene efterår 1789, hang det også sammen med de uvant høje kornpriser, der affødte frygt for dyrtid, og den afmattelse i økonomien, der umiddelbart manifesterede sig i en ufordelagtig udvikling af kursen på rigsdaler i forhold til udenlandsk valuta.[46] For byens fattige og for folk med fast løn repræsenterede prisstigningen på fødevarer et reelt problem. For andre var den en velkommen anledning til at angribe styret. Man vidste i København udmærket, at dyrtiden i Paris den foregående vinter havde udløst de uroligheder, der havde ført til revolutionen. Kritikken af de mangelfulde dispositioner for at forsyne hovedstaden med korn, før isen lukkede farvandene, rummede også adelsfjendtlige vendinger; og det var med brod mod det tyske parti, at en debattør satte sit håb til »de to Danske Mænd, som Kongen nylig har kaldet i sit Raad«.

På den baggrund kan det ikke undre, at stemningen i København ved udgangen af 1789 var spændt. Det toneangivende *Minerva* advarede mod dem, »der misbruge Trykkefrihedens Klenod til at gjøre alle Regeringsforanstaltninger og de Mænd, den viser Tillid, forhadte«, og berettede, at der i efteråret 1789 skulle »være blevet udbredt Sedler af saadant Indhold, der kunde have Uroligheds Oppustning til Øjemed«.[47]

En af disse »Sedler« fra begyndelsen af november 1789 er bevaret. Den håndskrevne tekst skulle ligne en trykt plakat, og som stemningen var i København på det tidspunkt, kunne den trods sin ubehjælpsomme form nok gøre krav på opmærksomhed:[48]

46. Debatten om dyrtiden kan følges i anmeldelserne af stridsskrifterne i *Nyeste kiøbenhavnske Efterretninger om lærde Sager* 1789 nr. 49 og 50 og 1790 nr. 1, 2 og 5, fra begyndelsen af december til begyndelsen af februar. Den faktiske uheldige kurs- og prisudvikling dokumenteres i Astrid Friis og Kristof Glamann: *A History of Prices and Wages in Denmark 1660-1800*. 1. 1958, s. 96-98 og 221-22.
  I et brev til søsteren Louise 18. december 1789 skriver hertug Frederik Christian af Augustenborg: »Hier haben sie unruhige Zeiten. Es wird lästig intriguirt und es kann seyn, dass es bald Sturmwinde geben wird«. Landesarchiv Schleswig-Holstein. Primkenauer Archiv. Abt. 22. Nummer 123.
47. Edvard Holm: *Den offentlige Mening*, s. 38.
48. To anonyme og udaterede breve, af modtageren mærkede 5. og 8. november 1789. Rigsarkivet. Kabinettet. Kronprins Frederik. 1784-1809. Indkomne sager. 1788-89. Jvfr. Ole Stender-Petersen: 4000 mand i lygtepæle. *Siden Saxo.* 1989: 1, hvor de er gengivet s. 42-43. I Kronprins Frederiks arkiv ligger sst. to ligeledes anonyme og udaterede skrivelser, som var sendt til en borgerlig klub og videregivet af Københavns politimester til Johan Bülow, som 17. november og 7. december gav dem til kronprinsen. Begge breve er hadefulde i deres udtryk imod gruppen af fremmede magthavere. I 17.november-brevet kritiseres kronprinsen for at være afhængig af hertug Frederik Christian af Augustenborg, Ernst Schimmelmann og brødrene Reventlow, og A.P. Bernstorff for ikke at gribe ind; »længe nok har

borgere lader eder ikke forlede til oprørske optrin, som kun fortvivlelse kan undskylde, og sielden eller aldrig medføre den nytte, man attraaer, og den hensigt man søger at opnaa, tvivler ikke paa, at io vor milde regiering vil forvise de slette bestyrere og raadgivere, som tildeels foragte nationen og landets børn, som de ere indlemmede iblandt, og tildeels paadrage dem ulykker ved deres uvidenhed, paastaaenhed og liden kundskab om landets sande tarv og beskaffenhed. – vi veed io alt for vel, at disse slette bestyrere understøttes af pr - - - af a - - - som tør understaae sig med foragt at omtale og at ansee en deputation af borgere som i underdanighed nærme sig thronen som gode og lydige undersaattere for at tale nødlidende og forarmede medborgeres sag.[49] – vi vil overlade ham at ansee saadan en deputation for en impertinence men ansee imidlertid med misfornøielse og foragt om han tør for vor naadige regiering yttre saadanne tanker om troe lydige og sindige borgere. – troe derfor medborgere at vor naadige Kr - - pr - - ikke vil sætte sin uindskrænkede fortroelighed til en ung uerfaren fyrste hvis hensigter gaae kun derfore at understøtte et partie som af idel tyskhed og foragt mod nationen ødelegger landet ved en slet og

Danmark været Bolden for disse fremmedes Villie, som styredes allene af deres egen Fordeel«. Brevet slutter:»Gid vi da Landsmænd, kunde see ende paa disse slette Raadgiveres Indflydelse og endelig engang blive frie for det saa længe af os følte tydske trykkende Aag. Foreened ønsker vi, Gr- - B- - - - - - en lykkelig reise til Dreylytzow – es ist doch besser draussen bey mir – og ønske vi, at han der med sine udvalgte [ulæseligt ord] som hidintil have seet ned til os med Foragt og en haanende Ringeagtelse, maae legge heldigere Planer til Banquens Oprettelse, Compagnies Salg og kammeraliske høykloge Questioner, hvortil Gr - - Rev - - - - vil være ham særdeles nyttig«.

7. december-brevet udtrykker enighed med forfatteren af 17. november-brevet, og taler om »den Undertrykkelse vi Borgere lide af de tydske Raadgivere, som understaae sig, at overraske vor Konges Retfærdighed og Kr - - Pr - - - Aarvaagenhed ved at overtræde Landets helligste og dyrebareste Grundlov, jeg meener: Indfødsretten«. Angrebene på hertug Frederik Christian, Schimmelmann, Bernstorff og brødrene Reventlow er yderst skarpe. Hertugen og Bernstorff beskyldes for at overtræde Indfødsretten og »at foragte Nationen, og at favorisere alt, hvad kuns har navn af tydsk og fremmet«; de er »saadanne tydske Mænd, som ikke elske Nationen og ikkun søge, at bruge de Indfødte, som ere taabelige eller interesserede nok for at udgiøre deres Tilhæng«. Overensstemmelsen med Tyskerfejdens trykte angreb er tydelig.

49. Angrebet på hertug Frederik Christian af Augustenborg står formentlig i forbindelse med magistratens indberetning om truende kornmangel, »hvilket Foretagende dog mishagede nogle, som endog offentligen torde lade sig mærke dermed«. *Nyeste kiøbenhavnske Efterretninger* 1789 nr. 49, s. 781-84.

chimerisk administration og hvorledes kunne denne vel blive
anderledes naar de vigtigste departements betroes en sch - - og
rev - - vi forvente derfor med længsel og tilliid det øyeblik da
redelig fornuftig tænkende mænd vil saaledes vinde vor Kr - -
pr - - fortroelighed at sagerne maatte vorde betroet sande pa-
triotiske og duelige mænd thi længe nok har de været bestyret af
uerfarne indfødte og udlændinger som til taknemmelighed med
haan og foragt har behandlet nationen.

På samme tid modtog kronprinsens hofmarskal, Johan Bülow, en tilsva-
rende anonym henvendelse, efter alt at dømme fra den samme mand:

Danske mænd ønsker bestandig og med længsel, at see kiende-
tegn paa at Deres durchlautighed vil antage sig rigernes frelse. –
Vi vente med tilliid at D:D: vil viise sig som en ven af kronprin-
sen og det gandske land, og forebygge de farlige optog som
almindelig misfornoyelse over prinsen af augustenborgs reci-
proque soutien for og af grev schimmelmann og reventklau vist
vil foranledige. – Frygt ikke publicum. – Det haaber paa dem og
D D vil blive agtet og æret for den befrielse det håber ved deres
Indsigt som bør give Dem tiltroe hos kronprinsen. – Han vil det
rette som skiules for ham.

Var formen ubehjælpsom, var tankegangen til gengæld ikke til at tage fejl af.
Den anonyme forfatter udtrykte tillid til kronprinsen og hans hofmarskal,
og mistillid til en magtgruppe domineret af tyskere. I spidsen nævnes
kronprinsens 24-årige svoger hertug Frederik Christian af Augustenborg,
hvis arrogance over for Københavns magistrats henvendelse om den tru-
ende kornmangel havde sat ondt blod. Den tyske hertug havde lige som
den tyske grev Ernst Schimmelmann og grev Christian Ditlev Reventlow og
deres slæng af udlændinge og uerfarne indfødte været dårlige rådgivere for
kronprinsen og ikke blot misregeret landet, men også behandlet det danske
folk med hån og foragt.

Efter sigende skulle forfatteren være en sindsforvirret standsperson, der
efter en kortvarig arrestation kom på bedre tanker og indstillede sin virk-
somhed.[50] For de styrende var dette en bekvem forklaring. Imidlertid var det
præcis de samme tanker og de samme angreb, der begyndte at fremkomme i
Tyskerfejden i november 1789, og som blev uddybet yderligere de følgende
måneder. De styrende har vidst, at de ikke kun stod over for en forvirret

50. Ole Stender-Petersen: anf. skr. s. 39-40.

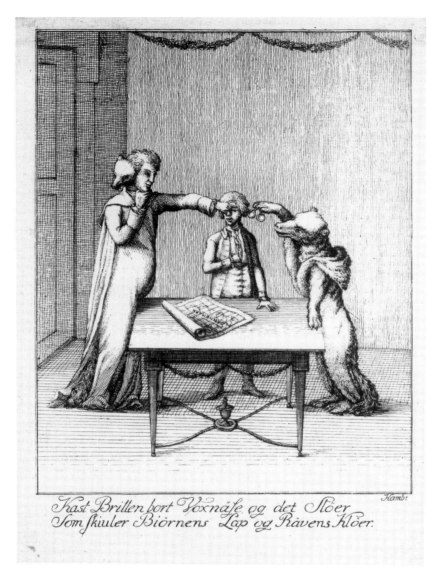

Kast Brillen bort Voxnäse og det Sløer
Som skiuler Biörnens Lap og Rävens Klöer.

Hamb:

Periodens politiske stik kunne have en meget direkte personlig adresse, som denne satiriske scene fra 1789. Den unge kronprins Frederik står ved et bord med et Danmarkskort, mens reformpolitikeren Christian Ditlev Reventlow – ræven – sætter en voksnæse på ham, og bjørnen – den reformivrige sekretær i Den store Landbokommission Christian Colbiørnsen – holder en brille for regentens øjne. Teksten gengiver reformmodstandernes opfordring til kronprinsen om at regere selv. Frederiksborg.

mands værk, men over for tanker og holdninger, der var udbredte i den københavnske offentlighed. Og de kunne vanskeligt undgå at gøre sig tanker om, hvorvidt frihedens grænse hermed var nået.

6. Frihedens grænse

En løbende diskussion om, hvor frihedens grænse gik, havde været et gennemgående træk i den offentlige debat siden 1784. Radikale skribenter havde koncentreret sig om i praksis at afsøge grænsen, mens ansvarlige forfattere og redaktører havde advaret mod at tirre magthaverne unødigt og dermed risikere indskrænkninger i ytringsfriheden.

Tendensen var imidlertid klar. I takt med radikaliseringen af den offentlige debat vendte flere og flere sig mod, hvad de kaldte skrivefrækheden. Sognepræsten i Sankt Petri kirke kunne regne med udbredt forståelse fra sin trofaste tyske menighed, når han prædikede imod den.[51] Men i den politiske ledelse valgte man fortsat at demonstrere en sammenbidt tolerance. Da Schack-Rathlou i foråret 1788 søgte at udnytte sin stilling som Universitetets patron til ad bagvejen at indføre en form for censur, led forslaget skibbrud i statsrådet.[52] Da politimester Flindt i efteråret 1788 forespurgte Danske Kancelli, om han skulle skride ind mod skriverierne om krigen med Sverige, var svaret afvisende.[53] Og Den franske Revolution fik ikke umiddelbart styret til at ændre holdning.

Da nyheden om stormen på Bastillen blev kendt gennem aviserne den 31. juli 1789, kunne ingen vide, hvad begivenhederne i Frankrig betød, og hvad de ville føre til. Umiddelbart blev udviklingen i Frankrig hilst med begejstring, ikke blot af det københavnske borgerskab, men også af den aristokratiske overklasse, og selv af kronprins Frederiks svoger og søster, hertug Frederik Christian af Augustenborg og prinsesse Louise Augusta. I

---

51. Edvard Holm: *Danmark-Norges Historie.* VI: 1. 1907, s. 395.
52. Th. Thaulow: *En dansk Statsminister fra sidste Halvdel af det 18. Aarhundrede. Gehejmeraad J.O. Schack-Rathlou 1728-1800.* 1932, s. 230-33. Jvfr. også Edvard Holm: *Den offentlige Mening,* s. 4.
53. Bent Blüdnikow: anf. skr. s. 176.

den danske opinion stod Bourbonernes Frankrig som et udlevet despoti, holdt oppe af en feudal adel og en bigot kirke, der udsugede befolkningen og nægtede den alle frihedsrettigheder; og Bastillen stod i den danske offentlighed som selve symbolet på den franske enevældes vilkårlighed og det franske folks ufrihed.

Foreløbig kunne begivenhederne i Paris kun bekræfte begejstringen i København. Privilegiernes afskaffelse og vedtagelsen af menneskerettig-hederne blev hyldet som menneskehedens genfødsel; og toget til Versailles og kongefamiliens ufrivillige flytning til Paris i oktober 1789 havde *Minervas* redaktør ikke vanskeligt ved at bagatellisere med en henvisning til »Parises ej noksom regerlige Pøbel«, som var blevet provokeret af »et for det meste i Mørke krybende Aristokratparti«.[54] Endnu ved udgangen af 1789 opfattede man det, der skete i Frankrig, som nødvendiggjort af særlige franske for-hold. Hvad Frankrig måtte tilkæmpe sig gennem en revolution, havde den danske enevoldskonge allerede skænket sit folk – eller stod umiddelbart over for at skænke det. Ved udgangen af 1789 var der dog kredse i offent-ligheden, der var bekymrede for den videre udvikling i Frankrig og for revolutionens afsmittende virkninger. For nogle betød Den franske Revolu-tion bekymring, for andre – endnu de fleste – forhåbninger. For Tyskerfej-den betød Revolutionen en yderligere spænding i en dansk offentlighed, der i de forløbne fem år havde oplevet, at alt – eller næsten alt – kunne debatteres og kritiseres offentligt, og som endnu ikke havde set frihedens grænse.

3. HOLGER DANSKE OG HOLGER TYSKE

Modsætningerne mellem kongens danske og tyske undersåtter havde op gennem 1770'erne og 1780'erne ikke blot ulmet, men var flere gange brudt ud i lys lue i forbindelse med udsendelsen af polemiske skrifter fra den ene eller den anden side.

---

54. Edvard Holm: *Den offentlige Mening*, s. 63.

1. Operapremieren

I foråret 1789 kom det til en åben konfrontation. Årsagen var en operapremiere på Det kongelige Teater den 31.marts. Der opførtes operaen *Holger Danske*. Musikken var af F.L.Aemilius Kunzen, der som så mange af tidens komponister og musikere var indvandret fra Tyskland, og librettoen af det nye danske digtertalent Jens Baggesen. Librettoen var bygget over og fulgte meget nøje den tyske digter Christoph Martin Wielands epos *Oberon* (1780)[55], historien om alfekongen Oberon og hans dronning Titanias ægteskabelige strid, der skal forsones ved, at et elskende par viser troskab til døden. Helten hos Wieland er den kristne kriger Huon og heltinden den østerlandske prinsesse Rezia. Den eneste afvigelse i forhold til forlægget er, at helten i stedet for Huon er den kristne ridder Holger Danske. Inden premieren havde komponist og tekstforfatter overvejet, om de alligevel skulle blive ved forlæggets helt, men skuespilleren Michael Rosing, der indstuderede rollen, ville så gerne være netop nationalhelten Holger Danske, og det fik han så lov til.[56]

Premieren fandt sted og udløste en polemik, der begyndte som en fejde om musikalsk-æstetiske spørgsmål, om operaen som kunstart i forhold til skuespillet og om teatrets økonomi; men den udviklede sig til en forbitret dansk-tysk national fejde, hvis dønninger varede langt ind i det følgende århundrede, helt til den næste eksplosion ved Treårskrigen 1848-50.

Det er nærliggende at begynde med en analyse af teksten med henblik på at finde steder, der kan berettige til denne ophidselse, men resultatet er umiddelbart negativt. I fortalen redegør Baggesen detaljeret for tekstens forhold til forlægget. Holger er dansk prins og kristen, og det sidste er mere relevant for handlingen end det første. Kun ét sted i handlingen omtales Danmark.[57]

Holger:

 Mit Navn er Holger, Danmark er mit Fødeland
 Til Danmarks Krone fødtes jeg – og Orlog
 var altid Danmarks Sønners Skole

Adskillige Emirer og andre Tyrker:

 Vi kiende dig! vi kiende Holger Danske!
 Holger Danske! Holger Danske! Holger Danske!

---

55. Jf. også Carl Maria von Webers opera *Oberon* fra 1826.
56. Thomas Overskou: *Den danske Skueplads*. III. 1860, s. 406-12.
57. Originaludgaven 1789 s.40-41.

Jens Baggesen (1764-1826). Den fattige dreng fra Korsør, der blev de tyske kredses kæledægge og derfor ugleset af sine landsmænd. Hele hans liv var en social og national balancegang mellem dansk og tysk. Han digtede på begge sprog, men kom aldrig til at høre rigtigt til i nogen af lejrene. Det kongelige Bibliotek.

Det har ingen betydning i stykket, at Holger er dansk. Handlingen følger nøje *Oberon*, og alle de øvrige personer er overtaget direkte fra Wieland. Holgers rolle i operaen er ikke nationalheltens, og det må således være nogle dybereliggende faktorer, der kunne udløse en så voldsom fejde som den, der fulgte efter premieren og foranledigede, at operaen trods store musikalske kvaliteter forsvandt fra repertoiret efter kun seks opførelser.[58]

Det er fristende at spørge, om fejden var udeblevet, hvis Holger var blevet Huon. Næppe. De spændinger, der gærede, skulle udløses, og dertil havde der sikkert vist sig en anden anledning.

Operaen anmeldtes første gang den 6.april af Johann Clemens Tode[59]. Denne anmeldelse fastslår, at operaen er en succes. Opførelsen roses for gode præstationer af sangere og skuespillere og flot udstyr:

> Holger Danskes Skiæbne er bestemt. Stykket giør unægtelig
> saa herlig en Virkning paa Theatret, som nogen anden Oper.
> Musikken roses af Læg og Lærd, baade Hr.Kunzens og Hr.
> Baggesens Arbeid har lykkeligen staaet sine Prøver ...

Den følgende anmeldelse af Knud Lyne Rahbek[60] beskæftiger sig med operaen som kunstart og går ind på æstetiske og økonomiske overvejelser. Under Frederik 5. og Christian 7. havde kongehuset understøttet operaopførelser i form af gæstespil af italiensk opera på Charlottenborg og senere på Det kongelige Teater. Nu skulle der skabes en original dansk opera, og den første af slagsen var *Orfeus og Eurydike* i sæsonen 1785-86. Teksten var oversat fra italiensk af jomfru Charlotte Dorothea Biehl, og musikken var af den tyske komponist J.G.Naumann. Den blev en stor publikumssucces, men var grumme kostbar; og der etablerede sig en massiv skare af kritikere, tilhængere af skuespillet, der så med uvilje på de store udgifter og lovede at ruste sig til kamp mod ethvert videre forsøg i denne forkastelige nye genre. Ved en følgende operapremiere *Aline*, efter en fransk tekst med musik af Det kongelige Teaters tyske kapelmester J.A.P.Schulz hørtes da også de samme kritiske røster. Blandt dem var allerede nogle af kombattanterne i den senere Tyskerfejde: Werner Abrahamson, Knud Lyne Rahbek, Christen Pram og P.A.Heiberg. De hævdede, at operaen var en dramatisk uting: »Opera bekriger Al Sandsynlighed,« som det formuleres af P.A.Heiberg i

---

58. De øvrige opførelser fandt sted 1.4.,2.4.,14.4.,15.4. og 17.4. 1789.
59. I *Dramatiske Tillæg til Hertha og Kritik og Antikritik* 19-21, s. 152-68.
60. *Minerva* april 1789, s. 153-56.

Holger Tydske, men problemet var, at de målte den med skuespillets alen. Man var endnu fremmed overfor, at musikken kunne udtrykke følelser lige så godt, men på en anden måde end ordene. Man så teksten som det overordnede og kom således i første omgang til at opfatte opera som sunget skuespil, hvor enhver mangel på sammenhæng i teksten, som kunne retfærdiggøres af musikken, blev betragtet som mislykket. Man havde ikke øje for, at operaens væsen var en symbiose af musik og tekst. En operaens æstetik fandtes ikke. Man dadlede endvidere de store udgifter, der slugte penge fra den ædlere kunstart skuespillet og bidrog til at forfladige folks smag. Når de fik serveret al den pragt for øjnene, afledtes deres opmærksomhed fra ordene. Hvis man endelig skulle lave opera, skulle den være »naturlig«, uden feer og tryllerier. Disse smagsdommere har været temmelig puritanske, for ikke at sige bornerte. Det har sikkert været frygten for kritik af den omtalte art, der fik digter og komponist til i sidste øjeblik at tvivle på, om man kunne forsvare at lade en kriger som Holger Danske synge. Tiden skulle vise, at det kunne man faktisk ikke.

2. Anmeldelserne og epigrammerne

Aftenposten fra den 20.april indeholdt en opsats: »Skuespil, Musik og Poesie«, og heri blev *Holger Danske*, uden at titlen nævnes, kritiseret skarpt. Forfatteren beklagede, at den ædle kunst, skuespil og musik, der havde nået sådanne højdepunkter hos os, blev fordærvet af alt for kostbare tryllerier, der latterliggjorde vor stolte fortid og heller ikke lod musikken komme til sin ret.[61]

Opsatsen indeholder nogle angreb på Tyskland, der må tilskrives den almindelige herskende mindreværdsfølelse, da der endnu ikke er nationale toner i debatten om *Holger Danske*:

61. ... men endnu sørgeligere er det, at Musiqven, den ypperlige hæderfulde og til Menneskets Ære saa gandske fortrinlige Konst, som vi vore Dage have seet bragt til saa stor Fuldkommenhed hos os, skal ødsle med sine Skiønheder og i Stædet for at bruges til værdige, og med Naturen overeensstemmende Handlinger, bruges for at sætte os i Flamme ved rørende kiække mandige, fornuftsmæssige og ædle Optrin, kun blot skal være en Tienestepige for Gøglerier, Sandsernes Fortryllelse, og henrivende Vellyster. Det er at misbruge een af de største Velgierninger som Himlen har forleenet Mennesket og at give Børnespil Fortrinnet for klog Mands Daad.« *Aftenposten* Nr. 31, 20.4.1789.

saa er vi kortere Tid komne til en Høyde i disse skiønne Viden-
skaber, som det store og vidtløftige Tydske Land maaske har
brugt Secler til at opnaae. Ingen Under, at man da misunder os
denne Fremgang; ingen Under, at Tydskland, endog imellem os
selv har sine Trompeter, som udskrige dets Roes paa de Danske
Geniers Undertrykkelse, og som er sværmeriske og fortryllede
nok af fremmed Smag, for at være døv og blind imod det der
hører deres Fædreneland til.

Umiddelbart efter den anonyme opsats følger otte epigrammer uden for-
fatternavn, blot mærket »Indsendt«. Men forfatterne blev afsløret. Det var
digterne Knud Lyne Rahbek, Jens Zetlitz og Jonas Rein, der i en munter rus
havde forfattet disse epigrammer, som var blevet fundet og, som de på det
bestemteste hævdede, uden deres vidende indsendt til *Aftenposten*. Første
epigram lyder:

Den Holger Danske fik du færdig i en Ruf,
Snart Erik Eiegod skal færdig være,
Den Hastighed giør dig i Sandhed Ære,
Men giør dit Arbeid dig det samme? – Uf

Som det tydeligt fremgår, er indholdet kritisk over for Baggesens digterta-
lent, og han svarede rasende igen med skriftet *Til det virkelige Publikum i
Anledning af Herr Rahbeks Epigrammer*, dateret 22.april og udsendt i be-
gyndelsen af maj.[62]

Få dage efter reagerede Rahbek ved at udsende *Til Publikum i Anledning af
Herr Baggesens Til det virkelige Publikum*. Begge skrifter er stærkt personlige
angreb og indeholder intet, der foregriber den nationale fejde.

3. Oversættelsen

En national drejning får fejden første gang ved udsendelsen af professor
C.F.Cramers oversættelse af Baggesens tekst til tysk.[63] C.F. Cramer havde i
det forløbne år polemiseret mod de efter hans mening anti-tyske udtalelser i

---

62. Dateringen sker på grundlag af datoen på Baggesens brev 22.4. Skriftet omtaler epigram-
    merne som udkommet for 14 dage siden, dvs. det må være udkommet primo maj. Rahbeks
    brev er ikke dateret, men angives at være skrevet 3 dage efter Baggesens.
63. Udkommet i Kiel april 1789.

Holger Danske. Tegning af Abildgaard (1743-1809). Tegningen er fra 1700-tallets slutning, men kan ikke sikkert relateres til operaen eller fejden om Holger Danske. Kunsthistorikeren Karl Madsen karakteriserer den som et af Abildgaards mindre vellykkede arbejder. »Helten har en anstrengt Michelangelosk Stilling, og hans Fingre er lige saa spidse som Piggene paa hans Rustning.« Kobberstiksamlingen.

regensprovst Hviids rejsedagbog og var ikke populær i hovedstaden.[64] Nu provokerede han igen det danske publikum, ikke ved teksten, men ved forordet, hvori han fremhævede Baggesens digtertalent på bekostning af det nye store digternavn, Johannes Ewald. I fortalen, der er dediceret til *Oberon*s digter Wieland, vover han den påstand, at Baggesen ved sin korrekte og præcise stil står højt hævet over Ewald, der ganske vist forgudes

64. At hans dårlige ry må være nået uden for Københavns volde, kan ses af, at han forekommer med navns nævnelse i E.Tang Kristensens optegnelser *Gamle Folks Fortællinger om det jyske Almueliv*. 1891-1905, reprint 1987, 5.Del, Nr.507.
    C.F.Cramer kom ridende til et lukket led, bag hvilket lå en svinehyrde. »Hør, dreng, luk mig leddet op«. – »Å, herren kan lekke min mås« – »Nu, grovere slyngel har jeg da aldrig kjendt.« – »Ja, da kan herren bie, til han kommer til det næste led, der ligger min broder, han er endnu grovere end jeg.«

af mange danske, men som har et alt for vildt, utæmmet geni, hvis flammer for ofte forsvinder i mørke røgskyer.[65]

Reaktionen i København på Cramers oversættelse og især på fortalen udeblev ikke.

P.A.Heiberg ytrer sig i sit satiriske skrift *Rigsdalersedlens Hændelser*, et af de kraftigste talerør i kampen mod tyskheden, ikke umiddelbart til fordel for Baggesen, som han angriber for at være hofpoet. En god digter ødelægges, hvis han træder i adelig tjeneste, og adelen bruger ham jo blot til morskab, lige som de tidligere brugte hofnarre: »et vittigt Hoveds glimrende Periode er aldeles til Ende, saa snart det bliver uundværligt i de fornemme Cirkler..«[66]

Baggesens adelige og fyrstelige sympatier, der lod ham færdes hjemmevant i de tyske kredse, irriterede de nationalt sindede borgerlige litterater, men P.A.Heiberg skånede dog endnu mindre C.F.Cramer. Han lader en fornuftig dansksindet student underholde sig med junker Laps, der ukritisk sværmer for alt udenlandsk:

> Stud: Det er Baggesens Holger Danske, hvilket jeg maa sige, at jeg langt fra ikke holder for hans bedste Arbejde.
>
> Laps: Ja, det er ret skjønt, det Stykke, men naar de læser Professor Cramers tydske Oversættelse deraf, saa glemmer De, at den danske er til. Har De set den? Jeg har den her i min Lomme.[67]

Der følger en diskussion om, hvorvidt original eller oversættelse er bedst. Holstenerne (uden at navnet nævnes, tænkes her utvivlsomt på Cramer), der føler sig mere som tyske end som danske undersåtter, får et barsk ord med på vejen:

> Erfarenheden har lært mig at alle de, hvis Modersmaal er tydsk, vil hellere anses for Undersaattere af det hellige romerske Rige end af Danmark og de foragter det danske Sprog og alt, hvad dansk er, tvært imod al Pligt og Billighed.[68]

65. Die grosse Correctheit und Präcision seines Stils, unterscheidet ihn merklich, und hebt ihn in meinen Augen sehr weit über den von Manchem der Nation zu sehr vergötterten Ewald, der viel, aber oft wilden Genius hatte, nicht genugsam durch Studium und Kenntnisse gezüchtigten Geistes war, und aufsprühende Feuerflammen oft in verdunkelnde Dampfwolken hüllte.
66. *Rigsdalersdelen* 7, Kap. 25, i: P.A.Heibergs *Udvalgte Skrifter* udgivne af Otto Borchsenius og Fr. Winkel Horn. 1884, s. 171.
67. Sst. 7, Kap. 26, s. 174.
68. Sst. 7, Kap. 26, s. 179.

Konklusionen er heller ikke elskværdig:

> men for en dansk Digter er det aldrig noget Tab ikke at blive oversat af en Mand, om hvem man, naar han endog skal bedømmes allermildest, i det mindste maa sige, at han ikke forstaar dansk.[69]

I samtlige numre af *Rigsdalersedlen* fra 1789 og i talrige numre i de følgende årgange er der angreb på Tyskeriet, der kulminerer med »Det russiske Manuskript«, en beretning om et gods i Rusland (Danmark). Det ejes af svage, godtroende godsejere (kongen og kronprinsen), der har overgivet driften til udenlandske snyltere (de tyske og holstenske adelige), der driver godset ud i hungersnød, mens de selv stikker store formuer til side. Selv om »Greven havde gjort den priselige Indretning, at ingen uden Grevskabets egne Folk maatte faa nogen Betjening ved Godset« (Indfødsretsloven), så lykkes det dog alt for mange af snylterne at bevare deres privilegier: »man fandt paa, at der ikke burde udfordres andet til at erhverve sig lige Rettigheder med Grevskabets egne Folk end blot at kunne staa paa Hovedet eller vende Mølle, og nu havde Tyskerne Spillet vunden.« Efter Heibergs mening kunne loven for let omgåes. Når der var nogen, man gerne ville have, havde de ingen problemer med at blive naturaliseret.[70]

Den megen kritik fra dansk side havde ikke ladet C.F.Cramer kold. Han tog til genmæle i et lille skrift på 20 sider[71]. Bogen er ikke, som man kunne tro, en Baggesen-biografi, men indeholder fire korte tekster, nærmest at betegne som essays, der uden at nævne Baggesen direkte kredser om teaterfejden.

Trods sit ringe omfang gjorde skriftet Werner Abrahamson så vred, at han ofrede det en anmeldelse på 13 sider[72], hvor han sandelig ikke lagde fingrene imellem. Ironien formelig sprøjter fra anmeldelsen:

> Professor Cramer, det arme forladte, forhadte og vankundige Danske Folks høigunstige Patron, Protector og – det som er uendelig mere at skjønne paa – Lærer og Oplyser.

Abrahamson beskylder Cramer for at skrive udelukkende for sit eget lille, indforståede publikum og se ned på alle andre. Men, slutter han med følgende salve, en hyldest til det frie ord:

> Den, der eengang erkjendte en Sandhed, lader sig hverken

69. Sst. 7, Kap. 26, s. 181.
70. Sst. 8, Kap.28, s. 193-95.
71. *Baggesen*. Kiel 1789 im Verlag des Verfassers.
72. I *Nyeste kiøbenhavnske Efterretninger om lærde Sager* 45, s.705-17.

spotte, trodse eller skjelde fra at blive ved den, og i et Land hvor
den gyldne Trykfrihed har knækket smaae Despoters Jernspiir,
frygter man ikke for at sige den erkjendte Sandhed paa Prent,
om saa Tydsk, Tydskdansk, Dansktydsk eller Dansk, Vittighed,
Ordgyderie eller Nonsense, vrimlede ud fra alle Presser.

Cramer hævder, at det alene er Baggesens digterkollegers misundelse, der
hindrer dem i at se, at Holger Danske er det bedste, vor litteratur har
frembragt, et forsvar fra Cramers side for det omstridte forord. Abrahamson
afviser det som »mislykket Persiflage.«

Cramer kalder Holger Danske »Caviar for Hoben«. Abrahamson håner
hans bedrevidende formynderagtige holdning til det publikum, der ikke
lige hører til hans egen lille menighed: »Dette er unægtelig Tydskhed i en
høj Grad.«

Cramer bestrider, at der skulle være nationale modsætninger mellem
ham og danskerne. Dette får Abrahamson, der forenede tysk og dansk i sin
person, til helt at tabe fatningen over Cramers »favnlange gammeltydske
Perioder«, hans »usvigtende Tydskhed, den i alle Ender og Kanter gjen-
nemskinnende Prædilection for hvad Tydsk er.« Han konkluderer:

alt længe (har der) huset en stor Deel Misfornøjelse over vore
Tydske Brødres ej forsigtige Færd blandt os, saa begribes fulde-
lig, hvi man brød løs paa Hr.Professoren ...

Denne anmeldelse fra efteråret 1789 peger med sin bidende ironi frem mod
den nationale konfrontation.

De omtalte indlæg har alle været koncentreret om forordet til Cramers
oversættelse, mens man næsten syntes at glemme selve oversættelsen. Men
både Johann Clemens Tode og Abrahamson, der begge har anmeldt den,
indrømmer, at den er af høj kvalitet. De var begge sikre kendere af begge
sprog og vidste, hvad de talte om. Tode konkluderer:[73]

der hører et Øre til, som er vant til at høre Tydsk og et Be-
kiendtskab med den herskende Smag. Efter denne har Over-
sætteren rettet sig.

En så fremragende oversættelse kan kun gavne værket. Abrahamson mener
det samme, selv om han har umådelig svært ved at holde sig fra at ironisere
over Cramers person og hans udtalelser om dansk og danske digtere, hans
»øjensynlige affecteerte Protector-Grimasse.«[74]

---

73. *Kritik og Antikritik* 36, s. 555-63.
74. *Nyeste kiøbenhavnske Efterretninger om lærde Sager* 42, s.657-64.

4. Parodien

Men tilbage til den bevægede april måned.

P.A.Heiberg nøjedes ikke med at deltage i fejden via *Rigsdalersedlens Hændelser*. Han havde før gjort sig bemærket som forfatter til litterære parodier (*Michel og Malene* efter *Orpheus og Eurydike*), og nu udsendte han til *Holger Danske* en *Holger Tydske*.

Fortalen, der ellers mest handler om den litterære parodis berettigelse, indeholder nogle hårde udfald mod de indvandrede tyskere, specielt komponisten Kunzen, hvis musik også bruges til *Holger Tydske*. Da det desværre er kendt, at danskerne har en uberettiget forkærlighed for alt fremmed, især det tyske, så er det nok også grunden til, at Kunzens musik er blevet så godt modtaget. Heiberg antyder, at man lefler for fremmede kunstnere, uden hensyn til, om de også er gode kunstnere, der i forvejen er ansete i deres hjemland.

Kunzen, der havde håbet på en kapelmesterstilling i København, tog sig angrebene så nær, at han forlod Danmark til fordel for en karriere i Berlin, Frankfurt og Prag. I 1795 lykkedes det dog hans landsmand J.A.P.Schulz, der skulle gå af som kapelmester, at formå Kunzen til at overtage denne post, og Kunzen kom tilbage og blev i København til sin død 1817.

Teksten er på dansk, men der er indflettet tyske replikker, som er taget direkte fra Cramers oversættelse. Hovedpersonen Holger Tydske præsenterer sig med følgende replik:

> Holger: Mit Navn er Holger; Kiel det er mit Fødeland –
> Ved Kiels Højskole fødtes jeg – og Orlog
> Var altid Kielske Sønners Skole. Tit
> Min knyttet Næve har mod Tydskens Fiender
> Die zweymahl, zehnmahl dumme Dänen lynet –
> Du kiender mig! –

Det østerlandske sceneri er erstattet af dansk landligt miljø på Holbækegnen. Sultanen er byfoged, heltinden Rezia er tjenestepigen Øllegaard, og selv lydkulisserne er parodieret, så tordenvejr i *Holger Danske* her er erstattet af køernes brølen.

Anmelderne, Tode og Abrahamson,[75] beskæftiger sig indgående med

---

75. Tode i *Kritik og Antikritik* 40, s. 628-34, 645-46 og Abrahamson i *Nyeste kiøbenhavnske Efterretninger om lærde Sager* 43, s. 683-86.

stykket som litterær parodi, men kommenterer forbavsende nok ikke dets antityske holdning.

5. Fejden får nationale toner

Det danske raseri over Cramers forord blev nu (ligeledes i april måned) for første gang kommenteret fra tysk side med det følelsesladede anonyme skrift *Ausrufungen veranlasst durch Holger Danske*. Hermed sporedes debatten bort fra sit oprindelige emne, operaen, og blev et opgør mellem tysk og dansk, der ikke mere kunne standses, selv om P.A.Heiberg endnu engang reagerede hurtigt og skarpt og forsøgte at bagatellisere *Ausrufungen* som »Skraal, foranlediget ved Holger Danske og Holger Tydske« og kalde forfatteren »den lille Skraalhals«.[76] *Ausrufungen* blev læst, og råbet: »Tydsker, Tydsker« gav genlyd. Charlotte Schimmelmann, der som så mange i den Bernstorff-Schimmelmann-Reventlowske kreds skriver på fransk, bruger ordet »Tydsker« uoversat, og det fremgår af sammenhængen, at hun med det vil illustrere den efter hendes mening urimelige danske hetz mod Baggesen og derigennem mod hendes landsmænd.[77]

Tyskerfejden var en realitet.

---

76. *Rigsdalersedlen* 9, Kap.32, s. 233. Skriftet var anonymt. Om forfatteren se ndf. note 93.
77. *Efterladte Papirer fra den Reventlowske Familiekreds*, udg. af L.Bobé. Bd.4, s.113, brev af 25.4.1789. Charlotte Schimmelmann til Louise Stolberg:... Je crois comme vous que les archidanois ne redoutent pas du tout cette perte du Holstein, et quel gain ne seroit ce pas pour la langue danoise, tous ces *Tydske* de moins. Baggesen qu'on traite comme un *Tydsker*, se déclare Allemand et il va secouer maint préjugé qui tenoit à cette clique qu'il croyoit ses amis. Je vous pardonne ce que vous dites de lui, il y a bien du vray, et vous connoisses son bon coté comme son coté foible. Les Baudissin sont très injustes envers lui, et Lingen l'a maltraité cet hyver, elle la méconnoit certainement.

9.1.1790: Je ne trouve pas qu'on fasse beaucoup pour Baggesen, mais les Danois vont bien lui envier et lui envient déjà Mlle Haller, on a fait des contes incroyables sur ce mariage, des contes tout danois. L'envie est un monstre livide et bleme....

F.L.Ae. Kunzen (1761-1817). En række betydelige tyske komponister som J.E. Hartmann, J.G. Naumann, J.A.P. Schulz og Friedrich Kuhlau kom til København i 1700-tallets slutning, ikke mindst på C.F. Cramers foranledning. Kunzen skrev musik til talrige populære syngespil og operaer. Han har æren af at have introduceret Mozarts operaer i det københavnske musikliv. Det kongelige Bibliotek.

6. Operafejden klinger ud

Mens det famøse forord og Cramers person havde optaget sindene, var der dog også stadig kommentarer til selve operaen. Den besindige Johann Clemens Tode forsøgte at analysere, hvad det var, der havde afsporet debatten og konkluderer, at det havde været forkert at bruge Holger Danske, tage ham ud af sin rette sammenhæng, sagnstoffet, og placere ham i Wielands trylleverden.

> Var det Ret, at Hr. B. udstødte den sande Helt i Wielands Digt, og satte Holger Danske i hans Sted? Herpaa maae enhver Upartisk svare: Nei. Dette er en uundskyldelig Feil, og som har gjort Hr.B.s Stykke megen Skade. For det første var det ufornødent at indflikke en dansk Helt. Hvorfor skulde Huon været mindre velkommen paa den danske Skueplads end Saint Faxe, Alonzo, Rinaldo, Orpheus og de øvrige?[78]

I sin anmeldelse af den trykte udgave af teksten[79] benytter Tode igen lejligheden til at påpege, at kritikken har været overdreven, at værket har kvaliteter og ikke står tilbage for Ewalds *Fiskerne*. Kritikken har i for høj grad været rettet mod Baggesens person: »enhver Feil Baggesen har, sees ikkun hos ham allene, om saa hundrede have dem«.

Det skal dog i den forbindelse indskydes, at Todes venlighed over for Baggesen uden tvivl også skal ses i sammenhæng med hans fjendskab med Rahbek og P.A.Heiberg. Med sidstnævnte førte han samtidig med Holgerfejden en hidsig polemik, hvor skrifter og modskrifter føg gennem luften.[80]

En anonym anmelder, som ifølge Baggesens biografi var O.D. von Staffeldt, slægtning til digteren Schack von Staffeldt, understøttede på baggrund af en analyse af musik, spillestil, handlingens logik og personkarakteristikken Todes vurdering af *Holger Danske* som et fremragende kunstværk.[81]

---

78. *Dramatiske Tillæg til Hertha og Kritik og Antikritik* 22-25, s. 169-99.
79. *Kritik og Antikritik* 35, s.545-47.
   Den trykte udgave må være udkommet umiddelbart efter premieren. Friedrich Stolberg nævner i et brev 19.4.1789, at han har læst den på en rejse til Berlin »Ich habe doch etwas im Wagen lesen können, den Oberon von Baggesen, welcher wirklich schön ist....«
80. Nogle titler fra Heiberg-Tode striden i 1789:
   Formaninger til den unge Tode, Søn af den vittige og gode danske Skribent Hr. Professor Tode. Rettelser i Prof. Todes dramatiske Tillæg Nr.32 til 35. Et andet Brev til Forfatteren af Skriftet Heiberg for Publikum.
81. *Kritik og Antikritik* 23, s. 353-68.

Også Abrahamson anmelder operaen i forbindelse med udgivelsen af den trykte tekst. Han bruger mange sider på at kritisere de store udgifter, der er forbundet med opera, han peger på uklare sammenhænge i teksten, men fremhæver musikkens skønhed. Lige som Tode finder han den danske helt malplaceret i de orientalske omgivelser. Han, der ellers er Cramers hårdeste modstander, vedgår her, at ikke alt egner sig til at iklædes nationale farver:

> Dersom man endnu, uden at udlees alt for meget, tør paastaae, at det er Vinding for en Nations Selvstændighed, naar Alt nationaliseres hos den, saa vidt skee kan, saa bør man takke Hr.Baggesen at han har gjort Wielands Huon til vor Holger, men da for Resten ikke et Spor af Nordiskhed forekommer i hele Stykket, saa hjælper det saare lidet, og Holgers Navn uagtet lever og svæver man om blandt Orientaler.[82]

Også uden for København finder man (med lidt forsinkelse) omtale af den forkætrede opera. En anmeldelse af et klaverudtog i *Allgemeine Literaturzeitung*[83] bedømmer både tekst og musik meget positivt: »Ein Kunstwerk, das dem Dichter und Componisten gleich viel Ehre macht; beide haben für theatralische Wirkung sehr glücklich gearbeitet.« Selveste C.F.Cramer anmelder den i *Altonaer Merkur*[84], og han roser både stykket, musikken og den sceniske udførelse. Han beretter, hvordan folk lærte sangene udenad, så man hørte dem på gader og stræder, men også hvordan fejden satte København på den anden ende, mens digteren selv besteg Alperne og dansede på Bastillens ruiner.

7. Baggesens rejse

Som Cramer ganske rigtigt skriver: stridens oprindelige genstand, Holgers digter, Jens' Baggesen havde nok taget til genmæle mod Rahbeks epigrammer i april 1789, men var kort efter, lige som operaen og komponisten, forsvundet fra skuepladsen. 24.maj 1789 rejste han, sammen med hertugen

82. *Nyeste kiøbenhavnske Efterretninger om lærde Sager* 41, s.641-50.
83. Nr.318, 27.10.1790.
84. Nr.116, 1790 gengives i oversættelse i *Nyeste kiøbenhavnske Efterretninger om lærde Sager* 21, 1790 s. 333-34.

af Augustenborg og C.F.Cramer, der dog forlod selskabet i Hamburg, fra København på den lange rejse gennem Europa, som han har skildret i sit værk *Labyrinten*, der udkom 1792-93.

Det er nærliggende at forvente, at polemikken måtte have påvirket Baggesen så meget, at han kommenterede den i sin rejsedagbog, men egentlige hentydninger til operaen findes der kun få af. I »Postfortvivlelsen«, dateret Göttingen 13.juli, udbryder forfatteren, sørgmodig over ikke at finde post hjemmefra:

> Jeg gad imidlertid vidst, om denne mine Venners almindelige Taushed ogsaa er en Frugt af hin ulyksalige Oper – om de virkelig alle have lært at indsee, at den der har skrevet et saadant Skuespil, saadan oversat, har forbrudt alle sine Rettigheder – som Menneske og Borger – at den, der har skrevet et saadant Skuespil, ikke bør have Svar paa noget Brev at han ikke allene bør expatrieres, hvilket allerede er skeet; men endog exeuropieres, som nu skeer ...[85]

Ellers synes polemikken om hans opera ikke at have ødelagt hans rejseglæde. Men det er interessant at se, at forestillinger om 'det nationale' i høj grad har beskæftiget ham på rejsen samtidig med, at fejden om hans opera hjemme var blevet en national fejde.[86]

8. Baggesen og Rahbek ser tilbage

I Baggesens selvbiografi, udgivet af hans søn på basis af efterladte papirer, forsøges en analyse af fejdens årsag og dens betydning for Baggesen personligt, som sønnen antagelig bygger på faderens egen version. Fejden havde ifølge denne fremstilling to årsager: 1) Operaen måtte ikke blive for populær, da den var en i æstetisk, moralsk og økonomisk henseende problematisk kunstart. 2) Forargelsen over Cramers rolle som tysk kunstdommer, som han allerede havde villet spille i polemikken om Hviids dagbog, var berettiget.[87] Man frygtede efter sigende, at Cramer skulle blive ansat ved Københavns Universitet. Misundelsen mod de mange tyskere i

85. *Labyrinten* I. 1792, cit. efter reprint Gyldendals Bibliotek Bd. 4. 1980, s. 178.
86. Se især kapitlet »Herrmannsbierg«, sst. s. 144-150.
87. *Jens Baggesens Biographie* v. August Baggesen. 1843. Bd.1, s. 181.

høje stillinger var åbenbar, og P.A.Heiberg taler på manges vegne, når han i *Rigsdalersedlen* ironisk fremfører, at

> I Fald han kuns er af tysk Extraction,kan det aldrig slaa fejl, at han jo med den Lærdom. som han gjør Vind af, maa være overmaade berettiget til et Professorat ved det kjøbenhavnske Akademi, hvor man med saadan Iver arbejder paa, at faa blot tyske Professorer.[88]

Fejdens litterære udbytte var ringe, og biografiens udgiver vil gerne bagatellisere den. For digteren personligt betød den varigt fjendskab med Rahbek, der ikke kunne bilægges, selv ikke da Rahbek kunne dokumentere, at offentliggørelsen af epigrammerne var sket uden hans vidende.

Udgiveren af erindringerne ønsker tydeligvis at lægge afstand til Cramer, der havde gjort en uheldig figur ved sin alt for åbenlyse begejstring for den franske revolution. Oversættelsen var blevet til uden Baggesens vidende og tildels imod hans vilje, hedder det. Senere citeres faderen: »Intet har gjort mig hiin ellers noksom tornede Vei saa forhadt, som den Viraks-Skye, hvori jeg her med Bestyrtelse pludselig saae mit Navn indhyllet.«[89]

Endelig er det også udgiveren meget om at gøre, at der ikke må ses nogen sammenhæng mellem fejden og Baggesens afrejse. Denne var alene betinget af svagelighed og gode venners støtte.[90] Men også den første modstander i fejden, Rahbek, ønsker retrospektivt at bagatellisere fejden. I sine *Erindringer*[91] beskriver han episoden med epigrammerne, der blev trykt uden hans vidende, og slutter med at citere og tilslutte sig Baggesens egne ord: »den hele Holgersag forekommer mig en egentlig Larm om ingen Ting – jeg vilde af Hiertet ønske den glemt for bestandig.«[92]

Det ønske fik ingen af dem opfyldt.

En sammenfattende analyse af de elementer, der indgik i den første del af fejden, den egentlige Holgerfejde, viser, at det, der i første omgang var tale om, var en debat om en ny kunstart, man havde svært ved at forholde sig til af mangel på definerede musikalsk-æstetiske kriterier. Til striden om operaens status som kunstart føjedes økonomiske overvejelser: teatret var for

---

88. *Rigsdalersedlen* 8, Kap. 27 s. 188-89.
89. Baggesen anf.skr. Bd 1, s. 186ff.
90. Brevvekslingen 1789-90 mellem Hertugen af Augustenborg og hans søster Louise går ind på forberedelserne til rejsen. Landesarchiv Schleswig-Holstein. Primkenauer Archiv. Abt.22. Nummer 123.
91. Knud Lyne Rahbek: *Erindringer af mit Liv*. 1824-29. Bd.III, s. 211-22.
92. Sst. s. 211-22.

dyrt, borgerne ønskede indflydelse på fordelingen af udgifterne, og hertil kom så endelig en række personlige stridigheder mellem repræsentanter for forskellige litterære og æstetiske idealer, Rahbek contra Baggesen, Tode contra Rahbek og P.A.Heiberg, Baggesen contra Ewald. I de personlige fejder er en af parterne, nemlig Cramer, tysk og manifesterer sig militant som sådan. Herved blusser de ulmende dansk-tyske nationale modsætninger op, og med udsendelsen af *Ausrufungen* bliver Tyskerfejden det primære, mens diskussionen om operaen og de personlige fejder klinger ud.

4. DEN NATIONALE KONFRONTATION 1789 – 1790

Holgerfejden, der engagerede offentligheden i foråret 1789, havde grundlæggende drejet sig om genrer, stil og musikalske præferencer. Men fejden havde også været et sammenstød mellem en aristokratisk og en borgerlig kunstopfattelse og kulturforståelse. Den spænding mellem dansk og tysk, som lå latent i helstatens hovedstad, var også i foråret 1789 brudt op til overfladen. Men modsat tidligere situationer blev det ikke begrænset til antydninger og enkelte udfald. Holgerfejden udviklede sig i løbet af få måneder til den første åbne og bitre nationale konfrontation mellem dansk og tysk. Tyskerfejden blev indledt i april 1789, hvor den første sten blev kastet.

1. Den første sten

Den, der kastede den første sten, var ikke selv ren. Han var part i sagen.

Det anonyme skrift *Ausrufungen veranlasst durch Holger Danske und Holger Tydske*, der udkom i april 1789 og som fremprovokerede Tyskerfejden, var sat på papiret af Ernst Philip Kirstein.[93] Han var født i Preussen i 1759; på mødrene side var han beslægtet med Schimmelmann-familien; og han havde siden 1782 været Ernst Schimmelmanns privatsekretær. Han var et skattet medlem af den schimmelmannske kreds; og stærkt litterært engageret, som han var, støttede han den unge Jens Baggesen og introducerede Schillers digtning i det tyske miljø i København. Han var svoger til den i Holgerfejden angrebne professor Carl Friedrich Cramer i Kiel og nær ven af en af Tyskerfejdens centrale skikkelser, grev Ludvig Reventlow. Som protegé af finansministeren havde han i 1786 indledt en lovende embedskarriere i den dansk konges tjeneste.

Det er imidlertid utænkeligt, at Kirstein skulle have offentliggjort så udfordrende et skrift, uden at Ernst Schimmelmann på forhånd har kendt det og godkendt det. Samtidig efterlader skriftet et stærkt indtryk af en følelsesmæssig reaktion. Som om den aristokratiske tysksprogede og tyskkulturelle kreds omsider havde fået nok af de danske stiklerier og anklager og nu lod sig provokere til at give igen med samme mønt.

Snarere end at se Ernst Philip Kirstein som forfatteren er det derfor

93. Louis Bobé har fortjenesten af at have fremdraget manuskriptet til *Ausrufungen*, jvfr. hans *Ungdoms-Erindringer af Friederike Brun, født Münter*. 1917, s. 158. Manuskriptet ligger i Ernst Philip Kirsteins privatarkiv, som udgør en del af Ernst Schimmelmanns store privatarkiv. (Rigsarkivet. Privatarkiv 6285. Det opbevares i pakke nr. 64: Af konferensråd Ernst Philip Kirsteins papirer. Manuskripter af blandet indhold.) Ud fra håndskriftsammenligninger kan der ikke herske tvivl om, at det er skrevet af Kirstein. At det skulle være skrevet af Ernst Schimmelmann eller Friederike Brun – jvfr. nedenfor – må ud fra skriften anses for udelukket. Manuskriptet rummer to mindre rettelser, begge i Kirsteins hånd, som er blevet fulgt i den trykte pjece.

Forfatterskabet har tidligere været tillagt Friederike Brun, jvfr. Louis Bobé: *Frederikke Brun, født Münter og hendes kreds*. 1910, s. 37-38. Det fornemmes dog, at Bobé føler sig utryg ved henføringen; og han antyder, at forfatteren kan være Ernst Schimmelmann. En opfattelse, han – formelt set uberettiget – mener bekræftet med fremdragelsen af manuskriptet i 1917.

Forfatterskabet til *Ausrufungen*, der blev annonceret til salg i april-nummeret af *Minerva* i 1789, blev af Werner Abrahamson antydningsvis tillagt en kvinde – som dårligt kunne være andre end Friederike Brun. (Se *Nyeste kiøbenhavnske Efterretninger om lærde Sager* 1789 nr. 44, s. 696-700.)

Baggesen selv synes at have været af den opfattelse, at Ernst Schimmelmann var forfatteren. Om Holgerfejden skrev han: »Over 60 Brochurer udkom i en Tid af et halvt Aar, og Tyskland tog Del i Striden. Af alle disse Sager har jeg kun gemt et Blad, der er mig dyrebart, fordi dets ophøjede Forfatter af Begejstring for min og det Godes Sag for første Gang lod noget trykke, tilmed under de mest byrdefulde Statsforretninger, midt i de Uroligheder, Affærerne med Sverrig forvoldte«. (Bobé: anf. arb. s. 38.) Citatet er forgæves eftersøgt i Baggesens forfatterskab og efterlade materiale. Vi takker professor L.L. Albertsen, Århus Universitet, for beredvillig hjælp ved eftersøgningen.

nærliggende at placere ham som pennefører for Schimmelmann og det tyske salonmiljø i helstatens hovedstad. Finansministeren og skønånden Ernst Schimmelmann må opfattes som manden bag *Ausrufungen*, og dermed som den, der fremprovokerede den første åbne konfrontation mellem dansk og tysk.

Ausrufungen veranlasst durch Holger Danske und Holger Tydske var umiddelbart bemærkelsesværdigt ved sin deklamatoriske tone og sin følelsesladede form. Dets gennemslagskraft skyldtes dog indholdet: et usædvanligt skarpt og direkte angreb på danskerne og deres tyskerhad. Og det forhold, at skriftet udkom på tysk i den danske hovedstad, måtte yderligere skærpe Tyskerfejdens tone straks fra starten.

Deklamatorisk indledtes den kun seks sider store pjece med ordene: »Hvilken ånd er pludselig opstået? Hvilket ubegribeligt raseri har grebet skønånderne, de lærde, patrioterne?«[94] Og svaret var på rede hånd: »En dansk digter har digtet en opera! Middelmådighedens grænser er overskredet!«[95] Og en tysk lærd – professor Carl Friedrich Cramer i Kiel – havde prist den unge Jens Baggesens opera. Men en dansk sammensværgelse – »folkets lærere« og »fædrelandets forbilleder« kaldes de sarkastisk – var straks stået op imod det unge geni, der således havde hævet sig over den danske middelmådighed.[96]

De sammensvorne havde været klare over, at Baggesen ikke kunne rammes på sit geni, og at deres angreb, derfor måtte føres på et nationalt grundlag: »Vi må angribe ham, som om han var en fremmed, *en tysker*!« Baggesen var ganske vist dansk, uden en dråbe fremmed blod i sine årer. »Men *er* han alligevel ikke en tysker? Oh, bestemt! Nogle af hans venner er tyske. En tysker har oversat ham«. Han *var* altså en fremmed, »han er en galilæer! Nu er tidspunktet inde! Vi må svinge tvedragtens fakkel og råbe så højt, at det kan høres fra Norden til Syden, at vi er uforsonlige fjender af det

94. »Welch ein Geist ist plötzlich entstanden? Welche unbegreiffliche Wuth hat die schönen Geister, Gelehrten, Patrioten ergriffen?«
95. »Ein dänischer Dichter hat eine Oper gedichtet! Die Gränzen der Mittelmässigkeit sind überschritten!«
96. »die Lehrer des Volks«, »das Beispiel des Vaterlandes«.

Finansminister, lensgreve Ernst Schimmelmann (1747-1831) var en central skikkelse i den Tyskerfejde, han selv fremprovokerede. Som ejer af store godser, vestindiske sukkerplantager, rigets største sukkerraffinaderi og fabrikken i Hellebæk, der producerede de geværer, plantageslaverne blev købt for, var han landets rigeste mand. Hans palæ i Bredgade og sommerboligen Sølyst ved Klampenborg var samlingsstedet for hovedstadens aristokratiske tyske kulturmiljø; og i august 1788 fik han sæde i gehejmestatsrådet. Malet af Erik Pauelsen umiddelbart efter at han i juli 1790 var blevet ridder af Elefanten. Det kongelige Bibliotek.

tyske navn, af hvert tysk ord og tone; at vi ikke vil tilstede, at en eneste dansk stavelse nogensinde fortyskes«.[97]

Hvad *Ausrufungens* forfatter anklagede danskerne for, var, at de afviste og fornægtede helstatsfædrelandet og det fælles borgersamfund. Og hånende lod han de danske sammensvorne fortsætte: »Hvad betyder samfundets lyksalighed, hvad betyder broder- og borgerkærlighed, hvis vi skulle fordunkles. Så giv os, oh skæbne, hellere det ægyptiske mulm og også dets svøber, når blot middelmådigheden alene må sejre, alene må herske«.[98]

Danskernes grundskavank og svaghed – sluttede han sit iltre angreb – var deres provinsielle selvtilstrækkelighed. »Vi vil kun forlade os på os selv. Enhver overlegen fortjeneste skal være os fremmed, skal være os en *tysk* fortjeneste!« Og han fortsatte med at lade danskerne afsløre sig selv:

> Vi vil ikke ophøre med at rase, før nationalhadet har sneget sig
> ind i alle sjæle, før det har smittet endog de bedste og uskyldig-
> ste, før den borgerlige enighed, der loves med læberne, bliver
> tilintetgjort af menederiske hjerter. Intet skal få os til at ned-
> lægge våbnene, ingen overtalelse, ingen opofrelse. Om de så
> også ville række os hånden, også ville gå i døden med os – så
> ville vi hånleende vende os fra dem og sige: *Tysker! Tysker!*[99]

Et kulturelt middelmådigt folk besat af et selvdestruktivt had til alt, hvad der var tysk. Det var, hvad den schimmelmannske kreds i april 1789 så som forklaringen på de spændinger, der vitterligt herskede mellem dansk og tysk.

Hele sandheden var det ikke, og kunne ikke være det. Men at den i

---

97. »Wir müssen ihn angreifen als wenn er ein Fremder – *ein Deutscher* wäre!« »Aber, ist er dennoch nicht vielleicht ein Deutscher? O! Gewiss! Deutsche sind unter seinen Freunden. Ein Deutscher hat ihn übersetzt«; »er ist ein Galiläer! Jetzt ist der Zeitpunkt! Wir müssen die Fackel der Zwietracht schwingen, laut rufen, dass es von Norden nach Süden erschalle, dass wir unversöhnliche Feinde des deutschen Namens, jedes deutschen Wortes, jedes deutschen Lautes sind; dass wir es nicht zugeben wollen, dass jemals eine Dänische Sylbe verdeutscht werde«.

98. »Was ist öffentliche Glückseligkeit, was ist Bruder-Liebe, wenn wir verdunkelt werden? Gieb sie uns lieber zurück, o Schicksal! die ägyptische Finsterniss – und die Treiber dazu – dass die Mittelmässigkeit allein siege, allein hersche«.

99. »Wir wollen nur an uns selbst glauben. Jedes zu erhabene Verdienst soll uns fremde, soll uns ein *deutsches* Verdienst seyn!« »Wir wollen nicht aufhören zu wüthen bis der National-hass sich in alle Seelen geschlichen, bis er auch die besten die unschuldigsten angesteckt hat, bis der Bürgerbund der den Mund zugesagt, von meineidigen Herzen gebrochen werde. Nichts soll uns entwafnen, keine Beredsamkeit, kein Aufopferung. Wenn sie uns auch die Hände bieten, auch in der Tod mit uns gehen wollten – so wollen wir uns von ihnen wenden, sie zurücklächeln und TYDSKER! TYDSKER! sagen!«

formen ubeherskede pjece ramte noget centralt, fremgik umiddelbart. De tre indsigelser, som *Ausrufungen* fremprovokerede, var alle større end det skrift, de vendte sig mod.

2. Tre indsigelser

Den første indsigelse kom allerede i slutningen af maj.[100] Forfatteren til skriftet *Om den Ting kaldet Ausrufungen osv. og om andre Ting* udkom – lige som Tyskerfejdens øvrige skrifter og artikler – anonymt. Forfatteren var den kun tyveårige løjtnant Schack von Staffeldt, en ung adelig tyskfødt officer, der i sin tid på Landkadetakademiet fra 1778 til 1786 var blevet nært knyttet til sin lærer – og, skulle det vise sig: medkæmper i Tyskerfejden – kaptajn Werner Abrahamson. Året før havde han nationalt tonet flag, da han om en tysk svindler skrev, at han »havde det tilfælles med en Del fornemme tyske Embedsmænd her i Landet, at han med stor Behag nød det danske Brød, men med stor Mishag hørte det danske Sprog«. Tonen og indholdet i hans indsigelse mod *Ausrufungen* stod ikke tilbage for dette skrift i skarphed; og det var ikke uden grund, hans skrev, at »uden endnu at have misbrugt Presfriheden, frygter jeg alligevel at bidrage til dens Ophævelse«.

100. N.M. Petersen: *Bidrag til den danske Literaturs Historie i Oplysningens Tidsalder 1750-1800*. I. 1860, s. 76 og s. 72-73. I sin pjece kritiserer von Staffeldt valget af den tyskfødte A.P. Bernstorff til præsident for Videnskabernes Selskab. Jvfr. også *Kritik og Antikritik* 1790 nr. 6, 29. december 1789, og 1790 nr. 25, 11. maj 1790 samt nedenfor s. 86.

Man får et indtryk af den skarpe tone i debatten ved at læse N.D. Riegels' anonymt publicerede *Hofmaler og Forgylder Christian Peter Getreuer, alle Finanzerers og Stats-Styreres Læremester*, der udkom i juli 1789 i *Kiøbenhavns Skilderie* s. 136-48. Heri kritiserer han, at man satte »større Fortroelighed til Krybere, der ikke kiende det Land, som de med deres Raad skal til at forbedre. For Germaniens Yngel synes Hemmelighederne oprullede, de sige det jo offentligen, for just at vise Verden, at de Danske ikke fortiene deres Lederes For-troelighed«. Og han fortsætter: »Ekkel synes vel den Smag, der fra Germaniens Heeder trækker op over os. Saaledes vil man, at Danske skal ringeagte deres eget Sprog, ikke værdige dets Forbedring Agtsomhed. I de store Kredse haver man vel før hørt, kuns Hundene logre naar man taler Dansk til dem. Danske nødes vel til at træde i Tydskeres Fodspoer, for paa deres Maade at giøre Lykke«.

Schack von Staffeldts hovedærende var en bidende kritik af tyskerne i Danmark. Han indledte med at ironisere over professor C.F. Cramer i Kiel, der med sin tyske oversættelse af Holger Danske havde skærpet den litterære fejde, og påstod, at Cramer sagtens kunne blive professor i København. »Hvad behøvede han andet, end at træde frem, og med en Syndflod af Ord sige: Ich bin ein Deutscher osv. osv. Han er jo i et Land, hvor Tydskere til Trods og Haan for de Indfødte, endnu sidde øverst ved Bordet; hvor tydsk Byrd er den største Fortieneste, ja saa stor at den opveier den der svæver i Ligevægt med Guld og Dumhed«. Og han fortsætter: »bort med den Nidding, der ikke føler Blodet skumme i hans Aarer, naar Tydskhed, eller hvad man vil kalde dette Uhyre, sætter ham Jernfoden paa Nakken!« Og med klar adresse til Indfødsretten hævdede han, at »det griber den danske Mand som en Dommedag, naar Landets Love aabne Smuthuller, naar Tydskere have Fortrinet, naar Landets Børn staae tilbage og siden skulde tigge af Udlændingens Haand, hvad Udlændingen ysyrperede«.

Det var ikke Tysklands litterære fortjenester, von Staffeldt vendte sig mod:

Men naar man udbryder i Vrede mod Tydskere, da er det mod dem, der aabne sig Veie giennem de Danske, og, haansmilende til begge Sider, stiige op til Landets Isse; mod dem der altid foretage Sammenligning mellem det Land, de forlode, og det de tyede til, for at lade os føle det Offer de af bare Menneskekierlighed, og Begierlighed at ophænge nogle Lamper i vore mørke Hierneskaller, bragte os; mod dem, der ikke erkiende, at Danske kom dem imøde med Venlighed og Giestfrihed, mod dem, der næsevise og kaade, troe, hver Dansk er et Nødanker for deres Lune og Persifflage; mod dem, der er forvovne nok at bilde sig ind, at vi endnu skulle takke dem for den Ære, de giøre os, naar de paa os, som paa Trapper, stige til Veirs; mod dem, der offentlig tør vove at kalde os en Republik af Abderiter og Idioter; med et Ord: mod den forvorpne Tydskhed, der i Tydsklands Afglands staaer og lader Haan af det velvillige Folk, der har for megen Ærbødighed for andre Folkeslag, og for liden for sig selv.

I virkeligheden opregnede den vrede unge officer i Tyskerfejdens første indlæg det problemkatalog, der fra dansk side skulle blive fremlagt og kommenteret, lige som også den stærke følelse af frustration og national forbitrelse var kommet for at blive. Og han nøjedes ikke med at advare. Truende spurgte han: »Tydskere! ansee I os for phlegmatiske? Frygter det

Den unge tyskfødte løjtnant Schack von Staffeldt (1769-1826) var en af Tyskerfejdens ejen-
dommelige figurer. På Landkadetakademiet, hvor han i 1778 blev optaget, havde han knyttet
sig nært til sin lærer, Werner Abrahamson, som han med sit voldsomme temperament fulgte i
angrebet på tyskerne. Hans eksalterede anonyme svarpjece på Schimmelmann-kredsens
Ausrufungen i forsommeren 1789 var med til at gøre den nationale konfrontation uundgåelig.
Litografi efter portræt af ukendt kunstner. Det kongelige Bibliotek.

kolde Phlegma! Det ligner Strømmen, der efterhaanden svulmer op, og nu bliver alt fortærende Oversvømmelse«. Han havde en klar forståelse for, at et kortvarigt dansk vredesudbrud ikke ville være tilstrækkeligt til at udrydde tyskheden: »et voldsomt Anfald, endog fra flere Kanter, vilde kun drive den tilbage, og snart vilde den igien snige sig ind som en Exjesuit, og vandre omkring som en fordømt Utugtsbog«. En strategi var nødvendig: »Ønskeligt var det, om flere Mænd, udrustede med Sarkasmus og Lune, vilde træde sammen, og udgive et periodisk Skrift, der, som et Rivejern, langsom og uafladelig rev paa Tydskheden, indtil intet var tilbage uden Støv, man kunde bortsende med et Pust«.

De to andre indsigelser mod *Ausrufungen* var formelt anmeldelser, men reelt var de indlæg i Tyskerfejden.

Den første kom i *Kritik og Antikritik* den 28. juli 1789, tre dage før den danske offentlighed kunne læse i avisen om stormen på Bastillen. Og anmeldelsen var alt andet end revolutionær. Tværtimod var dens åbenbare sigte at afvise påstandene i *Ausrufungen* og genskabe den harmoni, som anmelderen hævdede havde eksisteret mellem dansk og tysk.

Pjecen blev omtalt som »dette usle Smørerie«, og læserne fik at vide, at »en slig Skribler kan ikke revses bedre end med Taushed og Foragt; og dersom denne usle Synder var den eeneste i sit Slags, dersom den ubegribelige Frekhed, der hersker i Piecen, var blot dette individuelle Krybs særegne Kaadhed og Dumdristighed; aldrig skulde vi i disse Blade have omtalt dette ephemeriske Produkt, eller spildt endog et eeneste Øieblik paa dets pygmæiske Forfatter«.

Men – for der var et men – da man kunne befrygte flere »Sotiser paa Prent, da den nærværende Rufer kan ansees, som en der tuder til Gadestevne, for at samle sine Stalbrødre til at giøre fælles Sag med ham«, anså tidsskriftet det for sin pligt kort at »hidsætte vore Tanker om den Germanismus og Antigermanismus, som der saa meget raabes paa i vore Dage«.

Anmelderen var parat til at vedgå, at der fandtes brådne kar i alle lande: »kommer Skryderen og Løgneren, som er stor i Ord og liden i gavnlige Gierninger, og lister sig ind iblant os, for siden med fræk Overmod at træde paa vore Halse; skulle vi da maaskee tie og sige Tak til? Nei, paa slige Niddinge hvile Nationens bitterste Foragt, og ingen skal kunne frelse dem fra deres velfortiente Skiebne«. Men det var undtagelserne, der bekræftede reglen om en dansk-tysk symbiose. »Det er Uret, naar man vil ansee danske Embedsmænds Børn for Tydskere, fordi de tale tydsk og have tydske Forældre; da Tydsk og Udlænding bruges som Synonymer«. Og det var

ligeledes »Uret, at man i almindelig Udtryk forhaaner alle tydske Menne-
sker, fordi et og andet Individ, der ulykkeligviis har indsneget sig iblant os,
har afstedkommet Ulykke og Forstyrrelse i Landet og for enkelte indfødte
Mennesker«. Efter tidsskriftets mening burde man agte og elske enhver,
»som gavner vort Fædreland ved lærd Flid eller almeennyttig praktisk
Virksomhed, han være nu født paa hvad Jordplet det være vil«. Ord og
meninger så smukke, som Holberg kunne have udtrykt dem. Men helt ude
af trit med de seneste fyrre års udvikling af nationalt engagement og af
dansk-tysk spænding. Hvis ro og fordragelighed havde været den anonyme
recensents mål, opnåede han det ihvertfald ikke.

Den sidste af de tre indsigelser imod *Ausrufungen* havde ligeledes form af
en anmeldelse. Den blev bragt i *Nyeste kiøbenhavnske Efterretninger om lærde
Sager* så sent som i begyndelsen af november 1789, og selv om den foregav at
recensere den anonyme pjece, blev den i realiteten det signal, der indledte
den egentlige Tyskerfejde.[101] Den anonyme anmelder var en kendt skikkelse
i den offentlige debat; og alle, der ønskede at vide det, vidste, at det var lærer
ved Landkadetakademiet, kaptajn Werner Abrahamson. Han havde før
taget til orde om forholdet mellem dansk og tysk. Nu ville han have fejden.
Og han fik den.

Abrahamson lagde stærkt ud: »Disse Blade ere en Excretion«. De var,
hvad »en fortørnet Tydsker har givet af sig, fordi Holger Tydske spøgede
med Holger Danske, og en passant snertede lidt til Tydskhed og Tyd-
skerie«. Men han tog handsken op: der *var* en dybtgående spænding mel-
lem dansk og tysk. Han karakteriserede det som en »Skrøbelighed«, at
holstenerne

> idelig endnu kalde sig Tydskere, at gyse tilbage naar man kom-
> mer for Skade og anseer dem for Danske, at kaste Vrag paa det
> Danske Sprog, at blive ved med en latterlig Haardnakkenhed at
> være ukyndige og uøvede i dette Sprog, skjønt de beklæde
> Embeder i Hovedstaden eller Provindsstæderne, at paastaae,
> Kongens atten Hundredetusende Dansktalende Mænd kunne
> intet udrette, ikke hitte Rede i deres Ting, hvis de ikke alt
> imellem fik nogle af de to Hundredetusende Tydsktalende til
> Hjælp, at klubbe sig idelig sammen, og som at skye Danskta-

---

101. *Nyeste kiøbenhavnske Efterretninger om lærde Sager* 1789 nr. 44, s. 696-700. Forfatteridentifika-
tion, se N.M. Petersen: anf. skr. s. 76. Abrahamsons signatur er H.J. I forlængelse af
anmeldelsen kommer Abrahamson kort ind på von Staffeldts pjece, på en måde, der
markerer sympati med hans engagement.

lende Menneskers Samqvem, at lade endog deres Børn oplære i
det Tydske Sprog, og offentlig sige den Taabelighed, at Børnene
have det Danske for intet, nemlig, af Kokkepigens og Gaards-
karlens Underviisning.

Danskere og nordmænd ville ikke over for holstenerne – forsikrede Abra-
hamson – »henlægge al Selvfølelse, lade sig alting velbehage, hvad hiin
finder for godt at foretage sig med dem; smile tavs naar de bitreste Sottiser
siges dem lige under Øinene, træde ærbødig tilbage, naar de komme i
Concurrence med dem, osv.« Det var klart, at Abrahamson forlængst havde
grundlaget for sin beske vise: »Min Søn, om Du vil i Verden frem, saa buk!«,
som han udsendte tre måneder senere.

For at fastholde fejdens hovedemne, som han opfattede det, var det
magtpåliggende for Abrahamson at undgå uklarhed med hensyn til, hvad
danskerne forstod ved en tysker. På dansk havde ordet tysker nemlig en
dobbelt mening. Den ene var, at vedkommende var født i Tyskland eller
havde levet det meste af sit liv der. Det var en rent beskrivende betegnelse,
uden nogen brod. Det var den anden betydning af ordet, Abrahamson ville
gøre helt klar, og han gjorde det med den bitterhed, der helt fra starten
havde karakteriseret Tyskerfejden: »I den anden Bemærkelse bruges der-
imod dette Ord, naar man vil betegne en Tydsktalende Mand, der holder
intet for godt og smukt, naar det ikke er Tydsk, der væmmes ved det
Danske, være sig Sæder, Skikke, Sprog eller hvad det er, og er uforskammet
nok at lade sig lydelig mærke med sin tossede Tænkemaade; item den
Mand, der troer, de Dansktalende kunne ikke undvære de Tydsktalende, og
derfor indtrænger sig allevegne, uden at gjøre sig den Umage, først at
spørge, hvad til den Post udfordres, hvilken han brovter eller aaler sig ind
i«. Det var dem, der havde skabt de nedsættende begreber tyskhed og
tyskeri, og de to begreber gik Abrahamson derpå over til at præcisere:

Tydskhed kaldes da, naar en Mand brovter af alt det, han har
gjort, han har sagt; naar een laster alt det, der findes i Landet;
naar een idelig vil bemærkes, ikke kan taale at virke med, men
vil ansees for at virke aleene; naar een troer, at alle Dansk
talende ere saa uvidende, at endog almindelig Kundskab maae
doceres for dem; naar een troer om sig selv, at han er i Stand at
oplyse Nationen, medens, som oftest, hans Fakkel er kun en
tændt Svovelstikke; naar en Mand troer, at Nationen vist ikke
mærker det, at han ikke forstaaer et Embeds Detail, og følgelig
røgter Embedet ilde, dersom han kun skryder brav om sine

Indsigter. Alt dette og mere« – præciserede Abrahamson – »kaldes Tydskhed.

Tyskeri derimod var,

> naar en Tydsk Embedsmand drager idelig Tydske Mennesker ind i Bestillinger, og lader de Danske og Norske gaae hen uforsørgede; naar den Tydske Mand af nogen Indflydelse ikkun er den Danske behjælpelig, der er svag nok til at gjøre ham Cour; item naar den Norske eller Danske slaaer sig fra sine Danske og Norske Venner, og lister sig ind i Tydsk Samqvem for at tiltrygle sig en Smule Protection.

En speciel form for tyskeri var, »naar Tydsk og Dansk concurrere, og vedkommende Danske Mænd da give Tydsken Fortrin, for at lirke sig ind i en ophøjet Mands Bevaagenhed, saa kaldes ogsaa denne utaalelige Nedrighed Tydskerie. At tydske bemærker da nu ikke mere blot en Tydsk Accent i Dansk Tale, men tillige, efter Omstændighederne, enten at lade see Tydskhed eller at bruge Tydskerie«.

Abrahamsons recension af *Ausrufungen* mundede ud i en advarsel: hvad »vore Holsteenske Medborgere især angaaer, saa bør de ikke fortænke os andre i, at vi tidt og ofte skjære dem over een Kam med Transalbinerne. En heel Deel af dem gjøre sig desværre alt for tidt skyldige i Tydskhedens og Tydskeriets Usømmeligheder, og, det som værre er, de vil med al Magt være Tydske, og intet uden Tydske«. Hvormed de kraftigt tærede »paa den medborgerlige Velvillie, vi saa gjerne havde til dem«.

Hermed havde Abrahamson formuleret mange danskes opfattelse, med den klarhed og skarphed, der var ham egen. Med anmeldelsen af *Ausrufungen* i begyndelsen af november 1789 lod den nationale konfrontation sig ikke længere inddæmme.

3. Kombattanterne

Samtlige indlæg i den nationale konfrontation udkom anonymt. Det rejser spørgsmålene: hvem var forfatterne? Og var de virkelig anonyme?

Man vidste i København, at indlæggene ikke blot kunne afvises med, at de var skrevet af radikale – efter nogles mening: uansvarlige – skribenter som N.D. Riegels og P.A. Heiberg. Tyskerfejden kan ikke tænkes uden deres vitriol og vid, og de medvirkede klart til at skærpe spændingsforholdet mellem dansk og tysk. Teologen og forfatteren M.G. Birckner, der selv tog del i de års offentlige debat med en række vægtige indlæg, og som utvivlsomt var vel informeret om, hvem der skjulte sig bag anonymiteten, karakteriserede imidlertid Tyskerfejden som udtryk for en »Antigermanisme«, hvor »ikke blot Skribenterpøbelen, men selv Mænd, der med Føie kunde regnes blandt agtværdige Skribentere, med bittert Had forfulgte alt, hvad der bar Navn af Tydsk, ja den hele tydske Nation«.[102]

Det er tvivlsomt, hvorvidt nogle læsere kendte samtlige forfattere. Men én læser – den unge fuldmægtig i Generaltoldkammeret, Johan Philip Rosenstand-Goiske, der selv deltog i tidens debat og som supplerede sin beskedne gage med at forfatte nyhedsbreve om hoffet og byen til læsere i Vestindien – gjorde ihvertfald et forsøg på at trænge bag om Tyskerfejdens anonymitet.[103] Han forsøgte sig med opsøgende journalistik: »Jeg har gjort mig megen Umage for at faae den rette Aarsag at vide til denne Misfornøielse, og bedet de vigtigste antitydskere sige mig Data som ere grundige Aarsager til det nu værende Had«. Neutralitet i konfrontationen kan vanskeligt tænkes, og den unge embedsmands konservative og systemloyale holdning farver, hvad han fandt. »Alt hvad man har anført« – bagatelliserede han – »ere følgende. Professor Cramer i Kiel har i Fior angreben det danske Folk og Sprog i Striden for Baggesen. Professor Eggers har talt haanligen om Nationens Lærde, den unge Münter var bleven Professor i Theologien, nogle Familier, Ministrenes, og andres, tale bestandig tydsk imellem dem, Generalmajor Wegener kan ei tale dansk, en Lieutenant har sagt at han aldrig vilde lære dansk, Printzen af Augustenborg skrev til Consistorium paa tydsk. En høi Herre« – formentlig sigter Rosenstand-Goiske til kronprins Frederik eller til prins Carl af Hessen – »gav sit Behag tilkiende ved en Maneuvre til Officererne paa tydsk, nogle hessiske Officerer ere indkomne i Armeen«.

Punkt for punkt mente Rosenstand-Goiske sig i stand til at tilbagevise anklagepunkterne som ubetydelige. Selv synes han ikke at have haft sans for konfrontationens følelsesmæssige intensitet; og han spurgte: »Alt dette er det noget at giøre Raab og Skrig om?« Navnlig det, at danskerne betegnede kongens undersåtter i rigets tyske provinser som tyskere, bekym-

---

102. Afhandlingen *Om Kierlighed til Fædrelandet* i A.S. Ørsted (udg.): *M.G. Birckners efterladte Skrifter*. 1800, s. 59.
103. Juni 1790 i *Maanedlige Efterretninger skrevne af Johan Philip Rosenstand-Goiske 1785-1791*. Det kongelige Bibliotek. Nye kgl. Saml. 2100. 8⁰.

Johan Philip Rosenstand-Goiske (1754-1815) supplerede sin beskedne løn som fuldmægtig i det vestindisk-guineiske Rente- og Generaltoldkammer ved at forfatte en månedlig nyhedsavis for velstående vestindiske embedsmænd og plantageejere, der ønskede at følge med i det seneste nye fra hoffet og hovedstaden. Hans *Maanedlige Efterretninger*, der er bevaret for årene 1785-91, er en hovedkilde til, hvad der rørte sig i Kongens København under den polerede overflade. Malet af Jens Juel omkring 1800. Frederiksborg.

rede ham som embedsmand: »for mig, jeg troer mange tænke med mig, er det et af de sørgeligste Optrin, at see et og samme Kongeriges Provindser paa en Tid i Europa, da samme ei nok kunde forenes, blive oversvømmet med Piecer, som dog letteligen indlade Indtryk og i et critisk Øieblik kunde bestemme Folkene imod hinanden«.

Det var imidlertid begrænset, hvad Rosenstand-Goiske kunne meddele af forfatternavne: »Forfatterne i Minerva ansee man at være Kammerherre Hennings og Secretair Pram, hvoraf den første umiddelbar tager sig af Tydskerne og den anden synes at ville jevne Sagen, men neppe har naaet sit Maal. Antitydskeren meener man at være Capitain Abrahamson«.

At tyskernes forsvarer skulle være amtmanden i Plön, August Hennings, er ikke sandsynligt.[104] Identifikationen af *Minervas* redaktør Christen Pram og af Werner Abrahamson er derimod korrekt – idet Rosenstand-Goiske og hans kreds dog ikke synes at have fattet alvoren og ensidigheden i Prams indlæg. Når det gælder konfrontationens kombattanter, er det M.G. Birckner, der med sin karakteristik kommer sandheden nærmest: de var »Mænd, der med Føie kunde regnes blandt de agtværdige Skribentere«. Som sådan skrev de. Og som sådan blev de læst. Hvad enten man brød sig om det eller ikke, var Tyskerfejden blodig alvor.

4. Ironiens våben

Påfaldende sent havde Werner Abrahamson taget handsken op. Hans anmeldelse af *Ausrufungen* kom først et halvt år efter, at skriftet var udkommet.

I *Nyeste kiøbenhavnske Efterretninger* skrev han i midten af oktober 1789 en anmeldelse af Holger Danske, hvori han trods anerkendende ord lod forstå,

---

104. Stilen ligner ikke, og oversigten over hans manuskripter i *Danske Magazin* VII: 1. 1934, s. 210-14 antyder ikke et nationalt engagement, jvfr. dog fortegnelsens nr. 16. Hans biografer nævner intet om en interesse for nationale spørgsmål. Se Joachim Hild: *August Hennings*. Erlangen 1932, og Hans W. Ritschl: *August Adolph Friedrich von Hennings 1746-1826*. Neumünster 1979.

at han principielt var imod opera. Det var dog først i det følgende nummer af tidsskriftet, hvor han anmeldte Cramers oversættelse, at han blev skarp. Han havde blik for oversættelsens kvaliteter, men Cramers tyske akademiske manerer irriterede ham, og navnlig vendte han sig mod Cramers protegerende tone over for dansk kultur og mod, at han hævede Baggesen over Ewald. Da denne tone og denne vurdering gik igen i Cramers skrift om Baggesen, som Abrahamson anmeldte i midten af november, gik den danske anmelder til attak. Cramer blev som nævnt præsenteret som »det arme, forladte, forhadte og vankundige Danske Folks høigunstige Patron, Protector og – det som er uendelig mere at skjønne paa – Lærer og Oplyser«. Cramer fik læst og påskrevet, og Abrahamson lod ham og læserne forstå, at en sådan tysk fremhæven af Baggesen på Ewalds bekostning var dobbelt påtrængende, »da det ej var ubekjendt at Hr. Baggesen nød udmærket Yndest i adskillige ophøiede og andre Tydske Familier«.[105]

Sit mesterstykke i Tyskerfejden præsterede Abrahamson dog med sit vittige og bidende ironiske anonyme indlæg: *Svar til Ø fra Z*, der blev bragt i *Minervas* november-nummer.[106] Fiktionen i indlægget var, at en tysker i et brev havde spurgt en dansker, »hvorfor saa megen Misfornøielse hersker hos Endeel af Deres Nation imod vores; en Misfornøielse, der gaaer næsten til Had og Afskye«? Danskeren havde svaret med at anføre »især fire Bebreidelser«, og det var så dem, den fingerede tysker kommenterede og besvarede i *Minerva*. Der er ingen tvivl om, at danske kredse har godtet sig over den overlegne og bedrevidende holdning, Abrahamson udstyrede sin tyske brevskriver med. Forhåbentlig har de samme danske kredse også opfattet, at kritikken fra Abrahamsons side i højere grad var vendt mod danskerne, og at det var dem selv, der skulle – og kunne – forbedre sig.

Den første danske klage havde været, at brevskriverens tyske landsmænd »føle for meget vort eget Værd, eller med Deres vel stærke Udtryk: at vi skryde saa meget«. Svaret var, at det skyldtes,

> hvad De kalder Deres Nationaldyd, denne ubegribelige Beskedenhed (Følelsesløshed kalder jeg det) som Deres virkelige Lærde og Kunstnere og Arbeidere idelig vise.« Det var dansker-

105. *Nyeste kiøbenhavnske Efterretninger om lærde Sager* 1789 nr. 41, 42, 43, 45 og 47. Samtlige recensioner bærer Abrahamsons mærke: H.J.
106. Identifikation: N.M. Petersen: anf. skr. s. 79. Noten »Oversat« skyldes formentlig fiktionen om, at det var et svar fra en tysker til en dansker. Den kryptiske titel kan muligt forklares med, at Ø var sidste bogstav i det danske alfabet og Z tilsvarende i det tyske. I så fald skulle det betyde det sidste ord i sagen.

nes egen fejl, at tyskerne fik lov at tage brødet ud af munden på dem: »tag De hvilken Nation De vil, tag den beskedneste under Solen, tag Deres egen: lad et andet Folk, der i Henseende til egne Fortienester er beskedent, behandle den, som vi behandles af Dem, og see saa, om ikke samme Virkninger ville følge. Giør f.Ex. det eene Folks Degne til Bisper, dets Sekretærer til Stats-raader, dets Lieutenanter til Generaler, dets Studenter til Pro-fessorer hos det andet Folk, og det maatte gaae forunderlig til, skulde ikke de Fremmede tiltroe sig, om ikke Mirakelgaver, saa dog overordentlige Fortienester.

Den anden danske klage havde været, at tyskerne trængte sig ind i embe-der, »til Forfang for Landets Indfødte«. Men danskeren havde været naiv nok til at vedgå, at den, der indkaldte tyskerne, »var selv ingen Indfødt, eller vilde ikke være det«. Til hvilket den tyske brevskriver kunne svare: »Hvad kommer det mig ved; hvi gave I ham Ret at foreslage til Embeder?«

Også den tredje danske klage havde en boomerangeffekt. Danskeren havde bebrejdet tyskerne »en total Ukyndighed i Landets og dets saa forskiellige Provindsers Beskaffenhed, Skikke, Love, Sprog med videre«. Svaret kom prompte. Overklassen i Danmark var jo lige så ukyndig. Den havde rejst i Tyskland, Frankrig, Italien, England og Holland, men aldrig i Danmark; den læste ikke bøger på dansk; og hvordan skulle tyskerne iøvrigt kunne lære noget om danske forhold? »Vi søge, som billigt er, ingen Selskaber, uden dem af vores Landsmænd og Landsqvinder, og kommer der nogen af Deres, saa have vi saa meget andet at tale om, og vi ere tillige saa mange der tale, at Deres Folk ikke faae indført meget, om de ogsaa vide noget«. Efter tyskerens mening kunne Danmark ikke have overlevet som stat uden tyske embedsmænd, »og endeel af Deres Medborgere synes at være af samme Formening«. Og hvordan skulle tyskerne kunne lære dansk, når overklassen selv ikke læste danske bøger: »skal en Bog i deres Sprog finde Læsere, saa maa den være oversat (slet eller godt oversat, det spørges ikke om)«. Og tyskeren fortsatte med at ridse i saaret: »Skal vi lære Sproget af Omgang? Det veed De jo ligesaa godt som jeg, at i de høiere Cirkler kun tales fransk; thi saaledes er Fornuftens eget Bydende; i andre Selskaber – saasnart man kun har en Formodning om hvad Landsmænd vi ere, strax tale alle Deres Medborgere vort Sprog eller rettere, de fremføre deres Tanker i et Sprog, der har en Slags Lighed med vort, men de tage sig omhyggeligt i Agt ikke at tale deres eget«. Den tyske brevskriver var ikke til at standse. Skulle tyskerne virkelig umage sig for »at insinuere os hos Deres

Folk? Den Tanke er aldrig opstaaet i vor Hierne. Insinuerede ere vi jo allerede ved vort Fædreland, paa alle de Steder, hvor det kan hielpe os at staae i Yndest; og hvad heele Resten af Folket angaaer, da har det hidtil veiet saare lidet hos os, om de elskede eller hadede os. Det kommer dem til at insinuere sig hos os, og ikke omvendt«. Og til slut: »Tale vi da ikke Deres Sprog, give vi os end ikke den Umage at kunne forstaae det, saa spørg Deres egne Landsmænd om Aarsagen. De kan med det samme spørge dem, hvorfor Modersmaalet i ingen Skoler læres grammatikalsk?«

Den fjerde danske klage havde som venteligt været, at tyskerne altid fremhævede Tyskland for Danmark og altid understregede forskellen mellem 'bei mir' og det ringere 'hier'. Den tyske brevskriver erkendte, at han ikke ville vove at opføre sig sådan andre steder, »af Frygt for at Diskursen kunde gaae over fra Tale til Handling«. Men i Danmark behøvede tyskerne ikke at lægge bånd på sig. Det er

> jo Tonen i alle Deres Selskaber, at de selv laste uafladelig alt hvad som findes hos Dem, fra Øllet af indtil Videnskaberne, fra Skoesollerne til Krigsstanden, fra Skibsfarten til Regieringen; intet, aldeles intet er frit for at det jo vrages. Ikke en tolvaars Pilt, ikke en 10 Aars Jomfrue, som jo veed at tale meget færdig om slemme Feil i Statens Bestyrelse, i Politievæsenet, i Landhusholdningen, i Handelssystemet, i Krigsvæsenet baade til Lands og til Vands; o i alting, i alting. Klage og Jammer allevegne. Barnagtige Munde gaae, og gamle Hoveder rystes, og betænkelige Miner sees paa de tankeløseste Ansigter; kort ingen Franskmand kan tale ynkeligere og med flere Bebreidelser om sit Lands nærværende rædsomme Forfatning, end Deres Herrer og Damer tale om Deres Land.

Da danskeren samtidig havde hævdet, at det var en grovhed, at tyskerne som gæster kritiserede danskerne, faldt hammeren med et brag. Den, der ikke agtede sig selv, kunne ikke gøre krav på andres agtelse:

> Man tvinger sig aldrig uden for Personer, man agter. Siig nu De mig, kan jeg agte det Dyr, der slikker den Fod, der træder det paa Halsen; selv kaster sig hen for at trædes paa? Naar et Folk i lang Tid ringeagter ja foragter alt sit eget: Mennesker, Naturproducter, Skikke, Sprog, Arbeide, kort: Alt, uden Undtagelse; higer i alle disse Deele og i titusinde andre efter idel Fremmed, fra Kareten til Tobaksdaasen, fra Kiolknappen til Skoespænderne, fra Frisøren til Huuslæreren, fra Staalnarrerie til Florsnar-

rerie; naar det er og vil være et evigt Blandingsgods af for-
skiellige andre Nationers Art og Væsen; taber derved sin
Selvstændighed, sin Nationalfølelse; favner med Gridskhed
hver Fremmed, der lader sig see; og taaler af ham Forhaanelser,
der i hver anden Nation vilde trætte en Martyrs Taalmodighed;
naar et Folk giør saa, hvad Rettighed har da De, eller en anden
enkelt Mand af samme Folk, at klage, naar man tilsidesætter al
Agtelse, og behandler dem, som Spartanerne fordum deres
Heloter?

Abrahamsons fingerede brev, der fremkom i de års største og mest læste
tidsskrift, var et bidende angreb på en række iøjnefaldende danske svag-
heder, hvor den udæskende tyske brevskriver blot var brugt som et prisme.
Hans angreb på landets overklasse med dens totale mangel på kulturel
lydhørhed og national forståelse var imidlertid ikke mindre bidende, samti-
dig med at det var mere direkte i form og sigte. Abrahamsons indlæg i
Tyskerfejden blev læst og husket, og det var ikke uden bekymring, at
Rosenstand-Goiske som et resultat af sin opsøgende journalistik om fejden
måtte erkende, at »hans Navn betrygger for at have nedrige Hensigter«.[107]

5. Folkets Røst om Tyskerne

Abrahamsons ironi fremkaldte det første tyske svar i Tyskerfejden. Det
udkom anonymt sidst på året 1789, under titlen *Folkets Røst om Tydskerne*, og
dets forfatter kendes ikke.[108]

107. Som note 103.
108. N.M. Petersen skriver, at »Forfatteren er ubekjemdt« (s. 82). Han synes at tillægge
efterskriften: »Forfatteren beder om Undskyldning for de mueligen indløbne Trykfeil, da
han som fraværende, ikke selv kunde besørge Correcturen« betydning. Det behøver ikke
at være mere end et røgslør i den anonyme debat. Signaturen: H, der muligvis har fået
offentligheden til at gætte på August Hennings, jvfr. også Rosenstand-Goiskes for-
modning, står mere sandsynligt for bogtrykkeren Paul Hermann Höecke.
　At skriftet er et svar på Abrahamsons artikel i *Minerva*, synes at fremgå af indlednings-
ordene: »Nei, kiære Ven, du har Uret. Vi bør ikke laste Nationen, om den ei mere vil
tilbede alt, hvad der er Fremmed«.

Werner Abrahamson (1744-1812) var af tysk slægt, men opvokset i Danmark, hvor han blev lærer ved Landkadetakademiet og ægtede en niece af Tyge Rothe. Han var en uafhængig og retsindig ånd, som var i stand til at bevare kronprins Frederiks velvilje også efter at have offentliggjort den socialt desillusionerede vise *Min Søn, om Du vil i Verden frem, saa buk!* Med sit intense dansk-nationale engagement og sin ætsende ironi blev han Tyskerfejdens skarpeste kritiker af tyskerne. Stik af Lahde 1805 efter tegning fra 1803. Det kongelige Bibliotek.

Skriftet var taktisk velovervejet. Udtrykket »Folkets Røst« fremkaldte associationer om noget ansvarligt og velovervejet. Det kritiserede indledningsvis en række urimeligheder fra tyskernes side. Og i sin konklusion: at det var rimeligt at ansætte fremmede, støttede det sig på opfattelsen hos den mest fremtrædende skikkelse i den danske offentlighed: Tyge Rothe. Taktisk søgte forfatteren endvidere at splitte den danske opinion gennem at isolere enkelte tydeligt genkendelige radikale skribenter fra *Folkets Røst*.[109]

Den beroligende indrømmelse af nationale urimeligheder indledte skriftet. »Længe nok ere Danske og Norske tilsidesatte for Udlændingen«. Og forfatteren fortsatte: »Har man ikke seet de vigtigste Embeder i deres Hænder lige siden Christian 5tes Tid? Hos os have de opnaaet Rigdom, Ære, Magt. De have takket Nationen ved at foragte den, fordi den er stille og beskeden«. Og videre: »De have meest tænkt paa at berige sig, deres Paarørende og Creaturer; saa maatte de lukke Øinene for Misbrug og Uretfærdighed, for ikke at opvække Fiender. De have foragtet Landets indfødte Børn, nedtrykket Nationalskhed, standset Nationens Fremgang i Videnskaberne, da de ikke opmuntrede uden fremmede Lærde. Sandelig! de have høiligen fornærmet Nationen. De have stor Skyld i, at vi ikke ere det, vi kunde og burde være«.

Forfatteren gjorde sig til fortaler for en sund »Nationalskhed«, og udbrød: »Lad os blive Danske og Norske! Lad de Rige og Fornemme, lad Middelstanden giøre som meenig Mand, Denne er Gud skee Lov ei endnu befængt med daarlig Beundring af Fremmede. Lad alle i Landet giøre ligesaa; Du skal snart see, at alting vil blive bedre, at Nationens Styrke voxer, jo mere Nationalskhed tiltager«. Tillidsvækkende var det også, at den anonyme forfatter erkendte det som et problem, at mange holstenere fik embeder i København. Han stillede sig imidlertid på Indfødsrettens grund, når han hævdede, at et embede burde gives til den dueligste, »han være født i Altona eller i Kiøbenhavn«.

Hermed havde den anonyme forfatter på de første otte af skriftets 34 sider præsenteret sig som ærlig og fordomsfri. Resten af skriftet brugte han til at tale det 18. århundredes kosmopolitiske sag over for de danske »Pseudo-Patrioter«.

Danmark havde altid haft – og havde fortsat – behov for at lære af udlandet og at ansætte fremmede, når kvalificerede danske ikke fandtes.

109. Det er ganske raffineret at henvise til Tyge Rothes autoritet, så meget mere som Werner Abrahamsons hustru var en niece af Tyge Rothe og opvokset i huset hos farbroderen.

Derfor var det også en selvfølge, »at Fremmede, der leve iblandt os, skal vise Agtelse og Kiærlighed for Nationen; at den Fremmede, hvis Pligt og Embede kræver, at han taler Dansk, skal lægge sig efter vort Sprog, studere vor Litteratur«. Men forfatteren vendte sig i samme åndedrag mod »vore Patrioter«, der ikke ville gå på noget kompromis, men forlangte et fuldstændigt fejlfrit dansk – et krav mange danske ikke selv var i stand til at honorere. Og han vendte sig ligeledes mod »hiint ubesindigt Had til Fremmede« og mod »hine rasende Fordomme, hvorved man vil nedsætte fremmed Fortieneste uden nogen Forskiæl«. »Men det er ikke heller Folket, der tænker saaledes om de Fremmede, som leve hos os. Ingen retsindig, ingen fornuftig Mand skriver i saa uanstændig Tone. Den hersker ikke uden i visse ephemeriske Produkter, hvis ondskabsfulde Forfattere veed at give dem en Slags Popularitæt. Deres sorte Hiertes Arrighed indføres i Patriotens Maske, som de efterabe ved at angribe nogle virkelige Misbrug for Syns Skyld. Nogle selvkloge Unge, nogle dumdristige Grønskaallinger søge at udbasune disse Orakler, for at skiule deres egen Uduelighed«.[110]

Sit budskab legitimerede den anonyme forfatter af *Folkets Røst* ved at lade Tyge Rothe formulere det: »Først vilde Regenten giøre eet af os alle, os Danmarks, Norges og Holsteens, det er Danne-Rigets Mennesker. Det er Slægten, hvilken fik een Ret til al den Masse af Fordele, den Staten kan faa sig at uddele; det er Brødrene, hvilke skulle nyde den Arv tilhobe, og ingen Fremmed skal tilvende sig Lod af Arven«. Men samtidig med at Tyge Rothe i 1777 havde prist Indfødsretten, havde han hævdet sin ungdoms kosmopolitiske holdning: »Vi ere da eet: vi ere da Brødre, og een Slægt: vi af Statens de trende store Dele, og de andre ere Fremmede. Men hvad er det, at de ere Fremmede? skulde der intet Slægtskab være imellem dem og os? Bort med den Tanke! Vi ere først Mennesker: saa Borgere«.[111]

Med Tyge Rothe i ryggen kunne den anonyme forfatter derfor slutte med at erklære sin »Kierlighed til alle Statens gode Borgere, om de end vare fødte paa fremmed Sted«. Og vendt mod de pseudopatrioter, han ville isolere, udbrød han:

> Hvo kan da tænke uden Afskye og Foragt paa de arrige, ondskabsfulde Mennesker, der vil opirre Fredelige Borgere mod hverandre, der af nedrige Hensigter misbruge det hellige Navn

---

110. De »tvende onde Mennesker, som brændemærkes ved almindelig Had og Foragt«, er formentlig N.D. Riegels og P.A. Heiberg.
111. Tyge Rothe: *Om Indfødsretten: Til hvo der vil dømme om den, og hvo der vil nyde Got af den.* 1777.

af Kiærlighed til Fædrenelandet, for at forstyrre Indbyggernes
Lyksalighed?   Hvo skulde da ikke stræbe, at fremstille disse
Fædrenelandets Fiender i deres sande Lys, som en Vanære for
den menneskelige Slægt, som et Udskud af vores Nation?

Det lykkedes faktisk forfatteren gennem den valgte taktik at få en del læsere
til at acceptere pjecen som folkets røst og til at søge mod midten i debatten
og tage afstand fra antigermanisme og pseudopatriotisme. I slutningen af
februar 1790 – mens Tyskerfejden var på sit højeste – roste anmelderen i
Kritik og Antikritik forfatterens »Nationalskhed«. Anmelderen kunne til-
slutte sig kritikken af misbrug: »Danske og Norske Mænd kan da umuelig
blive ligegyldig ved at see en unge Holsteener komme for at lære os, at vi
ingen Indsigt have i Statsvidenskaber, og for at laste vort Sprog, som han
selv ikke forstaaer« – hentydningen til Bernstorff-protegeen C.U.D. von
Eggers var umisforståelig – »samt ved at erfare, at mange Holsteenske og
fremmede Embedsmænd i Hovedstaden ikke gjøre det mindste for at vinde
Nationens Yndest, men tvertimod haane den«. Men anmelderen videregav
selv uafvidende skriftets budskab om at sky ekstremerne og søge mod
midten – i sig selv en sejr for forfatteren i den eksisterende spændte
situation.[112]

Anmelderen i *Nyeste kiøbenhavnske Efterretninger* så derimod gennem tak-
tikken i *Folkets Røst om Tydskerne*. Han tilsluttede sig beredvilligt de mange
eksempler på national urimelighed. Men han vendte sig skarpt mod for-
fatterens billede af de danske debattører som få, og »ondskabsfulde, med
sorte Hierter«. Sandheden var, at »ret mange derimod ytre sig i Samtaler, og
ikke i Løndom, mod denne Landeplage, og de ere ikke 'selvkloge Unge, og
dumdristige Grønskollinger', som Forf. i sin kuriøse Nidkjerhed udskjelder
dem for. Hædersmænd af Alder og Talenter, Mænd af Stand og megen
Kundskab ere alle enige i de samme Klager«.[113]

Forfatteren til *Folkets Røst om Tydskerne* fik ikke held til at splitte den
danske front og skabe samling omkring midten. Tyskerfejden fortsatte med
uformindsket styrke ind i det nye år.

112. *Kritik og Antikritik* 1790 nr. 14, 23. februar.
113. *Nyeste kiøbenhavnske Efterretninger om lærde Sager* 1790 nr. 31. Anmeldelsen, der også
    recenserer de øvrige pjecer i Tyskerfejden, er signeret: W.B.

6. Statens grænser – og nationens

Januar 1790 blev betydningsfuld for Tyskerfejdens videre forløb. Et nyt indlæg fra tysk side skærpede tonen i debatten bemærkelsesværdigt, og fremprovokerede tre nye danske skrifter. Og fælles for de fire bidrag var, at de diskuterede det ømtålelige spørgsmål om forholdet mellem stat og nationalitet: hvorvidt Danmarks grænse gik ved Ejderen eller ved Elben.

Året begyndte med et anonymt indlæg i *Minervas* januar-nummer: *Til Forfatteren af Folkets Røst om Tydskerne*.[114] Når det skærpede tonen i fejden, skyldtes det dels, at skribenten afviste de indrømmelser af nationale misbrug, som forfatteren af *Folkets Røst om Tydskerne* havde valgt at give, dels at han skarpere end sin medkombattant hævdede, at dygtighed burde prioriteres højere end nationale hensyn, og endvidere at han krævede politimesterens indskriden mod de rabiate skribenter.

Indledningsvis vendte han sig mod indrømmelser af nationale misbrug, fordi de efter hans mening blot ville blive udnyttet af »Niddinger, eller andre arrige og ondskabsfulde Mennesker, der gierne vil være Publici Stemme«. Og, fortsatte han:

> hvorfor blande Holsteenere med Fremmede? Ere de ikke vore Brødre, ligesaavel som Danske og Norske? hvorfor skulde Holsteenerne ikke have Embeder i Landet? Hvor mange Danske og Norske findes ikke i det Holsteenske? hvorfor skal den ene foretrækkes for den anden? Ere de ikke lige? bør den Duelige ikke stedse nyde Fortrinet? Duelighed allene giør Udslaget, hvorfor da klage over de mange Holsteenere, der findes i Hovedstaden? talte du dem og de Fremmede, vilde du maaskee undres over, at finde langt færre, end du venter.

Med sin helstatspatriotisme var forfatteren på lovens grund. Det virkeligt udfordrende i artiklen var, at han udtrykkeligt argumenterede for indkaldelsen af fremmede.

Hans taktik var her at henvise til navne, der var almindeligt agtede og – formentlig – hævede over kritik. Han fremhævede derfor J.H.E. Bernstorff, »der var den første til at bryde Iisen med at give den hæderlige Bondestand

---

114. N.M. Petersen (s. 84) kan ikke identificere forfatteren. Indlægget præges af en gammelmerkantilistisk virkende interesse for økonomiske forhold. Enhver, der bidrager til helstatens selvforsyning, »er en sand Indfødt, om han end kom fra China«. Sprog og tankegang fører tanken hen på Ludvig Reventlow, jvfr. hans under note 138 refererede brev af 26. september 1790.

den Agtelse og Frihed, vi ønske og Regieringen attraaer«, og teologen J.A. Cramer, hvis lærerseminarium i Kiel han håbede ville blive efterlignet i Danmark: »ved hans nidkiere Iver frydes Skolerne paa Trolleborg, Frederiksgave, Lindenborg og Christianssæde med en fornuftigere og hensigtsfuldere Underviisning«. Det var godsejerne Ernst Schimmelmann og brødrene Christian Ditlev og Ludvig Reventlow – og ejendommeligt nok den bondefødte danske storkøbmand Niels Ryberg – forfatteren fremhævede, og som han fandt det urimeligt at slå i hartkorn med de med rette angrebne »Favoritter«.[115] Nok ønskede han, »at enhver Dansk, Norsk eller Holsteensk vil før have Adgang til Embeder, end fremmede ubekiendte«; men – fortsatte han – »skulde, burde det ikke være Regieringens helligste Pligt, saaledes at opsøge de dueligste Mænd, hvor de end fandtes?« Og som en røst fra Frederik 5.s tid sluttede han sit argument med ordene: »Jeg kiender i det mindste ingen frydefuldere og misundelsesværdigere Følelse for en Regent, end saaledes at samle omkring sig alle de meest hensigtsfuld virkende Hiul, Danske, Norske, Holsteenske og Fremmede, alt ligesom de fandtes at svare bedst til Hensigten«.

Og som om dette ikke var nok, udfordrede han yderligere den danske offentlighed ved at sætte spørgsmålstegn ved ytringsfriheden:

> Kun een Bøn har jeg endnu, at vi alle, Danske, Norske og Holsteenere foreene os om, at æske Regieringen, at alle ondskabsfulde Forfattere, saasom R, og H.[116] offentligen maatte brændemærkes med den Løn, deres sorte Hiertes Arrighed, iklædt en Slags Popularitet, fortiener; og de være underkastede Politiets Tiltale, der ligesaavel bør sørge for den almindelige Sikkerhed, i det moralske som det borgerlige.

Påkaldelsen af de fortjenstfulde navne og opfordringen til den tyskprægede kreds af magthavere om at skride ind kunne ikke redde »den Minervalske Brevskriver« fra de vrede anmeldere. I *Kritik og Antikritik* kaldtes indlægget for »det forgiftige og dræbende Tydskerie«, der var skrevet for »fordervede Tydske Øren«, »til liden Trøst for Tydskeriets Elskere«; anmelderen faldt over artiklens »Dictatormeninger, Deklamationsfloskler, enkelte Urimeligheder og Ubluheder«, og fandt, at »Slutningen af alt bliver, at han med megen Støi har sagt intet«.[117] Anmelderen i *Nyeste kiøbenhavnske Efterret-*

---

115. Der henvises formentlig til ansættelsen af uddannede lærere fra seminariet i Kiel.
116. F. Rønning (*Rationalismens Tidsalder*. III: 1. 1896) har utvivlsomt ret i (s. 406) at opfatte det som en henvisning til N.D. Riegels og P.A. Heiberg.
117. De danske modindlæg er anmeldt i *Kritik og Antikritik* 1790 nr. 25, 11. maj, uden signatur.

ninger om lærde Sager afviste indlægget med, at »naar man saaledes frisk
nægter Facta, man slipper da allernemmest til at beholde Ret i hvad man
falder paa at paastaae«. Forslaget om ophævelse af Indfødsretten var imid-
lertid en »Uforskammenhed«, der gik »for vidt, dertil kunde ikke ties«.[118]

Tre skribenter fandt ihvertfald, at de ikke kunne tie på tryk.

Det mest interessante af de tre indlæg bar titlen *Anmærkninger til Stykket i
Minervas Januar, kaldet Til Forfatteren af Folkets Røst om Tydskerne.* Det udkom
anonymt, men det heftige engagement har formentlig for de fleste røbet, at
forfatteren var Werner Abrahamson.[119] Og skriftet var bemærkelsesværdigt
ved på én gang at hævde Indfødsretten og sætte spørgsmålstegn ved den.

Da den anonyme tyske skribent i *Minerva* havde rejst tvivl om de danske
skribenters loyalitet, var det Abrahamson magtpåliggende at markere, at de
var loyale. »Det danske Publikum« – hævdede han – »stormer ikke sin
Regiering, men Tak være den samme just frygtfrie Regiering, danske
Mænd, der have sat sig hen over Frygt for skiulte Efterstræbelser, gribe
Pennen og sige paa Prent, hvad de i mange Aar og af mange deres Med-
borgre have hørt mundtlig. Despoten frygter, og derfor binder Tunge og
Pen, men Enevoldsmagten i Danmark og Norge frygter ikke, og lader derfor
Tunge og Pen i Frihed. Opmærksom bliver den gode Regent, naar Ting
paatales, som kunne være anderledes end de ere«.

Med denne loyalitetserklæring til magthaverne og denne appel til den
opinionsstyrede enevælde vendte Abrahamson sig dels mod ligestillingen
af holstenerne med danske og norske, dels mod påstanden om, »hvor
skiønt det var, om vi forskreve hele Skibsladninger og Fragtvogne fulde af
fremmede Mænd ind til os«.

Først forsvarede Abrahamson Indfødsretten:

> Det er Forfatterens ramme Alvor, at vi aldrig kunde være bedre
> faren, end om Indfødsretten aldeles ophævedes. Der have vi
> hans Hiertes skiulte Tanke. Indfødsretten, den slemme Indføds-
> ret, den Torn i Transalbinernes Øien (og i somme Nordalbingi-
> ers med, Himlen veed hvorfor) den skal afskaffes; den er Lan-
> dets Ruin, fik man den af Veien, saa kunde Hærskarers
> Mangfoldighed drage herind og trives af Landets Marv. Hvor-
> ledes en Mand, der giver sig ud for Dansk, kan prostituere sig

---

118. *Nyeste kiøbenhavnske Efterretninger om lærde Sager* 1790 nr. 31, s. 488-89, signeret W.B. Fra
    begyndelsen af august.
119. Både N.M. Petersen (s. 85) og F. Rønning (s. 406) angiver Abrahamson som forfatter.

saaledes, det er ubegribeligt. Han har derved trykt Tydskhedens umiskiendeligste Præg paa sit Arbeide, thi kun allemannisk Danophobie kan føde den Tanke, at vore Regenter saaledes kunde eller vilde spøge med deres Kongeord, at tilintetgiøre en Lov, der just af alle har faaet de stærkeste Forsikringer om aldrig at skulle rokkes.« Og med tydelig appel til magthaverne spurgte Abrahamson, hvem der mon kunne »tiltroe vore Konger, at de saa aldeles foragtede det Folk der lader sig styre af dem, at de kunde offentlig vise mod Folket den bitreste af alle Forhaanelser. Saa længe Indfødsretten ikke var givet, saa længe Kongen ikke havde lagt sit hellige Ords Band paa sig og sine Statstienere, saa længe sukkede man, men taug. Men nu, nu kan det aldrig opstaa i den danske Konges Hierte, at sætte Foden paa Nakken af et Folk, der elsker sine Konger med en synderlig Kierlighed, et Folk, der først efter Indfødsrettens Forkyndelse har kunnet begynde at føle sig som Nation, at være værd at regiere over.

Abrahamson stævnede derfor sin anonyme modstander for offentlighedens domstol:

Sandelig den Mand, der turde formaste sig, at foreslaae for Kongen Indfødsrettens Ophævelse eller Krænkelse, den Forvovne vilde møde bitter Spot hos Kongen, og rædsomt Had af Folket; thi just ved dette vort Palladium, taale vi nu ikke meere at Medborgere undergrave Nationens Ære og Selvstændighed, stode end disse Medborgere høiere end denne Forfatter staaer. Og sandelig, de Tider ere ei meere, da een Medborger med haanlig Ligegyldighed kan see paa, at han er alle de Andres Afskye. Kunde det undskyldes at ønske, som Forfatteren giør, Politiets Tiltale mod en Skribent, saa var det nok mod den, der ved sit afsindige Ønske begaaer et sandt crimen læsæ nationis.

Så stor var den nationale frustration hos Abrahamson og hans meningsfæller, at han på den baggrund var i stand til at kræve en indskrænkning af den Indfødsret, han umiddelbart forinden havde hævet til skyerne.

»Skal man igientage det hundrede og atter hundrede Gange, at Hovedsagen, hvi man omsider bliver utaalmodig, er den aabenbare Ringeagtelse, de tydske Mennesker vise mod alt hvad Dansk er«. Det var jo almindeligt kendt, »hvorledes denne og hiin og atter denne havde levet 20, 30 Aar i Landet, i Residentsstaden og næppe forstaae, mindre tale Landets Sprog;

Den svære sandstensplade, der i 1671 blev sat op over Holstenporten på Rendsborg fæstning på Ejderøen, forkyndte, at Ejderfloden var Det hellige tysk-romerske Riges grænse. Da Napoleon i 1806 opløste Det tyske Rige og tillod Danmark at indlemme Holsten i det danske rige, blev stenen taget ned. Indtil 1863 blev den opbevaret i fæstningens tøjhus, hvorefter den – som et minde fra en tid, der ikke tænkte nationalt, men dynastisk – blev evakueret til København. Tøjhusmuseet.

saa den indfødte Mand maa beqvemme sig til den Ydmygelse, at tale deres Sprog til dem, hvis han vil forstaaes eller faae Svar«.

Det var med disse ord, Abrahamson forlod lovens sikre grund. For samtidig med at give »vore holsteenske Brødre« ret i, »at de ere danske Undersaatter, ere integrerede Deele af den hele Stat, bære lige med os andre i Statens Byrder, bør derfor nyde samme Andeel i Statens Fordeele«, så var det her, problemet lå. For:

> alligevel kan man ikke holde sig fra at have dem i Tankerne, naar man taler om Tydskhed; og dertil have vi følgende skiellige Grunde: Tydskheden findes i høi Grad hos disse vore kiere Holstenere; al den Uskik Krontydskerne lade see, vise de allerfleste af dem ogsaa; al den lumpne Ringeagtelse mod Danskhed

og alt hvad hos os Danske findes, høres idelig af Holstenere med ligesaa stor Uhøflighed som en Saxer eller Brandenborger, en Brunsviger, Hesser eller Meklenborger kunde bruge; Hovedstatens Sprog, som gielder fra Nordkap til Sliefjord er dem ei allene ligegyldig, men væmmelig endog, og de anvende ikke den halve Flid paa at lære dette Sprog, som de anvende paa det franske og engelske, eller som vi ærlige Danske anvende paa deres Tydsk; Holstenere klubbe sig gierne sammen, eller søge Selskab med Tydske, og Omstændighederne maa nøde dem dertil, hvis danske Folk skulle være saa lykkelige, at nyde deres Selskab; Endelig, som var dette ikke allerede nok og meer end nok, saa naar man komme for Skade og spørger Holsteneren om han er Dansk, saa gyser hans Siel tilbage og (hvis dansk Beskedenhed har allerede smittet ham saa han ikke udsiger det) Ansigtet viser tydelig og Tonen hvormed han siger: Ich bin ein Deutscher! end tydeligere, at han har omtrent samme Følelse ved Spørsmålet, som den utænkende Christen, naar man spørger, om han er Jøde: eller Proprietærens tølperagtige Søn ved Spørsmaalet: om han er Bonde«. Sammenfattende – hævdede Abrahamson – »seer jeg ikke hvorfor vi ikke skulde kalde dem Tydskere, og indeslutte Holstenerne med i vore daglige Forbønner for disse samme Tydskere.

Og hermed overskred Abrahamson den grænse, man nok havde overtrådt i fortrolige samtaler, men aldrig vovet at gøre på prent. Når det gjaldt egentlige fremmede, ønskede han, at »det ville behage Regieringen, da den eengang har giort den første Billigheds Handling og givet Indfødsretten, ogsaa at giøre den anden fuld saa billige, at vaage over dens Holdelse med troneværdig Alvor«. Når det gjaldt holstenerne, hævdede han, at de sprogligt var tyskere, og at deres kulturelle loyalitet lå syd for Elben. Og om dem fremsatte han sit lovstridige krav: »For vore holstenske Brødre ere Bestillinger nok i Holsteen og den tydsktalende Deel af Slesvig, saaog ved vore Tydske Kirker, dem vi have tre, fire af i Dannerrigets Hovedstad, ja i Provindsstæder ogsaa«.

Med andre ord: holstenerne kunne få embeder i kongens tyske provinser, og ikke andre steder. Og den hånd, Abrahamson til slut rakte frem, lignede mere en knyttet næve. Hvis tyskerne ville rette sig efter danskernes kritik, burde danskerne indrømme dem den fornødne tid dertil. Men – sluttede han truende – »ville vore tydske Venner ikke benytte sig deraf, saa kan vi paa vor Side intet giøre, uden at tilbagedrive Angreb med Angreb«.

Tonen var uforsonlig, og den gik igen i den beske vise: »Min Søn, om Du vil i Verden frem, saa buk!«, som Abrahamson publicerede i *Minerva* måneden efter, og hvor fjerde vers lød:

> Om nogen brovter med sit: bey mir!
>   Da buk,
> Og harmes Du ved hans dumme: hier!
>   Saa buk.
> Thi viid, han lønnes med Guld og Ære,
> At Du skal Konster og Viisdom lære,
>   Saa tie, buk atter,
>   Hold Munden, buk atter,
>   Og tie!

Abrahamson vidste, at han ikke stod alene. I *Kritik og Antikritik* blev hans skrift fremhævet som et eksempel på »Nationalfølelse og Fædrelandskjerlighed«; af de tre danske indlæg i januar 1790 fortjente det »den øverste Plads blant Sandhedens Forfegtere«; og det burde efter anmelderens mening »ikke være ulæst af nogen Dansk eller Norsk Mand«.[120] Og i *Nyeste kiøbenhavnske Efterretninger om lærde Sager* viede anmelderen næsten fire tættrykte sider på at give Abrahamson ret og uddybe hans påstande med egne eksempler.[121] »Unser Vaterland hedder hos dem ikke den dansknorske Stat, men Slesvig og Holsteen«; og anmelderen var alvorligt bekymret over, at »i den dansktalende Deel af Slesvig (indtil Tøndern paa Vestkanten og næsten lige til Slesvig paa østre Siden) Børnene i de Latinske Skoler undervises paa Tydsk, fast de ikke forstaae det allerringeste deraf, medens de hjemme høre intet uden Dansk«.

Det andet svar – det annonymt udsendte *Tanker i Anledning af det i Minerva for Januarii Maaned 1790 indeholde Stykke: Til Forfatteren af Folkets Røst om Tydskerne* – var bemærkelsesværdigt ved sit meget direkte angreb på den politiske ledelse, som fremstilledes som sammensat af tyskere og deres danske sympatisører.

Holdningen til den tyskdominerede regering og til den politik, den havde ført siden 1784, var kritisk på alle punkter, og adressen kunne ingen tage fejl

---

120. *Kritik og Antikritik* 1790 nr. 25, 11. maj, uden signatur.
121. *Nyeste kiøbenhavnske Efterretninger om lærde Sager* 1790 nr. 31, signeret W.B., fra begyndelsen af august. Anmelderen udtrykker her den samme bekymring for det danske sprogs skæbne i Sønderjylland, som Erik Pontoppidan havde gjort i 1745.

af. I sit skrift havde Abrahamson i en bestemt sammenhæng fremhævet Christian Ditlev Reventlow, Christian Colbiørnsen og lægen Johan Guldbrand som eksempler på danskes og norskes kvaliteter. Det fandt den vrede skribent imidlertid var »hverken meer eller mindre end Smigrerie, da Forfatteren ved at nævne saadanne Mænd, fordi de maaskee i dette Øieblik staae i Forbindelse med Tydskhedens Partie, der giver dem nogen Anseelse, vil tiltroe Nationen at være svag nok til at agte andet end virkelige Fortienester«. At skribenten her misforstod Abrahamson, er umiddelbart klart, men hans kritik er ikke desto mindre interessant ved så skarpt at fokusere på det danske og norske element i kredsen omkring de tyske magthavere. Og selv regeringens ledende skikkelse, A.P. Bernstorff, kom under kritisk behandling. Det havde i danske kredse vakt misstemning, at han i 1788 var blevet valgt til at efterfølge den lærde, danskfødte embedsmand Bolle Willum Luxdorph som præsident for Videnskabernes Selskab:[122]

> Hvor maae det ikke smerte i enhver oprigtig Fædrenelandselsker, at man i disse seneste Tider har seet et mageløst Exempel paa dette foragtelige Smigrerie! et Smigrerie begaaet af et heelt Selskab af bare danske Lærde Mænd, som glemte sig selv og deres Nationalstolthed ved at tilsidesætte de Pligter og den Agtelse, de skylde danske Fortienester!« Videnskabernes Selskab burde have valgt en lærd indfødt historiker som P.F. Suhm eller A.G. Carstens. »Man tør høit sige, at dette er en Røst af den oplyste Deel af Nationen, og ved saadan et Valg havde Selskabet viist Nationen den Agt og Selvfølelse, som det skylder sig selv og et Folk, der kan sættes jevnsides ved andre.

Den vrede skribent gik videre end nogen anden under Tyskerfejden i sin kritik af det tyske element i styret og deres danske klienter, når han spurgte, om det ikke var en ubestridelig sandhed,

> at de tydsktalende Mænd, som burde finde Embede og Brød i deres Fædreneland, have bestandigen trængt, og trænge sig dagligdagen ind i alle Embeder, der med Billighed tilkomme de dansktalende Mænd? At Indfødsretten ofte er krænket? At næsten alle Embedsmænd see igiennem tydske Briller eller Forstørrelsesglas paa de nærværende Ting, som besluttes og foretages af dem, men at Tingene blive meget mindre, naar man betragter dem med de naturlige Øine? At de Danske Mænd

122. Se herom også note 100.

saaledes fortrænges fra vort Universitet af Tydskerne, at det
herefter vil blive vanskeligt for dem at finde Plads, og at Be-
gyndelsen hermed fornemmeligen er giort ved det theologiske
Fag, der saaledes er fortydsket, at det i Fremtiden staaer Fare for
at blive danskt igien? At dette ligeledes er skeet i de høiere
Cirkler og Collegier, hvor enten Tydskere eller tydsktalende
danske Mænd bestyre Sagernes Gang? At det danske Sprog
tilligemed Folket er blevet til Foragt, og at det er Tydskernes
mindste Bekymring at lære det, men giøre endog Paastand paa
Tydsk Tiltale? At man kan nævne tydske Mænd, som have
været 40 Aar og derover i Dannemark, fortæret meget af Landets
Fedme, og dog neppe forstaae Sproget, mindre kunne tale det?

Skarpest var skribenten dog i sit angreb på, hvad han betragtede som de
danske renegater, der gik tyskernes ærende:

Ufordrageligen er det at see, at de tydsktalende Mænd ligesom
ved en indbyrdes tiltrækkende Kraft klynge sig tilsammen; ufor-
drageligere, naar de ved denne Kraft drages ind i Embeder,
hvortil de ere uduelige, til de Danskes og Norskes uforsvarlige
Fornærmelse; men ganske afskyeligt er det at betragte, naar de
Danske og Norske Mænd godvilligen søge at hænge sig ved
Tydskerne, og med en skammelig Tilsidesættelse af National-
stoltheden begaae det, andre kaldte Tydskerie, i det de krybe og
sledske for de mægtige Tydske, for at opnaae deres forlangte
Hensigter.

Ogsaa dette bitre, sine steder hadske danske indlæg i Tyskerfejden vandt
genklang i offentligheden. *Nyeste kiøbenhavnske Efterretninger om lærde Sager*
kunne tilslutte sig den nationale kritik af præsidentvalget i Videnskabernes
Selskab; og det samme kunne anmelderen i *Kritik og Antikritik*, der fandt det
»forunderligt, at et Selskab af de værdigste Mænd har saaledes kunnet
stemmes af en eller anden enkelt Smigrer, der kan løbe omkring hos de store
Tydskere for at haane sit Fædreneland og sig selv«. »Maaskee« – mente
anmelderen – »det ikke vil være upassende her at bede disse Lærde, at de,
om mueligt, efterhaanden af deres Selskab vilde udelukke Medlemmer, der

ikkun levere tydske Afhandlinger og ikke vil lære vort Sprog, eller dog ved kræsnere Valg forebygge, at Selskabet ikke tilsidst bliver tydskt«.[123]

Med to så skarpt profilerede indlæg i Tyskerfejden i januar 1790 måtte det tredje – *Blunts Betænkninger over Brevet til Forfatteren af Folkets Røst om Tydskerne* – virke blegere, end om det havde stået alene. I sin mindre markante form er det på den anden side med til at nuancere billedet af den danske offentlighed.

Også den anonyme skribent med det i samtiden så yndede engelske pseudonym fandt det nødvendigt besværgende at påkalde sig »den tilladte Skrivefrihed«. For »saalænge vi ikke ere Slaver, har da ikke enhver Lov til at tænke og skrive som han vil, helst naar han ikke angriber personalia«. For Blunt stod Indfødsretten fast: »at Holstenerne ere vore Landsmænd, og i alle Maader bør have lige Rettigheder med os, er en afgiort Sag«. Derimod vendte han sig skarpt mod, at man »til Trods for Indføds-Retten endnu seer fremmede at foretrækkes Landets Børn«. Det skyldtes efter hans formening, at »deels have de, som ere omkring Tronen, fra Arilds Tid af, enten formedelst Slægtskab, eller andre Omstændigheder trukket Fremmede herind, og deels har Regierings Sagerne, og de vigtigste Embeder været i visse enkelte Familiers Vold, der ligesom have havt Hævd paa dem; hvad Under da, at Landets Børn, og de mindre betydende Familier ere underkuede«. »Hvorledes kan en skikkelig stræbsom Mand tænke paa at komme frem, som ikke har en saadan Mæcenas at søge Skygge under?« Blunt ville ikke afvise, at enkelte særligt kvalificerede skulle kunne indkaldes; men, sluttede han sin korte pjece, »det kan dog vel ikke være nødvendigt, at indkalde unge udannede Springere, for her at danne dem; Folk, der skamme sig ved at lære Nationens Sprog, hvis Brød de æde, og med ublue Frækhed svinge sig op over Landets Børn«.

Også dette indlæg i Tyskerfejden blev vel modtaget i offentligheden, og anmelderen i *Kritik og Antikritik* skrev anerkendende, at »alt sættes i et ganske got Lys til liden Trøst for Tydskeriets Elskere«.[124]

---

123. *Nyeste kiøbenhavnske Efterretninger om lærde Sager* 1790 nr. 31, signeret W.B., fra begyndelsen af august; og *Kritik og Antikritik* 1790 nr. 25, 11. maj, uden signatur. Begge anmeldere understreger dog, at skribenten har misforstået sin medkombattant (Werner Abrahamson), som netop ikke søger at smigre magthaverne.
124. *Nyeste kiøbenhavnske Efterretninger om lærde Sager* 1790 nr. 31, signeret W.B., fra begyndelsen af august; og *Kritik og Antikritik* 1790 nr. 25, 11. maj, uden signatur.

7. Forsvar for helstaten

De angrebne valgte at tie – ihvertfald offentligt.[125] Kun et enkelt tysk indlæg fremkom i marts-nummeret af *Minerva*; det var som fejdens øvrige indlæg anonymt; og det bar titlen *Om Holstenerne*. Men et svar på de danske angreb var det ikke. Snarere var det præget af, at forfatteren ikke magtede – eller ikke ønskede – at sætte sig ind i de overvejende følelsesbetonede danske klager mod tyskerne, og at han dels søgte at argumentere rationelt, dels gjorde hvad han kunne for at kriminalisere de danske skribenter.

Taktisk forsøgte han at slå en kile ind mellem danskerne og nordmændene samt bringe holstenerne ud af deres isolation ved at hævde, at »Slesvig udgiør eet Statslegem med Holsteen«. Den anonyme forfatter var i stand til at fremlægge mange og gode argumenter for, at selv om Slesvig og Holsten statsretligt ikke var en enhed, så var de det dog reelt, udfra en politisk, administrativ og økonomisk betragtning. At man fra dansk side så skarpt havde hævdet Slesvigs danskhed, bragte naturligvis ikke parterne nærmere hinanden. Ved hjælp af en række taleksempler påviste han endvidere – næppe med rette[126] – at de to hertugdømmer i forhold til deres folketal ydede et større bidrag til helstatens finanser end Danmark og Norge. Derfor kunne han konkludere, »at Danmark er Rigets allermeest favoriserede Datter, at Norge og Hertugdommene staae langt tilbage«. Snarere end kritik fortjente hertugdømmerne – og Norge – derfor ros for deres loyalitet over for det fælles fædreland, der fordelte byrder og fordele så skævt, som det gjorde.

Med denne velovervejede demonstration af loyalitet kunne han derfor karakterisere de danske skribenter som »Folke-Oprørere, der løbe om med et afsindigt Nationalhads brændende Fakkel«. Mod dem kunne han udråbe et »Vee den, der ved nedrigt Nid og galdesyg Forringelse stræber at forstyrre de tre danske Systernationers fredelige Eenighed«. Og han kunne demonstrativt undre sig over, »at der blandt de Danske opstod Skribentere, der offentligen udbrøde i bittert Haan mod deres Medbrødre, i kaad Dadel

---

125. I *Minerva* for oktober 1791, s. 144-46, giver den af mange af kombattanterne angrebne Bernstorff-klient, C.U.D. von Eggers, en værdig forklaring på, hvorfor han under Tysker-fejden ikke tog offentligt til genmæle.

126. Hans Chr. Johansen: *Dansk økonomisk politik i årene efter 1784. 1-2.* Århus 1968-80, der gengiver hovedindtægtsbøgernes poster for de enkelte dele af helstaten 1784-1793. I en samlet vurdering bør endvidere indregnes de militære tjenesteydelser, hvor Holsten slap lettere end Danmark, Norge og Slesvig.

imod Regieringen, i oprørske Paskiller, hvorved Gravstikken kom Pennen til Hielp; at de bleve læste, og – ikke straffede«.

At den anonyme skribents sigte – og hans taktik – blev forstået fra dansk side, fremgik klart af anmeldelsen i *Nyeste kiøbenhavnske Efterretninger om lærde Sager*.[127] I sin recension førte anmelderen derfor fejden videre. »At en tydsk Mand« – indleder han – »taler her, sees strax af den høie, deciderende, henslængende Tone. De danske Mennesker, der have skrevet mod Tydskhed, kalder denne myndige Anonym, Oprørere, og synes ilde fornøiet med, at de ikke ere straffede. Han bruger ellers det lumpne Kneb, som allerede hiin Forfatter i Januar-Stykket betiente sig af, at blande Nordmændene ind i Tydskhedens Sag, for, om mueligt, at faae dem til at tage Partie mod de Danske«. Og endnu en gang blev det understreget, at der fra dansk side ikke så meget var tale om konkret misundelse som en dyb følelsesmæssig national frustration: »Disse Hædersmænd lade, som de ikke vidste, at det er begge Kongerigers Mænd og Qvinder, som føle Fornærmelserne, der tilføies dem af Tydske. Idelig spørge de, hvorfor man vil udelukke Tydske og Norske fra Landets Fordele, da i den hele Sag ingen har drømt om at have noget imod Nordmændene. Det forgiftige Kunstgreb vil dog ikke lykkes, lige saalidt som det andet, lige saa grove, da alting udledes af Avind og Misundelse«.

Hermed var den opbragte anmelder fremme ved sit egentlige ærende: »At holstenske og andre tydske Mennesker ere insolente, at de mundtlig og paa Prent haane de Danske, derover klages, og det er kun en underordnet Klagepunct, at ved Konkurenser Danskhed maae staae tilbage for Tydskhed, og at den blotte Egenskab, at være Tydsk, er paa en Deel Steder nok til at favoriseres fremfor Dansk«. Mere konkret, fortsatte anmelderen:

> lad os sætte, at en ung Konstner, der er en blot svag Begynder i sin Konst, fik, blot fordi han var Tydsk, et par hundrede Rdlr. aarlig, medens vi have en stor Deel indfødte gode Konstnere, der allerede kunne arbeide, og kun vente paa at bruges, man sætte dette muelige Tilfælde, skulde den Indignation man føelte derover, være blot Misundelse? Var nu saadant et saa udmærket favoriseret Menneske, ikke engang indfødt, tiltroede han sig allerede megen Konst, og saa fortfrem, var det da Oprør, naar man omtalte sligt med Uvillie?

127. *Nyeste kiøbenhavnske Efterretninger om lærde Sager* 1790 nr. 50, s. 811, fra midten af december 1790. Der er tale om en over flere numre løbende anmeldelse af tidsskriftet *Minerva*.

I marts 1790, da det tyske indlæg i *Minerva Om Holstenerne* udkom, må mange have følt, at parterne råbte til hinanden over et svælg, og at Tyskerfejden var stivnet i en stillingskrig. Derfor har mange formentlig hæftet sig ved en notits i det samme nummer fra *Minervas* redaktør:

> En Afhandling om Oprindelsen til den herskende Uvillie imellem Danske og Tydskere er os tilbuden, viist, og lovet til næste Hefte. Da de der indeholdne Anmærkninger og Oplysninger vel kunde ansees at høre med til denne Sags fuldstændige Betragtning, saa troe vi, at burde forud melde den, og bede om almindelig Opsættelse af al endelig Bedømmelse herover, til man har læst den Afhandling med.[128]

Tidens toneangivende tidsskrift ville fælde dom i Tyskerfejden.

8. Minervas dom

Den bebudede redaktionelle artikel i april-nummeret af *Minerva* var lang: 80 tættrykte sider. Det samme var titlen: *Er der nogen Grund til den Uvillie, der skal være imellem Danske og Tydskere?* Og den litterært prætentiøse form gjorde ikke artiklen lettere læst. Alligevel var det et afgørende vigtigt indlæg, dels på grund af dets skarpe og entydige stillingtagen til det spørgsmål, det selv rejste i titlen, dels på grund af dets forfatter, hvis anonymitet ikke gjorde ham anonym.[129]

Forfatteren var Christen Pram. Den 33-årige norskfødte digter og forfatter var en central skikkelse i det borgerlige dansk-norske kulturmiljø i København. Eksamen havde han aldrig taget, men takket være skønånden Ernst Schimmelmanns protektion var han blevet anbragt i et embede i Kommercekollegiet. Nogen forpligtelse over for Schimmelmann-kredsen synes han – »den underlige, rasende, ubegribelige, ulykkelige, i Grunden ædle Pram«,

---

128. Notitsen er anbragt i indholdsfortegnelsen til *Minervas* martsnummer 1790, i forbindelse med indlægget *Om Holstenerne*.
129. Identifikation: N.M. Petersen: anf. skr. s. 87.

som Baggesen karakteriserede ham – dog ikke at have følt.[130] Som forfatter, digter og publicist og som redaktør af *Minerva* sammen med Knud Lyne Rahbek havde hans ord betydelig vægt i den offentlige debat, og denne position brugte han i foråret 1790 til med dødsforagtende åbenhed at udtrykke, hvad han selv og det borgerlige dansk-norske miljø i helstatens hovedstad mente om tyskerne. At han valgte en tilsyneladende roligt diskuterende form mindskede ikke effekten af hans dom, snarere tværtimod.

Pram tolkede begrebet »Uvillie« som indeholdende »Misundelse, eller Foragt, eller Had, eller noget af alle disse tre smukke Egenskaber tilsammen«. Og han erkendte indledningsvis, at der herskede en sådan »Uvillie imellem mine Landsmænd og Tydskerne«.

Eksempler på denne uvilje manglede han ikke:

> Naar danske Folk ved det Ord at tydske tænke sig omtrendt det samme som at overdrive, saa viser det, at de regne Overdrivning i Udtryk til noget almindeligt ved Folket. 'Puds ham, det er en Tydsker', sige Børn og Pøbel til deres Hunde, naar de ville tirre dem. 'Han er arrig som en Tydsker', sige vi om et iilsindet eller ufredeligt Menneske. I odieuse Folkehistorier tillægges ofte Tydskere det værste Partie. Alt dette og mere deslige er bekiendte Ting, som sammenlagte med andre enkelte og nye nogenledes udbredte Udfald bevise, at vi ikke lide Tydskerne, at der fra vor Side er Uvillie mod dem.

Og – understregede Pram – »at der fra tydsk Side er lige saa meget Uvillie igien imod os, er vel af ligesamme Datis unægteligt«. At der var tale om en dyb og gammel uvilje, dokumenterede han med en lang historisk gennemgang, hvor blandt andet den tyske Erik af Pommern blev karakteriseret som »en snaus Karl«. Ganske vist var der ikke blevet skrevet meget om modsætningsforholdet før regeringsskiftet i 1784. Men det betød ikke, at forholdet ikke havde eksisteret eller ikke været erkendt.

Prams hovedærende var imidlertid de mange fremmede, der var blevet indkaldt og som levede i Danmark. Han erkendte villigt, at der blandt disse fremmede

> have været ypperlige, fortreffelige, store, udødelige Mænd, som

130. *Dansk biografisk Leksikon*, 3. udg., bind 11 s. 510. Som embedsmand i Kommercekollegiet tog Pram spørgsmålet op om byrdefordelingen imellem de enkelte statsdele. Han gav heri den anonyme forfatter af *Om Holstenerne* ret, og skrev: »Vi misunde ikke Holsteen sin større Velstand og rigere National-Product; men vi erkiende, at denne Provinds i naturlig og rigtig Følge deraf bærer forholdsmæssigen lidt større Andeel i Statens Byrder« (s. 142).

C. Pram.

Den norskfødte Christen Pram (1756-1821) indtog en respekteret position i det sene 1700-tals københavnske kulturliv. Han blev protegeret af Schimmelmann-kredsen, som affandt sig med hans glødende norskhed og heftige temperament. Som redaktør af tidsskriftet *Minerva* i dets første år fra 1785 til 1793 gjorde han det til et talerør for tidens frisindede tanker. Hans stærkt antityske redaktionelle artikel, der satte et brat punktum for Tyskerfejden, kostede ham ikke sin mæcens velvilje. I 1819 skaffede Ernst Schimmelmann ham det indbringende embede som toldforvalter på St. Thomas; og det var til afskedsfesten for Pram, Grundtvig skrev *Langt højere Bjerge*. Stik af A. Flint 1795 efter tegning af den unge akademielev Bertel Thorvaldsen. Det kongelige Bibliotek.

den berømte Bernstorff og var; men lad dem end uden Und-
tagelse alle have været det, det giør dog ikke, at jo Nationen
overhovedet, og det med Rette, ugierne seer sine vigtigste, eller
dog vigtige, Anliggender i Udlændinges Hænder. Det er saare
naturligt, at den er langsom i at fatte Tillid til dem, at den troer
det overhoved en Fornærmelse mod sig, at der ei blandt dens
Børn skulde findes Mænd, der ogsaa kunde bruges, dersom
man vilde værdiges at fremdrage dem.

Fortsættelsen må have været tankevækkende læsning i det bernstorffske og
det schimmelmannske palæ:

Det er naturligt, under disse Omstændigheder, at Landets Børn
holde sig tilbage fra den Ministers Forgemak, hvor indtil Løber
og Sveitser alle ere Fremmede, hvor de ikke kunne forstaaes
uden at tale det fremmede Sprog, eller hvor de maae frygte at
spille lige saa ubehagelig en Rolle for den altstyrende Minister,
hvis de tale hans Sprog, som han for dem, naar han taler deres.
Derfor kan den individuelle Minister være den viseste, ædelste,
bedst dansksindede, ypperligste Mand og Minister der kan
tænkes. Men uden at ønske det, uden at ville det, blive Natio-
nens Mænd af Talent ham ubekiendte, og han bruger dem ikke;
de komme ikke frem, de hendøe i Mørket; Talent og Flid mang-
ler sin Ansporing og Opmundtring, og bliver omsider uud-
viklet. Under det ypperligste udenlandske Ministerium, hvis
Lyst og Flid gaaer ud paa Landets herligste Vel og Hæder,
kunde det blive endog reent barbarsk.

Naturligvis havde Pram også en løsning på det problem, han havde rejst.
Det var at foretrække landets egne børn frem for fremmede, også selv om
deres kvalifikationer var en smule ringere. Alternativet var, at der aldrig
opstod talenter på hjemlig grund:

naar man, ved ofte at indhente Fremmede til vigtige, hædrende
og fordeelagtige Poster, giøre Folket den practiske Bebreidelse,
at det ikke selv eier Mænd, som fortiene at beklæde dem: naar
man fra de saa kaldte høiere Steder omgaaes fremmede Folk af
Fortieneste af forskielligt Slags med en Agtelse, en Udmærkelse,
som faae eller ingen af Nationens Indfødte; naar nu nogle af
Folkets første Mænd, de nærmeste om Tronen, selv ere Frem-
mede – hvor tilgiveligt, at Mængden af Folk da troer det hele
Folk tilsidesat, ringeagtet, haanet; at mange ei blot misunde de

Fremmede disse Fortrin, og stemmes til at giøre alt mueligt for at tee dem en Foragt, som dog egentlig kun er Misundelse; men at man heri seer Fornærmelser, der vækker Had og raaber om Hevn!

Derfor var det afgørende vigtigt, at danske fik førsteret:

Vi have virkeligen Fordring paa mere Fuldkommenhed hos den Fremmede, blandt os ansatte, end hos vore Landsmænd. Det er urigtigt, naar den store Bernstorff siger, at det blot er under circonstances egales, at de Indfødte fortiene préference sur les êtrangers.[131] Naar Forskiellen ikke er saa stor, at den vil være erkiendtlig for alle; at det er yderst tydeligt, at den Fremmede vil giøre Tingen overmaade meget bedre; at det vilde være øiensynligt Tab og Skade for Staten, om man ei benyttede det sig tilbydende fremmede Talent, saa burde man dog vel bruge den lidt mindre glimrende Indfødte.

Hermed havde Pram imidlertid ikke endt rækken af sine nationale krav. De fremmede, der blev ansat, måtte også være indstillede på at honorere nationens fordringer:

Vi have fremdeles Fordring paa endnu mere Varsomhed i Omgang af en Fremmed end af en Indfødt. Den Fremmede maae uophørligen føle, og lade see at han føler, Forbindtlighed for den Nation, som med Tilsidesættelse af alle sine egne har valgt ham, eller ladet ham vælges til det, han forestaaer, den Lykke og Anseelse, han nyder. Det er en utaalelig Ligegyldighed af ham, om han ikke giør sig Umag for at tale den Indfødtes Sprog, han har med at giøre; om han teer sig ogsaa udenfor sit Embed, blot i Kreds af Fremmede, og saaledes viser, han ei beiler til Indfødtes Venskab; om han bruger til Huussinde og Tyende blot eller fornemmeligen sine Landsmænd, og endog deri underholder sig fra Forbindelse med det Land, hvor han har giort Lykke, og om han derved, eller desuden ved Stolthed og Nykker, betynger Adgangen til sig. Det bør ei forekomme ham uventet, om disse og deslige Forseelser, der dog liden eller ingen Virkning kunne have paa hans Embeds og Bestemmelses virkelige Opfyldelse, ei

---

131. Pram citerer her fra J.H.E. Bernstorffs forsvarsskrift 22. september 1766 til Christian 7, som i 1772 blev udgivet på fransk med en tysk oversættelse; jvfr. også Edvard Holm: *Danmark-Norges Historie*. IV: 1. 1902, s. 33-34 med note 28.

lades upaatalte. De, som lidet ere i Stand til at dømme om Manden fra hans indre og sande Værd, ere dog i Stand til at indsee, hvor han i disse udvortes Omstændigheder forsynder sig; de giøre deraf Slutninger til det, de hverken vide eller forstaae. Man seer, han bryder sig ikke om at være Nationens Mand i disse saa let opfyldelige Smaating, og ansee det afgiort, at han ei heller maae være det i det væsentligere. Undskyldeligt« – advarede Pram – »er det, om man dømmer ham for Nationsfor-nærmelse, straffer ham med sin Uvillie, sit Had; uundskyldeligt hos Manden, naar han ei iagttager deslige Smaaehøfligheder, som han skylder det Folk, hos hvilket han nyder Lykke og Anseelse.

Det er bemærkelsesværdigt, at Pram i sin store afhandling slet ikke kom ind på Tyskerfejdens ømtålelige problem: hvorvidt tysktalende og tyskkul-turelle holstenere burde få embeder uden for Holsten.

Til gengæld førte hans nationale lidenskab ham ind på et andet problem, hvis perspektiver var lige så alvorlige: nemlig hvordan danskere skulle forholde sig til tyskere, der ville støtte dem i deres nationale kamp. Og her gjorde han sig til talsmand for en aggressiv nationalisme:

Her er naturligviis i Hovedstaden en heel Deel Slesvigere og Holsteenere. Det er heller ikke at nægte, at de, da Ministerium har saa mange Mænd af tydsk Sprog, jo derved have meere Leilighed til at være om disse Ministre, end forholdsviis Danske have. Da disse følte, at, hvad der taltes til Uvillie mod Tydskere overhovedet, passede for en stor Deel paa dem, saa grebe mange af disse mundtlig, nogle og skrivtlig paa Tryk, den Ven-ding, at tale i høie Toner med imod Tydskere og Tydskhed. Vi tage meget Feil, dersom det ikke i mere end een af de Smaapie-cer, der ere fulde af Declamationer og Invectiver i denne An-leedning, er kiendeligt, saavel af Tanker (om sligt kan kaldes Tanker) som af Stiil, at de have ikke danske Folk til Forfattere, men en eller anden Halvtydsker, som af en Angst for at høre med til de her mindre yndede Tydskere foretage sig at ind-smiggre sig i deres Kreds af Danske ved at anathematisere alt hvad der er tydsk. Det er begribeligt, at Folk, som istemme Skraalet af saadan Grund, ei af fornuftig Overbeviisning, ikke kunne holde en ædel fornuftig til Sandheds Oplysning og Fremme stilet upartisk Middelvei.

Det er ikke muligt at afgøre, om Pram dermed havde mænd som Schack von Staffeldt og Werner Abrahamson i tankerne. Men i hvert fald bekræfter han den tilsyneladende overdrevne anklage mod danskerne i *Ausrufungen*: at selv om tyskerne rakte hånden forsonligt frem, ville danskerne vende sig fra dem, og hånleende råbe: »Tydsker! Tydsker!«

Pram kunne ikke slutte sin afhandling uden at svare på den påstand, den anonyme skribent havde fremsat i *Minervas* marts-nummer: at Slesvig og Holsteen reelt hørte sammen.

> Der er de, som have troet, at Sagen mod Tydskerne gieldte især Slesvigerne og Holsteenerne. Naar Slesvig, som fra de ældste Tider af er dansk, et virkeligt Stykke af Danmark, fordi man har for et Par Secula siden paalistet dem det tydske Sprog, som dog endnu der ei ret er bleven Landssproget, nu ikke vil ansee sig som dansk, men lader som det giør sig til af at være en Stump med af Tydskland; saa er det ret at ansee de Daarer, der yttre saadant, som Mennesker, der fornægte, at de stamme fra en ærværdig Familie, og lyve sig ind i en anden, som ei er, men kun som de ansee for ærværdigere. Men naar Holsteenerne, virkeligen Undersaattere af en tydsk Provinds, kalde sig Tydskere, og heller hefte deres Nationalstolthed ved det Fædreland, de virkeligen tilhøre, end forsøge paa at kalde sig Landsmænd med Danske, der dog vel ei vilde antage dem fyldest derfor, hvo kan fortænke dem derfor? Man leer ad den vankundige Holsteener, der haaner det Rige, med hvilket den Provinds af Tydskland, hvor han er født, er foreenet; men man vilde ogsaa ansee ham for en Daare, om han vilde tillyve sig Fædreland, som man vilde kalde den Hannoveraner en Nar, der forkaste at være Tydsker, og giorde Paastand paa at være Engelskmand. Hannoveraneren kan være en høistagtværdig Tydsker, uden at miskiende Engellands og Holsteneren ligesaa, uden at miskiende Danmarks Værd. Det vækker Indignation, enten de foragte deres eget Fædreland, eller det Land, hvormed de staae i Forbindelse.

For Pram var Slesvig dansk, og Holsten tysk. Statens grænse gik nok ved Elben, men nationalt var grænsen Ejderen. Selv benægtede han ikke holstenernes ret til embeder i kongeriget. Men man kan vanskeligt fortænke andre, hvis de efter at have læst hans afhandling måtte betvivle denne ret.

På baggrund af de meget skarpt formulerede anklager mod tyskerne må den forsonlige tone, der afsluttede *Minervas* dom, have lydt uægte i manges ører. Pram konkluderede nemlig, at »vi kan, vi bør, vi have alle Aarsager til at hædre, at elske hinanden overhovedet som Brødre«. Ganske vist havde historien været præget af uoverensstemmelser mellem dansk og tysk, men det fik være:

> det kan vi kun fordre, og virkeligen bør vi tilstaae, i alt Væsent-
> ligt at see denne Fordring opfyldt, at de, satte der, hvor de have
> Indflydelse paa Dannerrigets Vel og Ve, vise sig dansk-norske,
> opfylde deres Kald som dansk-norske, ei med Partiskhed som
> slesvigholsteenske Mænd. Giøre de det« – sluttede Pram sar-
> kastisk – »om da og fleere Holsteenere, end i Forhold Danske,
> bære Stierner og Nøgler, hvad ere de Stierne- og Nøglemænd
> mod Nationen? Kan der ikke opnaaes ligesaamegen National-
> Lykke og National-Hæder uden, som med, denne Stads?

Der blev mærkeligt stille, efter at *Minervas* dom var fældet.[132] Indholds-mæssigt havde dommen haft karakter af et dansk partsindlæg, og det blev det sidste i Tyskerfejden. Hverken tilhængere eller modstandere tog offent-ligt til orde over for denne bastante nationale uforsonlighed. Et inserat på otte linier i *Minervas* juni-nummer 1790 fik lov at stå som det sidste ord. Det kom fra tysk side, og lød i al korthed:

> Igiennemtrængt af det Alderdommens Heltemod, hvormed for-
> dum en Arria drog Dolken af hendes Barm, og rækkede sin
> Pætus den med det Udraab: 'Pætus, det smerter ikke!', tog vor
> Forfatter det Skarn op, hvormed hans Forgiængere havde over-
> stænket Tydskerne, overstænkede dermed paa ny Store og
> Smaae, skaanede ei engang det Kongelige Huus, og raabte hel-
> temodigen: Brødre! det stinker ikke!

Som offentlig debat var Tyskerfejden forbi.

132. Anmelderen i *Nyeste kiøbenhavnske Efterretninger om lærde Sager* 1790 nr. 31 fra begyndelsen af august giver en 'på den ene side – på den anden side' recension. I forlængelse af anmeldelsen refereres et indlæg dateret Altona 21. maj 1790 i *Intelligenzblatt der Literatur-Zeitung*, nr. 13, hvori Prams krav om indfødtes førsteret hævdes at ville føre til »ewiger Mittelmässigkeit« og bringe Danmark tilbage til »die Barbarey«. Prams afhandling er ikke anmeldt i *Kritik og Antikritik*, formentlig fordi der ikke er tale om et selvstændigt skrift.

9. Skriften på væggen

Tyskerfejden sluttede med *Minervas* dom i april 1790, lige så brat som den var startet ét år tidligere med Ernst Schimmelmanns iltre *Ausrufungen*. Fejdens afslutning var imidlertid ikke ensbetydende med, at spændingerne mellem dansk og tysk var afklaret, endsige forsvundet. Anmeldelserne i sensommeren 1790 af fejdens stridsskrifter viste, at følelserne stadig var anspændte. Men den artikulerede konfrontation blev nu afløst af daglig-dagens gensidige småstiklerier, således som man havde været vant til, før Holgerfejden fremprovokerede Tyskerfejden.

Valpladsen havde været helstatens hovedstad, hvor sprogene, kulturerne og identiteterne mødtes og brødes. I den norske offentlighed ses Tyskerfejden ikke at have sat sig spor; og ejendommeligt nok synes offentligheden i hertugdømmerne heller ikke at have reageret.[133]

I april 1789 havde *Ausrufungen* anklaget danskerne for kulturel middelmådighed, for i provinsiel selvtilstrækkelighed at fornægte helstatens borgerlige og menneskelige broderskab og for at nære et paranoidt tyskerhad. De danske reaktioner, det dermed fremprovokerede, var mange og komplicerede. Tre tendenser træder dog tydeligt frem. Et gennemgående træk var en dansk reaktion mod, hvad der opfattedes som tyskernes pralende form og deres overlegne holdning til dansk sprog og kultur. Denne reaktion gjaldt også det tyske miljøs lukkethed og selvtilstrækkelighed, og flere forlangte, at tyskerne lærte sig dansk og blev danske. Endvidere reagerede danskerne imod, at så mange tyskere blev indkaldt og ansat. Nogle gik så vidt som til at kræve, at ringere kvalificerede danske burde foretrækkes for bedre kvalificerede tyskere, og flere vendte sig imod, at også den danske overklasse tillagde sig et tysk kulturpræg, og at mange danske påtog sig en nationalt uværdig klientrolle i forholdet til de tyske magthavere. Og endelig

---

133. Ejendommeligt isoleret står Kieler-professoren Martin Ehlers' artikel *Unterredungen zwee-ner Prediger im Schleswigschen über den Gebrauch der deutschen Sprache in den Landschulen*, der udkom ved årsskiftet 1789/1790 i *Königl. Schleswig-Holsteinischer Special-Kalender auf das Jahr 1790*. Den naive artikel, hvor forfatteren argumenterer for, at tysk burde indføres som kirke-, skole- og retssprog ikke blot i Slesvig, men også i Danmark, således at danskerne kunne få del i den overlegne tyske kultur, affødte ingen stærke reaktioner blandt Tyskerfejdens deltagere.

   Typisk for helstatspatriotismen i hertugdømmerne var snarere den sang for den danske konges undersåtter: *Heil Dir im Siegerkrantz*, på melodien *God Save the King*, som Flensborg-præsten Heinrich Harries offentliggjorde 27. januar 1790 i *Flensburger Wochenblatt für Jedermann* – og som to år senere blev den preussiske kongehymne.

hævdede enkelte radikale danske debatdeltagere, at holstenerne var og følte sig som tyske, at Indfødsretten derfor ikke skulle gælde for dem, og at de burde lade sig nøje med embeder i Holsten.

Fejdens tyske indlæg havde en væsensforskellig karakter. Hvor de danske anklager prægedes af et intenst følelsesmæssigt engagement, holdt tyskerne sig på oplysningstidens grund og forfægtede de fornuftsargumenter, der havde haft gyldighed før 1776. De hævdede dygtighedens og talentets forrang for sprog og fødested og argumenterede for, at det afgørende var at være en loyal undersåt og en nyttig borger. De barrikaderede sig bag helstatspatriotiske og statsretlige bastioner, og foretog enkelte udfald, der sigtede mod at kriminalisere de mere radikale danske debattører og så splid mellem danskere og nordmænd.

Tyskerfejden udviklede sig på intet tidspunkt til en egentlig udveksling af synspunkter. Danskerne angreb tyskerne med en ny tids følelser, og tyskerne svarede tilbage med en svunden tids tankegods. Snarere end at få parterne til at kende og forstå hinanden fastholdt og forstærkede fejden de allerede eksisterende opfattelser og fjendebilleder.

En måde at forstå de danske reaktioner er at spørge, hvorvidt det var sandt, at den herskende klasse var tysk eller i det mindste domineret af tyskere. Grundlæggende forudsætter et svar, at vi ved, hvordan denne personkreds opfattede sig selv, og hvordan den opfattedes af andre. Den viden har vi endnu ikke. En analyse af den politiske ledelses og topadministrationens fødested og slægtskabsforbindelser i sommeren 1789 – ved udbruddet af Den franske Revolution – kan dog give et fingerpeg.[134]

Den politiske ledelse udgjordes af gehejmestatsrådets medlemmer. Ud over kronprins Frederik, hans onkel arveprins Frederik og hans svoger hertug Frederik Christian af Augustenborg bestod gehejmestatsrådet af A.P. Bernstorff, der var født i Hannover, og af general Wilhelm von Huth og Ernst Schimmelmann, der begge stammede fra Sachsen.

Topadministrationen bestod af cheferne for de syv civile og de to militære kollegier. Her var Bernstorff chef for såvel Danske Kancelli som Tyske Kancelli og ydermere chef for Departementet for de udenlandske Anliggender, og Schimmelmann var chef for Kommercekollegiet og for Finanskasseadministrationen – det gamle Finanskollegium. Chefen for Rentekam-

---

134. Analysen er baseret på G.N. Kringelbach: *Den civile Centraladministrations Embedsetat 1660-1848*. 1889, og på Emil Marquard: *Danske gesandter og gesandtskabspersonale indtil 1914*. 1952, suppleret med de gængse biografiske opslagsværker.

ANDREAS PETRUS
COMES A BERNSTORFF
Natus i 28 Augusti 1735

Andreas Peter Bernstorff (1735-97) står i den historiske erindring som den unge kronprins Frederiks faderlige ven og rådgiver, som den politiske garant for trykkefrihed og landboreformer og som den ædle og vise statsmand, der til sin død formåede at holde helstaten ude af revolutionskrigenes ragnarok. Men for mange i hovedstadens borgerlige danske kredse var han samtidig den tyske minister, der var midtpunktet i det magtfulde fremmede kulturmiljø, som han værnede mod den unge, aggressive danskhed. Stik af J.F. Clemens efter maleri af Jens Juel fra begyndelsen af 1790'erne. Frederiksborg.

meret var Christian Ditlev Reventlow, der var dansk født, men med slægtskabsbånd intimt forbundet med den bernstorffske og schimmelmannske kreds. Chefen for Generaltoldkammeret, Christian Brandt, var ligeledes født i Danmark, men var gennem sin slægt og sit miljø tæt knyttet til det holstenske aristokrati. Præses i Generalitetet var general Hans Adolph von Ahlefeldt, der var født i hertugdømmerne. Præses i Admiralitetet var den danskfødte kontreadmiral Adam Gottlob Ferdinand Moltke, en af den gamle overhofmarskal Adam Gottlob Moltkes mange sønner.

Betragter vi den udenrigstjeneste, som Bernstorff var chef for, møder vi den samme tendens. Umiddelbart tegner deres fødesteder en vis spredning: fire var født i Danmark, en i Norge, seks i hertugdømmerne og to uden for rigets grænser. Ser man på det diplomatiske korps' slægtskabsforbindelser, tegner der sig dog et bemærkelsesværdigt mønster. Gesandten i London, den holstenske magnat Fritz Reventlow, var Ernst Schimmelmanns svoger. Hans bror Cay Reventlow, der havde ægtet Bernstorffs niece, sad på den tilsvarende vigtige post i Stockholm. I Berlin sad Bernstorffs svoger Friederich Leopold Stolberg; i Dresden sad Johan Henrik Knuth, hvis datter året efter ægtede en af Bernstorffs sønner; posten i Haag var besat med en svoger til Ernst Schimmelmann, Herman von Schubart; og i St. Petersborg var kongen repræsenteret af den schweizisk-fødte Armand de Saint-Saphorin, en af Bernstorff-slægtens mange klienter. Med i billedet hører også, at den ubestridt dygtigste af helstatens diplomater – den borgerligt fødte danske Christoph Wilhelm Dreyer, der under Den amerikanske Frihedskrig havde gjort fremragende tjeneste som gesandt i London, men som ikke lagde skjul på sin kritiske holdning til den tyske kreds omkring Bernstorff – ved magtskiftet i 1784 var blevet forflyttet til den politisk betydningsløse post i Madrid.

Lægger man fødested og familieforbindelser til grund, er det forståeligt, hvis man i danske kredse har følt, at helstaten og dens udenrigspolitik blev styret af en Bernstorff-mafia.

Umiddelbart må det undre, at de angrebne i Tyskerfejden undlod at tage til genmæle, og at de – i det mindste tilsyneladende – ikke reagerede på en kritik, der blev stedse skarpere, i takt med at fejden udviklede sig. I den bevarede bernstorffske og schimmelmannske privatkorrespondance berøres fejden tilsyneladende ikke;[135] og den reventlowske familiekreds' medlemmer kommer kun undtagelsesvis ind på emnet.[136] Vi ved ikke, om det skyldtes, at de undervurderede kritikkens betydning, om de politisk fandt det klogest at tie, eller om de anså en aristokratisk distant facade for det bedste forsvar. Måske så en af kredsens medlemmer – grevinde Sophie Schulin på Frederiksdal – dybere og rigtigere, end historikeren formår, når hun i et privatbrev til sin bror Fritz von Warnstedt karakteriserede den bernstorffske kreds' holdning til Tyskerfejden: »Bernstorfferne er alt for selvoptagne og på en alt for udfordrende måde en eksklusiv kreds, der demonstrerer sin foragt for landets sprog og for det enkle og sunde i nationen, som de alt for let og generaliserende opfatter som bondsk. Endvidere har de den svaghed, at de er alt for selvsikre, og de ser og forstår ikke, at deres omgangskreds skamroser og smigrer dem«.[137]

Over for offentligheden indtog den tyskkulturelle kreds af magthavere en sammenbidt tavshed under Tyskerfejden. Men deres tavshed må ikke forveksles med passivitet. Efter at fejden havde raset ud, vendte et af kredsens fremtrædende medlemmer, Ludvig Reventlow, sig i en forbitret skrivelse til Den store Skolekommission imod angrebene på tyskerne. Burde man ikke, spurgte han,

> søge at udrydde den overdrevne Patriotisme, eller saakaldede Danskhed, der kaster en ufornuftig Foragt paa de Fremmede, og i sær paa de tyske, der ofte udarter til den ublueste Fornærmelse? Burde man ikke før søge at indprendte mere cosmopolitisk Sindelaug og Spirit, der stemmer overeens med Kiærlighed

135. Rigsarkivet. De bernstorffske privatarkiver, nr. 5125 A og B, 5126, 5127 og 5128, samt Ernst Schimmelmanns privatarkiv, nr. 6285. Ejheller Johan Bülows *Dagbøger og optegnelser* (Privatarkiv 5245 C. 1-5) rummer stof af interesse.
136. Louis Bobé (udg.): *Efterladte Papirer fra den Reventlowske Familiekreds*, bind II. 1896, s. 96-98, og bind III. 1896, s. 60-61 og 109-110.
137. »Les Bernst⁵ sont trop égoistes, et sont d'une manière trop choquante Secte à part, en temoignant du mépris pour la langue de Païs, et pour tout ce qui tient un peu à la simple et solide raison de la Nation, ce qu'ils prennent trop facilement et trop generalement pour de la bêtise. Avec tout cela ils sont foibles et trop sûrs; en ne voyant et n'entendant que le cercle à eux qui les loue et les flatte«. Sophie Schulin 28. januar 1790 til broderen Friedrich Carl von Warnstedt. Frederiksdal.

til vor Næste?«[138] Og herren til Brahetrolleborg fortsatte: »Var Stolberg og Bernstorff ikke de første, som hædrede Bondestanden, ved at give dem Frihed og Eyendom? Skylde vi ikke Cramer de første Anlæg af den fornuftigere Opdragelse? Bør disse ikke æres ligesaavel som de Indfødte? Er det ikke sand Fortieneste for Landet vi leve i, som skal hædres, uanseet hvem der giør det, han være Indfødt eller Udlænding?

Forbitrelsen var åbenlys, og de angrebne reagerede faktisk. På deres egne godser udstedte de kongeligt konfirmerede skolereglementer, der beskyttede deres gårdmænd og husmænd mod borgerskabets revolutionerende nationale ideer. Og som toneangivende medlem af Den store Skolekommission, der var blevet nedsat i 1789, havde Christian Ditlev Reventlow politisk magt til at holde disse tanker og følelser ude fra den folkeskole, som i 1806 blev oprettet på Øerne, og som i 1814 blev landsdækkende.

Magthaverne var vel vidende om, at Tyskerfejden var skriften på væggen.

5. DANSK IDENTITET I 1789

I sommeren 1790 oplevede den danske offentlighed en mindre udløber af den nationale konfrontation. Den indkaldte tyske kongelige kapelmester J.A.P. Schulz, der i offentligheden blev associeret med den schimmelmannske, reventlowske og stolbergske kreds, blev angrebet for i et tysk skrift at have kritiseret salmesangens kvalitet i de danske landsbykirker. Debatten herom gav P.A. Heiberg anledning til at karakterisere Tyskerfejden som »denne patriotiske Parforcejagts-Epoke«.[139]

138. Ludvig Reventlow 26. september 1790 til Den store Skolekommission. Rigsarkivet. Danske Kancelli. Kommissionen ang. det almindelige Skolevæsen 1789-1814. 5 b. 1790-1812. Diverse. Om magthavernes inddæmning af det danske borgerskabs nationale tanker og følelser, se Ole Feldbæk: Skole og Identitet 1789-1848. Lovgivning og lærebøger. *Dansk Identitetshistorie*. 2. 1991, s. 269-73.

139. P.A. Heiberg: Ogsaa et Par Ord i Anledning af Skrivtet: Aarsagen, Hensigten og Virkningen. *Minerva* juni 1790, s. 395-96.

Der er næppe tvivl om, at nogle har opfattet konfrontationen som en blot og bar tyskerjagt. Men Tyskerfejden havde været andet og mere end et perspektivløst, tilfældigt sammenstød mellem to sprogmiljøer. Den havde haft formativ betydning for dansk identitetshistorie.

Andre i samtiden var da også klare over alvoren bag det, som Heiberg ironisk kaldte en patriotisk parforcejagt. Blandt dem var den begavede unge teolog og samfundsdebattør M.G. Birckner.[140] I sin afhandling *Om Kierlighed til Fædrelandet*, der udkom få år senere, vendte han sig mod

> den Antigermanisme, som nu næsten er gaaet af Moden, men dog længe nok har skændet Nationens Navn blandt Fremmede. Bedrøveligt var det at see, at ikke blot Skribenterpøbelen, men selv Mænd, der med Føie kunde regnes blandt agtværdige Skribentere, med bittert Had forfulgte alt, hvad der bar Navn af Tydsk, ja den hele tydske Nation«. Birckner ville ikke nægte, »at Fornærmelsen maaskee var begyndt fra Tydskernes Side, og at adskillige kaade Mennesker havde tilsidesat den Agtelse, de vare en heel Nation skyldige, og det en Nation, hos hvilken de opholdt og ernærede sig«. Men det berettigede ikke danskerne til at angribe »den hele agtværdige tydske Nation«. »En Nation,« – understregede Birckner – »hvilken vi ikke, uden at prale og fortie aabenbar Sandhed, kunde negte den Fortieneste, at have været blandt vore Lærere, og som altsaa, fra denne Side betragtet, kan giøre Fordring paa vor Taknemmelighed.

Blandt dem, M.G. Birckner her vendte sig imod, var den danske officer Werner Abrahamson, der havde ført an i angrebene på tyskerne.

I januar 1790 havde Abrahamson i sin pjece understreget, at danskerne var »et Folk, der elsker sine Konger med en synderlig Kierlighed, et Folk, der først efter Indfødsrettens Forkyndelse har kunnet begynde at føle sig som Nation, at være værd at regiere over«. Hvad han her påkaldte, har eftertiden givet navnet 'den opinionsstyrede enevælde'. Hvor deltagerne i den offentlige debat forventede, at enevælden ikke blot lyttede, men også lod sig vejlede og retlede. Og hvor embedsborgerskabets og bybefolkningens mellemste og øvre lag hævdede deres eneret til at tolke og udtrykke den offentlige mening på folkets, nationens vegne.

Det var denne dynamiske samfundsgruppe, der i 1776 havde festet for

---

140. Om Kierlighed til Fædrelandet, i Anders Sandøe Ørsted (udg.): *M.G. Birckners efterladte Skrifter*. 1800, s. 59-60.

Indfødsretten og markeret sin danske identitet. En identitet baseret på fælles fødeland, fortid og sprog, som enevælden med udstedelsen af Indfødsretten havde anerkendt. Fremmedbilledet i denne identitet havde været et negativt tyskerbillede, der modsvaredes af en opfattelse af en række positive karaktertræk som specielt danske.

Denne gruppe havde i 1776 fejret Indfødsretten som danskhedens sejrsmonument. Men ihvertfald nogle inden for gruppen vidste, at sejren var enevældens snarere end deres. For Indfødsretten gjaldt ikke kun for dem: for kongens danske og norske undersåtter. Den gjaldt også for hertugdømmernes tysktalende og tyskkulturelle befolkning.

13 år senere udkæmpedes Tyskerfejden. Hvem var det da, der formulerede en dansk identitet? Og hvordan forholdt identiteten i 1789 sig til identiteten i 1776?

Ironisk nok var ingen af de kendte debattører på dansk side – Johann Clemens Tode, Schack von Staffeldt, Werner Abrahamson og Christen Pram – født i Danmark. De øvrige forfatteres navne kender vi ikke, og de må i stedet karakteriseres ud fra, hvad og hvordan de skrev. Deres argumentationsform og deres belæsthed henfører dem til det afgrænsede borgerlige hovedstadsmiljø af embedsmænd, officerer, akademikere, mænd i liberale erhverv og studenter, der også tog del i revolutionsårenes debat om enevælden.[141] De var – som J.P. Rosenstand-Goiske mente, og som M.G. Birckner udtrykte det – »Mænd, der med Føie kunde regnes blandt agtværdige Skribentere«. Deres alder kender vi ikke, men indlæggene og anmeldelserne efterlader indtryk af en gruppe, der var domineret af modne mænd.

Den danske identitet, de udtrykte, var grundlæggende den samme, som var kommet til udtryk i 1776. Men tiden havde ikke stået stille, og også identiteten havde fået tilføjet nye træk.

Nyt i 1789 var således, hvad man kunne kalde et krav om Danmark for danskerne. I 1776 var eneretten til helstatens embeder blevet garanteret helstatens borgere. I 1789 fandt flere, at danskere burde have fortrinsret eller ligefrem eneret også til alle andre ansættelser i Danmark. Et andet nyt identitetstræk er den ekstreme nationale sårbarhed, der kan lede tanken hen på holdningerne i et moderne u-land umiddelbart efter opnåelsen af selvstændighed. Det føles nu nationalt uacceptabelt, at der findes miljøer af

---

141. Thorkild Kjærgaard: *En undersøgelse af den offentlige kritik af den danske enevælde 1789-1799.* Upubliceret prisopgave i historie ved Københavns Universitet. 1973. Eksemplar på Det kongelige Bibliotek.

Dehoration til "Høstgildet" 1790. Motiv fra Gentofte Kirke og Omegn.

Til kronprins Frederiks bryllup i 1790 skrev Thomas Thaarup (1749-1821) – forfatteren til Frihedsstøttens manende indskrift – de års største teatersucces: syngespillet *Høstgildet*. Her udtrykte idealiserede bønder fra Guldbergs og Mallings helstatsfædreland: danske, norske og holstenere, deres kongetroskab, fædrelandskærlighed og agerdyrkningsflid. Det var Frihedsstøttens programerklæring i sang og musik; og teatermaleren Thomas Bruun har gengivet sin dekoration: landsbyen Gentofte med kirken i baggrunden. Teatermuseet.

fremmede, der holder sig for sig selv, taler et fremmed sprog og har et fremmed kulturpræg, og som ydermere udviser foragt for landets sprog og kultur. Og det opfattes som et nationalt forræderi, at danske stiller sig i et klientforhold til den tyske overklasse. Det nationalt selvhævdende går i 1789 så vidt som til at forlange, at overklassen – hvad enten den er tysk eller dansk – udviser en demonstrativ danskhed i hele sin livsførelse. Modsætningen mellem det negative tyskerbillede og den positive danske selvforståelse er blevet skærpet siden 1776, og samtidig synes bindingen i den danske identitet til nordmændene og det nordiske at indgå med større vægt end tretten år tidligere.

De danske debattører og anmeldere i Tyskerfejden gengav tanker, følelser og aspirationer inden for en afgrænset gruppe i helstatens hovedstad.

Men ikke alle i denne gruppe tænkte og følte det samme. Nogle hævede sig som M.G. Birckner over det følelsesmæssige engagement og lod forstand og filosofi bestemme deres holdning. Embedsmænd som J.G. Rosenstand-Goiske kunne ligeledes tage afstand fra, hvad de kaldte anti-tyskerne.

Det er umiddelbart klart, at embedsmanden Rosenstand-Goiske ønsker at bagatellisere de konkrete danske anklager. Efter at have anført dem én for én slutter han:[142]

> Alt dette er det noget at giøre Raab og Skrig om? I de fremfarne Tider da Skokke af fattig tydsk Adel kom ind, fik Embeder, Godser osv. da havde det været Tid at raabe, men ved disse Leiligheder er det ei Umagen værdt«. Hvad der bekymrede ham, var »at nogle af ei ubekiendte Fortienester i Videnskaber slaae i den daglige Omgang stærkt paa denne Streng, og i Omgangen mellem tydske og danske Familier vil man mærke en forhen ukiendt Fraholdenhed«. Det var dog navnlig de politiske konsekvenser af Tyskerfejden, embedsmanden vendte sig imod: »for mig, jeg troer mange tænke med mig, er det et af de sørgeligste Optrin at see eet og samme Kongeriges Provindser paa en Tid i Europa, da samme ei nok kunde foreenes, blive oversvømmet med Piecer, som dog letteligen indlade Indtryk og i et critisk Øieblik kunde bestemme Folkene imod hinanden«. Og han forudså med bekymring, »at en Partie Aand brugte det Vaaben for at udbrede Misfornøielse mellem beslægtede. Det være hvad det være vil saa anseer jeg det for et stort Ansvar at blæse i Stridsbasunen paa en Tid, da Folkene ere villige til at oprøres og Exempler smitter.

Men bag den loyale embedsmand skimter vi også et medlem af det københavnske borgerskab, der nok ønskede en mere forsigtig kurs, men som i virkeligheden grundlæggende delte de danske debattørers kritik af tyskerne:

> At nogle tydske Familier tale det Sprog imellem sig selv, er dog ei underligt, og hvem bliver mere straffet end disse, naar de ei vil lære Sproget, da de ei komme til at omgaaes andre. Hvorfor svarer man ei paa dansk. Man lærte det da«. Grundlæggende stod Rosenstand-Goiske ikke så langt fra Werner Abrahamson,

---

142. Juni 1790 i *Maanedlige Efterretninger skrevne af Johan Philip Rosenstand-Goiske 1785-1791.* Det kongelige Bibliotek. Nye kgl. Saml. 2100. 8⁰.

som det umiddelbart kunne se ud: »Min ringe Meening om Sagen er denne. Man revse eftertrykkeligen paa Prent saadanne Tydskere, som offentlig haane de danske. Man slaaer den enkelte Mand paa Øret, som taler fornærmelig imod Nationen. Man svarer dem paa dansk, som tiltale os paa tydsk, og saa for Resten ikke skamplette en heel Nation for enkeltes Ubesindighed.

I Tyskerfejden var der – og måtte der nødvendigvis være – et bredt spektrum af synspunkter, også på strategi og taktik. Mange hensyn og forhold spillede ind: position, omgangskreds, alder og temperament. Debattens omfang og indhold og anmeldelserne af de enkelte debatindlæg efterlader imidlertid indtryk af, at en betydelig del af den danske borgerlige opinion i hovedstaden sluttede op bag de såkaldte anti-tyskere.

Derfor rammer Heibergs bagatellisering af Tyskerfejden som en patriotisk parforcejagt ved siden af. Fejden gav en dybt frustreret dansk borgerlighed lejlighed til at få luft for mange gamle og aktuelle krænkelser, og til derved at artikulere en dansk identitet. Men også på længere sigt blev Tyskerfejden betydningsfuld. For hvad der var sagt fra begge sider, kunne ikke gøres usagt. Ingen kunne søge tilbage til tiden før april 1789, da Schimmelmann-kredsen fremprovokerede den nationale konfrontation, som det så længe var lykkedes at holde under låg. Og efter fejden har nogle nok ønsket, at de ikke havde ladet sig friste til at æde af kundskabens træ. I dansk identitetshistorie er Tyskerfejden betydningsfuld ved for første gang at give afløb for en artikuleret aggressiv nationalisme. Og enhver konfrontation mellem dansk og tysk var herefter henvist til at udkæmpes inden for de skarpe fronter, der var blevet trukket op i revolutionsåret 1789.

Dansk og tysk 1790-1848

Vibeke Winge

Med Tyskerfejden 1789-90 var den mangeårige sameksistens mellem dansk og tysk i helstaten blevet rystet, og dyb og varig uoverensstemmelse syntes nu at herske mellem parterne. Den følgende tid betragtes almindeligvis som præget af permanent spænding, indtil det endelige brud følger med krigene 1848-50 og 1864.

At lodde stemningen til bunds og klarlægge, hvad danskere og tyskere i alle samfundets lag mente om hinanden, er yderst vanskeligt, da kildematerialet er forskelligartet og spredt, fra trykte debatindlæg i tidsskrifter til notitser i dagbøger og private breve. Den foreliggende undersøgelse kan kun give et overblik over, hvilke synspunkter der var repræsenteret i tiden, også uden for de litterære cirkler, der havde indledt stridighederne.

I det halve århundrede fra den litterære fejde bliver til en politisk kamp og får folkelig opbakning, er der flere stadier. De negative følelser mellem danske og tyske er ikke konstante, der er tydelige stemningsskift undervejs, og de agerende personer skiftes ud. Det er i flere henseender ikke de samme danskere, der kæmper i 1789 og 1848. Det er en ny generation, personer med en anden baggrund, og kampen føres i andre medier. Modparten skifter også undervejs. Først er han landets indvandrede tyske overklasse, i næste generation er han nationalistisk sindet holstener. Ind imellem glemmes han også for en tid for en anden fjende, englænderen.

Der er således ikke en lige linie fra Holgerfejden til krigene. Kampen førtes først af borgerlige intellektuelle mod den tyske adelige overklasse og embedsmandsstand. Danskerne er de agressive, de vil selv til, de føler sig lige så kvalificerede til de gode embeder. Man kan i denne fase kun påvise angreb på Danmark eller danskerne fra tyske enkeltpersoner, og der er hos dem ikke tale om en særlig fastlagt opfattelse af danskeren, som en bestemt tysk kreds står for. Konflikten opstår typisk ved, at herboende eller til-

Vibeke Winge, født 1943; lektor, cand.mag. Institut for germansk Filologi. Københavns Universitet. Tilknyttet Forskningsgruppen for dansk Identitetshistorie 1.1.1989-30.6.1990.

rejsende tyskere udtaler sig om danske forhold. Det gør de ikke i egenskab af tyskere eller holstenere, de har ingen nabokomplekser, de tænker endnu ikke nationalt; de kan højst fra tid til anden være lidt nedladende i tonen. For danskerne er det i første omgang en camoufleret social kamp.

Danskerne, ikke folket, men en gruppe blandt litteraterne, farer op, men tyskerne reagerer typisk som enkeltpersoner, ikke som en nationalt tænkende homogen gruppe. Den tyske kreds i København, som er målet for danskernes kritik, følger debatten nøje, men ytrer sig kun i få tilfælde.[1]

1. København 1790

Hvilke dønninger af den nationale fejde havde forplantet sig ud i København anno 1790? Havde den fået nogen betydning for samlivet mellem helstatens danske og tyske, tysksprogede og tyskkulturelle, borgere, der til det 1700-tallets midte havde været forholdsvis uproblematisk, men som gennem 1770erne og 80erne var blevet mere og mere anspændt?

Med Indfødsretsloven 1776 havde statsmagten forsøgt at dæmme op for den gærende utilfredshed med de mange udlændinge, dvs. først og fremmest tyskere, der sad på de gode embeder.

Men følgerne af loven, ifølge hvilken kun personer, der var født inden for kongens helstat, kunne få embeder, viste sig kun langsomt. Indvandrede tyskere, der allerede havde embeder, kunne blive i landet, og holstenerne kunne jo som født inden for den danske konges rige stadig få embeder. Da de generelt holdt fast ved deres tyske modersmål, var der stadig et betydeligt tysk og tysksproget islæt i København og i flere større byer ude i landet.

Idet der med hensyn til de politiske og folkelige bevægelser i denne periode henvises til specialafhandlinger,[2] skal her søges indkredset, hvilken rolle de tyske miljøer, tysk sprog og kultur spillede i helstatens hverdag,

---

1. Se yderligere herom i Ole Feldbæk og Vibeke Winge: Tyskerfejden, *Dansk Identitetshistorie* 2, 1991. Om forholdet dansk-tysk generelt, se Vibeke Winge: *Geschichte der deutschen Sprache in Dänemark*. Heidelberg 1991.
2. Der henvises til Lorenz Rerup: Fra litterær til politisk nationalisme. Udvikling og udbredelse 1808-1845, *Dansk Identitetshistorie* 2, 1991 samt Flemming Lundgreen-Nielsen: Grundtvigs danskhedsbegreb, og Lorenz Rerup: Folkestyre og danskhed. Massenationalisme og politik 1848-1866 i *Dansk Identitetshistorie* 3, 1992.

specielt i København, hvordan kulisserne til de politiske begivenheder egentlig så ud.

Tidens rejsende noterer den udbredte fortrolighed med tysk sprog og kultur, nogle er dog også i stand til at registrere et omslag i holdningen til tysk og tyskere. Således skriver teologen J.N.Wilse, der virkede som præst i Norge, i 1792:

> 1776 dandsede man sieldnere, men læste desmere, og det paa Dansk, da de udenlandske Sprog hidtil havde næsten fortrængt det danske; Patriotisme krydrede Conversationerne, og man begyndte at føle sig selv.
>
> Det tydske Sprog tales ei alene af de fødte Tydske, men og af deres her fødte Børn,af Jøder paa deres Viis, og forstaaes af de fleste Danske her; ja det har været Skik, at man lod sine Børn lære deres Christendom paa Tydsk, i Tanke, at de ved at lære det Tydske, havde det Danske for Intet; men de Tydske lære sielden at tale godt Dansk i Kiøbenhavn hvor længe de end ere her, thi dertil udfordres næsten, alene at høre og tale Dansk.[3]

Tyskeren Karl Gottlob Küttner, forfatter af rejseførere, er begejstret over, hvor let det er at klare sig:

> På de danske øer kom jeg kun sjældent i forlegenhed med hensyn til sproget, men i København skete det slet ikke. Jeg tror, at denne by er enestående på det punkt. Landet har sit eget sprog og sin egen litteratur, men alligevel forstår og taler næsten alle indbyggerne et andet lands sprog, et land som ligger temmelig langt væk og endog er adskilt fra deres ved et hav. På få dage vænnede jeg mig i den grad til, at alle forstod tysk, at jeg slet ikke spurgte, når jeg ville tiltale nogen. Jeg kunne gå ind i forrretninger, købe frugt på gaden, spørge den første den bedste om vej, man blev mig aldrig svar skyldig....

Men han registrerer også et stemningsskift:

> Men for nogle år siden begyndte danskeren at føle stolthed over sit eget sprog, og nu bliver også alle forordninger udstedt på dansk ...[4]

Hollænderen Johannes Meermann opdager ingenting:

---

3. J.N.Wilse: *Reise-Iagttagelser i nogle af de nordiske Lande 1790-1798. Bd.III, s.67.*
4. C.G.Küttner: *Reise durch Deutschland, Dänemark, Schweden, Norwegen und einen Theil von Italien in den Jahren 1797, 1798, 1799.* Leipzig 1801, s.138. (min oversættelse).

Også udlændinge fra mange nationer er talrige: engelsk, fransk og tysk tales her blandt folk fra de bedre klasser næsten lige så meget som dansk. Tysk er også udbredt i den store hob, og der er næppe en krog i byen [Kbh.] hvor man ikke forstår det. Det fælleskab, som kongens lande har med Tyskland, berøver dem i sandhed noget af det karakteristiske, som nationer og især øriger plejer at beholde. Danmark forekom mig næsten som et fortsat Tyskland i enhver henseende ...[5]

Den sidste bemærkning har ikke glædet eventuelle danske læsere.

Den udbredte brug af tysk ikke bare i den tysksprogede del af befolkningen, men danskernes almene kendskab til tysk er ikke kun bevidnet i udlændinges rejseberetninger, men også i danske memoireværker:

Det vil herefter ikke findes saa underligt, naar jeg lærte Tysk næsten samtidig med Dansk. Campes Kinderbibliothek og Basedows Elementarbuch hørte til min tidlige Barndomslæsning. Det maa dog herved erindres, at danske Forældre havde i Begyndelsen af dette Hundredaar – med Undtagelse af en og anden Børnebog paa Gyldendals Forlag – ikke andre brugbare Bøger at give deres Børn i Hænderne end Oversættelser fra Tydsk: Campes Robinson etc ... Ved Nytaarstid blev Danmarks Hovedstad regelmæssig oversvømmet, som om det var en tysk Filial, af Taschenbücher og Musenalmanakker fra Leipzig, og de fandt rigelig Afsætning som Prydelse paa Damernes Toiletborde.[6]

Derimod fandtes der i Haandværksstanden et Overmaal af Tydskere, som ikke blot i Alt, hvad der vedkom deres »Handtering« og Værktøi, men ogsaa i deres daglige og huslige »Gespræk« talte et saa »gebrokkent« »Kaudervælsk«, at Modersmaalets gode Aand sorrigfuld og skamfuld derover maatte tilhylle sine ædle Træk. Deres kjæreste Beskjæftigelse var for Politiretten at føre indbyrdes Krige om deres Laugsrettigheder Grændser eller i broderlig Forening at anstille Klapjagter efter »Fuskere og Bønhaser«; – deres bedste Fornøielse var, naar de »fyrede« om Aftenen, under »Oldgesellens« Tilsyn at svire paa

5. Johan Meermann: *Reise durch den Norden,* Weimar 1810, s.40. (min oversættelse).
6. *Optegnelser om mit Levneds og min Tids Historie af Dr.Henrik Nicolai Clausen.* 1877, s. 10f. Clausens memoirer skal læses med forsigtighed, da han nok som nationalist retrospektivt kan se tingene i et farvet lys.

»Herberget«, hvorfra de stundom bares hjem på »Stigen«, hvis de ikke maatte gjøre Omveien ad »Kammeret«.[7]

2. De gamle frontkæmpere

Men sameksistensen var blevet konfliktfyldt. Et års hidsig national debat havde bragt ting op til overfladen, der ikke mere kunne gøres usagte. De stridende parter kunne næppe tænkes uden videre at acceptere en bilæggelse af striden, selv om Tyskerfejden næsten sluttede fra den ene dag til den anden. Dertil var bølgerne gået for højt.

Hvad var der blevet af de gamle frontkæmpere fra Tyskerfejden? De var folk i deres bedste alder, og man kunne næppe forestille sig, at de havde opgivet deres holdninger, især da fejden jo egentlig ikke havde nogen vinder, ej heller taber. Der var blevet sagt ting, der skulle siges på det tidspunkt, der var trukket fronter op, men samfundet var ikke ændret.

Mest utrættelig synes P.A.Heiberg at have været. Lige til han i 1799 dømtes til landsforvisning, fortsatte han med at skabe usympatiske uvederhæftige tyske projektmagere for scenen. Han kritiserede tyskeriet i digte som *Laterna Magica-visen*, der var et angreb på St.Petri Kirkes præst Johann Gottlob Marezoll, og i sit tidsskrift *Rigsdalersedlens Hændelser*, der havde været et vigtigt organ i Tyskerfejden, og som med afbrydelser udkom frem til 1793. I sin komedie *Virtuosen 2* (1793) spidder han den tyske projektmager og i *De Vonner og Vanner* (1792) det tyske militær, personificeret i den brovtende løjtnant von Aberwitz. Reaktionen hos byens officerer foranledigede, at komedien måtte tages af plakaten efter kun tre opførelser.

Hovedpersonen i *Virtuosen*, tyskeren Hr.Spatzier, taler dansk for at beskytte sig mod den anti-tyske stemning, men et dansk, der består af ordrette oversættelser af det tyske og med bibeholdelse af tysk ordstilling. Modsat snobber hans foresatte, godsejeren von Borgen, for det tyske og insisterer på at tale dette sprog, der for hans vedkommende består af direkte over-

---

7. *Orla Lehmann: Efterladte Skrifter.* Udg. af Hother Hage. 1872, s. 216f. Da Lehmann senere blev glødende nationalist, skal hans memoirer læses med samme forbehold som H.N. Clausens.

Orla Lehmann (1810-1870). Han voksede op i et tysksproget miljø, gik i St. Petri tyske skole og studerede ved tyske universiteter. Senere blev han en lidenskabelig modstander af alt tysk. Han kunne lejlighedsvis indrømme, at Danmark havde modtaget impulser sydfra, men hans landsmænd burde skelne mellem »forstandig Tilegnelse og klog Benyttelse« og »letsindig Hengivelse og seig Underordnelse.« Det kongelige Bibliotek.

sættelser af dansk. For at forstå alle pointerne skal tilskueren være meget fortrolig med tysk, men det var ikke noget problem for tidens københavnerpublikum.

Heiberg var en mester i at parodiere det dansk-tyske blandingssprog, som han tidligere havde gjort det i sine *Akademiske Forelæsninger*, et ondt angreb på et af den tyske kreds' mest forhadte medlemmer, rigsfriherre professor Chr.U.D. von Eggers, der 1785-89 var professor i lovkyndighed ved Københavns Universitet.

Et eksempel fra *Virtuosen* er replikkerne, hvor de to hovedpersoner forsøger at kommunikere om en jordmoder, tysk Hebamme:

> Spatzier: Det har jeg – wahrgenommen – observert. Denk enjank, hun sloeg mig nyelig for, at ægte mig med Deres Huusholderinn. Aber jeg betakkede mig for en sodan Fratzen-Ansigt. Hun seer ja ut som – wahrhaftig som en Hæv-Amme.
> v.Borgen: Hæv-Amme – Hæv-Amme – was soll das sagen?
> Spatzier: Ih en Hæv-Amme – forstaaer De det ikke? – det er en Fruentimmer, som-som-som hjelper Fruerne ved deres Wochenseng
> v.Borgen: Ha ha ha! Nun verstehe ich Sie. Eine Erdenmutter wolte Sie sagen. Eine Erdenmutter ...[8]

I *De Vonner og Vanner* findes en lignende leg med ordene børn og kinder over for tysk Kinder:

> v. Aberwitz: De speger, Frøken! Der sidder en evig Sommer paa Deres Bern.
> Frk.Sommer: Mine Bern? Hr Capitain! –
> v.Aberwitz: Ja hedder det ikke saa paa Dansk? – Deres Kinder – Deres – her imellem Næsen og Ørene?[9]

I begge komedier er de slemme tyskere ved at tage de brave danskere ved næsen og løbe med stykkets unge pige, men i begge tilfælde klares intrigen af en god dansk mand, og pigen bliver godt dansk gift. Heibergs kritik er rettet mod de fremmede = tyske officerer, og han fremhæver de ædle søofficerer, »Landets egne Børn.«

Ud over projektmagere og officerer forekommer der i flere af P.A.Heibergs komedier også tysktalende jøder, men de er mere harmløse bifigurer. Den slemme tysker på scenen, hvis rødder går tilbage til Ewalds barber Gert

8. P.A. Heiberg: *Samlede Skuespil* udg. af K.L. Rahbek. 1806-19, Bd.I, s. 247f.
9. Sst. Bd.IV, s. 21f.

Scenebilleder fra opførelsen af *De Vonner og Vanner* (1792). Skuespilleren H.C. Knudsen i P.A. Heibergs omstridte stykke, der kun overlevede tre opførelser. H.C. Knudsen engagerede sig efter krigene 1801 og 1807 patriotisk som »Fædrelandets frivillige Sanger« i velgørende arbejde med at indsamle penge til »de i Krigen Quæstede og Faldnes efterladte Enker og Børn.« Det kongelige Bibliotek.

i *Harlequin Patriot*[10], kulminerer hos P.A.Heiberg. Fra nu af bliver han mere stereotyp, således hos Johan Ludvig Heiberg, Thomas Overskou, Henrik Hertz og andre. Af de tre tysktalende typer, soldaten, barberen og jøden, bliver kun de to tilbage. Den tyske soldat forsvinder fra scenen og fra gaden, da hvervningen af udenlandske soldater ophører 1802. De to andre bliver til stereotyper, der taler let gebrokkent, men de er ikke specielt usympatiske og slet ikke farlige. Efterhånden som den nationale kamp ikke mere er en sag for litterater, er teatret ikke mere forum. De nye frontkæmpere bruger andre medier.

Virtuosen udkom først i *Rigsdalersedlens Hændelser* og samme år i et bind skuespil, ledsaget af en fortale, hvor P.A.Heiberg endnu engang som så ofte i Tyskerfejden i meget ublide vendinger drager i felten mod de »tyske Vindmagere« i Danmark. Han påpeger, at Indfødsretten ikke fungerer ordentligt:

> en Hoben fremmede, og især Tyskere, have vidst, endogsaa til Trods for Indfødsretten, at indsnige sig i fordelagtige og fede Embeder her i Landet ...[11]

Ved »tyske Vindmagere« skal man dog ikke forstå de dygtige folk, der har gavnet landet som pædagogen Johann Bernhard Basedow, Friedrich Gabriel Resewitz, præst ved St.Petri Kirke, professor i fysik Christian Gottlieb Kratzenstein, geografen Carsten Niebuhr, lægen og skribenten Johan Clemens Tode, komponisten J.A.P.Schulz eller botanikeren Georg Christian Oeder. Vindmagere er de, som praler af egenskaber, de ikke har, og som foragter landets sprog og sæder. Der er nemlig en grænse for Heibergs tyskerhad:

> jeg miskjender ingenlunde de store og uhyre Fordele, som Videnskabernes Rige i Almindelighed, og vores Literatur og Oplysning i Særdeleshed har høstet af tysk Flid, tysk Arbejdsomhed og tyske Talenter; at jeg erkjender dette med den vedbørlige Taknemmelighed; og at jeg ingenlunde er saa uretfærdig og uskjønsom at skrive de Bedragerier, som enkelte Tyskere have begaaet og endnu søge at begaa her i mit Fødeland, paa denne ædle og oplyste Nations Regning.[12]

Lejlighedsvis finder han sine landsmænd for smålige. Han havde forsvaret

---

10. Udførligere i Vibeke Winge: Dansk og Tysk i 1700-tallet. *Dansk Identitetshistorie 1*. 1991.
11. P.A. Heibergs *Udvalgte Skrifter*. Udg. af Otto Borchsenius og Fr. Winkel Horn. 1884, s. 326.
12. Sst. s. 330.

komponisten J.A.P.Schulz[13], og han går også senere i brechen for F.B.W.von Ramdohr, men de røster, der hævder, at der er forskel på holstenere, der er gode danske borgere, og tyskere, vil han ikke høre på. Holstenerne, specielt den selvbevidste adel, »sætte en forfængelig Ære i at være Tysk.« De fleste foragter det danske sprog; og selv om de har haft embeder i København og boet der i årevis, kan de ikke et dansk ord og »gjøre det til et Vilkaar hos deres Tjenestefolk, at de maa kunne tale Tysk.« De omgås kun andre holstenere og tyskere, og »til deres venskabelige Cirkler faar sjælden nogen dansk Mand Adgang.« Disse hårde ord modificerer Heiberg dog noget ved at henvise til sine mange gode forbindelser i netop de holstenske kredse. Måske er det billede, Heiberg tegner, overdrevet på daværende tidspunkt, men det passer helt til de skildringer, som noget senere gives af den anden part, de holstenske embedsmænd i København fra 1820'rne frem til krigene.

Tyskerfejden var begyndt som en fejde om Jens Baggesens opera *Holger Danske*, og en af initiativtagerne havde været Knud Lyne Rahbek. Både Baggesen og Rahbek lagde i deres erindringer afstand til selve Tyskerfejden, som for deres vedkommende var mere personlig, mens de var ude af spillet, da den blev national. Rahbek kommer i sine erindringer lejlighedsvis ind på den herskende spænding mellem dansk og tysk, og han registrerer udviklingen fra litterær til politisk kamp:

> Den egentlige litterariske Kamp, som i foregaaende Bind er omtalt, og hvor Zetlitz, Rein, tildeels Pram, Heiberg, jeg og Abrahamson giorde fælles Sag mod Neseggab og Ralph Patriot var ophørt; ogsaa drog Opmærksomheden og Interessen, men desværre ogsaa Stridbarheden, sig mere og mere fra den litterariske til den politiske Side.[14]

I breve og dagbøger under sine mange og lange udlandsophold kommer Baggesen ofte ind på sin egen splittede tilstand mellem dansk og tysk, men han ser det overvejende som sit eget personlige problem.

Johan Clemens Tode og Werner Abrahamson, nogle af Tyskerfejdens ivrigste debattører, synes ikke senere at have befattet sig med antitysk virksomhed. De var begge myreflittige leverandører af bidrag om alle tænkelige emner til tidens tidsskrifter. Begge virkede som oversættere og for-

---

13. En udløber af Tyskerfejden var angrebene på komponisten J.A.P. Schulz. Se mere udførligt i Ole Feldbæk og Vibeke Winge: Tyskerfejden. *Dansk Identitetshistorie 2*, 1991.
14. K.L. Rahbek: *Erindringer af mit Liv*. 1824-29, Bd.IV, s. 18. Neseggab: (omvendt Baggesen). Hermed hentydes til den forhadte C.F. Cramer. *Ralph Patriot* (1789), en meget grov anonym parodi i P.A. Heibergs stil.

fattede lærebøger i grammatik. Lægen, og fra 1801 professor i medicin, Tode tegner sig endvidere for et omfattende medicinsk forfatterskab. Patriotisk digtning fra deres hånd følger efter slaget på Rheden 1801, men da er skurken naturligt nok englænderne. Tode blev afskediget på grund af psykisk sygdom 1806, og Abrahamson døde 1812.

De dansksindede litteraters yndlingsaversion, C.F. Cramer, kunne ikke mere blande sig; han var blevet afskediget fra sit professorat i Kiel på grund af sin begejstring for den franske revolution 1794 og havde 1796 slået sig ned som boghandler i Paris, hvor han døde 1807.

Men klicheerne, det stereotype fjendebillede, som var skabt og cementeret, ikke mindst af P.A.Heiberg, blev overtaget og videreført af andre.

3. 1790'ernes småfejder

Her kan kun behandles et udvalg af de mange polemiske småskrifter, der i dette tiår udgår fra meget forskellige kredse.

Få måneder efter Tyskerfejdens ophør udkom et lille skrift *Tanker over det gamle Ordsprog: Hvad giør ikke Tydsken for Penge?*[15], en titel, der blev citeret og brugt som motto i lighed med Johs. Ewalds »Al vor Fortræd er tydsk« fra komedien *Harlequin Patriot*. Anledningen var et gæstespil på Det kongelige Teater af »Pantomimiske Træfninger i engelsk Smag, af keiserl. kgl. Fægtemester Miré.« Pantomimerne var ubetydelige, men forargelsen over, at noget sådant vistes på Det kgl.Teater, hvor det rettelig hørte hjemme hos gøglerne på Bakken, blev brugt til national polemik. Der fulgte en række småskrifter, der kommenterede indholdet. Én forfatter fandt det malplaceret at moralisere over kvaliteten. Folk var selv ude om det, når de var så dumme at rende efter den slags. Én fremhæver, at kritikken sandelig ikke er nationalt betinget, men alene går på den ringe kvalitet af pantomimerne.

Én forfatter forsøger at være upartisk. Han påpeger, at danskerne ikke er så kompetente, at de kan tillade sig at kritisere uden argumenter:

... her bleve anførte ubeqvemme Talemaader, og vor Tidsalder

15. Ordsproget findes i mange varianter, se *Dansk Ordsprogs-Skat* udg. af E. Mau. 1879.

ganske uværdige; Hvad giør ey Tydsken for Penge? Dette kunde passe paa de raae, og, om jeg saa maae sige, barbariske Tider, men ey paa vor oplyste Tidsalder, da saa mange honette tydske Familier, som alle skylde Ære og Agtelse, ere indlemmede iblandt det danske Folk.

Dette forsøg på at dele sol og vind lige bliver imødegået af endnu et modskrift, der beskylder forfatteren for at være tysker. Selv om der ikke er germanismer i sproget, er der det i tænkemåden, og vedkommende kender angiveligt ikke niveauet i dansk kulturliv.

Anledningen til polemikken er en bagatel, som bliver brugt til at lufte tyskerhadet, og angrebspunkterne er de kendte: tyskeren må ikke udtale sig om danske forhold, han kender dem ikke og må derfor ikke komme med betragtninger over noget som helst.[16]

Samme type kritik blev F.W.B.von Ramdohr til del, da han i 1792 udsendte *Studien zur Kenntnis der schönen Natur und der schönen Künste*, en rejsebog om en rejse fra Hannover til København og et ophold i Danmark. Ramdohr udtaler sig om landets kultur og sprog, og det skulle han ikke have gjort. Det må han ikke, han kender jo ikke sproget og udtaler sig om landets forhold på et alt for spinkelt grundlag. Han opkaster sig til »tydsk Konstdommer«, en slem synd, som man i 1780'erne havde bebrejdet Kieler-professoren C.F.Cramer i forbindelse med fejden om Hviids dagbog og Tyskerfejden.[17] Ramdohr har selv lagt mærke til den nye »uoverensstemmelse mellem tyskerne og danskerne, en ulykkelig uoverensstemmelse, der ofte viser sig selv ved selskabelighed,« og kritikken lader ikke vente på sig.

Holsteneren Levin Chr. Sander kom i 1783 til København som huslærer hos Christian Ditlev Reventlow. Han var en flittig oversætter og lærte selv så godt dansk, at han kunne skrive i danske litterære tidsskrifter og digte det »første virkelig dansknationale sørgespil« *Niels Ebbesøn*, der blev en stor succes. Han var tysklærer på Selskabet for Efterslægtens realskole for bl.a. Oehlenschläger, professor i metodik og pædagogik og forelæste fra 1811 som

---

16. *Tanker over det gamle Ordsprog: Hvad giør ikke Tydsken for Penge? foranledigede ved de i disse Aftener opførte Forestillinger. 1790.*
Flyvetanker over det saa kaldte pantomimiske Skuespil, som blev opført paa det danske Theater den 11de Junii 1790. 1790.
Et Par Ord til Forfatteren af Piesen. Hvad giør ikke Tydsken for Penge?. 1790.
Upartiske Tanker i Anledning af de, om det nyelig opførte Pantomimiske Skuespil, udkomne 3de Piecer. 1790.
Indfald over det pantomimiske Skuespil, og de i den Anledning udkomne Pieser. 1790.

17. Udførligere i Ole Feldbæk og Vibeke Winge: Tyskerfejden. *Dansk Identitetshistorie 2,* 1991.

lektor i tysk ved Københavns Universitet. Han synes ikke at have haft problemer med sin egen nationalitet, han var ikke rabiat, men han blev meget vred på Ramdohr:

> Uden at kiende Landets Sprog, uden at have under sit Arbeid den daglige Adgang til de fornødne Kilder i sin Magt, vover han at opvarte sit Publicum med de Bemærkninger, som han under nogle Maaneders Adspredelse har kunnet samle, og dermed at fylde fleere Bind.[18]

Ramdohr kaldes »tydsk Konstdommer«, han staver de danske lokaliteter forkert, og han bør ikke udtale sig om litteratur og teater, når han ikke kan sproget, og så fremdeles.

Anmelderen i *Nyeste kiøbenhavnske Efterretninger om Lærde Sager* synes at have nydt at anmelde Sanders skrift og giver hans kritik en ekstra tand for egen regning:

> denne Adelsmands Bog, som næsten paa hver Side er idel Tydskhed: Overflades Kundskab foredraget med megen Ophævelse Selbstgenügsamkeit (vi Danske have ikke Ordet, da vi kun have Tingen som Import) ...
>
> denne saa umiskjendelige Danophobie, der ligesom hos alle tydsktalende Mænd og Qvinder, saa ogsaa her hos Ramdohr, yttrer sig ved at fortie det meget Gode, der findes hos os, og naar det endelig maa omtales, da at berøre det saa løselig, at Læseren let glider hen over det eller, hvilket især hos Hr von Ramdohr jevnlig er Tilfældet at lægge noget til der kan forringe det fordeelagtige Begreb Læseren muelig kunde fatte om Danske og danske Ting. Denne tydske Uartighed eller rettere Vanart burde aldrig gaae upaaanket[19]

Tonen kendes fra fejden om Hviids dagbog og Holgerfejden.

Men Ramdohr fik støtte fra en ellers prominent tyskerhader. P.A.Heiberg går i sin fortale til komedien *Virtuosen* ind på kritikken af Ramdohrs bog. Han har tidligere pointeret, at hans kritik kun gælder tyske vindmagere! Som han forsvarede J.A.P. Schulz, forsvarer han Ramdohr mod sine urimelig landsmænd:

> Saa maa jeg oprigtig tilstaa, at jeg ikke begriber Aarsagen, hvor-

---

18. *Minerva*, august 1792, s. 203ff. Der udkom aldrig mere end ét bind.
19. *Nyeste kiøbenhavnske Efterretninger om lærde Sager*, 1793, s. 693f. Artiklen er uden signatur, men tonen minder meget om Abrahamson.

for næsten alle danske Forfattere enstemmigen fordømme hans Bog ... Man vil dog vel ikke regne ham det til en Forbrydelse, at han ikke har sagt om Dannemark: Se, det er alt sammen saare godt!

Han sammenligner Danmark med et forkælet Barn:

Det Barn bliver forkjælet, hvis Forældre ikke kan taale at høre en fremmed sige med Beskedenhed: Den og den Fejl har Deres Barn, søg at rette den![20]

Men der var andre, der støttede Sander. Teologen og litteraten Malte Møller, en flittig oversætter af danske bøger til tysk, er rørende enig. Hans indlæg fra 1795 kunne være fra 1789:

Saa var det altid i Danmark. Fremmede vare altid vor Formyndere i Litteraturen, som i saa meget andet ...

Misundelse, Cabaler, Nepotismus, med eet Ord: Tydskhed qvælede saa mangen et opspirende Genie ...

saa mange flere døde i en modnere Alder, som Offere for deres Gavnelyst, uden at have fundet den Virkekreds, som Fædrelandet skyldte deres Evner.

O at en Mand af det sande Fædrelands Aand, som den, der besiæler en Heiberg, Nyerup, Pram, Rahbek og Riegels, ville skiænke os en Nekrologie af de Ypperlige den danske Patriot begræder! Vi skulde da høre de Ihielslagnes Røst af Gravene – og lære deres Drabsmænd at kiende.[21]

P.A.Heibergs discipel, Malte Conrad Bruun, var også i myndighedernes søgelys igennem 1790'erne på grund af sin skarpe pen. Som sin læremester blev han landsforvist, men i modsætning til Heiberg døde han i Paris som en agtet videnskabsmand. Hans skrifter har politisk indhold, og han behersker også tidens anti-tyske jargon. Klicheerne er talrige i det lille satiriske skrift *Fluesmækken* 1797:

På Comedien faae de derimod, især af tydske Oversættelser, Hovedpine, Mavekrampe og Sovesyge ...

Ja, jeg kan meer end det; jeg kan bande på Plattydsk og prygle paa Preussisk.

Havde jeg den Ære at være en Tydsker, saa vilde jeg afdeele den (fortællingen) i 10-20 Capitler, sætte en forunderlig Titel og et

---

20. P.A. Heiberg anf.skr. s. 327f.
21. Malthe Møller: *Repertorium for Fædrelandets Religionslærere*. 1795-97, s.139.

Kobber af Chodowieki foran, og lade den bedømme i Hamborg
eller Göttingen som et uhørt Mesterstykke af Roman ...
Hans Hoved var et Apothek, hvor Tydsk Viisdom af alle Sorter
stod extraheret og sat paa smaa Flasker ...
Som alle Samlinger af Danske maae, om det skal due, have en
Tydsker til Anfører, saa have ogsaa dette Corps en værdig
Obrist i Oberapellations-Rath v.Ramdohr.
Hvad hjelper det, mit Barn, at du saa brat
I Kiel en Doktor juris bliver?
Dig Fakultetet vel en Hat,
Men ei et Hoved giver.
I det han drog forbi Forfængelighedens Telt, holdt han en Tale,
hvori han slog rasende om sig med tydske Superlativer f.Ex.
trængendste, træffendste, duftendste o.fl. han dyngede Geni-
tiver paa Genitiver f.Ex. Begrebernes Foranderligheders Fæ-
stelser eller Tysklands den gamle Konsts Historieskriver ...

Disse småfejder afspejler alt i alt det samme stereotype fjendebillede, som
var skabt allerede i forløberne for Holger- og Tyskerfejden. Tyskerne er
oppustede, brovtende, bombastiske, både som slagsbrødre og i viden-
skaben. Danskeren synes ikke at være gået styrket ud af Tyskerfejden. Han
er stadig i forsvarsposition over for den højtråbende, bedrevidende tysker.

Det synes stadig, som om det hver gang er danskerne, der reagerer
polemisk på noget, der egentlig ikke er sagt eller skrevet med polemisk
sigte. Tonen i de tyske skrifter kan højst karakteriseres som let nedladende,
og ingen af dem er bestemt til at starte en polemik.

4. Reaktioner fra tysk side

Var der da ingen tyskere, der undrede sig over denne danskernes hudløs-
hed, endsige tog til genmæle? Den oprindelige fjende, den tyske overklasse
i København, havde i 1789-90 kun reageret én gang med *Ausrufungen*, og i
den følgende tid er der kun spredte eksempler på, at enkeltpersoner,
tyskere eller holstenere, tager til genmæle for at udtrykke enten irritation
eller melankoli over danskernes adfærd.

1794 angreb regimentskirurg Ferdinand Martini Kirurgisk Akademi for at producere for dårlige kandidater. Skønt holstener er han ikke glad for Indfødsretsloven. Han føler sig ugleset i hovedstaden og beklager, at man ikke kan »trepanere alle hoveder, hvori det spøger, for det spøger sandelig i hovedet på de danskere, som kan foragte et individ, fordi han er født hinsides Ejderen.«[22]

En tysk student Anton Otto Schellenberg, der en tid havde været hvervet soldat i Danmark, udgav 1796 anonymt et kritisk skrift *Freie Bemerkungen über Kopenhagen in Briefen*. Heri beklager han bl.a., at Danmark har frembragt så få »Selbstdenker« og »Selbsterfinder«; de veluddannede folk er for det meste indvandret fra Tyskland, lige som man her finder alle mulige tyske institutioner. Derfor er det udtryk for utilgivelig mangel på taknemmelighed, når danske forfattere som P.A.Heiberg og kumpaner frækt og uforskammet spotter og skælder ud over en nation, som Danmark skylder så meget godt, ja næsten alt; og er det sådan, at tyske vindbeutler og projektmagere får fede embeder, så er det mere beskæmmende for danskerne end for tyskerne.[23]

Schimmelmanns privatsekretær, den senere diplomat J.G.Rist, ser i sine erindringer let melankolsk tilbage på hetzen mod sine landsmænd. Han påpeger, at det er den sidste tids polarisering af nationerne, der har gjort mænd som Bernstorff, Schimmelmann, Christian og Cay Reventlow bevidste om, at de er tyskere, i det mindste af herkomst, sæder og sprog, og så måtte de trække sig tilbage, nogle har døden revet bort.[24]

5. Uro i folket?

Nåede uroen efterhånden ud over de litterære kredse? Var uviljen mod tyskerne ved at blive en folkelig bevægelse? Man kunne fristes til at tro det, hvis man betragter en række begivenheder i året 1794. I februar måned blev der demonstreret mod Kronprinsens svigerfar, prins Carl af Hessen. Folk trænger sig om hans vogn og råber: »Leve Kongehuset! Bort med alle

---

22. *Die Dragonne. Ein Seitenstück zur Degenquaste.* 1794, s. 23.
23. Anonym (Otto Schellenberg): *Freie Bemerkungen über Kopenhagen.* U.st. 1796, s .203.
24. J.G.Rist: *Lebenserinnerungen.* Gotha 1884-86, s. 119f.

Tyskere!« og de kalder hans datter, den kommende dronning »Tyske Marie«.[25]

I august måned kommer den første arbejdskonflikt i Danmark. Årsagen var lønspørgsmål, og initiativtagerne var nogle tyske tømrersvende. Netop nu var der særligt mange i København, idet der gik rygter om, at der ville blive meget arbejde efter Christiansborg Slots brand. To tyske svende hos en af byens store tømrermestre sagde op uden varsel, og da de blev arresteret, brød den store strejke løs. Militæret blev sat ind, og svendene blev idømt strenge straffe. Få dage efter fulgte dog benådning og udvisning af de tyske svende, der blev fragtet til Lübeck.

De tyske svendes rolle i denne konflikt skal imidlertid *ikke* ses som en national manifestation. Det var en regulær arbejdskonflikt, utilfredshed hos de ikke-selvstændige, det nærmeste revolutionen kom på Danmark.

Udveksling af svende mellem Danmark og Tyskland fortsatte uden større problemer end af og til lidt jalousi langt op i 1900-tallet. Men de, der ville skyde på tyskerne, kunne naturligvis også finde noget at kritisere blandt håndværkerne. En patriotisk forfatter skriver om »den Tydske Uskik at misbruge Læredrengene til Huusgjerninger og Gadestrygerie«.[26] Blandt boghandlerne cirkulerede smædevers:

> Den tyske Boghandler har en Skik
> som han fra tyske Brødre henter
> han andre Folks Breve prenter
> og ... være med saadan Skik![27]

Blandt boghandlerne og inden for de beslægtede fag var der mange tyskere. Tyske messekataloger blev distribueret via boghandlerne på Børsen, og tyske subskriptionsindbydelser var en almindelig foreteelse i danske tidsskrifter. Men netop i slutningen af 1700-tallet havde tyskerne fået en alvorlig dansk konkurrent i Søren Gyldendal, der ville skabe en handel med danske bøger uafhængig af de tyske kataloger.

En tysk håndværker kunne imidlertid godt hylde prins Frederik (7.) ved hans bryllup 1828 med et skilt over sin kælderlejlighed: »Ich wohne zwar in einem Loch, aber ich illuminiere doch.« Der var ingen provokation i brugen af sproget, og han kunne regne med, at prinsen forstod det.[28]

25. Johan von Bülow: Fra Hoffet og Byen. Stemninger og Tilstande 1793-1822. *Memoirer og Breve* 3. 1906, s. 5f.
26. Fr.Ekkard: *Nytaarsgave for Fædrelands-Elskere og deres Børn.* 1796, s. 64.
27. C.Nyrop: *Den danske Boghandels Historie* Bd.II. 1870, s. 53.
28. C.H. Holten: Af en gammel Hofmands Mindeblade. *Memoirer og Breve 11.* 1909, s. 139.

Det er nærliggende at søge en sammenhæng mellem disse begivenheder, men den synes ikke tilstede. Spændingen er konstant, men det synes tilfældigt, hvor og hvornår der kommer udladninger.

6. Teaterkonflikten i Odense

Det var altså stadig begrænset, hvor stor en del af befolkningen der egentlig var vidende om de nationale spændinger. Nåede uroen ud over København?

Odense, landets næststørste by, var i slutningen af 1700-tallet en blomstrende by med mange velhavende borgere. Hertil kom adelsfamilierne fra de fynske godser, der i vintersæsonen flyttede til byen for at more sig.

Her kom det i 1790'erne til en national fejde om byens teater. Borgerne havde i 1789 dannet et dramatisk selskab, men da adelen også ville være med, kom det til gnidninger, i første omgang sociale spændinger, der sprængte foreningen. Men da de forlystelsessyge adelige for at sikre teatret i 1791 engagerede en professionel tysk trup, kom der nationale toner ind i striden mellem de selvbevidste borgere og adelen. Den ene af byens to konkurrerende aviser talte med foragt om den tyske bande, den anden understregede, at de var holstenere, fra Altona, og dermed kongens undersåtter. Tyskerne spillede Schiller, Kotzebue og Iffland for fulde huse, men de borgerliges fortaler kritiserede systematisk alt, hvad truppen bød på. Efterhånden begyndte publikum at svigte, intrigerne florerede, og i februar 1793 var teatret fallit, og truppen måtte forlade byen, som nu i et par år var uden teater. Efter indlæggene i denne odenseanske fejde at dømme er modsætningerne snarere af social end af national art. Den selvbevidste borgerstand er utilfreds med den udefra kommende adels dominans i byen og bruger danskheden for at lægge afstand, en gentagelse af rollefordelingen fra den københavnske Tyskerfejde.

Byen fik igen dansk teater, men der kom stadig med mellemrum tyske trupper, og indtil midt i 1840'rne spillede begge nationaliteter, ikke uden lejlighedsvis hidsig national polemik.[29]

29. Se udførligere herom i Gunnar Sandfeld: *Komedianter og Skuespillere*. 1971 og Sybille Reventlow: *Musik på Fyn 1770-1850*. 1983.

7. Status år 1800

En fremmed, der kom til København, kunne anskaffe sig en af de talrige rejseførere, der udkom i hovedstaden både på dansk og tysk. Her kunne han orientere sig om de tyske institutioner i København.

Nyerups rejsefører fortæller udførligt for den, der vil høre tysk gudstjeneste, at der er en dansk og en tysk hofpræst, de tyske menigheder er St.Petri, Frederiks på Christianshavn, Garnisonskirken og Kastellet. Desuden tales der tysk i den reformerte kirke, hos katolikkerne i Bredgade og hos jøderne, som mødes i private hjem, da deres synagoge er brændt ved Københavns brand 1795.

Andre tyske institutioner er Det tyske Kancelli for sager vedr. hertugdømmerne, hæren består for en stor del af hvervede soldater, ikke mindst tyskere. Officererne er tyske og i hærens to skoler, Landkadetakademiet og Artilleriskolen, undervises på tysk ved siden af dansk og fransk.

Skoler med undervisning i tysk er Efterslægtselskabets realskole og Døtreskolen i Klareboderne. Man kan købe tyske bøger på Børsen, i tre boghandler samt i Østergade; tyske aviser, også franske og engelske, ligger fremme i konditorierne; tyske bøger kan læses i klubber eller lånes på de nye biblioteker, hvoraf flere ejes af tyskere.[30]

Effekten af 1776 og Tyskerfejden samt 1790'ernes småfejder er, at det tyske miljø i København, der jo ikke får nævneværdigt nyt blod, trækker sig noget tilbage, men det spiller dog stadig en betydelig rolle i kulturlivet, og der er tætte bånd til dansk åndsliv.

I tiden fra 1790 og frem til krigene 1848-50 var tysk og tyskere altså stadig en naturlig del af hverdagen i København, men allerede inden kulturkampen havde de forordninger, der var fulgt som reaktion på Struensee-tiden, sat deres spor: indførelsen af dansk forvaltningssprog 1772 i alle sager undtagen dem, der angik Slesvig og Holsten, »de tydske Provinser,« afskaffelse af tysk kommandosprog og tysk undervisningssprog på hærens skoler 1773 og ikke mindst Indfødsretsloven 1776. Tyske og tysksprogede gik fra nu af mere stille med dørene.

---

30. Rasmus Nyerup: *Kjøbenhavns Beskrivelse.* 1800. Tysk oversættelse udkom 1807.

8. De tyske miljøer i København

De tyske digtere, der som Klopstock havde boet i Danmark med kongens understøttelse eller som Johann Elias Schlegel og H.P. Sturz havde haft embeder, var døde eller rejst hjem, den blomstrende tyske kulturkreds var opløst. En del af den tysk-holstenske adel havde trukket sig tilbage til deres besiddelser i Hertugdømmerne. Der var dog stadig fremtrædende embedsmænd og handelsfolk, hvis hjem var centrum for en dannet kreds, der holdt fast ved det tyske sprog. Det gjaldt ikke mindst købmand Constantin Bruns hjem, hvor hans kone Friederike, datter af hofpræst Balthasar Münter, holdt litterær salon i international stil. Hun digtede selv og havde kontakter til fremtrædende digtere både inden og uden for landets grænser. I hendes salon kom også førende danske digtere som Baggesen og Oehlenschläger.

St. Petri kirkes tyske menighed regnedes som Københavns førende og besøgtes også af danske familier, der ville være med på noderne.

> Det var en Tid, da Petri tyske Menighed endnu talte Kjøbenhavns fineste Selskab iblandt sine Medlemmer, og til den tyske Kirke strømmede gjerne alt, hvad der ønskede at henregnes dertil;[31]

Den kritiske tysker Otto Schellenberg bemærker (lidt skadefro), at man ikke kan få nøjagtigt tal på, hvor store de tyske menigheder i København er, da mange danskere slutter sig til dem på grund af deres kvalitet og rigdom.[32]

Tyske privatskoler (institutter), som f.eks.hofpræst Christianis Insitut, som havde bl.a. Rahbek og J.K.Høst som lærere, var eftertragtede, selv om de var dyre:

> Hvad der var elegant i Hovedstaden kappedes om at lægge den udsøgte Sands for højere Dannelse for Dagen ved at sætte deres Sønner i den kostbare Opdragelses-og Undervisningsanstalt.[33]

Tysk var en del af en dannet københavners hverdag, han kunne sproget, han havde læst tysk litteratur og citerer gerne derfra. At den gamle tyske kulturkreds i Danmark er opløst, betyder altså ikke, at der er lukket af for indflydelse sydfra. Kulturelle strømninger kommer fortsat via Tyskland. Nogle danske digtere er ligefrem tosprogede som Baggesen, hvis tysk, som

---

31. H.N. Clausen anf.skr. s. 8.
32. Otto Schellenberg anf.skr. s. 75.
33. H.N. Clausen anf.skr. s. 8f.

han indrømmer i et brev til Pram, skrevet på tysk, dog ikke var helt fejlfrit: »Da jeg aldrig har set i ordbøger, aldrig studeret grammatikker, er det klart, at jeg begår fejl i hver linie jeg skriver. Men jeg føler, at jeg ikke med så stor lethed kunne udtrykke mig fejlfuldt i noget andet sprog.«[34] Hans venner i de Bernstorff-Schimmelmann-Reventlowske kredse kommenterer også af og til lidt maliciøst hans præstationer på deres modersmål.

Oehlenschläger, hvis tyske digtninger hverken efter hans egen eller hans forlæggers mening kom på højde med hans danske, indrømmer i sine eindringer, at han taler og skriver ukorrekt tysk, men ekstasen griber ham, når han forestiller sig, at han ved at digte på tysk kunne få et publikum på

> 30 Millioner Mennesker meer, og skaffe mig den Glæde at meddele udmærkede Mænd noget igjen af mine Aandsfostre til nogenlunde Giengæld for alt det Herlige, jeg havde modtaget af dem. Ja, jeg følte mig snart saa begeistret til ogsaa at skrive Tydsk, der vel ikke var mit Modersmaal, men dog min Moders Maal og mine Fædres Sprog[35]

Herefter oversatte han selv *Aladdin*.[36]

Der har dog fortsat været livlige kontakter mellem danske og tyske litterære miljøer. Det fremgår af talrige danske digtermemoirer, fra Baggesen over Rahbek, der også en periode ville være »tysk digter«, til Oehlenschläger og H.C.Andersen, der havde haft sine første teateroplevelser ved de tyske truppers gæstespil i Odense, således at han tidligt var kommet i berøring med sproget. Men ifølge *Mit Livs Eventyr* lærte han først i moden alder at tale det korrekt. Sjældent nævnes sproglige vanskeligheder. Man forstod tysk og beherskede det i rimeligt omfang. Ganske selvfølgeligt opsøger man under rejserne i Tyskland digterkollegerne f.eks. Goethe, Wieland, Tieck, Schleiermacher, Fichte, og prominente tyskere besøger København og bliver hyldet, som f.eks. Chamisso og Schleiermacher.

Tre fjerdedele af den litteratur, der udkommer i dansk oversættelse, er oversat fra tysk, eller via tysk fra andre sprog; en tilbagegang til fordel for engelsk og fransk kan spores omkring 1820. Teatrenes repertoire var domineret af tyske skuespil, og langt op i 1800-tallet kunne tyske trupper gæ-

---

34. Brev til Pram Emkendorf 8.8. 1787. *Jens Baggesens Biographie* ved August Baggesen. Bd. I, 1843, s. 50f.
35. Adam Oehlenschläger: *Erindringer*. 1850, Bd. 2, s. 31.
36. Hans forlæggere i Tyskland var ikke udelt begejstrede for hans tysk. Se udførligere herom i Dieter Lohmeier: Oehlenschläger in Deutschland. *Dänische Guldalder-Literatur und Goethezeit*. Text & Kontext. Sonderreihe 14, 1982 s. 95 anm.12.

Salmebog fra St. Petri Kirke 1741. I 1575 fik de tyske indbyggere i København tilladelse til at grundlægge deres egen menighed, og i 1585 fik de overladt den tidligere katolske Sankt Peders kirke. Tysksprogede salmebøger og katekismer udkom i talrige oplag og brugtes også i vid udstrækning af landets øvrige tyske menigheder. Det kongelige Bibliotek.

stespille på deres modersmål på københavnske og som nævnt ovenfor odenseanske teatre. I håndværkerkredse fortsatte den snævre kontakt. Danske håndværkere rejste stadig på valsen til Tyskland, og tyske svende søgte arbejde i Danmark og organiserede sig langt op i 1800-tallet i specielle tyske foreninger.

Hæren var, som flere gange nævnt, tysk domineret. Officerskorpset var i stor udstrækning tyskere eller holstenere, hærens sprog havde indtil 1773 været tysk, og arkivalier fra tiden efter sprogskiftet viser, at tysk stadig brugtes internt, lige som tysk fortsat havde en stærk position på hærens skoler. De hvervede »gevorbne« soldater kom også overvejende fra de tyske lande, og memoirerværker fra 1700-tallets slutning skildrer, hvorledes gadebilledet prægedes af de ofte lidt forhutlede tyske soldater.

Bibliotekar E.C. Werlauff beretter i sine erindringer, hvorledes han ofte i sin barndom på volden blev tiltalt af en klynkende skildvagt med ordene: »Lieber junger Herr, Geben Sie nicht einen armen Soldaten einen Stüber!«[37]

Otto Schellenberg skildrer med tanke på sin egen skæbne studenter, der har tjent deres tid ud, men ikke har råd til at rejse tilbage og derfor fører en kummerlig tilværelse som sproglærere.[38]

Den tyske soldat var en yndet figur i tidens litteratur, ikke altid for det gode; han er gerne lidt dum og stortalende, men ikke farlig som Heibergs projektmagere og snyltere. Men hvervningen af udenlandske soldater ophørte 1802, og dermed forsvandt også den tyske soldat fra gadebilledet og fra litteraturen.

Tilbage bliver jøderne, som gerne er harmløse bifigurer, og nogle ufarlige stereotype »aventuriers«. Tyskeren på scenen spiller som nævnt ikke mere nogen rolle i den nationale kamp.

De tyske lejesoldaters retræte giver den meget antityske filolog Andreas Andersen Feldborg lejlighed til gennem en gammel dansk bondes mund at juble over det nye reglement, ifølge hvilket ingen tysker mere kan blive soldat i Danmark. Noget mere nedværdigende end at skulle tage udlændinge i sin tjeneste kan ikke tænkes. Hvad kan man overhovedet vente sig af godt af sådanne udlændinge? Den meget velformulerede gamle bondes lovsang over de nye tider ender med det efter hans mening allerbedste: efter

37. E.C. Werlauff: Danske, især Kjøbenhavnske Tilstande og Stemninger ved og efter Overgangen til det nittende Aarhundrede. *Historisk Tidsskrift* 4:4. 1873-74, s. 245.
38. Otto Schellenberg anf.skr. s. 72.

at man ikke mere antager tyske rekrutter, har man afskaffet den skik at gennemprygle rekrutterne på tysk maner.[39]

Digteren Henrik Steffens, et ægte barn af den flerkulturelle stat, prøver i sine erindringer at analysere, hvorfor de tyske soldater blev upopulære. Han ser lejesoldatens triste situation som roden til meget ondt:

> Den Tydske var, ved et ubesindigt Øieblik i sin Ungdom, vel ogsaa ved et slet Liv i det Hele, som et Offer for et skjændigt og foragteligt System, falden i de Danskes Hænder, Imod sin Villie slæbt ind i et fremmed Land, hvis Sæder og Sprog vare ham ubekjendte, nærede han et dybt Had til det Folk, som han maatte tjene. Som Forbryderen i sit Fængsel, kun med langt større Ret, lurede han kun paa det Øieblik, der ved en listig Flugt kunde befrie ham fra den forhadte Trældom. Et saadant Sinde- lag avlede Had, en saadan Stemning Foragt og Ringeagt. Den Fremmede holdt sig skadesløs, i det han paa en pralende Maade ophøiede sit Fædrenelands Fortrin. Han vænnede sig, naar han talede om det, til pompøse Udtryk, der ogsaa bleve brugte ved andre Leiligheder.[40]

De hvervede soldater kunne være studenter som Otto Schellenberg, og rejseførerne nævner, at tyskundervisning gerne gives af militærpersoner. Det fremgår da også af mange memoirerværker, at forfatteren har haft en tysk huslærer, der enten var en falleret student, soldat eller forhenværende tyende.

Disse huslærere, eller med et finere ord informatorer, synes at have eksisteret op i 1800-tallet. Forfatterne af de talrige grammatikker og læsebø- ger i tysk, der udkom fra midten af 1700-tallet, stønner i deres forord gang på gang over det ukvalificerede tysk, som disse folk giver fra sig, der har været for længe i Danmark, og derfor ikke kan holde de to sprog ordentligt ude fra hinanden.

---

39. A. Andersen Feldborg: *A.Andersens (eines gebornen Dänen) kleine Fuss-Reise durch einen Theil von Seeland*. Weimar 1807. s. 31 og 76. Feldborg var så antitysk, at oversætteren af den tyske udgave af hans bog føler sig foranlediget til at undskylde det i et ekstra forord.
40. Henrich Steffens: *Hvad jeg oplevede*. 1840, Bd. 1, s. 160f.

9. Tysk på retur

Selv om det daglige samliv mellem dansk og tysk i hovedstaden kan synes lidet forandret udadtil, kan det også påvises, at der stadig er kræfter, der i samme periode ovenfra søger at begrænse tyskernes indflydelse ved at indskrænke mulighederne for at bruge sproget.

Officielt førtes ikke en anti-tysk politik. Embedsmændene, også de holstensk- og tyskfødte, var først og fremmest loyale mod kongen. En undersøgelse af en række konkrete sager i statsadministrationen, der kunne tænkes at have kaldt på nationale modsætninger, viser, at embedsmændene først og fremmest var kongetro.[41]

Først generationen efter 1820 er influeret af nye nationale strømninger, der fra de tyske universiteter har nået Kiels Universitet, hvor de fleste var uddannede.

Men klart anti-tyske forholdsregler var alligevel styrkelsen af dansk sprog fra 1770'ernes forordninger til fastlæggelsen af dansks status i skolen 1814. I tidlige lærebøger til danskundervisningen findes ikke sjældent udfald mod tysk. Om skrivemåden ah siger en forfatter eksempelvis, at h »synes overflødigt, naar man ei antager vort Sprog for det tydske Sprogs Slavinde.«[42]

De tyske menigheders tal blev indskrænket, da tysk kirkesprog blev afskaffet i St.Magleby (Hollænderby) 1810, i Garnisonskirken og Kastellet 1819. De tysksprogede skoler fik svære kår, hærens skoler er nævnt, og i 1805 blev Kirurgisk Akademi skuepladsen for en hidsig national sprogstrid. Akademiet havde fra sin grundlæggelse været tosproget, da det både skulle være for kongens dansk- og tysksprogede undersåtter, men efterhånden havde der dannet sig et dansk og et tysk parti på skolen, der hver især ønskede deres sprog som eneste undervisningssprog. Sagen måtte bringes op til afgørelse på højeste sted, men Kronprinsen fastholdt af hensyn til sine tysksprogede undersåtter og eventuelle fremmede, at der skulle undervises på begge sprog i de grundlæggende fag.[43]

På Landkadetakademiet synes der at have været nogen uro imellem danske og slesvig-holstenske og norske kadetter i 1812. Holstenere skulle uddannes i København, efter at instituttet i Rendsborg var nedlagt. De

41. Nærmere herom i Jørgen Paulsen: Tyske Embedsmænd i København i Tiden 1800-1840. *Sønderjyske Aarbøger* 1936, s. 43-86.
42. *Kortfattet Veiledning til Begreber om Dannersprogets Retskrivning og Toneklang Indrettet til Skoleunderviisningsforedrag.* Af Professor F.Høegh-Guldberg. 1813, s. 22.
43. Se mere udførligt Gordon Norrie: *Kirurger og Doctores.* 1929.

Heinrich Steffens (1773-1845). Steffens er mest kendt i dansk litteratur som den, der talte en hel nat med den unge Oehlenschläger om den tyske romantik, hvorefter denne skrev *Guldhornene*. Han var af tysksproget familie, studerede i Tyskland og blev som Baggesen protegeret af de tyske kredse. 1804 blev han professor i Halle og forsvandt dermed fra den danske litterære skueplads. Det kongelige Bibliotek.

klager over, at det danske akademi er tosproget, i Rendsborg kunne de nøjes med tysk, og der synes at have været gnidninger mellem danske og tyske elever. Beretningens forfatter, en glødende holstensk patriot, noterer skadefro, at de norske kadetter almindeligvis tog parti for slesvig-holstenerne *mod* danskerne.[44]

I løbet af de første to årtier lukkede efterhånden de tyske institutter, det meget ansete Christianis Institut gik over på andre hænder, da hofpræst C.F.R.Christiani 1810 forlod Danmark.

Lige siden det første avisprivilegium i 1600-tallet blev givet til to tyskere i København, var der udkommet tyske aviser i hovedstaden og nogle større provinsbyer, men i løbet af 1790'erne ophørte disse, samtidig med at titlerne på de danske aviser blev mere og mere nationale.

Tysksprogede tidsskrifter ophørte i løbet af 1830'rne, ligeledes trykning af bøger på tysk. Tyske skillingstryk og viser fandtes dog endnu i 1840'rne, da Johan Ludvig Heiberg udstødte sit hjertesuk i *Intelligensblade*:

> Mange Nulevende ville kunne erindre fra deres Barndom, hvorledes ved Nytaarstid det Raab lød paa Gaderne: Nye Almanaker, Dansk og Tydsk. Visekjellinger – thi det var fra dem, at hiint Raab udgik -vare ikke blot tolererede, men hørte til Dagens Orden. Deres Dansk og Tydsk, som de, for ikke at tilsidesætte Kongens tydske Undersaatter, hver anden Gang varierede med Tydsk og Dansk, vakte ikke mindste Forargelse, og Ingen drømte om, at de tvende Parter, Dansk og Tydsk eller Tydsk og Dansk, som skulde om føie Tid blive saa utilfredse med hinanden, at de endog vilde begjære Skilsmisse.[45]

Hof- og Statskalenderen, der hidtil havde været tysksproget, tryktes fra 1801 på begge sprog og fra 1843 kun på dansk.

Lige som antallet af oversættelser fra tysk gik mærkbart tilbage, blev også teatrenes repertoire mindre tysk præget. Der kom stadig tyske trupper, der kunne gæstespille på deres modersmål. Danske skuespillere kunne endda optræde sammen med de tyske trupper, på tysk![46], men mere folkelig underholdning, sangere og taskenspillere synes efterhånden at undgå Danmark:

> Imidlertid er der med disse Frihaandssangere, disse Kunstnere

---

44. Otto Fürsen: Lebenserinnerungen des Obersten J.N. v. Fürsen-Bachmann. *Quellen und Forschungen zur Geschichte Schleswig-Holsteins* 5. 1917, s. 22f.
45. *Intelligensblade* 1843, nr. 20, også i *Prosaiske Skrifter*, Bd. 10. 1861, s. 374f.
46. Gunnar Sandfeld anf.skr. s. 55.

og Kunstnerinder, foregaaet en mærkelig Omvæltning. Patriotismen har her feiret en skjøn Triumph. Medens der tidligere om Foraaret med Dampskibene ankom en Masse Künstler und Künstlerinnen, ægte og uægte Tyrolere, Nordtydskere, Sydtydskere og Mellemtydskere, der af deres respective Værter vare engagerede til at opvarte deres Gjæster med musikalske Aftenunderholdninger og derved bidrage til Søgningens Forøgelse, medens Steh mal auf, steh mal auf, junger Schweizerbub og Du,du liegst mir am Herzen og deslige Sange i det germaniske Tungemaals forskjellige Afskygninger glædede Gjæsterne og endnu ikke hørtes som skurrende Dissonantser, er det ikke mere – ialtfald yderst sjeldent- tydsk Sang og tydske Kunstnere, man hører.[47]

10. Dissonanser

Igen er det oplagt at spørge, om der er nogen reaktioner fra tysk side på den ændrede holdning? Hvordan ser tyskere omkring 1800 på danskerne?

A. von Essen[48] repræsenterer den type rejsende, der på en lidt nedladende måde er fascineret af danskernes fodbeklædning, træskoene. Han karakteriserer den tysktalende i Danmark som en, der ikke går med træsko, kører i en lukket vogn, eller rider på engelsk saddel, er gejstlig eller kongelig embedsmand, moderne klædt, en sådan person kan man rolig tiltale på tysk. Man kan levende forestille sig resten som en flok træskotrampende bondeknolde.[49]

En lignende tone findes også hos Jens Wolff, der skønt udvandret dansker gør sig lystig over de mindre elegante danske kvinder, hos friherre

---

47. J. Davidsen: *Gamle Minder fra Frederiksberg og Vesterbro*. Udg. af Historisk Topografisk Selskab. Frederiksberg 1953, s. 55.
48. A. von Essen: *Fragmente aus dem Tagebuch eines Fremden*. 1800, s. 248.
49. Lignende iagttagelser hos James MacDonald 1808, se udførligere L.L. Albertsen: Reisen in das uninteressante Dänemark. Reisen im 18. Jahrhundert. *Neue Bremer Beiträge*. Heidelberg 1986, s. 119f.

Hallberg-Broich[50], der finder danskerne tamme, København alt for rolig og ligesom von Essen ofrer megen plads på betragtninger over brugen af træsko.

Den let nedladende tone er, hvad man kan tage anstød af hos disse forfattere, men der er ikke tale om animositet mod Danmark og danskere. I 1815 konstaterer digteren Adalbert von Chamisso uden større bekymring, at »danskerne fra gammel tid hader tyskerne, men for at hade hinanden må man netop være brødre.«[51]

Anderledes er tonen i beretninger og memoirer fra 1830'rne og 1840'rne. Men i denne periode gør det også en stor forskel, om forfatteren er holstener eller fra de tyske lande.

Et forum for den anti-tyske bevægelse i København blev efterhånden Studenterforeningen. Først var det en selskabelig forening, men i løbet af 1840'rne blev den i stadig højere grad et politisk forum, der var dybt engageret *for* skandinavismen og *mod* alt tysk. Tyske viser og sange var i begyndelsen rigt repræsenteret i dens sangbøger, men forsvandt helt til fordel for skandinaviske. Ved højtideligheder i 1830'rne kunne man endnu hylde prominente gæster sydfra med tyske taler og sange og sammen med tyske teologer fejre 300året for Reformationens indførelse. Men i 1850'erne spiller man grove »sittlich-germanisch-historische« parodier på germansk svulst.

11. Tyskerhad gennem sidebenene

I hele den her behandlede periode kan man iagttage, hvorledes animositet mod tyskerne indirekte artikuleres gennem anmeldelser i lærde tidsskrifter. Anmelderne udviser næsten sygelig vagtsomhed over for germanismer i oversættelser, og ved den mindste lejlighed kommer der udfald mod tyskerne, selv om artiklen egentlig handler om noget helt andet. Et eksempel er en anmeldelse af den engelske forfatter Laurence Sternes *Tristram Shandy*:

Ofte har Recens. af Kjerlighed til Modersmaalet ønsket at vore

50. Sst. s. 121.
51. Cit. efter Poul Høybye: Chamisso, H.C. Andersen og andre danskere. *Anderseniana*, 2. Række, bd. 6. 1969, s. 393.

Skribentere og Oversættere vilde læse og efterligne (hvis de endelig skal efterligne) det engelske Sprog noget mere. Vort Maal er længe fordærvet ved det Tydske. Man kan fast sige at hvad got der er ved det Danske, det har det af sig selv, og Fejlene har det faaet af det Tydske.[52]

Også teateranmeldelser bruges flittigt til samme formål (jvf. striden i Odense). En anmeldelse af Görbing Francks trup i *Kiøbenhavnske nyeste Skilderie* 1814 indeholder alle slagordene fra den litterære debat i århundredets slutning. Anmelderen kritiserer alt ved den tyske trup, men hævder samtidig, at han slet ikke nærer nationalhad. Han elsker ikke tyskerne, men Ewalds »Al vor Fortræd er Tydsk« er for stærkt;

men naar en Tydsker troer, at die Dänen er saa dumme, at endog de usleste Gøglerier kunne behage dem, naar de blot ere tydske, saa fristes jeg til at foragte ham, og udraabe: Herre Gud! hvad gjør ikke Tydsken for Penge![53]

Kampen udspilles således stadig i litterære tidsskrifter for en relativt snæver kreds, og man må spørge, hvor meget den almindelige befolkning registrerede.

Demonstrationen mod prins Carl kunne være arrangeret, da han var meget upopulær i visse kredse, Tømrerstrejken var trods deltagelse af tyske svende ikke national.

12. Folkelige holdninger

Er det muligt at få et indtryk af, hvad det ikke-litterært dannede folk mente om tyskerne?

Håndværkerne bevarede som nævnt tætte relationer til Tyskland. Danske svende drog på valsen, og tyskere kom til Danmark. Lavene var tosprogede eller snarere blandingssprogede langt op i 1800-tallet, og der findes regler for fordelingen af danske og tyske medlemmer. Inskriptioner på

---

52. *Nyeste kiøbenhavnske Efterretninger om lærde Sager* 1794, s. 729.
53. *Nyeste Skilderie af Kiøbenhavn* 1814, sp. 865-70, 883-85, 897-901, 946-49, 964-66.

genstande, der har tilhørt lavene, viser brug af tysk helt til slutningen af 1800-tallet. »Vivat es Leben die Stuhlmacher Gesellen« er ingraveret på en kande fra stolemagerlavet 1843 og »Wivat leben die Nagelschmet« på en kande fra nagelsmedenes lav 1882.[54] Der synes ikke at have været uoverstigelige nationale problemer blandt håndværkerne.

For om muligt at få indtryk af den brede befolknings mening om tyskerne kan man gå til de samlinger af ordsprog og talemåder, som er optegnet i 1800-tallets sidste tiår af folkemindesamleren Evald Tang Kristensen. Materialet skal i betragtning af det sene tidspunkt, det er indsamlet, bruges med forsigtighed, idet mange af de negative udsagn om tyskere kan have baggrund i krigene 1848-50 og ikke mindst 1864. Med dette i mente kan man samle en række stereotyper: tyskeren er rig og overmodig, pralende, han er herremand eller forvalter. Soldaten er en yndet figur, han kan være en rigtig tysker eller en dansker, der ved at tjene som lejesoldat »oppe i det tyske« har fået fordærvet sit danske sprog, og sådan en er ikke bedre end en tysker. En gerrig tysk herregårdsfrue forekommer ikke helt sjældent. Alt i alt er tyskeren usympatisk, og han er en, man gerne vil snyde eller gøre til grin, hvis han da ikke selv sørger for det.

Et vist stereotypt tyskerportræt kan også læses ud fra de danske ordsprog og talemåder, men her er alder og oprindelse naturligvis usikker. Mange af dem findes i talrige varianter.

> Tydsken bliver aldrig Dansken god
> Hvad gjør ikke Tydsken for Penge, sagde Bonden, han saa en
> Abekat danse.
> Nu gik Skarnet sagde Manden, da stak Tyskeren af.
> Pas paa, det er en Tydsker
> Jysk bliver aldrig tysk
> Gud fri os fra Tyskeren sagde den jyske Bonde
> Han blev vred som en Tysker
> Han gjør Vind som en Tysker
> Han ser højt som en Tysker etc.[55]

En undersøgelse af ordbøger under stikord tysk kan give et billede både af ordets neutrale og af dets følelsesladede betydningsindhold gennem tiderne. For ikke blot at få eksempler fra litteraturen benyttes også dialektordbøger. *Ordbog over det danske Sprog*, Videnskabernes Selskabs ordbog og

---

54. Poul Strømstad: *Fra Laugstiden*. 2. udg. 1976, s. 65 og 45.
55. *Dansk Ordsprogs-Skat*. Udg. af E. Mau, 1879, Bd. 2, s. 473f.

Morten Desparat. Tegning af Johannes Wiedewelt ca. 1780. Morten Desparats grumme skæbne må have vakt opsigt i hovedstaden, idet der eksisterer en samtidig skillingsvise om ham. Morten gik amok og blev på sin kones befaling hentet af soldater og sat i galehuset. Sproget i visen er en blanding af dansk og tysk. Kunstakademiet Bibliotek.

Feilbergs jyske ordbog anfører samstemmende substantivet *tysker* og adjektivet *tysk* som de oprindelige ord med den neutrale betydning: fra de tyske lande, af tysk afstamning og det tyske sprog, subsidiært den *ikke* negative betydning: fremmed, udenlandsk, uforståelig.[56]

Den neutrale betydning kan ud fra sammenhængen til alle tider få en negativ klang, men tendensen er tydeligst fra 1700-tallets slutning. Samtidig beriges sproget med en række afledninger af stammen tysk-, som tydeligvis er skabt i den nationale debats hede: verbet at tyske: udtrykke sig på tysk, hvilket her vil sige brovtende, højrøstet eller påvirke i tysk retning, germanisere. Yndet hos Tyskerfejdens folk er begreberne tyskhed og tyskeri: indbegrebet af tysk væsen, tænke- og væremåde. Negative er også adjektiverne tyskagtig, tyskladen, og ikke mindst tysksindet.

Til at betegne det, der ikke bare er tysk, men tysk i højeste potens, skabes ligeledes i de nationale fejders tid begreberne vildtysk og vildtysker, en person med de »typiske« tyske egenskaber, hvis brovtende, højtråbende adfærd så bliver vildtyskeri. P.A. Heibergs von Aberwitz er en vildtysker og samme smigrende betegnelse giver Grundtvig Struensee.

Betegnelsen Holsten, holstensk og holstener er i 1800-tallet lidet smigrende, men det fremgår kun af konteksten; der synes ikke at være eksempler på, at betegnelserne i negativ betydning er indgået i talemåder.[57]

13. Holstenerhad

1790'erne var endnu præget af dønninger fra Tyskerfejden. De gamle frontkæmpere var stadig aktive og fortsatte deres angreb, frem for alt var P.A. Heiberg utrættelig. Nye småfejder, for det meste fremkaldt af bagateller, førtes i de litterære tidsskrifter, som også havde været skuepladsen for Tyskerfejdens polemik. Argumentationen i disse ligner til forveksling forgængeren, det er de samme klicheer, det samme stereotype fjendebillede,

---

56. Vibeke Winge: Dansk og Tysk i 1700-tallet. *Dansk Identitetshistorie* 1. 1991.
57. Se *Ordbog over det danske Sprog*. 1918-56; H.F. Feilberg: *Bidrag til en Ordbog over jyske Almuesmaal*. 1886-1914; og *Den danske Ordbog* udgiven under Videnskabernes Selskabs Bestyrelse. 1793-1905: holstensk, tysk, vildtysk samt afledninger heraf.

der fremmanes. Men en egentlig folkelig appel har kampen endnu ikke. Lejlighedsvis uro blandt håndværkere skyldes overvejende brødnid, som har eksisteret, så længe der har været indvandrere.

På baggrund af 1790'ernes spænding kan det derefter synes mærkeligt, at der mellem 1800 og 1820 for en tid synes at have været relativ ro mellem dansk og tysk i hovedstaden. Orla Lehmann siger let foragteligt om perioden: »En hysterisk Kongekærlighed var saa omtrent den eneste gennemgaaende og stærke politiske Følelse.« Englænderne havde angrebet Danmark i 1801 og 1807, bombarderet København og taget flåden. I tidens memoirelitteratur spiller 1801 og især bombardementet 1807 en stor rolle og ledsages af drøje ord om englænderne. Tyskeren havde, om end kort, mistet sin status som arvefjende, når den gamle stridsmand fra Tyskerfejden Johan Clemens Tode til opførelse i det »holsteinisch-dramatische Gesellschaft«, et tysksproget amatørteater, hvis aktører var tyske og holstenske militærpersoner og hofkavalerer, kunne skrive et skuespil *Triumph des 2.Aprilis*, der *på tysk* hyldede danskernes indsats i slaget på Rheden. For en tid overtog englænderne fjenderollen, men englænderhadet varede dog forbavsende kort. Arvefjende blev de aldrig. Dertil var de for langt væk, og de angreb ikke landet indefra ved at tage de gode embeder.

I denne periode, hvor de dansk-tyske modsætninger synes neddæmpet, kan man iagttage, at samlivet nok fortsætter, men samtidig mærkes gradvis effekterne af den litterære fejde og forordninger om brug af dansk sprog, der var kommet siden Struensees fald. Den gamle generation af litterater var i landsforvisning eller ved at dø ud, og hvis de endnu skrev patriotisk, var det for en tid mod englænderne. Den gamle generation af kosmopolitisk tænkende tyskere var også døde eller gået i tysk tjeneste. En tysk overklasse, adelige som borgerlige, var der endnu, de tyske menigheder og tyske skoler ligeså, men deres antal var reduceret, og de levede mere tilbagetrukket. Det tyske miljø i København var ikke mere så kulturelt fremtrædende. Også her var sket et generationsskifte. Brugen af tysk sprog gik støt tilbage, trykning af aviser, tidsskrifter og bøger på tysk ophørte næsten, brugen af sproget som skole-og kirkesprog blev begrænset.

Den nye generation af danske intellektuelle er stadig fortrolige med tysk, men de modtager ikke så ensidig tysk påvirkning. Trods krigene med England var kendskabet til engelsk sprog voksende, og danske forfattere vendte i højere grad blikket mod engelsk og fransk litteratur, som nu også i stor udstrækning blev oversat til dansk fra originalsproget, ikke mere via tysk.

Prospekt af Kiel i 1800-tallet. Den idyllisk beliggende universitetsby blev i stigende grad samlingspunkt for holstenernes uafhængighedsbevægelse. Forholdet til København var spændt. Lige som holstenere befandt sig dårligt i København, kunne københavnere ikke trives i Kiel. Johan Ludvig Heiberg, der ellers var orienteret mod tysk åndsliv, flygtede lige som Baggesen hurtigst muligt fra sin undervisning ved Kiels Universitet. Det kongelige Bibliotek.

I de toneangivende kredse i København dominerer danske familier mere og mere. De tyske kredse udgøres af de tilbageværende tyske familier og holstenske embedsmænd, der gør tjeneste i København.

Umiddelbart synes der således ikke mere at være så store muligheder for gnidninger mellem helstatens danske og tyske befolkning, i hvert fald ikke i hovedstaden, der før havde været skuepladsen for de heftigste kampe.

Men der var en anden skueplads for stridigheder mellem dansk og tysk, hertugdømmerne; og hvad der skete her, forplantede sig til København. En tilstand med fredelig sameksistens kunne ikke genoprettes.

En kombination af dynastiske problemer, ridderskabets selvbevidste holdning og de nye nationale bevægelser fra Tyskland, der fængede blandt studenterne ved Kiels Universitet, bragte hertugdømmerne i stigende modsætningsforhold til København. Bestræbelser på at fremme danskheden i

Slesvig gjorde ondt værre. De flersprogede og flerkulturelle landsdele blev et urocenter i helstaten, og forsøg fra regeringens side på at imødekomme krav fra snart den ene, snart den anden side gjorde kun situationen mere anspændt.

Den gamle strid om arverettighederne mellem det nærtbeslægtede kongehus og hertugens slægt var hele tiden latent og forstærkedes ved udsigten til, at den oldenburgske linie ville uddø. Stridighederne om Slesvigs tilhørsforhold var aldrig blevet løst på en måde, der kunne tilfredsstille alle. Augustenborgerne var alt andet end en stabiliserende faktor. I et permanent modsætningforhold til København var også ridderskabet, der havde særdeles gunstige privilegier og ikke var til sinds at opgive dem, selv om riget i høj grad fattedes penge.

Et urocentrum var endvidere som nævnt Kiels Universitet. I 1768 var det blevet dekreteret, at alle, der ville have embeder i Hertugdømmerne, skulle have studeret mindst to år ved Kiels Universitet. Det gav universitetet en opblomstring, og i de følgende år fremmedes her en historieskrivning om hertugdømmerne, der kunne give de kommende nationale selvstændighedsbevægelser deres basis. Hertugdømmerne oplevede en økonomisk fremgang, mens helstaten var blevet amputeret ved tabet af Norge. Det blev mere attraktivt at vende blikket sydpå, hvor Hamburg oplevede en vældig blomstring. Fælles sprog og kultur fremmede følelsen af samhørighed med det tyske område. Studenterne besøgte tyske universiteter, og ved en nationalfest på Wartburg 1817 deltog Kiels Universitet med det største kontingent. Kontakter knyttedes sydpå, ikke til Danmark.[58]

Når kandidaterne fra Kiel senere skulle træde i dansk tjeneste i København, skete det ikke med den forrige generations kosmopolitiske holdning, den generation, for hvem loyalitet mod kongen var uafhængig af, hvorfra man kom og hvilket sprog man talte. De kom til København med en negativ holdning og oplevede hovedstaden som en fremmed kedelig by, hvor de ikke var rigtigt velkomne. Følgelig isolerede de sig og længtes gerne tilbage til tjenesten i Hertugdømmerne.

Efterladte optegnelser fra disse mænd giver indtryk af en ubehagelig trykket stemning i København, der endda kan udarte til slagsmål. I 1831 bemærker en holstensk embedsmand surt, at København er et kedeligt hul

58. Om forholdene i Hertugdømmerne i perioden se: Vilh. la Cour, Knud Fabricius, Holger Hjelholt og Hans Lund (red.): *Sønderjyllands Historie*. Bd. IV, 1937, Olaf Klose (red.): *Geschichte Schleswig-Holsteins*, bd. 6, Die Herzogtümer im Gesamtstaat 1721-1830. Neumünster 1960 og Lorenz Rerup: *Slesvig og Holsten efter 1830*. 1982.

N. FALK.

*Der Phil. u. bd. Rechte Dr., ordentlicher Professor d.
Rechte auf der Universität zu Kiel, Ordinarius im Spruch-
Collegio der Juristen-Facultät daselbst, Ritter des Dannebrog-
Ordens und Mitglied einiger gelehrten Gesellschaften.
Geb. zu Emmerlef im Amte Tundern d.25. Nov.1784.*

Nicolaus Falck (1784-1850). Jurist, professor ved Kiels Universitet 1814 og redaktør af en række tidsskrifter. Hans statsretlige skrifter dannede basis for den slesvig-holstenske bevægelses opfattelse af de to hertugdømmers status i forhold til kongeriget. Ifølge ham havde Slesvig intet særligt tilhørsforhold til Danmark, men havde altid hørt sammen med Holsten. Det kongelige Bibliotek.

med tusinde ører og tunger, hvor alle holstenere bliver betragtet som gøgeunger.[59]

I 1834 får en holstener, der skal tiltræde et embede i København at vide af sin chef, at han skulle være kommet for 14 dage siden, for da kunne han have oplevet, hvordan de danske og tyske (holstenske) embedsmænd røg i totterne på hinanden og nær havde tømt blækhusene i hovedet på hinanden.[60]

Det var ikke muligt fra dansk side at modvirke denne orientering mod syd og bygge bro over den kløft, der opstod mellem kongeriget og hertugdømmerne. Et uoverstigeligt problem var Slesvigs status, ikke bare politisk, men også sprogligt.

Omkring århundredeskiftet havde der været fortalere for, at helstatens eneste fællessprog skulle være dansk, men det var for vidtgående for Kronprinsen, der dog gerne så en større ligeberettigelse for de to sprog.

I 1807 blev det ved et reskript bestemt, at forordninger for Hertugdømmerne skulle udstedes på begge sprog, og embedsmændene skulle dokumentere kendskab til dansk. I 1811 blev der oprettet en lærestol i dansk ved Kiels Universitet. Derved skulle kendskabet til dansk sprog og kultur i landsdelen fremmes, og den første indehaver af professoratet blev Jens Baggesen. Han trivedes dog slet ikke med »det raae, vilde, grove Plattydsk« og fik sin afsked i 1814. Efterfølgerne kunne heller ikke rigtigt udrette noget, hvilket ud over den negative holdning hos studenterne skyldtes, at professoratet efter Baggesens afgang blev degraderet til et lektorat, og en lektor havde dengang som nu ingen prestige i det tyske universitetshierarki.[61]

1810 havde der været planer om et mere vidtgående reskript, der skulle indføre dansk i stedet for tysk i kirke, skole og ved retten i Slesvig. Dette provokerende reskript blev dog skrinlagt.

Op gennem 1830'rne rejstes gentagne krav om mere udbredt brug af dansk i Slesvig. De støttedes fra København, hvorfra man sendte befolkningen danske bøger. I 1840 gik den nye konge, Christian 8, aktivt ind i sagen med et nyt sprogreskript, der dekreterede dansk rets- og forvaltningssprog der, hvor dansk var kirke- og skolesprog. Reskriptet vakte

59. Aus Aufzeichnungen und Briefen über drei Jahrhunderte schleswig-holsteinischer Geschichte. *Quellen und Forschungen zur Geschichte Schleswig-Holsteins 3*. 1915, s.66f.
60. Georg Hansen: Lebenserinnerungen. *Zeitschrift der Gesellschaft für Schleswig-Holsteinische Geschichte 40*. 1910, s. 69-80.
61. Harald Skalberg: Aktstykker angaaende det danske Docentur ved Kiels Universitet 1811-64. *Danske Magazin 6: 6. 1933, s.18-328*.

F.C. Dahlmann (1785-1860). Sekretær for det holstenske ridderskab og professor i historie ved Kiels Universitet. Hans ideal var et samlet Tyskland, hvortil Slesvig og Holsten skulle høre. Slesvig og Holsten hørte naturligt sammen i overensstemmelse med ordene i Ribe-brevet fra 1460: »dat se bliven ewich tosamende ungedelt.« Det kongelige Bibliotek.

glæde, men også så stor modstand, at kongen foretrak at håndhæve det yderst lempeligt. Men skilsmissen mellem dansk og tysk var uundgåelig.

Hos københavnerne vakte holstenernes holdning og deres sprog atter slumrende negative følelser mod tyskere, der nu var personificeret ved holstenere. Den danske nationalfølelse, der var udviklet i 1700-tallets sidste tiår, stødte sammen med den ny holstensk nationalfølelse, der var opstået ved mødet med de tyske nationale bevægelser efter Napoleonskrigene. De to bevægelser konfronteredes i en politisk kamp i Hertugdømmerne, hvor begge nationaliteter ville hævde sig. Kampen mellem dansk og tysk var ikke mere et overvejende københavnsk anliggende. Selv om en stor del af den politiske kamp udspilledes i København, var den egentlige kampplads mellem dansk og tysk fra nu af flyttet til grænselandet.

Bannerførerne i kampen var akademikere sammen med skribenter, og anti-tyskheden blev et formuleret politisk program i kampen for at holde sammen på Hertugdømmerne og specielt bevare det danske Slesvig for Danmark. Budskabet blev formuleret i taler på møder i talrige nye for-eninger, ikke mindst Studenterforeningen, i nye tidsskrifter, ikke mere litterære, men af alment oplysende karakter. Gennem disse og ved folkemø-der og underskriftindsamlinger blev budskabet bragt ud til bredere kredse, og med krigene 1848-50 blev bevægelsen rigtig folkelig. Digtere som Carl Ploug og først og fremmest Grundtvig[62] engagerede sig glødende i den nye nationale bevægelse.

Staten var ikke officielt anti-tysk. Tyske digtere kunne få danske stipen-dier, og i danske litterære kredse var den tyske indlydelse fortsat meget betydelig. Man plejede tyske forbindelser, rejste i Tyskland, og nogle af tidens betydeligste forfattere som Johan Ludvig Heiberg og H.C. Andersen anede ikke, hvad der foregik. Dertil færdedes de i for snævre miljøer. H.C. Andersen omgås danske og holstenske fyrstelige og adelige uden at mærke misstemning, og Johan Ludvig Heiberg, hvis omgangskreds er litterater med kendskab til tysk sprog og kultur, skriver i 1842, at det tyske sprog godt kunne indføres i Danmark, »thi det forstaaes allerede af de Fleste«.[63]

Men den tid var nu forbi.

---

62. Udførligere herom i Flemming Lundgreen-Nielsen: Grundtvigs danskhedsbegreb. *Dansk Identitetshistorie 3*. 1992.
63. J.L. Heiberg: *Prosaiske Skrifter*. Bd. 10. 1861, s. 357.

Konkurrencen 1818 om en dansk nationalsang

Flemming Conrad

De sange, der i de etablerede europæiske og enkelte andre dermed beslægtede lande i dag har status som nationalsange, stammer fra tidsrummet ca. 1740-1900, altså fra den periode, hvor efter gængse forestillinger den nyere tids begreber om nationalitet er blevet til, herunder det politiske ideal om en nationalstat med en række statsdannelser til følge.

Der synes at være nogenlunde enighed om at reservere betegnelsen 'nationalsang' for den bestemte sang, som en given stat bruger for at markere sig ved officielle anledninger, hvilket indebærer, at der foreligger en art autorisation eller lignende almindelig accept af den, sådan som tilfældet har været i fx Tyskland ved forordning af 11.8.1922.

En lignende officiel udpegning og afklaring har ikke fundet sted i Danmark, med langvarig usikkerhed om sagen til følge. Det har sig med nationalsange som med nationalflag: har en befolkning først forestillingen om, at nationen eller staten kan symboliseres gennem den slags ydre tegn, er det en utilfredsstillende situation, hvis to eller flere flag eller sange er i indbyrdes konkurrence om, hvem der har retten til denne særlige status.

Den uafklarede situation i Danmark er forbundet med en manglende skarphed i sprogbrugen, som afspejler sig i definitionen af gloserne 'nationalsang' og 'fædrelandssang' i *Ordbog over det danske Sprog*. 'Nationalsang' defineres her som »en af et folk særlig udvalgt og yndet sang, især til fædrelandets (ell. fyrstens) pris, udtryk for og egnet til at vække den nationale bevidsthed og følelse«,[1] mens 'fædrelandssang' dels defineres bredere

Flemming Conrad, født 1932; lektor, cand.mag. Institut for nordisk Filologi. Københavns Universitet. Tilknyttet Forskningsgruppen for dansk Identitetshistorie 1.1.1989-30.6.1990.

---

1. *Ordbog over det danske Sprog* bd. 14. Kbh. 1933 sp. 925.

som »sang til fædrelandets pris«, dels sættes lig med 'nationalsang'.[2] I det følgende vil 'nationalsang' blive reserveret til det eksklusive betydningsområde, mens 'fædrelandssang' vil blive brugt om det bredere betydningsområde. De komplikationer, der udspringer af, at terminologien var langt mindre afklaret o. 1820, skal drøftes nærmere nedenfor (s. 188-189); her vil vi foreløbig indskrænke os til gennem to citater at belyse, hvad der formentlig blev anset for kompetente tankegange af en vis almengyldighed o. midten af 1800-tallet.

Da borgerskole-lederen S.C. Müller (f. 1821)[3] i 1853 publicerede sine *Fire Foredrag over Poesien for unge Damer*, mente han, at

> *Fædrelandssangen* besynger Fædrelandets Natur og Historie, idet den udhæver dets Skjønheder, Behageligheder og interessante Sider og Heltenes glimrende Bedrifter. Er Sangen en ægte Gjenklang af hvad der rører sig i hele Nationen, og et levende idealiseret Præg af den nationale Eiendommelighed, kaldes den *Nationalsang*.[4]

Her er 'nationalsang' tydeligt nok ikke betegnelsen for én sang, men dog reserveret for poetiske tekster af særlig ophøjet karakter.

Men få år efter taler N.M. Petersen (1791-1862) med en sikkerhed, der både omfatter det terminologiske og kategoriseringen af den konkrete tekst, om »Fædrelandssangen: Kong Christian stod ved højen Mast, der blev Danmarks Nationalsang.«[5]

De sange, der har opnået klassikerstatus som 'fædrelandssange' kan med rimelighed indkredses ved hjælp af *Folkehøjskolens Sangbog*, der her benyttes i 14. udgave fra 1951 for derved at gribe genren på et tidspunkt, hvor historiens dom er faldet, og hvor der samtidig formentlig er så stor respekt for genren og det, den repræsenterer, at den ikke udsættes for eksperimenter eller tilstræbt smart fornyelse.[6]

Af de i alt 59 tekster i afsnittet »Danmark«, der også rummer regionale sange, kan de 3 ældste dateres til årene 1805-1819, derefter 8 til årene 1820-1839, 12 til årene 1840-1859, 7 til årene 1860-1879, 4 til årene 1880-1899, 15 til årene 1900-1919 og 10 til årene 1920-1947.

2. Sst. bd. 6, Kbh. 1924 sp. 292.
3. S.C. Müller tilhørte som nevø af H.C. Ørsted de bedre kredse.
4. S.C. Müller: *Fire Foredrag over Poesien for unge Damer*. Kbh. 1853 s. 33.
5. N.M. Petersen: *Bidrag til den danske Literaturs Historie* V, Anden Afdeling. Kbh. 1861 s. 405.
6. Her er benyttet 14. udg. 9. opl. Odense 1959; jf. Karl Bak: *Højskolesangbogens historie. Et bidrag til den grundtvigske folkehøjskoles historie*. Odense 1977 s. 94-97.

Selv med forbehold over for det benyttede materiale og den kavaler-mæssige optælling forekommer det plausibelt, at de holdbare fædrelands-sange især skriver sig fra midten af 1800-tallet og begyndelsen af 1900-tallet. Og det er evident, at den konkurrence, der blev udskrevet i 1818, og som er genstand for nærværende undersøgelse, under en historisk synsvinkel som den her anlagte er et meget tidligt fænomen i dansk sammenhæng. Nogle ville måske, ud fra dens mislige resultat, mene: for tidligt.

Konkurrencen har tidligere været behandlet i skrifter af forskningsmæs-sig eller mere populær karakter, dels isoleret, dels som led i vuer over fædrelandssangens historie, dels i forbindelse med omtale af enkelte tekster og deres mulige relation til den. Interessen har især samlet sig om konkur-rencens faktiske omstændigheder, dens noget tvivlsomme forløb og den polemik, der fulgte i dens kølvand; sidst og grundigst er den behandlet af Jørgen Poul Erichsen i *Fund og Forskning* 1976 med særlig vægt på be-dømmelseskomiteens arbejde, den påfølgende polemik, diverse oversæt-telser af vinderdigtet og endelig melodikonkurrencen.[7] Visse af disse op-lysninger må vi gentage i det følgende, suppleret med en og anden iagttagelse.

Formålet med den følgende undersøgelse er imidlertid at belyse dels de miljøer, der har berøring med konkurrencen som initiativtagere, deltagere, kritiske kommentatorer etc., dels de indleverede tekster i det omfang, det er muligt, i et forsøg på at indkredse de involverede parters art af interesse i og forestillinger om den opgave at skabe noget så tilsyneladende nyt som en dansk nationalsang.

Med den indskrænkning, at melodikonkurrencen kun berøres flygtigt, vil søgelyset især rettes mod selve initiativet til konkurrencen, dens forløb, receptionen og reaktionen på den i samtid og eftertid, teksternes indholds- og udtryksside samt den omhandlede genre og dens sociale rolle.

7. Jørgen Poul Erichsen: Den kronede danske nationalsang fra 1819 og hvad deraf fulgte. En litterær pennefejde med et musikalsk efterspil, *Fund og Forskning i Det kongelige Biblioteks samlinger XXII 1975-76*. Kbh. 1976 s. 177-202; se nedenstående *Bibliografi* II B.

1. Initiativet

Initiativet til denne konkurrences afholdelse kom fra officerskorpset ved det troppekontingent på 5000 mand, der i tiden fra efteråret 1815 til efteråret 1818 deltog i de sejrende magters militære besættelse af dele af det franske territorium efter Napoleonskrigenes endelige ophør.

Som det nærmere fremgår af det følgende, havde de pågældende officerer indsamlet et beløb på 400 rdl. sølv[8] til præmiering af den bedste tekst og melodi til en nationalsang, og i et brev dateret i »Det danske Contingents Hovedqvarteer Levarde, den 18de September 1818« anmoder kontingentets kommanderende general, prins Frederik (Friedrich) af Hessen-Kassel (1771-1845) »Selskabet til de skiønne og nyttige Videnskabers Forfremmelse« (i det følgende oftest 'Selskabet') om at arrangere en konkurrence og om i denne sammenhæng at fungere som bedømmelseskomité.

For bedst muligt at kunne vurdere baggrunden for og intentionerne i dette initiativ, men også til belysning af det retoriske niveau, hvori denne sag forelægges, citerer vi prinsens brev fyldigt; han skriver:

> Uagtet der i det danske Sprog haves en Samling af herlige Sange, der gjøre Indtryk paa det følende Hjerte og hvis Melodier hæve Siælen til glad Begeistring, saa har man ved det danske Troppecontingent, medens dets langvarige, fra Fædrenelandet fjerne Ophold i fremmed Land og i nær Berørelse med fremmede Nationers Krigshære – dog ofte følt Manglen af en, som *Nationalvise* almindelig antaget, Sang. – Ofte og smerteligen føltes dette Savn, naar man ved festlige Leiligheder eller i selskabelig Forening med Fremmede ved en kraftfuld Nationalsang – saaledes f.Ex. som Engelænderne ved deres: *God save the King* o:fl:, de Franske ved deres: *Vive Henry quatre* o.s.v. (uden dog at opstille disse som Mynstere) – vilde udtrykke den inderlige Fædrenelandskierlighed og den Hengivenhed til sin Konge, hvorved den danske Nation fra Oldtiden af har udmærket sig. –
>
> Ønsket om at eie en Nationalsang behøver ei altid at oprinde fra Nationens vigtigste Momenter, hvor enten en truende Fare fordobler Nationalkraften, eller hvor Følelsen af en viis og ret-

---

8. Dette beløb svarer mindst til det årlige driftsbudget for »Selskabet til de skiønne og nyttige Videnskabers Forfremmelse«; ved sin ansættelse som designeret lektor ved akademiet i Sorø i 1821 modtog B.S. Ingemann 500 rdl. i årlig gage.

færdig Regjerings Velsignelser opflammer til Glæde, men dette Ønske maa, og det saameget naturligere, finde kraftig Tilvæxt jo fjernere hver ægte Dansk føler sig fra det elskede Fædreneland. – Det er under Følelsen heraf, at Contingentets Officerer have troet at en Opfordring til vort Fædrenelands Digtere vil stemme dem til at forfatte en, Nationen værdig, Sang, der fatteligen vil kunne tolke de hellige Følelser, Ønsker og Forhaabninger, der opfylde hver Dannemands Bryst og ved en kraftfuld indtagende Musik hæve det rørte Hierte til endnu høiere Begeistring.[9]

Det praktiske arrangement overlades ganske til 'Selskabet', idet det dog fremgår, at prinsen og hans officerer som værdige præmie-modtagere forestiller sig

den indenlandske Digter, som i det danske Sprog indsender den bedste Nationalsang, og den indenlandske Componist, som dertil componerer den bedste Melodie.[10]

Som krav til konkurrencebidragene formulerer prinsen endelig, at

1. *Digtets* Hovedemner maatte vel være Kjerlighed til Fædrenelandet og Troskab imod Kongen. Det maatte passe til alle Tider og for alle Stænder, ikke være for langt, men kraftigt og sielsbegeistrende. –

2. *Compositionen*, som bør være original og caracteristisk, maatte indleveres i Partitur: Et Exemplar indrettet for et heelt Orchester, Et indrettet for militair Harmonimusik, og Et om mueligt indrettet for tre eller fire Syngestemmer med Claveeraccompagnement. –[11]

De nærmere omstændigheder omkring og bevæggrunde bag de danske officerers initiativ er ikke klarlagt, men kan i en vis udstrækning forstås på baggrund af den almindelige viden, man har om forholdene i ekspeditionskorpset.[12] Først og fremmest har der eksisteret en udbredt følelse af dansk underlegenhed i forhold til de andre besættelsestropper i området. Det gjaldt aktuelt korpsets og officerernes svage økonomi og den mangelfulde, på visse punkter rent ud ynkværdige udrustning, men mere overordnet

---

9. 'Selskabets' arkiv i KB, NkS 2385, 2⁰, kass. 2. De sidste linjer er p.g.a. vandskade læst ved hjælp af gengivelsen i *Danske Statstidende* 16.10. 1818.
10. Sst.
11. Sst.
12. Jf. for det følgende H.F. Bilsted: *Det danske Armeekontingent i Frankrig 1815-1818*. Udateret manus i RA, 53 s. in folio.

Prins Frederik (Friedrich) af Hessen-Kassel (1771-1845) var tæt knyttet til det danske kongehus: barnebarn af Fredrik V og således fætter, men tillige svoger til Frederik VI, endelig morbroder til (den senere) Christian IX. Livet igennem var han placeret på høje militære og administrative poster i helstatens forskellige dele. Maleri af N. Moe, vistnok kopi efter F.C. Gröger, udstillet 1824. Frederiksborg.

hang denne følelse utvivlsomt sammen med den danske armes ganske beskedne anseelse efter Napoleonskrigene; det var flåden, der trods eller i kraft af sin hårde medfart i 1801 og 1807 havde vundet berømmelse og skabt helte.

Der var fra denne underlegenheds-position en interesse i korpset for, at dette skulle gøre sig bemærket på linje med de andre landes tropper, fx ved tropperevyer, øvelser og deslige, og efterhånden som det lykkedes, kunne det også give anledning til kongelig påskønnelse.[13]

Samtidig synes der at være foregået en art civilundervisning af moralsk og nationalt opbyggelig karakter. For at adsprede rekonvalescenterne på det militære lazaret og »opildne deres Kærlighed til Konge, Fædreland og Dyd« foranstaltede man således oplæsning af bl.a. Saxo, Snorre og Holberg samt Ove Malling – formentlig (men det nævnes ikke) dennes patriotisk opbyggelige læsebog *Store og gode Handlinger af Danske, Norske og Holstenere* (1777).[14] Og da der i vinteren 1816-1817 var problemer med at holde mandskabet beskæftiget, arrangerede man ugentlige foredrag ved officererne, fx en serie med emnerne 1) Gud og religionen, 2) troskab mod kongen, 3) kærlighed til fædrelandet, 4) menneskekærlighed, 5) tungsindighed, selvmord, dyrkvæleri (dvs. -plageri), 6) lediggang.[15]

Disse tiltag synes at falde i tråd med prins Frederiks overordnede holdning. Det var ham således straks, da etableringen af en dansk troppeenhed i Frankrig kom på tale, så magtpåliggende, at dette skulle have en selvstændig status og ikke indplaceres i fx de engelske enheder, at han omgående stillede sig til disposition som øverstbefalende, skønt denne opgave egentlig var lovlig beskeden for en mand af hans rang, for netop derigennem at sikre korpsets selvstændige stilling. Og indadtil synes denne noble, humane personlighed at have lagt vægt på at fremme dets fornemmelse af samhørighed i det fremmede. Det kunne fx ske ved, med prinsens gemalinde som initiativtager, at arrangere indsamlinger til fordel for nødlidende pårørende i hjemlandet.[16] Med forbehold for mulige momenter af utidig selvros og sentimentalitet er det slående, at en af korpsets feltpræster, da han syv år efter dettes opløsning blev udnævnt til sognepræst, modtog et langt brev fra prinsen, hvori denne i en meget personlig tone mindes tiden i Frankrig og i denne forbindelse bemærker:

13. Sst. s. 29 ff.
14. Kristoffer Nyholm: *Optegnelser fra et Ophold i Frankrig fra 1815-18*, Kbh. 1898 s. 50-51.
15. H.F. Bilsted, anf.skr. s. 39.
16. Kristoffer Nyholm, anf.skr. s. 48; H.F. Bilsted, anf.skr. s. 18.

Kontingentet dannede saa at sige en dansk Familie i fremmed Land, hvis ikke store Antal gjorde det muligt for mig at kende næsten hver enkelt.[17]

Hvis man af det ovenstående tør antage, at der inden for det danske korps var psykologisk baggrund for ønsket om at tilvejebringe et ganske særligt ydre udtryk for det specielt danske fællesskab, er det jo ikke hermed indlysende, at dette udtryk skulle have form af netop en sang. At dette imidlertid blev tilfældet, hænger antagelig sammen med allerede eksisterende traditioner, som vi skal vende tilbage til. Helt konkret giver prinsens brev et bidrag til forklaring heraf ved at pege på inspirationen fra de andre landes nationalsange og deres rolle ved festlige eller selskabelige lejligheder.

Man må i denne forbindelse tænke på dansk deltagelse i lokale musikkonkurrencer, på de tilbagevendende markeringer af kongens fødselsdag, festen i anledning af prinsens fødselsdag i maj 1818 osv.,[18] men ganske særlig betydning i denne sammenhæng har nok de øvelser og tropperevyer, som de danske soldater deltog i sammen med enheder fra de andre besættelsesmagter. Vi ved, at englænderne ved den slags lejligheder spillede deres *God save the King*, som prinsen netop nævner;[19] det er en plausibel antagelse, at festlighederne i anledning af tropperevyen for hertugparret af Kent 10.9. 1818[20] er den direkte anledning til pengeindsamlingen og prinsens brev 8 dage senere.

Der har således ikke foresvævet officererne noget ønske om at tilvejebringe en egentlig militær sang til brug ved fx marcher, hvilket jo også klart fremgår af de to ovenfor citerede krav til sangens tekst og musik; disse krav, især det til kompositionen, tyder heller ikke positivt på forestillinger om en fællessang til afsyngelse i store forsamlinger. Mens det senere blev naturligt at kombinere fædrelands- eller nationalsang med fællessang, synes der her snarere at være tænkt på sang og musik fremført i og for større menneskemængder eller til fremførelse ved selskabelige lejligheder i officersmessen og tilsvarende steder af dannet præg med tilhørende klaver.

Endnu et par momenter i prinsens brev fortjener en kommentar. For det første rummer brevet en forestilling om, at der i et folk som det danske fra individ til individ findes fællestræk, som går på tværs af alle sociale skel

17. Kristoffer Nyholm, anf.skr. s. 172.
18. H.F. Bilsted, anf. skr. s. 18-19, 19, 42, 45.
19. Sst. s. 32.
20. Sst. s. 47.

(»alle Stænder«) og historiske forandringer (»til alle Tider«). Skønt perspektivet i sagens natur er fremadrettet, er det denne tankegangs logiske konsekvens, som prinsen dog ikke drager i sit brev, at også fortidens danskere besad dette særlige præg. Et folk defineres ifølge denne tankegang, som dog næppe har foresvævet prinsen, ikke ved dets tilhørsforhold som undersåtter i et dynasti eller dets ophold inden for et bestemt afgrænset geografisk område, men ved bestemte psykologiske træk, i kraft af hvilke det til alle tider vil føle den særlige appel i fx en bestemt sang.

Denne tankegang udgør et hjørne af et større idékompleks, der er blevet benævnt organismetanken, og som har den tyske digter og filosof J.G. Herder, bl.a. hans *Ideen zur Philosophie der Geschichte der Menschheit* (1784-1791), som en væsentlig forudsætning.[21] Især tillagde man inden for denne tankegang det enkelte sprog en central rolle som udtryk for det pågældende folks egenart. Det sker fx i Tyskland i filosoffen J.G. Fichtes (1762-1814) *Reden an die deutsche Nation* (1808, især »Vierte Rede«), og det sker nogenlunde samtidig i Danmark i historieprofessoren L. Engelstofts (1774-1851) *Tanker om Nationalopdragelsen*, hvori det hedder, at »Sprog og Folk staae og falde med hinanden«.[22]

Prinsens brev bevæger sig, som flere gange understreget, ikke eksplicit inden for denne her kun nødtørftigt skitserede tankeverden. Alligevel peger den hen på et punkt i brevet, som fortjener en kommentar.

For det andet er det nemlig iøjnefaldende, så stærkt det understreges, at konkurrencedeltagerne skal være »indenlandske«, og at sangteksten skal være skrevet på dansk. Hvad der ligger i det første, kan næppe afgøres isoleret, når man tager den dansk-tyske helstats karakter i betragtning; men kravet om, at sangen skal være skrevet på dansk, antyder unægtelig, at man har tænkt sig den som et anliggende for kongeriget og måske visse dele af Slesvig.

Dette krav, som det senere blev overflødigt og derfor absurd at stille i forbindelse med en dansk national- eller fædrelandssang, må ses på baggrund af, at troppekontingentet i Frankrig bestod af såvel kongerigske som holstenske enheder og derfor fx medførte både dansk- og tysk-sproget feltpræst.[23]

Kravet om en dansksproget tekst, der altså måtte være fremmed for dele

---

21. Aage Henriksen: Organismetankens Grundtræk, *Ideologihistorie*. I. Kbh. 1975 s. 11-29.
22. L. Engelstoft: *Tanker om Nationalopdragelsen betragtet som det virksomste Middel til at fremme Almeenaand og Fædrelandskiærlighed*. Kbh. 1808 s. 45.
23. H.F. Bilsted, anf. skr. s. 2-3.

af det danske troppekontingent, er ikke nødvendigvis bestemt af, men peger hen på et tredje og sidste moment i forbindelse med prinsens brev, som fortjener en kommentar her. Uanset hvad der ovenfor er sagt om initiativets udspring af det danske korps' situation og inspirationer i Frankrig, kan det næppe have foresvævet initiativtagerne, at sangen skulle anvendes under opholdet i Frankrig. Da prinsen daterede sit brev, havde deres hjemrejse været på tale i 8-9 måneder, og definitiv beslutning herom blev truffet godt 14 dage senere; afmarchen begyndte en uge ind i november 1818. Initiativet kan altså med stor sikkerhed hævdes at være taget med henblik på sangens anvendelse på hjemmemarkedet i helstatens dansktalende dele – for så vidt man har gjort sig tanker i så henseende.

Afsluttende er det værd at notere, at prinsen i passagen om »Nationens vigtigste Momenter, hvor [...] en truende Fare fordobler Nationalkraften«, afviser tilstedeværelsen af et (konkret) fjendebillede som en nødvendig forudsætning for en nationalsang.

Med de danske officerers initiativ sættes den nationale sang og dermed spørgsmålet om kreationen af nationale symboler ind i en officiel eller dog halvofficiel sammenhæng. Det ligger i nogen grad i selve intentionen: man stiler mod »en, som Nationalvise almindelig antaget, Sang«, hvad enten der så heri ligger visionen om en slags officiel autorisation eller blot en almindelig, offentlig accept af den sang, der måtte vinde konkurrencen. Målet er tydeligt nok ikke at tilvejebringe en fædrelandssang på linje med en række tilsvarende, men en sang med anerkendt særstatus.

Det ligger også i henvendelsens karakter. Prinsen af Hessen var ikke hvem som helst, men på mødrene side en fætter til kong Frederik VI – og dertil hans svoger. Det er næppe tænkeligt, at han skulle stille sig i spidsen for et sådant offentligt initiativ, hvis ikke kongen var indforstået, men intet er i så henseende dokumenteret.[24] Det hører dog med til historien, at da bogtrykker A.F. Elmquist i 1820 udgav *Dan. Samling af Fædrelandssange* og sendte kongen et eksemplar, tilskrev han monarken, at der var tale om »Nationalsange« fra konkurrencen, og modtog i den anledning en tilkendegivelse af majestætens »allernaadigste Velbehag«.[25] Graden af den varme,

24. En gennemgang af Kongehusarkivet: Frederik VI.s arkiv: Breve fra Frederik af Hessen og hans adjudant G.W.O. Ries, samt Den Høistcommanderendes arkiv, registre over indkomne sager 1816/27 og registre over udgåede sager 1816/27 (RA) har ikke givet positivt resultat.

25. Kabinetsarkivet: Memorialprotokol for 1820, lb.nr. 86 (RA); jf. *Fyens Stiftstidende* 4.4. 1820, *Aalborg Stiftstidende* 5.4. 1820; jf. note 42.

hvormed kongen fulgte sagen, kan næppe afgøres, men han må have fulgt den fra begyndelsen og med fuldstændig sikkerhed til enden.

Konkurrencens officielle eller halvofficielle præg fremgår endelig af den status, som brevets adressat, »Selskabet til de skiønne og nyttige Videnskabers Forfremmelse« havde i det danske samfund. Den skal vi se på i det følgende.

2. Konkurrencens forløb

»Selskabet til de skiønne og nyttige Videnskabers Forfremmelse«, som prinsen og hans officerer havde udset til at forestå konkurrencen, var stiftet i 1759 som udtryk for nyhumanismens ideer om at »udbrede den latinske Smag i en populær Form efter moderne, særlig franske Mønstre«.[26] Dette mål søgtes først og fremmest opnået ved kritisk vejledning af digtere og andre forfattere i forbindelse med udskrivning af prisopgaver, hvis vindere dels belønnedes pekuniært, dels fik deres tekster publiceret i 'Selskabets' skriftrække.[27]

'Selskabet' forfægtede fra første færd oplysningstidens idealer om en god smag og forblev påfaldende længe uberørt af de ændrede normer, der fulgte med det såkaldte romantiske gennembrud o. 1800. Først i 1830 gør den romantiske bevægelse sin entré i 'Selskabet' med optagelsen af den nu midaldrende Adam Oehlenschläger (1779-1850), J.P. Mynster (1775-1854) og F.C. Sibbern (1785-1872).

Det bør fremhæves, at 'Selskabet' både i kraft af en fast årlig statslig bevilling (ca. 400 rdl.) og på grund af flere medlemmers nære kontakt til statens øverste styrelse kan karakteriseres som en mellemting mellem vore dages 'Det danske Akademi', hvori 'Selskabet' senere er inkorporeret, og kulturministeriet. Konkurrencen forløb altså i halvofficielt regi.

Da den løb af stabelen, havde 'Selskabet' – og dermed konkurrencens bedømmelseskomité – følgende sammensætning: Præsident var *Ove Malling* (1747-1829), i sin ungdom i årene efter Struensees fald i 1772 protegeret af

---

26. Vilh. Andersen: *Tider og Typer af dansk Aands Historie. Erasmus* II. Kbh. 1909 s. 161; jf. i øvrigt K.F. Plesner: *Det smagende Selskab.* Kbh. 1959.
27. *Forsøg i de skiønne og nyttige Videnskaber* I-XIV. Kbh. 1761-1783; *Ny Samling af Skrifter*, Første Bind. Kbh. 1824.

den dansk-sindede minister Ove Høegh-Guldberg, forfatter til den nationalt opbyggelige *Store og gode Handlinger af Danske, Norske og Holstenere* (1777), gennem det meste af livet placeret på en række vigtige poster i den offentlige administration på nært hold af monarken, fra 1824 medlem af gehejmestatsrådet; de øvrige medlemmer var teaterdirektør og æstetikprofessor *K.L. Rahbek* (1760-1830), det sene 1700-tals toneangivende kritiker, publicist m.m.; endvidere digteren *Thomas Thaarup* (1749-1821), der siden midten af 1780'erne havde været tidens fremmeste leverandør af patriotisk hyldestdigtning til kongehuset; fremdeles den kongelige konfessionarius *M.F. Liebenberg* (1767-1828), som fra sin tidlige ungdom havde haft tilknytning til Rahbek og hans kreds, og provsten ved Holmens kirke *F.C. Gutfeld* (1761-1823), der ligeledes hørte til blandt Rahbeks ungdomsvenner; endelig *Chr. Ramus* (1765-1832), der især gjorde sig bemærket som leder af den kongelige møntsamling, og til sidst, som 'Selskabets' sekretær: den klassiske filolog og kunsthistoriker *Torkel Baden* (1765-1849), sekretær ved Kunstakademiet og slotsforvalter på Charlottenborg.

Da de i 1819 udpegede konkurrencens vinder, var den ældste knap 72 år, den yngste 52 år; i gennemsnit var de knap 60 år. Bortset fra de to sidstnævnte bliver de alle karakteriseret som trofaste tilhængere af oplysningstidens idealer uden større engagement i 1800-tallets nye strømninger af æstetisk, filosofisk og anden art.[28]

Konkurrencens forløb kan følges i 'Selskabets' arkiv[29] og i samtidige pressemeddelelser. Den 10.10.1818 besluttede 'Selskabet' at efterkomme officerernes opfordring ved at offentliggøre prinsens brev af 18.9.1818 in extenso med de deri indeholdte konkurrencebetingelser, hvortil alene tilføjedes, at præmien ville blive delt ligeligt mellem tekstforfatter og komponist, og at sidste frist for indlevering af bidrag til tekst-konkurrencen var 1.1. 1819, mens melodi-konkurrencen måtte vente. Bidrag skulle indsendes anonymt, men mærket med en devise og ledsaget af en ligeledes mærket kuvert med oplysning om navn m.v.[30]

4.1.1819 sendte Torkel Baden de indkomne bidrag i cirkulation nummereret som nummer 1-55 med henblik på at indhente bedømmernes første

---

28. Jf. artiklerne om dem i *Dansk biografisk Leksikon*, 3. udg. Kbh. 1979-1984, samt K.F. Plesner, anf.skr. s. 66-70; om Malling se Ole Feldbæk: Skole og Identitet 1789-1848. Lovgivning og lærebøger, *Dansk Identitetshistorie*, red. af Ole Feldbæk, II. Kbh. 1991 s. 291-94.
29. Korrespondance og forhandlingsprotokol i KB: NkS 2385, 2^0, kass. 2-3.
30. *Danske Statstidende* 16.10. 1818; Rahbeks *Tilskueren. Et Ugeblad* 16.10. 1818; *Dagen* 19.10. 1818; *Dansk Litteratur-Tidende* 1818, nr. 41.

kommentarer. Denne fase strækker sig frem til i hvert fald sidste del af marts, og i løbet af denne tid accepteres yderligere fire bidrag, der nummereres som nummer 56-59, ligesom en tekst bliver ombyttet med en anden »efter Indsenderens Begiering«, mens der i et andet tilfælde sker rettelser i en allerede indsendt tekst. Det karakteriserer hele denne konkurrence, at de opstillede regler administreres liberalt.

Efter denne indledende runde mødtes 'Selskabet' 26.4.1819, og protokollen melder, at

> Nogle [indsendte bidrag], som vare befundne at være de bedste eller de mindst slette deraf, bleve forelæste. Man blev enig om at giøre et Udskud, og lade det cirkulere, førend noget videre foretoges i denne Sag.

Det drejer sig om 15 tekster, der nu atter cirkulerer mellem bedømmerne og gøres til genstand for lidt mere indgående skriftlige kommentarer. Interessen samler sig især om tekst nr. 58, altså en af de (for?) sent indleverede, og af kommentarerne til bl.a. rimteknikken i denne tekst fremgår det uden al tvivl, at den er identisk med vinderteksten, Juliane Marie Jessens *Dannemark! Dannemark! – Hellige Lyd*, som blev kåret på et møde 10.5. 1819. Protokollen melder, at

> Blant de indsendte *Nationalsange* blev den med Devisen: *Men naar han kan nævne Moder, skal han nævne Fødeland*, befunden, som Sang, baade at have meest æsthetisk Værd, og at komme Opgaven nærmest.

Dette blev så meddelt i pressen i de følgende dage, ligesom prinsen af Hessen orienteredes i et brev af 15.5. 1819.[31]

Omkring 1.6. 1819 blev melodi-konkurrencen annonceret med de i prinsens brev fra september 1818 indeholdte betingelser og med 1.9.1819 som sidste afleveringsfrist.[32]

Om denne del af konkurrencen, som bød på endnu flere spændende afvigelser fra almindelig anerkendt praksis i bedømmelsesudvalg, og som efter endnu en bedømmelsesrunde endte med at præmiere en melodi af C.E.F. Weyse (1774-1842), som ikke deltog i konkurrencen! henviser vi til Jørgen Poul Erichsens detaljerede udredning[33] og vender os i stedet på ny til tekst-konkurrencen.

31. *Dagen* 13.5. 1819; *Danske Statstidende* 14.5. 1819; *Dansk Litteratur-Tidende* 1819 s. 302; *Aarhuus Stifts-Tidende* 18.5. 1819.
32. *Dagen* 28.5. 1819; *Aarhuus Stifts-Tidende* 4.6. 1819.
33. Jf. note 7.

Dansk
National-Sang
af

Juliane Marie Jessen.

Kjøbenhavn, 1819.
Trykt hos Andreas Seidelin,
Hof- og Universitets-Bogtrykker.

Dannemark! Dan-Kongens Throne, den staaer
Hædret ved Aar;
Prydet ved Dyder, i Vanheld og Held
Støttet ved Troskab, den stander som Field.
Hos Dannemarks Løve var aldrig Svig.
Dan-Konge! slig:
Stod ej Din Løve i Fred og i Krig
Trodsende Svig?

"Dannemark! Dan-Konge!" lyder fra Øe,
Slette, og Søe.
Broder! ræk trofast og dansk mig Din Haand!
Danmark og Konge foreene vor Aand!
I Fredstimen styre de Mandens Færd
Til Borger-Værd!
I Kampens Time de hvæsse vort Sværd
Til Helte-Færd!

Dannemark! Skioldungen elsket og stor
Fremme Din Flor!
Danmark! Dine Sønner, paa Kampens Dag,
Stride, som Helte, for Banner og Flag!
Og hver Dannemarks Søn, som vandt det Navn
Ved virksomt Gavn,
Skal signende nævne i Dødens Favn
Dannemarks Navn.

Dannemark! Dannemark! — Hellige Lyd!
Himmelske Fryd!
Hæv Dig, min glade, min bankende Barm!
Danmark! for Dig toner Sangen saa varm.
Naar Saga*) nævner Dit ældgamle Navn
Som Ærens Havn,
Jeg nævner Dannemarks hædrede Navn
Som Føde-Stavn.

Dannemark! Havets den evige Brud,
Viet af Gud!
Stolt er Din Brudgom, og vældig, og rig;
Venlig han kysser Dit Klædebons Flig: **)
Han qvæder for Dig i Bøvernes Klang
Din Hæders Sang;
De Sønners Sejer, naar Krigshornet klang
Til Bølge-Sang.

*) Historien.   **) Havbredden.

Allerede 14 dage efter konkurrencens afgørelse annoncerede Juliane Marie Jessen i København-havner-avisen *Dagen* (24.5.1819), at »Med de skiønne Videnskabers Selskabs Samtykke har undertegnede besørget den Sang trykt der som Nationalsang havde det Held at vinde Prisen. For at forvisse om rigtige, og enslydende Aftryk, har jeg forsynet de Exemplarer, for hvis Rigtighed jeg indestaaer, med mit paatrykte Signet og ønsker jeg at i det mindste indtil Musik til Sangen er sat, at den ikke i offentlige Blade eller særskildt aftrykkes, men allene udgaaer i de Exemplarer, som jeg saaledes selv besørger. Den sælger hos mig selv ved Stranden No. 159 3die Etage og i Hr. Ponsaings Boutique paa Østergade No. 12 paa Skrivepapir og i Qvart for 22 S Tegn eller Sølv, i Omslag, og 1 Mark i Materie.« Det kongelige Bibliotek.

Da frk. Juliane Marie Jessen (1760-1832) blev kåret til vinder, svarede hendes alder, knap 60 år, nøje til bedømmernes gennemsnitsalder. Hun stammede fra den højere embedsklasse, idet faderen efter sin forbindelse med kuppet mod Struensee i 1772 var blevet protegeret af enkedronning Juliane Marie; fra 1778 førte han titel af etatsråd. Selv var hun en overgang fra 1787 ansat hos enkedronningen og havde således kontakt til kredsen omkring hende: Ove Høegh-Guldberg, Ove Malling m.fl.

Som digter havde hun forsøgt sig uden større held i den dramatiske genre, både med originalstykker og oversættelser, samt med talrige lyriske digte rundt om i aviser og tidsskrifter, bl.a. den højtravende ode *Ved Tiden-den om min Broder Capt. Jessens Kamp med de Engelske ved Sjællands Odde paa Orlogskibet Prins Christian Frederik 1808*; han besynges her »Med trofast Søster-Aand og Danskheds hele Varme«.

Digtet til søhelten C.W. Jessen og adskilligt af hendes øvrige digtning er samlet i *Smaae Mark-Violer plantede i Danmarks Digterhauge*. 1ste Deel, der udkom i marts 1819, før konkurrencens afgørelse, men ikke fulgtes op af nogen 2. del. I forordet til denne samling bekender frk. Jessen sig til de »herlige frugtbare Dage for Smagens Hauge i Dannemark«, som karakteri-seres ved en opremsning af navne som P.F. Suhm, A.G. Carstens, Tyge Rothe, Ove Høegh-Guldberg, Ewald og Wessel, Ove Malling, Thomas Thaarup, Rahbek og endnu flere, især den personlige ven Jens Baggesen og ganske særlig hendes morbroder, den fremtrædende æstetiker C.F. Jacobi (1739-1810), hvem hun især takker for sin æstetiske dannelse. Altså på stribe de toneangivende digtere, forfattere og kritikere fra den patriotiske strøm-ning sent i 1700-tallet.

Det er da også symptomatisk – og måske et udslag af taktisk beregning – at den ovenfor (s. 162) citerede devise, hvorunder hun indsendte sit digt, er hentet fra endog to af de mest yndede værker fra disse »herlige frugtbare Dage«, nemlig Thomas Thaarups syngespil *Høst-Gildet* (1790) og *Peters Bryl-lup* (1793).[34]

Samme Thaarup og hans fæller i bedømmelseskomiteen pegede altså på en digter, som de principielt måtte opleve som et udtryk for deres egne – nu i 1819 rigtignok noget forældede – æstetiske idealer.

Dette er imidlertid ikke ensbetydende med, at bedømmerne var fulde af lovord om vinderteksten, endsige om de andre bidrag. Tværtimod sporer

34. Thomas Thaarup: *Efterladte poetiske Skrifter*, samlede og udgivne af K.L. Rahbek. Kbh. 1822 s. 43, 51-52; foregrebet i Thaarups *Fødelands-Kjerlighed*, sst. s. 343, citeret nedenfor s. 224.

man, som vi allerede har set eksempler på, et udbredt mismod i 'Selskabet' over den kedsommelige situation, det var bragt i. Allerede ved den første rundsendelse (udgået 4.1.1819) erklærer Thaarup sig således enig med Malling i, at »der er meget Straae, men liden Kjærne, imidlertid forekommer mig N⁰ 58 mindst afvigende fra Opgaven«, mens Gutfeld mere positivt peger på samme tekst.

I forbindelse med den anden rundsendelse (udgået 27.4. 1819) bliver de femten »bedste eller [...] mindst slette«, som protokollen benævner dem, underkastet korte, summariske vurderinger, ledsaget af bemærkninger, der udelukkende går på formalia: sprogrigtighed, ukorrekt metrik etc. Det er fortsat nr. 58, der tiltrækker sig størst opmærksomhed, men det er nok Gutfeld, der, når det kommer til stykket, yder denne tekst den stærkeste støtte, når han uden videre argumentation proklamerer, at den er »den blandt dem alle der synes mig *Præmien værdigst*«, mens de andre går mere nuanceret til værks og også ytrer sig positivt om andre af teksterne. Thaarup kan fortsat ikke strække sig videre end til at kalde favoritten nr. 58 for »Præmien mindst uværdig«, men det er kun Ramus, som over én bank forkaster samtlige tekster, nr. 58 inklusive:

> Den er for mange Steder svulstig, for mange tvungne og søgte Udtryk; [...]; det har en højst besværlig Versart, og vil næppe kunne faa en nogenlunde god eller tækkelig Melodie; og hvad der gør den uskikket til at være Folkesang, den vil være yderst vanskelig at memorere.

Ramus konkluderer derfor, at 'Selskabet' må udskrive en helt ny konkurrence, selv om han »begynder at tvivle om, at en Nationalsang kan fremkaldes ved Præmie«.[35]

Knap to år senere, da melodi-konkurrencen påførte 'Selskabet' mange bryderier, meldte Ramus sig ud af det, idet han uden at gå i detaljer erklærede sig for inkompetent til at afgøre de forelagte sager.[36] Hans bidrag til diskussionen i 1819 tyder dog ikke på inkompetence.

Endnu et par forhold fra denne fase af konkurrencen skal fremdrages:

For det første var der udbredt enighed i komiteen om, at selv vinderteksten måtte revideres for at kunne passere. Fx fandt man det outreret, at hver strofe endte med fem – og ikke som nu fire – indbyrdes rimende linjer.

---

35. Den tilsvarende konkurrence i Norge førte til lignende synspunkter, jf. *Fyens Stiftstidende* 26.12. 1820.
36. Brev til 'Selskabet' 14.2. 1821 (KB: NkS 2385, 2⁰).

Juliane Marie Jessen var i det hele en ven af mange rim,[37] men efterkom klogelig dommernes henstilling på nogle punkter, hvis omfang ikke lader sig bedømme i dag. Den omsider offentliggjorte tekst er altså ikke identisk med den oprindelig indleverede, og det kan også gælde andre tekster fra konkurrencen.

For det andet havde det været overvejet at optage flere af teksterne i en af 'Selskabets' kommende samlinger. Bortset fra Liebenberg, der venligt bringer i alt mere end ti tekster i forslag, er man vistnok enig om, at vinderdigtet kunne være alt nok for 'Selskabets' anseelse. Det blev da optaget i *Ny Samling af Skrifter*. Første Bind (Kbh. 1824).

Sidst, men ikke mindst må man for det tredje påpege, at kritikken af konkurrence-bidragene er af formalæstetisk art, nærmest stilretteri. Kun Ramus synes at gøre sig tanker om de krav, funktionen som »Folkesang« kunne stille til teksten, og komiteen er tilsyneladende helt uden kriterier for, hvad der tematisk eller på anden vis kendetegner en nationalsang og specielt en god sådan.

Det er måske det, Ramus havde i tankerne, når han ønskede en ny konkurrence udskrevet og i den forbindelse foreslog, at 'Selskabet' skulle ytre sig om de mangler, de første konkurrenter havde lidt under, og opstille nogle regler for den art af sange »til Vejledning for vedkommende, der maatte ville videre forsøge dem i det opgivne Emne.«[38]

Det skal retfærdigvis siges, at Rahbek allerede i en artikel i *Tilskueren* 27.10. 1818 i nogen grad havde præsteret en sådan vejledning. Men det er alligevel symptomatisk, at sagens akter i 'Selskabets' arkiv er uden vidnesbyrd om mere præcise forestillinger om, hvilke krav en nationalsang til forskel fra anden sanglyrik skulle leve op til. Det forhold vil vi i forskellig sammenhæng vende tilbage til i det følgende.

3. Teksternes identifikation

Det er en del af historien om nationalsangs-konkurrencen – og en hæmmende omstændighed ved nærværende undersøgelse – at de indsendte

---

37. Se fx hendes *Smaae Mark-Violer plantede i Danmarks Digterhauge*. Første Deel. Kbh. 1819 s. 201.
38. Dateret 6.5. 1819.

tekster ikke umiddelbart lader sig identificere. Mens 'Selskabets' arkiv rummer indsendte manuskripter fra lignende situationer, fx fra en konkurrence i 1806 om det bedste digt om »Kjærlighed til Fædrelandet«,[39] har man tilsyneladende, måske af diskretionshensyn over for deltagerne, måske af andre grunde, valgt at destruere de indsendte manuskripter.

Det vindende digt er således, endda i revideret form, det eneste bidrag til konkurrencen, vi med fuldstændig sikkerhed tør udpege. Men dertil kan med stor sikkerhed føjes endnu et antal tekster, der i sommeren 1819 blev offentliggjort i forskellige blade med den formentlig troværdige kommentar, at de havde været indsendt til bedømmelse. Ad den vej kan følgende teksters relation til konkurrencen godtgøres:

> Fr. Høegh-Guldberg: *Land, hvor jeg ved min Moders Hjerte.*
> *Saa smiler, som Barnet i Vugge.*
> Chr. F. Wilster: *O Danmark! Du vort Alt, vor Lyst!*
> St.St. Blicher: *Paa Nordhavs Bryst opløfter sig den Jord.*
> *Danmark er vort Fødeland* (dog uden helt entydig angivelse af relation til konkurrencen).
> Niels Blicher: *Mit Fødeland er Glædens Hjem.*
> Fr. Winkel Horn: *O Fædreland, vor Sjælefryd!*
> Jørgen Broberg: *Under Nordens kolde Zone.*[40]

Imidlertid må endnu en kilde til viden om konkurrence-digtene tages i betragtning. Kort efter kåringen af Juliane Marie Jessens digt bekendtgjorde den altid foretagsomme århusianske bladmand, bogtrykker og litterat A.F. Elmquist (1788-1868), at han ville udgive samtlige de indsendte digte, hvis forfatterne sendte dem til ham, signeret eller anonymt, inden udgangen af juni måned 1819,[41] og formentlig omkring årsskiftet 1819-1820 udsendte han *Dan. Samling af Fædrelandssange* (1820).[42]

Hvilken sammenhæng der helt præcis er mellem Elmquists *Dan* og konkurrencedigtene fra året før, er ikke ganske gennemskueligt. Samlingen rummer efter udgiverens prolog 44 digte (mod konkurrencens 59), heriblandt de 8-9, vi ad anden vej har identificeret som deltagere i konkurren-

---

39. Jf. K.F. Plesner, anf. skr. [note 26] s. 67-68; materiale i KB: NkS 2385, 2⁰, kass. 4-5.
40. Om de enkelte tekster se nedenstående bibliografi, II A.
41. *Aarhuus Stifts-Tidende* 11.6. 1819.
42. Det eksemplar, Elmquist tilsendte kongen, jf. note 25, noteredes indgået i Kabinetssekretariatet 19.1. 1820.

cen og har fortegnet ovenfor. 27 tekster trykkes under navn, 7 under mærke og 10 anonymt. Specielt bemærker man indlemmelsen af 4 tekster, der findes trykt andetsteds med udtrykkelig angivelse af, at de ikke har været indsendt til 'Selskabets' bedømmelse.[43]

Som et vagt indicium for, at *Dan* faktisk rummer digtene fra konkurrencen, kan det måske ses, at samlingen indledes med J.M. Jessens præmiedigt. Den eneste anmeldelse fra tiden er ikke i tvivl om, at det forholder sig sådan,[44] og kongens ovennævnte tilkendegivelse af tilfredshed med udgivelsen kan tydes i samme retning. På den anden side fremgår det af Kabinetssekretariatets notater, at Elmquist i sin følgeskrivelse til kongen kun har talt om en »Samling af de forskiellige Nationalsange, som *i Anledning* af den udsatte Præmie ere affattede.«[45]

I de følgende analyser vil samtlige 44 tekster fra *Dan* blive inddraget ud fra den betragtning, at de enten stammer fra konkurrencen eller i hvert fald må formodes at stamme fra samtiden, og at i hvert fald Elmquist har fundet dem alle passable i en bog med undertitlen *Samling af Fædrelandssange.*

I øvrigt skal det nævnes, at de samme 44 tekster samt yderligere godt og vel dobbelt så mange indgår i *Samling af danske Folkesange* I-II (Aalborg 1820), udgivet af den purunge Thomas Hansen Erslew.[46]

Endelig må vi opholde os ved nogle mytedannelser omkring visse mere prominente teksters relation til konkurrencen. Oehlenschlägers udgiver F.L. Liebenberg fandt det således »rimeligst« at antage, at digterens *Fædrelands-Sang* »Der er et yndigt Land« , der ganske vist først publiceredes i 1823, stammer fra 1819, fra tiden lige efter udgivelsen af frk. Jessens »kronede, men jammerlige Nationalsang«, og anbringer på denne baggrund det pågældende digt efter Oehlenschlägers øvrige tekster fra 1819.[47]

Måske på grund af denne løst begrundede formodning har Hans Brix i et par omgange hævdet, at Oehlenschlägers digt ligefrem deltog i konkurrencen.[48] Det sker uden forbehold og med den begrundelse, at digtet, ligesom

---

43. *Dan. Samling af Fædrelandssange*, udg. af A.F. Elmquist. Aarhuus 1820 s. 31-32 (= *Nyeste Skilderie af Kjøbenhavn* 5.6. 1819, Dampe), 77-78 (= sst. 6.7. 1819, Dampe), 79-80 (= sst. 31.7. 1819, anonym), 97-98 (= sst. 23.10. 1819, anonym).
44. *Morgenbladet*. Christiania 11.5. 1820.
45. Se note 25; min fremhævelse.
46. Thomas Hansen Erslew: *Almindeligt Forfatter-Lexicon* I. Kbh. 1843, ²1962 s. 383.
47. Adam Oehlenschläger: *Poetiske Skrifter*, udg. af F.L. Liebenberg, XX. Kbh. 1860 s. 335.
48. Hans Brix: *Digterne og Fædrelandet*. Kbh. 1942 s. 57-64; samme: *Analyser og Problemer. Kritiske Undersøgelser* VI. Kbh. 1950 s. 148-153.

det var foreskrevet i konkurrence-reglerne, er forsynet med en (latinsk) devise, nemlig: »Denne plet af jord fryder mig frem for alle«.[49]

En dokumentation af den påståede sammenhæng præsteres ikke af Brix og lader sig næppe heller tilvejebringe. Endnu løsere henkastet er Brix' formodning om, at også Grundtvigs *Langt høiere Bjerge*, der fremkom i 1820, skulle stamme fra konkurrencen, »hvad der kan være al mulig Grund til at tro«.[50]

Det præg af skandale og mystifikation, der præger den første reaktion på konkurrencen o. 1819-1820, og som vi nu skal vende os til, har altså en pendant i eftertidens mere letsindige litteraturforskning.

4. Reception. Reaktion. Eftermæle

Oversigt: Det er et vidnesbyrd om den interesse og opsigt, konkurrencen vakte, at en mand med så sikker flair for bogmarkedets muligheder som A.F. Elmquist fandt det opportunt at samle disse tekster til udgivelse i *Dan*; han må have ment, at det kunne svare sig. Det er også karakteristisk, at udgivelsen så at sige ikke bemærkes i medierne herhjemme, men kun i Norge.[51]

Efter min erfaring giver udskrivningen af konkurrencen, bortset fra selve annonceringen af den, anledning til et par artikler i Rahbeks tidsskrifter og offentliggørelsen af et par tekster og kommentarer i *Nyeste Skilderie af Kjøbenhavn* i efteråret og vinteren 1818-1819. Det er først efter offentliggørelsen af konkurrencens udfald midt i maj 1819 og udgivelsen af Juliane Marie Jessens digt senere i samme måned,[52] at det for alvor bryder løs. Inden udgangen af

---

49. Devisen er udformet på latin: Ille terrarum mihi præter omnes Angulus ridet, citat fra Horats: *Carmina* II, 6.

50. Hans Brix: *Analyser og Problemer. Kritiske Undersøgelser* VI. Kbh. 1950 s. 152; jf. Flemming Lundgreen-Nielsen: N.F.S. Grundtvigs »Langt høiere Bjerge«, *Hvad Fatter gjør ... Boghistoriske, litterære og musikalske essays tilegnet Erik Dal*. Herning 1982 s. 292-293.

51. Ingen henvisninger herom i Erslews *Almindeligt Forfatter-Lexicon*; en enkelt bemærkning i O.G.F. Bagge: *Frøken Jessen og Mamsel Avind citerede for Sandheds Domstol*. Aarhuus 1820 s. 6.

52. *Dansk National-Sang* af Juliane Marie Jessen. Trykt hos Andreas Seidelin. Kbh. 1819; averteres til salg i *Dagen* 24.5. 1819.

maj så 6 nationalsange og to kommentarer herom dagens lys i de køben-havnske aviser, og i juni 1819 blev det i København-bladene *Dagen* og 'Skilderiet' suppleret med *Aarhuus Stifts-Tidende* og *Fyens Stiftstidende* til 12 tekster, evt. ledsaget af kommentarer, samt to selvstændige artikler om emnet. Juli 1819 byder på syv tekster, heraf to med ledsagende kommen-tarer, og august på endnu tre tekster, men så stilner det også af.[53] Til denne virksomhed i bladene skal føjes tre mere selvstændige publikationer, hvoraf de to kan dateres til senest juni 1819.[54]

Man kan således tale om en veritabel nationalsangs-feber i sommeren 1819, men det må også noteres, at temperaturen snart sank til det mere normale. Dog blussede den op en overgang i form af parodier på og moddigte til Niels Blichers og især Juliane Marie Jessens digte; de ligger i 1820, en enkelt i 1821.[55]

Pressehistorisk aspekt: Ved en vurdering af de offentlige reaktioner på kon-kurrencen kan der være grund til at se på de blade, der gav plads til de mange sang-tekster med tilhørende kommentarer.

Dagen, der var grundlagt i 1803, havde oplevet et vist opsving efter krigens ophør i 1814 og blev i 1820'erne Københavns største avis; i maj 1835 nåede den et oplagstal på 3900. Den udkom fra 1812 seks gange om ugen. Ud-giverne havde ikke ret til postforsendelse, så den må betragtes som et decideret københavnsk fænomen.

Rent journalistisk var *Dagen* fra begyndelsen af et moderne tilsnit og (frem til 1810) af en oprørsk observans, der førte til censurdomme. I sit stofvalg var den bredt anlagt, men bragte normalt ikke egentligt nyhedsstof. Under den litterære fejde mellem Jens Baggesen og Oehlenschläger og deres respek-tive tilhængere 1813-1819 var *Dagen* fx en vigtig kampplads.[56]

Også *Nyeste Skilderie af Kjøbenhavn* var grundlagt 1803. I årene 1810-1825 blev det udgivet og redigeret af den foretagsomme boghandler og skribent Salomon Soldin (1774-1837), der karakteriseres som en ægte søn af op-

53. Jf. nedenstående bibliografi.
54. Blok Tøxen: *Et Par Ord om Pengebegeistring og Folkesange*. Kbh. 1819; Anonym: Formeninger og Ønsker, angaaende den priiskjendte National-Sang, bilag til *Læsefrugter, samlede paa Litteraturens Mark* af A.F. Elmquist, Femte Bind. Aarhuus 1819 (placeret mellem s. 96 og 97); O.G.F. Bagge: *Et Par Ord til Formeneren om Nationalsangen*. Aarhuus 1819.
55. O.G.F. Bagge, anf. skr. [note 51]; tekster af pseudonymerne Jesper Oldfux, Else Skoleme-sters og J. Schmidt samt H.N. Baches Oldfux-parodi i Randers Avis 20.4. 1820.
56. Jette D. Søllinge og Niels Thomsen: *De danske Aviser 1634-1989* I. Viborg u.å. s. 135-138; Chr. Kirchhoff-Larsen: *Den danske Presses Historie* II. Kbh. 1947 s. 310-325.

lysningstiden, hvilket også hans bredt anlagte forfatterskab vidner om. Bl.a. udsendte han i 1806 en bog i Ove Mallings maner[57] om *Patriotiske Handlinger af Danske og Norske. En Exempelbog for Ungdommen,* der skulle stimulere læseren til flid, menneskekærlighed, ædelmodighed, fædrelandskærlighed og flere gode dyder.

I hans tid som redaktør opnåede bladet en betydelig yndest blandt de dannede klasser i København, men nød også kongelig bevågenhed. Det udkom to gange om ugen; blandt dets bidragydere noterer man Rasmus Nyerup og K.L. Rahbek fra den ældre generation, men også yngre folk som fx N.F.S. Grundtvig og Chr. Molbech.

I sit stofvalg er 'Skilderiet' i endnu højere grad end *Dagen* bredt anlagt med historiske og anekdotiske bidrag. Samtidig er det forum for bl.a. litterære debatter, fx i forbindelse med Baggesen-Oehlenschläger-fejden; fra ca. 1816 noterer man et voksende islæt af digte og andet skønlitterært stof. Både ved sit stofvalg og ved sin udgivelsesrytme tenderer 'Skilderiet' således i retning af det blandede tidsskrift eller (halv-)ugeblad for dannede læsere.[58]

Der er imidlertid ikke tvivl om, at konkurrencen også vakte genlyd i provinsen. I forbindelse med nærværende undersøgelse er der fundet stof om sagen i *Fyens Stiftstidende,* hvis udgiver og redaktør, boghandler S. Hempel (1775-1844) selv har et digt optaget i *Dan,* samt i *Aalborg Stiftstidende* og *Randers Amtsavis.* En mere omfattende gennemgang af samtlige danske aviser ville dog utvivlsomt bringe meget nyt stof til veje. På det foreliggende grundlag synes det, som om *Aarhuus Stifts-Tidende* har været særligt engageret i sagen.

Aarhuus Stifts-Tidende (grundlagt 1794) blev fra 1812 (strengt taget 1811) udgivet og redigeret af A.F. Elmquist, som vi ovenfor har mødt som udgiver af *Dan,* og som samtidig stod for det overvejende skønlitterære underholdningsblad *Læsefrugter,* der også havde åbnet sig for polemikken om nationalsangskonkurrencen.[59]

Aarhuus Stifts-Tidende opnåede under Elmquists ledelse en hastigt voksende udbredelse fra 400 abonnenter i 1812 til 1500 i 1824, hvilket dels hænger sammen med bladets alsidigt oplysende og livligt underholdende anlæg, dels med dets kun i ringe grad lokale præg. Det var ikke blot tidens

---

57. Jf. ovenfor s. 161.
58. Jette D. Søllinge og Niels Thomsen, anf. skr. s. 138-139; Chr. Kirchhoff-Larsen, anf. skr. s. 325-331; Aleks. Frøland i *Dansk biografisk Leksikon* XIII. Kbh. 1983 s. 544-545.
59. *Læsefrugter, samlede paa Litteraturens Mark* af A.F. Elmquist. Aarhuus 1818-1833.

største provinsavis, men blev læst over hele landet. Op mod 1820 kom det 3-4 gange om ugen.[60]

Det foreliggende materiale – hertil kan vi medregne Rahbeks *Tilskueren*, som vi straks vender tilbage til – tyder på, at interessen for nationalsangs-konkurrencen har haft sit tyngdepunkt i København med forankring i dannede, litterært interesserede kredse. Men hertil må i hvert fald føjes den interesse for emnet, der udfoldede sig i tilknytning til Elmquists virksomhed i Århus som udgiver af *Dan*, *Læsefrugter* og 'Stifts-Tidende'.

Det er næppe muligt at trække forbindelseslinjer fra de her omtalte publikationer til bestemte kredse af særlig national observans. Det nærmeste man kommer i den retning, er den mulige sammenhæng mellem redaktør Soldins demonstrerede sans for patriotisk opdragelse i Ove Mallings maner og 'Skilderiets' meget iøjnefaldende interesse for den nationale sang i sommeren 1819. Mellem disse to begivenheder ligger imidlertid 13 år, hvilket er mere i et menneskeliv, end det undertiden synes i historiens bakspejl.

Den litterære aktivitet omkring konkurrencen: Den litterære aktivitet, som konkurrencen fremkaldte, falder i tre hovedkategorier: For det første er der naturligvis de digtere, der lod sig friste til at indsende tekster eller på anden vis søgte at tilfredsstille eller udnytte det tilsyneladende behov for en nationalsang.

For det andet er der en række kritiske indlæg, der i form af polemiske artikler, parodier eller 'moddigte' kaster sig over konkurrencen og 'Selskabet' i det hele taget, men især over vinderdigtet.

For det tredje giver konkurrencen anledning til nogle mere principielle forsøg på at indkredse begreber som nationalitet, nationalsang o.lign.

De konkurrerende digtere: Idet vi foreløbig stort set lader selve teksterne ligge, ser vi først på de folk, der deltog i konkurrencen, hvilket efter vores ræsonnement vil sige de forfattere, der optræder i Elmquists *Dan*.

Set med eftertidens øjne er det påfaldende, at digtere af første rang stort set glimrer ved deres fravær, og i samtiden støder man da også i den anledning på efterlysninger af Oehlenschläger, Ingemann, Baggesen og

---

60. Jette D. Søllinge og Niels Thomsen, anf. skr. s. 227-229; Chr. Kirchhoff-Larsen, anf. skr. s. 416-417.

Thaarup.[61] Eftertiden ville vel pege på St.St. Blicher, men i København anno 1819 ville man næppe mene, at han var af første klasse, skønt hans *Digte*[62] var blevet venligt bemærket af den litterære kritik.

Snarere ville man pege på sådanne respektable konkurrenter som Frederik Høegh-Guldberg (1771-1852), L.C. Sander (1756-1819) og Rasmus Nyerup (1759-1829), omend den sidste ikke først og fremmest havde gjort sig bemærket som poet; Høegh-Guldberg har tilsyneladende følt en art forpligtelse til at yde sit bidrag til konkurrencen; i hvert fald offentliggør han snart efter dens afgørelse sine to indsendte tekster »for at vise den Deel af mine Landsmænd, der maatte interessere sig for mig, at jeg ikke ved denne Leilighed var udebleven.«[63]

Men i øvrigt udgør rækken af poeter i *Dan* et broget skue, for så vidt de overhovedet lader sig identificere. Det kan lade sig gøre for ca. halvdelen af teksterne og leder til indkredsning af 21 digtere, hvoraf dog identificeringen af de 2 er mindre sikker. Af disse 21 er Juliane Marie Jessen præsenteret mere udførligt ovenfor;[64] de øvrige lader sig med let hånd fordele i følgende grupper: Akademiske undervisere i embede med litterær virksomhed i øvrigt: 4; præster med litterær virksomhed i øvrigt: 3; juridiske embedsmænd: 2; militærlæge: 1; huslærere, lærere, kirkesangere, translatører: 4; redaktører, boghandlere: 2; studerende: 3; bryggeriejer, fhv. officer: 1.

Den ældste af bidragyderne var i 1819 71 år, den yngste 22 år. 12 af dem var oppe i 40'erne eller derover og således ældre end Oehlenschläger (f. 1779); gennemsnitsalderen var 44. Vinderen tilhørte så klart den ældre part af konkurrenterne.

Det skal noteres, at de nævnte personer overvejende har tilknytning til hovedstaden eller, når det ikke er tilfældet, til det traditionelle kulturmiljø i provinserne: præstegårdene, og som noget relativt nyt: provinspresse og -boghandel. Man bemærker også, at en betydelig del, over 25%, af disse digtere må betegnes som socialt mindre fast etablerede. Nogle af disse

61. Se fx Jesper Oldfux: *Rigsbankens Hæder, en ny dansk National-Sang, forfattet som Parodie No. 2 paa Frøken Jessens kronede National-Sang.* Kbh. 1820 s. [1]-[2]. Flere blade (*Fyens Stiftstidende* 22.6. 1819, *Aarhuus Stifts-Tidende* 26.6. 1819, *Dagen* 28.6. 1819) fremhæver samstemmende de relevante kvaliteter i B.S. Ingemann: *Nationalsang.* Ribe u.å. [1816] (»*Danevang*, med grønne Bred«), optrykt under titlen »Dansk Vaarsang« i *Tilskueren. Et Ugeblad,* ved K.L. Rahbek. 16.5. 1817, under titlen »Dannevang. (Fædrelandssang. 1816)«, i B.S. Ingemann: *Samlede Romanzer, Sange og Eventyrdigte* II. Kbh. 1845 s. 186-188.
62. Steen Steensen Blicher: *Digte* I-II. Aarhuus 1814-1817.
63. *Nyeste Skilderie af Kjøbenhavn* 15.5. 1819.
64. Ovenfor s. 164.

sociale placeringer vil vi mere udtalt bemærke i det følgende, idet vi nu vender os til de polemiske og parodierende indlæg omkring konkurrencen, der tager fat i juni (eller maj) 1819, men overvejende stammer fra 1820, et enkelt fra 1821.

Polemik og Parodi: Skytset retter sig i nogen grad mod 'Selskabet' og mod hele forestillingen om at kunne fremkalde ordentlig digtning ved hjælp af penge-præmier, som jo var selve grundlaget for dets eksistens. Trods al agtelse for »den ædle, humane Fædrelandskjerlighed«, der ligger bag kon-kurrencen, og for 'Selskabets' medlemmer, anlægger litteraten Blok Tøxen (1776-1848) dette synspunkt allerede i titlen på sin pjece *Et Par Ord om Pengebegeistring og Folkesange* (Kbh. 1819); Tøxen udtrykker her en uvilje, der var udbredt blandt de yngre i 1800-tallets første årtier, mod alskens aka-demi-(u)væsen, jf. fx J.L. Heibergs skarpe kritik af 'Selskabet' o. 1830.[65]

I virkeligheden afviger Tøxen ikke alverden fra nogle af 'Selskabets' medlemmer – især Ramus[66] – når han finder konkurrencens resultat pauvert og mener, at den gerne kunne gå om. Han påberåber sig »den danske Almeenheds samlede, indgribende og vægtige Dom«, som han vel knap kunne kende noget til på det tidspunkt, men tonen er dog urban.

Med tiden blev tonen over for 'Selskabet' krassere. Man – og det er bl.a. pseudonymet Jesper Oldfux i hans *Parodie No. 2* – fandt det rent ud upas-sende, at 'Selskabet' ikke tog til genmæle mod den rejste kritik af konkur-rencens udfald og motiverede sin afgørelse ordentligt.[67] I samme parodi kredser Jesper Oldfux med forkærlighed om emnet »Svig«, og i hans tredje parodi er mistænkeliggørelsen af konkurrencens forløb helt tydelig:

---

65. J.L. Heiberg: *Udsigt over den danske skjønne Litteratur. Som Ledetraad ved Forelæsninger paa den Kongelige militaire Høiskole.* Kbh. 1831 § 210.
66. Jf. ovenfor s. 165.
67. Jesper Oldfux, anf. skr. [note 61].

Constantin Hansens maleri fra ca. 1830 viser den aldrende Juliane Marie Jessen (1760-1832) en halv snes år efter konkurrencen. Bogryggene på reolen antyder hendes litterære tilværelse; af hendes produktion huskes i dag i det højeste den priskronede national-sang fra 1818. Statens Museum for Kunst.

> Digterske! Evigt *Dit Minde*, det staaer
> Det ei forgaaer;
> Vandt *Du* ej Prisen? Var det ikke Held?
> Lød ei Din Hæder fra Dal og til Field?
> Hos Premie-Yderen [dvs. prinsen] var aldrig Svig
> *Digterske!* siig:
> Blev ikke *Premien tilstaaet Dig*
> Uden *al Svig?*[68]

Tonen er jo ikke yndefuld, men noget tyder på, at antydningerne kan være berettigede. Vi har ovenfor (s. 165) bemærket, at provst Gutfeld tilsyneladende var den, der i komiteen, men uden argumentation støttede Juliane Marie Jessens kandidatur; dertil kan føjes, at hun midt i bedømmelsesfasen kom i økonomisk forlegenhed og pr. brev søgte Jonas Collins støtte til at opnå en forstærkning på »150 Specier« (dvs. 300 rdl.) fra grev Ernst Schimmelmann; i den forbindelse nævner hun, at hendes »Ven, Hr: Provst Gutfeld« også var involveret i den redningsaktion, der var i gang for hende;[69] men vi lader disse gætterier fare og går til den del af de tidligste reaktioner, der tager direkte sigte på hendes tekst.

Hovedparten af det litterære postyr drejer sig nemlig om vinder-teksten med indlæg for og imod dens formelle kvaliteter, hvad enten det nu sker i form af egentlig kritik eller i form af parodier med fremhævelse af de formentlige svagheder.

Samtlige involverede er således enige om, at J.M. Jessens metriske færdigheder er for ringe, så det ligefrem vil falde en komponist vanskeligt at skrive en melodi, der passer hele vejen igennem. Deri har de ret, selv om nogle af de metriske analyser i sig selv er nok så kummerlige.

Blandt kritikerne bemærker man det formentlige pseudonym J. Schmidt, der lader en detaljeret kritik af tekstens usikre rytmik munde ud i en vistnok alvorligt ment og i hvert fald metrisk heldigere omarbejdelse af J.M. Jessens digt.[70]

68. Jesper Oldfux: *Frøken Juliane Marie Jessens Hædersminde, forfattet som Parodie No. 3 paa den kronede danske National-Sang, og tilegnet Forfatterinden i dybeste Ærbødighed*. Kbh. 1820; tre her udeladte fodnoter til den citerede strofe ændrer ikke dens hovedsigte. Jf. også Else Skolemesters: *Ny dansk National-Sang, Parodie paa Jesper Oldfux's Parodie No.3 paa den kronede danske National-Sang, forfattet og Frøken J.M. Jessen venskabeligst tilegnet*. Kbh. 1820.

69. Brev fra Juliane Marie Jessen 15. og 17.2. 1819, i KB: Collinske Brevsamling XXIII a.

70. J. Schmidt: *Frøken J.M. Jessens kronede Nationalsang for den danske Prosodies Domstol, samt omarbeidet, som et Forsøg Dannerfolket helliget*. Kbh. 1820; om J. Schmidt se nedenfor s. 180-182.

Selv den skrappe polemiker O.G.F. Bagge, der i begge sine pjecer optræder som frk. Jessens forsvarer – eller måske snarere: hendes angriberes modpart – afslutter sin polemik omkring hendes digt med at foreslå, at

> Frøken J. tager Sangen tilbage, og ... uden at den taber sit intellektuelle eller materielle Værd ... jevner og glatter alle de paaankede metriske Fejl, saaledes at første Vers faaer en bestemt Form, hvorefter de øvrige rette sig.[71]

Forslagene virkede tilsyneladende; i hvert fald er der sammenhæng mellem Schmidts, Bagges og fleres anmærkninger og de netop metriske revisioner, der præger trykkene af Juliane Maries Jessens digt fra og med 1821, nemlig i forbindelse med Weyses tonesætning af det.

Den skolemesteragtige holdning, der ligger i de metriske anmærkninger til digtet, kendetegner en betydelig del af den samtidige litterære kritik. På den baggrund må man også forstå den debat om J.M. Jessens forhold til sprogrigtighedsnormer, som udgør en stor del af debatten mellem den anonyme forfatter til *Formeninger og Ønsker* og O.G.F. Bagge, men som vi ikke skal opholde os videre ved; den drejer sig eksempelvis om det korrekte i at skrive både »Danmark« og »Dannemark«, oven i købet i samme tekst.[72]

Derimod kan der være grund til at standse ved den gennemgående samstemmende kritik af tekstens unægtelig opstyltede stilniveau. Blok Tøxen slår straks tonen an ved at hævde, at

> Overalt synes Sangens Aand mig *i det Hele* ligesaa riig paa tung, kold Svulst, som fattig paa let, varm, simpel, rørende Høihed.[73]

Og pseudonymet Else Skolemesters istemmer året efter:

> *Digterske! Digterske!* – Lyd er Din Sang,
> Blot svulstig Klang!
> Glæd Dig! thi den Du, paa Tanker saa arm,
> Skrev, og fik kronet til Danfolkets Harm'![74]

Mere konkret gælder kritikken »de mange Udraab [...] og de idelige Apostropher [...] og [...] fremkunstlede Metaphorer.«[75] Men det vakte også både

71. O.G.F. Bagge, anf. skr. [note 51].
72. Anonym: *Formeninger og Ønsker* [note 54] og O.G.F. Bagge, anf. skr. [note 54].
73. Blok Tøxen, anf. skr.
74. Else Skolemesters, anf. skr. [note 68].
75. Anonym: *Formeninger og Ønsker* [note 54].

Blok Tøxens kritik og parodiforfatternes irritation eller lystighed, at Juliane Marie Jessen havde fundet det påkrævet at forklare ordet »Saga« med »Historie« (i fodnote til strofe 1) og på samme måde angive, at når havet (i strofe 2) som Danmarks brudgom »kysser Dit Klædebons Flig«, så menes dermed »Havbredden«. Hjulpet godt på vej af en tradition for fodnoter i komisk anvendelse siden Holbergs *Peder Paars* fører dette træk til en sand byge af komisk-pedantiske fodnoter i Jesper Oldfux' og Else Skolemesters' parodier. Frøken Jessen *skulle* gøres umulig.

Stilkritikken udspringer imidlertid ikke blot af uvilje mod digterisk svulst og unaturligt pedanteri. Den hænger også i nogen grad sammen med en ganske vist kun svagt udviklet genrebevidsthed. I *Formeninger og Ønsker* hedder det således om den just omtalte strofe 2, at

> de i det andet Vers udsjungne Begreber ere fattelige kun for en liden Deel af Fædrelandets Folkeklasser, og for æstetiske i en Folkesang.[76]

Denne kombinerede litteratursociologiske og genreæstetiske betragtning med dens let negative ladning af begrebet »æstetisk« kan ses som en praktisk udmøntning af de krav til en nationalsangs tilgængelighed for alle stænder, som ligger i prinsens brev. Også Blok Tøxen, der ellers er venligt anerkendende over for netop strofe 2 i digtet, hvis billedsprog han finder »skjønt, træffende, aandfuldt«, tvivler på, om dette vers er »fatteligt nok for Almuesmanden«.[77]

Ud af alle disse polemiske og parodierende, helt overvejende formal-æstetiske reaktioner kan det være svært at destillere synspunkter på og krav til en nationalsang og i særdeleshed en *dansk* nationalsang. Blok Tøxen antyder således et sted, at Jessen ikke har evnet at tolke »den – stundom vel vidt drevne – danske Nationaldyd: Beskedenhed, der ganske bortskylles i brusende Vandfald af stolte Ord.«[78]

Men nærmest til en bestemmelse af en nationalsangs ønskelige indhold kommer forfatteren til *Formeninger og Ønsker*, når han i forbindelse med en kritik af J.M. Jessens »Begreber« hævder, at det ikke er Danmarks navn eller lyden deraf, der skal »være Os Danske saa 'hellig'«:

> Hvad der egentligen maae indtage Os, er Fædrelandet selv, dets

76. Sst.
77. Blok Tøxen, anf. skr. [note 54].
78. Sst.; Tøxens positive ideer om en nationalsang kan måske udlæses af, at han gendigtede J. Jetsmarks *Fædrelandssang* »Duftende Enge og kornrige Vange« til tysk som »Dänisches Volkslied«, *Nyeste Skilderie af Kjøbenhavn* 7.12. 1819, jf. Bibliografi II A.

naturlige Herligheder, dets ypperlige, retfærdige, fredelige
Konger, og dets Indbyggeres nationale Dyder.[79]

Her er dog, trods stærk vægtning af kongerøgelsen, ansatser til en passabel
opskrift for en nationalsang. Den samme besindige holdning fornemmer
man, når samme kritiker til Juliane Marie Jessens ord om »hver Dannemarks
Søn, som vandt det Navn / Ved virksomt Gavn« nøgternt bemærker, at der i
Danmark gives to køn, og at det hele for resten er noget vrøvl: »Jeg maae
mene, at vi Danske ikke »vinde«, men *alle fødes til Navnet af »Danmarks
Børn.«*«[80]

Nærmere en bestemmelse af konkurrencedigtenes, specielt vinderdigtets
relation til genren nationalsang, endsige en indkredsning af denne genres
mere generelle karakteristika kommer den her refererede første reaktion på
konkurrencens udfald ikke.

Skal man vurdere disse bidrag til debatten om den nationale sang, må
man erindre, at de kommer fra den mindre kultiverede del af litteraturens
mark, i nogen grad netop den, Elmquist med sine *Læsefrugter* placerede sig
på. Grovest i tonen er O.G.F. Bagge, der gerne karakteriserer sin modpart,
forfatteren til *Formeninger og Ønsker* som en »forulykket Personage«, der selv
uden held har deltaget i konkurrencen og nu for at hævne sig udspyr
»nedrige Løgne«.[81]

Med forbehold over for den anonyme skydeskive for denne salve viser et
hastigt rundskue, at deltagerne i dette litterære postyr ikke stammer fra
litteraturens eller den litterære kritiks første geled.

Jørgen Karstens Blok Tøxen (1776-1848) var en præstesøn, der efter en flak-
kende akademisk karriere med korte ansættelser ved skoler af vekslende art
levede af fri litterær virksomhed fra 1812. Han var kendt som en ivrig
debattør og polemiker i alskens sammenhænge, med sans for det grovkor-
nede og ikke uden en vis folkelig appel. Politisk havde han en overgang
kontakt med den revolutionære fantast J.J. Dampe (1790-1867), som i 1820
fængsledes og året efter idømtes fængsel på livstid for sin virksomhed.[82] Det
er på denne baggrund påfaldende, at Blok Tøxen modtog kongelig pension

79. Anonym: *Formeninger og Ønsker* [note 54].
80. Sst.
81. O.G.F. Bagge, anf. skr. [note 51].
82. Det er ironisk, at J.J. Dampe, der idømtes livsvarigt fængsel på Christiansø og derved mere
    end de fleste kom til at opleve et dansk kystlandskab, bidrog med to 'fædrelandssange' til
    Elmquists *Dan: Hvor bygger du paa Jordens Øe?* og *Held, hvo er født ved Danmarks Strand.*

fra 1820; i 1840'erne var han en skydeskive for de unge liberale, fx i Gold-schmidts *Corsaren* og i C. Hostrups dramatik.[83]

O.G.F. Bagge (ca. 1775-1838), der ifølge egen opgivelse var af jævn her-komst, var efter en tid som figurant ved Det kongelige Teater og en derpå følgende tilværelse som omrejsende danselærer i de danske provinser bosat i Randers fra 1808, hvor han levede som translatør, boghandler og lejebiblio-tekar. Et mangesidigt forfatterskab med bidrag i mange periodica, men også med flere selvstændige publikationer sikrede ham ry som en grovkornet og kværulantisk polemiker, dertil en komisk original. Hans litterære smag gik i retning af den gamle skole, repræsenteret ved J. Baggesen. Til forklaring på hans grovmælede polemik mod *Formeninger og Ønsker* kan det tjene, at han – uvist på hvilket grundlag – mente, at dette indlæg var skrevet af præsten Niels Blicher (1748-1839).[84] Med samme Blicher – dog i virkeligheden vistnok med dennes søn St.St. Blicher – havde Bagge tidligere haft flere anonyme pennefejder og parodierede nu også efter evne dennes bidrag til *Dan*.[85]

Pseudonymet Jesper Oldfux antages at dække over *Johan Peter Colding* (f. 1773).[86] Skønt hans fader var lavtlønnet som bud og fyrbøder i kancelliet, nåede J.P. Colding at tage filosofikum (1793), hvorefter han hovedsagelig virkede som lærer i København, men dog især vakte opmærksomhed som deltager i ballonopstigninger.

Ved det valgte Holbergske pseudonym og den komisk-pedantiske an-vendelse af fodnoter i stil med dennes *Peder Paars* er han et typisk udtryk for tidens parodierende og polemiske stil, i slægt med A.E. Boyes (1784-1851) indlæg i den Baggesen-Oehlenschlägerske fejde og med den pseudonyme forfatter til *Smørialis's Digtervandringer* fra 1823.[87] Stilistiske kriterier, fælles lay-out og trykkeri gør det sandsynligt, at også Else Skolemesters dækker over Colding; også pseudonymet J. Schmidt, der figurerer som udgiver af

83. *Corsaren. M.A. Goldschmidts årgange 1840-46.* Efterskrift af Uffe Andreasen, I-VI. Kbh. 1977-1981, register; Oskar Schlichtkrull: *Studier over C. Hostrups Genboerne.* Kbh. 1912 s. 104-107.

84. O.G.F. Bagge, anf. skr. [note 51] s. 3, jf. s. 13-16, hvorfra der henvises til Niels Blichers to tekster i Elmquists *Dan*. Aarhuus 1820, s. 49-51 og 75-76.

85. Om O.G.F. Bagge se Jeppe Aakjær: *St.St. Blichers Livs-Tragedie* I. Kbh. 1903 s. 48-73; J. Davidsen: *Fra det gamle Kjøbenhavn*. Kbh. 1880 s. 263-282.

86. *Bibliotheca Danica* IV. Kbh. 1902, ²1963 sp. 233; Thomas Hansen Erslew: *Supplement til Almindeligt Forfatter-Lexicon* II. Kbh. 1864, ²1963 s. 577 med henvisninger.

87. I den omfattende gennemgang af *Smørialis's Digtervandringer* i Johs. Brøndum-Nielsen: *Poul Møller Studier.* Kbh. 1940 henføres dette værk til Poul Martin Møllers forfatterskab; Johan Peter Colding end ikke nævnes som mulig ophavsmand.

En splinterny dansk

National-Sang,

forfattet til den forventende Melodie paa Frøken
Jessens kronede National-Sang

og forsynet med

Anmærkninger

af

Jesper Oldfux.

Udgivet af

J. Schmidt.

Motto: Forlad dem, thi de vide ikke, hvad de gjøre.

Kjøbenhavn, 1820.
Trykt paa Udgiverens Forlag hos P. D. Kiøpping.

Årene op mod 1820 var rige på litterære fejder, og parodien var et yndet våben. Navnet Jesper Oldfux, der formentlig dækker over Johan Peter Colding (f. 1773), kendes fra flere af Holbergs komedier: en snedig bedrager og intrigemager, der bl.a. forvirrer ved at skifte identitet; han optræder fx i *Jacob von Tyboe*, en af tidens hyppigst spillede Holberg-komedier. Mottoet (fra Lukasevangeliet 23.34) har adresse til bedømmelseskomiteen. Som konkurrence-digtene er Jesper Oldfux' digt således forsynet med en devise, ligesom han i stil med Juliane Marie Jessen (s. 163) har forsynet sin titelside med påtrykt signet. Det kongelige Bibliotek.

samtlige hidtil nævnte Colding-parodier og dertil som forfatter af *Frøken J.M. Jessens kronede Nationalsang for den danske Prosodies Domstol* (Kbh. 1820), ligeledes fra samme trykkeri (Kiøppings) og i samme lay-out som de andre, tør henregnes til Coldings produkter. Men hverken når det gælder Else Skolemesters eller J. Schmidt, yder *Bibliotheca Danica*, Erslews forfatterleksikon eller lignende hjælpemidler støtte for en sådan antagelse.

Om nationalitet og nationalsange. Rahbek: Der er et stykke vej fra den del af litteraturens mark, vi hidtil har afsøgt, til det mere kultiverede område, hvor professor K.L. Rahbek befinder sig og redigerer (og stort set selv skriver) sine tidsskrifter *Dansk Miverva. Et Maanedsskrift* (1815-1819), *Hesperus. For Fædrelandet og Litteraturen* (1820-1823) og *Tilskueren. Et Ugeblad* (1815-1822). Rahbek havde som udgiver for vane at have to foretagender i gang sideløbende: Et, der udkom med længere mellemrum og gennemgående rummede større artikler og grundigere baggrundsorientering, og et, der udkom hyppigere og bragte mere dagsaktuelt stof, dvs. hvad der optog Rahbek her og nu. Det er værd at bemærke, at Rahbeks artikler i anledning af nationalsangskonkurrencen kom i et organ af sidstnævnte slags: *Tilskueren. Et Ugeblad*.

Til forskel fra de reaktioner på konkurrencen, vi hidtil har beskæftiget os med, er Rahbeks af mere principiel art; de drejer sig fortrinsvis om denne digtarts tidligere forekomster i Danmark og kan løfte sløret for, hvad Rahbek måske har ytret om emnet i 'Selskabet'.

Det første af hans bidrag, der her skal omtales, står i *Tilskueren* for 2.9. 1818, altså før modtagelsen af prinsens brev. Ifølge indholdsfortegnelsen drejer det sig »Om Nationalsange i Anledning af Hr. Candid. Lütkens Huus- og Skole-Sangbog«;[88] imidlertid handler artiklen ikke om »fædrelandske Sange«, men i bevidst modsætning hertil om sange for særskilte socialgrupper: håndværkere, soldater, bønder, almuen i bred almindelighed osv. Angivelsen i indholdsfortegnelsen, der først er redigeret ved årgangens afslutning omkring årsskiftet 1818-1819, er en om- eller fejlfortolkning af artiklens faktiske indhold, formentlig forårsaget af den mellemliggende blæst om fænomenet nationalsange i efteråret 1818.

Rahbeks næste indlæg fremkommer – ligeledes ifølge den senere redi-

88. *Huus- og Skolesangbog, eller 266 lystige og alvorlige Viser og Sange, samlede for Venner af uskyldig Munterhed og ægte Dyd og især for brave Skolelærere og flinke Skolebørn*, ved O.D. Lütken. Kbh. 1818.

gerede indholdsfortegnelse – under titlen *Om danske Nationalsange* i *Til-skueren* for 27.10. 1818, altså kort tid efter udskrivningen af konkurrencen, og former sig som en kommentar til prinsen af Hessens brev. Synspunktet er, ligesom prinsens, at en nationalsang skal være almen, hævet over aktuelle og sociale bindinger, og det er Rahbeks hensigt at inspicere en række allerede foreliggende tekster med henblik på en vurdering af dem i så henseende; ved således at give en vejledning for den just udskrevne kon-kurrences deltagere havde Rahbek faktisk opfyldt det ønske, som Chr. Ramus i sin frustration ytrede godt og vel et halvt år senere.[89]

Artiklen former sig som en kommentar til en halv snes sange, begyn-dende med Ambrosius Stubs *Kongen opnaae Snee-hviid Alder,*[90] som L.C. Sander (1756-1819) derefter lod sig inspirere af og brugte som model til sin »Nationalsang« *Meer end alle Klodens Lande.*[91] Hverken Stubs digt, Ewalds *Kong Christian* eller »de ikke faae skiønne Fædrelandssange«[92] omkring slaget på Københavns red opfylder efter Rahbeks mening kravet om almen-gyldighed. Nærmest hans forestillinger om det ideelle genrepræg kommer Thomas Thaarups digte til kongehuset, ganske særlig hans *Almuesang* fra *Prolog og Almuesang ved Kronprindsens Hjemkomst 1788,* som vi citerer i sin helhed for at illustrere Rahbeks begreber om en nationalsang i efteråret 1818:

Almuesang

Ei blændet af en Thrones Pragt,
    Ei kjøbt til Sang,
Ei kuet ved Despotens Magt
    Til Høitids Tvang,
Men som det egner Nordens Mænd,
    Saa synge vi;
Og hele Dannerkongens Land,
    Er Harmoni:
Vor Konge og Kongesøn leve!

89. Jf. ovenfor s. 166.
90. Ambrosius Stub: *Digte,* ved Erik Kroman, II. Kbh. 1972, s. 37.
91. *Nyeste Skilderie af Kjøbenhavn* 29.5. 1819 og *Dan. Samling af Fædrelandssange.* Aarhuus 1820.
92. *Tilskueren. Et Ugeblad,* ved K.L. Rahbek. 27.10. 1818 s. 620.

I Slaget kjækt skal Folket staae,
　　Stolt ved sit Værd,
Og pløie glad den Bølge blaa
　　Til Orlogsfærd.
Kun eet er Folks og Konges Vel
　　I Fred og Slag,
Thi vorde Danmarks Banner Held
　　Og Held dets Flag!
Vor Konge og Kongesøn leve!

Hør, Konge! hør det, Kongesøn!
　　Vor Jubellyd
Er sand, og stor, og fri, og skjøn,
　　Som Himlens Fryd;
Thi som det egner Nordens Mand,
　　Saa tænke vi;
Og hele Dannerkongens Land
　　Glad stemmer i:
Vor Konge og Kongesøn leve![93]

Hvad Rahbek hæfter sig ved, er tekstens sammenknytning af »Kierlighed til
Fædrelandet, og Troskab mod Kongen, i Forening«, idet han i denne for-
bindelse fremhæver strofe 2, lin. 5-8 som den ideelle opfyldelse af kravene
til en nationalsang, »især hvis man her ved Flag ikke blot tænker sig
Orlogsflaget, men og det under hints Beskyttelse farende Handelsflag«, og
ydermere i tankerne har de »rige Frugter af dansk Vindskibelighed og
dansk Frugtbarhed«.[94]

Hertil føjer han så bemærkninger om Thaarups stilistiske mesterskab,
tekstens umiddelbare forståelighed, dens heldige metrum, melodi og om-
fang.

Som afgørende temaer i en nationalsang står således for Rahbek den frie
borgers loyalitet over for og samdrægtighed med kongen i fred og i krig, idet

---

93. Citeret efter Thomas Thaarup, anf. skr. [note 34] s. 481-482; jf. Karin Kryger: Dansk identitet
　　i nyklassicistisk kunst. Nationale tendenser og nationalt særpræg 1750-1800, *Dansk identi-*
　　tetshistorie, red. af Ole Feldbæk, I. Kbh. 1991 s. 360.
94. *Tilskueren. Et Ugeblad*, ved K.L. Rahbek. 27.10. 1818 s. 617. Rahbek behandler Thaarups tekst
　　udførligere sst. 10.8. 1821 s. 211 ff.

dog deres fælles militære gøremål optager ham mest. Genstand for de syngendes opmærksomhed og synligt udtryk for deres samhørighed er da i første række kongen (og i den konkrete situation i 1788 kronprinsen), i anden række flaget. Derimod spiller det danske land eller landskab, sproget, historien osv. ingen rolle. Man noterer, at Rahbek ikke nævner L. Koks *Tyre Danebod* (»Danmark, dejligst Vang og Vænge«), som han selv havde optrykt i en samling af *Danske og Norske historiske Mindesange* (1810)[95] og været med til at placere i den store folkevise-udgave i 1812,[96] og som få år senere fik stor udbredelse og blev en af tidens mest yndede fædrelandssange.[97]

Artiklens andet ærinde er, tilskyndet af prinsens brev, at give korte kommentarer til *God save the King* og *Vive Henri quatre*, hvoraf ingen dog interesserer ham synderligt, og som ikke hjælper ham til afklaring af nationalsangs-begrebet.

Uden at gå grundigt ind på sagen vender Rahbek tilbage til den nogle måneder senere og udvider her sit begreb om »Danneqvad«.[98] Anledningen er Fr. Schmidts anonyme *Sang den 31te December 1818*,[99] der fra en kreds af danske i Rom lader tanken gå til »Herthas Lund«, uden i øvrigt at fortabe sig alverden i dennes herligheder. På denne baggrund etablerer Rahbek nærmest ad hoc en særlig kategori, »de ypperste Danneqvad *i denne Betydning*« (min fremhævelse), og hævder, at de er

> enten Udbrud af Hiemvee ikke siælden fra de meest udbasunede Udlandets Egne, eller dybe levende Erkiendelser af Dannevangs Værd, naar man efter at have med Længsel savnet det, omsider er givet det tilbage.[100]

Rahbek var så tilfreds med denne formulering, at han senere på året citerede den med små varianter, der bl.a. udvidede »Dannevangs Værd« til »Dannevangs Skiønhed og Værd«.[101]

95. *Danske og Norske historiske Mindesange*, samlede og med oplysende Indledninger udgivne af K.L. Rahbek. Kbh. 1810.
96. *Udvalgte Viser fra Middelalderen*, ved Abrahamson, Nyerup og Rahbek, II. Kbh. 1812 s. 3-7.
97. Hans Kuhn: *Defining a Nation in Song. Danish patriotic songs in songbooks of the period 1832-1870.* Kbh. 1990 s. 77-93; se også Carl Dumreicher og Ellen Olsen Madsen: *Danmark, dejligst Vang og Vænge. Om Dannevirkevisens Digter Laurids Kok, dens Komponist og dens Historie.* Kbh. 1956 spec. s. 123-155.
98. *Tilskueren. Et Ugeblad*, ved K.L. Rahbek. 23.2. 1819.
99. Se herom Frederik Schmidt: *Provst Frederik Schmidts Dagbøger*, udg. ved Ole Jacobsen og Johanne Brandt-Nielsen, II. Kbh. 1969 s. 447 med note.
100. *Tilskueren. Et Ugeblad*, ved K.L. Rahbek. 23.2. 1819.
101. Sst. 9.11. 1819.

Det er uvist, hvad Rahbek præcist mener med »Danneqvad«, men begrebet omfatter i hvert fald Oehlenschlägers *Hiemvee* (»Underlige Aftenlufte!«) fra 1805[102] og – som en undtagelse fra regelen om, at den slags digte udspringer af længsel efter hjemlandet – Thomas Thaarups *Fødelands-Kjerlighed* (»Du Plet af Jord, hvor Livets Stemme«) fra 1782.[103] Det er under alle omstændigheder karakteristisk, at Rahbeks tanker, når han skal indkredse og illustrere fænomenet en national sang på dette tidspunkt, går til Thaarups digtning sent i 1700-tallet. Der så han mønstre til efterfølgelse.

Nogenlunde samtidig med disse Rahbekske overvejelser åbnede *Nyeste Skilderie af Kjøbenhavn*, der jo var hovedstedet for offentliggørelse af nationale sange i sommeren 1819, sine spalter for mere principielle artikler om nationalsange og det nationale i det hele taget.

I nummeret for 26.12. 1818, lige før sidste frist for aflevering af bidrag til konkurrencen, findes således en kort artikel *Om National-Sange, som Udtrykket af en Nations Kraft, Følelse og Velvære. (Efter Indsendt.).* Den udmærker sig ved tavshed om genrens mulige indhold af kongehyldest, idet den nationale sang forklares som udtryk for den frie borger og fædrelandet og som udtryk for befolkningens særpræg (»Eiendommelighed«):

> I en National-Sang maa Nationens Kraft og Villie kunne udtrykke sig, den maa være Billedet paa Nationens Eiendommelighed, og det uskatterlige Gode, den besidder, ved at kunne qvæde sin egen Roes og Djærvhed.

Og senere i artiklen hedder det:

> Vi vide, at vi have et Fødested; vi føle, at vi have et Fæderneland; vi ville nyde disse Fordele, som Gud og Naturen gav os Ret til og den cultiverede Tilstand hjemler Staternes Borgere; og det er dette store Gode, som de nationale Sange skulle forkynde.

Efter tankegang og sprogbrug at dømme synes den desværre anonyme indsender at tilhøre en yngre aldersgruppe end Rahbek.[104] Desværre ytrer han sig ikke om allerede bestående sange under den anlagte synsvinkel. Andre artikler i 'Skilderiet' ligger i så henseende på linje med Rahbek:

---

102. Trykt i *Charis for 1806*, ved K.L. Rahbek. Kbh. 1805 og i Adam Oehlenschläger: *Digtninger*. Første Deel. Kbh. 1811.

103. Thomas Thaarup, anf. skr. [note 34] s. 342-345.

104. For Chr. Molbech (1783-1857), hans jævnaldrende og noget yngre samtidige ligesindede er »Eiendommelighed« den foretrukne betegnelse for national individualitet, jf. S.C. Müllercitatet ovenfor s. 151; jf. Flemming Conrad: Den nationale litteraturhistorieskrivning 1800-1861, *Dansk identitetshistorie*, red. af Ole Feldbæk, II. Kbh. 1991 s. 41.

Nærmest det ønskelige kommer Thaarups *Du Plet af Jord*, der imidlertid er for lang (elleve 8-linjede strofer), og Ewalds *Kong Christian*, der dog »egentligen [er] en Sømandssang«.[105]

Endelig bragte 'Skilderiet' 12.6. 1819, endnu i den tidlige ende af national-sangs-boomet (og motiveret af det), en ligeledes anonym *Skrivelse fra en gammel Landsbyepræst*, der i traditionen fra 1700-tallets Spectator-litteratur refererer en fiktiv meningsudveksling i landligt miljø mellem den stedlige greve, birkedommeren og en forvalter med præsten i rollen som opmand. Debatten drejer sig overordnet om »*Nationalitet*, *Nationalaand* og mange flere af de Ord, som man pleier at sammenparre med *National*-[.]«, og debattørernes sociale spredning, men samtidig fælles placering i landlige omgivelser er ikke uden pointe.

For dette miljø fjernt fra hovedstaden, som forfatteren langt hen solidariserer sig med, har »de Nationale« hidtil slet og ret betydet bondesoldater. For den nymodens betydning af ordet har kun kredsens akademiker, birkedommeren, nogen forståelse, nemlig fra sin ungdoms læsning af J.G. Zimmermanns *Om Nationalstolthed*,[106] men han evner kun dårligt at formidle sin indsigt; greven og forvalteren foretrækker i grunden andre emner.

I diskussionen hævder nu greven, at

> eftersom Nationen bestod af *tre* Classer: Adelen, Kjøbstædsfolk
> og Bondestanden, saa maatte der nødvendigviis ogsaa gives *tre*
> Slags Nationalaand.[107]

Herimod hævder Birkedommeren, at »Nationalaand maatte være *eens* for *Alle*«, mens forvalteren er ganske fremmed over for dette nye indhold af ordet og holder sig til, at »de Nationale« er bondesoldater, og det med »*de Nationales Aand*« derfor så som så.

Præsten mægler ved at påpege, at et folks karakter forandrer sig efter tid og stand; han mener, at den enkelte nation skal udvikle sine gode anlæg, og advarer især mod national egenkærlighed og »overspændt« dyrkelse af »Nationalaand«, som han hævder at kende fra Tyskland. I denne sammenhæng bestemmer præsten endelig en »Nationalsang« som

> en saadan Sang, der med fyndige Ord og stærke Følelser minder
> et Folk om dets store Mænd, som ingen civiliseret Nation i
> Aarhundreders Række kan have havt Mangel paa, om de Be-

---

105. *Nyeste Skilderie af Kjøbenhavn* 25.5. 1819.
106. J.G. Zimmermann: *Om Nationalstolthed*, oversat af P.T. Wandall. Kbh. 1773.
107. *Nyeste Skilderie af Kjøbenhavn* 12.6. 1819 sp. 738.

givenheder, der udmærke det i Verdens Aarbøger, og om de
Fortrin, som det Fædreland har fremfor andre Lande.[108]

I sin humoristiske form er *Skrivelse fra en gammel Landsbyepræst* et besindigt ord, der i sig selv vidner om det litterære postyr, som har fremkaldt artiklen.[109] Med den sætter vi punktum for vores rundskue over de umiddelbare reaktioner på konkurrencen, som vi her har refereret relativt fyldigt for at give indtryk af deres afhængighed af forskellige litterære miljøer, men også for at illustrere den usikkerhed, der kunne herske om, hvad man nu skulle forstå ved det nationale og ved en nationalsang. Situationen er præget af, at man bevæger sig på et nyt og spændende område.

Det sidste peger frem mod den terminologiske usikkerhed, der præger hele afviklingen af konkurrencen: Hvordan skulle man overhovedet benævne den teksttype, som det hele drejede sig om at fremkalde?

Et terminologisk problem: Allerede i prinsens brev af 18.9. 1818 benævnes de tekster, konkurrencen skulle fremkalde, »Nationalvise« eller »Nationalsang«, tilsyneladende brugt som synonymer; som overskrifter til de mange sangtekster og i debatten herom i sommeren 1819 forekommer ved siden af »Nationalsang« yderligere »Fædrelandssang« og »Folkesang«. »Nationalvise« kendes vistnok kun i prinsens brev, de andre er udbredte og bruges en overgang tilsyneladende i flæng om et og samme fænomen. »Nationalsang« og »Folkesang« er nogenlunde lige hyppige og forekommer begge oftere end »Fædrelandssang«.

Dette billede bekræftes i store træk af, at nogle notoriske bidrag fra konkurrencen plus måske nogle flere, der af udgiveren Elmquist henføres til én og samme poetiske kategori, markedsføres som »Fædrelandssange« i *Dan* (1820), mens samtlige disse tekster plus mere end dobbelt så mange til offentliggøres samme år under titlen *Samling af Danske Folkesange*.[110]

Der er imidlertid svage spor af behov for en terminologisk afklaring. En anonym skribent i *Nyeste Skilderie af Kjøbenhavn* (25.5. 1819) bemærker således, at

Nationalsange – som nok rettest burde hedde *Fædrenelands-*

---

108. Sst. sp. 740-741.
109. En notits i *Aalborg Stiftstidende* 21.6. 1819 karakteriserer *Skrivelse fra en gammel Landsbyepræst* som »ret naive Debatter i en Landsbyeclub«. En artikel i *Fyens Stiftstidende* 13.5. 1819 reagerer i almindelighed kritisk på den grasserende tale om »Nationalaand« o.lign.
110. *Samling af Danske Folkesange. Af de bedste og nyeste Forfattere* I-II. Aalborg 1820; i *Almindeligt Forfatter-Lexicon* I. Kbh. 1843, ²1962 s. 383 anfører Erslew sig selv som udgiver.

sange – gives der i egentlig Forstand kun to af, nemlig *God save the King*, og *Rule Britain* [dvs. James Thomsons *Rule, Britannia* (1740)].

Senere i samme artikel sondres der skarpt mellem »Folkesange« og »Nationalsang«, men uden nærmere bestemmelse af disses respektive karakteristika, bortset fra, at nationalsange synes forbeholdt højtidelige lejligheder; disse tilløb til begrebsafklaring fastholdes imidlertid ikke artiklen igennem.

Inden for de rammer, der er lagt her, får Ove Malling og 'Selskabet' det sidste ord i denne sag.[111] Da i marts 1821 resultatet af melodikonkurrencen var afgjort, konciperede 'Selskabets' sekretær Torkel Baden en pressemeddelelse, der taler om »Frøken Jessens Folkesang«. Hertil lyder Ove Mallings kommentar, der fik opbakning af de øvrige medlemmer:

> Jeg bemærker allene at »*National-Sang*« synes mig bedre end »*Folkesang*« fordi Folkesang i almindelig Tale, maaskee dog ikke retteligen, betegner en Sang for Almuen. Her erindrer jeg mig Forskiellen mellem national og populair.[112]

Malling var dog et dannet menneske, Baden ligeså. Der synes således i disse år at have hersket en vis terminologisk usikkerhed i forbindelse med den teksttype, som vi senere lærte at kalde fædrelands- eller nationalsang, men også en begyndende afklaring, der reserverer betegnelser med »-vise« og »folke-« til mere ydmyge litterære frembringelser, mens ord med »national-« forbeholdes mere ophøjede emner. Først op mod århundredets midte blev sammensætninger med »folke-« acceptable som betegnelse for mere prominente fænomener som fx »Folketinget«.

Den terminologiske usikkerhed er kun ét blandt flere indicier for den manglende soliditet, der præger situationen omkring konkurrencen i årene efter 1818. Tilsammen viser den hektiske digteriske aktivitet, den tilsvarende store, men også skandaleprægede interesse for sagen samt endelig usikkerheden om, hvad det hele i grunden drejede sig om, at konkurrencen appellerede til følelser, der havde en vis vind i sejlene. Et blik på konkurrencens efterliv viser imidlertid, at den medvind, man i hvert fald under synsvinklen publicity kan tale om, snart afløstes af vindstille.

---

111. En videre diskussion af begrebet folkesang findes i Karl Clausen: *Dansk folkesang gennem 150 år.* Kbh. 1958. (Statsradiofoniens Grundbøger) s. 21-24.
112. 'Selskabets' arkiv, KB: NkS 2385,2⁰. 13.3. 1821.

Konkurrencens eftermæle: Konkurrencens og de enkelte teksters efterliv i den litterære kritik eller den offentlige bevidsthed kan gøres kort af. Med ganske få undtagelser tegner der sig et billede af et uheldigt initiativ med et tilsvarende forfejlet, måske lidt suspekt eller komisk resultat. I øvrigt er den store glemsel fremherskende. Allerede 1821 berører K.L. Rahbek konstaterende det spørgsmål, »hvorfor hverken den af Selskabet til de skiønne Videnskabers Fremme kronede Præmiesang, eller nogen af dens mangfoldige Publikum forelagte Medbeilere er bleven Nationalsang?«[113]

Det er således betegnende for konkurrencens ry i eftertiden, at de to yngre kritikere Peder Hjort (1793-1871) og C.A. Thortsen (1798-1879) i en indbyrdes polemik i 1829 om den nyere litteraturs kvalitet i almindelighed er enige om at nedvurdere konkurrencen i 1818. Som et blandt flere tegn på »Tidsalderens Svaghed« nævner Thortsen kort »alle de matte Nationalsange, der udkom for nogle Aar siden.«[114] Og Peder Hjort hævder i sit »Gjenmæle«, at de danske officerers i sig selv forståelige initiativ var ubetænksomt:

> man kan, naar Sagen tages ret alvorligt, neppe nægte, at der ligger Noget letsindigt deri, at man vil forskaffe sig en Nationalsang ligesom i ældre Tider Brudevers og Ligvers bestiltes for visse Dukater.[115]

Det er den romantiske generations hævdelse af inspirationsæstetikken, som også lyder i J.L. Heibergs allerede nævnte generelle kritik af 'Selskabets' virksomhed.[116]

Til billedet af eftertidens ligegyldighed hører også den solide fortielse af *Dan* og Erslews samtidige *Samling af Danske Folkesange* (1820). Af den første kommer siger og skriver én anmeldelse – i Norge, der måske i sin anderledes situation efter 1814 har haft større opmærksomhed for enhver mulig inspiration, hvilket dog ikke indebærer, at anmeldelsen er ubetinget rosende.[117]

I de historiske tilbageblik på konkurrencen, der efter min erfaring be-

---

113. *Tilskueren. Et Ugeblad*, ved K.L. Rahbek. 10.8. 1821 s. 213 (skrevet »312«).
114. *Maanedsskrift for Litteratur* I. Kbh. 1829 s. 235.
115. Peder Hjort: Gjenmæle mod en uretfærdig Nedsættelse af alle nulevende danske Digtere, *Kiøbenhavnsposten* 28.4. 1829 s. 268; Hjorts artikel, der strækker sig over 3. årg. 1829 nr. 63, 66, 70-71, 76-77 er optrykt i hans *Kritiske Bidrag til nyere dansk Tænkemaades og Dannelses Historie. Literærhistorisk Afdeling*, 2^{det} Bind. Kbh. 1863 s. 93-97.
116. Jf. note 65 til s. 174.
117. *Morgenbladet*. Christiania 11.5. 1820.

gynder i 1884 med J. Davidsens artikel *En kronet Nationalsang*,[118] møder man jævnlig en ironisk nedladende holdning over for hele affæren og dertil antydninger af, at afgørelsen blev truffet på falsk grundlag.

Der har således dannet sig den myte, som jeg ikke har kunnet spore længere tilbage end til Davidsens skrift,[119] at Juliane Marie Jessen fik præmien, fordi bedømmerne i hendes indsendte manuskript mente at genkende Oehlenschlägers håndskrift – og digterkongen turde man ikke forbigå. Det må være en skrøne: Skulle ikke K.L. Rahbek genkende sin svogers håndskrift? Har mon Oehlenschläger, hvis produktion godt nok var ujævn, præsteret noget, der minder om det vindende digt? Skulle mon ikke provst Gutfeld, hvis venskabelige relationer til J.M. Jessen vi har strejfet ovenfor,[120] kunne identificere sin venindes bidrag?

I den foreliggende sammenhæng er det vigtigste aspekt af konkurrencens efterliv naturligvis, at de indleverede digte, som vi her vover at lade være repræsenteret ved teksterne i *Dan*, ikke viste sig holdbare i det lange løb. Ingen af dem har opnået status som fædrelandssange endsige nationalsang i den almindelige bevidsthed.

Det er karakteristisk for dette forløb, at Christian Wilster allerede efter få år reviderede sin tekst (»O Danmark! Du vort Alt, vor Lyst!«) særdeles indgribende med henblik på indlemmelse i sine *Digtninger* (Kbh. 1827) under titlen *Sang for Danske* (»Hvor Bølgen larmer høit fra Søe«).

Størst publikums-yndest opnåede J. Jetsmarks *Duftende Enge og kornrige Vange*, som ifølge Hans Kuhns undersøgelser hører til de hyppigst optrykte tekster i sangbøgerne frem til 1870.[121] Det er da også en af de få tekster i *Dan*, der i nogen grad svarer til eftertidens forestillinger om en fædrelandssang.

Et eftersyn af foreliggende digt- og sangkataloger[122] bekræfter, at Jetsmarks digt har haft den største holdbarhed, uden dog at få betydelig udbredelse. De ca. ti forekomster, teksten kan opvise i sangbøger frem til 1960, kan i nogen grad skyldes Weyses melodi.

Juliane Marie Jessens digt optræder væsentlig sjældnere. Det registreres således slet ikke hos Kuhn, og digt- og sangkataloger viser kun spredte

---

118. J. Davidsen: *Fra vore Fædres Tid. Skildringer og Skitser*. Kbh. 1884 s. 93-105.
119. Sst. 105.
120. Se ovenfor s. 176.
121. Hans Kuhn, anf. skr. s. 232-234.
122. Alfred Nielsen: *Sang-Katalog* I-II. Kbh. 1916, 1924; Ove Bjørnum: *Sangindeks*. Kbh. 1981; Poul Holst: *Dansk Digtkatalog. Alfabetisk Nøgle til et Udvalg af dansk Versdigtning fra ca. 1660-1953*. Kbh. 1956.

optryk, bl.a. i *Danmarks Melodibog* (3. udg. 1943); også her kan Weyses melodi naturligvis have været en stærkt medvirkende årsag.

Føjer man hertil en enkelt forekomst af Fr. Høegh-Guldbergs *Land, hvor ved min Moders Hjerte*, er bunden tilsyneladende skrabet. De resterende tekster er gået totalt i glemmebogen.[123]

Slutning: Det brogede billede af de første reaktioner på konkurrencen og af dennes eftermæle kan gøres således op: Af grunde, som det næppe er muligt at efterspore, appellerede konkurrencen ikke til tidens betydeligste digtere, men til talrige poetae minores.[124] I nogle hektiske sommermåneder er nationale sange godt bladstof i respektable aviser som *Nyeste Skilderie af Kjøbenhavn*, men den litterære diskussion overføres hurtigt til det jævneste niveau blandt tidens altid beredte debattører og når aldrig frem til de seriøse litterære tidsskrifter.

Den blæst, der notorisk var om sagen, kan føre tanken hen på et agurke-tidsfænomen. Blev den mon i en Københavnsk sammenhæng afløst af jødeoptøjerne i efteråret 1819? Noget tyder i hvert fald på, at man ikke kunne fastholde den pludseligt opståede interesse for det nationale: Hele diskussionen udmærker sig ved i udtalt grad at holde sig til formalia og gå uden om det indholdsmæssige, og når begreber som nationalitet eller nationale sange kommer på tale, præges indlæggene af begrebsmæssig usikkerhed; terminologien forekommer uafklaret.

De tekster, som konkurrencen fremkaldte, og som vi hidtil kun har berørt flygtigt, viste sig heller ikke holdbare på længere sigt. Hvorfor? I det følgende vil vi søge at indkredse, hvordan de konkurrerende digtere opfattede den opgave at skrive en nationalsang, og hvilke sammenhænge sådanne tekster kunne tænkes at fungere i, for ad den vej at give et bidrag til forståelsen af deres ringe holdbarhed. Det vil samtidig være et bidrag til forståelse af, hvad følelse af danskhed kunne indebære o. 1820.

---

123. At Steen Steensen Blichers bidrag er optrykt i udgaver af hans værker, forrykker naturligvis ikke denne vurdering.
124. Det kan noteres, at B.S. Ingemann opholdt sig i Italien, og at den Baggesen-Oehlenschlägerske fejde lagde beslag på nogle skribenters opmærksomhed, fx Grundtvigs, jf. Flemming Lundgreen-Nielsen, anf. skr. [note 50], s. 292-293.

O.G.F. Bagge (ca. 1775-1838) var en af de stadig flere, der tjente til dagen og vejen inden for den litterære institution som oversætter, boghandler, lejebibliotekar og forfatter af snart glemte skrifter, ofte af polemisk art. Hans offentlige optræden som danselærer og i hans senere år som deklamator sikrede ham et tvivlsomt ry som en skandaleombrust, men også komisk person, som det anes af dette stik, antagelig fra 1830'rne, af C.F. Møller efter tegning af C.J. Johansen (?). Det kongelige Bibliotek.

5. Teksternes indhold

Konge – Fædreland – Dansker: En analyse en bloc af de konkurrerende digtes, dvs. de i *Dan* optrykte teksters indholdsmæssige og formelle karakter kan med fordel tage udgangspunkt i prinsen af Hessens ovenfor citerede brev af 18.9. 1818, der, omend nødtørftigt, giver retningslinjer for nationale sanges indretning og præg.

Indholdsmæssigt foreskriver prinsen to »Hovedemner«: »Kjerlighed til Fædrenelandet« og »Troskab imod Kongen«, hvorved han ud over fædreland og konge implicit også opererer med bæreren af de nævnte ønskelige følelser.

Det er relationen imellem disse størrelser, men især mellem denne bærer af følelser og hhv. konge og fædreland, der efterlyses i prinsens brev, og som også er hovedsagen i de fleste af de indsendte tekster. Vi vil indledningsvis bese disse tre hovedelementer og siden supplere med enkelte iagttagelser, som teksterne i mindre udtalt grad giver anledning til. Endelig vil vi opholde os ved nogle elementer, som teksterne stik mod en nutidig forventning ikke rummer.

Kongen: Med undtagelse af i et par tekster er monarken et centralt fænomen i samtlige digte i *Dan*, ofte sådan, at teksten munder ud i en hyldest til eller velsignelse af kongen og fædrelandet i forening:

> O! det er Danas gamle Mark!
> Fred over den og dens Monark!![125]

Eller:

> Himlen velsigne vor Drot og vort Land![126]

---

125. *Dan. Samling af Fædrelandssange*, udg. af A.F. Elmquist. Aarhuus 1820 s. 38.
126. Sst. s. 43.

Betegnelserne på kongen er, som citaterne allerede indicerer, mangfoldige: Konge, fyrste, drot, monark osv. Med det er et led i teksternes historiserende anlæg, som vi skal komme tilbage til, at kongen ofte enten direkte nævnes som »Skjoldunge« eller på anden vis relateres til skjoldungeætten:

> Skjolds og Frodes Fyrstestamme
> Throner end i Danas Lund,
> Troskabs rene, milde Flamme
> Blusser klar til denne Stund:
> End paa Jord og Hav som Helte,
> Spænde Danske Sværd ved Belte;
> End ved Fredens Flid og Ro
> Fryd og Held i Danmark gro.[127]

Kongens person tilskrives betydning ved den således etablerede forbindelse til en remarkabel fortid, men hans omgivende undersåtter, de »Danske«, besidder næsten de samme kvaliteter. Derfor er betegnelsen 'undersåtter' kun med forbehold dækkende. Relationen konge-folk styres ikke af et magtbud, men af en indre tilskyndelse eller en art overenskomst, som undertiden udtrykkes sådan, at kongen er »Den Drot, som Fædre kaared' sig til Konge«.[128] Det er ikke enevoldskongen af Guds nåde, vi her præsenteres for. Derfor udtrykkes forholdet til kongen heller ikke fortrinsvis ved ord for 'lydighed',[129] men først og fremmest ved udtryk som trofasthed, troskab, endog venskab, ømhed, slægtskab o.lign.[130]

> Af herlig Æt oprunden,
> En Drot i Fædres Aand
> Til Folket fast er bunden
> Med Ømheds stærke Baand.
> [...].[131]

Eller:

---

127. Sst. s. 79 (strofe 1); jf. s. 99, 106.
128. Sst. s. 34.
129. Fx sst. s. 106.
130. Fx sst. s. 7, 26, 38, 58, 88.
131. Sst. s. 113.

Min Konge er af Æt mig nær,
Mit Land hans Vugge bar,
Hans Sprog det mine Fædres er,
Dansk Hjerteblod han har.
Alt ham betroes! jeg frygter ei,
Han er min Slægtskabs Ven;
For ham i Dødens Fare jeg
Mig villig styrter hen.
[...][132]

Især er forholdet mellem konge og folk skildret som en relation mellem en fader og hans børn:

Kongen har sit Folk saa kjær,
Folket Ham som Fader.
[...][133]

Set med eftertidens øjne er konge-temaets høje frekvens i disse tekster et væsentligt moment, når man skal forklare deres svigtende overlevelses-evne. Fædrelandssangene fra genrens klassiske periode udmærker sig ved næsten totalt at fortie kongens eksistens; de stammer, som ovenfor hævdet, fra tiden omkring og efter enevoldsmonarkiets afvikling, mens teksterne i *Dan* endnu afspejler den gamle samfundsorden. Det er symptomatisk for denne udvikling inden for genren, at Grundtvigs *Langt høiere Bjerge*, der stammer fra foråret 1820, oprindelig mundede ud i to strofer om kongen – præsenteret som landsfader af skjoldungeæt ligesom i konkurrencedig-tene – men at just disse to strofer blev strøget, da digtet antog sin varige skikkelse som fædrelandssang o. 1850.[134]

Noget tilsvarende sker med Oehlenschlägers *Fædrelands-Sang* (»Der er et yndigt Land«), der tryktes første gang 1823, men først fandt sin varige form som fædrelandssang i 1840'erne; som led i en drastisk beskæring fra 12 til 3 strofer udgår også her stroferne om kongen, men da dette tema kun er ét

132. Sst. s. 120.
133. Sst. s. 53; jf. s. 26.
134. Steen Johansen: *Bibliografi over N.F.S. Grundtvigs Skrifter* I. Kbh. 1948 s. 164; Hans Kuhn, anf. skr. [note 97] s. 146.

blandt flere, der forsvinder, er Oehlenschlägers digt knapt så tydelig en illustration af den her antydede udvikling.[135]

Vi skal senere vende tilbage til relationen konge-folk, men da som en kvalitet ved det syngende »vi«; først skal vi imidlertid betragte danskerens relation til fædrelandet.

Fædrelandet: Det præg af nærhed og fortrolighed, der efter teksterne at dømme karakteriserer danskerens forhold til kongen, gælder i endnu højere grad hans forhold til fædrelandet.

Som prinsen havde formuleret kravene til en nationalsang, er det rimeligt, at Danmark i rigt mål besynges under den synsvinkel; det hænger, som vi har berørt ovenfor, også sammen med, at landet primært bebos af mænd, der fører fædres stolte traditioner videre.

Men noget hyppigere vælger digterne at benævne Danmark som fødeland eller fødestavn; og der er i høj grad tale om et frit valg, for så vidt som 'fødeland' og 'fædreland' i metrisk henseende rummer de samme muligheder.

Det syngende »vi« opnår fællesskabsfølelse ved at forholde sig til et fælles udgangspunkt. Det sker stilistisk enten som en konstatering: »Danmark er vort Fødeland -«, eller højstemt patetisk: »O Danmark! elskte Fødeland!«, evt. som led i fast omkvæd: »Held Kongen og vort Fødeland!!«[136]

Specielt kan der være grund til at bemærke, hvordan forestillingen om fødelandet knyttes til sentimentale forestillinger om den tidlige barndoms omverdensorientering, som havde været et yndet poetisk motiv siden de sidste årtier af 1700-tallet.[137] Danskerens forhold til sit land forbindes derved med det inderlige følelsesliv, som alle formodes at være fælles om; det er næppe tilfældigt, at flertalspronominet »vort«, der ellers er den foretrukne grammatiske bestemmer til »Fødeland« (jf. citaterne ovenfor), i nogle af de mere udtalte af disse tilfælde er udskiftet med de tilsvarende entalsformer:

---

135. Hans Kuhn, anf. skr. s. 123-132.
136. *Dan. Samling af Fædrelandssange*, udg. af A.F. Elmquist. Aarhuus 1820 s. 23, 25-27, 15-17.
137. Fx Baggesen: Da jeg var lille, *Poesier*. Første Samling, ved Hans Wilh. Riber. Kbh. 1785; optrykt i Jens Baggesen: *Poetiske Skrifter*, ved A. Arlaud, Fjerde Bind. Kbh. 1899 s. 27.

Land, hvor jeg ved min Moders Hjerte
    først fandt, at Trøst hos Qvinden boer;
hvor mig min Faders Haandslag lærte
    at holde, Hvad min Haand besvor;
    [...][138]

Eller:

Hvad Land som spæd har skuet dig,
I Vuggen seet dit Smiil?
O nævn dets Navn, dets Lyd os siig!
Med Lyst det høres vil.
[...][139]

Eller:

[...]
Der førstegang vi Lyset saae;
Der legde, spøgde vi som Smaae,
Og Fødeegnen da ansaae
som den var hele Jorden.[140]

Fra denne værditilskrivning af fødelandet er der psykologisk ikke langt til at fremstille Danmark som 'moder', en poetisk sprogbrug, som *Ordbog over det danske Sprog* først bringer belæg på lige efter 1800.[141] I *Dan* er denne sprogbrug hyppig, spændende fra det jævnt konstaterende til fx St.St. Blichers mere gennemarbejdede metaforik:

Danmark er vort Fødeland –
Lyse Vang udi den mørke Strand;
Havets stærke Arm
Snoer sig om vor Moders fulde Barm;
[...][142]

138. *Dan. Samling af Fædrelandssange,* udg. af A.F. Elmquist. Aarhuus 1820 s. 4 (Fr. Høegh-Guldberg).
139. Sst. s. 31 (J.J. Dampe).
140. Sst. s. 66 (A. Jørgensen).
141. Med citat fra Adam Oehlenschläger: *Hiemvee.* 1805: »Danmark er min anden Moder«.
142. *Dan. Samling af Fædrelandssange,* udg. af A.F. Elmquist. Aarhuus 1820 s. 23 (St.St. Blicher).

Men teksterne byder også på mere drastiske udtryk for moder-barn-relationen, som i stilistisk henseende peger tilbage mod pietismens billedsprog:

> [...]
> O Danmark! du hans Moder er.
> Han er dig sønlig troe;
> Han haver dig saa hjertekjær,
> Sig Dane nævner froe.
>
> Han diede dit Moderbryst,
> Drak Sundheds Kraft og Mod,
> Og følte sig med hellig Lyst
> Udrunden af din Rod.
> Med Modermelken og han drog
> De elskte Fædres Aand;
> Og høit i Barmen Hjertet slog
> Til evigt Samfunds Baand.[143]

Det lille Danmark: Det er en vigtig del af Danmarks-billedet, at landet i alle henseender er småt og – forstår man til en begyndelse – underlegent i forhold til andre lande. Geografisk er det således »et lidet Land«, kun en »Plet«[144]:

> Danmarks Grændse vidt ei strækker,
> Iis og Sandørk den ej dækker,
> Himmelfjeld ei Øiet skrækker
> I mit Fødeland.
> [...][145]

Kun i ganske enkelte tekster, som vi vender tilbage til, antydes det, at det danske domæne, selv efter afståelsen af Norge, dog var betragteligt.

Inden for de snævre grænser lever en lidet talstærk befolkning[146] i omgivelser, der hverken i henseende til ydre rigdom eller til naturpragt kan

143. Sst. s. 84-85; jf. s. 49.
144. Sst. s. 121, 4.
145. Sst. s. 90.
146. Sst. s. 112.

måle sig med verden udenfor. Danmark har således »færre af Borge, men flere af Hytter«[147] og må undvære højlandets herligheder:

> I Danmark kneiser intet Fjeld,
> Ei gjemme stolte Bjerge
> Det røde Guld til Ladheds Træl,
> Ei Jern til vældigt Værge,
> [...][148]

Denne konstatering følges imidlertid konsekvent af et »men« eller »dog«, der indleder Danmarks-billedets positive modpol. Over for fraværet af materiel rigdom og ydre pragt sættes som noget mere afgørende de menneskelige kvaliteter, følelsen af hjemhørighed og de rige livsbetingelser, landet byder de (beskedne) indbyggere: Hvad skam er der vel ved at savne borge, »naar Du tæller i Hytterne Mænd?«,[149] og hvad betyder den ydre pragt?:

> Skjøndt her ei Palmen groer, ei Druen trives,
> Ei guldrigt Fjeld mod Skyen hæver sig,
> Her Jorden dog ved Solens Kraft oplives,
> Fra Vinterdød opvaagner ynderig,
> Her Æbleblomstens Liliekind sig hæver,
> Bestænkt med Uskylds Rødme; paa vor Jord
> Det rige Korn i Bølgegange svæver,
> Ja skjønt og føderigt er Danskes Nord.[150]

Denne afstandtagen fra storhed og magt kan i enkelte tilfælde antage ekstreme udtryk, idet landets lidenhed og ringhed betragtes som ikke blot en tilskikkelse, folket må affinde sig med, men som en velsignelse fra Gud; tankegangen ligger tæt på Ingemanns i hans historiske romaner få år senere:

147. Sst. s. 7.
148. Sst. s. 10 (Chr. Fr. Wilster).
149. Sst. s. 7.
150. Sst. s. 39-40 (Mogens Lindhard).

End grunder han paa Krøniken
Og ahner Herrens Raad.
I Ringhed seer Velsignelsen
For bittre Trængsels Graad.
Ydmyget glad han priser Gud,
Tilfreds som ringe Mand;
I Troen eengang bryder ud
Hans Sang om Fædreland.[151]

Men også uden inddragelse af et sådant moment af guddommelig indgriben kan den danske lidenhed fremstå som noget direkte attråværdigt; det sker i en sprogbrug (»hyggelig«), der næppe havde været passabel i forbindelse med så ophøjede emner blot få årtier tidligere:[152]

Gid, elskte Danmark, du blandt Jordens Riger
Ei være mægtig, men blot lykkelig!
Da hver en Dansk, med dybfølt Glæde, siger:
»Hvor er mit Fædreland dog hyggelig!
»Min smukke Halvøe, mine Øer smaae,
»For ingen Priis, du Fremmede skal faae!«
[...]^[153]

Den fremhævelse af dansk værdi på bekostning af udlandets kun tilsyneladende overlegenhed, som er gennemført med stilistisk konsekvens i N.F.S. Grundtvigs *Langt høiere Bjerge* fra foråret 1820, er således i rigt mål til stede som talrige, rigtignok æstetisk set mindre imponerende tilløb i *Dan*.[154]

Teksterne istemmer altså, hvad man kan kalde fædrelandssangens stående omkvæd – med Rasmus Nyerups ord: »Paa Kloden gives ei et Land, / Hvor bedre var at boe.«[155] Men denne holdning ledsages uhyre sjældent af nogen chauvinistisk nedvurdering af andre nærmere specificerede lande og deres befolkninger. Nærmest i den retning kommer man i den unge J. Brobergs spørgsmål »Siig! gav vi vel Dannemarks Krone skjøn / En fremmed

151. Sst. s. 86.
152. Jf. *Ordbog over det danske Sprog* bd. 8. Kbh. 1926 sp. 953.
153. *Dan. Samling af Fædrelandssange*, udg. af A.F. Elmquist. Aarhuus 1820 s. 127 (J.W. Berner).
154. Flemming Lundgreen-Nielsen, anf. skr. [note 50] specielt s. 302-303.
155. *Dan. Samling af Fædrelandssange*, udg. af A.F. Elmquist. Aarhuus 1820 s. 115.

Helt?«,[156] der vel hentyder til, at Karl Johan Bernadotte for ganske nylig (februar 1818) var blevet svensk konge; men stedet kan tolkes anderledes. Ellers er det Syden, der uden nærmere specifikation må stå for skud som moralsk underlødig:

> Før Sydens List skal cimbrisk Mand
> Besmitte, vælg at døe![157]

Således lyder det behjertede råd, men ikke med iøjnefaldende frekvens eller aplomb i betragtning af dette motivs tilstedeværelse i periodens danske litteratur som helhed.

I lyset af den begyndende antityske tendens, der fx kan iagttages i B.S. Ingemanns nationalt opdragende litteraturhistoriske forelæsninger på Sorø Akademi og i hans historiske romaner fra midten af 1820'erne, må det endelig noteres, at relationen mellem fædrelandet og dets beboere i disse tekster udvikles uden støtte i noget anti-tysk fjendebillede. De er derved principielt på linje med synspunkterne i prinsen af Hessens brev (jf. ovenfor s. 153).

Idet vi fra denne indkredsning af danskerens forhold til fædrelandet vender os til spørgsmålet om, hvilke mere objektive karakteristika teksterne hæfter sig ved i forbindelse med Danmark som land- og statsområde, må vi først og fremmest gøre holdt ved, at Danmark besidder en historie, en natur eller et landskab og en samfundsindretning; de to første emneområder, i noget mindre grad det tredje, er genstand for en meget betydelig del af digtenes udsagn.

Historien: Vi har allerede i forbindelse med redegørelsen for forholdene mellem konge og folk været inde på, at Danmarks-billedets historiske dimension rækker tilbage til old- eller sagntiden. Til det allerede nævnte skjoldunge-tema, hvortil kan knyttes beslægtede olddanske og gammelnordiske fænomener som 'cimbrer' og 'fostbrødre', hører, bortset fra hvad det sporadisk forekommende navnestof måtte angive, nærmest forestillingen om ædelt sindelag og ikke nærmere specificerede heltegerninger, nok værd at lægge sig efter.

156. Sst. s. 13.
157. Sst. s. 122; jf. s. 120.

For de senere tider er det pædagogiske moment, der med forbehold for det genremæssige kan minde om Ove Mallings nationalt opbyggelige læsebog fra 1777,[158] mere iøjnefaldende, idet historien nu anskueliggøres ved navne på stormænd, hvis fortjenester af fædrelandet turde være bekendte, især kongerne Christian IV og Frederik III,[159] blandt de ikke kronede hoveder en enkelt civilist som Tycho Brahe, ellers i særdeleshed søhelte som Peder Skram, Niels Juel og Tordenskjold.[160] Det kan forekomme uopmærksomt over for konkurrencens initiativtagere og sponsorer, at fædrelandets landmilitære indsatser næsten forties.

En undtagelse herfra udgør dog den som feltherre til lands bekendte Daniel Rantzau, der måske er den hyppigst omtalte af alle, endda i fortrolighed ved fornavn:

> Skuer Bugten, hvor Heltenes Blod
> Flød i Strømme for Fødelands Ære;
> Skuer Heden, hvor Daniels Mod
> Drev de Fjender i flygtende Hære.
> Glemmer aldrig hvad Danmark var,
> Hvad i Skjødet altid det bar.[161]

Den påfaldende opmærksomhed over for Daniel Rantzau skyldes uden tvivl de konkurrerende digteres hensyn til, at 'Selskabet' jævnsides med nationalsangs-konkurrencen arrangerede en kappestrid om den bedste lovtale over bemeldte feltherre.

Det er iøjnefaldende, at den danske historie på denne måde med ganske få undtagelser bliver identisk med dansk militærhistorie.

Naturen og landskabet: Ved siden af den historiske dimension har Danmark i disse digteres bevidsthed en natur, et landskab, en plads på jordkloden, som vi her skal konkretisere lidt nærmere. Det er ved siden af monarken og landets fortid det hyppigst forekommende tema i Elmquists *Dan*.

Det er en selvfølgelig konsekvens af det 'Lille-Danmark-kompleks', vi skitserede ovenfor, at Danmark i geografisk henseende stort set svarer til, hvad man i dag undertiden benævner Syddanmark; de nordatlantiske

---

158. Ove Malling: *Store og gode Handlinger af Danske, Norske og Holstenere*. Kbh. 1777.
159. *Dan. Samling af Fædrelandssange*, udg. af A.F. Elmquist, Aarhuus 1820 s. 78, 94, 99, 116, 123.
160. Sst. s. 40, 78.
161. Sst. s. 97-98; jf. s. 26, 37, 40, 72.

besiddelser og de oversøiske koloni-besiddelser i Asien, Afrika og Vestin-
dien forties næsten totalt og medregnes kun utvetydigt én gang:

> Fædreland! dit Scepter rækker
> Nordens Iis og hedest Sol,
> Dine Arme ud du strækker
> Moderhuld fra Pol til Pol;
> [...][162]

En lignende Fortielse, men nu total, gælder spørgsmålet om Danmarks
afgrænsning over for hertugdømmerne; hverken Kongeåen, Ejderen, Dan-
nevirke eller evt. Elben figurerer i disse tekster, end ikke i form af allu-
derende omskrivninger (volden, åen o.lign). Der er intet problem: »Ledet«,
som man få år senere sang så ivrigt om i L. Koks Dannevirke-vise, er her 'i
lave'.[163]

Således afgrænset og placeret kan det gennemgående billede af det lille
Danmarks natur og landskab illustreres ved følgende indledningsstrofe til
et (anonymt) digt, der er repræsentativt for talrige andre:

> Hvor Østersøens blanke Bølge gynger
> Beskvulpende den tangbekrandste Strand,
> Der er det elskte Land som jeg lovsynger,
> Det er vort dyrebare Fædreland.
> Det gamle Dannemark med sine Skove
> Og Marker bugnende af Frugtbarhed,
> Omfavnet af den fiskerige Vove,
> Som boltrer sig ved Danas Blomsterbred.[164]

Det er, som man ser, et dyrket, erhvervsnyttigt kulturlandskab, præget af
frodighed. Andre tekster ytrer mere bramfrit deres glæde over landets deraf
flydende rige gaver af »Deiligt Brød, / Øl og Mød«,[165] hvorimod den ulejlig-
hed, der måtte knytte sig til opnåelsen af disse goder, kun berøres rent
undtagelsesvis:

---

162. Sst. s. 80; forsigtigere og mindre entydigt s. 35.
163. Jf. Hans Kuhn, anf. skr. [note 97] s. 77-93.
164. *Dan. Samling af Fædrelandssange*, udg. af A.F. Elmquist. Aarhuus 1820 s. 81.
165. Sst. s. 52.

O.J. Rawert (1786-1851), der havde været medlem af den kongelige fabrikdirektion og siden med kongelig undersøttelse studeret industrielle forhold i Europa, berejste Danmark i 1819-1821. Sine indtryk af danske lokaliteter fastholdt han i talrige akvareller, her »Kallehave Færge [dvs. færgested], seet fra Koster Færge d. 22' May 1819«: en østdansk forårsidyl med dyrkede agre ned til det fredelige Ulvsund. Dampskibet med Dannebrog agter har just passeret Kalvehave kirke. Det kongelige Bibliotek.

> Jorden gi'er ei selv sin Grøde,
> Men ved Arbeid faae vi Føde;
> Flid og Sved maae Agren gjøde
> I mit Fødeland;
> [...]166

For det andet møder vi, som citatet viser, det evigt sommerlige Danmark, som dominerer fremstillinger af dette land i litteratur og billedkunst siden sidst i 1700-tallet, og som fortsat udgør det populære drømmebillede, uagtet alle klimatiske omstændigheder. Som i Oehlenschlägers *Fædrelands-Sang*

166. Sst. s. 90; teksten har ikke »Grøde«, men »Grode«; jf. s. 65.

(»Der er et yndigt Land«) er bøgen den foretrukne træsort.[167] Kun et par steder mindes vi om, at »Vintrene er' kolde, vaade«, eller at »paa den mørke Taage-Strand /Blandt Iis min Hytte staaer.«[168]

Den tredje vigtige ingrediens i digtenes Danmarks-billede er havet. Men ligesom landskabet er også det omgivende farvand menneskeliggjort; det udgør ikke nogen trussel mod den menneskelige eksistens, ej heller på romantisk vis en kærkommen modsætning til civilisationens sfære, men først og fremmest en udvidelse af denne:

> [...]
> Fiskerne til os frembære
> Sunde Fisk i store Hære,
> Hvorved de sig glad ernære
> I mit elskte Dan![169]

Det allestedsnærværende erhvervsøkonomiske synspunkt er tydeligt. Men landets naturskabte samhørighed med havet åbner også op for billedet af danskerne som en søfarende nation, jf. J. Jetsmarks

> Tidt pløier Dansken de fjerneste Bølger;
> stundom han færdes i fremmede Land:
> [...][170]

I det store og hele holdes billedet af den danske natur adskilt fra Danmarks-billedets historiske dimension, modsat hvad der var tendens til i den nationale sangs klassiske periode, hvor fx H.C. Andersen (i 1850) lader »Oldtids Kæmpegrave [... stå] mellem Æblegaard og Humlehave«.[171] Det er næppe tilfældigt, at det er en af samlingens yngste digtere, M. Winther (f. 1795), som når længst i så henseende og samtidig aktiverer et romantisk ordforråd:

167. Sst. fx s. 85, 107.
168. Sst. s. 90, 118.
169. Sst. s. 91; jf. s. 37, 75.
170. Sst. s. 42.
171. *Fædrelandet* 5.3.1850.

Naar sig dybtsusende Stormene hæver,
Nordisk i Kraft over, Hertha! din Dal,
Da er det Heltenes Skygger som svæver
Skyeleiret over din skovkrandste Sal.
     Ildfuld i Blik
     Kraftfuld' de gik.
Svæve nu hen gjennem Tordenens Hal.[172]

Her er dansk natur blevet det sted, hvor historien foregik og fortsat er nærværende.

Samfundets indretning: Ved siden af Danmarks historie og natur interesserer sangene sig for landets stats- og samfundsindretning, om end det er et mindre iøjnefaldende emne end de to førstnævnte. Det er klart, at det som tekstligt element ligger tæt ved teksternes udsagn om danskernes sindelag, som vi skal vende tilbage til i det følgende.

Der er tale om en tilbagevendende hyldest til lov og orden, men også til frihed med undsigelse af alt despoti – dog naturligvis inden for den bestående samfundsorden, sådan som det fx formuleres af Niels Blicher (1748-1839):

Vort Fødeland er det, hvori
man under Loven lever fri –
Og Slaveriet hader.
Vor Konge Selv er Friheds Ven;
Han Bonden, Negren skjænkte den.
Held os! den sande Friheds Ven
Er Kongen, Landets Fader.[173]

»Med Lov her Viisdom bygger Land«, hævder Rasmus Nyerup med allusion til Jyske Lovs berømte Indledning,[174] men i almindelighed er begrebssættet og ordforrådet baseret på det sene 1700-tals tanker og erfaringer, især bondereformerne sidst i 1780'erne, men med diskret afstandtagen fra revolutionære udskejelser:

172. *Dan. Samling af Fædrelandssange*, udg. af A.F. Elmquist. Aarhuus 1820 s. 108.
173. Sst. s. 50.
174. Sst. s. 115.

Fri for Slavesindets Lænker,
Elske vi den frie Tænker;
Vi Friheden hylde som Kongens Mænd,
Kjende kun Dydernes skjønne Baand.
Ei tøileløs Daare være vor Ven,
Frihed og Dyd er vort Samfunds Aand.
[...][175]

Et par tekster afmaler de herskende forhold i en sprogbrug, der unægtelig er usædvanlig i poetisk sammenhæng efter 1800, men som til gengæld rummer en tydelig tendens og samtidig giver et direkte, konkret billede af tilstanden i Frederik VI's Danmark:

Parlamenter og deslige
Kan ei Landet Love sige;
Kongen styrer selv sit Rige
I mit Fødeland;
Men hver Borger, Piger, Karle
Adgang har til Hoffets Sale
Og med Fyrsten frit kan tale
I mit elskte Dan![176]

Mere kuriøs er bindets afsluttende tekst, hvori den ikke bekendte J.W. Berner foretager et rundskue stand for stand i det danske samfund og med enestående konservatisme udtrykker ønsket om altings bestået ved det gode gamle. Opskriften er, at ethvert erhverv skal holde sig til sit vante område, at vindskibelighed og handelsliv må have gode tider, at »Danmarks Riigmænd, umisundte, nyde / Det Gods, som skjænktes dem af Himmelen!«, at den offentlige sektor må være lille, men virksom, og at almuens undervisning ikke må overdrives, idet »Stor Kundskab skader kun den simple Mand.«[177]

Teksten, som af den norske anmelder træffende karakteriseres som »ustridig den allersletteste«,[178] er unægtelig et til det bizarre ekstremt udtryk for den konservatisme, der præger digtenes billede af det danske samfund.

175. Sst. s. 59 (H.C. Wosemose (1784-1862)).
176. Sst. s. 91.
177. Sst. s. 123-127.
178. *Morgenbladet*. Christiania 11.5. 1820.

Læseren bekræftes i troen på den herskende orden. Om den samfunds-ændring, der dengang lå 30 år ude i fremtiden, er der ingen tydeliggjorte visioner, ej heller nogen mindelse om de europæiske omvæltninger, der da lå indtil 30 år tilbage.

Danskerne: Efter kongen og fædrelandet skal vi endelig opholde os ved den tredje afgørende faktor i teksternes univers: det subjekt, der implicit i prinsens brev forudsættes til stede som bærer af kærligheden til fædrelan-det og troskaben mod kongen.

I teksterne manifesteres denne størrelse i langt de fleste tilfælde af et »vi«, kun en halv snes tekster opererer med et »jeg« og endnu færre med be-tegnelser i 3. person, der da afslører, at befolkningen især udgøres af mænd; i enkelte tekster blandes naturligvis disse manifestationsformer. Det er kun sjældent, at dette »vi« eller »jeg« fremstilles direkte som fremfører af den aktuelt foreliggende sang: »Lyd høit vor danske Folkesang«, »Lyd høit min Sang til gamle Danmarks Hæder!« eller »Ei Læben er det, som allene / her bryder ud i festlig Klang;«.[179] I det følgende benævner vi denne størrelse 'danskeren' eller 'danskerne'.

Danskernes sindelag kan selvfølgelig ikke ses isoleret fra den gode til-stand, der præger deres samfund. Uden vidtløftig dokumentation – ek-semplerne er legio – kan det fastslås, at deres gode egenskaber er talrige: Kraft, troskab, ærlighed, kækhed, blidhed, retfærdighedssans etc.; tilsva-rende lægges der afstand til svig, tvedragt, løgn, hyklerisk smiger, nid og alskens falskhed. Teksterne tilføres derved et abstrakt stilpræg, som i for-ening med de faktisk opprioriterede egenskaber vækker associationer hos eftertidens læsere om det sene 1700-tals digtning, fx i S. Hempels (1775-1844) bidrag:

> Dyd, Nøisomhed og Gavnelyst
> fæst varigt Hjem i Danskes Bryst![180]

Det er slående, at teksternes interesse for danskernes moralske habitus ikke ledsages af en tilsvarende bekymring for deres øvrige intellektuelle ud-rustning.

179. *Dan. Samling af Fædrelandssange*, udg. af A.F. Elmquist. Aarhuus 1820 s. 15, 39, 68.
180. Sst. s. 69.

Mange af de opregnede positive egenskaber kan sammenfattes i betegnelsen »Dannemand« og dertil knyttede ord, der jævnlig benyttes som betegnelse på danskerne. Ordet, hvis sproglige oprindelse synes usikker,[181] er gammelt i sproget, men har ifølge *Ordbog over det danske Sprog* været særligt i brug sidst i 1700-tallet og først i 1800-tallet. I Videnskabernes Selskabs ordbog[182] anføres det i formen »Danemand« med betydningerne »En retskaffen, brav Mand« og snævrere om »en Mand, som med sin Hustru har avlet en Søn og en Datter.« Forleddets lighed med »dane-« – om, hvad der vedrører de danske – åbner op for en betydningsglidning i retning af »(agtværdig) dansk mand«; denne udvikling finder sted senest i den første tredjedel af 1700-allet.[183] Danskhed og retskaffenhed betyder herefter noget nær det samme, men denne betydning af »Dannemand« er ikke registreret i Videnskabernes Selskabs ordbog, ej heller i Kalkars ordbog over det ældre danske sprog.[184]

Hertil knytter sig adjektivet »dannis«, ligeledes genoplivet sent i 1700-tallet, i betydningen »hæderlig«, »brav«, dertil »mild« og »venlig«, »mandig« og »smuk« samt ved en betydningsglidning som den just omtalte: »dansk«. I Videnskabernes Selskabs ordbog (1793) betegnes ordet som forældet.

I vore tekster optræder mangen »Dannemand« og ved deres side noget færre »Danneqvinder« som indbegrebet af ædelhed og ægte dansk væsen. Tanken synes visse steder at være, at 'dannished' er målet for det danske menneskes modningsproces: »Ungersvenden vinde kan / Fædres Navn som Dannemand«,[185] eller fyldigere hos Chr. Wilster:

181. Viggo Brøndal: Danernes Navn, *Danske Studier 17*. Ny rk. 5. Kbh. 1920 s. 17-41, spec. s. 20-22.
182. *Dansk Ordbog*, Første Tome. Kbh. 1793 s. 589.
183. Registreret af C.F. Wadskiær 1741, jf. *Ordbog over det danske Sprog* bd. 3. Kbh. 1921 sp. 495-496.
184. Otto Kalkar: *Ordbog til det ældre danske Sprog* I-V. Kbh. 1881-1918.
185. *Dan. Samling af Fædrelandssange*, udg. af A.F. Elmquist. Aarhuus 1820 s. 79.

O Danmarks Aand! besjæl vort Bryst
Med ædle Borgerdyder,
Og styrk vor Arm i farlig Dyst,
Naar Land og Konge byder!
Thi gjennem ægte Dannished
Gaaer Mandens Vei til Salighed,
Og Danmarks Vei til Hæder.[186]

En enkelt, anonym, tekst gør sammenhængen mellem status som »Danne-
mand« og fødestedskriteriet til sit hovedanliggende. Strofe 1 lægger grun-
den for det følgende ræsonnement:

Lyd høit for elskte Fødeland,
Vort Danmark, elskte Moder,
Hver Tunge, som benævne kan
En Dannemand, som Broder!
Men ei Enhver er Dannemand,
Skjøndt Danmark er hans Fødeland.[187]

For at vinde ret til hædersnavnet, må man udvise en kombination af gode
egenskaber samt være født i Danmark: Den, der er retsindig (strofe 2),
næstekærlig (strofe 3), tapper i krigen (strofe 4-5), omsorgsfuld over for
soldaterne (strofe 6) og trofast røgter sit kald »som Dyds og Retfærds Lærer«
(strofe 7) samt i øvrigt tjener Gud og kongen (strofe 8), han

Benævnes bør en Dannemand,
Naar Danmark er hans Fødeland.

Således lyder omkvædet i talrige strofer, indtil centralbegrebet udvides til at
omfatte også (formentlig) islændingen og grønlænderen »født mod Nor-
dens Iis« samt den farvede mand, under forudsætning af deres loyalitet
over for Danmark:

Vi hædre ham, som Dannemand,
Skjøndt han er født i fremmed [hhv. »fjerne«] Land.

186. Sst. s. 11.
187. Sst. s. 100.

Ved siden af denne udnyttelse af sprogstoffets associationsskabende mulig-heder møder man en særlig værdiladning af adjektivet »dansk«, der dog langt fra forekommer så hyppigt som ordspillene på »Danne-«.

Der er tale om en ordbetydning, som Videnskabernes Selskabs ordbog i 1793 angiver ved »Retskaffen; tro; ærlig«, men med den tilføjelse, at »Denne Bemærkelse bruges sielden nu omstunder«.[188]

I vinderdigtet lyder således opfordringen: »Broder! ræk trofast og dansk mig Din Haand!«, mens andre tekster taler om vore »*danske* Hjerter«, »Dansk er vor Hu!« o.lign.[189]

Skal man tro Videnskabernes Selskabs ordbog, der her får støtte af *Ordbog over det danske Sprog*,[190] er der tale om en genoplivelse af et i øvrigt forældet udtryk. Det er da værd at notere, at sidstnævnte ordbogs ganske vist meget få belæg for denne ordbetydning skriver sig fra 1807, 1826 og 1840 og således giver forekomsterne i *Dan* en kronologisk indramning.

Som en mere omfattende bestemmelse end »Dannemand« af, hvem det er, der nærer kærligheden til fædrelandet og troskaben mod kongen, står begrebet »Borger« med dets talrige sammensætninger. Det er 1700-tallets nydannede forestilling om at være borger i staten, ikke blot i en by, der her manifesterer sig til overflod. Ordbetydningen kendes fra de ofte citerede ord, tillagt Holberg, om at være »en nyttig Borger i mit Fædreneland«,[191] men ordet oplevede en kraftig værditilskrivning i 1700-tallets sidste årtier, især efter den franske revolution, hvilket bl.a. de mange sammensætninger med »Borger-« vidner om. Udtryk som »Borger-Værd«, »Borgeræt«, »Bor-gerdyder«, »Borgeraand«, »Borgertroskab«, »Borgerkjærlighed« og endnu flere af disse komposita, der findes overalt i *Dan*,[192] vidner om en klasses bevidsthed om eget værd og er den anden side af den venskabelige, mindre undersåt-prægede relation mellem konge og folk, som vi har bemærket ovenfor.

Som et samlet udtryk for denne selvbevidsthed står den krans af egeløv, som var en del af arven fra den romerske kultur, udmærkelsestegnet for den fortjenstfulde borger.[193] Her sættes den som pant for troskab mod kongen:

188. *Dansk Ordbog*, Første Tome. Kbh. 1793 s. 590.
189. *Dan. Samling af Fædrelandssange*, udg. af A.F. Elmquist. Aarhuus 1820 s. 2, 93, 110, 114.
190. *Ordbog over det danske Sprog* bd. 3. Kbh. 1921 sp. 514.
191. Sst. bd. 2. Kbh. 1920 sp. 1015.
192. *Dan. Samling af Fædrelandssange*, udg. af A.F. Elmquist. Aarhuus 1820, fx s. 2, 6, 11, 16, 27, 56, 81, 110.
193. *Corona civica* eller *quercus civilis*.

Til Troskabs Pant i Venneklynge
Vi offre friske Borgerkrands;
i eget Værd den sig forynge –
den trænger mindst til borget Glands.
　　Dyd, Nøisomhed og Gavnelyst
　　fæst varigt Hjem i Danskes Bryst![194]

I betragtning af, at vor borger gerne »hviler [...] i Eegetræets Skygge«, hvis blade er »den danske Borgers Pryd«,[195] kan det overraske, at han, hvad spredte citater i det foregående vil have afsløret, i høj grad også besidder et krigerisk temperament. Billedet af danskerens indsats i en eventuelt kommende militær situation er et overordentlig pladskrævende indslag i denne tekstsamlings billede af det danske gemyt. Formlen er temmelig fast:

Vort Fødeland er Fredens Boe;
Thi Dansken elsker Ret og Roe –
Ei noget Land fornærmer.
Men, kommer Fjende os for nær,
Vi dandse rask i Ledingsfærd;
Og *Kongen* med sin Heltehær
Sit elskte Land beskjærmer.[196]

Danskerne fører, som det fremgår, kun retfærdig forsvarskrig. Alligevel holdes kampevnen intakt. Tonen er begejstret heroisk med tendens til det teatralske (»dandse«), kampens sandsynlige resultat er dansk sejr:

Vel Fjenden vor Undergang prøvet har
I Heltefærd.
Til Hjemmet kun Skrammen han med sig bar
Af Danskes Sværd.[197]

Sejrens alternativ er ikke nederlag, men heltedød: Som danskerne »dandse rask i Ledingsfærd«, går de »fro« i døden for fædrelandet, vil »heller døe

---

194. *Dan. Samling af Fædrelandssange*, udg. af A.F. Elmquist. Aarhuus 1820 s. 69 (S. Hempel).
195. Sst. s. 83.
196. Sst. s. 50.
197. Sst. s. 13.

end leve«, »falder med jublende Aand«.[198] Slægtskabet med de gamle nord-
boer, som vi nævnte ovenfor, går ikke sporløst hen.

Stilen i disse kampscener er da også arkaiserende og derved medvirkende
til at gøre krigen til en ophøjet handling; den benævnes fx »Ledingsfærd«,
»Helte-Færd« eller »Vaabendyst«, den foretrukne våbentype er »Sværd«, at
falde kaldes at bide i græsset.[199]

Den muntert heroiske tone minder om, at slaget på Københavns red og de
senere krigsbegivenheder endnu var i frisk erindring og således stadig
virksomme ved dannelsen af forestillingen om den (ønskværdige) danske
karakter. Men kun et enkelt digt giver direkte udtryk for denne sammen-
hæng:

> End sukke Landets Mødre
>   Ved Gravens bløde Moos:
> »Her slumre Eders Brødre,
>   »Som faldt for Danmarks Roes.«
>
> Med Sværd, som de, ved Bælte,
>   Og Troskab i vort Bryst,
> Skal Dannerkongens Helte
>   I Striden gaae med Lyst.
>
> Men hvis vi kom tilbage
>   Fra Kamp og Heltefærd,
> I Fredens gyldne Dage
>   Vi blive Danmark værd! –[200]

Set med eftertidens øjne er det påfaldende, at det militære gøres til en så
væsentlig del af det danske væsen. I grunden dementerer digtene også selv
denne påstand ved så stærkt at betone kærlighed til freden som baggrund
for de krigeriske bedrifter. Man tør tro, at dette temas store vægt i teksterne
er en medvirkende årsag til, at de ikke slog an.

Andre indholdselementer: Med gennemgangen af kongen, fædrelandet og
danskernes væsen og sindelag har vi kortlagt de væsentligste tematiske

198. Sst. s. 55, 67, 8.
199. Sst. s. 50, 2, 56; 2; 53.
200. Sst. s. 46.

områder i *Dan*-digtene. Af andre faste træk, men langt mindre dominerende, kan nævnes Dannebrog, der ligesom kongen er et ydre tegn på samhørighed, især i sømilitær sammenhæng.[201] Behersket vægt har også det kristelige element, der især har form af bøn om Guds velsignelse af fædrelandet og fx forekommer i forbindelse med forestillinger om fædrelandets evige beståen.

For en historisk betragtning kan det imidlertid være lige så vigtigt at notere ikke-forekommende som forekommende temaer. Ud fra eftertidens viden om fædrelandssangenes tematik efter ca. 1840 er det påfaldende, at teksterne i *Dan* kun nævner modersmålet tre gange, og kun i ét tilfælde reserveres en hel strofe til dette emne, dog uden at nå videre end til uspecificeret ros af dette.[202] J.J. Dampe (1790-1867) når videre i retning af karakteristik og foregriber i sit ganske korte anslag den kommende tids gængse billede af dansk som et særligt 'hjertesprog':

> Det Sprog har en saa venlig Lyd,
> Kan ret til Hjertet trænge.[203]

Det må konstateres, at den intime sammenhæng mellem nation og sprog, som var blevet formuleret med eftertryk af filosofiprofessor J.G. Fichte (1762-1814) i Berlin i forelæsningsrækken *Reden an die Deutsche Nation* 1807-1808,[204] og som samtidig kom til udtryk i et par danske skrifter af historieprofessoren L. Engelstoft (1774-1851),[205] ikke spiller nogen rolle for digterne i *Dan*.

Derimod var denne sammenhæng af afgørende betydning for tankegangen i andre miljøer. Det gælder først og fremmest den danske sprogforskning, hvis kommende rolle som element i opdragelsen til national bevidsthed forberedes i 1810'erne; nævnes kan P.E. Müllers (1776-1834) bog *Om det islandske Sprogs Vigtighed* (nemlig for det danske) fra 1813, men især Chr. Molbechs (1783-1857) lille skrift *Om Nationalsprogets Hellighed* fra 1815, der udfolder Fichtes og Engelstofts tanker med programmatisk fanfare.

201. Sst., fx s. 99.
202. Sst. s. 50 (Niels Blicher).
203. Sst. s. 77; jf. fx N.F.S. Grundtvig: Modersmaalet (»Moders Navn er en himmelsk Lyd«), *Skolen for Livet og Academiet i Soer*. Kbh. 1838 s. 3-8; optrykt i N.F.S. Grundtvig: *Poetiske Skrifter*, udg. af Svend Grundtvig, VI. Kbh. 1885 s. 186-190.
204. J.G. Fichte: *Reden an die deutsche Nation*. Berlin 1808; især »Vierte Rede«.
205. L. Engelstoft: *Om den Indflydelse, Opdragelsen, især den offentlige, kan have paa at indplante Kierlighed til Fædrelandet*. Kbh. 1802; samme, anf. skr. [note 22].

Vigtige i denne sammenhæng er også N.F.S. Grundtvigs afhandlinger om nationalfilologiske emner i tidsskriftet *Danne-Virke* 1816-1819.[206]

At tanken om en sammenhæng mellem nation og modersmål også begynder at spille en rolle for statsmagtens dispositioner, ses af de ganske vist ikke konsekvent realiserede intentioner om en aktiv sprogpolitik i hertugdømmerne (reskript af 15.12. 1810) og af de dermed forbundne, men ligeledes valne forsøg på at styrke faget dansk sprog og litteratur ved Kiels universitet fra 1811.[207]

Et vigtigt indicium om denne nyorientering er, at man ved beslutningen om genoprettelsen af Sorø Akademi i 1821[208] tog det første skridt inden for de højere uddannelser i kongeriget til at overføre varetagelsen af unge menneskers æstetiske og sproglige dannelse fra det a-nationale æstetik-fag til et nyoprettet modersmålsfag.[209]

Slutning: Vi må da afsluttende notere, at de deltagende digtere i deres forståelse af, hvordan en nationalsang tematisk set måtte være indrettet, ikke var på forkant med udviklingen. De satsede på konge og i nogen grad på flag, på historie, natur og sindelag, mens eftertiden udelod kongen og flaget, men til gengæld gjorde sproget til et vigtigt tema.

Det er oplysende at sammenligne teksterne i *Dan* med de samtidige i den tilsvarende norske samling *Norraena* fra 1821,[210] der skriver sig fra en konkurrence i Norge i sommeren 1820, der var inspireret af udgivelsen af *Dan*.[211]

De danske og norske tekster har adskillige tematiske ligheder, men den plads, de norske tilstår kongen, er iøjnefaldende mindre; knap halvdelen klarer sig uden dette tema. Til gengæld understreges med fynd sammenhængen mellem landets barske natur og folkets ubændige frihedstrang. I et

206. P.E. Müller: *Om det islandske Sprogs Vigtighed*. Kbh. 1813; Christian Molbech: *Om Nationalsprogets Hellighed. Med en Efterskrift til det danske Publicum*. Kbh. 1815; *Danne-Virke. Et Tids-Skrift*, udg. af N.F.S. Grundtvig, I-IV. Kbh. 1816-1819, fx afhandlingerne »Om dansk Poesie, Sprog og Historie« og »Om Ordsprog«. Jf. Aage Kabell: Modersmaalet, *Danske Studier 69*. 6.rk.9. Kbh. 1974 s. 5-17.
207. Jf. Peter Skautrup: *Det danske Sprogs Historie* III. Kbh. 1953 s. 118-127; Harald Skalberg: Aktstykker angaaende Det danske Docentur ved Kiels Universitet 1811-1864, *Danske Magazin indeholdende Bidrag til den danske Histories og det danske Sprogs Oplysning*. 6.rk.6. Kbh. 1933 s. 18-328.
208. Kgl. resolutioner 9.3. 1821 og 26.4. 1822.
209. Jf. Flemming Conrad, anf. skr. [note 104], s. 402.
210. *Norraena. En Samling af Forsøg til norske Nationalsange*. Christiania 1821.
211. Knut Nygaard: *Henrik Anker Bjerregaard. Dikteren og hans tid*. Oslo 1966 s. 48-55.

Dan.

Samling af Fædrelandssange.

Udgivet

af

A. F. Elmquist.

Trpkt i Aarhuus Stiftsbogtrykkerie.

1820.

Da den driftige bladmand og bogtrykker A.F. Elmquist (1788-1868) i 1820 udgav en »Samling af Fædrelandssange« med titlen »Dan«, mente han sikkert, han havde fingeren på pulsen: Både titel og undertitel er bestemt af tidens optagethed af det nationale; »Dan« er den første tekstsamling, der betegnes som »Fædrelandssange«. Det kongelige Bibliotek.

glimt ser man, at nationale sange ikke er en uniform genre med aldeles faste ingredienser, men bestemt af tid og sted.

6. Teksternes form

Som teksterne i tematisk henseende især rummer momenter, der hører en ældre tids forestillingskreds til, og som i hvert fald ikke foregriber den typiske fædrelandssang fra o. 1850, er de også i formel henseende af et vist alderdommeligt tilsnit. De er påfaldende upåvirkede af den stilistiske nyorientering, der er en side af det såkaldte romantiske gennembrud o. 1800; men heri kan de rigtignok siges at ligne en betragtelig del af den øvrige poetiske produktion fra århundredets første årtier.

I flere tilfælde sker fædrelandets besyngelse således i den høje patetisk-retoriske stil, der kendes fra odedigtningen sidst i 1700-tallet, fx hos Johs. Ewald. Man møder således ofte en udtalt abstrakt stil og syntaktiske former, der hører ode-traditionen til. Som eksempel kan i første række tjene Juliane Marie Jessens vinderdigt, som er citeret i sin helhed ovenfor. Det Danmarks-billede, som vitterlig findes i digtet, lader sig kun vanskeligt vikle ud af den uanskuelige metaforik (især strofe 2) og overdøves ganske af de abstrakte bestemmelser af fædrelandets kvaliteter: »Ærens Havn« – »hædrede Navn« (strofe 1), »Dyder«, »Vanheld«, »Held«, »Troskab« (strofe 3), »Borger-Værd« – »Helte-Færd« (strofe 4). I syntaktisk henseende er teksten præget af en anråbende eller påkaldende stil med apostrofen, imperativen og udråbet eller det retoriske spørgsmål med tilhørende udråbs- eller spørgsmålstegn som fremherskende stilelementer.

Andre tekster eksemplificerer i højere grad de jævnligt forekommende parallelismer, ofte med gentagelse i begyndelsen af parallelle led (anafor):

> For Ham [dvs. kongen] vi vise Kraft og Mod,
> For Ham vi offre Liv og Blod,
> For Ham, o Gud! opflam vor Barm,
> [...]²¹²

---

212. *Dan. Samling af Fædrelandssange*, udg. af A.F. Elmquist. Aarhuus 1820 s. 56 (Fr. Winkel-Horn).

I en tekst af ukendt digter ser vi endelig flere af de nævnte stiltræk suppleret med enjambement (en menings fortsættelse fra en verslinje videre i den næste), forenede i en stor forvægtskonstruktion, også et af odedigtningens karakteristika:

> O elskte Danmark! Fødestavn!
> Hvor Borgeraand
> Beskjermer trygt Dit gode Navn
> Og fremmer Konst og virker Gavn,
> Hvor Bonden ikke føler Savn
> Ved virksom Haand.
> Ja, elskte Dan! vort Moderskjød
> Os helligt vær i Liv og Død
>   Dit Navn![213]

Det er forståeligt, at selve det ophøjede emne for konkurrence-digtene kunne føre flere af deltagerne til at gribe tilbage til odetraditionen; dennes patetiske stemmeføring og komplicerede konstruktioner svarer imidlertid ikke til konkurrencens krav om tekster »for alle Stænder«;[214] de er decideret ufolkelige, hvad også dele af den samtidige kritik pegede på (jf. ovenfor s. 178)[215]

Det var også en svaghed ved odetraditionen som mønster for fædrelandssange, at der kun kunne være tale om at benytte isolerede elementer fra den. Genren som helhed kunne ikke være en brugbar model, alene af den grund, at den ikke er en enkel sanglyrisk digtform. Det kunne derimod visegenren, der var en fast ingrediens i klublivet i København efter ca. 1780.

Fra dette miljø og denne digtning går der flere og forskelligartede tråde til miljøet omkring konkurrencen i 1818: Flere personer som fx K.L. Rahbek og Thomas Thaarup optræder i begge sammenhænge. Den kollektive besyngelse af kollektive idealer, som præger klubvisen, går med visse forskydninger igen i fædrelandssangen; besyngelsen af enigheden, den borgerlige frihed og af monarken som *borger*kongen møder vi i begge

213. Sst. s. 27.
214. Jf. prinsens brev af 18.9. 1818, ovenfor s. 154.
215. Supplerende eksempler på træk fra ode-traditionen kan ses i *Dan. Samling af Fædrelandssange*, udg. af A.F. Elmquist. Aarhuus 1820 s. 10-11 (Chr. Wilster), 12-14 (Jørgen Broberg), 47-48 (anonym), 105-106 (J.D.Q.).

sammenhænge. Vi skal i det følgende se nærmere på disse og endnu flere forbindelser mellem klubvisen og fædrelandssangen, i første omgang på de formelle træk, som de to teksttyper er fælles om.

Det sene 1700-tals klubviser udgør et broget skue, men visse træk er gennemgående: Det er først og fremmest en sangbar lyrik, båret frem af et kollektivt »vi« og uden større individuelt præg. Ifølge Vilhelm Andersen er det en social poesi uden særlige lyriske kvaliteter.[216] Samfølelsen hænger sammen med teksternes situative præg – Vi synger her og nu – men understreges også af den forskel fra verden udenfor, som de syngende klubmedlemmer er fælles om. Det Horatsiske »Laudabunt alii«[217] – Lad andre rose etc., *jeg* priser etc. – er en tilbagevendende formel i klubviserne, men kendes jo også i fædrelandssange uden alt for chauvinistisk engagement.

Ifølge K.L. Rahbek, der ikke bare i praksis dyrkede klubvisen, men også udviklede dens teori, skal visen virke som et epigram ved at føre en tanke frem til en afsluttende pointe, i drikkevisen typisk udbringelsen af en skål.[218] Men denne digtarts pointerede præg kan også bero på brugen af faste eller varierede omkvæd, der knytter stroferne sammen.

Teksterne i Elmqvists *Dan* rummer mange mindelser om klubviserne. Næsten umærkeligt udvides klubbens kollektive samfølelse til at gælde det ganske land:

> For dig Fædreneland!
> virke, gavne, stride, bløde;
> vi som Mænd, hver Fjende stedse ville møde
> kjæk og modigen paa Land og Strand:
> Naar os kalder vor Konge!

216. Vilh. Andersen: Den danske Litteratur i det attende Aarhundrede, *Illustreret dansk Littera-turhistorie*, ved Carl S. Petersen og Vilh. Andersen, II. Kbh. 1934 s. 891-907, spec. s. 893; se også F.J. Billeskov Jansen: *Danmarks Digtekunst* II. Kbh. 1947 s. 56-59 og Hans Kuhn: Klubvisens ubegribelige munterhed, *Danske Studier 80.* 7.rk.8. Viborg 1985 s. 107-114.
217. Horats: *Carmina*, Liber I,7.
218. *Den danske Tilskuer. Et Ugeskrift*, udg. ved K.L. Rahbek. 1.3. 1792 (Nr. 16); henvisningen hos Vilh. Andersen, anf. skr. s. 896 er forkert.

Broder-Eenigheds-Baand
hellig, trofast os omslynge!
Freidig vi af glade Hjerter ønske, synge,
bede end med Retsinds fromme Aand:
Gud bevare vor Konge![219]

Vi er blandt »Muntre Venner!«[220] i en situativ ramme, hvor fællesskab og
fællessang råder:

Thi Ung og Gammel, Haand i Haand
   Høitidelig vi sværge her:
Kun ægte Borgersamfunds Aand
   Vi hylde Alle, Een og Hver.
Held Kongen og vort Fødeland!!
[...]
Saa lyd da høit vor Jubelsang
   Om Dannerkongen og hans Land!
Med Hurra-Raab og festlig Klang
   Syng Danneqvinde, Dannemand:
Held Kongen og vort Fødeland!![221]

Omkvæd og dermed beslægtede fænomener er meget hyppige. Det kan
som i det just citerede eksempel være et fast omkvæd i samtlige strofer,[222]
men oftest er det et varieret omkvæd, der knytter sig tæt til den enkelte
strofe som fx »Længe leve vor Konge!« – »Naar os kalder vor Konge!« –
»Gud bevare vor Konge!« – »Danmarks Rige det blomstre!!«[223]

Nært beslægtet med disse omkvæd eller refræner er forskellige former for
opsummerende eller pointerende konklusioner, der – undertiden markeret
af et »da«, »thi« eller »derfor« – afrunder den enkelte strofe eller hele teksten
som i citatet ovenfor: »Saa lyd *da* høit vor Jubelsang«.[224]

Mere kunstfærdigt – og egentlig uden for visens æstetiske horisont – er

219. *Dan. Samling af Fædrelandssange*, udg. af A.F. Elmquist. Aarhuus 1820 s. 63.
220. Sst. s. 89.
221. Sst. s. 16-17, 4. og 7. (sidste) strofe. (Stephan Jørgensen (1758-1834)).
222. Således også hos Nyerup, sst. s. 115-117.
223. Sst. s. 63-64; flere eksempler s. 55-57, 87-88, 89-92, 118-122.
224. Note 221; min fremhævelse; flere eksempler på opsummerende eller pointerende finale
    sst. s. 28-30, 33-35, 68-69, 76.

det at lade samtlige strofers to slutlinjer gentage af et kor[225] eller at afrunde en tekst ved at lade slutstrofen være identisk med begyndelsesstrofen (symploke).[226]

Derimod er vi ganske på klubvisens grund, når flere tekster munder ud i udbringelsen af en skål. Rasmus Nyerup (1759-1829) afrunder sit bidrag således:

> Saa tager nu det Glas i Haand,
>   Og skjænker bredfuldt Maal!
> For Kongen og for Fødeland
>   Skal tømmes denne Skaal!
> Saa længe Verden staaer,
>   I Flor skal stande
>   Dankongens Lande![227]

Og hos en unavngiven digterkollega lyder det tilsvarende:

> Glemmer derfor Venner ikke,
> Naar I Venskabsskaale drikke,
> Hver sit Glas tilbunds maa stikke
> For mit Fødeland;
> Og den gamle danske Lære,
> Som bør holdes høit i Ære:
> »Gud og Kongen troe at være«
> Lyde høit i Dan![228]

Men ivrigst efter at udbringe skåler er den J.W. Berner, hvis sære rundskue over det danske samfunds stænder vi har berørt ovenfor (s. 208). Hos ham afsluttes hver strofe, men uden for ethvert metrisk mønster, af en skål, først for kongen, dernæst for alskens stænder og samfundselementer, til sidst: »Nationens Skaal!«[229]

I klubvise-repertoiret kunne de konkurrerende digtere i 1818 finde nogen-lunde enkle, sangbare strofeformer, ofte 6- eller 8-linjede, men også helt

225. Sst. s. 93-96.
226. Sst. s. 47-48, 107-109.
227. Sst. s. 117.
228. Sst. s. 92.
229. Sst. s. 123-127, jf. sst. s. 96.

simple 4-linjede strofer med rimstilling AbAb som i Jetsmarks *Duftende Enge og kornrige Vange.*[230]

Men afhængigheden af klubvisen bevirkede også, som flere af de citerede eller omtalte tekster illustrerer, at fædrelandssangen ved sin ydre form blev gjort til et selskabeligt anliggende, en selskabsform, som ikke havde fremtiden for sig og i dag virker pudsig.

Vilh. Andersen fremhæver i sin gennemgang af det sene 1700-tals visedigtning, at denne teksttype bl.a. fik et supplement fra de nationale syngestykker med deres indlagte sange, især Thomas Thaarups.[231] Der er grund til at understrege visernes brogede, mangfoldige genrepræg; mere end en genre er der i grunden tale om et repertoire: en tekst bliver vise ved at optages i en visebog. Derfor vil vi i det følgende afsnit om den nationale sang og de miljøer, den udfoldede sig i i årtierne op mod 1820, vende tilbage til klubmiljøet og dets sanglige udfoldelser.

7. Genren og dens miljøer

Prins Frederik af Hessens brev af 18.9.1818 søger i sagens natur at fremkalde noget nyt, ikke eksisterende. Men vi har samtidig set Rahbek og andre tage allerede eksisterende tekster fra især årene efter 1780 op til diskussion og særlig pege på Thomas Thaarups sangtekster.[232] Der var altså ifølge Rahbek m.fl. noget at tage afsæt fra og forholde sig til i tilslutning eller afstandtagen, når der skulle skabes en nationalsang.

I det følgende skal vi søge at indkredse, hvad det var for tekster, der især blev bestemmende for konkurrence-bidragene i 1818, og i hvilke sammenhænge og på hvilken måde de blev brugt. Det må imidlertid på forhånd understreges, at sangtraditionerne og deres sociale funktion, bestanden af sangbøger og det tilhørende melodistof i tiden 1780-1820 er et stort og vanskeligt overskueligt felt, hvis kortlægning næppe er gørlig uden en tværfaglig indsats. Det følgende byder kun på enkelte sonderinger og

---

230. Sst. s. 42-43; citeret nedenfor s. 228.
231. Vilh. Andersen, anf. skr. [note 216] s. 891.
232. Se ovenfor s. 183-187.

bygger i højere grad end det foregående på allerede foreliggende undersøgelser.[233]

Vi har allerede fremhævet klubvisernes betydning for nationalsangdigterne i 1818, men også bemærket, at klubviserne i højere grad end som en egentlig genre kan karakteriseres som et repertoire, der har vundet accept til brug i et bestemt miljø.

Dette indebærer, at tekster, som senere er blevet karakteriseret som fædrelandssange, kan have en præeksistens som klubvise.

Eksemplet er som så ofte i den foreliggende sammenhæng Thomas Thaarup. Netop hans *Fødelands-Kjerlighed* fra 1782, som Rahbek siden fremhævede som et »Danneqvad« af den særlige slags, der udtrykker et følelses- eller længselsfuldt, eventuelt hjemve-betonet forhold til fædrelandet, er optaget i *Samling af Club-Sange* fra 1787.

Vi citerer første og sidste strofe af i alt elleve og eksemplificerer derved både den Thaarupske sentimentalitet, der kan siges at foregribe de senere fædrelandssanges billede af Danmark som barndommens land (jf. ovenfor s. 197), og digtets mere normalt patriotiske fremstilling af Danmark som hjemsted for borgerdyd og helteånd (jf. ovenfor s. 209-214):[234]

> Du Plet af Jord, hvor Livets Stemme
> Steeg første Gang fra spæde Bryst,
> Hvor Himlen gav mig at fornemme
> Det første Glimt af Livets Lyst.
> Der, hvor jeg lærte Moder stamme,
> Og første Fjed ved hendes Haand,
> Der tændtes Gnisten til den Flamme,
> Som brænder for mit Fødeland.
> [...]

---

233. Se i almindelighed Karl Clausen, anf. skr. [note 111] s. 44-97.
234. Jf. Jørgen Stigel i *Dansk litteraturhistorie* IV. Kbh. 1983 s. 498.

Brænd høit, brænd varigt i vort Norden,
Du Fødelandets Kjærlighed!
Gjør Manden kjæk i Slagets Torden
Og nyttig i den gyldne Fred!
Vor Attraae Viisdoms Børn skal ære,
Alfader give Bifalds Smiil!
Den gode Borgers Navn at bære,
Er Maalet, som vi sigte til.[235]

Samling af Club-Sange er tidens mest prominente af sin art, udgivet af »Selskabet oprettet i November 1775« – i daglig tale: Drejers Klub – der tilmed havde fremhævet Thaarups tekst som særlig værdifuld.[236] Trods titlen er den imidlertid ikke kategoriseret som fædrelandssang, for en sådan kategori findes ikke; derimod står den forrest i afdelingen »Selskabs-Sange«. Ganske usystematiske undersøgelser tyder på, at sangen først efter 1800 bliver kategoriseret som »fædrelandssang«.[237]

Som nævnt påpeger Vilh. Andersen syngespillets sammenhæng med viserepertoiret – og kan vi her tilføje: med nogle af fædrelandssangene i 1818. Eksemplet er atter Thaarup.

I slutningen af syngespillet *Høst-Gildet* (1790), som jo også leverede devisen til Juliane Marie Jessens digt,[238], synger den danske bonde Hans følgende strofe:

---

235. *Samling af Club-Sange.* Kbh. 1787 s. 81-82, 85; optrykt med enkelte ændringer i Thomas Thaarup, anf. skr. [note 34] s. 342-345.
236. *Tilskueren. Et Ugeblad*, ved K.L. Rahbek. 3.8. 1821 s. 203-204.
237. Jf., at Johs. Ewalds »Konge Christian«, oprindelig en »Romance« i syngespillet *Fiskerne*. Kbh. 1779, findes i samme gruppe. – Thaarups tekst indleder afsnittet »Fædrelands Sange« i *Folkesange*, samlede ved P.H. Mønster [...] og med Indledninger forsynede ved O. Horrebow. Kbh. 1801, og står ligeledes forrest i afsnittet »Fædrelandskjærlighed« i *Huus- og Skole-Sangbog, eller 266 lystige og alvorlige Viser og Sange, samlede for Venner af uskyldig Munterhed og ægte Dyd og især for brave Skolelærere og flinke Skolebørn* af O.D. Lütken. Kbh. 1818; i forkortet form (7 af 11 strofer) er den optaget i *Samling af Danske Folkesange. Af de bedste og nyeste Forfattere. Første Hefte.* Aalborg 1820 s. 77-79.
238. Jf. ovenfor s. 164 med note 34.

Frugtbare Marker og skovgroete Slætter,
Fiskrige Have omgive vort Land;
Bølgen beriger og Ageren mætter,
Gavnlighed adler hver Alder og Stand.
Ære sin Øvrighed, elske sin Lige,
Tro mod sit Land, og sin Konge, og Mø,
Saa tænker Dansken, og før han skal svige,
Før skal han døe.[239]

Efter at Hans' holstenske og norske »Brødre« ligeledes har sunget hver en
strofe i deres respektive sprog, afrundes denne sekvens ved, at de sammen
synger:

Enige Brødre det ville vi være!
Bundne ved Slægtskabs og Broderskabs Baand.
Een er vor Konge, og een er vor Ære,
Derpaa vi give hinanden vor Haand.
Ære sin Øvrighed, elske sin Lige,
Trofast mod Land, og mod Konge og Mø!
Saa tænker alle, og før vi skal svige,
Før skal vi døe![240]

I 1809 finder vi nu disse to strofer stykket sammen til én tekst med titlen
Danskes Sind i en sangbog til brug ved boglig uddannelse af unge håndvær-
kere.[241] Og sidste led i kæden, så langt den her er fulgt, er, at anslaget til
Thaarups første strofe både forestillingsmæssigt, syntaktisk og rytmisk er
det umiskendelige mønster for to af teksterne i *Dan*, begge skrevet af nogle
af de yngre blandt konkurrence-deltagerne.

Hos J. Jetsmark (1781-1853) lyder første strofe således:

239. Thomas Thaarup, anf. skr. [note 34] s. 44.
240. Sst. s. 45-46.
241. *Sangbog for Haandværkerstanden til Brug i Søndagsskolerne*, samlet og udgivet af Viktor
     Kristian Hjort. Kbh. 1809 s. 93-94.

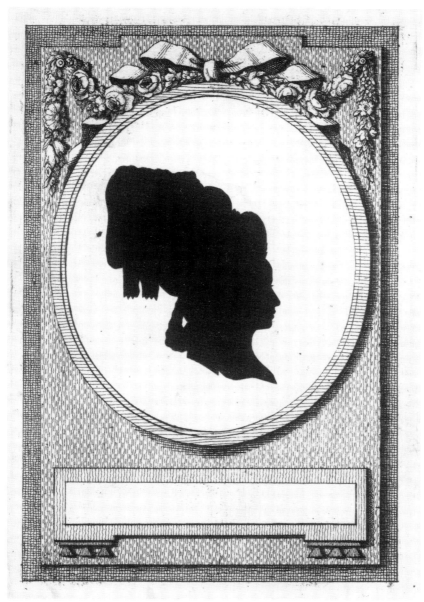

Juliane Marie Jessen (1760-1832), portrætteret i silhouet 1781-1782 af den tyske billedkunstner C. Limpricht, der i disse år bl.a. afbildede medlemmer af kongehuset og godt 200 medlemmer af Drejers klub. Alene portrættets eksistens er et udtryk for den unge piges placering i det højere københavnske borgerskab, i familien Jessens tilfælde med kontakt til kongehuset i den patriotisk prægede Guldberg-tid efter Struensees fald i 1772. De år blev afgørende for hendes åndspræg. Det kongelige Bibliotek.

Duftende Enge og kornrige Vange,
sølverblaae Vover om skovkrandste Kyst,
gyngende Snekker og jublende Sange,
det er vort Fædrelands evige Lyst.[242]

Og hos Mathias Winther (1795-1834) lyder det tilsvarende:

Smilende Enge og sølverblaa Vove,
Kornrige Slette paa grønklædte Ø,
Skyggende Bøge i venlige Skove,
Ilende Snekker paa skovkrandste Sø,
   Er jo din Lyst;
   O! ved dit Bryst
Fædreland! ville vi leve og dø![243]

Isoleret er disse to strofer formentlig det nærmeste, digtene i *Dan* kommer på vore begreber om tonen i en fædrelandssang. Men mønsteret er Thaarups.

Teatret spiller også en rolle i forbindelse med et andet vigtigt punkt i den nationale sangs historie, nemlig den voldsomme vækst i produktionen af denne teksttype, der fandt sted omkring slaget på Københavns red 1801 og under den anden Englands-krig 1807-1814. Det er nu ikke teatret som de dramatiske genrers hjemsted, der først og fremmest gør sig gældende, sådan som det var tilfældet i samspillet mellem syngespillet og klubviserne. Det er derimod teatret som ramme om sceniske udtryksformer af anden art: tableauer, deklamationer o.lign., og som samlingssted ved sociale og nationale begivenheder og højtidsstunder.

Krigssangene fra 1801 og 1807-1814, der løber op i langt over hundrede, blev i første omgang solgt som skillingstryk og (nogle af dem) siden udgivet i større samlinger som fx. *Hædersminde for 2den April 1801*.[244] Man finder her bidrag af (i dag) kendte og ukendte navne, men bemærker, at adskillige med tilknytning til konkurrencen i 1818 også optræder her. Fra bedømmelses-

242. *Dan. Samling af Fædrelandssange*, udg. af A.F. Elmquist. Aarhuus 1820 s. 42; jf. Hans Kuhn, anf. skr. [note 97] s. 233.
243. Sst. s. 107, i let varieret gentagelse sst. s. 109.
244. Det følgende bygger på en læsning af *Hædersminde for 2den April 1801 eller Sange og Digte som ere udkomne i Anledning af Krigen mellem England og Danmark* I-III. Kbh. (Beckstrøm et Comp.) u.å. (I-II) – 1802 (III); bd. I er identisk med *Samling af Sange som ere udkomne i Anledning af Krigen mellem England og Danmark i Apriil 1801. Første Hæfte*. Kbh. (M. Seest)

komiteen først og fremmest Rahbek, men også Thaarup, Gutfeld og Lieben-
berg; af konkurrence-deltagerne (dvs. leverandører til *Dan*) professor Ras-
mus Nyerup og lærer Andreas Jørgensen.

Det er disse sanges klare formål at opmuntre og hædre de tapre danskere
på de lumpne englænderes bekostning ved at opildne til kamp eller be-
skrive danskernes retfærdige sag og allerede udførte heltebedrifter. Med
den forskel, at teksterne her afspejler Danmarks og Norges statslige sam-
hørighed, minder de gennemgående temaer påfaldende om fædrelands-
sangene i 1818: Borgerdyd og borgerværd, havet og de danske (norske)
søhelte, kongen og kronprinsen. Især giver det dominerende krigeriske
islæt god baggrund for at forstå det tilsvarende, men da mindre aktuelt
begrundede element i sangene fra 1818:

> Til Vaaben! see, Fienderne komme!
> til Vaaben i nordiske Mænd!
> [...]
> Op Dannemænd! kiæmper i Fædrenes Spoer
> For Konge, for Arne, for Frihed i Nord!
> [...]

lyder løsrevne, opildnende linjer i Enevold de Falsens (1755-1808) meget
populære sang.[245] Men det står også fast, at danskere først og fremmest er
fredselskende folk, der kun nødtvunget, men da på nordisk heltevis og med
stor effekt, griber til våben, som det bl.a. fremgår af W.H.F. Abrahamsons
mindst lige så yndede:

---

u.å. – Et antal relevante titler er fortegnet i *Bibliotheca Danica* III. Kbh. 1896, ²1962 sp.
526-536, 544-545, 568-570; jf. for det følgende Leif Ludwig Albertsen: *Sang og slagkraft. Med
et udblik over nationallyrikken under Englandskrigene*. Kbh. 1975. (Baggeseniana VI) spec. s.
20-28, der bl.a. redegør for melodistoffet.

245. *Hædersminde* [note 244] I s. 3.

Vi Alle dig elske, livsalige Fred!
Du viser os Himmelen aaben.
Men kommer en Fiende og giør os Fortred
Da kiække vi tage til Vaaben;
[...]
Saa giorde de Fædre, saa giøre vi end
Naar Fiender mod Danmark sig hæve.[246]

Det forhold, at Christian VII beklædte tronen til 1808, men at hans funktioner i praksis var overtaget af kronprins Frederik (VI) i 1784, præger sangenes royale retorik: »Frederik vor Broder« er en tilbagevendende betegnelse (fx II:55), som kan give anledning til den overvejelse, om det mon virkede fremmende på disse årtiers udvikling af en forestilling om solidaritet og 'ligestilling' mellem borgere og 'borgerkonge', at kongemagtens reelle udøver ikke var en rigtig monark, men så at sige inden for rækkevidde.

I ydre henseende er det karakteristisk, at relativt mange af sangene er skrevet til melodier, der i forvejen var populære som klubsange,[247] teatersange[248] eller på anden vis. Hvad det kompositoriske angår, er omkvæd eller vekslen mellem solo- og korpartier hyppige, et højstemt, patetisk toneleje af odekarakter ligeså. Trods den beskedne publikationsform i skillingstryk kan disse sange ikke uden videre karakteriseres som »folkelige« og synes ikke i almindelighed tænkt til brug ved fællessang. Her kommer imidlertid teatret og lignende fremførelsessteder ind i billedet.

Flere sange i 'Hædersminde' er tilegnet skuespilleren H.C. Knudsen (1763-1816), der i krigsårene 1801-1814 indlagde sig stor fortjeneste ved i forbindelse med teaterarrangementer og på anden vis at opildne til modstand og indsamle penge til støtte for de krigsramte.[249] Han modtog for denne indsats guldmedaljen Pro meritis (1801) og Dannebrogsmændenes hæderstegn (1809), hvorved han blev den først dekorerede skuespiller i

246. Sst. s. 7-9. Teksten er tilegnet Drejers klub, jf. Knud Bokkenheuser: *Drejers Klub. Kulturhistoriske Interieurer fra Rahbeks København*. Kbh. 1903 s. 140-141.
247. Fx melodierne til *Nu bort med alskens Polletik* og *Vær du vort Selskabs Skytsgudinde*, sst. s. 14, 66.
248. Fx Ewalds og D.L. Rogerts *Kong Christian*, Birgitte Boyes og J. Hartmanns *Rolfs Skattekonge*.
249. Jf. for det følgende C. Behrend: Skuespiller Knudsens patriotiske Rejse i Aaret 1801, *Personalhistorisk Tidsskrift* 7.rk.5. Kbh. og Kria 1921 s. 213-221; Robert Neiendam: *Skuespiller og Patriot (Uddrag af H.C. Knudsens Dagbøger)*. Kbh. 1925; Henrik Nyrop-Christensen: *Mindehøjtideligheder fra Frederik VI's Tid. Omkring H.C. Knudsens heroiske Tableauer*. Kbh. 1970 (Studier fra Sprog- og Oldtidsforskning nr. 274).

Danmark. I øvrigt blev han kendt som »Fædrelandets frivillige Sanger«, berømmet som »Dannemand«, rost for sin »sjeldne Fædrenelandskjerlighed«;[250] *Dansk biografisk Leksikon* præsenterer ham i 1937 som »Skuespiller og Patriot«, i 1981 kun som »skuespiller«.

Knudsen debuterede på Det kongelige Teater i 1786 og gjorde sig bemærket dels som komisk karakterskuespiller, dels ved sin sangstemme; desuden fungerede han en tid som en art entertainer hos Christian VII's halvbroder, arveprins Frederik, der protegerede ham på forskellig vis.

Det var hans begavelse som sanger og entertainer, der kom til udfoldelse, da han ved rygtet om en britisk flådeafdelings ankomst til danske farvande foreslog teaterstyrelsen at benytte teatret direkte og aktivt til kanalisering af den københavnske befolknings patriotiske stemninger, idet han bad om tilladelse til at synge fædrelandssange i forbindelse med teatrets forestillinger. Det førte til stor publikumstilstrømning og tilsvarende succes, især ved forestillingerne d. 26., 27. og 28. marts 1801, mens fjenden nærmede sig hovedstaden – »storartede Kampindvielsesfester«.[251] Med sange som »Kong Christjan«, Abrahamsons »Vi alle Dig elske, livsalige Fred« og Falsens »Til Vaaben! see, Fjenderne komme!« henrev han – klædt ud som matros – et allerede begejstret publikum, der jublede, faldt ind med kor, brød ud i hurraråb for kongen og kronprinsen, for fædrelandet og den danske sømagt, og som efter forestillingerne drog gennem gaderne og sang »Knudsens Viser« for et større publikum.[252]

Under selve søslaget 2.4. 1801 opmuntrede han ved sin sang de danske søkrigere og formidlede siden på Holmens kirkegård folkets tak til de faldne.

I de følgende 13-14 år arrangerede han nu som »Fædrelandets frivillige Sanger« forestillinger til fordel for krigsramte, bl.a. for krigsfanger i England, deltog i søsætninger af nye orlogsfartøjer osv. Det foregik i København eller i provinsen; i andet halvår af 1813 turnerede han således i Norge, helt op til Trondheim, under protektion af statholderen prins Christian Frederik, den senere Christian VIII og søn af Knudsens gamle beskytter arveprins Frederik; prinsens tilladelse lød på »for det norske Krigerfolk,

---

250. Fx *Nyeste Skilderie af Kjøbenhavn* 28.1. 1812, 27.6. 1812.
251. Th. Overskou: *Den danske Skueplads, i dens Historie, fra de første Spor af danske Skuespil indtil vor Tid* III. Kbh. 1860 s. 763.
252. Sst.

saavelsom i Byerne, at give Forestillinger, gelejdet af Fædrenelands Sang.«[253]

Knudsens virksomhed synes at have kulmineret i 1813-1814, efter at han fik kongelig tilladelse til »at opføre hvert Aar et Skuespil« til fordel for de krigsramte; samtidig skulle der i de fleste jyske og fynske købstæder gives lignende forestillinger, »saa at denne Dag vil blive en Nationalfest, stiftet og høitideligholdt af sand Borgeraand og Fædrenelandskjerlighed.«[254]

Vi ser her Frederik VI's ideer om militær eksercits overført til den nationale opdragelse eller teater- og underholdningsbranchen. O. 1820 hedder den pædagogiske pendant hertil »den indbyrdes undervisning«: på klokkeslet i samtlige almueskoler landet over én og samme indlæring.

Det blev til en forestilling med prolog og opførelse af Thomas Thaarups *Hjemkomsten* 6.3. 1813; året efter opførte Det kongelige Teater med samme formål »det saa almeen yndede Nationalsørgespil Niels Ebbesen [af L.C. Sander, 1797]«, ligesom andre teatre rundt i landet gav forestillinger i samme øjemed; »Saaledes bliver den 12 Martii en sand Fædrenelandsfest for Danmarks Sønner«, spår 'Skilderiet'.[255]

Knudsen var endnu med til at fejre de danske krigsfangers hjemkomst fra England ved en fest på Holmen i sommeren 1814;[256] derefter stilnede hans virksomhed som »Fædrelandets frivillige Sanger« af. Han noterer afslutningen på disse nationale teaterbegivenheder i sin dagbog (12.3. 1814) og bemærker kort efter mismodigt: »I Dag er det 13 Aar siden, jeg stod i Kamp for mit Fædreland. Det var en Hædersdag, derfor er den mig kier. Da var vi danske Mænd! Hvad er vi nu?«[257]

Trods al ydre succes var Knudsens vej næppe uden torne, bl.a. fordi han efter alt at dømme havde et stort behov for popularitet. Frederik Schmidt, der iagttog ham på nært hold i 1811, mere end antyder, at Knudsen opnåede sin popularitet ved at lefle for det 'folkelige' i dårlig forstand.[258] Ifølge Schmidt var Knudsen vred på sine kolleger og på teatrets øverste chef, hofmarskal A.W. Hauch, fordi de var kølige over for eller direkte mod-

253. H.C. Knudsens dagbog 13.6. 1813 i Robert Neiendam, anf. skr. s. 40.
254. *Nyeste Skilderie af Kjøbenhavn* 27.10. 1812.
255. Sst. 12.2. 1814.
256. H.C. Knudsens dagbog 2.8. 1814 i Robert Neiendam, anf. skr. s. 77-78.
257. H.C. Knudsens dagbog, sst. s. 68.
258. Frederik Schmidt, anf. skr. [note 99] I. Kbh. 1966 s. 286.

»Phoenix«, kobberstik af W. Heuer efter tegning af T.E. Lönning, der solgtes til fordel for krigsramte, viser åbningstableauet ved H.C. Knudsens velgørenhedsforestilling på Det kongelige Teater 26.1.1811. »Phoenix« var det første linjeskib, den danske flåde byggede efter katastrofen i 1807. På scenen ses orlogsfartøjet med det håbefulde navn omgivet af folk fra flåden og Holmen, forrest H.C. Knudsen med en skibsmodel af den art, danske søfolk i engelsk krigsfangenskab fremstillede. Kobberstiksamlingen.

arbejdede hans patriotiske forestillinger. Derimod omtalte Knudsen med begejstring kongeparrets positive støtte.[259]

I deres ydre form bestod H.C. Knudsens forestillinger af forskellige ingredienser i vekslende blandingsforhold og vægtning: Deklamation (prologer, epiloger), dramatiske opførelser, fortrinsvis af det nationale repertoire (fx Sanders *Niels Ebbesen*, Thaarups syngestykker), tableauer med forbindelse til den militære situation, patriotiske sange.

Den meget vellykkede forestilling på Det kongelige Teater 26.1. 1811 til fordel for søfolk i engelsk krigsfangenskab kan tjene til nærmere belysning af Knudsens virke. Åbningstableauet viser orlogsskibet »Phoenix« omgivet af flådens mandskab, håndværkere etc. Knudsen fremsiger en prolog af

259. Sst. s. 218.

Oehlenschläger og synger den tilhørende sang til melodi af Abrahamsons populære sang fra 1801, *Vi alle dig elske, livsalige Fred*,[260] »hvoraf hvert Omquæd istemtes af den hele Forsamling paa Skuepladsen«. Derefter opføres Galeottis *Rolf Blaaskæg*, en af tidens ballet-succeser, der dog ved forestillingens reprise 9.3. 1811 afløstes af Christen Prams Saxo-inspirerede skuespil *Lagertha* (1789, udg. 1801). Derpå følger en epilog af N.T. Bruun,[261] hvorefter Knudsen, udklædt som 80-årig, invalid sømand fra scenen, der nu viser en lund med mindestøtter for forskellige kategorier af faldne, synger »Abrahamsons skjønne Qvad: »værer Fred med eder alle« [...] og det Hele endtes med et varmt Hurra for Kongen, som alle Tilskuerne med Enthusiasme istemte. – H.M. Kongen og H.K.H. Kronprindsesse Caroline forskjønnede denne sande Nationalfest med deres høie Nærværelse. Ogsaa de øvrige Prindser og Prindsesser af det Kongelige Huus vare nærværende. Huset var propfuldt, [...].«[262]

Det ydre arrangement og sceneri er – skønt det her når sin formentlig rigeste udfoldelse – repræsentativt for Knudsens patriotiske forestillinger i disse år og for de tilsvarende initiativer rundt om i landet, som andre forestod efter samme mønster. Alt efter omstændighederne kunne de foregå i teatre, rådhussale eller kirker. De fremstår som en virkeliggørelse af den tanke om »Fædrelandsfester« og »Nationalhøitider«, som L. Engelstoft fremsætter i 1808 i sine *Tanker om Nationalopdragelsen*[263] i kapitlet »Om den patriotiske Opdragelses Understøttelse ved sandselige Hielpemidler«.[264] Han forestiller sig dels »Fædrelandsfesten«: en art borgerlig konfirmation, afholdt i et særligt »Tempel« med processioner, musik og sang omkring et alter beskygget af nationalflaget,[265] dels »offentlige *Mindefester* og *Nationalskuespil*«, til markering af »Begivenheder, der have Nationalinteresse« ud fra den antagelse, at »Lidenskab for Fædreland opvækkes og stiger under Declamation, Musik og Anskuelse til den høie Begeistring, som mere end eengang har skabt store Mænd og vakt slumrende Talenter.«[266] De ydre

260. Adam Oehlenschläger: *Poetiske Skrifter*, udg. af F.L. Liebenberg, XVIII. Kbh. 1860 s. 147-151.
261. Trykt i *Nyeste Skilderie af Kjøbenhavn* 12.3. 1811.
262. Referat sst. 29.1. 1811; 'Skilderiet' følger i disse år H.C. Knudsens aktiviteter nøje og med sympati, jf. Henrik Nyrop-Christensen, anf. skr. [note 249] s. 20-23.
263. L. Engelstoft, anf. skr. [note 22]; se Ole Feldbæk, anf. skr. [note 28], s. 275.
264. I et referat af en sådan »Nationalfest« på Tranekjær på Langeland er *Nyeste Skilderie af Kjøbenhavn* (18.8. 1812) opmærksom på sammenhængen mellem Engelstofts tanker og Knudsens aktiviteter.
265. L. Engelstoft, anf. skr. s. 223-224.
266. Sst. s. 233-234.

rammer for de landsdækkende (til forskel fra lokale) fester skal fastlægges af staten, mener Engelstoft; som tilbagevendende begivenheder forestiller han sig markeringen af kongens fødselsdag og stavnsbåndets ophævelse.[267]

Det er nu spørgsmålet, hvilken rolle fædrelandssangen spiller i de her skitserede sammenhænge og ganske specielt i forbindelse med H.C. Knudsens forestillinger.

Knudsens tidligste repertoire fremgår af det sanghæfte med noder, han udgav i 1802: *Sange ved Fædrelandshøitiderne, Danmarks anden April til Admindelse. Siungne, samlede og udgivne ved H.C. Knudsen, kongelig Skuespiller.* Det er såre aktuelt; først kommer en gruppe egentlige kampsange: Frederik Høegh-Guldbergs »Hvor let til Kamp det Sværd at drage« fra idyllen *Landeværnet* (1801), Enevold de Falsens »Til Vaaben! see Fienderne komme« og W.H.F. Abrahamsons »Vi alle dig elske, livsalige Fred«; dernæst G.H. Olsens tilbageskuende »Saa kæmped de Helte af anden April«, Abrahamsons begravelsessang »Være Fred med Eder alle«; og endelig en gruppe taksigelsessange: R. Frankenaus »Det er en sød og himmelsk Fryd«, L.C. Sanders »Velkommen Æt af Danske Helte« og P.H. Hastes »En Helteflok mod Britten stod«. Det drejer sig i alle tilfælde om tekster, der var opstået i den aktuelle situation. Kun Falsens, Olsens og Abrahamsons to sange blev stående som evergreens på Knudsens repertoire i de kommende år.

Trods efterretningerne om den store publikums-deltagelse må man ikke forestille sig disse teater- og lignende begivenheder som egentlig fællessang, som det senere blev tilfældet ved folkefester, alsangsstævner m.v. Det er primært solosang fra scenen for et publikum, der eventuelt kan synge med på omkvæd, som det tilsyneladende skete i Det kongelige Teater sidst i marts 1801.[268] I hvilken grad det skete spontant eller var arrangeret, kan næppe afgøres med sikkerhed. I andre tilfælde er der snarest tale om, at omkvæd, korindslag og lignende har været sunget fra scenen af statister, fx de ovenfor omtalte søfolk ved forestillingen i januar 1811.[269]

Op mod 1820 bliver der imidlertid flere utvetydige vidnesbyrd om, at fædrelandske sange også bliver sunget som fællessang i større forsamlinger. Ved fejringen af Frederik VI's 50 års fødselsdag 28.1. 1818 i Århus teater blev der således efter skuespillet »af den hele talrige Forsamling afsiungen en Folkesang, hvorefter Huset gienlød af et tredobbelt Hurra-

267. Sst. s. 248, 250.
268. Th. Overskou, anf. skr. [note 251], III. Kbh. 1860 s. 763.
269. *Nyeste Skilderie af Kjøbenhavn* 29.1. 1811.

raab.«[270] Også andre byer fejrede begivenheden med teaterforestillinger, spisning og bal i de stedlige klub- eller selskabslokaler til den lyse morgen flere dage i træk og med fælles afsyngelse af »Sange, passende for Dagens Høitid« som temmelig fast ingrediens.[271] Ved en aftenfest på Odense rådhus i anledning af et kongebesøg i sommeren 1818 blev der sunget en sang »af trofaste Borgere«, uden at det fremgår helt klart, om det er fælles- eller korsang.[272] Men ved fejringen af dronningens og kronprinsessens fælles fødselsdag på Århus teater samme efterår er billedet helt klart: Før tæppet går, lyder »fra alle Læber« en sang, der »ligesaa sand som hjertelig tolker hver ægte Danneborgers Følelser.«[273]

Der kan ikke være tvivl om, at der ved disse lejligheder er foregået noget, der må betegnes som nationale tilkendegivelser. Det ligger i udtrykket »hver ægte Danneborgers Følelser«, selv om det selvfølgelig i den sidste ende kun er en tolkning af begivenheden. Det må i alle tilfælde under-streges, at selve henlæggelsen af disse forestillinger, spisninger og baller til teatre, klublokaler og lignende gør dem til et anliggende for sluttede kredse og dertil bedre kredse. Og de er i sig selv en del af borgerskabets kulturmøn-ster med billetkøb og betaling for deltagelse i måltidet og dansen. Dele af arrangementerne, især fællessangen ved bordet, kan minde om udvidede klub-møder. Folkefester med tilløb af almue og underklasse er der ingen spor af.

I forbindelse med Knudsens forestillinger under Englands-krigene og dermed beslægtede fænomener i de følgende år får teatret status som et særligt hjemsted for markeringer af det nationale. I artiklen *Et Par Ord om Tydskhed paa Danmarks Nationaltheater* fra december 1814 er filologen Chr. Molbech, der som nævnt var talsmand for det nye national-begreb i disse år, inde på, at teatret er danskhedens særlige hjemsted;[274] og i forbindelse med sangkonkurrencen få år senere hævdes det ligeud, at »Skuespillet er det Sted, hvor Nationalsange især bør synges.«[275]

Men det må også noteres, at den slags nationale begivenheder alt i alt

270. Sst. 3.2. 1818; teksten har »gienløb«.
271. Sst. om festen i Slagelse; jf. om festerne i Ribe (sst.), Viborg (sst. 7.2. 1818).
272. Sst. 23.6. 1818.
273. Sst. 3.11. 1818.
274. Sst. 17.12. 1814; jf. Raymond Grew: The Construction of National Identity, *Concepts of National Identity. An Interdisciplinary Dialogue*, ed. by Peter Boerner. Baden-Baden 1986 s. 31-43, spec. s. 38.
275. *Nyeste Skilderie af Kjøbenhavn* 25.5. 1819, formentlig redaktionel artikel.

synes at være på retur efter 1814. Krigen havde givet H.C. Knudsens begavelse som entertainer vind i sejlene,[276] men dens ophør – samt i det konkrete tilfælde hans svigtende helbred og død i 1816 – sætter en stopper for den slags. Snart er tilsvarende markeringer af det nationale indskrænket til fejringen af begivenhder i kongehuset. Til de allerede nævnte kan føjes festlighederne ved kongens tilbagekomst fra Wien i 1815 og i anledning af hans kroning samme år.[277] Med specielt sigte på den deraf forringede mulighed for at synge nationale sange hedder det i forbindelse med sangkonkurrencen 1819 og i forlængelse af det ovenfor anførte udsagn om teatret som den nationale sangs rette hjemsted:

> Men hos os gives næsten ikke oftere Leilighed til at lade en Deel
> af Folket saaledes udbryde i glade fædrenelandske Følelser end
> paa Kongens og Dronningens Fødselsfest.[278]

Afsluttende må vi da konstatere, at ligesom teksterne med hensyn til formsproget og det tematiske stort set fulgte ældre mønstre fra før det romantiske gennembrud, især fra de sidste årtier af 1700-tallet, peger de også i kraft af de miljøer og fremførelsesmæssige traditioner, de qua nationale sange er bundet til, i udtalt grad bagud.

Klublivet med dets karakter af samvær i en lukket kreds havde haft sin blomstringstid ca. 1780-1800 og var nu o. 1820 på retur, men kunne dog, som vi har set, på visse områder sætte normerne for borgerskabets selskabelige former, især hvad sangkulturen angår. Den private fest, hvor Grundtvigs *Langt høiere Bjerge* lød første gang i foråret 1820, kan med sine organiserede bordsange betragtes i denne sammenhæng. Men Grundtvigs sang fik sit langvarige liv som fædrelandssang netop ved at frigøre sig fra denne tradition, bl.a. ved at de to sidste strofer, der skal motivere udbringelsen af en skål og derved er knyttet tættest til klubkulturen, bortredigeres.[279] I den form kunne den fungere som fællessang i større forsamlinger, uden for det lukkede selskabsliv. Men den bevægelse kunne de tidlige patriotiske sange i almindelighed ikke gøre den efter. De forblev »Selskabs-Sange«, som den store og lidet homogene afdeling i *Samling af Club-Sange* fra 1787 hedder.

276. Jf., at H.C. Knudsen i 1805 arrangerede en indsamling til fordel for brandlidte i Frederikssund, se Robert Neiendam, anf. skr. [note 249] s. 13-14.
277. *Nyeste Skilderie af Kjøbenhavn* 3.6. 1815, 5.8. 1815; jf. også om en modtagelse af prins Christian Frederik i Odense, sst. 18.7. 1815, og om kongens fødselsdag i januar 1817, sst. 24.6. 1817.
278. Sst. 25.5. 1819.
279. Tekstens historie er beskrevet under en anden synsvinkel ovenfor s. 196.

Men også ved sin anknytning til forestillinger, tableauer osv. på teatre og lignende steder peger fædrelandssangen på dette tidspunkt bagud og er i hvert fald ude af føling med genrens fremtid. Teatret som hjemsted for nationale manifestationer er også et fænomen, der hører det sene 1700-tal til. Et eksempel blandt flere er Th. Thaarups oftere omtalte syngespil o. 1790. Genrens fremtid var imidlertid ikke først og fremmest knyttet til kunstnerisk fremførelse for et publikum, men til fællessang i større forsamlinger.[280] Da det blev en realitet ved midten af århundredet, skabtes der samtidig et nyt repertoire.

8. Konklusion

En begivenhed som nationalsangskonkurrencen i 1818 kan, hvis man vil betragte den som vidnesbyrd om dansk nationalfølelse eller identitetsoplevelse på dette tidspunkt, ikke henføres til et enkelt sæt af intentioner eller forestillinger, men må ses i sammenhæng med de forskellige grupper i samfundet, som har berøring med den.

I selve sit udspring er konkurrencen så tæt ved at være et statsligt initiativ, som det er muligt inden for litteraturens verden. Prins Frederik af Hessens status og nære familiemæssige forbindelse til kongen gør det helt usandsynligt, at han skulle træde offentligt frem med det formål at tilvejebringe en nationalsang med prætentioner om, at det skulle være nationalsangen, med mindre han havde kongelig opbakning. Sangen var jo ikke tænkt til brug (og evt. glemsel) ved tropperne i Frankrig, men ville finde anvendelse i hjemlandets dansk-talende egne. Når A.F. Elmquist tilsender kongen et eksemplar af sin Dan. Samling af Fædrelandssange og i den anledning modtog en kongelig påskønnelse, er det formentlig også et indicium for, at monarken betragtedes som involveret og interesseret i nationalsangs-konkurrencen.

Indtrykket af et initiativ på højeste plan bekræftes af, at 'Selskabet' straks tildeles en central rolle i forbindelse med konkurrencen. Flere af dets med-

---

280. Jf. Anne Braad: Fædrelandssangen, *Meddelelser fra Dansklærerforeningen* nr. 3-4/1981. Varde 1981 s. 20-34, spec. s. 20-21.

»Fædrenelandsk Kirkegaard«, kobberstik af Johs. Senn og G.L. Lahde, blev som »Phoenix«
solgt til fordel for de krigsramte. Billedet viser H.C. Knudsen som deklamator ved vel-
gørenhedsforestillingen på Det kongelige Teater 12.3.1814. Forrest til venstre en knækket
skibsmast med navne på faldne officerer i fregatten »Najaden«'s træfning med engelske
orlogsskibe 1812. Midt for (if. Knudsens dagbog) en »Gravhøy med en Bautasten«. Scenebille-
det leder tanken hen på mindelunden ved Jægerspris slot med monumenter over berømte
danske, norske og holstenere, opstillet 1778-1782 af arveprins Frederik og kendt af Knudsen fra
hans engagement hos denne. Kobberstiksamlingen.

lemmer – i udtalt grad præsidenten Ove Malling – havde nær forbindelse til
statsstyrelsen og kongens person.

Under denne synsvinkel bliver konkurrencen en parallel til de samtidige
bestræbelser på at etablere en humanistisk basisuddannelse i forbindelse
med genåbningen af Sorø Akademi o. 1820 og inden for rammerne af den at
overføre varetagelsen af de studerendes sproglige og litterære dannelse fra
det i national henseende neutrale æstetik-fag til et på det tidspunkt nyt fag:
dansk sprog og litteratur, hvis hovedindhold blev forelæsninger over »Na-
tional-Litteraturen«.

I begge tilfælde ser vi initiativer af betydning for danskheden udgå fra kongen eller hans nærmeste omgivelser, og i begge sammenhænge spiller Ove Malling en central rolle.[281] Det ville imidlertid være forkert at opfatte disse forhold som udtryk for en målrettet og energisk nationalt orienteret kulturpolitik. Da fx K.L. Rahbek i 1816 ønskede sig et professorat i »Fædre-landets Litteratur« ved Københavns Universitet, blev han ansat som pro-fessor i æstetik »især i det danske Sprog og den danske Litteratur«, og Rasmus Rask, der især havde gjort sig bemærket inden for den nordiske filologi, opnåede trods ansøgning om stilling ved universitetet i 1815 og igen i 1823 ikke ansættelse i, hvad der senere blev benævnt 'nationalfaget'. Tiden var tilsyneladende ikke inde til den slags i København, men nok i Kiel, hvor Jens Baggesen blev ansat inden for dette fagområde i 1811.[282]

'Selskabets' centrale rolle i konkurrencen har som følge, at genrebegreber og andre æstetiske normer, der er forældede omkring 1820, kommer til at dominere. Når K.L. Rahbek skal formulere sine ideer om en nationalsang, peger han på sin ungdoms idealer og henviser først og fremmest til Thomas Thaarups patriotiske digtning fra sidst i 1700-tallet. Prinsens og 'Selskabets' fælles ideer om den nationale sangs tematik kommer i det hele taget til at aktualisere den patriotiske sangtradition, som havde oplevet en blomstring, men også en drejning i retning af det specielt militære som følge af krigs-handlingerne i 1801 og 1807-1814. Man kommer derved til at efterlyse en digtning, der ikke havde fremtiden for sig, og som egentlig allerede var passé.

Det er symptomatisk, at konkurrencens vinder tilhører den ældre genera-tion, der havde fået sine æstetiske idealer dannet i årene op mod 1800. Der kan i denne sammenhæng være grund til at formode, at netop Rahbeks generation er en af de generationer, der i udtalt grad kan have følt sig løbet over ende af ændrede æstetiske normer, sådan at den på sine gamle dage kunne føle sig ganske ude af trit med den nye tid. Rahbek omtaler således det romantiske gennembrud som »den store Syndflod, hvori alle vi gamle gik tilgrunde«.[283] På tilsvarende måde er yngre æstetikere som fx Chr. Molbech, idet de så stærkt betoner smagsskiftet o. 1800, med til at gøre

281. Sorø. Klosteret. Skolen. Akademiet gennem Tiderne, skrevet af gamle Soranere, udg. af Soransk Samfund, II. Kbh. 1931 s. 392-393.
282. Jf. Flemming Conrad, anf. skr. [note 104] s. 398-399.
283. Brev til R. Nyerup 13.7. 1827, KB: Add. 16-17,2⁰.

slutningen af 1700-tallet til en endog meget fjern fortid. At følge den tids normer var virkelig gammeldags.

Der er adskilligt, der tyder på, at initiativet for at tilvejebringe en dansk nationalsang i 1818 på afgørende punkter falder ned i et vakuum: De kræfter, som konkurrencen skulle have appelleret til for at føre til varige resultater – og det var jo tanken – er ikke til stede. Hvis man i disse år efter 1814 søger efter vidnesbyrd om en særlig danskhedsfølelse, møder man et usikkert billede: Fastest i konturerne er endnu det gamle danskhedsbillede samlet om kongen som centralskikkelse, men det er øjensynlig under afvikling og er i hvert fald ikke produktivt, når det gælder skabelsen af holdbare nationalsange. Dette gamle danskhedsbillede har imidlertid endnu ikke fundet sin afløser, undtagen i snævre akademiske kredse, især blandt nationale filologer; at det just sker i disse kredse, hænger sammen med, at centralbegrebet i den nye forestilling om national identitet, der nu er på vej, er nationalsproget.

Det interregnum, der her hævdes at karakterisere årene efter 1814, har været bemærket i tidligere litteraturhistorieskrivning. I en afhandling fra 1859 om *Poesien i Danmark efter 1814* hævder således den samtidige iagttager Henrik Hertz (f. 1798 eller 1797), at de første år efter adskillelsen fra Norge præges af en søgen efter egen oprindelse og oprindelighed: »Danmark maatte søge sin Rod i sig selv«, og denne proces ser han tilendebragt o. 1824.[284] Nær på denne opfattelse ligger Vilh. Andersen, der karakteriserer århundredets andet årti som en række af »Prøvelsesaar«, der først o. 1824 afløses af en ny »Tryghedsfølelse«.[285] Under en strikte æstetisk synsvinkel karakteriserer også F.J. Billeskov Jansen perioden ca. 1814-1824 som en krisetid.[286] Det forekommer plausibelt, at de ændrede tilstande efter 1814 har medført en usikkerhed i livsorienteringen, som både har ramt de æstetiske udfoldelser og forestillingen om, hvad det kunne indebære at være dansk.

Det påståede vakuum viser sig på flere niveauer. For det første mødes initiativet kun af digtere med forældede ideer om en nationalsangs indretning; følgen bliver en række tekster med kongen og det militære liv som de væsentlige indholdsstørrelser.

284. Henrik Hertz: Poesien i Danmark efter 1814. En Literatur-Skitse, *Ugentlige Blade*, udg. af Henrik Hertz. Kbh. 1859 s. 660.
285. Vilh. Andersen: Den danske Litteratur i det nittende Aarhundredes første Halvdel, *Illustreret dansk Litteraturhistorie*, ved Carl S. Petersen og Vilh. Andersen, III. Kbh. 1924 s. 344, 497.
286. F.J. Billeskov Jansen, anf. skr. [note 216] III. Kbh. 1958 s. 132, 147.

For det andet viser det sig i offentlighedens reaktion på konkurrencen og de deraf resulterende digte. Den sensation, konkurrencen vækker, vidner om stor interesse for fænomener som nationalitet, danskhed, nationalsange osv., der synes at tiltrække sig opmærksomhed som noget nyt.

Denne sensationsprægede interesse kan lokaliseres til først og fremmest to kredse. Der er dels et overvejende københavnsk dannet borgerskab, der fx holder *Nyeste Skilderie af Kjøbenhavn*, og som i knap et par menneskealdre har haft en bl.a. patriotisk sangkultur med klubben og teatret som de vigtigste miljøer; der har i disse kredse hersket ideer om forholdet mellem borger, konge og fædreland, men der synes ikke at være nogen føling med den kommende tids begreber om nationalitet og danskhed. Dertil kommer, at hverken klublivet eller teatret som sociale dannelser havde fremtiden for sig som hjemsted for kollektive tilkendegivelser af danskhed.

Dels er der et lag af jævnere litterater og altid kampklare debattører, som viser liden opmærksomhed for konkurrencedigtenes indholdsmæssige side, og som ikke evner at skabe et seriøst debatforum, men fortrinsvis udfolder sig på det skandaleprægede plan. I denne kreds var der ikke megen baggrund for en drøftelse af den nationale sang og den nationale identitet.

Men ved siden af disse grupperinger er der som nævnt en lille gruppe af filologisk orienterede akademikere, som havde blik for de nye ideer om sammenhængen mellem nationalsproget og folkets særlige karakter, men som indtil videre ikke forbandt denne viden med sans for sange. I hvert fald kommer der ikke fra denne kant nogen kommentar til nationalsangskonkurrencen.

Den aktivitet, der kunne udfoldes i disse kredse, har tilsyneladende heller ikke kunnet appellere til et bredere publikum.[287] Hvis opslutning om forelæsninger over den nationale litteratur kan tages som udtryk for national interesse, er billedet i hvert fald temmelig negativt. At de to gamle professorer K.L. Rahbek og Rasmus Nyerup ikke kunne samle nogen større tilhørerskare til deres forelæsninger over den danske digtekunst, kan endda være; mere sigende er det, at en af det nye national-begrebs fortalere, Chr.

---

287. Jf. om de tilsvarende forhold i Tyskland Inge Adriansen: *Fædrelandet, folkeminderne og modersmålet. Brug af folkeminder og folkesprog i nationale identitetsprocesser – især belyst ud fra striden mellem dansk og tysk i Sønderjylland.* Sønderborg 1990 spec. s. 31.

Molbech måtte aflyse sine forelæsninger over den danske nationallitteratur i efteråret 1822 på grund af manglende tilslutning.[288]

Den mathed efter rigsopløsningen i 1814, som her søges sandsynliggjort, udtrykkes formentlig meget godt i H.C. Knudsens formulering af forskellen mellem situationen i 1801 og 1814: »Da var vi danske Mænd! Hvad er vi nu?«[289] I den situation var de fornødne forudsætninger for en aktiv modtagelse af prinsen af Hessens udspil ikke til stede. Det blev kun til en hastig, feberagtig interesse, en vis skandalepræget opstandelse og meget snart den totale stilhed. Andre sensationer fængslede snart mediernes opmærksomhed og viste sig betydeligt holdbarere end de nationale sange. Det er fx iøjnefaldende, at interessen for Walter Scott og hans forfatterskab allerede fra 1820 aldeles udkonkurrerer debatten om det nationale og den nationale sang som stof i Rahbeks tidsskrifter og i pressen i øvrigt.[290]

288. Chr. Molbech: *Brevveksling med svenske Forfattere og Videnskabsmænd*, ved Morten Borup. I. Kbh. 1956 s. 267; jf. Flemming Conrad, anf. skr. [note 104] s. 398.
289. Citeret ovenfor s. 232.
290. Jf. Jørgen Erik Nielsen: *Den samtidige engelske litteratur og Danmark 1800-1840* I-II. Kbh. 1976-1977 spec. II s. 212-214.

Bibliografi

I: Utrykt materiale
I Det kongelige Biblioteks håndskriftsafdeling
Selskabet til de skiønne og nyttige Videnskaber, dets arkiv (Ny kgl. Saml. 2385,2⁰)
Collinske Brevsamling XXIII a.
Chr. Molbechs Skrivekalendere (Ny kgl. Saml. 439,4⁰)

I Rigsarkivet
H.F. Bilsted: *Det danske Armeekontingent i Frankrig 1815-1818.*
Kabinetsarkivet: Memorialprotokol for 1820.
Kongehusarkivet: Frederik VI.s arkiv: Breve fra Frederik af Hessen og hans adjudant G.W.O. Ries.
Den Høistcommanderendes arkiv: registre over indkomne sager 1816/27 og registre over udgåede sager 1816/27.

II: Trykt materiale
(Periodica benævnes videst muligt som i Jette D. Søllinge og Niels Thomsen: *De danske Aviser 1634-1989,* I. Viborg u.å. [1988])

A: Tekster 1818-1830, der udspringer af eller har sandsynlig berøring med konkurrencen 1818.
(Kronologisk, evt. med bidrag til nærmere datering i parentes. Senere optryk under tidligste forekomst).

(*)= optrykt i *Dan. Samling af Fædrelandssange,* udg. af A.F. Elmquist. Aarhuus 1820.
(§)= Ledsaget af kommentar.

K.L. Rahbek: [Om Nationalsange i Anledning af Hr. Candid. Lütkens Huus- og Skole-Sangbog], *Tilskueren* 2.9. 1818.
['Selskabets' meddelelse om udskrivningen af konkurrencen]. *Danske Statstidende* [Berlingske Politiske og Avertissementstidende] 16.10. 1818.
 Jf. *Tilskueren. Et Ugeblad.* 16.10. 1818; *Dagen* 19.10. 1818; *Fyens Stiftstidende* 20.10.1818; *Dansk Litteratur-Tidende for 1818* nr. 41.
K.L. Rahbek: [Om danske Nationalsange], *Tilskueren* 27.10. 1818.
Anonym: Nationalsang for vore Tropper i Frankrige, *Nyeste Skilderie af Kjøbenhavn* 31.10. 1818. (§).
Anonym: Et andet Forsøg, ikke til en Dansk National-Sang, men til en Sang for den Danske Nation, *Nyeste Skilderie af Kjøbenhavn* 17.11. 1818.
Anonym: Om National-Sange, som Udtrykket af en Nations Kraft, Følelse og Velvære, *Nyeste Skilderie af Kjøbenhavn* 26.12. 1818.
K.L. Rahbek: [Om Hjemvee. Art. i anledning af Fr. Schmidts Sang den 31ᵗᵉ December 1818], *Tilskueren* 23.2. 1819.
Anonym: [Artikel om »Nationalaand« m.v.], *Fyens Stiftstidende* 13.5. 1819.

['Selskabets' meddelelse om konkurrencens udfald]. *Dagen* 13.5. 1819.

Jf. *Danske Statstidende* 14.5. 1819; *Fyens Stiftstidende* 18.5. 1819; *Aarhuus Stifts-Tidende* 18.5. 1819; *Randers Amtsavis* 18.5. 1819; *Aalborg Stiftstidende* 19.5. 1819; *Dansk Litteratur-Tidende* for 1819 s. 302.

Frederik Høegh-Guldberg: Tvende Folkesange, *Nyeste Skilderie af Kjøbenhavn* 15.5. 1819. (§) (*).

Anonym: Dansk Folkesang, *Dagen* 15.5. 1819.

Anonym: [H.C. Wosemose]: Nationalsang, *Dagen* 18.5. 1819. (* let rev.).

Juliane Marie Jessen: Dansk National-Sang. Kbh. (Andreas Seidelin) 1819. (Annonceret i *Dagen* 24.5. 1819). (*).

Optrykt med lejlighedsvise mindre varianter: Dansk National-Sang, *Aalborg Stiftstidende* 2.6. 1819; *Frøken Jessens kronede danske Nationalsang, til Professor Weises kronede Musik.* Kbh. 1821; [J.M. Jessens sang til] *Den 25de Juni 1821.* Kbh. (Andreas Seidelin) u.å.; [J.M. Jessens sange til] *Den 11te November 1821.* u.st. og å.; *Dansk National-Sang.* Ribe 1822; Freie Nachbildung des gekrönten dänischen Nationalliedes, ved G. v. Kaufmann, *Eidora. Taschenbuch auf das Jahr 1823.* Erster Jahrgang, hg. von H. Gardthausen. Schleswig u.å.; *sa.* Abgesungen im Holsteinischen Dramatischen Verein d. 5ten Februar 1823. Kph. (Bordings Wittwe) u.å.; National-Sang, *Ny Samling af Skrifter udgivne ved Selskabet til de skjønne Videnskabers Forfremmelse.* Første Bind. Kbh. 1824; *Gekröntes Volkslied [...] mit Begleitung des Piano-Forte und vier Singstimmen* von Zeno von Sölnwanger. Copenhagen u.å.; Carmen populare, oversat af Peter Nicolai Thorup, *Archiv for Psychologie, Historie, Literatur og Kunst,* ved Niels Christian Øst, VIII. Kbh. 1827 s. 388-389. Dertil 4 formentlig samtidige tryk u.st. u.å.

Misceller, *Nyeste Skilderie af Kjøbenhavn* 25.5. 1819.

Anonym: Dansk Folkesang, *Dagen* 25.5. 1819. (*).

[Ambrosius] Stub og [L.C.] Sander: Nationalsang, *Nyeste Skilderie af Kjøbenhavn* 29.5. 1819. (§) (*).

N.C.N.: Fædrelandssang, *Nyeste Skilderie af Kjøbenhavn* 1.6. 1819. (*).

Anonym [Fr. Winkel-Horn]: Dansk National-Sang, *Dagen* 4.6. 1819. (§) (*).

[J.J.] Dampe: Dansk National-Sang, *Nyeste Skilderie af Kjøbenhavn* 5.6. 1819. (§) (*).

Anonym [Steen Steensen Blicher]: [Kommentar om konkurrencen], *Aarhuus Stifts-Tidende* 5.6. 1819.

Anonym [Steen Steensen Blicher]: Paa Nordhavs Bryst opløfter sig den Jord, *Aarhuus Stifts-Tidende* 5.6. 1819. (*).

Optrykt med titel »Dansk Folkesang«, *Dagen* 12.6. 1819.

Anonym [Steen Steensen Blicher]: Danmark er vort Fødeland, *Aarhuus Stifts-Tidende* 5.6. 1819. (*).

Optrykt med titel »Folkesang«, *Dagen* 14.6. 1819.

Parmo Carl Petersen: Folkesang, *Nyeste Skilderie af Kjøbenhavn* 8.6. 1819.

Anonym: [Citat fra og kommentar til Steen Steensen Blichers artikel i Aarhuus Stifts-Tidende 5.6. 1819], *Fyens Stiftstidende* 11.6. 1819.

Jørgen Broberg: *Prøve til en Folkesang* (»Under Nordens kolde Zone«). Kbh. (Andreas Seidelin) 1819. (§) (* rev.). (Omtalt i *Nyeste Skilderie af Kjøbenhavn* 12.6. 1819).

Gennemgribende revideret eller nyskrevet (»Mod Norden, der blomstrer mit Fødeland«), *Nyeste Skilderie af Kjøbenhavn* 12.6. 1819. (§) (* let rev.).

Anonym: Folkesang, *Dagen* 12.6. 1819.

Anonym: Skrivelse fra en gammel Landsbyepræst, *Nyeste Skilderie af Kjøbenhavn* 12.6. 1819. (Omtalt i *Aalborg Stiftstidende* 21.6. 1819).

Blok Tøxen: *Et Par Ord om Pengebegeistring og Folkesange*. Kbh. 1819 (Omtalt i *Aarhuus Stifts-Tidende* 15.6. 1819; citeret i *Aalborg Stiftstidende* 23.6. 1819).

Optrykt med titlen »Bedømmelse af Frøken Jessens kronede, saakaldte Nationalsang« i Blok Tøxen: *Udvalgte Pennestrøg, ordnede efter Tidsfølgen*. Kbh. 1824.

[Redaktionel notits om A.F. Elmquists påtænkte udgave af de »indsendte Fædrelandssange«], *Fyens Stiftstidende* 15.6. 1819 (jf. *Aalborg Stiftstidende* 21.6. 1819 og *Randers Amtsavis* 24.6. 1819).

B.S. Ingemann: *Danevang med grønne Bred*, *Fyens Stiftstidende* 22.6. 1819. (§) (Samme i *Aarhuus Stifts-Tidende* 26.6. 1819 og *Dagen* 28.6. 1819).

Søren Møller: [Hyldestdigt til Oberkjøbmand Jacob Kjellerup], *Aalborg Stiftstidende* 28.6. 1819 (Allusion til konkurrencen).

Anonym: Formeninger og Ønsker angaaende den priiskjendte National-Sang, *Læsefrugter, samlede paa Litteraturens Mark* af A.F. Elmquist, Femte Bind. Aarhuus 1819 (Sat som »Bilag« i bladets juni-levering, mellem s. 96 og s. 97; omtalt i *Fyens Stiftstidende* 15.7. 1819).

Niels Blicher: Forsøg til en Dansk Nationalsang, *Dagen* 2.7. 1819. (§) (* let rev.).

Dampe: Dansk National-Sang. (Et Forsøg), *Nyeste Skilderie af Kjøbenhavn* 6.7. 1819. (§) (*).

Anonym: Bidrag til en Fædrenelandssang, *Nyeste Skilderie af Kjøbenhavn* 6.7. 1819. (§).

C.F. Wilster: Folkesang, *Nyeste Skilderie af Kjøbenhavn* 13.7. 1819. (*).

Revideret optryk som »Sang for Danske«, Christian Wilster: *Digtninger*. Kbh. 1827 s. 30-31.

Anonym: Forundringer i Anledning af den saakaldte Nationalsang, *Fyens Stiftstidende* 15.7. 1819.

J. Jetsmark: Fædrelandssang, *Nyeste Skilderie af Kjøbenhavn* 24.7. 1819. (* let rev.). Ovs. og optryk, evt. med mindre varianter: Dänisches Volkslied, ved Blok Tøxen, *Nyeste Skilderie af Kjøbenhavn* 7.12. 1819; *Fædrelandssang*. Kbh. (Brünnich) 1819; *sa.* (Trykt for Venner). Kbh. (Brünnich) 1819; *sa.* Kbh. (Rangel) 1820; *sa.* Afsjungen i det musikalske Academie Onsdagen d. 19de Januar. (Claveer-Udtoget faaes hos Musikhandler Friling i Viingaardsstræde No. 1) Kbh. (Rangel) 1820; *Dänisches Volkslied*, nach J. Jetsmark, von Blok Tøxen; componiert von Weyse. Kph. (Rangel) 1820; *Fædrelandssang*. Afsjungen i det venskabelige Selskab den 8 April 1821. [...] Musikken af Capelmusicus Simonsen. Kbh. (A. Seidelin) u.å.; *sa.* [...] Musik af F.W. Simonsen. Kbh. (Bording) 1821; *Dänisches Volkslied*, nach J. Jetsmark von Blok Tøxen. Kph. (Bording) 1821; *Fædrelandssang*. Trykt og sælges med Forfatterens Tilladelse hos [...] Bording [...] Kbh. 1822; *Dänisches Volkslied*. (Nach J. Jetsmark [...] mit Tonsetzung von Weise, Blok Tøxen: *Udvalgte Pennestrøg, ordnede efter Tidsfølgen*. Kbh. 1824; *Fædrelandssang*. Kbh. (Schultz) 1824; *sa.* Kbh. (Schultz) 1825; *sa.* Kbh. (A. Seidelin) 1826; *sa.* Sat for fire Mandsstemmer af Professor Weyse. Overført i Ziffersyngetegn af J.A. Bramsen. Kbh. (Schultz) 1826; *sa.* Sat to- og tre-stemmig af P. Erslev. Overført i Ziffersyngetegn af J.A. Bramsen. Kbh. (L.J. Jacobsen) 1826; *sa.* Faaes hos Triblers Enke. Holmensgade 108. u.st. u.å. – Et tryk, if. Bibliotheca Danica: Kbh. 1823, ikke fundet.

Anonym: National-Sang, *Nyeste Skilderie af Kjøbenhavn* 27.7. 1819.

Anonym: End et Forsøg til en Dansk Folkesang, *Nyeste Skilderie af Kjøbenhavn* 31.7. 1819. (*).

T. Løwenbalk W. [adskiær]: Dansk Folkesang eller Sang for alle Stænder i Danmark (Et Forsøg.), *Nyeste Skilderie af Kjøbenhavn* 7.8. 1819. (§) (*).

Anonym: Raad mod Spøgelser, *Fyens Stiftstidende* 10.8. 1819.

A. Martini: Danneqvad, *Dagen* 11.8. 1819.

Anonym: Om Folkesange, *Nyeste Skilderie af Kjøbenhavn* 24.8. 1819.

A.P. Liunge: Ode til Dana, *Nyeste Skilderie af Kjøbenhavn* 11.9. 1819.

Anonym: Sang for Danske, *Nyeste Skilderie af Kjøbenhavn* 23.10. 1819. (§) (*).

O.G.F. Bagge: *Et Par Ord til Formeneren om Nationalsangen.* Aarhuus 1819. (If. *Dansk Litteratur-Tidende* okt. 1819).

K.L. Rahbek: [Betragtninger om »Danneqvad«], *Tilskueren* 9.11. 1819.

R. Nyerup: *Danmarks Pris. Ny Text til en gammel Nationalmelodie.* Kbh. 1819. (*).

Dan. *Samling af Fædrelandssange,* udg. af A.F. Elmquist. Aarhuus 1820 (If. *Dansk Litteratur-Tidende* jan. 1820. Tilsendt Frederik VI 19.1. 1820).

Jesper Oldfux: *En splinterny dansk National-Sang, forfattet til den forventede Melodie paa Frøken Jessens kronede National-Sang og forsynet med Anmærkninger.* Udgivet af J. Schmidt. Kbh. (Kiøpping) 1820. (§) (If. *Dansk Litteratur-Tidende* marts 1820. Omtalt i Aalborg Stiftstidende 23.3. 1820).

Jesper Oldfux: *Rigsbankens Hæder, en ny dansk National-Sang, forfattet som Parodie No. 2 paa Frøken Jessens kronede National-Sang.* Udgivet af J. Schmidt. Kbh. (Kiøpping) 1820. (S. 2 note 2 dateret til 25.3. 1820; omtalt i *Fyens Stiftstidende* 7.4. 1820 og *Aalborg Stiftstidende* 10.4. 1820). (§).

[Notits om Kongens »allernaadigste Velbehag med Udgaven af de Danske National-sange«], *Fyens Stiftstidende* 4.4. 1820. (Jf. *Aalborg Stiftstidende* 5.4. 1820).

H.N. Bache: Avinds Priis. Forfattet som en Parodie paa Rigsbankens Hæder, *Randers Amtsavis* 20.4. 1820.

Jesper Oldfux: *Frøken Juliane Marie Jessens Hædersminde, forfattet som Parodie No. 3 paa den kronede danske National-Sang, og tilegnet Forfatterinden i dybeste Ærbødighed.* Udgivet af J. Schmidt. Kbh. (Kiøpping) 1820. (If. *Dansk Litteratur-Tidende* maj 1820).

Else Skolemesters: *Ny dansk National-Sang, Parodie paa Jesper Oldfux's Parodie No. 3 paa den kronede danske National-Sang, forfattet og Frøken J.M. Jessen venskabeligst tilegnet.* Udgivet af J. Schmidt. Kbh. (Kiøpping) 1820. (Omtalt i *Aalborg Stiftstidende* 27.5. 1820).

O.G.F. Bagge: *Frøken Jessen og Mamsel Avind citerede for Sandheds Domstol.* Aarhuus 1820. (If. *Dansk Litteratur-Tidende* juni 1820).

J. Schmidt: *Frøken J.M. Jessens kronede Nationalsang for den danske Prosodies Domstoel, samt omarbeidet, som et Forsøg Dannerfolket helliget.* Kbh. (Kiøpping) 1820. (§) (If. *Dansk Litteratur-Tidende* sept. 1820. Omtalt i *Fyens Stiftstidende* 3.10. 1820).

Jesper Oldfux: *Sødgrødens Priis, en dansk National-Sang, Parodie No. 1 paa Frøken Jessens kronede National-Sang, forandret, efter den til Hr. Professor Weyses kronede Melodie udgivne Text, og forsynet med nye Anmærkninger.* Andet forøgede og forbedrede Oplag. Udgivet af J. Schmidt. Kbh. (Kiøpping) 1821.

B: Senere omtaler af konkurrencen 1818 og enkelte dertil relaterede tekster. (Kronologisk)

J. Davidsen: En kronet Nationalsang, *Fra vore Fædres Tid.* Kbh. 1884 s. 93-105.

Johan Borup: Kong Christian og andre Sange, *Litterære Udkast.* Kbh. og Kria 1910 s. 103-118.

Th. Roust: Af dansk Fædrelandssangs Historie, *Danske Studier 16.* Ny rk.4. Kbh. 1919 s. 81-88.

Jørgen Jessen: N.F.S. Grundtvig: Danmarks Trøst, 1820, *Dansk Nationalfølelse fra Middelalder til Nutid genspejlet i Fædrelandssange*, ved Roar Skovmand. Kbh. 1941. (Vi og vor Fortid 4) s. 51-65.

Birger Isaksen: *Sangen i Danmark. Et Bidrag til vore Fædrelandssanges Historie.* Odense 1941 spec. s. 68-75.

Hans Brix: Omkring en Digterpris, *Digterne og Fædrelandet.* Kbh. 1942 s. 57-64.

Carl Langballe: *Folkesangen i Danmark. Nogle Kapitler om den danske Sang og dens Historie. Fortalt for Danmarks Ungdom i Anledning af den danske Folkehøjskoles 100 Aars Minde.* Odense 1944 spec. s. 42.

Hans Brix: Der er et yndigt Land, *Analyser og Problemer. Kritiske Undersøgelser*, VI. Kbh. 1950 s. 148-153.

Karl Clausen: *Dansk Folkesang gennem 100 år.* Kbh. 1958 (Statsradiofoniens Grund-bøger) spec. s. 98-100.

Jørgen Poul Erichsen: Den kronede danske nationalsang fra 1819 og hvad deraf fulgte: en litterær pennefejde med et musikalsk efterspil, *Fund og Forskning i Det kongelige Biblioteks Samlinger XXII 1975-76.* Kbh. 1976 s. 177-202.

Anne Braad: Fædrelandssangen, *Meddelelser fra Dansklærerforeningen* 19. årg. hft 3-4. Varde 1981 s. 20-34.

C. Anden benyttet litteratur (Alfabetisk)

Adriansen, Inge: *Fædrelandet, folkeminderne og modersmålet. Brug af folkeminder og folkesprog i nationale identitetsprocesser – især belyst ud fra striden mellem dansk og tysk i Sønderjylland.* Sønderborg 1990.

Albertsen, Leif Ludwig: *Sang og slagkraft. Med et udblik over nationallyrikken under Englandskrigene.* Kbh. 1975 (Baggeseniana VI).

Andersen, Vilh.: *Tider og Typer af dansk Aands Historie. Erasmus* I-II, *Goethe* I-II. Kbh. 1907-1916.

Baggesen, Jens: *Poetiske Skrifter*, ved A. Arlaud, I-V. Kbh. 1889-1903.

Bak, Karl: *Højskolesangbogens historie. Et bidrag til den grundtvigske folkehøjskoles historie.* Odense 1977.

Behrend, C.: Skuespiller Knudsens patriotiske Rejse i Aaret 1801, *Personalhistorisk Tidsskrift* 7.rk.5. Kbh. og Kria 1921, s. 213-221.

Bibliotheca Danica. Systematisk Fortegnelse over den danske Litteratur fra 1482 til 1830, ved Dr.phil. Chr. V. Bruun. Kbh. 1877-1914, genudgivet med tillæg, Kbh. 1961-1963.

Billeskov Jansen, F.J.: *Danmarks Digtekunst* I-III. Kbh. 1944-1958.

Bjørnum, Ove: *Sangindeks*. Kbh. 1981.

Blicher, Steen Steensen: *Digte* I-II. Aarhuus 1814-1817.

Bokkenheuser, Knud: *Drejers Klub. Kulturhistoriske Interieurer fra Rahbeks København*. Kbh. 1903.

Brøndal, Viggo: Danernes Navn, *Danske Studier 17*. Ny rk.5. Kbh. 1920 s. 17-41.

Brøndum-Nielsen, Johs.: *Poul Møller Studier*. Kbh. 1940.

Charis for 1806, ved K.L. Rahbek. Kbh. 1805.

Conrad, Flemming: Den nationale litteraturhistorieskrivning 1800-1861, *Dansk Identitetshistorie*, red. af Ole Feldbæk, II. Kbh. 1991.

Corsaren. M.A. Goldschmidts årgange 1840-46. Efterskrift af Uffe Andreasen, I-VI. Kbh. 1977-1981.

Dansk biografisk Leksikon I-XVI. Kbh. 1979-1984.

Dansk litteraturhistorie IV. Kbh. (Gyldendal) 1983.

Dansk Ordbog, udgiven under Videnskabernes Selskabs Bestyrelse. I-VIII. Kbh. 1793-1905.

Danske og Norske historiske Mindesange, samlede og med oplysende Indledninger udgivne af K.L. Rahbek. Kbh. 1810.

Davidsen, J.: *Fra det gamle Kjøbenhavn*. Kbh. 1880.

Dumreicher, Carl og Ellen Olsen Madsen: *Danmark, dejligst Vang og Vænge. Om Dannevirkevisens Digter Laurids Kok, dens Komponist og dens Historie*. Kbh. 1956.

Engelstoft, L. *Om den Indflydelse, Opdragelsen, især den offentlige, kan have paa at indplante Kierlighed til Fædrelandet*. Kbh. 1802.

Engelstoft, L.: *Tanker om Nationalopdragelsen betragtet som det virksomste Middel til at fremme Almeenaand og Fædrelandskiærlighed*. Kbh. 1808.

Erslew, Thomas Hansen: *Almindeligt Forfatter-Lexicon for Kongeriget Danmark med tilhørende Bilande fra før 1814 til efter 1858*. Kbh. 1843-1868, fotografisk optryk I-VII, Kbh. 1965.

Fichte, J.G.: *Reden an die deutsche Nation*. Berlin 1808, hgg. von Fritz Medicus. Hamburg 1955.

Folkehøjskolens Sangbog, udg. af Foreningen for højskoler og landbrugsskoler, 14. udg. 9. opl. Odense 1959.

Folkesange, samlede ved P.H. Mønster [...] og med Indledninger forsynede ved O. Horrebow. Kbh. 1801.

Forsøg i de skiønne og nyttige Videnskaber I-XIV. Kbh. 1761-1783.

Frøland, Aleks.: Salomon Soldin, *Dansk biografisk Leksikon* XIII. Kbh. 1983 s. 544-545.

Grundtvig, N.F.S.: *Danne-Virke. Et Tids-Skrift* I-IV. Kbh. 1816-1819.

Heiberg, J.L.: *Udsigt over den danske skjønne Litteratur. Som Ledetraad ved Forelæsninger paa den Kongelige militaire Høiskole*. Kbh. 1831, *Prosaiske Skrifter* III. Kbh. 1861 s. 1-139.

Henriksen, Aage m.fl.: *Ideologihistorie I. Organismetænkningen i dansk litteratur 1770-1870.* Viborg 1975.

Hertz, Henrik: Poesien i Danmark efter 1814. En Literatur-Skitse, *Ugentlige Blade*, udg. af Henrik Hertz. Kbh. 1859 passim.

Hjort, Peder: Gjenmæle mod en uretfærdig Nedsættelse af alle nulevende danske Digtere, *Kjøbenhavnsposten* 3. årg. 1829 nr. 63, 66, 70-71, 76-77, *Kritiske Bidrag til nyere dansk Tænkemaades og Dannelses Historie. Literærhistorisk Afdeling,* 2^{det} Bind. Kbh. 1863 s. 93-97.

Holst, Poul: *Dansk Digtkatalog. Alfabetisk Nøgle til et Udvalg af dansk Versdigtning fra ca. 1660-1953.* Kbh. 1956.

Horats: *Sämtliche Werke.* Lateinisch und deutsch, Teil I: Carmina; Oden und Epoden, hgg. von Hans Färber. München 1957.

Huus- og Skolesangbog, eller 266 lystige og alvorlige Viser og Sange, samlede for Venner af uskyldig Munterhed og ægte Dyd og især for brave Skolelærere og flinke Skolebørn, ved O.D. Lütken. Kbh. 1818.

Hædersminde for 2den April 1801 eller Sange og Digte som ere udkomne i Anledning af Krigen mellem England og Danmark I-III. Kbh. I-II u.å., III 1802.

Illustreret dansk Litteraturhistorie, ved Carl S. Petersen og Vilh. Andersen, I-IV. Kbh. 1924-1934.

Ingemann, B.S.: *Nationalsang.* Ribe u.å. [1816].

Ingemann, B.S.: *Samlede Romanzer, Sange og Eventyrdigte* I-X. Kbh. 1845-1865.

Jessen, Juliane Marie: *Smaae Mark-Violer plantede i Danmarks Digterhauge* Første Deel. Kbh. 1819.

Johansen, Steen: *Bibliografi over N.F.S. Grundtvigs Skrifter* I-IV. Kbh. 1948-1954.

Kabell, Aage: Modersmaalet, *Danske Studier 69.* 6.rk.9. Kbh. 1974 s. 5-17.

Kalkar, Otto: *Ordbog til det ældre danske Sprog* I-V. Kbh. 1881-1918, fotografisk optryk I-VI. Kbh. 1976.

Kirchhoff-Larsen, Chr.: *Den danske Presses Historie* II. Kbh. 1947.

Kuhn, Hans: *Defining a Nation in Song. Danish patriotic songs in songbooks of the period 1832-1870.* Kbh. 1990.

Kuhn, Hans: Klubvisens ubegribelige munterhed, *Danske Studier 80.* 7.rk.8. Viborg 1985 s. 107-114.

Lundgreen-Nielsen, Flemming: N.F.S. Grundtvigs »Langt høiere Bjerge«, *Hvad Fatter gjør ... Boghistoriske, litterære og musikalske essays tilegnet Erik Dal.* Herning 1982 s. 289-307.

Læsefrugter, samlede paa Litteraturens Mark af A.F. Elmquist, I-LXVI. Aarhuus 1818-1833.

Malling, Ove: *Store og gode Handlinger af Danske, Norske og Holstenere.* Kbh. 1777.

Molbech, Christian: *Brevveksling med svenske Forfattere og Videnskabsmænd,* ved Morten Borup, I-III. Kbh. 1956.

Molbech, Christian: *Om Nationalsprogets Hellighed. Med en Efterskrift til det danske Publicum.* Kbh. 1815.

Molbech, Christian: Et Par Ord om Tydskhed paa Danmarks Nationaltheater, *Nyeste Skilderie af Kjøbenhavn* 17.12. 1814.

Morgenbladet. Christiania 1820.

Müller, P.E.: *Om det islandske Sprogs Vigtighed.* Kbh. 1813.

Müller, S.C.: *Fire Foredrag over Poesien for unge Damer.* Kbh. 1853.

Maanedsskrift for Litteratur I. Kbh. 1829.

Neiendam, Robert: *Skuespiller og Patriot (Uddrag af H.C. Knudsens Dagbøger).* Kbh. 1925.

Nielsen, Alfred: *Sang-Katalog* I-II. Kbh. 1916-1924.

Nielsen, Jørgen Erik: *Den samtidige engelske litteratur og Danmark 1800-1840* I-II. Kbh. 1976-1977.

Norraena. En Samling af Forsøg til norske Nationalsange. Christiania 1821.

Nyeste Skilderie af Kjøbenhavn. Årg. 1803-1821.

Nygaard, Knut: *Henrik Anker Bjerregaard. Dikteren og hans tid.* Oslo 1966.

Nyholm, Kristoffer: *Optegnelser fra et Ophold i Frankrig 1815-18.* Kbh. 1898.

Nyrop-Christensen, Henrik: *Mindehøjtideligheder fra Frederik VI's Tid. Omkring H.C. Knudsens heroiske Tableauer.* Kbh. 1970 (Studier fra Sprog- og Oldtidsforskning nr. 274).

Oehlenschläger, Adam: *Poetiske Skrifter,* udg. af F.L. Liebenberg, I-XXXII. Kbh. 1857-1862.

Ordbog over det danske Sprog I-XXVIII. Kbh. 1919-1956.

Overskou, Th.: *Den danske Skueplads, i dens Historie, fra de første Spor af danske Skuespil indtil vor Tid.* III. Kbh. 1860.

Petersen, N.M.: *Bidrag til den danske Literaturs Historie* I-V. Kbh. 1853-1864.

Plesner, K.F.: *Det smagende Selskab.* Kbh. 1959.

Samling af Danske Folkesange. Af de bedste og nyeste Forfattere I-II. Aalborg 1820.

Samling af Club-Sange. Kbh. 1787.

Samling af Sange som ere udkomne i Anledning af Krigen mellem England og Danmark i Apriil 1801. Første Hæfte. Kbh. u.å.

Sangbog for Haandværkerstanden til Brug i Søndagsskolerne, samlet og udgivet af Viktor Kristian Hjort. Kbh. 1809.

Sange ved Fædrelandshøitiderne, Danmarks anden April til Admindelse. Siungne, samlede og udgivne ved H.C. Knudsen, kongelig Skuespiller. Kbh. 1802.

Schlichtkrull, Oskar: *Studier over C. Hostrups Genboerne.* Kbh. 1912.

Schmidt, Frederik: *Provst Frederik Schmidts Dagbøger,* udg. ved Ole Jacobsen og Johanne Brandt-Nielsen, I-III. Kbh. 1966-1985.

Skalberg, Harald: Aktstykker angaaende Det danske Docentur ved Kiels Universitet 1811-1864, *Danske Magazin indeholdende Bidrag til den danske Histories og det danske Sprogs Oplysning.* 6.rk.6. Kbh. 1933 s. 18-328.

Skautrup, Peter: *Det danske Sprogs Historie* III. Kbh. 1953

Smørialis's Digtervandringer eller Glæder og Lidelser. Fortalte af ham selv i Breve til en Ven. Udgivet med oplysende Anmærkninger af Vilhelm Bluhmau. Kbh. 1823. Facsimile-Tillæg til Johs. Brøndum-Nielsen: *Poul Møller Studier.* Kbh. 1940.

Soldin, Salomon: *Patriotiske Handlinger af Danske og Norske. En Exempelbog for Ungdommen.* Kbh. 1806.

Sorø. Klosteret. Skolen. Akademiet gennem Tiderne, skrevet af gamle Soranere, udg. af Soransk Samfund, I-II. Kbh. 1923-1931.

Stub, Ambrosius: *Digte*, ved Erik Kromar., I-II. Kbh. 1972.

Søllinge, Jette D. og Niels Thomsen: *De danske Aviser 1634-1989* I. Viborg u.å. [1988].

Thaarup, Thomas: *Efterladte poetiske Skrifter*, samlede og udgivne af K.L. Rahbek. Kbh. 1822.

Udvalgte Viser fra Middelalderen, ved Abrahamson, Nyerup og Rahbek, I-V. Kbh. 1812-1814.

Zimmermann, J.G.: *Om Nationalstolthed*, oversat af P.T. Wandall. Kbh. 1773.

Aakjær, Jeppe: *St.St. Blichers Livs-Tragedie* I. Kbh. 1903.

Skole og identitet 1789-1848

Lovgivning og lærebøger

Ole Feldbæk

1. MELLEM TO REVOLUTIONER

I sidste halvdel af 1700-tallet udviklede der sig i danske borgerlige og akademiske kredse en markant dansk identitet.[1] I disse samfundslag trængte oplysningstidens tanker nu for alvor igennem, samtidig med at kirkens autoritet og religionens magt over sindene langsomt begyndte at svækkes. I de øverste og de øvre borgerlige lag i hovedstaden og i de større købstæder føltes det i stigende grad utilstrækkeligt blot at leve, som man havde gjort i det gamle samfund: som en loyal undersåt, en nyttig borger og en synder for Gud. De oplevede nu et fællesskab, der var baseret på, at de var født i det samme fædreland, var vokset op med det samme modersmål og var fælles om den danske fortid. Samtidig med at de så, at magten og æren i enevældens Danmark var snævert forbundet med gods og adel, og at overklassen og de høje embedsmænd enten var indvandrede eller havde tillagt sig de fremmedes sprog og kultur.

I stigende grad reagerede de mod de fremmedes tilsyneladende eneret til statens embeder på bekostning af kvalificerede danskere af borgerlig herkomst.[2] Deres utilfredshed og kritik blev kraftigt forstærket under Struensees kortvarige diktatur og under retsopgøret efter hans fald. Og i 1776 lyste

Ole Feldbæk, født 1936; professor, dr.phil. Institut for økonomisk Historie. Københavns Universitet. Ansvarlig for Forskningsgruppen for dansk Identitetshistorie 1.9.1988-31.12.1990 samt for publikationen af Dansk Identitetshistorie 1-4. 1991-92.

1. Ole Feldbæk: Fædreland og Indfødsret. 1700-tallets danske identitet. *Dansk Identitetshistorie*. 1. 1991. Hvor intet andet anføres, er trykkestedet i det følgende København. Jeg takker lektor, mag. art. Ingrid Markussen og professor, dr. pæd. Vagn Skovgaard-Petersen, Institut for dansk Skolehistorie, Danmarks Lærerhøjskole, og lektor, dr. phil. Henrik S. Nissen, Institut for Samtidshistorie, Københavns Universitet, for en kritisk gennemlæsning af manuskriptet.
2. Vibeke Winge: Dansk og tysk i 1700-tallet. *Dansk Identitetshistorie*. 1. 1991.

de nye magthavere – hvis ledende skikkelse var den stærkt dansksindede Ove Høegh-Guldberg – den unge nationale identitet i kuld og køn. Det skete med loven om Indfødsretten, der fik forfatningskarakter på linie med enevældens grundlov: Kongeloven, og som gav dem, der var født i staten, eneret til statens embeder.

Fra magthavernes side var loven om Indfødsretten et forsøg på at samle indbyggerne i den flersprogede og multinationale helstat, der foruden Danmark bestod af Norge, Slesvig, Holsten og Atlanterhavsøerne, om en statspatriotisme, der var centreret om enevoldskongen og helstatsfædrelandet. Men loven var også ment som en politisk imødekommende gestus over for de nye tanker og følelser om danskhed og fædrelandskærlighed, der fra midten af århundredet havde vokset sig stærke i borgerlige kredse. Og modtagelsen af loven bekræftede, at de havde set rigtigt. Overalt i de danske byer blev Indfødsretten fejret spontant og på en måde, der viste, at den imødekom et emotionelt behov blandt borgere, der ikke realistisk kunne forvente en embedskarriere for dem selv og deres sønner, men som følte sig bekræftede i deres danskhed ved kongens landsfaderlige gave til sit folk.

I 1776 møder vi en national identitet i byernes dynamiske lag, der ikke blot omfattede gejstlige, embedsmænd, officerer og velstående købmænd, men også mænd i liberale erhverv, latinskolelærere og håndværksmestre. På landet fandtes disse ideer formentlig blandt præster, godsfunktionærer og mindre godsejere. Da loven blev udstedt, havde reaktionen i disse kredse været glæde og taknemmelighed. Men den unge og sårbare danskhed videreudviklede sig i en selvhævdende, aggressiv retning. I 1789 udbrød den såkaldte Tyskerfejde: en kortvarig, men intens konfrontation mellem kongens danske og tyske undersåtter, som ikke blot afslørede de danske kredses kulturelle mindreværdsfølelse, men også deres krav om ligeværd – og mereværd – i forhold til dem, de betragtede som fremmede.[3]

I 1789 – da de danske avislæsere kunne læse om stormen på Bastillen og om revolutionen i Frankrig – finder vi de nye nationale ideer hos de øvre lag i København og i de større provinsbyer. Derimod er der ikke tegn på, at de havde spredt sig til byernes brede befolkning og ej heller til landbosamfundet. Opfattede Danmarks 60.000 gårdmænd og 90.000 husmænd sig i 1789 som danskere?

3. Ole Feldbæk og Vibeke Winge: Tyskerfejden 1789-1790. Den første nationale konfrontation. *Dansk Identitetshistorie*. 2. 1991.

Hvad den danske landbefolkning tænkte og følte, holdt den normalt klogeligt for sig selv. Det var ikke noget, den betroede præsten, endsige herredsfogeden og godsejeren.[4] Generationers erfaring havde lært den at nære mistro til 'de store', der krævede dens landgilde, dens tiende, dens hoveri, dens skatter og dens sønner til soldater. Vi kan ane konturerne af deres holdninger i dagligagen og i arbejdslivet. Lige som vi ved, at bonden fra gammel tid kunne sætte sin lid til, at den konge, som han aldrig selv havde set, ville lade bonden ske hans ret, hvis blot han fik kendskab til herremændenes og embedsmændenes uredelighed og uretfærdighed. Men det lidet, vi kender til almuens tanker og følelser – fra mænd, der mødte den i dagligdagen og fra de meget få bevarede bondedagbøger – gør det usandsynligt, at landbefolkningen i 1789 identificerede sig med Danmark og med det at være dansk.[5]

Fæstebondens verden var gården, landsbyen, sognet og godset samt den købstad, hvor han tog ind for at handle. En mand i Salling vidste nok, at der ovre på Mors boede morsingboer, at der på den anden side af Hvalpsund levede himmerlændinge, og at vendelboerne holdt til nordenfjords. Men jyde ville han næppe kalde sig selv, med mindre han som karl fandt arbejde på Sjælland eller søgte til hovedstaden. Og dansk ville en karl fra Salling formentlig kun kalde sig, hvis han på sin flugt fra stavnsbånd og landmilits endte nede i Tyskland og dér skulle gøre rede for, hvor han kom fra. Et ord som fædreland kendte en dansk bonde i 1789 ikke – ihvertfald ikke for det gode.[6] Og de nymodens ideer om, at han var borger i staten, stred mod den konservative standsbevidsthed, han levede sit liv efter.

Men i det andet revolutionsår: i 1848, var meget forandret. Den tapre landsoldat, der drog af sted, havde mødt de nye nationale tanker og følelser. I hans forestillingsverden stod Gud og kongen selvsagt højest. Men at

4. Claus Bjørn: *Bonde. Herremand. Konge. Bonden i 1700-tallets Danmark.* 1981.
5. Se navnlig Jens Holmgaard (udg.): *Fæstebonde i Nørre Tulstrup Christen Andersens dagbog 1786-1797.* 1969; Jørgen Dieckmann Rasmussen (udg.): *Sognefoged i Stavnsholt Lars Nielsens dagbog 1789-1794.* 1978; og Holger Rasmussen: *Gårdmand i Holevad Anders Andersens dagbog. Optegnelser fra Holevadgaarden 1767-1863.* 1982. Alle er udgivet af Landbohistorisk Selskab, jvfr. også Karen Schousboe: *Bondedagbøger. Kilder til dagliglivets historie. Introduktion og regi-strant.* 1981.
6. Landbefolkningen mødte formentlig kun det nye begreb 'fædreland' i de militære udskriv-ningsforordninger som for eksempel landmilitsforordningen af 14. september 1774, stavns-båndsforordningen af 20. juni 1788 og landeværnsforordningen af 19. januar 1801. Nogle har dog også kunnet høre det fra prædikestolen, jvfr. Michael Bregnsbo: *Gejstlighedens syn på samfund og øvrighed 1775-1800, belyst ved trykte prædikener og taler. Skrifter udgivet af Historisk Institut ved Københavns Universitet.* 1991.

dømme efter soldaterbrevene fra Treårskrigen forbandt flere af landsoldaterne nu også noget med et begreb som fædreland og med et symbol som dets flag.[7]

I dansk identitetshistorie bliver tidsrummet mellem revolutionerne i 1789 og i 1848 derfor betydningsfuldt. I de år begyndte en dansk identitet at fæste rod i det danske landbosamfund. At følge dette forløb i hele dets bredde vil i den aktuelle forskningssituation ikke være muligt. Dertil er der for meget, vi ikke ved. Vi ved således ikke, hvorvidt der – helt eller overvejende – var tale om en påvirkning udefra og ovenfra. Var det 1700-tallets borgerlige danske identitet, der i de år blev formidlet til landbosamfundet? Eller var der snarere tale om tanker og følelser, der opstod i et landbosamfund under hastig forandring? Hvor Frihedsstøttens profeti – at den frie bonde skulle blive kæk og oplyst, flittig og god, hæderlig borger, lykkelig – langsomt var ved at blive virkeliggjort. Hvor gårdmændene i De rådgivende Stænderforsamlinger blev inddraget i det politiske liv – og oplevede, at 'de fine' bag alle de smukke talemåder om nationalt og folkeligt fællesskab førte en klar klassepolitik. Hvor landbruget oplevede stigende velstand. Hvor de religiøse vækkelser skabte opbrud i det traditionelle landbosamfund. Og hvor gårdmændene i praksis markerede deres vilje til at være med til at bestemme i det samfund, de levede i, og i den stat, hvis administration de betalte, og hvis forsvar hvilede på dem.

De spørgsmål, der her stilles om skolens betydning for udviklingen af en dansk identitet i den brede befolkning i tidsrummet mellem 1789 og 1848, må derfor være enkle og foreløbige. Hvad ville den danske enevælde med skolen? – og hvad ville den ikke? Hvilke krav blev der stillet til undervisningen? Hvilke lærere havde – og fik – skolen? Og sidst, men ikke mindst: på hvilken måde kan undervisningen, således som den tegner sig i skolebøgerne, antages at have bidraget til udviklingen af en dansk identitet?

7. Se Christian Bruuns noget tillempede udgivelse af *Breve fra danske Krigsmænd, skrevne til Hjemmet under Felttogene 1848, 1849, 1850. Samlede af C.F. Allen.* 1873. Jvfr. også Joakim Larsens vurdering af skolens betydning for udviklingen af en dansk identitet i *Bidrag til den danske Folkeskoles Historie 1818-1898.* 1899, s. 166.

Frederik 6. (1768-1808-1839) havde siden sin magtovertagelse i 1784 ført forsædet i gehejmestatsrådet som regent for sin sindssyge far, og efter A.P. Bernstorffs død i 1797 havde han været sin egen førsteminister. J.F. Clemens' stik efter tegning 1809 af H.H. Pløtz viser kongen med Elefant- og Dannebrogsordenens bryststjerner. Synligt på uniformens revers bærer han det beskedne Dannebrogsmændenes Hæderstegn. I 1808 havde han med Napoleon som forbillede 'demokratiseret' ordensvæsenet med denne nye Dannebrogsorden, som kunne tildeles enhver, og som understregede det personlige bånd mellem kongen og hans undersåtter. Det kongelige Bibliotek.

2. SKOLEPOLITIK OG SKOLELOVE

1789 var ikke kun året for udbruddet af Den franske Revolution i Paris og for Tyskerfejden i enevældens København. Det var også året for nedsættelsen af Den store Skolekommission, hvis historiske indsats blev folkeskolelovene af 1814.

1789 var på den anden side ikke dansk skolelovgivnings start.[8] Danske Lov fra 1683 havde krævet, at forældrene og sognepræsten opdrog børnene til kristendom. I 1721 havde Frederik 4. oprettet rytterskolerne på det krongods, der var udlagt til rytteriets underhold. Deres hovedsigte var ligeledes at opdrage børnene til kristendom, og i de følgende år fulgte en række storgodsejere monarkens eksempel. Det skolepolitiske nybrud kom dog under sønnen Christian 6. Indførelsen af konfirmationen i 1736 havde afsløret, at børnene ikke havde den læsefærdighed, der var en forudsætning for, at de kunne bekræftes i deres dåb og træde ind i de voksnes samfund. Den pietistiske konge måtte konstatere, at almuens børn var vokset op »i saadan ynkelig Uvidenhed«, »at de hverken i det Aandelige eller Legemlige veed rettelig at søge og befordre deres eget Beste«.[9] Det var baggrunden for den ambitiøse *Forordning om Skolerne paa Landet i Danmark* af 23. januar 1739, der indførte almindelig undervisningspligt. Undervisningen omfattede statsreligionens grundbegreber og læsning, hvorimod forældrene måtte betale, hvis de ønskede deres børn undervist i skrivning og regning.

Skoleforordningen blev mødt med protester fra godsejerne, der ud over deres egne skolebidrag også skulle indestå for deres fæstebønders og husmænds skoleydelser. Året efter måtte enevælden derfor tiltræde sit mest iøjnefaldende politiske tilbagetog i 1700-tallets historie. Med plakat af 29. april 1740 overlod kongen det reelt til godsejerne at vurdere det lokale skolebehov og tillod dem at påligne deres bønder og husmænd de nødvendige skoleudgifter.

Den omkostningskrævende skoleforordning var blevet udstedt på et tidspunkt, hvor landbruget befandt sig i en alvorlig afsætningskrise. Hensynet til undersåtternes salighed måtte derfor vige for de økonomiske og politiske realiteter. Det betød ikke, at børnene ikke blev undervist. Skole-

---

8. Fremstillingen af skolepolitikken og skolelovene bygger – hvor intet andet anføres – på Joakim Larsens *Bidrag til den danske Folkeundervisnings og Folkeskoles Historie* 1536-1784. 1916, og *Bidrag til den danske Folkeskoles Historie* 1784-1818. 1893, samt Ingrid Markussen: *Visdommens lænker. Studier i enevældens skolereformer fra Reventlow til skolelov.* 1988.

9. Forordningens fortale.

målene var blevet præciseret; og skoler, der blev oprettet og opretholdt på privat initiativ af godsejerne og af landbefolkningen selv, fandtes over alt i landet. Men det betød, at der opstod store lokale og regionale forskelle, og at kampen mod analfabetismen gik langsommere. I 1789, da Den store Skolekommission blev nedsat, er det tvivlsomt, hvorvidt befolkningens flertal kunne læse.[10]

På den anden side havde tiden ikke stået stille siden 1739. Oplysningstidens tanker og skolebegejstring var nu trængt igennem i de toneangivende kredse; rationalismen var begyndt at svække kirkens position i staten og i samfundet; og såvel den politiske ledelse som offentligheden havde engageret sig i reformer af det danske landbrug, som – modsat 1739 – nu oplevede en højkonjunktur.

Da Den store Skolekommission den 27. marts 1789 blev nedsat, var situationen derfor ikke blot grundlæggende forskellig fra, hvad den havde været 50 år før. De første skolepolitiske initiativer var allerede taget.

1. Latinskolen

15 år før var latinskolens forhold blevet taget op. Initiativet kom fra Ove Høegh-Guldberg, der blev den drivende kraft i den skolekommission, der blev nedsat i 1774, og hvis arbejde resulterede i forordningen af 11. maj 1775 *angaaende Skole-Væsenets Forbedring ved de publiqve latinske Skoler*.[11] Med latinskoleforordningen ville enevælden uddanne embedsmænd og borgere. Eleverne skulle »blive det Danske som Fædrenelandets Sprog mægtig, tale og skrive samme rigtig«.[12] Og gennem skolen ville de styrende indpode de vordende embedsmænd og borgere kongetroskab og kærlighed til deres helstatsfædreland.

---

10. Den seneste behandling af læsefærdigheden findes i temahæftet Literacy in the Nordic Countries 1550-1900. *Scandinavian Journal of History* 15:1. 1990, med introduktion af Vagn Skovgaard-Petersen og med afhandlinger af Loftur Guttormsen og Ingrid Markussen.
11. Oversigtsværket om latinskolerne er Julius Paludans summariske *Det høiere Skolevæsen i Danmark, Norge og Sverig*. 1885.
12. Forordningens § 19 F.

Latinskolens grundlag var Kirkeordinansen fra 1537. Med en forordning af 17. april 1739 havde enevælden søgt at gøre undervisningen mere tidssvarende. Latin, græsk og hebraisk forblev ganske vist de dominerende fag i de mange små latinskoler, hvorfra studenterne blev dimitteret til Universitetet. Men i 1739 havde styret forlangt, at eleverne også blev undervist på dansk og i deres modersmål, i historie og i geografi. Disse krav blev imidlertid ikke realiserede; og efter at Struensee i 1770 havde ophævet censuren, var latinskolernes forhold blevet diskuteret offentligt. I 1771 havde den erfarne skolemand Jacob Baden således i en pjece kritiseret de fæle tugthuse, som han kaldte latinskolerne; og han havde ivret for en styrkelse af modersmålet i undervisningen og for, at de latinske kompendier blev erstattet af lærebøger på dansk.[13]

Hvad enevælden søgte i 1775, var reelt at virkeliggøre kravene fra 1739. De klassiske sprog bevarede deres dominerende plads, og kravet om undervisning i modersmålet og i fædrelandets historie blev gentaget. Det nye var, at hvor styret i 1739 havde ønsket, at latinskolen opdrog fromme kristne og lydige undersåtter, var målet i 1775 oplyste mennesker og nyttige borgere.

Enevældens reform af det højere skolevæsen blev ikke gennemført med ét slag. De nødvendige skolebøger skulle først skrives og lærerne uddannes. Skolens forhold blev et fremtrædende emne i de følgende årtiers offentlige debat, hvor mangfoldige reformforslag fremkom i tidsskrifter og pjecer. En ny skolekommission blev nedsat allerede i 1785, uden dog at resultere i væsentlige nyskabelser. Med plakat af 22. marts 1805 indførtes blandt andet moderne fremmedsprog som tysk og fransk. Men de klassiske sprog fastholdt deres centrale position, også i den forordning af 7. november 1809, der formelt afløste 1775-forordningen, og som skulle blive gældende lov for det højere skolevæsen helt frem til slutningen af 1800-tallet.

I alt væsentligt blev det derfor Guldbergs latinskoleforordning fra 1775 med dens stærke vægt på de klassiske sprog, der blev rammen om undervisningen af de vordende embedsmænd og borgere i tidsrummet mellem de to revolutioner. Ikke for ingenting blev skolen kaldt 'den lærde skole'. Men gennem den langsomt øgede vægt, der blev lagt på undervisningen i modersmålet, i fædrelandets historie, i verdenshistorien og i geografi, fik den langsigtet betydning for udviklingen og styrkelsen af en dansk identitet i de sociale lag, hvis børn gik i skolen.

---

13. *Upartisk Undersøgelse om De academiske Examina ere Videnskaberne og Lærdommen til Gavn eller Skade.* 1771. Som periodens øvrige skrifter udsendt anonymt.

Tordenſkiold.

1700-tallets latinskolebøger var ikke illustrerede, og Ove Mallings *Store og gode Handlinger af Danske, Norske og Holstenere* fra 1777 var ligeledes billedløs. I 3. oplag i 1794 ofrede enerettens indehaver, forlagsboghandler Søren Gyldendal, dog nogle få stik efter forlæg af maleren Erik Pauelsen fra 1786. Et af dem viser Tordenskiold, der undslipper det svenske rytterhold med sit berømte: »Dengang ei!« Universitetsbiblioteket.

2. Almueskolen

I Den store Skolekommissions kommissorium af 22. maj 1789 erkendte kongen, at landsbyskolerne og skolerne i købstæderne højligt trængte til »Forandring og Forbedring«; og kommissionen fik til opgave at fremkomme med »en Plan om det almindelige Skolevæsens Forbedring, for saa vidt Landsbyernes og Kiøbstædernes Danske Skoler her i Riget angaaer, samt en Foranstaltning, der kan biedrage til at danne brugbare og duelige Skolehol-dere«.[14]

På dette tidspunkt var skolereformer allerede i gang på private godser og på kronens eget gods.

Grev Ludvig Reventlow, der var levende optaget af tidens pædagogiske tanker og forsøg, havde den 17. december 1783 udstedt et skolereglement for sit fynske gods Brahetrolleborg. Hans mål med reglementet, som 25. februar 1785 fik kongelig konfirmation, var »en mere oplyst Almue«, som ville opnå »deres egen sande Lyksalighed« og blive »gode og nyttige Borgere i Sta-ten«.[15] Skoleforordningen fra 1739 havde kun forlangt undervisning i kristendommen og i læsning. Børnene på Ludvig Reventlows gods skulle også lære at skrive og regne, og skoleinstruksen af 24. marts 1784 rummede al oplysningstidens optimisme:

> Det som skal læres i Skolerne, ere Religionens Sandheder, Bi-
> blens Historie, det Almindeligste af Geographie, Historien, især
> Fædrenelandets, Naturbegivenhederne, Agerdyrkning, Reg-
> ning og Skrivning.[16]

Religionen skulle læres efter Luthers katekismus; og der skulle »om Midda-gen forelæses 2, 3 a 4 af Lovens Artikle eller noget om Agerdyrkningen, og

---

14. I alt væsentligt er fremstillingen koncentreret om almueskolerne på landet. De tilsvarende skoler i København og i købstæderne var organiseret på stort set samme måde. De højere borger- og realskoler og institutioner som Efterslægtselskabets Skole er ikke inddraget i undersøgelsen. Kommissoriet er aftrykt i Joakim Larsen: *Skolelovene af 1814 og deres Tilblivelse. Aktmæssigt fremstillet*. 1914, s. 55.

15. Aftrykt i Laurids Fogtman: *Kongelige Rescripter, Resolutioner og Collegialbreve for Danmark og Norge*. VI:3 1795. Se også Birger Peitersen: Ludvig Reventlow og almuens undervisning. *Årbog for dansk Skolehistorie*. 1973.

16. Sstds. § 5.

imellem til Forandring af andre Bøger, som til Skolens Brug blive anskaffede«. I reglementet tog greven også stilling til de års basale skolespørgsmål: kunne og skulle alle børn lære lige meget? Ludvig Reventlow mente nej. På Brahetrolleborg skulle den dreng, der ville overtage en gård, have lært at læse bogtryk og skrift, skrive og regne samt have indsigt i landbrug og vist god opførsel. Og på Brahetrolleborg så man klart en sammenhæng mellem skolen og grevskabets interesse i landboreformer. Drengen, der ville overtage en fæstegaard, skulle »forstaae alt det, som behøves til at forestaae en fornuftig Avling, saa at han efter Overbeviisning, i Følge de Grunde han veed, og ikke efter Sædvane, kan drive samme«. De, der var mindre sikre i regning og landbrug, kunne overtage et husmandssted; og daglejeren havde ikke behov for disse to kundskaber overhovedet.

Da Ernst Schimmelmann i 1786 oprettede fem skoler på sit jyske gods Lindenborg, fulgte han skoleordningen fra svogerens Brahetrolleborg. Da Ludvig Reventlows bror, rentekammerpræsidenten, den 19. november 1791 udstedte et skolereglement for sit lollandske grevskab Christianssæde, gik han imidlertid en anden vej. I reglementet, som 9. marts 1792 fik kongelig konfirmation, ønskede Christian Ditlev Reventlow ikke, at udbyttet af skoleundervisningen skulle afgøre børnenes fremtid. Hans skoler blev egentlige folkeskoler, hvor alle børn fik samme undervisning.[17]

Også Christian Ditlev Reventlow satte høje mål for sine skoler. Han ville, »at Børnene skal dannes til gode Mennesker«. Derfor skulle skoleholderen stræbe efter

> at giøre Børnene opmærksomme paa Christi Lærdom, at elske
> Gud over alle Ting og sin Næste som sig selv; thi deraf flyde
> Gudsfrygt og alle menneskelige Dyder, tilig at bevæge alle Børn
> til Tienstvillighed imod hverandre, til Ærbødighed imod Gud, til
> Redelighed, til almindelig Menneskekierlighed.

Og undervisningsplanen var ambitiøs. Ud over religion, læsning, skrivning og regning skulle børnene på hans gods undervises i fædrelandets historie, hvortil geografien skulle knyttes, i naturlære og i naturhistorie; de skulle lære noget om agerdyrkning, havebrug og elementær mekanik; og endvidere så den gode greve gerne, at de fik kendskab til lovene, blev undervist i musik og øvede deres krop på gymnastikpladsen.

Christian Ditlev Reventlows skolereglement fik ligeledes efterlignere inden for kredsen af højadelige reformivrige godsejere: blandt andre Frederik

---

17. Joakim Larsen: *Skolelovene*, s. 56-74.

Juel til Taasinge, Michael Herman Løvenskiold til Løvenborg, Poul Abraham Lehn til Hvidkilde og Heinrich Holstein til Holsteinborg.

De godsejere, der brugte Christian Ditlev Reventlows skolereglement på deres egne godser, vidste, at de efterlevede de skoletanker, der på det tidspunkt var de rådende i Den store Skolekommission. Skoletanker, som gik tilbage til 1784, da enevælden havde engageret sig i en reform af almueskolen.

De mænd, der var kommet til magten ved kronprins Frederiks kup den 14. april 1784, var straks gået i gang med at nedsætte den såkaldte Lille Landbokommission. Ifølge dens kommissorium, der forelå den 3. november samme år, skulle den intensivere de landboreformer, der allerede var påbegyndt på krongodset i Nordsjælland. Der var tale om en totalreform, der over for landets godsejere og offentligheden skulle demonstrere landboreformernes nødvendighed for stat og samfund. Derfor omfattede reformerne i Frederiksborg og Kronborg amter ikke blot udskiftning af jorden, udflytning af gårde fra de gamle landsbyer, hoveriets og tiendens afløsning med en pengeafgift, overdragelse af jorden til bønderne i arvefæste og oprettelsen af husmandsbrug. For de styrende var skolen en integreret del af landboreformerne, og kommissionen skulle derfor også reformere skolevæsenet i de to amter.

Allerede den 10. marts 1786 kunne Den lille Landbokommission fremlægge den plan for de nordsjællandske skoler, der skulle blive grundlaget for enevældens landsdækkende folkeskolelove.[18] På sit eget gods ønskede enevælden, at alle børn skulle havde den samme undervisning. De skulle undervises i religion, læsning, skrivning og regning. De skulle læse moralske og religiøse tekster, heriblandt den katekismus, som biskop Nicolai Edinger Balle fik i opdrag at skrive, og som forelå trykt i 1786. Disse læsestykker skulle »i de unges Bryst opflamme Kierlighed til Gudsfrygt og Dyd«; og læsning efter Ove Mallings latinskolebog *Store og gode Handlinger af Danske, Norske og Holstenere* »kunde tillige give dem et lidet Lys i Fædrene Landets Historie«. Endelig skulle børnene undervises i landbrug og havedyrkning efter Esias Fleischers *Agerdyrknings-Catechismus for Danmark*.

Det havde fra starten været tanken, at skolereformen på det nordsjællandske krongods skulle lægges til grund for arbejdet med den landsdækkende skolereform. Det var derfor i direkte forlængelse af Den lille Landbokommissions forestilling til kongen, at Den store Skolekommission i

18. Sstds. s. 8-11.

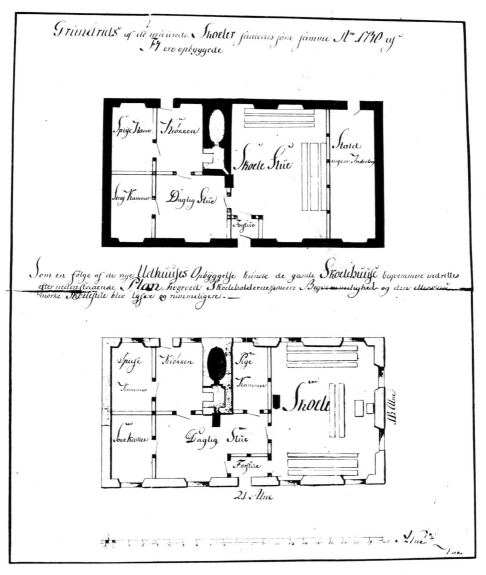

Under landboreformerne blev Frederik 4.s grundmurede rytterskoler på det nordsjællandske krongods ombyggede og udvidede. Planen fra omkring 1790 viser, hvorledes man ved at opføre et selvstændigt udhus til lærerens kreaturer kunne opnå, at »Skoleholderne fik meere Beqvemmelighed og den ellers nu mørke Skolestue blev lysere og rummeligere.« Rigsarkivet.

maj 1789 blev nedsat. Formand blev Ernst Schimmelmann, men dens tone-angivende medlemmer blev Christian Ditlev Reventlow og biskop Balle.

Kommissionen kastede sig entusiastisk ud i arbejdet, og allerede i foråret 1790 var medlemmerne nået til enighed om undervisningens indhold. Den nye almueskole skulle være ens for alle børn. Foruden i religion, læsning, skrivning og regning skulle børnene undervises i historie, geografi, natur-historie og naturlære. Denne undervisning skulle suppleres med astro-nomi, mekanik og geometri, med love og forordninger af betydning for bondestanden, og om muligt også med sang og instrumentalmusik. De ældre børn skulle endvidere undervises i sundhedslære, og købstadsbør-nene ydermere i tysk.

Det var denne optimistiske og ambitiøse skoleordning, Christian Ditlev Reventlow i 1791 indførte på sit lollandske gods. Og det var disse skoletan-ker, der lå til grund for den forestilling om en ny skoleforordning, som Den store Skolekommission indgav til kongen og gehejmestatsrådet den 14. februar 1799.[19] Ifølge forordningsudkastet ønskede kongen børnene »oplært og dannet til at vorde retskafne Christne, gode Borgere, trofaste Under-saatter, sædelige og lykkelige Mennesker«.[20] Disse undervisningsmål præ-ciseredes nærmere. De var:

> at danne dem til gode og retskafne Mennesker i Overeens-
> stemmelse med Evangelii Lære og sund Fornuft, samt at bi-
> bringe dem saadanne Kundskaber og Færdigheder, at de ved
> sammes Anvendelse kunne blive lykkelige Mennesker og nyt-
> tige Borgere i Staten.[21]

Udkastets obligatoriske fag var religion, læsning, skrivning og regning. I skoler, hvor der var en seminarieuddannet lærer, skulle der endvidere undervises i historie og geografi, især fædrelandets, samt i naturhistorie og naturlære, »med Hensyn til Nytte for Almuen i deres daglige Haandtering samt til Fordommes Udryddelse«.[22] Hvor det var muligt, skulle der endvi-dere undervises i mekanik med særligt henblik på landbrugsredskaber, landmåling med sigte på udskiftning af jorden, »samt om Himmel-Lege-merne, saavidt samme kan være nyttigt for denne Klasse af Borgere«. Duelige skoleholdere skulle ydermere undervise børnene i love og for-

19. Sstds. s. 165-200.
20. Sstds. s. 165.
21. Sstds. s. 170.
22. Sstds. s. 170.

ordninger og i sang; og endelig så kongen gerne, at særligt duelige skoleholdere lærte børnene instrumentalmusik og tegning.

I Den store Skolekommission var optimismen og den lyse fremskridtstro endnu i behold, da århundredet randt ud. Men i gehejmestatsrådet, hvor dens forestilling blev drøftet, blev skolesagen politisk. Kronprins Frederiks svoger, hertug Frederik Christian af Augustenborg, vendte sig skarpt mod forestillingen. Hvor Reventlows skoletanker afspejlede troen på fremskridtet og på det gode i mennesket, var hertugens kritik præget af konservatisme og revolutionsforskrækkelse, og han tog indgående afstand fra de ambitiøse skolemål.[23] Landboungdommen burde ikke lære mere, end hvad der var nødvendigt for at danne dem til flittige og fromme bønder. Mere ville uvægerligt føre til utilfredshed og til revolution. Derfor forholdt han sig afvisende over for de forslag, der rakte ud over dette mål, lige som han indtog en meget kritisk holdning til en seminarieuddannelse af lærerne.

Resultatet af Den store Skolekommissions arbejde – *Provisorisk Reglement for Almue-Skolevæsenet paa Landet i Sjælland, Fyen, Lolland og Falster*, som blev udstedt den 10. oktober 1806 – blev derfor en til ukendelighed reduceret udgave af Reventlows og biskop Balles visioner.[24] Det indledtes ikke med enevældens vanlige forklarende og argumenterende fortale, men kundgjorde blot lakonisk kongens bud. Præciseringen af skolemålene måtte findes i afsnittet om undervisningens indhold:

> Ved Børnenes Underviisning skal der i Almindelighed tages Hensyn til at danne dem til gode og retskafne Mennesker, i Overeensstemmelse med den evangelisk-christelige Lære og sund Fornuft, samt at bibringe dem saadanne Kundskaber og Færdigheder, at de ved sammes Anvendelse kunne blive nyttige Borgere i Staten.[25]

Al den snak om lykke var nu strøget, og skolemålene var klart reducerede:

> Der skal i Skolerne undervises i Religion, Skrivning og Regning samt i Læsning. Ved Læsningen skulle fornemmelig saadanne Bøger benyttes, som kunne give Almuen et kort Begreb om dens Fædrenelands Historie og Geographie, samt meddele den Kundskaber, der kunne tiene til Fordommes Udryddelse og blive den til Nytte i dens daglige Haandtering.[26]

23. Sstds. s. 205-206.
24. Sstds. s. 354-68.
25. Sstds. s. 358.
26. Sstds. s. 358.

Når lovgivningen i 1806 fik form af et provisorisk reglement, skyldtes det blandt andet, at særlige jyske forhold rejste problemer, samt at man ønskede at afprøve den nye ordning, før man udstedte en landsdækkende skolelov. Denne lov kom otte år senere, i form af *Anordning af 29. juli 1814 for Almue-Skolevæsenet paa Landet i Danmark.*

I alt væsentligt var 1814-anordningen identisk med 1806-reglementet. I fortalen kundgjorde Frederik 6., at det var »en vigtig Gienstand for Vor landsfaderlige Omhu, at Statens tilvoxende Ungdom betimeligen lærtes at kiende, hvad Enhver skylder Gud, sig Selv og Andre, og hvorledes Han ved retteligen at bruge sine Evner kunde blive gavnlig for Borgersamfundet«. Og kongen udtrykte sin forventning om, at skoleloven ville »udbrede sand Religiøsitet og fremkalde borgerlige Dyder«.[27]

Indledningen til undervisningsafsnittet var identisk med formuleringen i 1806, idet dog henvisningen til »sund Fornuft« var strøget. Til gengæld fremgik det nu klart, at der fra statens side var tale om en bevidst holdningspåvirkning. Lærerne skulle undervise børnene i religion, læsning, skrivning og regning samt lære dem at synge. Og så kom det:

> Ved Læsningen skulle fornemmeligen saadanne Bøger benyttes, som kunne give Anledning til at danne Børnenes Sindelag, og som indeholde et kort Begreb om deres Fædrelands Historie og Geographie, samt meddele dem Kundskaber, der kunne tiene til Fordommes Udryddelse og blive dem til Nytte i deres daglige Haandtering.[28]

Nyt i 1814 – og betegnende for kongens interesser og for de nye vinde, der blæste – var et indgående og detaljeret tillæg om, hvorledes børnene skulle »veiledes af Skolelærerne til gymnastiske Øvelser, saasom Løbe-, Springe-, Klavre-, Svømme- og militaire Øvelser«.[29]

Skoleloven i 1814 afspejlede det nye Europa, hvor stormagterne i Wien med sejrherrens ret var i færd med at genrejse tronerne og altrene og stille tidens ur tilbage til før 1789. Af oplysningstidens og Den store Skolekommissions idealer var der ikke meget tilbage. Og loven røbede ikke, at der den gang havde eksisteret en stærk national identitet i byborgerskabet, og at en aggressiv dansk opinion i 1789 havde fremprovokeret Tyskerfejden, hvor danskerne skarpt og uforsonligt havde angrebet den tysksprogede og tysk-

27. Sstds. s. 414.
28. Sstds. s. 420.
29. Sstds. s. 421.

kulturelle artistokratiske overklasse. Mænd som hertug Frederik Christian af Augustenborg, Ernst Schimmelmann, Christian Ditlev Reventlow og Ludvig Reventlow. De samme mænd, som havde bestemt, hvad børnene i de fem tusind danske landsbyskoler skulle lære – og hvad de ikke skulle lære.

3. Kampen om identiteten

I Tyskerfejden havde stridsskrifternes forfattere ikke været i tvivl om, hvem tyskerne og deres danske klienter var. Mindst af alle de angrebne selv. Da Schimmelmann-kredsen i foråret 1789 udløste fejden med en provokerende anonym pjece, var der tale om en reaktion på mange års danske stiklerier og anklager. Og som politikere var de udmærket i stand til at læse skriften på væggen. Såfremt fortalerne for en dansk identitet sejrede, ville det være ensbetydende med afslutningen på deres egen og på deres klienters position og magt.

Derfor var det af vital betydning for dem at inddæmme det danske borgerskabs nationale tanker og følelser og forhindre, at de nåede ud til den brede befolkning – til den almue og til den underklasse i byerne, som revolutionen i Frankrig havde lært dem at frygte. Lige som skolen kunne bruges til at sprede de nye ideer, kunne den anvendes til at inddæmme dem. Og netop på skoleområdet stod de stærkt. På deres egne godser kunne de udstede kongeligt konfirmerede skolereglementer, hvis tekst de selv havde skrevet; og i Den store Skolekommission, hvor Ernst Schimmelmann førte forsædet, og Christian Ditlev og Ludvig Reventlow var toneangivende, havde de magten.

Da Ludvig Reventlow i 1783 udstedte sit skolereglement for grevskabet Brahetrolleborg – og da Ernst Schimmelmann i 1786 overtog svogerens reglement for skolerne under grevskabet Lindenborg – opfattede de to tyskkulturelle aristokrater endnu ikke danskheden som en alvorlig trussel mod dem selv og deres kreds. Tyskerfejden gjorde det imidlertid klart, at de ikke kunne forholde sig passive. I efteråret 1790, umiddelbart efter at Tyskerfejden var klinget ud, advarede Ludvig Reventlow i kraftige vendinger Den store Skolekommission om, hvad der var ved at ske.[30]

Grev Reventlow lagde vægt på, at børnene lærte at identificere sig med deres land:

> Borgeren bør elske sit Fædreneland, følgelig maae han kiende det, men Fædrenelandet er ikke Landsbyen, Kiøbstaden, Huusene, Marken, eller Regentens Person; men Menneskene, deres Forbindelse p p; følgelig bør han viide sit Fædrenelands Historie og Geographie, hans Forfædres skiønneste Bedrifter og erfare hans Nations og Landets særskilte Egenskaber og Fortrinn, deres vigtigste Skiæbne, de være gode eller onde.

Men grevens fædreland var ikke det danske borgerskabs Danmark. Det var oplysningstidens kosmopolitiske fædreland, som Tyge Rothe havde forsvaret i 1759, og som Reventlow-brødrenes lærer ved Sorø Akademi, Andreas Schytte, havde defineret det. Burde man derfor ikke, foreslog han Skolekommissionen,

> søge at udrydde den overdrevne Patriotisme, eller saakaldede Danskhed, der kaster en ufornuftig Foragt paa de Fremmede, og i sær paa de tyske, der ofte udarter til den ublueste Fornærmelse? Burde man ikke før søge at indprente mere cosmopolitisk Sindelaug og Spirit, der stemmer overeens med Kiærlighed til vor Næste? derimod før indskiærpe den rette Patriotisme for indenlandske Vare og give disse Fortrinn fremfor de fremmede Vare, der yndes saa meget hos os.

Eksempler på fremmede, der havde gjort sig fortjente i Danmark, savnede han ikke:

> Var Stolberg og Bernstorff ikke de første, som hædrede Bondestanden, ved at give dem Frihed og Eyendom?[31] Skylde vi ikke Cramer de første Anlæg af den fornuftigere Opdragelse?[32] Bør disse ikke æres, ligesaavel som Indfødte? Er det ikke sand Fortieneste for Landet vi leve i, som skal hædres, uanset hvem der giør det, han være Indfødt eller Udlænding?

---

30. Brevet af 26. november 1790: Rigsarkivet. Danske Kancelli. Kommissionen ang. det almindelige skolevæsen 1789-1814. 5 b. 1790-1812. Diverse.
31. Christian Günther Stolbergs landboreformer 1759 på enkedronning Sophie Magdalenes gods Hørsholm og J.H.E. Bernstorffs reformer på godset Bernstorff uden for København 1765-67.
32. Teologen og pædagogen Johan Andreas Cramer (1723-88).

Lensgreve Ludvig Reventlow (1751-1801) var foregangsmanden for 1700-tallets danske folke-undervisning, både når det gjaldt spredningen af de nye skoletanker og deres praktiske gennemførelse. Anton Graff har malet ham i 1783 – det år han lagde ud med skolereglementet for sit fynske gods Brahetrolleborg. Frederiksborg.

Ludvig Reventlow lagde ikke over for Den store Skolekommission skjul på, at han så den voksende danskhed som en alvorlig trussel, der måtte afværges – og afværges i skolen:

> Bør det derfor ikke være end et af Hoved Formaalene, at danne og indprendte den levende Følelse for det sande gode og Nyttige? for derved at forebygge alle de skadelige Følger, som den utidige Danskhed, der ofte skiuler Ondskab og Dorskhed, nødvendig vil medføre, naar den ikke dræbes i sin opspirende Fødsel, og Ungdommen gives det rette Sindelaug, for ikke at see eller stole paa Stædet de er fødte, men at lære at anvende og nytte deres Ævner med den Fliid, som udfordres, for i Tiiden at kunde udmærke sig ved deres erhvervede Kundskab og fortrinlige Sindelaug; deri burde den sande Danskhed bestaae: alleene at see derpaa og at elske og ære enhver, der fremmer det hensigtsfuld, han være, hvem han vil, og at ansee den for den beste danne Mand, der udbreeder det meeste gode og udi Gierningen viiser den største nidkiære Iver for det almindelige.

De synspunkter stod Ludvig Reventlow ikke ene med. De kom klart til udtryk i det skolereglement, Christian Ditlev Reventlow året efter udstedte for Christianssæde. Også han ønskede at fastholde og udbrede oplysningstidens kosmopolitiske ideer og inddæmme den aggressive danskhed. Og i skolens historieundervisning så han et redskab til at bibringe børnene de holdninger, han selv og hans kreds ønskede:

> Fædrenelandets Historie, naar Formaalet af samme er at opvække Kierlighed til Fædrenelandet og til Dyd ved Fortællinger om vore værdige Mænds Bedrivter, har ogsaa en meget stor Nytte, endog for de mindste Børn, og meget dydige Handlinger, fortalte ud af andre Landes Historier, maae ikke blive ubenyttede i Skolerne, fordi de ikke ere skeete i Fædrenelandet, da de ville lære Børnene at ansee alle Mennesker som Brødre og betage dennem ukierlige og ubillige Fordomme. Naar de lære at elske og agte høyt deres egen Nation, kunne disse Menneskeligheden vanærende Fordomme uden Fare ryddes af Veien.[33]

Ernst Schimmelmann og brødrene Reventlow var enige om at søge at inddæmme de nye nationale ideer. Og fra et indflydelsesrigt medlem af Skolekommissionen som biskop Balle behøvede de ikke at frygte indsigel-

33. Joakim Larsen: *Skolelovene,* s. 58.

ser på dette punkt. Nok var og følte Sjællands biskop sig som dansk.[34] Men han var også embedsmand i helstaten, og dertil en oprigtig kristen, der satte kærligheden til næsten højest.

Når undervisning i fædrelandets historie var politisk kontroversiel, var det, fordi den uundgåeligt rejste spørgsmålet: hvis fædreland? Det var formentlig grunden til, at undervisningen i historie næsten ikke var til at få øje på i Den store Skolekommissions forestilling til kongen den 14. februar 1799. Nok stod der, at der skulle undervises »i Historie og Geographie (fornemmelig Fædrenelandets)«. Men det skulle kun ske i skoler, hvor læreren var seminarieuddannet.[35] Og da kongerigets første seminarium: på Blaagaard uden for København, først var blevet åbnet i 1791 – og kun med 14 elever – havde dette unægtelig lange udsigter. Formentlig af samme grund indeholdt udkastet til en *Instruction for Skoleholdere* ingen anvisninger om, hvad historieundervisningen skulle indeholde.[36]

I gehejmestatsrådet angreb hertug Frederik Christian af Augustenborg Skolekommissionens udkast for at være politisk og kulturelt forfejlet. Skolekommissionen havde gjort historieundervisningen ufarlig ved at reducere den til en hensigtserklæring. Heroverfor foreslog hertugen at bruge historieundervisningen aktivt og bevidst til en holdningspåvirkning, hvis klare sigte var at styrke enevælden og staten:

> Undervisningen i historie burde indskrænkes til at omhandle begivenheder, kongernes bedrifter, offentlige institutioner og særlige hændelser, som kunne interessere bondestanden, indgyde den kærlighed og hengivenhed til fædreland og regering, og opvække sådant sindelag og fremme sådanne handlinger, som passer sig til standens forhold.[37]

Når det gjaldt historieundervisningen, blev det imidlertid Skolekommissionens inddæmningsbestræbelser, der gik af med sejren. Det fremgik umiddelbart af de bemærkninger, som Danske Kancelli fremsatte i 1805 i for-

---

34. Ole Feldbæk og Vibeke Winge: Tyskerfejden, s. 29.
35. Joakim Larsen: *Skolelovene*, s. 170.
36. Sstds. s. 192-200.
37. Sstds. s. 206. Den tyske tekst fra 3. april 1802 lyder: »Der Unterricht in der Geschichte müsste sich nur auf solche Begebenheiten, Thaten der Regenten, öffentliche Einrichtungen und specielle Vorfälle einschränken, welche den Bauernstand interessiren, ihm Liebe und Anhänglichkeit an Vaterland und Regierung einflößen, und solche Gesinnungen und Entschlüsse wecken können, die seinen Verhältnissen angemessen sind«.

bindelse med færdiggørelsen af det provisoriske reglement. Kancelliet bemærkede her,

> at saa ønskelig som en passende Grad af de her opregnede Kundskaber i Historie, Geographie, Naturlære, Naturhistorie, Mechanik med videre end kunde være for Almuesmanden, saa betænkeligt synes det dog tillige at bestemme saadant ved Lov, indtil passende Lærebøger i ethvert Fag ere udkomne og authoriserede, da det er at befrygte, at man ved at gaae for vidt i denne Henseende kunde drage Bonden fra sin egentlige Bestemmelse.[38]

I det provisoriske reglement fra 1806 fik historieundervisningen den reducerede rolle, Skolekommissionen havde foreslået. Der kom blot til at stå:

> Ved Læsningen skulle fornemmelig saadanne Bøger benyttes, som kunde give Almuen et kort Begreb om dens Fædrenelands Historie og Geographie.[39]

Mens det måske ikke bør undre, at resultatet i 1806 blev, som det blev, kan der være grund til at spørge, hvorfor den endelige og landsdækkende skolelov i 1814 blot ord til andet gentog det otte år gamle provisoriske reglement?[40] Det, der var sket fra det sidste fredsår i 1806 til det første fredsår i 1814, kunne dog nok have givet anledning til endda væsentlige ændringer.

Tre forhold springer især i øjnene. Det ene er nedbrydningen af det gamle samfunds lokale og regionale skel og en synliggørelse af staten og det større samfund. Dels som en følge af landboreformerne, hvor halvdelen af landets fæstebønder havde forladt den tryghed, som det traditionelle godssystem på godt og ondt havde tilbudt, og var blevet selvejere i direkte kontakt med kongens embedsmænd og skatteopkrævere. Dels havde krigen med England fra 1807 til 1814 fået hele befolkningen til at mærke, at den havde et fædreland, der i krigens navn øgede sine krav på dens penge, kræfter og tid. Det andet forhold er en betydningsfuld udskiftning i den politiske ledelse. En udskiftning, som allerede samtiden så som det tyske partis overgivelse af magten til det danske. De toneangivende i den aristokratiske tyskkulturelle kreds var enten døde – som Ludvig Reventlow – eller de havde opgivet

---

38. Sstds. s. 340.
39. Sstds. s. 358.
40. Sstds: s. 420. I den samtidige *Instruction for Lærerne* reduceres historieundervisningen (§ 16, sstds. s. 438) til en underordnet del af geografiundervisningen: »Med Undervisningen i Geographien forbindes en kort Udsigt over Landenes og især Fædrelandets Historie, ligesom og om deres Natur- og Kunst-Producter«.

deres poster i den politiske ledelse og i centraladministrationen, som Christian Bernstorff, hertug Frederik Christian af Augustenborg, Christian Ditlev Reventlow og Ernst Schimmelmann. Det tredje er en voksende interesse i offentligheden om forholdet: stat og skole.

Forestillingen om, at staten skulle opdrage nationens unge, var for så vidt ikke ny.[41] Den optræder i Guldbergs latinskolereform i 1775, og den kom klart til udtryk i 1790'ernes livlige pædagogiske debat. Mest prægnant blev disse ideer dog udtrykt af den unge historiker og protegé af hertug Frederik Christian af Augustenborg, Laurits Engelstoft, i hans bog fra 1808: *Tanker om Nationalopdragelsen betragtet som det virksomste Middel til at fremme Almeenaand og Fædrelandskiærlighed.*[42] Bogen fremmanede et samfund, hvor staten opdrog de unge til loyale undersåtter og nyttige borgere. Denne borgeropdragelse skulle ikke blot omfatte undervisning i fædrelandets sprog, historie og geografi samt militære våbenøvelser. En borgerkatekismus skulle indskærpe de unge deres nationale pligter; en folkekodeks skulle belære dem om samfundets love og deres fortræffelighed; og nationalopdragelsen skulle understøttes »med udsøgte Nationalsange, skikkede til, giennem Ørets Fornøielse at indtrylle Pligterne i Hiertet«.[43] Denne nationalopdragelse skulle afsluttes med »Fædrelandsfesten«: en tableauagtig statsborgerlig konfirmation ved midsommertid, hvor de unge aflagde deres borgered og blev optaget i borgersamfundet, og hvor ceremonien afsluttedes med »et almindeligt Fryderaab: leve Kongen, leve Fædrelandet!«[44]

Disse tanker om en nationalopdragelse – som også omfattede lokale sørgehøjtideligheder ved fortjente borgeres og faldne heltes grave – kan umiddelbart virke overspændte og virkelighedsfremmede. Men der skete faktisk i disse år i latin- og borgerskolerne en massiv holdningspåvirkning til fordel for konge og fædreland. Der *blev* undervist i gymnastik med et videre militært sigte. Der *blev* iscenesat nationale højtideligheder og tableauer i forbindelse med krigsbegivenhederne i 1801 og 1807, som i dag kan kalde på smilet, men som deltagerne tog dybt alvorligt.[45] Og der *blev* også

41. Se f.eks. Gottsche Hans Olsen: Opdragelsesvæsenet. En Tale, holden paa Sorø Akademie, i Anledning af Kongens Fødselsfest 1794. *Minerva* april 1794.
42. I 1802 havde den unge universitetsadjunkt i historie udsendt et forarbejde hertil: *Om den Indflydelse, Opdragelsen, især den offentlige, kan have paa at indplante Kiærlighed til Fædrelandet. Et statspædagogisk Forsøg.*
43. 1808, s. 137-38.
44. Sstds. s. 230.
45. Henrik Nyrop-Christensen: Mindehøjtideligheder fra Frederik VI.s tid. Omkring H.C. Knudsens heroiske tableauer. *Studier fra Sprog- og Oldtidsforskning.* 274. 1970.

udsendt en borgerkatekismus, således som Laurits Engelstoft havde foreslået det. I 1811 udgav pastor P.O.Boisen på Vesterborg lærerseminarium under Christian Ditlev Reventlows grevskab Christianssæde *Forsøg til en Fædrenelands-Katechismus eller kort Indbegreb af Pligterne mod Konge og Fædreneland*, som skulle bruges ved konfirmationsforberedelsen. Det var en massiv indoktrinering af helstatspatriotisme og af kærlighed til kongen og fædrelandet; og Frederik 6. lod straks bogen optrykke og uddele som *Præmiebog for Udmærkede blandt Skole-Ungdommen.*[46]

Endnu kender vi ikke grunden til, at den landsdækkende skolelov i 1814 blot blev en gentagelse af det provisoriske reglement fra 1806. Med statsbankerot, afståelsen af Norge og bekymringen for Danmarks fortsatte beståen som stat har det muligt forekommet uoverkommeligt at genoptage et arbejde, der allerede havde lagt så meget beslag på regeringens og administrationens tid og kræfter.

Når skoleloven i 1814 alligevel kom til at indvarsle en ny tid, skyldtes det, at læreruddannelsen fik et nyt indhold og et nyt sigte.

Helt fra starten i 1789 havde det været hensigten »at danne brugbare og duelige Skoleholdere«. Det bekostelige og ambitiøse program for seminariet på Blaagaard havde imidlertid måttet opgives til fordel for en uddannelse af lærere, der var villige til at leve blandt bønder og som bønder. Resultatet blev oprettelsen på lokalt initiativ af en række små præstegårdsseminarier, som var billige og pædagogisk effektive, men som ikke arbejdede efter ensartede retningslinier. Den 27. januar 1816 blev der derfor under Danske Kancelli nedsat en kommission, der skulle fremkomme med forslag til et landsdækkende seminariereglement. Den 12. december 1817 forelå Kancelliets forestilling, og den 10. februar 1818 approberede Frederik 6. *Almindeligt Reglement for Skolelærerseminarierne i Danmark.*[47]

Med sin vægt på tarvelighed og praktiske færdigheder vedgik reglementet arv og gæld efter præstegårdsseminarierne. Men i kravene til undervisningen havde meget af oplysningstidens og de tidligere revolutionsårs optimisme og skolebegejstring overlevet.

46. 2. oplag kom 1812. Hensynet til lensgreven og hans holdninger synes at ligge bag bogens noget påklistret virkende afslutningskapitel på halvanden side. Boisen understreger her (s. 171): »Fædrenelandets Ven er tillige Menneskeven«, og »sand Fædrenelandskiærlighed, grundet paa Samvittighed og Religion, udarter ikke til Stolthed, ikke til Ringeagt mod, eller Had til andre Folkeslag.«
47. Joakim Larsen: *Skolelovene*, s. 589-99, jvfr. note 117 nedenfor.

Om undervisningen i verdenshistorie hed det således, at seminaristen skulle have

> en tydelig og efter Tidsfølgen ordnet Oversigt over mærkvær-
> dige Personer, Begivenheder og Opfindelser, der have havt
> mærkelig Indflydelse paa Staternes heldige og uheldige Skieb-
> ne, paa Menneskelivets Beqvemmelighed og Behagelighed
> samt paa den menneskelige Aands Oplysning og Forædling.[48]
> Han bør derhos kiende Religionens, især den christelige Reli-
> gions Historie, saa at han kan giøre Rede for de vigtigste Perso-
> ner og Tildragelser, der væsentligen have bidraget til den chri-
> stelige Religions og Kirkes forskiellige Tilstand i de forskiellige
> Tidsaldre.[49]

Fædrelandets historie var nu også blevet et selvstændigt fag i skolen; og fra sin himmel må hertug Frederik Christian af Augustenborg have nikket bifaldende til, at hans tanker om at udnytte undervisningen i fædrelandets historie til en aktiv og bevidst holdningspåvirkning til fordel for enevælden og staten nu omsider var trængt igennem. Det hed herom i seminarieregle-mentet:

> Fædrenelandets Historie bør han paa samme Maade kiende,
> men fuldstændigere for at indgyde Agtelse for Forfædrenes
> Fortienester, Erkiendelse af de Goder, man skylder sit Fødeland,
> dets mange velgiørende Indretninger, dets Regenters vise og
> faderlige Foranstaltninger og derved bestyrke den naturlige
> Fødelandskierlighed og Troskab mod Kongen.[50]

Hermed var 30 års skolelovgivning omsider bragt til ende, og grundlaget for 1800-tallets folkeskole var lagt. Det betød ikke, at skolemålene straks blev realiserede. Det tog tid at uddanne seminarielærere til alle landets skoler – hvor den gamle degn eller skoleholder jo også først skulle dø. Og den mekaniske udenadslæren – 'den indbyrdes undervisning', som Frederik 6.

---

48. Sstds. s. 598 hedder det i den kongelige resolution af 3. januar 1818 på Kancelliets fore-
stilling dog: »I § 19 a udgaaer de Ord 'paa Staternes heldige eller uheldige Skjebne, paa
Menneskelivets Beqvemmelighed og Behagelighed, samt paa den menneskelige Aands
Oplysning og Forædling'.«
49. Sstds. s. 594.
50. Sstds. s. 594.

forstod og havde tillid til – må have virket bremsende på den holdningspå-
virkning, der var den nye skoles mål.[51]

Men nu var skolens påvirkning af børnenes holdning til konge og fædre-
land blevet indledt. Og nu forelå – omsider – skolebøgerne.

3. LÆSNING, SANG OG GEOGRAFI

Undervisningen i historie stod centralt, når det gjaldt en påvirkning af
børnenes holdning til kongen og fædrelandet. Men også andre fag kunne
bruges – og blev brugt – med det formål. Børnene stavede sig gennem
læsestykker og sang sange, der direkte eller indirekte medvirkede til at
udvikle en national identitet; og geografiundervisningens billede af dem
selv og de fremmede var med til at præge deres opfattelse af Danmark og
danskerne. Grænserne mellem fagene var ikke skarpe. Historiske læsestyk-
ker kom til at indgå i mange læsebøger; sange om fædrelandet og dets
historie kom til at optage en voksende del af pladsen i sangbøgerne; og
navnlig i de ældre geografibøger indgik der en god del historisk stof. Som
hovedregel lader de tre fag og deres skolebøger sig dog forholdsvis ube-
sværet holde ude fra hinanden.

1. Læsning

Det umiddelbare sigte med undervisningen i læsning var og forblev selv-
sagt at lære børnene at læse. Oprindelig for at de kunne læse deres katekis-
mus og ved konfirmationen blive bekræftede i deres dåb. Senere i stigende
grad for at de som voksne kunne fungere i et samfund, der i stadig højere
grad forudsatte, at den enkelte kunne læse.

En grundlæggende forudsætning for udvælgelse af læsestykker var, at de

---

51. Joakim Larsen: *Bidrag til den danske Folkeskoles Historie* 1818-1898. 1899, og Erik Nørr: *Præst og
administrator. Sognepræstens funktioner i lokalforvaltningen på landet fra 1800 til 1841*. 1981. Jvfr.
også Ernst Høybye-Nielsen: Den indbyrdes undervisning i den sjællandske almueskole.
Årbog for dansk Skolehistorie. 1969.

var velegnede til at socialisere børnene i et samfund, som styret og skolen sympatiserede med og ønskede at styrke.

1700-tallets skole havde således indpodet religiøst funderede leveregler med en forsyns- og en standsopfattelse, der indskærpede pligterne over for forældrene og det nære samfund. Grundlaget var ofte det apokryfe skrift *Siraks Bog*, Salomons ordsprog og Luthers katekismus.[52] Mod slutningen af århundredet mistede Luthers katekismus dog gradvist sin dominerende plads i undervisningen, hvor man søgte at afløse den traditionelle udenadslæren og den mekaniske spørgsmål-svar metode med en mere personlig kristendomstilegnelse, samtidig med at bibelshistorien i højere grad blev inddraget. Den begyndende verdsliggørelse af skolen affødte dog nogle steder reaktioner fra landbefolkningen. De nye stavebøger indeholdt ikke længere den gamle katekismus, hvad der fik forældrene til at protestere mod »den gale ABC«.[53] Men det formåede ikke at bremse den udvikling, der var indledt.

De ældste læsebøger havde tyske forlæg. F.E. Rochows *Der Kinderfreund. Ein Lesebuch zum Gebrauch in Landschulen* fra 1776 kom allerede på dansk året efter under titlen *Børneven. En Læsebog for Landsbyskolerne*, og Ludvig Reventlow lod den specielt oversætte til sine fynske godsskoler. Læsestykkerne i de tidligste læsebøger lagde hovedvægten på dyd og moral.[54] Et karak-

---

52. Joakim Larsen: *Bidrag til den danske Folkeskoles Historie* 1784-1818, s. 152-72, og Ingrid Markussen: *Visdommens Lænker*, s. 45-74. Oversigter med vægt på de lange linier er givet af Ingrid Markussen: Hvad skete der med skolen i 1814?, og af Vagn Skovgaard-Petersen: Bøgerne i skolen, i den af Tage Kampmann, Ingrid Markussen, Ellen Nørgaard og Vagn Skovgaard-Petersen forfattede *Et folk kom i skole. 1814-1989*. 1989.

53. Joakim Larsen: anf. skr. s. 162. Om undervisningen i faget dansk, se Paul Diderichsen: *Sprogsyn og sproglig opdragelse. Historisk baggrund og aktuelle problemer.* 1968; Poul Lindegaard Hjorth og Erik Larsen: *Direktiv og debat. Fagdidaktiske læsestykker om undervisningen i dansk sprog.* 1973; og Flemming Conrad: Danskfagets historie i folkeskolen. Et kapitel til en lærebog. *Årbog for dansk Skolehistorie.* 1985. Fremstillingen af skolens danskundervisning 1789-1848 kan ses i et bredere perspektiv i Flemming Conrad: Den nationale litteraturhistorieskrivning 1800-1861. *Dansk Identitetshistorie.* 2. 1991.

54. Skellet mellem læsebøger og lærebøger i realfagene var uskarpt, og nogle skolebøger søgte at dække hele spektret. Danske eksempler herpå er F.A. Junker: *Lære- og Læsebog for Ungdommen, indeholdende de for den nødvendige Kundskaber.* 1819, og H.C. Götzsche: *Forsøg til en Læsebog for Almueskolerne i Danmark.* Odense 1822, som blev udgivet med støtte af Fyens Stifts litterære Selskab. Oplysninger her og i det følgende om udgivelsesår og senere oplag er fra *Bibliotheca Danica* og *Dansk Bogfortegnelse.* De to dominerende læsebøger, der i form af læsestykker inddrog samtlige skolefag, blev David Seidelin Birch: *Naturen, Mennesket og Borgeren. Forsøg til en Læsebog for Almueskolernes øverste Klasse.* 1821, 15. oplag 1865, der gradvist afløstes af Peder Hjort: *Den danske Børneven. En Læsebog for Borger- og Almue-Skoler.* 1840, 10. oplag 1879. I begge er de fædrelandshistoriske læsestykker anbragt sidst i bogen.

teristisk eksempel på en læsebog med moraliserende fortællinger om bønder og bønderbørn er den sjællandske præst Bone Falch Rønnes *Læsebog for Bønderbørn* fra 1795, hvis socialiserende sigte blev efterlignet af mange forfattere langt ind i 1800-tallet.[55]

Efter 1814 skiftede læsebøgerne gradvist karakter. En proces, der dog i nogen grad forsinkedes ved, at skolerne skulle spare, og at de gamle degne og skoleholdere fortsatte med at bruge biskop Balles autoriserede *Lærebog i den evangelisk-christelige Religion* fra 1791 og andre religiøse skrifter som læsebøger. Gradvist blev bøgernes moralske læsestykker suppleret med mere alment kundskabsstof, især om landbruget – en udvikling Det kongelige danske Landhusholdningsselskab da også varmt støttede. I 1830'rne optog skolebøgerne i stigende grad læsestykker med et litterært og nationalt indhold.[56] Et tidligt eksempel er skolelæreren i Kamstrup J.P. Peetz' *Læsning for den danske Bonde og hans Børn. En Historie- og Læsebog især for Landsbyskolerne*, der udkom i Roskilde i 1832. Forfatteren havde hentet sit stof i Eiler Munthes fædrelandshistorie fra 1806, men suppleret det med læsestykker fra andre forfattere og kilder. Og i forordet skrev han:

> Maatte dette lille Skrivt tjene til at sysselsætte Bonden og hans
> Børn i deres Fritimer, opvække Følelse for og Kjærlighed til
> Fædrelandet, og tillige kunne tjene som Læsebog for Lands-
> byskolernes øverste Classer.

Det var denne nationale tendens, som Selskabet for Trykkefrihedens rette Brug fra midten af 1830'rne understøttede over en bred front og med betydelige pengemidler, og som ligeledes kom til udtryk i selskabets *Dansk Folkekalender.*[57] Denne historiske tendens blev fortsat og udvidet i læsebø-

---

55. Se bl.a. den fra tysk oversatte bog af C.P. Funke: *Læsebog for Borgerskoler.* 1797, der udkom i anden forbedrede udgave ved den produktive skolebogsforfatter J. Werfel i 1803. Læsestykkerne er moralske fortællinger og ordsprog, lige som i O.D. Lütkens *Læsebog til Brug i Almueskolerne.* 1817. Et sent eksempel på denne genre er sognepræst i Stege Daniel Smiths *En liden Læse- og Sangbog for Almuen og Skolebørn*, der udkom i 1839 og genoptryktes 1845. Vægten er lagt på dyd og moral, som belyses ved hjælp af æventyr, og i udvalget af sange og salmer er der ingen national tendens.

56. Da P. Thonboe i 1813 udsendte sin meget benyttede *Læsebog og Exempelsamling*, som udkom i 8. oplag i 1831, gjorde han udtrykkeligt opmærksom på, at han af pladsgrunde udelod fædrelandets historie. Fra 1819 valgte han imidlertid at medtage den.

57. Se Sigurd Nielsen: Selskabet for Trykkefrihedens rette Brug. *Historiske Meddelelser om København.* 4.r.4.bind. 1954-57, jvfr. også de mange eksempler på små lokale bogsamlingers sammensætning i Helge Nielsen: *Folkebibliotekernes forgængere. Oplysning, almue- og borgerbiblioteker fra 1770'erne til 1834.* 1960. Om *Dansk Folkekaldender*, se også Thorkil Damsgaard Olsen: Vore første almanakhistorier. *Københavns Universitets Almanak 1987.* 1986, s. 121.

61.

Kjere Børn! nu veed jeg, at J kjende alle de danske Bogstaver, og kunne allerede læse dem temmelig got. Saa var det vel ikke saa ilde, om J lærte ogsaa at kjende de latinske Bogstaver og nogle Taltegn.

Her har J nu først de latinske smaa Bogstaver:

a aa b c d e f g h i j k l m n o p q r s t u v w x y z æ ö.

Og her ere de store:

A Aa B C D E F G H I J K L M N O P Q R S T U V W X Y Z Æ Ö.

De danske Tal-Tegn, eller, som man og kalder dem: de Arabiske, skrives saaledes:

1 2 3 4 5 6 7 8 9 0.

Desuden bruger man og nogle af de latinske Bogstaver som Tal-Tegn, hvilke da kaldes Romer-Tal. De ere følgende:

I betyder een
V betyder fem
X betyder ti
L betyder halvtrediefinbstyve.
C betyder hundrede
D betyder fem hundrede
M betyder tusinde.

Naar J bede Eders Skolelærer derom, kjere Børn; saa forklarer han Eder vist nok, hvorledes disse Tal-Tegn kunne sammensættes paa mange forskjellige Maader.

TILLÆG.
62.
Kartöfler.

Kartöfler ere en meget nyttig Frugt, som Bönderne ret burde lægge Vind paa at avle. De ere velsmagende for Menneskene og kunne let fordöjes. De fleste af vore Huusdyr æde gjerne Kartöfler. Især bruges de paa mange Steder til at föde Köer og Sviin med. Ogsaa kan man fede sine Kreature med Kartöfler. De bruges til Stivelse, og ved deres Dyrkning forbedrer man sine Agre.

63.
Om Kartöffelavl.

Man kan avle Kartöfler i alle Slags Jord, endogsaa i Mosejord; dog er nok en god Muldjord den bedste. Vil man ret have Nytte af sine Kartöfler, saa maae man gjöde Jorden i Efteraaret og plöje den. Tidlig i Foraaret bör man harve Jorden, og plöje den igjen; jo dybere, jo

---

En af det sene 1700-tals skolebegejstrede teologer var Bone Falch Rønne (1764-1833), der havde været lærer for arveprins Frederiks børn, og som derpå blev sognepræst i det nordsjællandske kald Tjæreby-Alsønderup. I *Læsebog for Bønderbørn* fra 1795, der kom i 6. oplag i 1821, indflettede han fra 1798 blandt de moralske fortællinger om den uagtsomme Claus, den skidenfærdige Karen, den dorske Maren og den ærlige Jørgen et stykke om kartoflens nytte. På det tidspunkt havde børnenes forældre – gårdmændene og husmændene på det tidligere krongods – allerede opdaget, at hovedstaden var et givtigt marked for den nye afgrøde. Det kongelige Bibliotek.

gerne i 1840'rne. I førstelærer ved Horsens Borgerskole, P.C.J. Rasmussens *Fortællinger og Sagn. En Læsebog for nederste Classe i Almueskoler og Børn i Smaaskoler*, der udkom i Horsens i 1843, var hovedparten af læsestykkerne fortsat af moralsk og oplysende karakter; men de var nu suppleret ikke blot med historiske læsestykker fra Ove Mallings *Store og gode Handlinger*, men også fra Just Mathias Thieles *Danske Folkesagn*. Dette folkeligt-nationale islæt i en almuelæsebog var nyt. Men det historiske afsnits afsluttende ord var en røst fra 1700-tallet:[58]

Sammenligne vi Danmarks Skjæbne med andre Staters, der i en
Tid af saa mange Aarhundreder, da det har staaet, ere stegne,

58. S. 99-100.

faldne og gaaede under, da kjende vi Himlens Varetægt og nordiske Mænds Fortjenester.

Det var baggrunden for forfatterens appel til børnene: »Aldrig indsnige Egennyttigheds, eller Misundelses, eller Tvedragts Aand sig iblandt danske Brødre, til at forjage eller forgifte de Velsignelser, Himlen vil unde, og et agtbart Land, byder os!« Og han fortsatte med at citere Ove Malling:

Det være os vigtigt at opsøge vore værdige Forfædre, at føle deres Aand, at tænke mandigen og ædelt, som de: da skal Staten blomstre ved sine Egne; thi da vil Man finde sin største Hæder i at leve og døe for Gud, for Kongen og for Fædrelandet.

Den nye folketone i skolernes læsebøger var kommet for at blive. I *Dansk Læsebog for de lavere Klasser* fra 1847[59] skriver forfatterne, at det er en læsebog, de udgiver, ikke en moralbog eller en lærebog i realfagene. I fortalen understreger de derfor, at de har villet bringe »saadanne Fortællinger og Skildringer, der ere af en folkelig Oprindelse og bære Præg af at have været til i mundtlig Overlevering, førend de bleve nedskrevne«; og at de havde bestræbt sig for at »tilvejebringe en simpel, naturlig Fremstilling tilligemed en rigtig og ægte dansk Sprogform«. Bogens traditionelle udvalg af fabler og fortællinger afsluttedes da også med et særdeles fyldigt udvalg af Thieles *Danske Folkesagn* og af en række stykker fra *Edda*'en og sagaerne.

Allerede fra 1820'rne indeholdt skolens læsebøger således læsestykker, der påvirkede børnenes holdning i en national retning. Men der var tale om en forholdsvis beskeden del af det samlede læsestof. Og det var ikke nyt for børnene. De havde mødt det tidligere og stærkere i skolens historiebøger.

2. Sang

Hensigten med at lære børnene at synge stod at læse i Christian Ditlev Reventlows skolereglement for grevskabet Christianssæde af 19. november 1791. Det var »deels for Sangens Skyld i Kirken, som derved vilde blive meget opbyggeligere, deels ogsaa for at oplive Land-Almuen til Glæde og

---

59. Udgivet af Cl. Funch, J. Røgind og E. Warburg.

forfine dens Følelser.«[60] For den øverste drengeklasse i de københavnske almue- og borgerskoler var hensigten med sangundervisningen i 1810:

> Underviisningen i Sang, saavel den religiøse som Selskabssangen, fortsættes i denne Klasse med Tillæg af flere og vanskeligere Kirkemelodier og et større Forraad af Ungdoms- og Almue-Sange, især af patriotisk Indhold, der ere skikkede til at vække Kiærlighed til Konge og Fædrenelandet og forædle den selskabelige Glæde.[61]

Og i 1847 kunne skolemanden D.E. Rugaard på baggrund af 20 års virke som lærer udtale, at »Sang-Underviisningens Formaal er altsaa National-Dannelse, Menneske-Dannelse og Styrkelse af den religiøse Sands.«[62]

Før 1814 havde det overvejende været salmer, der blev sunget i skolen. I det omfang, sangene havde et verdsligt indhold, havde det været af moraliserende art. Historiske viser om for eksempel Ivar Huitfeldt og om Slaget på Rheden havde været undtagelser.[63]

Efter 1814 begynder sangbøgerne at udkomme i lidt større tal.[64] Et karakteristisk tidligt eksempel er den sangbog efter tysk forbillede, som læreren ved Metropolitanskolen O.D. Lütken med Landhusholdningsselskabets støtte udsendte i 1818 med den talende titel *Huus- og Skole-Sangbog eller 266 lystige og alvorlige Viser og Sange, samlede for Venner af uskyldig Munterhed og ægte Dyd og især for brave Skolelærere og flinke Skolebørn.* Teksterne handlede om årets gang, dyd og moral og mennesket og dets gerninger, men ikke om fædrelandet og det danske. I den *Samling af danske Sange* i to hæfter, som Henrik Hertz udgav i 1836, indeholdt derimod første hæfte – som der stod i fortalen – »endeel Sange af fædrenelandsk Grundtone og mandig Charakteer« foruden mere stemnings- og følelsespræget poesi. Det andet hæfte var helliget folkeviser – originale og gendigtninger – samt bord- og selskabs-

60. Joakim Larsen: *Skolelovene*, s. 58. Om sang generelt, se Karl Clausen: *Dansk folkesang gennem 150 år*. 1958; samme: Sangen mellem krigene – og dens forudsætninger i 1840'rne. Et bidrag til folke- og skolesangens historie i Slesvig. *Årbog for dansk Skolehistorie*. 1970; Knud Arnfred: Sang bliver et skolefag. Træk af skolesangens historie i 1. halvdel af det 19. århundrede. *Årbog for dansk Skolehistorie*. 1971; Hans Kuhn: *Defining a Nation in Song. Danish Patriotic Songs in Songbooks of the Period* 1832-1870. 1990; og Flemming Conrad: Konkurrencen 1818 om en nationalsang. *Dansk Identitetshistorie*. 2. 1991.
61. Joakim Larsen: *Skolelovene*, s. 556.
62. D.E. Rugaard: *Skole-Bibliothek, eller Fortegnelse over danske Skrifter, angaaende Opdragelses- og Underviisnings-Væsenet, fagviis opstillet i alfabetisk Orden*. 1847, s. 162.
63. Joakim Larsen: *Bidrag til den danske Folkeskoles Historie 1784-1818*, s. 170-72.
64. D.E. Rugaard: anf. skr. s. 162-67.

viser. Selskabet for Trykkefrihedens rette Brug stod bag udgivelsen, lige som det stod bag den *Samling af fædrelandshistoriske Digte*, som Frederik Fabricius udsendte samme år. Formålet fremgik af fortalen. Det var

> at give et Bidrag til at vedligeholde og styrke i Folket Mindet om Fædrelandets Fortid, om vigtige følgerige Tildragelser, om Mænd, der have virket i Fred som i Krig til Landets Ære og Gavn, og tillige at bidrage til at gjøre den fædrelandske Digtekonst, som har bevaret og forskjønnet os disse Erindringer, kjær for Unge og Gamle.

Samlingen fremstod som en fædrelandets fortid på vers, og hvert enkelt digt var forsynet med en forklarende historisk indledning.

Som slutsten på udviklingen af den nationale tendens i skolens sangbøger står *Sangbog for Borger- og Almueskoler*, der var samlet af en anonym »Skoleven« i Odense og udsendt i 1849. Der er næppe tvivl om, at krigen har præget udvalget, idet en trediedel af sangene er af udtalt national karakter. Enkelte sange – som *Den tapre Landsoldat, Kongernes Konge* og *De larme høit mod Syd* – er nye. Men de fleste er ældre og har formentlig før været sunget i skolen. Sange som *Gud! skjærm vor Konges Huus!, Danmark, deiligst Vang og Vænge, Ved fremmed Kyst, paa fjerne Strand, Duftende Enge og kornrige Vange, Der er et yndigt Land, Vift stolt paa Codans Bølge, Dannevang ved grønne Bred, Kong Christian* og *Der er et Land*.

Udvælgelsen af sangene synes i deres tendens at være forløbet parallelt med valget af tekster til skolernes læsebøger. Sangene om fædrelandet og dets fortid har utvivlsomt medvirket til udviklingen af en national holdning. Indholdsmæssigt fortalte teksterne ikke børnene noget, som de ikke kendte fra undervisningen i fædrelandets historie. At synge om fædrelandet har muligt kunnet virke stærkere og sætte sig varigere spor. På den anden side kan man spørge, om guldalderens nationale digtning, der i så høj grad var henvendt til det dannede borgerskab, indholdsmæssigt har kunnet opnå større gennemslagskraft i de stråtækte landsbyskoler?

3. Geografi

Undervisningen i geografi var holdningsmæssigt et væsentligt skolefag, fordi børnene her blev bragt til at sammenligne deres eget land med andre lande – og sig selv med de fremmede.

Latinskoleforordningen af 11. maj 1775 havde krævet undervisning i geografi, på grundlag af »et Compendium over Geographien«. Allerede året efter forelå Christian Sommerfeldts skolebog. Heri kunne eleverne læse, at »Europa er den mindste af de 4 Verdens Deele, men mægtigere og bedre dyrket, end nogen af de andre: nu den sande Religions, Videnskabernes, Konsternes og Handelens Sæde«; men bogens holdningspåvirkende muligheder må være blevet neutraliseret af den faktuelle og factsmættede tekst.[65]

Den store Skolekommission overdrog det til læreren på Efterslægtsel-skabets Skole, Edvard Storm, at forfatte en geografibog for landsbyskolen. Bogen, der udkom i 1792, bar som undertitel: *Et Forsøg.*[66] I fortalen understregede forfatteren, at det var meget begrænset, hvad almuen burde lære:

> ingen burde gaae videre, end behov giøres til at frembringe fornuftige Begreber om Guds almindelige Huusholdning i Na-turen, og besynderlige Regiering over hans ædleste Skabning, Mennesket«.

Bogen var en kort og komprimeret beskrivelse af jorden, dens dyr og naturfænomener; og den udkom kun i det ene oplag.

Efter århundredskiftet begyndte geografibøgerne – såvel for latin- og borgerskolerne som for almueskolerne – at udkomme i større tal.[67] Nogle var rene bearbejdninger af udenlandske – det vil i praksis sige tyske – sko-lebøger, mens andre var af mere selvstændig karakter og baseret på tysk og fransk oversigtslitteratur. Indtil 1830'rne lå hovedvægten på den historiske

---

65. *Forordning af 11. maj 1775 angaaende Skole-Væsenets Forbedring ved de publiqve latinske Skoler*, § 19 E. Christian Sommerfeldts *Geographie til Ungdommens Brug.* 1776, og hans *Kort Udtog af Geographien, til Begynderes Bedste*, 2. oplag 1778, udkom i adskillige oplag. I forordet takker forfatteren Carsten Niebuhr for informationer om Asien og Nordafrika.
66. Joakim Larsen: *Bidrag til den danske Folkeskoles Historie 1784-1818*, s. 110. Edvard Storm: *Kortfattet Jordbeskrivelse, eller Geoghraphie. Til Brug i Landsbyeskolerne. Et Forsøg.* 1792. Afsnittet om Danmark (s. 122-23) er stærkt rosende: kongens enevoldsmagt er overdraget af folket; »i intet Land i Verden staaer Almuen sig, hvad det Heele betræffer, saa vel, som hos os«, hvor den er fri for stavnsbånd og for indgreb fra godsejerne. Europa (s. 15) står over de andre verdensdele på grund af religion, agerdyrkning, handel, fabrikker, kunst og viden-skab.
67. D.E. Rugaard: anf. skr. s. 143-50. Rugaard anfører kun undtagelsesvis bøger fra før 1814. Om disse, se *Bibliotheca Danica* II, sp. 394-98.

side af geografien, men herefter begyndte redegørelsen for de rent fysiske forhold at dominere.[68] Den første skolebog af den nye type var C.F. Ingerslevs *Lærebog i Geographien efter Steins kleine Geographie für Gymnasien und Schulen* fra 1838, som året efter fulgtes af hans *Kort Lærebog i Geographien til Brug for Begyndere samt for Borgerskoler*. Den nye geografiundervisning synes dog at have været længe om at trænge igennem. Så sent som i 1847 kunne en kvalificeret iagttager som D.E. Rugaard kritisere undervisningen for at give »kun lidt virkelig værdifuldt Udbytte«, fordi den fortsat var tynget af en åndløs ophobning af befolkningstal og af remser om byer, bjerge og floder.[69]

Af læreren forlangtes det, at han særligt skulle lægge vægt på fædrelandets geografi.[70] Dette krav tilgodeså skolebøgerne ved at give det danske monarki – indtil 1814 derfor også Norge – en særdeles fyldig behandling. Trods den sidemæssigt stærke vægtning af fædrelandet er behandlingen dog helt overvejende informativ og bemærkelsesværdigt neutral. En bemærkning i *Kortfattet Geographi for Almueskoler i Fædrelandet* fra 1834 om, at »Regjeringen sørger med Omhu for at udbrede Oplysning og nyttige Kundskaber i alle Stænder, og vi kunne derfor regne os til de meest oplyste Nationer«, står som en undtagelse fra denne regel.[71] Det er ikke i geografibøgerne, vi skal finde hyldesten til kongen og kærligheden til fædrelandet. Det er i historiebøgerne. Det var på et andet felt, geografiundervisningen udøvede en holdningspåvirkning i national retning: ved at forbinde det lokalsamfund, børnene kendte, med det land, der hed Danmark. Det skete, når læreren tog udgangspunkt i hjemegnen og fortalte om forskelle og navnlig om ligheder i forhold til det øvrige land. Der mødte de et samhørsforhold, som deres forældre i tiden før skolereformen ikke havde kendt. Den nye skoles bøger fortalte børnene, at de sammen med en million andre danskere levede i Danmark. De fortalte også, at de mennesker, der ikke levede i Danmark, var anderledes. Og at de blev mere anderledes, jo længere borte de levede.

I skolen lærte børnene, at der var forskel på verdensdelene indbyrdes. I *Lærebog i Geographien for Begyndere* af rektor ved Slagelse Lærde Skole, T.C. Withusen, fra 1816 blev disse forskelle understreget, og børnene lærte, at de som europæere var anderledes – og bedre – end de andre verdensdeles

68. Joakim Larsen: *Bidrag til den danske Folkeskoles historie* 1818-1898, s. 149-50.
69. D.E. Rugaard: anf. skr. s. 143.
70. Joakim Larsen: *Skolelovene*, s. 594.
71. Af R. Christensen. Udkom i Randers 1834. Her citeret fra 1842-udgaven, s. 14.

folk. Europa var de andre verdensdele klart overlegen i kultur og magt.[72] Som nummer to i den kulturelle rangfølge kom Asien. Men »har end mange dets sydlige Beboere megen Konstfærdighed, staae dog alle Asiatere i Aands Dannelse langt under Europæerne«.[73] Afrika stod »langt neden for de øvrige den gamle Verdens Dele«;[74] og Australien og øerne i Sydhavet faldt nærmest uden for menneskelig sammenligning:

> De af Indbyggerne, Europæerne hidtil have seet, ere af Neger-
> dannelse, dog meer eller mindre mørke af Farve, alle paafal-
> dende magre i Arme og Underkrop, og af et frastødende raat,
> tildels dyriskt Udseende. Denne Raahed hersker og i deres hele
> Levemaade, og dybt i deres Indre, hvorfra den end ikke ved flere
> Aars Ophold i et europæisk Land kan fordrives.[75]

Denne Europa-centrerede holdning var et gennemgående træk ved geografibøgerne.[76] Højest kunne der være tale om forskelle mellem de vilde. I den skolebog, der i 1838 markerede gennembruddet for den fysiske geografi, anlagde forfatteren et nuanceret syn på Sydhavets mennesker. Billedet af malajerne var positivt: »en smuk, velskabt Menneskerace af brunagtig eller guul Farve og kraftig Legemsbygning, ikke meget forskjellige fra Europæ-ere«.[77] De befandt sig på forskellige kulturtrin, men nogle havde »en ordnet Statsforfatning, tildeels med et aristokratisk Lehnssystem, forenet med monarkiske Former«.[78] Maorierne på New Zealand var derimod »stridbare, grusomme og vilde: Menneskekjød er deres kjæreste Næring og de slagte (stundom indsalte) deres dræbte Fjender«.[79] Et gennemgående negativt træk ved Sydhavets mennesker var deres uvilje mod at modtage europæ-erne og tillade missionsvirksomhed.

På et tidligt tidspunkt begyndte geografibøgerne at beskrive og vurdere de enkelte nationer og folk. I den udbredte *Almindelig Geographie for de første*

---

72. S. 13.
73. S. 127.
74. S. 161.
75. S. 216. Det er karakteristisk for tankegangen i årene efter Napoleonskrigene, at rektor Withusen forventer, at det unge Amerika ad åre vil overtage det gamle Europas førende position. Se herom facsimileudgaven af C.F. von Schmidt-Phiseldek: *Europe and America.* 1820, udsendt 1976 med et efterord af Thorkild Kjærgaard.
76. Se f.eks. Rasmus Christensen: *Kortfattet Geographie for Almueskoler i Fædrelandet.* Randers 1842. Først udgivet i Viborg 1834.
77. C.F. Ingerslev: anf. skr. 1838 s. 430.
78. Sstds. s. 430.
79. Sstds. s. 434.

Begyndere i de lærde Skoler og for Børn i Borgerskolerne, som læreren ved
Metropolitanskolen, Eiler Munthe, udsendte i 1806, og som kom i 9. oplag i
1842, var der for hvert land et kort afsnit: *Indbyggerne*.[80] Nordmænd, sven-
skere, russere, schweizere, hollændere, franskmænd og englændere om-
taler Munthe positivt, og han udtrykker sig anerkendende om deres borger-
lige dyder. Når hans geografibog – og periodens geografibøger iøvrigt
– ikke beskriver og vurderer tyskerne, skyldes det efter alt at dømme det
meget store antal ofte meget små tyske stater, ikke en national holdning.
Om Sydeuropa udtaler Munthe sig derimod mere forbeholdent. Italienerne
er lovlig pragtsyge, spanierne overdrevent stolte, og om portugiserne hed-
der det, at »den almindelige Mand er meget overtroisk, og en Slave af
Geistligheden«.[81] Tonen er på den anden side ikke selvhævdende og aggres-
siv. Tyrkere og kinesere karakteriseres positivt og forstående, og indere og
indianere beskrives nøgternt etnografisk. Vi møder her oplysningstidens
søgen efter nyttig viden og – som en arv fra Montesquieu og Herder – en
implicit erkendelse af de enkelte folks principielle ligeværd trods indbyrdes
forskellighed.

Efter 1814 bliver tonen og holdningen imidlertid gradvist en anden. Man
møder den blandt andet i J. Riises *Haandbog i Geographien for den studerende
Ungdom*, hvis to bind fra 1819-20 alene omhandler Europa, og som i 1821 blev
autoriseret som lærebog af Direktionen for Universitetet og de lærde Skoler.
Riise viderefører traditionen med at karakterisere indbyggerne i de enkelte
stater, men tonen er nu mere dømmende – fjernest fra Danmark på græn-
sen til det fordømmende. Svenskere og schweizere omtales udelt positivt.
Franskmændenes gode egenskaber afvejes over for deres dårlige. Englæn-
derne er »et kraftfuldt, stormodigt Folk med en udmærket Nationalcaracter,
varm Patriotisme og Frihedskiærlighed, agtværdigt, men ikke elskværdigt, i
høieste Grad nationalstolt, og fuldt af Foragt for alt, hvad der ikke angaaer
Gammel-England«.[82] Det katolske Sydeuropa synes nu definitivt at være
placeret lavere end det protestantiske Nordeuropa. Italienerne får at høre
for deres fejl; portugiserne omtales overbærende, og spanierne kritiseres for
mange negative karakteregenskaber. I tyrkernes »Caracter er en selsom
Blandig af Godt og Ondt, og de staae som Overgangen fra de vilde til de
civiliserede Nationer«.[83] Grækerne derimod er de gamle helleneres sande

80. Her brugt efter 3. oplag 1812,
81. S. 83.
82. II, s. 51.
83. II, s. 723.

arvtagere; men forfatteren må dog erkende, at det tyrkiske åg har »givet deres Caracter noget Uædelt«, som forlener dem med »Forstillelse og Snedighed«.[84]

Samtidig med Riises *Haandbog* udkom J.C. Millings *Statistisk geographisk Haandbog for de dannede Stænder og de øverste Klasser i lærde Skoler og Borgerskoler*, som modsat konkurrenten dækkede hele verdenen.[85] Han opererer med stort set de samme folkekarakterer, men lægger i højere grad vægt på de moralske egenskaber og på sprogsituationen. Fransk kulturpåvirkning anser han for skadelig, især for nordmænd og svenskere; og spaniere, portugisere og italienere afmales som sydlandske befolkninger med andre – og mindre positive – karaktertræk end nordeuropæerne.

I de fremmede verdensdele bliver hudfarven et mere karakteriserende træk end før. Perserne »ere velskabte, brunladne af Ansigtsfarve, godmodige, muntre, høflige og gjestfrie«.[86] Kineserne og japanerne derimod er »sortgule og hæslige af Legemsskabning efter vore Begreber«.[87] I Sydhavet er malajerne »lysbrune af Farve, forstandige og godmodige, men som alle Naturmennesker tyvagtige, ikke af Gjerrighed, men af Lyst til at besidde det, som synes dem sjeldent«; hvorimod Australiens oprindelige beboere er »en styg, svag Negerrace, som i Aands og Legems Egenskaber staaer langt under den afrikanske, og lever i raa Vildhedstilstand«.[88] Denne tendens videreføres af søofficeren H.G. Garde, hvis *Geographie forenet med Historie og Naturbeskrivelse* fra 1840 fastholder billedet af Sydhavets vilde. New Guinea beboes »af vilde og krigeriske Indvaanere, som modsætte sig Fremmedes Landgang«;[89] hvorimod de indfødte på Selskabsøerne »udmærke sig ved Civilisation og Skjønhed. Missionairer udbrede med Held den christne Lære«.[90]

Undervisningen i geografi har utvivlsomt udøvet en holdningspåvirkning. Stærkest formentlig ved at nedbryde det gamle agrarsamfunds lokale og regionale horisonter og få børnene til at opfatte danskerne som deres folk og Danmark som deres land. Et Danmark, der havde samme konge, kirke og øvrighed og samme tro, sprog og love, og som var fælles om pligter og

84. II, s. 725.
85. I-II. Odense 1819-20.
86. II, s. 25.
87. II, s. 4.
88. II, s. 182.
89. S. 216.
90. S. 217.

byrder. Derimod er det tvivlsomt, hvorvidt geografiundervisningen har medvirket til at udvikle en national identitet, der var baseret på negative fremmedbilleder, endsige på fjendebilleder. I geografibøgerne lå en fremmedforagt i kim. Men dommene over andre nationer og folk er få og korte, og de drukner i realiteten i bøgernes massive kundskabsmasse. Forfatterne vil bibringe børnene nyttig viden, og i geografibøgerne mellem de to revolutioner lever oplysningstidens videbegærlighed videre.

4. LATINSKOLENS HISTORIEBØGER

Med latinskoleforordningen af 11. maj 1775 ville enevælden uddanne de vordende borgere og embedsmænd. Og »for at blive det Danske som Fædrenelandets Sprog mægtig, tale og skrive samme rigtig«, havde styret draget omsorg for »en Samling af berømmelige og gode Danskes, Norskes og Holsteneres Handlinger, som besørges udgiven«. Men styret ville også indpode latinskoleeleverne kongetroskab og helstatspatriotisme. Til det formål lovede forordningen et kompendium »af den Danske Historie«, lige som den præciserede undervisningens mål. »Fædrelandets Historie« og verdenshistorien skulle »læres periodisk sc: synchronistisk, og de Unge anføres til at agte nøie paa Synchronismum«; »Chronologien i de vigtigste Tildragelser maa nøie fordres«; og »Aarsagerne til Rigernes Flor og Fald, Vindskibelighedens Tilstand, Religionens og Videnskabernes Skiebne, Virkningen af Dyder og Laster forklares og indskiærpes«.[91]

Enevælden havde en menneskealder tidligere søgt at indføre undervisning i dansk og historie i latinskolerne.[92] I 1739 var forsøget slået fejl, og nu prøvede styret påny. Men meget havde ændret sig. Den gang havde hovedmålet været at forberede eleverne til det teologiske studium ved Universitetet. Nu skulle de unge lære at beherske deres modersmål, være tro mod deres konge og elske deres fædreland.

---

91. *Forordning 11. maj 1775 ang. Skole-Væsenets Forbedring ved de publiqve latinske Skoler*, § 19 og § 29.
92. Latinskoleforordningen 17. april 1739. Blandt andet rykkede man 1751 og 1757 forgæves Jacob Langebek for et *Compendium historiæ Danicæ* fra Det kongelige danske Selskab til den nordiske Histories og Sprogs Forbedring, jvīr. Christian Bruun: *Peter Frederik Suhm.* 1898, s. 180.

1. 1700-tallet

Manden bag latinskolereformen og de nye skolebøger var Ove Høegh-Guldberg. I 1774 havde han ladet Selskabet for de skiønne og nyttige Videnskaber udsætte en pris for »den beste Prøve til en Samling af Exempler paa Danskes tapre, ædle, goddædige og patriotiske Handlinger«.[93] Der indkom imidlertid ingen besvarelser; og samme år udvirkede Guldberg derfor en kongelig understøttelse for sin unge protegé Ove Malling til at skrive den bog, der foruden at være læsebog og retskrivningseksempel i modersmålsundervisningen også havde et videre – politisk nok så væsentligt – sigte. I sit forord lagde Malling da heller ikke skjul på, at »Planen i det hele har fra Begyndelsen af været mig forelagt«. Guldberg havde forlangt en verdslig morallære efter klassisk forbillede, men belyst med eksempler fra den danske og den nordiske historie. De unge skulle – som der stod at læse i fortalen – lære, »at værdige Forfædre bør være opmuntrende Exempler«. Og bogen blev præcis, som Guldberg og hans kongelige herskab havde ønsket den.

Store og gode Handlinger af Danske, Norske og Holstenere, der udkom i 1777, var med sine godt 750 sider en massiv demonstration af, at mænd – og enkelte kvinder – fra alle stænder og fra samtlige helstatens dele til alle tider havde vist troskab mod kongen og kærlighed til fædrelandet. Pædagogisk og håndfast opdelte Malling borgerdyderne i 18 kapitler, der begyndte med Religion, Menneskekierlighed og Høimodighed, og endte med Flid i Studeringer, Goddædighed og Store Fortienester af Staten. Det var ikke tilfældigt, at kapitel 4 om Kierlighed til Fædrenelandet med sine 82 sider var langt det største, ejheller at kapitlet om Troskab mod Kongen fulgte umiddelbart efter. Her satte Malling statsreligionens segl under sit budskab: kongerne var indsatte af Gud, og »at lyde dem er da at lyde Gud«.[94] Og bogen mundede ud i en formaning til de unge om at følge deres forfædre: »da skal Staten blomstre ved sine egne; thi da vil man finde sin største Hæder i at leve og døe for Gud, for Kongen, for Fædrenelandet«.[95]

Styrets politiske hensigt var klar. Latinskolen skulle bidrage til at stabilisere en enevælde, der var rystet af Struensees diktatur, styrke en helstat, der var truet af spirende nationale kræfter, og opfange de begyndende spæn-

---

93. Dansk Litteraturhistorie. 1. 1964, s. 412-16, og Dansk Litteraturhistorie. 4. 1983, s. 306-309.
94. S. 163. Jfr. også Dansk Identitetshistorie, 1. 1991, s. 191.
95. S. 734.

dinger mellem samfundets grupper. Her var undervisningen i den fælles
fortid et anvendeligt redskab, og selve den lange historiske kontinuitet et
tungtvejende argument. I afslutningskapitlet udtrykte Malling det på
denne måde:

> Den danske Stat, der kan være stolt af sin Ælde, ja stolt af endnu
> at være til for en Afkom af dens ældgamle og fordum navnkun-
> dige Slægter, er ikke stiftet og ikke vedligeholdt uden ved kiekke
> og kloge Mænd, der efterhaanden have viist sig til Fædrenelan-
> dets Ære og Lykke.[96]

Særligt lærerig var statsomvæltningen i 1660. Uenigheden mellem de for-
samlede stænder havde tydeligt vist, »at hvor Samdrægtighed fattes imel-
lem Medborgere, der opofres det almindelige, og naar det almindelige lider,
lider enhver«.[97] Kun enevælden kunne sikre enighed og samdrægtighed, og
derfor havde folkets overdragelse af enevoldsmagten til Frederik 3. været
nødvendig. Og denne omvæltning – lærte eleverne – var karakteristisk for
den særlige danske, det vil sige fredelige udvikling. I Danmark gennemførte
»værdige Mænd denne Forandring, som adskillige andre Riger ikke have
kunnet see begyndt eller stiftet uden store Forstyrrelser, undertiden Blods
Udgydelser«.[98] Bag fædrelandets historie så Malling Guds styrende hånd.
»Saaledes stiftedes, saaledes stod den danske Stat i Norden. Sammenligne
vi dens Skiæbne med andre Staters, som i en Tid af saa mange Aarhundre-
der, da den har staaet, er stegne, faldne og gaaet under, da kiende vi
Himlens Varetægt og nordiske Mænds Fortienester«. Men det forpligtede
også efterkommerne. »Aldrig« – formanede Malling – »indsnige Egennyt-
tigheds, eller Misundelses, eller Tvedragts Aand sig iblandt nordiske
Brødre, til at forjage eller forgifte de Velsignelser, Himlen vil unde, og et
agtbart Land byder os!«[99]

Store og gode Handlinger af Danske, Norske og Holstenere blev obligatorisk
læsebog i latinskolen, og oplevede sit syvende oplag i 1835.[100] Dens umåde-

96. S. 663.
97. S. 720.
98. S. 723.
99. S. 733-34.
100. *Forordning 11. maj 1775 ang. Skole-Væsenets Forbedring*, § 84; og Kancelli-Promemoria 23. dec.
     1775. Laurids Fogtman: *Kongelige Rescripter*, VI:1. 1766-1776. 1786. *Store og gode Handlinger*
     udkom på Gyldendals Forlag, som opfordrede Frederik Barfod til at besørge en genud-
     givelse. Han valgte imidlertid i 1853 at udsende sin egen *Fortællinger af Fædrelandets Historie*
     i to bind. Den afløstes i 1882 af *Fyrretyve Fortællinger af Fædrelandets Historie*, som A.D.
     Jørgensen skrev på opfordring af brygger J.C. Jacobsen.

Undervisningen i fædrelandets historie i latinskolen og i hjemmet har utvivlsomt ofte haft den dræbende form for udenadslæren, som Fritz Jürgensen (1816-63) har spiddet i sin tegning.

Læreren: »Hvor har Du fra?«

Drengen: »Der fra: Imidlertid – –.«

Læreren: »Naa: Imidlertid – –.«

Drengen: »Imidlertid gjorde Svend Tveskiæg idelige Indfald i Norge, hærgede Landet, og – –.«

Læreren: »Hærgede Landet – –: hvorpaa var det han hærgede Landet?«

Drengen: »Paa det Grusomste, og forledet af den ærgjerrige Jarl Hakon, lod han Hagen Adelsteen myrde ved snedige Drabsmænd.« Det kongelige Bibliotek.

lige – og umålelige – indflydelse strakte sig dog videre end til det højere skolevæsen. I almueskolen benyttede mangfoldige lærere den til fortælling, læseøvelse og diktat. Den fandtes i mange af de små bogsamlinger, der fra slutningen af 1700-tallet begyndte at skyde op ude i landsognene.[101] Flere læsebøger optog afsnit fra Mallings bog.[102] Og helt til tropekolonierne nåede den. På skolen i Fort Christiansborg på Guldkysten lærte mulatbørnene i 1840'rne at læse ved hjælp af *Store cg gode Handlinger*.[103]

Mallings bog var tænkt som en læsebog og en moralbog, ikke en lærebog i fædrelandets historie. Selv om mange lærere nok har brugt den til det formål. I virkeligheden var det 70 sider store kapitel 18 om *Store Fortienester af Staten* nemlig en flot og velskreven sammenfatning af helstatens historie fra de ældste tider til udstedelsen af loven om Indfødsretten i 1776. Men som lærebog i historie var den ikke skrevet. Tværtimod havde Malling bestræbt sig på at få den til at fungere *sammen* med latinskolens historiebog, ved at udarbejde »chronologiske Tabeller, som foruden det alphabetiske Register ved Enden af Bogen ere tilføiede; hvori Tabellerne i den til Skolernes Brug nye udkomne Fædrenelandets Historie ere fulgte«.[104]

Den nyudkomne fædrelandshistorie, Malling i 1777 henviste til, var *Historien af Danmark, Norge og Holsten udi tvende Udtog til den studerende Ungdoms Bedste*, som historikeren Peter Frederik Suhm havde udsendt i foråret 1776.[105]

Guldberg havde fået det med Malling, som han ville have det. Med vennen Suhm fik han derimod problemer. Den intellektuelt og økonomisk uafhængige adelsmand og forfatter var en oppositionel natur, der ikke veg tilbage for at kritisere enevældens politik i Danmark og i det Norge, som han gennem sit 14 år lange ophold i Trondhjem var kommet til at kende og holde af.

Guldberg satte vennen højt som historiker, og derfor havde han overdraget ham at skrive det kompendium »af den Danske Historie«, som latinskoleforordningen af 11. maj 1775 stillede i udsigt. Umiddelbart havde Suhm fulgt den forelagte plan. Han havde lagt vægt på kronologien og samtidigheden og på at forklare årsagerne til den historiske udvikling,

---

101. Helge Nielsen: *Folkebibliotekernes forgængere*, index: Malling.
102. *Dansk Litteraturhistorie*. 1. 1964, s. 414; jvfr. også ovenfor s. 280-82.
103. Georg Nørregaard (udg.): *Guvernør Edward Carstensens indberetninger fra Guinea*. 1842-1850. 1964, s. 41.
104. Fortalen s. 10.
105. Chr. Bruun: anf. skr. s. 179-98; jvfr. også Ole Feldbæk: Fædreland og Indfødsret, s. 194.

herunder vindskibelighed, religion og videnskaber. Han havde inddelt historien i tre tidsrum: det mørke, til omkring år 70 før Kristus; det fabelagtige, til omkring 800; og endelig det historiske, som han viede langt den største plads. Og efter hvert af de syv afsnit, han opdelte det historiske tidsrum i, havde han føjet ræsonnerende tillæg om *Regieringsform, Religion, Videnskaber, Krigsmagten, Agerdyrkning, Handel* og *Sæder*.

Hvad der bekymrede Guldberg, var Suhms stærke personlige engagement. Derfor underkastede han fremstillingen en nærgående censur, endnu mens den forelå i korrektur. Og det var meget, gehejmekabinetssekretæren ønskede ændret eller direkte strøget.[106]

Generelt kritiserede Guldberg vennen for, »at De har dreven en vis Upartiskhed for vidt, og saa vidt, at Ungdommen af denne Historie ikke faaer den Patriotisme antændt, ikke den Hengivenhed for Kongehuset opvakt, ikke den Lyst indskjærpet at agte og følge gode Forfædre, som dog bliver Historiens eneste Nytte«. Netop hvad Guldberg havde ladet Malling gøre. Også den harmoni mellem samfundsgrupperne, som havde været et hovedtema i Mallings fremlæggelse af Guldbergs historieopfattelse, savnede han hos Suhm. »Al Statens Velfærd bestaaer i Samdrægtighed og Borgernes indbyrdes Fortrolighed«, understregede Guldberg. Men Suhm havde skrevet, så at »Adel skal troe sig hadet af Borgerstanden«, og »Borgerstanden skal beholde det gamle Nag mod Adelen«.

Mere konkret kritiserede Guldberg vennen for at bidrage til at øge de nationale spændinger inden for helstaten, som Guldberg med loven om Indfødsretten netop søgte at afsvække og lede over i en helstatspatriotisme. Især den vågnende norskhed bekymrede ham. Her havde Suhm skrevet på en måde, så »at Norge skal lære her at troe sig evig forurettet af Danmark«. Over for Suhm argumenterede Guldberg indgående for Norges fordele af unionen med Danmark, og imod at styrke en norsk identitet på bekostning af helstatsloyaliteten. Og han sluttede sin censur med ord, som nordmændene ikke har glemt ham for: »Ingen Nordmand er til. Alle ere vi Borgere af den danske Stat. Skriv ikke for de foragtelige Christianiæ Raisonneurs«.

Over for den bredside kapitulerede Suhm. Guldberg og hans herskab fik den historiske legitimering af enevælden og helstaten, som de havde forlangt, og som de havde et presserende politisk behov for. Alt, hvad der kunne anfægte loyaliteten mod kongen og staten, var luget ud. Og bogen

---

106. Rasmus Nyerup (udg.): *Peter Frederik Suhms Samlede Skrifter*. Bind 16. 1799, s. 345-56.

kunne – lige som Mallings – munde ud i en højtidelig formaning til de vordende borgere og embedsmænd:

> elsker Eders Fædreneland over alle Ting, og hvad er Eders Fædreneland? alle Kongens Lande, Danmark, Norge, Holsten og Island, intet undtagen; lad den daarlige Forskiæl imellem at være Dansk, Norsk, Holstensk ophøre; vel er der nogen Forskiæl imellem Eders Sprog, men Gud forstaaer Eder alle, een Konge behersker Eder alle; frygter Gud, ærer Kongen.[107]

Denne autoriserede skolebog i fædrelandets historie, der udkom den 12. april 1776, blev genudsendt i nye ajourførte udgaver af lærde historikere som Jørgen Kierulff og Erich Christian Werlauff helt frem til 1832. Og endnu så sent som i 1852 eksaminerede en fremragende historiker som Caspar Paludan-Müller efter Suhm til studentereksamen. Dels på grund af bogens faglige kvaliteter, dels af uvilje mod det historiske sortsyn, han fandt i den unge nationalliberale C.F. Allens *Lærebog i Danmarks Historie* fra 1843.[108]

I forordet kaldte Suhm »Kundskab om Fædrenelandets Historie« for »en Videnskab, der er en af de behageligste og nyttigste, og som en god Borger og duelig Æmbedsmand neppe kan undvære«. Om han formåede at antænde den patriotisme, som efter Guldbergs mening var »Historiens eneste Nytte«, er dog tvivlsomt. Suhm gav latinskoleeleverne en klar og konsistent redegørelse for helstatens historie frem til højdepunktet: Holstens forening under den danske krone i 1773 og udstedelsen af Indfødsretten i 1776. Men de meninger, Suhm havde haft, havde Guldberg censureret bort. Fremstillingen er så godt som tom for mennesker, og det er formentlig den eneste danske skolebog, der ikke nævner Niels Ebbesen. Den blev prototypen på mange senere skolebøger fra faghistorikeres hånd: redelig – og kedelig. Intet under, derfor, om mange tog deres tilflugt til *Store og gode Handlinger*. Nok måtte lærere og elever døje med mange blege borgerdyder. Men de vidste, at Malling blev varm i kinderne, og at pennen fik fart, når han gav eksempler på *Snildhed*, *Tapperhed* og *Kiekt Mod*. Så var de med Niels Ebbesen på Randers Bro, ved siden af Christian 4. på Trefoldighedens dæk og med Tordenskiold i Dynekilen.

De borgere og embedsmænd, der i latinskolen var blevet undervist efter Suhms *Historien af Danmark, Norge og Holsten*, kendte deres fædrelands fortid. De havde lært, at de oldenborgske konger siden reformationen

---

107. Læserne har vidst, at de fire sidste ord var Bibelens ord – Peters 1. Brev, kapitel 2 vers 17.
108. Chr. Bruun: anf. skr. s. 193-94.

havde regeret landet vel og givet det retfærdige love og gode institutioner. At det var indførelsen af enevælden, der havde frelst deres land fra borgerkrig og udslettelse. Og at den danske enevælde ikke var et despoti. I 1776 skrev Suhm:

> hvor meget end Kongen er eenevolds, saa dog, da han som en Christen og et Menneske erkiender og bør erkiende de guddommelige, og naturlige og almindelige menneskelige Love over sig, saa tillader han endog, at Processer maa føres imod ham selv, og er det ei siælden, at han taber dem; han lader og gemenligen alle Ting gaae igiennem Collegierne, og kommer hel siælden imellem med et Magtsprog; herover ere og Undersaatterne vante til ei at ansee ham for en Herre, men for en Fader, og herved ville vi ønske, at det maa blive bestandig.[109]

1700-tallets autoriserede skolebøger lærte latinskoleeleverne at identificere sig med deres fædreland rent forstandsmæssigt.[110] Hos Suhm fik de oplysning, og af Malling lærte de moral. Et egentligt følelsesmæssigt engagement formåede oplysningstidens skolebøger derimod næppe at give dem.

2. 1800-tallet

En måde at få latinskolens elever til følelsesmæssigt at engagere sig i deres land og dets fortid var, at en pædagog skrev lærebogen i Danmarks historie. Det gjorde overlærer ved Metropolitanskolen, Eiler Munthe. I 1806 udsendte han den 375 tæt trykte sider store *De vigtigste indenlandske Tildragelser og de mærkeligste Personers Levnetsbeskrivelser fra de ældste Tider indtil vore Dage*, med undertitlen *En Læse- og Lærebog i Fædrelandets Historie for Begyndere og Ustuderede*.[111]

109. S. 172-73.
110. I 1797 udsendte Gustav Ludvig Baden *Det danske Riges Historie. En Haandbog*, til brug i latinskolen og tilegnet kronprins Frederik. Den er stærkt forskningsorienteret og debatterende, og 230 af de 350 sider omhandler oldtiden og middelalderen. På dansk udkom den kun i det ene oplag. Det skyldtes dels dens upædagogiske form, dels at dens radikale synspunkter gjorde den uanvendelig som skolebog efter stramningen af ytringsfriheden i 1799.
111. Eiler Munthe havde i 1804 udsendt en verdenshistorie, der var blevet vel modtaget, og hvis mønster han lagde til grund for sin Danmarkshistorie.

Det var unægtelig mange sider for en skolebog. Men Eiler Munthe *ville* noget med sin bog, og det redegjorde han for i dens *Forerindring*, som var en dom over 1700-tallets forsøg. Han nærede en ægte og varm veneration for Suhm. Men skulle historien tænde »et Lys i Forstanden og Varme i Hjertet«, var en opremsning af navne og årstal ikke nok. Personerne måtte have liv og blod:

> Jeg fortæller ligefrem nu, som før, og lader Personerne handle og tale, uden enten at rose eller dadle, enten politicere eller moralisere. Gjerningen skal reise eller fælde Manden, var stedse min Trosartikel; desuden er Historie ikke Politik, og Moral læres bedst da, naar der mindst prækes om Moralen.

Hvad Eiler Munthe ville, var at få latinskoleeleverne til at føle glæde og stolthed over deres land. Ved at vise dem, at

> vort Fædreland kan i Forhold til sin Størrelse, Folkemængde og Beliggenhed uskammet maale sig med ethvert andet, og frem-stille ligesaa mange og lysende Mønstere paa ypperlige Konger, kloge Ministre, store Helte, varme Fædrenelandsvenner, ud-merkede Videnskabsmænd, vittige Konstnere, virksomme Bor-gere og ædle Mennesker.

Dette mål realiserede Eiler Munthe faktisk. Bogens emne er Danmarks og Norges historie, med ligelig vægt på de to riger og deres »mærkeligste Personer« – men ikke Holstens.[112] Navnlig i kapitlerne om sagntiden og middelalderen, hvor han kan bygge på sagaerne og Saxo, er hans skikkelser dramatiske og veltalende. Samtlige konger præsenteres – en bredde, for-fatteren selv i forordet beklager – og latinskoleeleverne får en indgående, personcentreret og medrivende Danmarkshistorie. Med de oldenborgske konger skifter fremstillingen imidlertid karakter. Fra at være personhistorie bliver bogen i højere grad en regerings- og periodehistorie, hvor Munthe vurderer og dømmer. Oftest falder dommene positivt ud. Men han kan med skarpe ord kritisere en konge som Christian 6. for hans og hoffets tyskhed og pietistiske hykleri. Over Guldbergs styre fældes der en afvejet dom; og endnu mens Christian 7. lever, får fremstillingen af Struensee både lys og skygge.

Ikke mindre bemærkelsesværdigt – og betydningsfuldt for latinskoleele-vernes opfattelse af, hvem der havde skabt det land, de levede i – er det, at

---

112. Den samme udelukkelse af Holsten sker i Salomon Soldins Malling-inspirerede *Patriotiske Handlinger af Danske og Norske. En Exempelbog for Ungdommen.* 1806, jvfr. nedenfor.

kongerne og deres betydning nedtones. Dels indskyder Munthe mellem afsnittene om de enkelte konger og deres regeringsperioder selvstændige kapitler om berømte og fortjente mænd som Tyge Brahe, Corfitz Ulfeldt, Griffenfeld, Tordenskiold, Hans Egede, A.P. Bernstorff og Peter Frederik Suhm. Dels afsætter han stadig mindre plads til kongerne. Christian 5. og hans regeringsperiode afhandles således helt summarisk, mens der afsættes rigelig plads til at fortælle om Cort Adeler, Niels Juel, Thomas Kingo, Ole Borch og Ole Rømer. Og skildringen af Christian 7. og hans regering domineres af en præsentation af en lang række borgerlige embedsmænd, videnskabsmænd og kunstnere: flådens fabrikmester Henrik Gerner, biskop Johan Ernst Gunnerus, stiftsprovst Lorents Ancher, juristerne Andreas Schytte, Peder Kofod Ancher og Edvard Colbiørnsen, historikerne Jacob Langebek og Gerhard Schiønning, forfatterne Charlotte Dorothea Biehl og Tyge Rothe, filologen Jacob Baden, digterne Ewald og Wessel, kunstnerne Erik Pauelsen, Johannes Wiedewelt, Jens Juel og Cornelius Høyer, skuespillerne Gert Londemann, Niels Clementin, Marcus Hortulan og Christopher Rose og skuespillerinderne Johanne Sophie Knudsen, Caroline Marie Gjelstrup og Marie Cathrine Preisler.

I Eiler Munthes fædrelandshistorie mødte latinskoleeleverne 1700-tallets begejstring for oplysning og borgerdyd. Men de mødte også sig selv. De borgere, bogen fremhævede, var deres fædre og bedstefædre; og det var dem, der havde skabt det land, de selv skulle arve. Munthe havde flyttet vægten fra konge og stat til borger og fædreland og gjort det naturligt for latinskoleeleverne at identificere sig med dette fædreland.

Eiler Munthes bog kom i mange oplag, og den fortsatte med at udkomme, også efter at den enevælde, som den i realiteten havde bidraget til at undergrave, var blevet afløst af folkestyret.[113] Det var derfor ikke rigtigt, når lærer Frederik Meisler i Vridsløsemagle i 1843 i forordet til sin Danmarkshistorie for almueskolen refererede til bogen som »Munthes forældede og i de fleste Læreanstalter med Grund afskaffede Fædrelandshistorie«.[114] Men han sagde på den anden side noget om det holdningsskifte, der var ved at

113. 1804 udgav skolebogsforfatteren J. Werfel *Fædrenelandets Historie*, der ifølge undertitlen var *udarbejdet efter Suhms Plan*. Den var skrevet for den lærde skole, men udkom kun i dette ene oplag. Det var en kvalificeret sammenskrivning af Suhms skolebog, men manglede som sit forbillede det indhold af mennesker og liv, som Munthe var i stand til to år senere at tilføre *sin* latinskolebog. Jens Kragh Høst: *Udsigt over Fædrelandets Historie* (1810, forbedret udgave 1814) er ikke en skolebog, men en art historisk lommebog.

114. Frederik Meisler: *Danmarks Historie. En Læsebog for Almueskoler og Menigmand*. 1843.

ske, når han over for Munthes lærebog fremhævede, hvorledes »Allens herlige Bog har i de høiere Skoler bragt en anden Aand i den historiske Underviisning«.

I 1836 havde Selskabet for Efterslægten udsat en pris for en Danmarks historie »med særligt Hensyn til Folkets og Statens indre Udvikling«.[115] Den unge teolog C.F. Allen havde indsendt en besvarelse; og efter at have taget hensyn til rettelsesforslag fra bedømmelsesudvalget, der blandt andre bestod af juristen Anders Sandøe Ørsted og historikeren Erich Christian Werlauff, udsendte han i 1840 *Haandbog i Fædrelandets Historie med stadigt Henblik paa Folkets og Statens indre Udvikling* – den bog, der blev de nationalliberales Danmarkshistorie og helt frem til 1917 lærebog ved Universitetet. Selskabets hensigt bag formuleringen af prisspørgsmålet havde været helt bevidst, og den gik umiskendeligt igen i Allens bog. Det var folket, der havde skabt staten og samfundet; den lange linie i Danmarks historie havde været undertrykkelsen af den danske bonde; og et modsætningsforhold mellem dansk og tysk havde altid eksisteret. Som alle historikere stod Allen i gæld til sine forgængere. En behandling af den indre udvikling og de kulturelle forhold var ikke noget nyt. Det havde Guldberg forlangt i latinskoleforordningen i 1775, og det kunne læses i Suhms skolebog fra 1776. Og spændingsforholdet mellem dansk og tysk genfindes både hos Suhm og hos Munthe. Men hos Allen fremstår det klart og direkte; og det er forståeligt, at samtiden har følt, at bogen bragte »en anden Aand« ind i undervisningen i fædrelandets historie.

Allens *Haandbog* var imidlertid beregnet for den dannede almenhed, ikke for skoleelever. I 1843 udsendte han derfor sin *Lærebog i Danmarks Historie til Skolebrug*. Forpligtelsen over for latinskolens pensumkrav synes at have bevirket, at lærebogen blev tungere og omstændeligere end prisskriftet, og at den fremstod som et ofte ret monotont katalog over konger og krige. Men i forhold til forgængerne *var* den ny og anderledes. Det gjaldt sproget og tonen, og det gjaldt det umiskendelige politiske engagementet. Undertrykkelsen af bonden – det egentlige og oprindelige danske folk – følges frem til landboreformernes lyse dag. Bogen er stærkt kritisk over for ufrihed, censur og privilegier. Kongerne skydes i baggrunden, og i stedet fremhæves deres rådgivere og kulturlivets personligheder. Og det er yderst

115. Svend Ellehøj (red.): *Københavns Universitet* 1479-1979. Bind 10. 1980, s. 409-14; jvfr. også Grethe Jensen: Historikeren C.F. Allen og det danske folk. *Fortid og Nutid* 31:3. 1984.

bevidst, at Allen i 1843 slutter med indførelsen af De rådgivende Stænder-forsamlinger, som han lader indvarsle enevældens fald og folkets frihed.

På længere sigt kom Allens *Danmarks Historie til Skolebrug* med dens understregning af folkets rolle og dens fremskridtstanke til at præge udviklingen af danskhed blandt latinskoleeleverne. Bogen kom imidlertid for sent til, at den for alvor kunne præge skolen før 1848. Det blev derfor Suhms, Mallings og Munthes bøger, der kom til at udgøre grundlaget for latinskolens nationale holdningspåvirkning i tidsrummet mellem de to revolutioner. Hos Suhm og Malling gennem deres indpodning af kongetroskab og statsloyalitet, hos Munthe gennem understregningen af borgernes ret til fædrelandet.

Den nationale identitet, som borgerskabets sønner mødte hos Suhm, Malling og Munthe – og i enevældens sidste år også hos Allen – var en identitet, som de kendte fra deres hjem, og som skolen bekræftede dem i. Man kan på den baggrund spørge, om de fire forfattere i virkeligheden ikke fik større indflydelse på holdningspåvirkningen i almueskolen, hvis børn jo ikke kendte disse tanker fra deres hjem – ihvertfald ikke før ret sent i perioden. En indflydelse der dels skyldtes, at mange skolelærere læste og brugte Suhms, Mallings, Munthes og Allens latinskolebøger, dels at bøgerne blev anvendt som forlæg for de historiebøger, som i årene mellem 1789 og 1848 blev brugt i almueskolen.

5. ALMUESKOLENS HISTORIEBØGER

Reformen af latinskolen havde kun taget ét år, og umiddelbart efter 1775 var den blevet fulgt op af egnede skolebøger. Reformen af almueskolen kom til at strække sig over et kvart århundrede.[116] Først i 1818 blev seminarieuddannelsen af lærerne lagt i faste og ensartede rammer.[117] Og centraladmini-

---

116. Se kapitel 2: *Skolepolitik og skolelove* ovenfor.
117. Om seminarierne generelt, se Joakim Larsen: *Bidrag til den danske Folkeskoles Historie 1784-1818*, s. 75, 93 og 209-32. Følgende seminariereglementer er aftrykt i Laurids Fogtman: *Kongelige Rescripter*: Blaagaard 25. juni 1790; Brahetrolleborg 6. juni 1794; Vesterborg 30. oktober 1801; Brøndbyvester 1. juni 1802; Skaarup 3. juni 1803; Borris 23. maj 1806; Lyngby 30. april 1813; og Ranum 20. december 1815. Snedsted 11. maj 1812 er omtalt i Joakim Larsen: anf. arb. s. 230-31. Seminarium for Samsø 31. august 1812 og for Bornholm 18. december 1816 er omtalt i Joakim Larsen: *Skolelovene*, s. 589.

strationen frarådede i 1805 udtrykkeligt at undervise i fag som historie, geografi og naturlære, før »passende Lærebøger i ethvert Fag ere udkomne og authoriserede«.[118] I nogle almueskoler underviste læreren i historie på grundlag af latinskolens lærebøger. Egentlige historiebøger beregnet for almueskolen lod vente på sig. Først i 1816 så den første dagens lys.

1. Frederik 6.s tid

Almueskolens historiebøger var med enkelte undtagelser helt frem til 1848 baserede på latinskolens historiebøger. De latinskolebøger, der forelå i 1814, og som kunne tjene til forlæg, var Peter Frederik Suhms *Historien af Danmark, Norge og Holsten* fra 1776, Ove Mallings *Store og gode Handlinger af Danske, Norske og Holstenere* fra 1777 og Eiler Munthes *De vigtigste indenlandske Tildragelser og de mærkeligste Personers Levnetbeskrivelser fra de ældste Tider indtil vore Dage*, der var kommet i 1806.

Suhms latinskolebog fik ingen efterlignere i almueskolen. Det gjorde Mallings derimod. Allerede omkring 1800 havde den unge skolebogsforlægger Salomon Soldin set et behov for »et kort Udtog af vor fortiente Mallings Bog om store og gode Handlinger, trykt i en saadan Form og til en saadan Priis, at den kunde bruges som en Læsebog i Almueskolerne«. Det skrev han i fortalen til den lille bog på 300 sider i lommeformat, som han i 1806 udsendte under titlen *Patriotiske Handlinger af Danske og Norske. En Exempelbog for Ungdommen*. Med bogen ville han »opmuntre den Danske Ungdom til at træde i Fædres og Landsmænds hæderlige Fodspor«. Den skulle være »en fædrenelandsk Exempelbog, der nærmest er bestemt for Ungdommen, og denne skal lære Moral, ikke Historie deraf«. Men den driftige forlægger håbede dog samtidig, »at Ungdomslærere ikke ville finde dette lille Skrivt uhensigtsmæssigt til at lære Ungdommen Fædrelandets Historie«.[119]   Forbilledet var Malling. Men Soldin havde resolut strøget de mere blodfattige borgerdyder som *Standhaftighed, Sindighed, Trofasthed, Em-*

118. Joakim Larsen: *Skolelovene*, s. 340.
119. Fortalen.

Frederik 6. var stærkt optaget af den såkaldte 'indbyrdes undervisning', hvor de yngste børn blev undervist af de ældste på en måde, der meget mindede om militær eksercits. Hans håndgangne mand over for en modstræbende skole og kirke var officeren Joseph Abrahamson (1789-1847), der i sin røde uniform rejste rundt og indberettede forsømmelige lærere og præster. Som ung adjudant havde han været en af de ildelidte 'røde Fjer', og som kongens inspektør blev han bag sin ryg kaldt 'den røde Bisp'. Malet af F.C. Grøger 1813. Frederiksborg.

bedsiver og *Goddædighed*; og bortset fra de første kapitler var valget af eksempler helt hans eget. De var aktuelle – det store kapitel 10 om *Tapperhed* var således helt overvejende optaget af heltebedrifter fra Slaget på Rheden. Og Soldins appel var langt mere direkte. De patriotiske handlinger blev overvejende udøvet af jævne mennesker – druknendes redning og norske bønders umenneskelige slid fylder godt – og hædersmændene bliver belønnet for deres dåd af kongen, embedsmænd, selskaber og patriotiske medborgere med penge, medaljer eller præmiebægre.

Trods et levende sprog og en energisk markedsføring – Soldin overlod blandt andet de mange små sognebiblioteker sine bøger til halv pris – blev bogen ikke en succes i skolen.[120] Den kom kun i ét oplag. Malling blev brugt i skolerne. Men egentlige arvtagere fik han ikke.

Det fik derimod Eiler Munthe. Arvtageren blev den ansete overlærer ved Metropolitanskolen Hans Ancher Kofod, der selv var yngre kollega til Munthe. Og som sit forbillede opnåede også Kofods bog fra 1816 – *Udtog af Fædrenelandets Historie til Brug for Landsbyskoler* – at overleve den enevælde, den skulle tjene.

Kofods bog var en ekstrakt af Munthes. Men den havde sine egne kvaliteter. Alene omfanget – 75 sider over for forlæggets 365 – gjorde den velegnet i almueskolen. Men også den levende og fortællende form – Kofod var hele sit liv en varm tilhænger af ånden frem for bogstaven – var med til at sikre dens store udbredelse. Som sit forlæg var den et produkt af oplysningstiden. Den redegjorde omhyggeligt for konger og krige; den forholdt sig kritisk til den katolske kirke og til adelsvælden; og den vendte sig mod enhver form for overtro.

Indledningsordene var direkte: »Danmark er et meget gammelt Rige og har allerede havt Konger før Christi Fødsel«. Og de første afsnit gav et livfuldt billede af børnenes fjerne forfædre, sagntidens gæve kæmper: Skjold, Dan, Rolf Krake, Bjarke, Hjalte, Regnar Lodbrog og han sønner, og af den skræk, som kimbrerne, teutonerne og vikingerne spredte over det ganske Europa. Brugt i forfatterens ånd har Kofods bog hos børnene efterladt et indtryk af, at deres fædreland altid havde været til, at det havde overlevet mange trængsler, og at det ville vare til verdens ende. Og at deres fædrelands historie var elementært spændende.

Bogen levede således op til det krav, som to år senere blev præciseret i reglementet for skolelærerseminarierne: at bibringe børnene »Agtelse for

120. Helge Nielsen: *Folkebibliotekerne*, index: Soldin.

Forfædrenes Fortienester«. Men formåede den også at indgyde dem agtelse for »dets Regenters vise og faderlige Foranstaltninger og derved bestyrke den naturlige Fødelandskierlighed og Troskab mod Kongen«?

Næppe i så udstrakt grad som Frederik 6. kunne ønske det. For en del skyldtes det de danske skolebøgers jordbundne og sundt kritiske grundholdninger. Hverken svenskerne eller tyskerne fremstilles som arvefjender. Og selv om Kofod grundlæggende var positiv i sin skildring af enevoldskongerne og deres landsfaderlige velgerninger, var han kritisk, hvor han fandt det påkrævet. I 1816 kunne han kritisere kongens oldefar Christian 6. for hans overdrevne pietisme, hans bedstefar Frederik 5. for hans store statsgæld, og om hans far Christian 7. kunne han åbent skrive, at han »ei var istand til selv at regjere«.[121] Og bogen slutter nøgternt usentimentalt med den sørgelige fred i 1814, uden at munde ud i en anråbelse af Gud eller en lovprisning af monarken.

Kofods historiebog for almueskolen var den første. Men den kom ikke længe til at stå alene. I 1818 og 1819 udkom to tilsvarende bøger, der ligeledes opnåede at komme i flere oplag, omend ikke i så mange som Kofods.

I 1818 udsendte lærer ved Skanderborg Borgerskole Peter Laurberg *Kortfattet Fædrelandshistorie tilligemed et Anhang i Fædrelandets Geographie. Udarbeidet for Borger- og Almueskoler.* I forordet lagde han vægt på, at den var billig og kort, »da den ei allene skulde læses men læres« og på, at den ikke var »et blot Navneregister, for at den ei skulde kjede istedet for at læses med Lyst«. På mange måder levede de 57 små sider udmærket op til at være en Danmarkshistorie »fra de ældste Tider« til kong Frederik 6.s tiende regeringsår. Som Kofods bog stod den i gæld til Eiler Munthes latinskolebog i vægtning og holdninger. Det er en sober kongernes historie; temaet er regenterne og riget, og forfatteren roser især fredens gerninger. Tonen kan dog være kritisk, som i omtalen af Christian 6.s slotsbyggeri, der unægtelig også måtte tage sig grelt ud i de grå år efter statsbankerotten i 1813. Synet på den privilegerede adel er negativt, og på enevælden positivt, fordi undersåtterne dermed blev stillet principielt lige. Og som Malling understreger Laurberg den fredelige danske udvikling. Enevælden blev indført »uden Blodsudgydelse«, og Danmark »frelstes fra en Borgerkrig, der ville have gjort det til et Bytte for Fremmede«.[122] Grundholdningen i bogen er kongetroskab, således som den sammenfattes i bogens slutord:

121. S. 69.
122. S. 36-37. Andet og sidste oplag 1826. Trykt i Århus.

Enhver af sine Undersaatter betragter den gode Konge som sit Barn, forunder selv den Ringeste Adgang til sig, hører deres Ønsker og Klager og lader Ingen, naar det er ham mueligt, gaae utrøstet fra sig.

Saaledes er Frederik den sjette sit Folks Fader; lader os da skjønne derpaa som gode Børn og ved at arbejde troeligen, enhver i sin Stand, ved at stræbe at danne os til gode Christne og retskafne Borgere, ved Hengivenhed, Troeskab og Kjærlighed til ham og Fædrenelandet, vise os taknemlige imod Gud, som gav os en Konge, hvis høieste Formaal er hans Folks Lykke.

Året efter, i 1819, udsendte lærer i Lemvig Peter Obel *Kort historisk Samling af danske Konger fra de ældste, til vore nuværende Tider, til Ungdommens Brug.*[123] Også han byggede på Eiler Munthes latinskolebog, som han havde haft god gavn af som privatlærer, men som han fandt for stor og for dyr for almueskolen og for jævne folk. Som skolebogsforfatter har Peter Obel sin egen profil. Han er kritisk over for islam, den katolske kirke, adelen og tyskerne; han afsætter rigelig plads til Niels Ebbesen, og læseren får ikke lov at glemme Slesvig. I overensstemmelse med titlen er bogen imidlertid grundlæggende en skildring af gode kongers gode gerninger. Navnlig enevoldskongerne bliver fremhævet for deres indsats og undskyldt for deres nederlag; skylden for Christian 6.s tyskhed og ødselhed lægges på hans dronning, lige som Frederik 5.s dronning Juliane Marie – noget uhistorisk – gøres ansvarlig for gemalens gæld. Peter Obel slutter ikke – som Peter Laurberg gjorde det – med en hyldest til Frederik 6. Men det behøvede han heller ikke. I sig selv var hans bog en konsekvent fremhævelse af enevoldsmonarken og hans forfædre på tronen, således som den seminarieuddannede lærer forventedes at fremstille historien for almueskolens børn.

Denne kongetro linie fortsatte med at dominere skolens bøger. Ernst Heinrich Holms *Danmarks Kongerække eller Ledetraad i Fædrenelandets Historie for de allerførste Begyndere,* der udkom i 1831, var med sine kun 20 sider en komprimeret udgave af Laurbergs og Obels bøger, med deres vægtninger og deres holdning; og samme linie fulgte institutbestyrer J.D. Lausen i sit *Udtog af Fædrelandets Historie* fra 1833. De to bøger, der hver kun oplevede det samme oplag, var som deres forbilleder og forgængere en kommenteret kongerække. Blottet for kritik var de vel ikke, men den opfattelse, de

123. 6. oplag København 1840.

videregav, var, at fædrelandets historie var beretningen om dets konger og deres bedrifter i krig og fred.

Kongetroskaben forblev den herskende holdning i almueskolens historiebøger frem til kongeskiftet i 1839. Lærer Ivar Nissens *Danmarks Historie i Udtog. En Læsebog for Almuestanden*, der udkom i 1834, lå i umiddelbar forlængelse af forgængerne, og allerede i fortalen blev tonen slået an:

> For Dig, danske Broder, som med Kjærlighed hænger ved det Land, hvor Dine Fædre levede, og hvor Du selv er født og opdragen, ere de efterstaaende Blade skrevne. Ved at læse dem, vil Du finde Leilighed til at lære at kjende de vigtigste Forandringer, der, i de svundne Aarhundreder, ere foregaaede med dette Dig saa dyrebare Land, og see mange af de mærkværdige Personer, som, Tid efter anden, have levet der, fremtræde for Dit Øie. Næsten overalt træffer Du gode Regenter, kjække Helte og fædrenelandsksindede Mænd, der i Farens Stund modigen droge Sværdet til Danmarks Forsvar, og i fredelige Dage tænkte, talede og virkede til dets Ære. Lad nu disse Hedengangne være lysende Mønstre for Dig! Da vil Du, i hvilken Stilling Forsynet ogsaa har sat Dig, stedse søge at fremme Statens og Medborgeres Vel og, endnu i Din sidste Time, nedbede Velsignelse over Konge og Fædreneland.

Nogle af tankerne fra Guldberg og Malling har overlevet. De kom til at leve videre i den første skolebog for almueskolen. Men dens forfatter, Hans Ancher Kofod, var selv akademiker og overlærer ved landets mest ansete latinskole. De historiebøger, der under Frederik 6. blev skrevet af almueskolens egne lærere, afsatte ikke megen plads til kongens rådgivere og til de dannede borgeres betydning. Den holdningspåvirkning, som børnene modtog gennem *deres* skolebøger, var frem for alt den traditionelle kongetroskab, som havde ligget latent i landbefolkningen længere end nogen kunne huske.

2. Tradition og forandring

I Frederik 6.s sidste år havde der i byernes borgerskab udviklet sig en politisk spænding mellem traditionens tilhængere og fortalerne for forandring. Kongeskiftet i 1839 skærpede disse spændinger, som nu også kom til at præge almueskolens historiebøger under den sidste enevoldskonge.

Der skete en opsplitning i to hovedretninger. Den ene var kongetro og enevoldsloyal; den hægede om mindet om den gamle konge, og den videreførte holdningerne i skolebøgerne fra før 1839. Den anden var en nationalliberal retning, hvis politiske holdning og folkelige engagement var umiskendelig, men som var henvist til at udtrykke sig inden for de grænser, den sene enevælde satte.

Hans Ancher Kofods *Fædrenelandets Historie* forblev en meget brugt skolebog. Det samme gjorde Ivar Nissens *Danmarks Historie*, der nu blev illustreret med portrætter af de oldenborgske konger, med Christian 8. selv på forsiden, og som i de nye udgaver blev afsluttet med et sørgedigt til Frederik 6., »da man førte hans jordiske Støv fra Kongebyen til Gravkapellet i Roeskilde«.[124] Og der udkom en række skrifter, der priste den gamle konge og hans styre. Det kendteste og lødigste var *Doctor C.F. Wegener's liden Krønike om Kong Frederik og den Danske Bonde. Til Menigmands Nytte og Fornøielse udgiven af det Kongelige Danske Landhuusholdningsselskab*. Den 270 sider store bog, der udkom i 1843, fremhævede Frederik 6.s omsorg for bonden og staten. Folkelig var den langtfra. Men den skolelærer, der brugte den som baggrund for sin undervisning, har med myten om landboreformernes unge kronprins og den gamle landsfader kraftigt medvirket til at styrke landbefolkningens kongetroskab.

Men der var andre, som ønskede enevælden afløst af en fri forfatning og det nationale – i skikkelse af danskheden i Slesvig – prioriteret højere end monarkens dynastiske helstatspolitik. Allerede i 1835 havde de organiseret sig i Selskabet for Trykkefrihedens rette Brug.[125] Det udgav ugeskriftet *Dansk Folkeblad*, »hvis Hovedformaal er at udbrede saadanne Kundskaber, som kunne tjene til at oplyse Folket og danne dets Dom om Gjenstande, der maae være vigtige for Alle«.[126] Det udsatte endvidere præmier for skrifter om emner, det fandt aktuelle og politisk væsentlige; og prisen for skrifterne – der i øvrigt også i vid udstrækning blev fordelt gratis til de mange sognebiblioteker – blev holdt så lav, at en betydelig udbredelse var sikret. Allerede i stiftelsesåret udsendte Selskabet *Samling af fædrelandshistoriske*

124. Anden gennemsete og forbedrede udgave 1842, s. 136.
125. Se generelt Sigurd Nielsen: *Selskabet for Trykkefrihedens rette Brug*, og Niels Clemmensen: *Associationer og foreningsdannelse i Danmark 1780-1880. Periodisering og forskningsoversigt.* Øvre Ervik 1987.
126. Aftrykt i *Anhang* til Adolph Fibiger, jvfr. nedenfor.

Den farvelagte tegning fra 12. juli 1818 viser *Balslev Kirke og Skolehuse* nær Middelfart. Det lille skolehus trykker sig tæt op ad kirkegårdsdiget. Den anden bindingsværksbygning er efter skorstenen at dømme lærerens bolig og stald. I dagligdagen var båndene mellem skole og kirke tætte; og det var det kirkelige apparat – præst, provst og bisp – der ved regelmæssige overhøringer så til, at skolelovene blev efterlevet. Tegning af C.C. Eibye. Møntergården. Odense.

Digte, og i de følgende år samlinger af danske sange, en fremstilling af reformationens indførelse i Danmark og en række *Fortællinger og Skildringer af den danske Historie* af historikeren Christian Molbech. Også levnedsbeskrivelser af nationens store mænd – Thorvaldsen, Tyge Brahe, Hans Egede og Tordenskiold – blev spredt i store oplag; og i 1837 udsendte det Christian Paulsens *Det danske Sprog i Hertugdømmet Slesvig.*

Som et af sine første initiativer havde Selskabet i sommeren 1835 udsat en præmie på 200 rigsdaler – den højeste det år – for »En god historisk Læsebog for Bondestanden«. Der indkom en besvarelse fra den begavede officer og skribent Adolph Fibiger – far til forfatterne Ilia og Mathilde

Fibiger; og i 1839 udsendte Selskabet hans *Historisk Læsebog for Bondestanden* i sit maksimale oplag: 7.000 eksemplarer.[127]

Det var i enhver henseende en bemærkelsesværdig bog. Tonen var varmt national. Slaget ved Lyndanis i 1219, hvor Dannebrog faldt ned fra himlen og sikrede danskerne sejren, brugte Fibiger til at understrege, hvorledes flaget havde været samlingsmærket, hver gang fædrelandet havde været i fare – i 1659 og i 1801:

> See! dette skulle vi mindes, naar bittre Erindringer nedkue os, vi skulle komme ihu, at vort Land har reist sig, hvergang det var Undergangen nær. Da styrkes vor Kraft og Villie til i Nødens Time at flokkes om Danmarks Flag og Fane, og trofast kjæmpe for Fædrelandet; og det ville vi aldrig glemme, at enkelt Mands Liv har Intet at betyde, naar det gjælder Alles Vel.[128]

Fibigers militære baggrund har nok medvirket til at præge sproget; men den nationale tone, han førte ind i en skolebog, var kommet for at blive. Det kommer stærkt frem i fortællingen om Niels Ebbesen og om Københavns tapre forsvar i 1659; tonen over for tyskerne er skarp, og engagementet i de danske sønderjyders sag er klart til stede. Kongerne kritiseres for ikke at have støttet danskheden, og kritikken føres helt op til 1839:

> Omendskjøndt saaledes i halvfemtehundrede Aar Regjering og Adel i Sønderjylland have været tydske, skjøndt de Fornemme med Foragt have seet ned paa det danske Sprog, og mange Forhold og Foranstaltninger have virket til at fortrænge det, saa have dog en Mængde af Kjøbstædbeboerne, meest Almuen, og de fleste Bønder i Sønderjylland troligen holdt ved deres Fædres Sprog.[129]

Fibigers sympati lå hos det jævne folk, og hans skema er fast: privilegier er identisk med uret, folk og lighed med ret. Derfor er en skikkelse som Christian 2. en af hans helte, og det samme er Christian 4. i hans strid med den mægtige rigsrådsadel. I 1659 er det folket og kongen, der redder fædrelandet, efter at adelen havde svigtet. Og i 1660 kunne alle stænder have fået lige ret. Men adelen nægtede at yde ofre, og derfor blev enevælden indført.

Skolebogens politiske engagement var umiskendeligt. Og det samme var den udviklingslinie, som Fibiger som den første trak konsekvent op i en

---

127. Sigurd Nielsen: anf: arb. s. 314-16.
128. S. 103.
129. S. 131.

Danmarkshistorie. I oldtiden havde det danske samfund bestået af bønder, der var frie og lige. Men gennem hele landets historie frem til de allerseneste år var bonden blevet kuet og undertrykt af katolske prælater og af en adel, der havde tilrevet sig flere og flere privilegier, samtidig med at den var blevet mere og mere tysk.

Historisk Læsebog for Bondestanden var imidlertid ikke blot bemærkelsesværdig ved, hvad Adolph Fibiger *skrev*. Den var også bemærkelsesværdig ved, hvad han *ikke* skrev. Bogen blev til, mens Frederik 6. endnu levede. Det var muligt grunden til, at han veg tilbage for at fælde den skarpe dom over enevælden som statsform og styreform, som han ud fra sin holdning og sine anskuelser havde været nødt til at fælde. Den løsning, han valgte, gjorde det på den anden side vanskeligt for politisk vakte skolelærere som Frederik Meisler at få det fulde udbytte af Fibigers »i flere Henseender saa fortrinlige Bog« i undervisningen.[130] Fibiger valgte nemlig at standse sin fortløbende fremstilling af historiens gang i 1660 og at forbigå enevoldskongerne i fordømmende tavshed. De tre afsluttende kapitler handlede ikke om kongerne og deres regering, men om den danske bondestand. Om dens dybe fornedrelse under enevælden; om krongodsreformerne 1784-98, hvor Christian Ditlev Reventlow fremstilles som den drivende kraft; og om de store landboreformer, hvor de onde er de privilegiestolte godsejere, der spottende kalder den ædle Reventlow og hans hjælpere for »Bondevenner«.

Denne konstruktion gjorde det muligt for Fibiger at slutte sin skolebog loyalt og optimistisk. Før havde der ikke hersket lighed. Nu omfattede ligheden Danmarks bønder, der fortrøstningsfuldt kunne se fremtiden i møde. Nok skyldtes dette den unge kronprins Frederik, der »forenede Sindighed og Fasthed med ungdommelig Varme og Iver«. Men frem for alt stod bondens børn i gæld til »alle de oplyste, dansksindede Mænd, der talte og skreve for Bondens og Landets Sag«.[131]

Historisk Læsebog for Bondestanden kom i tre oplag, det sidste i 1851. Som den første havde den – endnu mens Frederik 6. levede – brudt med historiebøgernes konsekvente kongetro linie og introduceret den holdningsforskydning fra konge og stat til folk og frihed, der allerede var slået igennem i toneangivende borgerlige lag. Det blev Fibigers tanker, der kom til at præge de nye almueskolebøger under den sidste enevoldskonge. Når det imid-

---

130. Frederik Meisler: *Danmarks Historie. En Læsebog for Almueskoler og Menigmand.* 1843. Forordet er fra juni 1842.
131. S. 242-43.

lertid blev C.F. Allen, der kom til at tegne de nye historiebøgers indhold og tendens, skyldtes det, at Fibiger havde set sig nødsaget til at lade begivenhedshistorien stoppe i 1660.

I sommeren 1842 lagde lærer Frederik Meisler i Vridsløsemagle sidste hånd på sin *Danmarks Historie. En Læsebog for Almueskoler og Menigmand*.[132] I forordet fremhæver han, hvorledes »Allens herlige Bog har i de høiere Skoler bragt en anden Aand i den historiske Underviisning«, samtidig med at han understreger »Mangelen af en i samme Aand affattet Fædrelandshistorie for de lavere Skoler og Almuen«. Meisler fandt, at »det vaagnende Folkeliv« krævede en tidssvarende skolebog; og han havde derfor taget opgaven på sig, »i den Overbeviisning, at Lægmand bedst vil fatte og forstaae sin Ligemands Sprog; thi saare sjeldent vide de mere Høitstaaende at nedlade sig til Menigmands Begreb og Fatteevne«.

Det lyder markskrigerisk. Men det er det ikke. Det er en usædvanlig vellykket og velskreven skolebog, hvis forfatter er levende optaget af Danmarkshistoriens skikkelser og viser en klart personlig holdning. Den sjællandske skolelærer står i klar og erkendt gæld til de folkeoplysende bøger, der siden 1835 var udsendt af Selskabet for Trykkefrihedens rette Brug. Ikke blot de historiske fremstillinger som Adolph Fibigers *Historisk Læsebog for Bondestanden*, men også *Samling af fædrelandshistoriske Digte* og *Danske Sange*. Og i bogen henviser han til viserne om Thyra Danebod og Dannevirke, Bisp Vilhelm og Kong Svend, Dronning Dagmar, kongemordet i Finderup lade, Niels Ebbesen, Christian 2., oberst Sinklar, Christian Barnekow og Ivar Huitfeldt. Viser, som Frederik Meisler utvivlsomt selv har sunget med børnene i sin skole.

Meislers betagelse af C.F. Allens *Haandbog* fra 1840 og dens syn på Danmarks historie er tydelig. Hans bog er i højere grad en folkets end en kongernes historie, og det danske Sønderjylland glemmes ikke. Den katolske kirke opfattes som uforenelig med sand nationalfølelse; holdningen til tysk er negativ; og adelens privilegier, der blev båret af de øvrige stænder, kritiseres regelmæssigt. Det er det fælles fædreland og fredens gerning, der fremhæves; og i forbindelse med de store landboreformer understreger han den særlige fredelige danske udvikling: »medens de Danske i Glæde og Fred opførte den skjønne Frihedsstøtte til Ære for deres vise Regjering,

132. 160 sider. Udkom 1843. 3. oplag 1856.

udbrød i Frankrig den gruelige Opstand mod Kong Ludvig den Sextende, hvilken Begivenhed kaldes den franske Revolution«.[133]

Meislers skolebog udtrykker imidlertid også holdninger, som ikke findes hos Allen. De mange moralske domme står i gæld til de ældre skolebøger og til oplysningstiden; og den religiøse tone, der blandt andet kommer til udtryk i slutordene, har snarere rødder i andagtslitteraturen og i gammel bondefromhed:

> Hvad de kommende Tider ville føre med sig, det vide vi ikke; men med Tak til Gud ville vi nyde vort Lands Velsignelser og fæste vort Haab til Ham, der i de fremfarne Aarhundreder vældigen har beskjærmet vort kjære Fædreland i saa mangen Nød og Fare. Lader os kun stræbe at vorde retskafne og dygtige Borgere, at den kommende Slægt med Ære kan træde i vort Fodspor, lader os med forenede Kræfter arbeide for Fædrelandets Hæder og Held, da skal Danmark ved den Almægtiges Bistand gaae frem i Velstand, Kraft og Lykke!

Det var – som en kyndig skolemand skrev i sin anmeldelse i *Tidsskrift for almindelig dansk Skolelærer-Forening* – »en velskreven, indholdsrig Historie over Fædrelandet, der ikke behøver at skamme sig for sine tidligere Forgængere i denne Branche af Literaturen«.[134] Brugt af den rette lærer gav den børnene en positiv holdning til deres land og dets fortid. Men den var ikke billig. Den kostede 44 skilling. En sparsommelig skolekommission kunne købe en historiebog, der kun kostede 20 skilling – og 16 skilling, hvis den købte seks eksemplarer.[135]

For den pris kunne de købe en anvendelig historiebog, der med sine 77 sider kun var halvt så stor som Frederik Meislers. Det var den 23-årige cand.theol. Gollich Strøms *Lærebog i Danmarks Historie. Udarbejdet nærmest efter Allens Haandbog i Fædrelandets Historie til Brug ved Almueskolerne.* Den udkom i 1842, og dens tiende oplag kom i 1863, umiddelbart før de nationalliberales skæbneår. I sine holdninger og domme svarede Strøms bog til Meislers. Men den *var* meget summarisk, og dens holdningsskabende effekt må have været tilsvarende begrænset.

Det gjaldt for de nye skolebøger, der kom i 1840'rne, at de alle fulgte Allen. Det gjorde den *Ledetraad i Fædrelandets Historie, til Brug i Almueskoler,* som

---

133. S. 148.
134. D.E. Rugaard: *Skole-Bibliothek,* s. 154.
135. Priser: se D.E. Rugaard: anf. arb.

skolelærer J.H. Fix udsendte i 1844 på 95 små sider til en pris af 24 skilling – dog 20 skilling, hvis man købte et dusin.[136] Og det gjorde det *Forsøg til en Ledetraad ved Underviisningen i Fædrelandets Historie til Almueskolerne. Udarbeidet nærmest efter Allens Lærebog i Danmarks Historie*, som lærer ved Vester Egede skole J.W. Lindahl udsendte i 1846.[137] De gamle skolebøgers konge og stat var nu afløst af folk og fædreland.

3. Mundsmag af Danmarks Krønike

Hvor de gamle skolebøger havde stået for traditionen, og de nye stod for forandring, indtog Grundtvig selvsagt et tredje standpunkt.

Den kontroversielle teolog, der først i 1837 blev løst fra sin livsvarige censurdom, havde i 1812 udsendt *Kort Begreb af Verdens Krønike i Sammenhæng* og i 1829 skolebogen i verdenshistorie *Historisk Børnelærdom*. Tanken om »en historisk Lærebog« i fædrelandets historie for almueskolen havde Grundtvig derimod afvist så langt tilbage som i 1809.[138] I 33 år fastholdt han dette standpunkt. Men i 1842 ændrede han opfattelse og udsendte *sin* almueskolebog om Danmarks historie: *Mundsmag af Danmarks Krønike til Levende Skolebrug.*[139]

En salgssucces blev bogen ikke. Andet oplag i 1844 blev også det sidste. Det var derfor de færreste danske skolebørn, der gennem den kom til at møde Grundtvigs tanker om folkelighed og danskhed. De lærere, der var grebet af Grundtvigs folkeligt-kristelige historiesyn – og som kunne overtale deres skolekommission til at købe bogen – fik til gengæld en helt usædvanlig mulighed for at få deres skolebørn til at identificere sig med deres fædreland og dets fortid.

136. 9. oplag 1859.
137. 2. udg. 1853.
138. Knud Eyvin Bugge: *Skolen for livet. Studier over N.F.S. Grundtvigs pædagogiske tanker.* 1965, s. 149-51; jvfr. også s. 118-24 om Grundtvigs tidlige tanker om landsbyskolen.
139. Jeg takker docent, dr. phil. Flemming Lundgreen-Nielsen, Institut for nordisk Filologi, Københavns Universitet, for værdifulde oplysninger for mit arbejde med Grundtvigs *Mundsmag af Danmarks Krønike,* som tilsyneladende er upåagtet i den omfattende Grundtvig-forskning. Om Grundtvig og dansk identitet, se Flemming Lundgreen-Nielsen: Grundtvigs danskhedsbegreb. *Dansk Identitetshistorie.* 3. 1992. Om Grundtvigs højskoletanker, se Kai Hørby: *Den nationale historieskrivning i Danmark.* 1978; og samme: Grundtvigs højskoletanker og Sorø Akademis reform 1842-1849. *Årbog for dansk Skolehistorie.* 1967.

Allerede i fortalen fik børnene forklaret deres lands egenart:

> *Dannemark* er vel det *mindste* Kongerige i *Norden*, men, som alle
> Smaa, kan Det trøste sig ved, at det er ikke alt godt, hvad stort er,
> og er end Dannemark tillige et af de *svageste* Riger, saa er Det dog
> ogsaa Et af de *Yndigste*, og har derfor ingen Nød, naar Det blot,
> ligesom det smukke Kiøn, vil være sin Skrøbelighed bekiendt,
> og, istedenfor at brydes med de Stærke, tage dem fra Ærens Side
> og smile sig fra dem. Det har da ogsaa Dannemark, trods mangt
> et Feiltrin og Misgreb, i det Hele gjort, saa Det, midt imellem
> haarde, store og stærke Folk, er med Æren blevet Et af de ældste
> Kongeriger i hele Verden.

I fortalen understregede videnskabsmanden Grundtvig, at »de mange dei-
lige Viser og Sagn, der fra Arildstid har gaaet i hele Norden, *Engeland*
iberegnet«, nok kunne klinge »vel æventyrlig, som alt det Ældgamle, der i
Billedsprog gik fra Mund til Mund i mangfoldige Ledd«. Men – forklarede
Grundtvig –

> de er dog nemme at kiende fra Kiærlingsnak og Ammestu-
> Fortællinger, og de lyve sig hverken Fader eller Moder til, for
> man mærker strax, der er *Aand* i dem, og det Danske *Hjerte*
> kiender immer sig selv igien under de æventyrligste Skikkel-
> ser«. Og Grundtvig fortsatte: »Naar vi derfor kun ikke betragte
> vore deilige Danske Oldsagn som gamle Skiøder, Skudsmaal og
> Vidneforhør, der, for at være ægte, maae kunne afhjemles paa
> Thinge, men som hvad de er, som *Gaade-Speile* for den im-
> merunge Danske Natur og de ældgamle Bedrifter, da vil de ikke
> blot fornøie os fra Slægt til Slægt, men give os en *levende* Fore-
> stilling om *Danskhed*, hvis Dunkelhed klarer sig efterhaanden,
> som vi blive mere fortrolige med den, baade i den sikkre *Historie*
> og inden i *os selv*, saa det er en stor Synd imod Fædernelandet,
> ikke, saa godt vi kan, at fortælle Børnene hvad vi har hørt om det
> *gamle Danmark*. Først da vil de nemlig faae Øre for de tørre
> Efterretninger, vi maae give dem om Fædrelandet, thi da vil de
> tage Deel i Dets Farer, glæde sig ved Dets Frelse, fatte Haab om
> Dets Opkomst, og stile paa hvad der kan tjene til dets Gavn og
> Ære! Fædernelands-Kiærligheden maa vækkes, før den kan
> virke,

proklamerede Grundtvig. Det var Saxos Danmarkskrønike, han så som det store forbillede. Sine pædagogiske tanker klargjorde han på en måde, der må have rystet mange lærere og skolekommissioner:

> Som en *Pegepind* hertil ønsker jeg denne lille Bog betragtet, saa den vil tjene de Børn bedst, der læse mindst i den, naar den kun opmuntrer de Ældre til at fortælle dem hvad de veed, og lægge sig paa Kundskab om Meer, for at meddele det til de Smaa paa den jævneste og fornøieligste Maade de kan, thi baade Nytten og Forstanden vil da i betimelig Tid komme af sig selv.

Straks på den første side mødte børnene deres lands ælde og evighed, i en kongerække, der begyndte med Dan og Angel, Danmarks og Englands oldkonger, og som sluttede med Frederik 6. og Christian 8. Stilen er fyndig, fortællende og forklarende; Saxo, den senmiddelalderlige rimkrønike og folkeviserne tegner middelalderen, men også nyere dansk digtning – blandt andet flere vers fra Johannes Ewalds *Kong Christian stod ved højen Mast* – indgår i fremstillingen. Uviljen mod tyskerne, som er et gennemgående tema, kommer til orde allerede på første side. Grundtvig lægger vægt på Danmarks frivillige vej til kristendommen, og han ser fordragelighed som historiens sande lære. Men hans hovedtema er danskhed.

Hans grundopfattelse af Danmarks historie er videnskabeligt arvegods fra 1700-tals lærde som Peter Frederik Suhm og Tyge Rothe. Efter den gyldne oldtid gennemlevede Danmark den mørke middelalder; og først fra 1448, da den oldenborgske kongeslægt kom på tronen, ser Grundtvig begyndelsen til en udvikling af danskhed. Som den enevoldskonservative forfatter, han er, lader Grundtvig Frederik 3. og Københavns borgere redde fædrelandet. Det attende århundrede kom Grundtvig aldrig til bryde sig om; og det blev børnene ikke ladt i tvivl om:

> Det *Attende* Aarhundrede, som hos os begyndte med Frederik den Fjerde, var i det Hele meget *upoetisk* og *uhistorisk*, vantro og giøglevurnt, eller med eet Ord: *Fransk*, saa det maa ikke forundre os, at vi ogsaa spore en aandelig og hjertelig Vintertid i *Danmark*, men i den første Menneske-Alder skjuler det sig dog endnu, tildeels under *Vintergrønt* fra *Norge*.[140]

Under Christian 6. var ulykken, som Grundtvig så det, »at han vilde have Alting paa sin *Tydsk*, hvad ligesaalidt vil lykkes i Danmark, som det kan hue

140. S. 54.

Det var almindeligt kendt, at skolegymnastikken havde Frederik 6.s hjerte. Det udnyttede sognepræsten i Gjerrild ved Grenå, da han i 1826 søgte om at blive konsistorialråd. Med den sirligt skrevne ansøgning fulgte en farvelagt tegning af Gjerrild skoles gymnastikplads, hvis mange redskaber kunne gøre drengene til stærke karle og tapre landsoldater, således som kongen ønskede. Pastor Nicolai Kamph *blev* konsistorialråd. Rigsarkivet.

Dannemænd«.[141] Et godt øje havde han også til »*Latinskolen,* der satte sin Ære i at efterligne *Døden* og *undgaae Danismer*«.[142]

Om Struensee lærte børnene, at han

> var en Vild-Tydsker, som rympede Næse ad Alt hvad der var
> *Dansk,* og vendte op og ned paa det Hele, men efter ham kom
> *Guldberg,* som var den *Danskeste* Minister, vi havde længe havt.[143]

Det var Grundtvigs indledningsord til den lysning i landet, som han som andre skolebogsforfattere så i 1784, da den unge kronprins Frederik greb magten, og de store landboreformer blev indledt. Virkeligt lyst blev der dog først efter juli-revolutionen i 1830, »det store Bulder i Paris«:

> hos os var *Kongen* med de *Første,* som fattede paany det Haab, at

141. S. 56.
142. S. 57.
143. S. 59.

naar blot *Almeen-Aanden* vaagnede og Konge og Folk gjorde Eet, da var *Danmark* endnu baade stor og stærk nok til at feie for sin egen Dør og seile sin egen Sø. Derfor oprettede han *Folkeraadet*« – Grundtvigs navn for De rådgivende Stænderforsamlinger i 1834 – »som han baade vilde raadføre sig med om Alt hvad han agtede at forordne, og høre Forslag af til fælles Bedste. Herved opvakde han den *fri Folke-Stemme*, der egentlig fra *Valdemarernes* Tid havde ligget død i Dvale, men som hører nødvendig til, naar Kongens *Enevoldsmagt* skal ret gjøre Gavn.[144]

Den lære, Grundtvig indskærpede almueskolens børn, var, at fællesskabet mellem fyrste og fok var bedre for Danmark end en frihed, hvor folket stod over fyrsten. At Grundtvig i politisk henseende var dybt konservativ, fremgik klart af hans skolebog:

> *Folke-Frihed* er nemlig langt fra at fremmes ved *Konge-Trældom*, der tvertimod giver Folket mange Herrer, som er den største Landeplage, og af alle Folk paa Jordens Kreds duer Intet mindre end det Danske til at raade sig selv, og har heller Intet viist mindre Lyst dertil end det Danske Folk, som høitidelig (1660) overdrog sin Konge *Enevoldsmagten* og gav derved Afkald paa al *Selvraadighed*, men erhvervede sig ogsaa retmæssigt Krav paa sømmelig *Frihed* og *faderlig* Styrelse.[145]

Og mere profetisk, end han formentlig selv var klar over, roste han den nye enevoldskonge for

> at indsætte *Dannebrog* i sin gamle Rettighed, saa Den skal nu igien være vort eneste Banner baade til Lands og Vands; thi det betyder, at Danmark vil skaffe sig alt det Fremmede af Halsen og seile sin egen Sø.[146]

I 1842 havde Christian 8. indført Dannebrog som regimentsfane, og det blev under den, at den tapre landsoldat seks år senere drog afsted.

Med *Mundsmag af Danmarks Krønike til Levende Skolebrug* havde Grundtvig stillet sig på det tredje standpunkt. Skolebøgerne fra Frederik 6.s tid havde lagt hovedvægten på kongen og staten. De nye historiebøger under Christian 8. havde stræbt efter at få børnene til at identificere sig med folket og fædrelandet. Grundtvigs løsning hed: konge og folk.

144. S. 64-65.
145. S. 66-67.
146. S. 67.

Men hans budskab var danskhed og kristendom. Og hans hjertesag i de år var den danske højskole i Sorø, der skulle udvikle danskhed og folkelighed. Derfor sluttede han sin skolebog med en bøn til kongen:

> *Majestæten* skiænker os *en Kongelig Dansk Høiskole*, hvor baade de, der siden skal sidde i *Folkeraadet*, og hvem der ellers vil, nemt og ordentlig kan lære at kiende baade det gamle og det ny *Danmark*, med hvad der, indvendig og udvendig, er oprigtig *Dansk*«; og Grundtvig advarede mod, »hvilken Forraadelse det er, at skabe sig enten som *Romere*, *Tydskere* eller *Franskmænd*, naar man er *Danske* Folk og vil forstaae hinanden og have det godt herhjemme.[147]

6. GUD, KONGE OG FÆDRELAND

Bidrog skolen mellem revolutionerne i 1789 og 1848 til at udvikle en national identitet?

Svaret vanskeliggøres ved, at der ikke eksisterede en enkel envejskommunikation mellem skolen og befolkningen, men at der var tale om en kompliceret vekselvirkning, hvor skolen kun var *en* holdningsskabende faktor bland flere.

Med til at vanskeliggøre svaret er endvidere, at det danske samfund i de år var under hastig forandring. Det gamle landbosamfund, hvor de fleste havde levet, hvor de var født, og var døde, hvor de havde levet, var ved at blive brudt op. Med landboreformerne – i deres første fase frem til krigen med England og i deres afsluttende fase i 1830'rne og 1840'rne – var de gamle fællesjorder blevet udskiftet, og et meget betydeligt antal gårde og huse var blevet flyttet ud fra de landsbyer, der havde været rammen om dagligdagen og arbejdslivet siden oldtiden. I sig selv indebar denne omlægning af det danske landbrug mentalitetsforandringer, der satte deres præg på alle livets forhold. Også periodens definitive overgang fra en overvejende overlevelsesbaseret selvforsyningsøkonomi til en penge- og

---

147. S. 68. Grundtvig udsendte i 1847 *Danske Kæmpe-Viser til Skolebrug*.

markedsøkonomi skabte nye mennesker med nye holdninger og horisonter. Den enkeltes verden var ikke længere lokalsamfundet. I stigende grad blev den – også – den danske stat og det danske samfund. Med værnepligtsordningen af 1802 skulle de unge mænd være borte fra hjemmet og hjemegnen i to år. Horisonten blev også videre ved, at flere og flere nu kunne læse, og at udbudet af blade, bøger og almanakker voksede i takt hermed.[148]I De rådgivende Stænderforsamlinger blev gårdmænd – fæstere såvel som selvejere – ikke blot valgberettigede, men også valgbare; og ved indførelsen af sogneråd i 1841 fik de den afgørende indflydelse på beslutningerne i det lokalsamfund, de levede i. Den vækkelse, der i periodens sidste tiår gik over landet, var endvidere ikke kun politisk. De folkelige religiøse bevægelser skabte også røre og fik den tids mennesker til at tænke nye tanker om, hvem de selv var, og hvad det var for et samfund og et land, de levede i.

Grundlæggende må skolen og dens nationale holdningspåvirkning ses og vurderes i disse komplicerede sammenhænge. Men skolen og undervisningen rummer også sine egne problemer. Det er muligt med rimelig sikkerhed at analysere skolepolitikken og skolelovene. Derimod ved vi meget lidt om undervisningens form, indhold og effekt.[149] Hvornår fik den enkelte skole en seminarieuddannet lærer? Hvordan forholdt befolkningen sig til skolen? Markerede det sig ved, at børn fra forskellige samfundsgrupper – som følge af forskelligt fravær – fik forskellig undervisning? At gårdmandsbørn reelt blev undervist mere – og eventuelt bedre – end børn fra husmands- og landarbejderhjem? For blot at nævne nogle af de spørgsmål, der har betydning for besvarelsen af de stillede spørgsmål, og hvor vi endnu kun aner konturerne af den fortidige virkelighed.

Grundlaget for undersøgelsen af skole og national identitet har foruden skolelovene været skolens bøger. Dem kan vi læse, og vi kan *søge* at læse dem med børnenes øjne. Men der må herske meget betydelig usikkerhed omkring, hvordan det, der stod i bøgerne – og det, læreren sagde – er blevet opfattet og bearbejdet. Denne undersøgelse bygger på den grundantagelse, at det, der stod i bøgerne, og som børnene hørte i skolen, faktisk blev opfattet og indgik i børnenes forestillingsverden. En antagelse, som

148. Henrik Horstbøll finder, at en nationalitetsdiskurs i det masseproducerede bogtryk først kommer til udtryk i 1840'rne, jvfr. Patriotisme og nationalisme i det folkelige bogtryk under den danske 'Vormärz'. *Nyt fra Center for Kulturforskning*. Århus 23.juni 1990, s. 28.
149. Se dog det udførlige afsnit om præsten og skolen i Erik Nørr: *Præst og administrator. Sognepræstens funktioner i lokalforvaltningen på landet fra 1800 til 1841*. 1981, s. 27-227.

1800-tallets præster, embedsmænd og latinskolelærere havde alle studeret ved Universitetet, og mange af dem havde haft bolig og kost på Regensen, Christian 4.s gamle *Collegium regium* i skyggen af Rundetårn. Litografiet fra omkring 1830 med de piberygende regensianere under den ærværdige lind efterlader en fornemmelse af den indforståethed på godt og ondt, der prægede det akademiske miljø og dermed det kulturelle og politiske liv under Frederik 6. og Christian 8. Københavns Bymuseum.

samtiden – at dømme efter de mange skolebøger, deres talrige oplag og deres markedsbevidste prisfastsættelse – har delt.

1. Borgerens børn

I borgerlige kredse havde der fra midten af 1700-tallet udviklet sig en dansk identitet centreret omkring begrebet 'kærlighed til fædrelandet'. Denne danske identitet – der sideordnede fædrelandet og kongen, hvis den i virkeligheden ikke satte fædrelandet *over* kongen – søgte enevælden at opfange og udnytte politisk ad lovgivningens vej. Det skete med latinskole-forordningen 1775 med dens autoriserede skolebøger og med loven om Indfødsretten 1776. Der var tale om en bevidst styring, hvor enevælden søgte at omformulere borgerskabets fædreland til konge og fædreland og at definere fædrelandet ikke som Danmark, men som den multinationale helstat. Statsmagten søgte at fremme en enevoldsloyal og helstatspatriotisk identitet, som fremstod som Guds vilje og Bibelens bud.

Denne konstruktion mødte latinskolens elever i Ove Mallings og Peter Frederik Suhms skolebøger næsten frem til enevældens fald. Enevælden fastholdt ikke sin direkte styring af latinskolen. Men de følgende skolebogs-forfattere var på den anden side henvist til at skrive inden for de rammer og den begrænsede accept af ytringsfriheden, som karakteriserede den sene enevælde.

Det skulle vise sig, at den oprindelige borgerlige danske identitet var livskraftig. Den markerede sig allerede før 1800 i spændingsforholdet mellem kongens danske og tyske undersåtter; og med Eiler Munthes fædre-landshistorie fra 1806 trængte den ind i latinskolen. Munthe var grund-læggende systemloyal. Men han viste, at enevoldskongerne kunne kritiseres. Og det *må* have påvirket elevernes nationale holdning, at kon-gerne og deres regering blev skudt i beggrunden, samtidig med at borger-nes historiske og samtidshistoriske betydning stærkt blev markeret.

Der går således en linie fra 1700-tallets danske identitet til den kritik af enevælden, der trængte op til overfladen i 1830'rne. Det var ikke et uforbe-redt borgerligt miljø, der i 1840 tog den unge nationalliberale C.F. Allens fædrelandshistorie til sig som den sande Danmarkshistorie, og som tre år senere gjorde hans latinskolebog til lærebogen i det højere skolevæsen.

Allen videreførte i virkeligheden 1700-tallets danske identitet, som ignorerede standsforskelle og fornægtede klassemodsætninger. Det nye, Allen tilførte, var den stærke understregning af begrebet *folk*. Det oprindelige og uspolerede folk, der var og altid havde været nationens kærne, og som nu efter århundreders undertrykkelse og fornedrelse stod for at skulle få sin ret. Vel at mærke med borgerskabet som sin og det fælles fædrelands forsvarer og fortaler over for et styre, der havde udspillet sin historiske rolle.

Den nationale identitet, latinskoleeleverne mødte hos Munthe og Allen, havde fædrelandet som sit centrale begreb. I virkeligheden mødte de også det fædreland hos Suhm og Malling, hvor de bag den officielle facade af kongetroskab og helstatspatriotisme kunne opleve kongen og fædrelandet som sideordnede. Og det fædreland var deres. Enten det hos Munthe blev ledet af en borgerlig opinion, eller det hos Allen burde styres på grundlag af en fri forfatning og af de dannede borgere som formyndere for et folk, der endnu ikke var modent til at styre sig selv.

Det hører med i billedet, at borgerens børn i deres hjem var vokset op med *den* nationale identitet, som latinskolen bekræftede og bestyrkede dem i. Denne indforståethed er vigtig at holde sig for øje, når man vender sig til bondens børn. For: hvilken identitet var *de* vokset op med i deres hjem? Hvilken identitet søgte almueskolen at bibringe *dem*? Og hvordan reagerede *deres* hjem på, hvad de lærte i skolen?

2. Bondens børn

Enevældens forsøg på gennem skolen at styre holdningspåvirkningen af den brede befolkning tog sin begyndelse i oplysningens lyse sommer. Men den lovgivning, der blev resultatet i 1814, var præget af den europæiske reaktion efter revolutionstiden. Og det tog yderligere tid, før den enkelte skole fik sin seminarieuddannede lærer og sine første skolebøger.

Det kan derfor tidligst have været i 1820'rne, at de første af almueskolens børn har oplevet, at deres forældre havde hørt om det nye fædreland. Et godt stykke ind i 1800-tallet måtte bondens børn leve i to universer: hjemmets og skolens.

I reformperioden havde den herskende klasse med held inddæmmet borgerskabets revolutionære fædrelandskærlighed og forhindret, at de nye nationale tanker nåede den brede befolkning. Her levede den traditionelle mistro til 'de fine', den gamle fromhed og forventningen om, at den fjerne konge en gang ville give bonden hans ret, længe videre. Den gudsfrygt og kongetroskab, som almueskolen efter 1814 skulle bibringe børnene, var derfor i god overensstemmelse med de holdninger, der i forvejen rådede i landbosamfundet. Gennem Frederik 6.s lange regeringstid bestyrkede skolebøgerne konsekvent troskaben over for den landsfaderlige konge og tilhørsforholdet til det rige, som hans forfædre havde regeret fra arilds tid. En troskab, der ikke blot blev indskærpet i skolen, men også i kirken, hvor præsten hver søndag bad Gud bevare kongen og hele hans hus.

Borgerens og bondens børn mødte således i skolen hver sin nationale identitet. Sent i perioden – fra midten af 1840'rne – mødte nogle af almueskolens børn imidlertid det nye begreb: folket. Det folk, som var deres egne forfædre – og dem selv – og som efter århundreders underkuelse nu stod for at skulle indtage sin retmæssige plads i det fædreland, der også var deres.

Den fulde konsekvens af disse nye tanker nåede formentlig kun de færreste skolebørn at fatte før 1848. Men de havde mødt dem. I skolen og i deres hjem. Og hos nogle må de have givet stof til eftertanke. Den tapre landsoldat, der drog afsted i 1848, vidste, at han skulle kæmpe for Gud og for sin konge. Men han vidste også, at han skulle kæmpe for sit fædreland. Mod tyskerne. De tanker og følelser, han forbandt med den nye nationale identitet, var en vigtig del af arven fra enevælden til folkestyret.

Fra litterær til politisk nationalisme

Udvikling og udbredelse fra 1808 til 1845

Lorenz Rerup

For historikeren er nationalisme en uhåndterlig størrelse. På den ene side indeholder den både det enkelte menneskes identifikation med et fællesskab (i daglig tale: nationalfølelsen) og det enkelte menneskes forestillinger om dette fællesskab (nationalbevidstheden). På den anden side indgår i den de for fællesskabet karakteristiske vaner og normer (etnicitet, kultur, identitet) samt den tankeverden, der er opbygget omkring fællesskabet, dets særpræg og politiske mål (national ideologi). Nationalisme kan også beskrive en særlig tænke- og oplevelsesmåde (mentalitet) til forskel fra eksempelvis oplysningstidens eller socialismens a-nationale måder at strukturere omverdenen på. Og som om denne flertydighed ikke var tilstrækkelig, så fortsætter den også på det operative plan: mens der nok er enighed om, at nationalismen er en virksom faktor i historiske forløb – i hvert fald siden ca. 1750 – så er det straks meget sværere at afgrænse dens konkrete virkning. Nationalismen kan optræde som 'vikarierende motiv', og de resultater, der tilskrives den, kan undertiden med lige stor gyldighed forklares som udslag af enten sociale, økonomiske eller politiske spændinger.[1] Også derfor må der tilrådes forsigtighed i omgangen med nationalismen.

Lorenz Rerup, født 1928; professor, mag.art. Institut for Historie og Samfundsforhold. Roskilde Universitetscenter. Tilknyttet Forskningsgruppen for dansk Identitetshistorie 1.1.1989-30.6.1990.

1. Jens Arup Seip: Nasjonalisme som vikarierende motiv, i hans: *Fra embedsmannsstat til ettpartistat og andre essays*. Oslo 1963, s. 78-85.

1. Forudsætninger

Det hører til nationalismens ejendommeligheder, at den i reglen legitimerer sig ved ælde: nationen har for nationalisten været til i umindelige tider; højst indrømmes det, at den ikke altid har været klar over det. Imidlertid var den overordnede samfundsideologi i den danske helstat omkring 1800 ikke en nationalisme, men en statspatriotisme, der forbandt kongetroskab med en dyrkelse af fælles symboler og institutioner som flaget og flåden samt en veltilfreds opbakning af regeringens reform- og neutralitetspolitik og af hele dets milde og oplyste regimente. Et kendt skridt til befæstelsen af denne statspatriotisme var loven om indfødsretten af 1776, som gav alle, der var født i kongens riger og lande – hvad enten de var danske, nordmænd eller holstenere – eneret på statens embeder. Denne trefoldighed viser, at loven netop ikke var national. Tilmed kunne kongen dispensere fra fødested-kravet, når der var tale om udenlandske eksperter, eller om folk, der havde gjort sig fortjent til en særbehandling.

Denne ideologi blev støttet og propageret af staten. Den blev båret af talmæssigt beskedne, men socialt indflydelsesrige kredse: af byernes borgerskab, embedsmænd, officerer, akademikere, godsejere og af de dele af den øvrige landbefolkning, som de påvirkede. Denne helstatspatriotisme måtte nødvendigvis være a-national, eftersom helstaten i sit kærneområde rummede tre større nationaliteter: danskere, nordmænd og tyskere. Men som en frugt af oplysningstidens kosmopolitisme var den også i den forstand a-national, at den netop ikke dyrkede det for ethvert folk særegne og 'medfødte'. Betoningen af nationale særtræk, f. eks. af sproget, som et skel mellem mennesker kunne forekomme en helstatspatriot at være udtryk for et barbari, som når vi i nutidssprog tager afstand fra racismen. Understreget blev derimod de almene træk: med lidt umage kunne enhver hæderlig og dannet person hvor som helst i den civiliserede verden gøre fyldest som loyal statsborger. Den sociale eksklusivitet bevirkede til gengæld, at denne ideologis integrationskraft ikke var særlig udpræget.

I statslivet var denne helstatspatriotisme uimodsagt. Den var heller ikke problematisk, så længe helstaten fungerede så godt, som den faktisk gjorde op til udbruddet af krigen mod England. Over for denne succes var det af mindre betydning, at den heller ikke kunne modsiges, fordi den begrænsede ytringsfrihed, der fandtes, i hvert fald ikke kunne bruges til at diskutere statens opløsning. Indadtil havde kærneområdets hovednationaliteter omkring 1800 forlængst uddybet og befæstet deres forskellige identiteter inden for denne helstatspatriotisme. Også disse identiteter udfoldede sig i snævre borger- og embedsmandskredse – den tyske dog også i hovedstadens og hertugdømmernes aristokrati. Da tysktalende personer var stærkt repræsenteret omkring hoffet og i statens topembeder var den tyske identitet i helstaten ledsaget af forestillinger om at forsvare den opnåede stilling og styrke den ved intim kontakt med tysk kulturliv uden for helstaten, mens den norske higede efter ligestilling med danskerne og den danske efter ligestilling med tyskerne. Den danske fik derfor tillige et anti-aristokratisk præg.

Den danske identitet blev i løbet af det 18.århundredes anden halvdel styrket og udbygget af danske institutioner, af en begyndende offentlig debat og af borgerstandens voksende selvfølelse.[2] Kongeriget Danmark var den selvskrevne ramme for den, historien og sproget selvfølgelige bestanddele af den, og landboreformerne henledte opmærksomheden på et virkelig bredt befolkningslag, bondestanden, som dog selv syntes at være uberørt af de nye tanker. Indskriften på Frihedsstøtten, rejst i 1797, talte endnu kun om, »at den frie bonde kan vorde kiek og oplyst, flittig og god, hæderlig borger, lykkelig.« Den danske identitets bærende lag bredte sig efterhånden fra hovedstaden til borgere og embedsmænd i større provinsbyer og til godsejere og embedsmænd på landet, men i forhold til befolkningens brede lag – både i byerne og på landet – var der endnu kun tale om højst nogle få procent.

Englandskrigen 1807-1814 endte helstatens blomstring, selv om den efter Norges afståelse i 1814 blev ved med at bestå, indtil den opløstes i 1864. En fejlslagen finanspolitik, afsætningskrise og deflation samt en handlingslammet regering, der heller ikke selv rigtigt troede mere på enevældens autoritet, svækkede helstatens indre sammenhold yderligere. Helstatspatriotismen holdt sig dog som dominerende statsideologi til 1840'rne, og den var indflydelsesrig endnu i tiden mellem de slesvigske krige. Også efter 1864 fandtes der mennesker, hvis tankegang var forankret i den gamle helstatsideologi, kendtest af alle kong Christian IX. Dens rolle var da overtaget af den nationale ideologi. Danmark var blevet en nationalstat ikke kun i den forstand, at dets kærneområde var beboet af en enkelt nationalitet, men samtidig var en stor del af denne befolkning blevet national. Nationale ideologier – den danske og den slesvig-holstenske – var begyndt at vinde

2. Jf. Ole Feldbæk: Fædreland og Indfødsret, 1700-tallets danske identitet, *Dansk Identitetshistorie*, 1. 1991.

udbredelse fra sidst i 1830'rne, efter at de længe havde været forberedt af lignende tankemønstre. I 1848 var de nye ideologier blevet så stærke, at en rystelse i det europæiske statssystem kunne udløse treårskrigen, som var en borgerkrig med udenlandsk intervention. Også krigen i 1864 havde rod i uforligelige nationale opfattelser, for så vidt som disse opfattelsers uforligelighed umuliggjorde en rimelig fællesforfatning for den helstat, der var blevet restaureret 1850/51. Uden en fællesforfatning kunne den i det lange løb ikke styres.

Den nationale ideologi satte 'folket' i centrum, ikke staten, dens symboler og institutioner. Denne omvurdering viste en forbløffende integrationskraft og fik vidtgående kulturelle følger. Først og fremmest befæstede den nye ideologi 'folkets' nye stilling i staten, der nu – ideelt set – blev opfattet som et udtryk for folkeviljen, som styret af folket, ikke som en indretning til at regere over kongens loyale undersåtter. En lignende omvurdering foregik i andre europæiske stater i løbet af det 19. århundrede. Den nationale ideologi var og er – paradoksalt nok – et udpræget internationalt fænomen. Forudsætningerne for de enkelte nationalismers udformning og udbredelse var imidlertid forskellige, og derfor fremkom betydelige variationer i nationalstatens konkrete udformning.

Den danske identitet var i løbet af det 18. århundrede blevet styrket og udbygget. Den indeholdt efterhånden mange af de elementer, der senere indgik i den danske nationalisme, men det afgørende spring, der satte 'folket' i centrum, blev ikke foretaget. Det var staten, personificeret i det kongelige dynasti, der bandt helstaten sammen, ikke folket. Der fandtes heller ikke noget 'folk', der gjorde krav på dette eller lag, der gjorde det på 'folkets' vegne. Det dannede borgerskab anfægtede ikke det oplyste enevældes ret og evne til at styre samfundet, og det forlangte heller ikke at få en andel i styret ud over et passende antal embeder og en forventning om, at staten tog hensyn til dets interesser. I den glimrende handelsperiode i årene før Englandskrigen havde disse kredse næppe grund til at klage, og den danske identitet forblev de dannedes eksklusive ejendom. De barske straffebestemmelser i trykkefrihedsforordningen af 27. september 1799 lukkede munden effektivt på de få, der alligevel ikke gav sig tilfreds: dødsstraf for at tilskynde til forandring i regeringsformen, landsforvisning for at laste, forhåne eller udbrede misnøje med konstitutionen, forbedringshusarbejde for at udbrede løgnagtige beretninger om nogen vigtig del af statens tilstand samt 'vand og brød' i op til 2 uger for at 'skumle med Bitterhed' over regeringen. Der var lyspunkter i dette mørke: det var domstolene, ikke administrationen, der skulle afgøre trykkefrihedssager, og den gjaldt kun for skrifter under 24 ark. Trykkefriheden blev yderligere indskrænket under og lige efter krigen. 1810 bestemtes – vist nok på kongens direkte foranledning – at udgivelsen af 'politiske blade' forudsatte en særlig tilladelse, et privilegium, og at disse blade stod under censur. 1814 blev censuren udstrakt til alle blade og skrifter, der ikke oversteg 24 ark.[3] Efter den tabte krig var krybben tom, og nu var der grund til at klage, men indskrænkningen i trykkefriheden hindrede opkomsten af en offentlig mening.

Det var angiveligt ikke trykkefrihedsforordningens hensigt, at «redelige og oplyste Mænd skulle hindres fra med Frimodighed og Anstændighed offentligen at tilkiendegive deres Tanker, om hvad der, efter deres Indsigt, kunne bidrage til at fremme det almindelige Bedste«[4], men lovgivningen opfordrede mildest talt ikke til sådanne tilkendegivelser, og indtil enevælden selv åbnede døren på klem for en politisk diskussion i forbindelse med stænderforfatningens indførelse, sygnede den offentlige mening hen, selv om de trange tider efter krigen, regeringens kejtede finanspolitik, den langvarige indstilling af reformpolitikken samt talrige korruptionsskandaler kunne have givet anledning til en offentlig debat. Den har i stedet for i nogen grad fundet sted i privatlivet.[5] Under disse omstændigheder kunne en samfundsideologi, der satte 'folket' i centrum, vanskeligt få fodfæste. Dette ændrede sig først med stænderforfatningen, fordi den tilvejebragte en politisk offentlighed i forskellige befolkningslag, skønt endnu af højst begrænset omfang. Det 18. århundredes danske identitet blev imidlertid i begyndelsen af det 19. århundrede videreudviklet af en litterær nationalisme, som til forveksling lignede den fuldt udviklede nationalisme, men

---

3. Harald Jørgensen, *Trykkefrihedsspørgsmaalet i Danmark 1799-1848. Et Bidrag til en Karakteristik af den danske Enevælde i Frederik VI's og Christian VIII's Tid*. 1944, s. 77 ff. og 80 ff.
4. Forordn. af 27.september 1799, § 7.
5. Jf. Marcus Rubin: *Frederik VI's Tid. Fra Kielerfreden til Kongens Død*. 1895, s. 308 ff., bl.a. fortæller den ulykkelige dr. Dampe, at han hørte adskillige højtstående personer udtale deres uvilje mod absolutismen. – Den senere biskop J.P. Mynster nævner i et brev af 6.december 1819 »... Da man nu har faaet den 'repræsentative Forfatning' i Munden, saa ere der Mange, som mene, at der i denne vil være Tilflugt mod alle Ulykker ...«, jf. Hans Jensen: *De danske Stænderforsamlingers Historie 1830-1848*. I. 1931, s. 58 ff.; den unge flensborgske jurist Christian Paulsen rejste september-oktober 1820 på Sjælland, Lolland/Falster og Fyn. Ifølge hans dagbognotater støder han mange steder på liberale blandt borger og intellektuelle, eksempelvis: »alle Mandfolk ... politisk liberale« (Vordingborg), »lutter Danske Liberale« (Rudkøbing), jf. Knud Fabricius og Johs. Lomholt-Thomsen: *Flensborgeren, Professor Christian Paulsens Dagbøger*. 1946, s. 46, 54.

som til forskel fra denne ikke forbandt 'folk'-begrebet med politiske for-
dringer.

2. Den litterære nationalisme

For en kort stund gjorde det dramatiske slag på Reden i 1801 København til
krigsskueplads. Det virkede stærkt på samtiden. Den purunge Adam Oeh-
lenschläger (1779-1850) oplevede den særlige stemning, der bredte sig i
hovedstaden: »al Smaahedsaand, alt Nag er dræbt i Dag« og lader en af de
unge tilskuere til kampen ved sin hjemkomst udbryde:
>   »Forlad mig! Jeg er ude af mig selv,
>   Af – hvad kalder jeg det? Lige meget!
>   Saa meget veed jeg, at jeg er i Dag
>   Langt større, end jeg nogensinde var,
>   Fordi jeg føler mig at være dansk.«[6]

Men kampen på Kongedybet var en enkeltstående og kortvarig begiven-
hed, og Oehlenschlägers særlige stemning – tæt på, måske allerede identisk
med en national oplevelse – varede ikke ved. Kort efter er den unge mand
mest optaget af studenterkorpsets smukke uniformer og de uendeligt
mange dårlige viser, »som ved den forfængelige Gientagelse af det For-
slidte, kun travesterte Begeistringen.«[7] Et meget stærkere indtryk gjorde
optakten til Englandskrigen, Københavns belejring og beskydning august/
september 1807, flådens bortførelse og de følgende krigsår. Alligevel fra-
terniserede befolkningen i Nordsjælland og efter byens overgivelse, også
københavnerne, ubesværet med de engelske tropper.[8] Først måneder se-
nere opstod en stærk anti-engelsk stemning. Den senere norske statsråd
J.H. Vogt (1784-1862), dengang fuldmægtig i finanskollegiet, vendte sig
endnu i november 1807 offentligt mod denne stemning, fremhævede, at

6. *Anden April 1801. En dramatisk Situation*. 1802; jf. Holger Begtrup: *Det danske Folks Historie i
   det nittende Aarhundrede*. I. 1909-1910 s. 95 og Vilh. la Cour: *Fædrelandet. Grundtræk i Danskheds-
   følelsens Vækst*. 1913 s. 123.
7. Poul Linneballe og Povl Ingerslev-Jensen (udg.): *Oehlenschlägers Levnet fortalt af ham selv*.
   Første Deel. 1974, s. 94 f.
8. J.M. Thiele: *Af mit Livs Aarbøger. 1795-1826*. 1873, s. 36-39; *Jacob Erslev. Et Mindeskrift*, udgivet
   af hans Børn. 1904, s. 25-34 (med dyb sorg over flådens ran); Marcus Rubin: *1807-14. Studier til
   Københavns og Danmarks Historie*. 1892, s. 453-457.

man ikke måtte forveksle den engelske nation med den engelske regering, og at det ville føre til et tilbagefald i barbariske tilstande, ikke at læse en engelsk bog, ikke at købe engelske varer etc. Han blev belært om, at netop i England, hvor nationen selv gennem parlamentet havde indflydelse på statens styrelse, måtte den også undgælde for regeringens synder – en tankevækkende kobling af demokrati og nation,[9] hvis fravær i Danmark foreløbig hindrede udviklingen af en moderne nationalisme.

Krigen, hvis gru især i dens begyndelse og afslutning kom tæt på Danmark, og hele den barske politiske udvikling fra den store revolutions udbrud i 1789 til det franske kongedømmes genopretning i 1815 førte blandt meget andet også til, at oplysningstidens tankeverden mistede en del af sin overbevisningskraft, vel især for den yngre generation. Verden var ikke så fornuftigt indrettet, som det endnu i begyndelsen af den store franske revolution havde set ud til. Nye tanker vandt frem, begejstrede unge kunstnere og viste videnskaberne nye veje: fra sidst i det 18. århundrede befrugtede romantikken for nogle årtier meget forskellige dele af det europæiske åndsliv. Romantikken nøjedes langtfra med at være et litterært og kunstnerisk fænomen. Dens naturfilosofi påvirkede dybt naturvidenskaberne samt lægekunsten, også fysikken greb den ind i, bl.a. tilhørte H.C. Ørsted (1777-1851) denne retning. Dens menneskeopfattelse fik stor betydning for den historiske videnskab; begge kildekritikkens grundlæggere B.G. Niebuhr (1776-1831) og Leopold v. Ranke (1795-1886) var inspireret af romantikken, og den påvirkede teologien – her kan den protestantiske teolog Friedrich Schleiermacher (1768-1834) nævnes. Den satte også sit præg på dens mest ihærdige dyrkeres livsførelse. Karakteristisk for dette vidtfavnende åndelige nybrud var dets helhedstænkning: jeget og universet, nuet og fortiden, drøm og virkelighed, ånd og materie bliver opfattet som modsætninger i en enhed, og kan kun forstås gennem en helhedsbetragtning. Ejendommeligt var også romantikkens udviklingsbegreb. Den indebar ikke en forandring fra en mere primitiv tilstand til en tilstand, der var mere raffineret, men indordnede fænomenerne i forhold til en metafysisk kontekst: eksempelvis kunne middelalderen repræsentere et højere trin i historien end nutiden eller fremtiden, og folket repræsentere en ægtere del af nationen end dannelsen. Den unge Oehlenschläger oplevede forbavset, at en rose nu var ædlere end et æble, selv om æblet kunne spises, rosen kun

9. Rubin: *1807-14*, s. 457.

lugtes.[10] Mange romantiske forestillinger kom hurtigt i vanry, og bevægelsen splittedes snart op i vidtforskellige retninger, men umiskendeligt satte romantikken dybe spor og havde bl.a. en stærk katalysatoreffekt, der sammenføjede elementer, som havde været adskilte i oplysningstidens dagklare tankeverden, til nye forbindelser.[11]

Romantikkens tankeverden nåede Danmark ad forskellige veje, men tydeligst markerede Henrich Steffens (1773-1845) sig som budbringer. Hans far stammede fra Holsten og var militærkirurg, moderen tilhørte den kendte danske Bang-slægt; gennem hende var han fætter til N.F.S. Grundtvig (1783-1872). Sine barneår tilbragte Steffens i Stavanger, hvortil faderen var udstationeret; ungdomstiden faldt i Helsingør, Roskilde og København. Han studerende naturvidenskab, fik stipendier, senere en docentstilling i Kiel og sendtes 1798 med offentlig støtte på en stor uddannelsesrejse for at dygtiggøre sig i geologi og minedrift. Ved det lille universitet i Jena stødte han på det ene af de to hovedcentrer, den tidlige romantik havde i den tyske kulturverden (det andet fandtes i Berlin), og han blev dybt betaget. Hidtil havde hans skrifter været præget af oplysningstidens tankestrukturer, nu overtager han fra filosoffen Fr. Wilh. Schelling (1775-1854) den romantiske organismetænkning og inspireres til spekulationer om jordmagnetismen som et grundprincip for evolutionen. Kort efter sin hjemkomst til København i 1802 begyndte han i november på Elers' Kollegium at forelæse over filosofi i det håb at få et professorat i filosofi ved Københavns Universitet. Forelæsningerne vakte opsigt, men hertug Frederik Christian af Augustenborg (1765-1814), der var universitetets patron, brød sig ikke om disse nye tanker og forhindrede hans ansættelse.[12] Steffens forlod Danmark i 1804 for at arbejde på tyske universiteter.

Steffens forelæsninger er kun delvis bevaret.[13] De gjorde et stærkt indtryk på datiden, især på grund af talerens livfuldhed og personlige udstråling. Da Oehlenschläger mødte ham i Drejers Klub talte Steffens meget, »og yttrede med Veltalenhed og Dristighed mange nye Meninger, hvorved Haarene reiste sig paa vore Hoveder; og vi bleve ligesaa forbausede, som

10. *Oehlenschlägers Levnet.* I, s. 125.
11. For enkeltheder se den moderne romantikanalyse af Dietrich v. Engelhardt: Romanticism in Germany, i: *Romanticism in National Context*, ed. by Roy Porter & Mikulás Teich. Cambridge 1988, pp.109-133.
12. H.P. Clausen & Jørgen Paulsen: *Augustenborgerne. Slægt – Slotte – Skæbne* (= *Fra Als og Sundeved* , Bd. 58). 1980, s. 219.
13. De første ni blev udgivet i 1803 under titlen *Indledning til Philosophiske Forelæsninger*.

Degnen og Fogden i Erasmus Montanus, naar denne vil bevise, at Jorden er rund og at Degnen er en Hane.«[14] Steffens virkedede umiddelbart på den letfængelige unge mand, der efter 16 timers samtale overraskede ham med digtet Guldhornene. Mødet med Steffens og gennem ham med romantikkens genilære gav Oehlenschläger mod til at sprænge de æstetiske formkrav, der hidtil havde snæret ham og til at udfolde sine kunstneriske anlæg. En dybere indsigt i romantikkens tankegang hverken tilstræbte eller opnåede han.

Også Grundtvig hørte Steffens forelæsninger. Vi ved fra hans dagbøger, at han mødte sin veltalende fætter med skepsis og afvisning, forstod ham efter eget udsagn også kun halvt.[15] Grundtvig er vedvarende bundet ind i 1700-tallets rationalistiske tankeverden. Først da han i 1805-1808 som huslærer på Egeløkke kæmper med den ulykkelige kærlighed til sin elevs mor, Constance Steensen-Leth, løsnes båndene, og Grundtvig åbner sig for romantikkens ideverden. Tankerne fra Steffens forelæsninger får nu liv i ham.[16] De gennemsyrer hans tænkning og digtning og de findes også i Grundtvigs første lille bog fra marts 1808, den dramatiske digtning *Maskeradeballet i Dannemark 1808. Et Syn. Hver ægte Nordbo, Hver Dannekvinde, broderlig tilegnet.* Anledning til stykket var et maskeradebal på Langeland på trods af Københavns bombardement og flådens bortførelse i september/oktober 1807; også i hovedstaden var forlystelseslivet begyndt, ovenikøbet endnu inden den røvede flåde var sejlet bort.[17] Grundtvig var dybt forarget.

Maskeradeballet støtter sig tungt til den oldnordiske renæssance sidst i 1700-tallet og til Grundtvigs intensive norrøne studier siden 1804.[18] I samtiden vakte digtningen ingen opsigt, anmeldt blev den ikke; dets grelle

14. *Oehlenschlägers Levnet.* I, s. 122 f.
15. William Michelsen: *Tilblivelsen af Grundtvigs historiesyn.* 1954, s. 198 f. – I sin dagbog for 1815 skriver Grundtvig, at det morede ham »at høre Steffens tale saadanne løierlige Ord om Philosophien. Vel lod jeg af, da Nysgerrigheden var stillet og jeg i Grunden intet forstod, men den Lærdom uddrog jeg dog, at den speculative Philosophie, naar man lærte dens Tungemaal, ei maatte være saa ubehagelig, som jeg af min Logik og Ontologie havde sluttet; det kom mig for som Steffens mest talte om Ting, der slog ind i Historie, Philosophie og naturlig Theologie, som altid havde fornøiet mig.« (*N.F.S. Grundtvigs Værker i Udvalg* ved Georg Christensen og Hal Koch. I. 1940, s. 94).
16. *Grundtvigs Værker i Udvalg.* I, s. 59-66; Flemming Lundgreen-Nielsen: *Det handlende ord: N.F.S. Grundtvigs digtning, litteraturkritik og poetik 1798-1819,* 1980, s. 149 ff.; han ejede dog allerede i 1805 Steffens *Indledning* på tryk, jf. Michelsen, *Grundtvigs historiesyn,* s. 198 note 4.
17. F. Rønning: *N.F.S. Grundtvig. Et Bidrag til Skildring af dansk Åndsliv i det 19. Århundrede,* II. 1. 1908, s. 51.
18. Lundgreen-Nielsen: *Det handlende ord,* s. 232.

forargelse og rædselsvisioner var så voldsomme som kanonskud mod spurve. Nationalt er stykket imidlertid af interesse. Det er præget af såvel undergangsangst som fremtidshåb, ifald slægten rejser sig fra »Blødheds fule Leje!«

> »Husk Du udsprang af Nordens Kæmpeæt,
> til Daad, og ej til Sydens kælne Vellyst!«[19]

Der er endnu ikke tale om 'folket', kun om omskrivninger: 'Sønner af Nord', 'Sønner' af oldingen Danmark, 'Søn' og 'Datter' osv. som alle er udtryk for en henvendelse til læseren som led i et bestemt kollektiv. Og Danmarks skæbne afhænger af, om denne henvendelse bærer frugt:

> »Naar Bølgen da mod Syd og Vest henruller,
> Og naar den slaar mod fjerne Landes Kyst;
> Da atter skal den, som i Oldtids Dage,
> Henbære did mit næsten glemte Navn.«[20]

Den fortvivlelse, det håb, som *Maskeradeballet* er skrevet i, fremgår endnu tydeligere af et digt, som Grundtvig ledsager stykket med, da han i maj 1808 sender det til Christian Molbech (1783-1857), en jævnaldrende bibliotekar ved det Kongelige Bibliotek, som han få dage forinden havde lært at kende. Her er det 'Kraften', der er det væsentlige ord:

> »O, troer Du, Kraften vaagne kan
> Og stolt fornye de svundne Dage,
> At Solen har for Danmarks Land
> En varig Straale end tilbage, –
> Da deel med mig din søde Tro!
> Og Trøst og Haab og salig Ro
> Skal Frygten af min Barm udjage.«[21]

Heldigvis var Molbech ikke enig med Grundtvig, sendte ham et brev og fik et brev til Svar. Molbech var imponeret af det 'skrækfulde Syn' og bemærker det originale – det 'ukonstlede' – i Grundtvigs udtryksmåde. Han forklarer om sin egen fædrelandskærlighed: »Mit Fødeland elskede jeg altid varmt og høit, om ikke med heroisk Kiærlighed, saa dog med en dyb og inderlig Følelse; om ikke saaledes som Helten elsker sit seiervante Sværd, saa dog næsten som den fyrige Elsker sin skiønne Mø. Fødelandskiærlighed var stedse en af mine helligste Følelser; jeg tænkte mig den mindre en Pligt, end

19. *Grundtvigs Værker i Udvalg.* I, s. 142.
20. *Grundtvigs Værker i Udvalg.* I, s. 143
21. *Christian Molbech og Nikolaj Frederik Severin Grundtvig. En Brevvexling,* samlet af Chr.K.F. Molbech, og udg. af L. Schrøder. 1888, s. III og 3.

en kraftig Stemme, som taler og maa tale i ethvert ufordærvet Hierte. Hvorfor man elsker, hvorfor man skal elske sit Fødeland? Denne Undersøgelse har jeg altid holdt for temmelig overflødig. Den Fødelandskiærlighed, man af Bøger skal lære, tænker jeg mig som saare fattig.« Molbech er på det rene med, at der endnu findes nationer, som har eksisteret i årtusinder. Men: »Vare Oldtidens Mennesker mere kraftfulde, mere diærve, som Nation mere sammenholdige – da vare de vist ogsaa mindre Verdensborgere, mindre menneskelige, eller for at bruge et nyere Yndlingsudtryk, mindre humane, end den nuværende Slægt.« Til syvende og sidst er Molbech forvisset om, at nok vil det napoleonske herredømme gå under i strømme af blod, men »Et fuldkomment Barbari kan aldrig mere indtræde: Menneskeheden er i Fremgang, men i en Fremgang, hvis Skridt kun vise sig i Aarhundreder.«[22]

Tilsyneladende giver Grundtvig i sit svarbrev ham ret. Han forstår »den forskellige Gestalt, under hvilken Vi betragte Verden og Menneskelivet« som en følge af, at de er gået til samme mål ad forskellige veje: Molbech lærer af den 'livfulde' natur, Grundtvig beskuer 'Nordens Oldtid, dens Gude- og Helteliv'. Men Molbech lever i det 'glade' håb, at historien har lært ham, at menneskenaturen engang vil stå »ved Banens Ende, synke til sin Moders Barm, og der nyde den stille, uafbrudte Salighed, der i Naturen synes at udfolde sig.« Derfor må Molbech nødvendigvis anse »den rolige Hvilen i Naturens Skjød for Ønskets Højeste, thi det ahner Dem, at Synet fra Klippetinden vilde lade Dem opdage en uudslettelig Disharmoni og i Grunden berøve Dem Deres Elskede [naturen].« Grundtvig har derimod fået anvist en anden bane; hans »Vej gaar mellem Afgrunde,« og han har lært »At elske og at leve er eet.« Siden barndommen havde han brugt historisk læsning som et skjul mod omverdenen, og da kærligheden overvældede ham, svandt oldtiden »bort fra mit Øje, eller rettere den sammenvoxte med den Nutid, der fremtraadte i min Elskede.« Men da han i sin nutid så »Parodien over Gudernes betydningsfulde Liv«, vakte harmen »den slumrende Kraft, og Oldtiden, min Barndoms og Ungdoms Elskede, stod atter for mit Øje. Den dybe Følelse havde skærpet mit Syn, og hvor jeg fordum kun saa et behageligt Spil, der blev jeg nu et glandsfuldt og fuldendt Billede var af det Højste.« Ud fra denne næsten overmenneskelige sublimering af

22. *Molbech og Grundtvig: Brevveksling*, s. 4-10.

sin ulykkelige kærlighed, må Grundtvig opfatte Molbechs rationalistiske syn som en søgen efter billedet af det højeste i »Skyggetegningen«.[23]

Grundtvig blev formentlig hurtigt klar over, at han slog ind på en særlig vej. I hans *Nordens Mytologi* (1808), der bar den betegnende undertitel »Udsigt over Eddalæren for dannede Mænd, der ei selv ere Mytologer« beklager han, at Nordens gudelære havde været næsten upåagtet eller misforstået, indtil Oehlenschlägers harpe fremkaldte »i de mere Udvikledes Barm en inderlig Længsel efter at kende Nordens Guder.« Skjalden bør prises for at have været den første, »der atter begeistrede Norden for sine gamle Guder,« men han iførte dem »stundum et Purpur, sprængt med Sydens Guld, som Hans egen konstige Haand virkede, fordi Han, ilende ei saa Deres eget«; en kostelig beskrivelse af hvad der var sket med det norrøne stof i Oehlenschlägers hænder.[24] Derfor har Grundtvig foresat sig at beskue »Edda ved sit eget Lys.« Han vil imødegå dem, der »redelig« tvivler på gudelæren ved at fremlægge et udpræget romantisk helhedssyn: enten skabtes Nordens oldtid af disse guddomme eller også har en gud selv skabt det harmoniske »Livs Billede, hvis Træk er udspredte i Islands Sagaer, og samles, som Straalerne i en [sic] Brændpunkt, hos Snorro og Saxo; Mennesker kan kun lyve i Tiden, en hel Tid mægte de ei at fremlyve.«[25] Grundtvigs første forståelse af gudelæren blev for øvrigt også til på den måde, at »den fødtes hos mig hel ved Totalindtrykket af Asalæren,« altså romantisk-intuitivt, om end byggende på en mangeårig fortrolighed med centrale tekster.[26]

Her skal Grundtvigs personlige udvikling ikke forfølges i enkeltheder. Hovedsynspunktet er, at romantikken havde givet ham en opfattelse af den nordiske oldtid, der ikke gav sig tilfreds med at finde den interessant eller betagende, men gjorde den til en slags målestok, eller måske bedre til et forbillede, med konsekvenser for samtiden. Denne side af romantikken holdt sig hos Grundtvig, også da han gennem dybe sjælelige kriser havde kæmpet sig fri for den sammenblanding af kristentro og romantisk religiøsitet, som han i årene før 1810 lejlighedsvis havde været i betænkelig nærhed af. Hans kristne baggrund fornægtede sig heller ikke i den revsende holdning, han indtager over for sin samtid. For den litterære nationalisme fik det betydning, at han overmåde konsekvent vendte sig fra de mytologiske til

23. *Molbech og Grundtvig: Brevveksling* s. 10-16.
24. *Grundtvigs Værker i Udvalg.* I, s. 151, Fortale.
25. *Grundtvigs Værker i Udvalg.* I, s. 155, Fortale.
26. *Grundtvigs Værker i Udvalg.* I, s. 92, Af Grundtvigs dagbøger, 14.juni 1807.

historiske studier. Også historien var et område, han havde dyrket siden sin ungdom, og efter Langelandsopholdet ernærede han sig i nogle år som historielærer ved et af Københavns private gymnasier, Det Schouboeske Institut.[27]

Det centrale nationalismebegreb 'folket' havde i Grundtvigs tankeverden dog endnu ikke taget endelig form. Dette ses bl.a. af et skrift han udsendte i 1814 »*Helligtrekongerlyset eller tre Dages Hændelser paa Dannemarks Høiskole. En Beretning.*« Den handlede om det røre, der var opstået omkring helligtrekonger 1814 på Københavns Universitet, til fordel for at sende et studenterkorps til Jylland for at forsvare fædrelandet mod de fremrykkende fjendtlige tropper. En opfordring til at danne frivillige korps var den 3.januar udgået til jyderne. Grundtvig mente, at det var en dårlig ide at handle på egen hånd i København og fik vedtaget et åbent brev, der lovede kongen, at studenterne ville komme, når han kaldte. I den tale, hvormed Grundtvig afviste det oprindelige forslag, hedder det – med en hentydning til træfningen ved Køge 29. august 1807, hvor englænderne spredte de sjællandske landeværn og til søslaget i Køge bugt 1677: »Vi vil *opreise* Folket, men *hvorfra* og *hvormed*? Er det kun fra Bænk og Stol og Seng de Legemer skulle opreises? vi veed, saalænge det kan reises, maa det skee paa Sjælens Bud, vi veed, det hjalp kun lidt om Folket kunde drives flokkeviis til Skodborg eller Eider som det dreves hist til Kiøge, af de Kroppe blev vist ei et Dannevirke saalidt som hist en Kiøgebugt. Vi veed det, vi har seet og hørt og fornummet, at det er Aanden som sover og Hjertet som er faldet, det er dem som skal vaagnes, dem som skal opreises. Ja, vi kan jo ikke dølge det for os selv, de rave, de sove iblandt os i Tusindetal de Skabninger i Menneskelignelse, som Intet elske uden deres syndige Lyster og de Ting som forlyste disse, i hvis Øren de Ord: Opofrelse, Fædreneland, klinge som tomme Gienlyd fra Daarers Tider, belees og bespottes i Hjertet, selv naar de bæres paa Tunge.«[28] 'Folket' er altså ikke 'opreist', 'de Kroppe' er endnu kun en flok, der bliver drevet – ordene er hårde og fordømmende, men indbygget i dem er den forestilling,

27. Grundtvigs historie- og kultursyn er dybt påvirket af hans selvstændige tilegnelse af Johann Gottfried Herder (1744-1803), jf. Michelsen: *Tilblivelsen af Grundtvigs historiesyn*, s. 311 ff. – Se også den indgående Herder-analyse i Otto Dann: Herder und die Deutsche Bewegung, i: G. Sauder (Hg.): *Johann Gottfried Herder 1744-1803*. Hamburg 1987, især s. 316 ff. om Herder omkring 1770.
28. *Grundtvigs Værker i Udvalg*. II, s. 68. Om baggrunden se Lundgreen-Nielsen: *Det handlende ord*, s. 601 f.

at det 'paa Sjælens Bud' kan være anderledes. Analogien til en dorsk menighed falder Grundtvig let.

Grundtvig var gennem formidling af den københavnske afdeling af 'Selskabet for Norges Vel' blevet opfordret til at oversætte Snorres *Heimskringla*. Oprindeligt (1810) var der kun tale om, at han skulle oversætte de versificerede dele, 1813 fik han overdraget arbejdet helt. På denne tid havde Grundtvig også planer om at søge et professorat i historie ved det nye universitet i Oslo. 1815 blev udgivelsen overtaget af et dansk 'Selskab for Nordens Oldskrifter', som Grundtvig selv var formand for. Dette selskab udsendte i september 1815 hans *Prøver af Snorros og Saxos Krøniker*, der dannede optakten til en pengeindsamling, som med bidrag fra Danmark, Norge og fra hertugdømmerne finansierede oversættelsen og udgivelsen af de to krøniker, der udkom i årene 1818-22. Fra 1818 fik Grundtvig en årlig kongelig understøttelse til oversættelserne. De blev begge trykt i 3.000 eksemplarer. Heraf blev de 1.000 solgt i fri handel, mens de andre – med påtrykket »Bekostet for Menig-Mand af Krønikens Danske og Norske Venner« – blev sendt til subskribenterne eller fordelt til skoler og institutioner; restoplaget i 1834 til folkeskolerne i kongeriget.[29] Saxo-oversættelsen, eller rettere gendigtningen, kom ind i billedet, da Grundtvig i januar 1815 arbejdede med Snorre og »Fædrenelands-Kiærligheden vaagnede med en mig hidtil af Erfaring ubekiendt glødende Ild og seierrig Vælde i mit Bryst.«[30] Denne oplevelse er kun bevidnet i Grundtvigs senere fortale til Saxo-oversættelsens første udgave.

Grundtvig kendte B.S. Ingemann (1789-1862) siden 1812 og var blevet betaget af den unge digters romantiske epos *De sorte Riddere* (1814). De vedligeholdt forbindelsen og da Ingemann i 1819 vendte hjem fra sin toårige udlandsrejse, overrakte Grundtvig ham førstedelen af sin Saxo-oversættelse med et tilegnelsesdigt, hvori han sammenligner sin og Ingemanns digterevner i verslinierne

>»Til Anskrig fik jeg Bringe,
>men intet Bryst til Sang;
>en Klokke kan jeg ringe,
>men Luth ej laane Klang«

og i en tale, som han sluttede med: »Ej mægte Sagnene at vække, hvad der

29. Steen Johansen: Hvorledes kom Grundtvig til at oversætte Saxo og Snorre? i: *Grundtvig Studier 1968*, s. 53-64. Om restoplaget: Ellen Jørgensen: *Historiens Studium i Danmark i det 19.Aarhundrede*. 1943, s. 37 note.
30. Jf. Lundgreen-Nielsen: *Det handlende ord*, s. 635 f.

N.F.S. Grundtvig (1783-1872), tegnet af C.W. Eckersberg i 1829, det år, da Grundtvig stod over for sin første Englandsrejse. Den lille tegning blev først i 1983 erhvervet af Frederiksborgmuseet i kunsthandelen og kunne derfor ikke nå at komme med i museets katalog over dets Grundtvig-udstilling samme år. Som mange andre portrætter af Grundtvig indfanger også denne tegning det magtfulde, næsten besættende indtryk, hans personlighed udstrålede, længe inden samtiden fik det rette mål af ham, endsige forstod, hvad hans tanker gik ud på. Tegning af C.W. Eckersberg fra 1829. Frederiksborg.

sover i Danemarks Hjærte, men gjøre dog vitterligt, hvad det var, som indsov, og kræve med Stærkodders Stemme Hjærtets Bjarkemaal af Danmarks Skjalde, raaber og til dig: velkommen hjem! bliv ved! syng højt, syng sandt og sødt til Danmarks Pris, til mer end Pris: til gamle Danmarks Trøst og Glæde!«[31] I Grundtvigs ofte uhyre fortættede sprog er 'Hjærtets Bjarkemaal' udtryk for den vækkergerning, der skal gøres, for at oldtiden ikke skal mindes, men omformes til en kraft i samtidens Danmark, et 'Sjælens Bud'.

Det årelange arbejde med oversættelserne var selv for Grundtvigs legendariske arbejdsevne en udfordring, der efterhånden faldt ham besværligt. I det store selvbiografiske digt *Nyaars-Morgen* (1824) taler han om, at han billedligt talt måtte fare til dødsriget, og som Hadding ofrede en hane, måtte han ofre sit eget hoved i striden med Saxes latin. Til sidst fandt han dog i bondens tale det våben, som vækker de dorske, og tilråber sin samtid:

> »O, mærker dog, Blinde!
> Hvad Tosser forstaae:
> *Hvo Marken vil vinde,*
> *Maa prøve derpaa!*
> Hvo Folket vil træffe
> Tilbunds under Øe,
> Med Folket maa bjæffe,
> Om ei det kan gjøe!
> *Hvo for det vil sjunge,*
> *Maa laane dets Tunge,*
> *Og lære at aande paa den!«*[32]

Den storslåede digtcyklus er vanskeligt at tolke. Grundtvig siger selv: »jeg ser en vidunderlig Sammenhæng i det hele, men i det meste skimter jeg den kun dunkelt, og mine Læsere skimte tit kun dunkelt, hvad der staar klart for mig, og se da kun idel Mørke, hvor jeg skimter dunkelt.« Han er også klar over vanskeligheden ved at »bruge det eneste Billede, hvori jeg kan fremstille Synet med nogen Klarhed, nemlig *mig selv*«[33] – men *Nyaars-Morgen* kan med føje opfattes som en bebudelse af en ny 'dag', både i kristelig og i national betydning, eller som Ingemann udtrykte det »om Danmarks Gen-

31. Svend Grundtvig (udg.): *Grundtvig og Ingemann. Brevvexling 1821-1859.* 1882, s. X, XI, XL og XLIII.
32. N.F.S. Grundtvig: *Nyaars-Morgen,* udg. ved Holger Begtrup. 1925, s. 102.
33. *Grundtvig og Ingemann, Brevvexling,* s. 48.

fødelse og om en ny Dag og et nyt velsignet Aar i Guds Rige her paa Jorden.«[34]

En del af visheden om denne 'dag' skyldtes udgivelsen af Ingemanns episke digt *Waldemar den Store og hans Mænd* (1824). Ingemann var i 1822 blevet ansat som lektor i dansk sprog og litteratur ved Sorø Akademi, som samme år blev genåbnet som 'et Lære- og Opdragelses-Institut', der tillige gav adgang til den forberedende universitetsuddannelse. De minderige omgivelser i Sorø og Ringsted inspirerede ham til en digterisk behandling af Valdermarstiden, og i denne forbindelse blev den sidste del af Grundtvigs Saxo-oversættelse ham uundværlig. Ingemann ville fremstille »denne Folkets historiske Gjenfødelse, som bestandig gjentager sig hos ethvert Folk, saa længe det ikke skal gaa aldeles til Grunde,«[35] eller med digtets kendte ord:

> »Stig op af Graven, du Slægt, som døde!
> Forkynd dit Fald og afmal din Brøde!
> Advar os for Udslettelsen Dom,
> Og viis os hvorfra din Frelse kom!
> ...
> Hvad Danmark var, kan det atter blive:
> Endnu er Fædrenes Aand i Live.«

Ikke så meget *Waldemar den Store og hans Mænd*, men de efterfølgende historiske romaner *Valdemar Seier* (1826), *Erik Menveds Barndom* (1828), *Kong Erik og de fredløse* (1833), samt *Prins Otto af Danmark og hans Samtid* (1835) blev tidens største succes i læseverdenen. *Waldemar den Store og hans Mænd* var skrevet på vers – ligesom den historiske series afsluttende værk *Dronning Margrete* (1836) – og »Folk, som de ere flest, holde nu en Gang ikke af at læse Vers, hvor smukke de end ere.«[36] Det var en oplivende Danmarkshistorie, som Ingemann gav og ville give sine læsere. Han tilstræbte ikke at skrive historie, som faghistorikere ville gøre det. For en ven, der foretrak hans ældre poetiske arbejder, forklarer han i 1828: »Den historiske Digtning mener jeg bør bestaae i poetisk at opfatte det historiske Stof tillige med Ideen, det indeslutter, og derpaa at gjengive det i levende Billeder med Begejstring for Ideen, med Kjærlighed og Sandhed, idet Digteren selv rolig

---

34. *Grundtvig og Ingemann, Brevvexling*, s. 25.
35. *Grundtvig og Ingemann, Brevvexling*, s. 5.
36. *Dansk biografisk Lexikon*, 1.udg., bd. VIII. 1894, s. 288. Det var litteraturhistorikeren H. Schwanenflügel, der her skrev om Ingemann. Om succes'en bl.a. Sven Møller Kristensen: *digteren og samfundet i Danmark i det 19. århundrede*. I. guldaldertiden. 2.udg. 1965, s. 55 f.

træder tilbage som Beskuer og Skildrer ... Den Deeltagelse den historiske Roman i Berøring med Nationalfølelsen i vor Tid har vakt baade i den gamle og nye Verden, gjør den til et vigtigt Tidens Tegn og et mærkeligt Phænomen i Litteraturen. I tro Forbindelse med den historiske Aand troer jeg at denne Litteraturgreen hos ethvert Folk, der har en stor historisk Fortid og rige Minder at knytte sit Liv til, kunde have velgjørende Virkninger paa Nationalitet og Folkeliv ... og jeg troer det høist vigtigt for den nationale Selvbevidsthed, som kun et levende Minde om Fortiden kan fremkalde, at Poesien ogsaa her rækker Historien Haanden og stræber at give de døde Slægter Livet tilbage. Kun for en Deel og stykkeviis kan den enkelte Digter hertil bidrage. Udførelsen af vor Nationalhistories store herlige Billedrække maa være Aarhundreders Værk. Mange af de ypperste Hedenoldssagn med Billeder af vor mythiske Kæmpebarndom har Øhlenschlæger med Liv og Kraft kaldet tilbage i Folkets Erindring: Vor Middelalder har hidtil ligget dunkel og forglemt i de støvede Annaler. Er det lykkedes mig at fremkalde dens Aand i de Billeder af den, jeg troede at see, da vil det med Guds Hjælp ikke være forgjæves ...«[37]

Ingemanns romaner nåede længere ud end Grundtvigs skrifter. Sømændene i Nyboder er »færdige at slaaes« om deres lejebiblioteks eksemplarer (1838). Da Chr. Kold (1816-1870) fra 1852 holdt højskole på Ryslinge Mark, 'oplivede' og 'oplyste' han sine elever; til 'oplivningen' brugte han højtlæsning af Ingemann romaner, fordi eleverne ikke kunne fatte Grundtvigs verdenshistorie. Kold havde allerede i vintrene 1840 og 1841 i Mjolden (Vestslesvig) læst Ingemann højt for 15 unge mænd. Ingemanns romaner hørte til de bøger, som var »passende« for de sønderjyske bogsamlinger. Fra det nuværende Sydslesvig berettede historikeren C.F. Allen (1811-1871) i 1858, at almue og ungdom i 'folkebibliotekerne' spørger efter »Noget om Kongerne« eller om »Kongebøgerne«; han mener, »af nu levende Forfattere er der ingen, der er saa yndet eller har saa store Fortjenester af Danskheden i Slesvig som Ingemann. Gjennem hans historiske Romaner er der i Stilhed og som af sig selv udbredt megen Kundskab og megen Kjærlighed til Fædrelandet. De ere altid ude og slides snart.« Det falder godt ind i tiden, at romanerne for en stor del handler om kampe med fjenden i syd, og de har næsten fået en »historisk Betydning« ved den virkning, de har gjort og endnu udøver. Den unge Laurids Skau (1817-1864), senere kendt som frem-

---

37. V. Heise (udg.): *Breve til og fra Bernh. Sev. Ingemann.* 1879, s. 223, 225 og 226. Brev af 11.marts 1829 til Malthe Bruun Nygaard.

B.S. Ingemann (1789-1862). Den unge digter var allerede publikums yndling, da Eckersberg portrætterede ham. Især den litterære dameverden sværmede for hans ofte elegiske lyre. Ingemanns historiske digtning, som er vigtig for den litterære nationalisme, er nøje knyttet til hans ansættelse ved det nyoprettede akademi i Sorø i 1822. Maleri af C.W. Eckersberg fra ca. 1816-1818. Frederiksborg.

trædende sønderjysk bondepolitiker, forklarer i april 1839 Chr. Flor med henblik på de bogsamlinger, som Trykkefrihedsselskabet er ved at udstyre, at »de Bøger, som helst læses, savnes just.« Hermed mener han især »Ingemanns Romaner, hvori findes en Spire til sandt Fædrelandssind, og som tillige ere, fra pædagogisk Side betragtet, uskadelige; Blichers Noveller, som elskes saa meget af Bønderne; Øhlenschlägers Skrivter, der af mange Fornemme læses med Begjærlighed.« Anføres kan også, at fra treårskrigen hjemvendende soldater og officerer standsede op i Sorø for at hylde Ingemann, og at personnavne fra hans romaner påvirkede dansk navneskik.[38]

Den litterære nationalisme ligner den politiske nationalisme deri, at den i modsætning til patriotismen klart nok har sat 'folket' i centrum. Folket kan rigtignok ikke handle politisk i den liberale opfattelse af ordet, men dets moralske stillingtagen afgør dog, om der er et håb for Danmark. Repræsentanter for den litterære nationalisme kan derfor også henvende sig til folket, kan give det »Trøst og Glæde«, eller optræde som vækkelsesprædikanter. Også her ses den litterære nationalismes begrænsning: der er overvejende tale om en envejs-kommunikation, folkets svarmulighed er endnu begrænset, fremtidsperspektivet er den fordums storhed og glans.

3. Den sønderjyske sprogsag

For at den litterære nationalisme kunne slå over i en politisk nationalisme måtte der findes en offentlighed, der omfattede mere end diskussionerne i intelligensens cirkler og passiaren i borgernes stuer. Folkebegrebet måtte kobles til initiativer, der reelt gør folket eller dets repræsentanter til en faktor, som kan få indflydelse på statens indretning. Denne offentlighed og denne kobling opstår først med indførelsen af de rådgivende stænderforsamlinger.

I 1830 forstyrrede Juli-revolutionen i Frankrig den ro, som dybt konservative regeringer havde kunnet opretholde i Europa efter 1815. Revolutionen førte kun til en mindre magtforskydning i det franske samfund, hvor den

---

38. Kjeld Galster: *Ingemanns historiske Romaner og Digte.* 1922, s. 205-213; C.F. Allen: *Det danske Sprogs Historie i Hertugdømmet Slesvig eller Sønderjylland.* II, 1858 s. 652, 654; Pontoppidan Thyssen: *Vækkelse, kirkefornyelse og nationalitetskamp,* s. 237 og H.V. Gregersen: *Laurids Skaus brevveksling med politiske venner i Sønderjylland.* 1970, s. 15, brev af ?april 1839 til Chr. Flor.

moderat-liberale 'borgerkonge' Louis Philippe (1830-1848) overtager styret, men hvor der fandtes spændinger i de omliggende samfund, kommer de i skred; desuden skræmmer sporene efter den store franske revolution stadig. Sidst i august 1830 rejser Belgien sig mod Nederlandenes overherredømme, sidst i november udbryder i Warzawa en opstand mod russerne. Også i Rom og i Syditalien kommer det til oprør, som hårdhændet bliver kuet af østrigske tropper. I Det tyske Forbunds område fører uroligheder i Braunschweig, Kurhessen og Sachsen – senere også i Hannover – til at der bliver indført forfatninger. Desuden er der opløb bl.a. i Berlin, Mecklenburg og i Hamburg. Et par aftener kommer det også til mindre gadespektakler i København omkring synagogen. De var ikke politiske og truede ikke helstatens indre ro. Men rundt omkring i Europa havde enevælden vist sig at være en kolos på lerfødder. De europæiske regeringer, og også regeringen i København var på vagt. Her havde man siden 1815 siddet en bestemmelse i Det tyske Forbunds 'Bundes-Act' overhørig, som lovede, at der i »alle forbundsstater skulle findes en landstændersk forfatning«.[39] Helstaten var for Holstens og Lauenburgs vedkommende medlem af Det tyske Forbund, og en sådan forfatning fandtes ikke i Holsten. Juli-revolutionens efterdønninger aktualiserede dette uindfriede løfte. Begge de tyske stormagter, Preussen og Østrig, lader kongen forstå, at det var bedst at få denne sag bragt ud af verden, når Europa igen er faldet til ro.

I Holsten var der i 1830 ikke nogen folkebevægelse til fordel for en stænderforfatning, men i byernes øvre lag fandtes liberale kredse, især i, universitetsbyen Kiel. En kontorchef i hertugdømmernes centraladministration – det slesvig-holsten-lauenborgske kancelli i København – Uwe Jens Lornsen (1793-1838) havde af helbredsgrunde søgt forflyttelse til sin fødeø Sild. Rejsen til det nye embede gik over Kiel, hvor han mødtes med yngre liberale, der ligesom han brændte af iver efter at udnytte den labile europæiske situation til at kræve en forfatning. Dette mål ville de opnå gennem en bred indsamling af underskrifter. For at fremkalde denne petitionsbevægelse udsendte Lornsen en lille pjece: *Ueber das Verfassungswerk in Schleswigholstein* (1830). Hans skridt var ulovligt; det var kun tilladt, at korporationer, eksempelvis Kiels magistrat, henvendte sig med et andragende til kancelliet. Lornsens pjece – 11 små sider tekst, der var blevet godkendt af den lokale censor – nåede at blive trykt i 9.000 eksemplarer, inden myndighederne greb ind. Skriftet er – trods temmelig forvirrede

39. H.V. Gregersen: *Slesvig og Holsten før 1830*. 1981, s. 456 f.

omstændigheder omkring dets tilblivelse – klart i sit helt igennem liberale budskab: en forfatning for begge hertugdømmer under eet skulle sætte skik på finansforvaltningen, få gang i det offentlige liv og gennemføre de nødvendige forvaltningsreformer. Det statsretslige konglomerat, som udgjorde helstaten, skulle omformes til en rationelt opbygget, konstitutionel dobbeltstat, ikke ulig den norsk-svenske union, dog med en stærkere stilling for kongemagten. Lornsen følte sig som talsmand for en offentlig mening – hvad begivenhederne viste, han aldeles ikke var – og han er sikker på, »at verden fremover regeres af overbevisningen hos den store middelstand, der sidder inde med den fysiske som også med den intellektuelle magt, og alt hvad der rejser sig mod denne overbevisning, vil magtesløst splintres.«[40]

Der kom ikke noget ud af denne aktion, men da regeringen følte sig vis på, at forholdene var rolige, bebudede den en stænderforfatning for Holsten, for Slesvig og for kongeriget, så der i alt blev oprettet fire stænderforsamlinger. At nøjes med det, der måtte gives, en stænderforfatning kun for Holsten, stred mod hensynet til den »Enhed i Bestyrelsen, der altid er ønskelig.«[41] Hovedlinierne blev udstukket i 1831, den endelige anordning kom i 1834. De første to forsamlinger, den i Itzehoe og den i Roskilde, trådte sammen i 1835; de to sidste, den i Slesvig og den i Viborg, i 1836. Det drejede sig om rådgivende forsamlinger og om stændervalg, hvor større og mindre landejendomsbesiddere (godsejere og bønder) samt grundejere i byerne inden for hver gruppe valgte et forud fastlagt antal repræsentanter for hver 'stand'. Valgretten var sat så højt, at der i kongeriget kun var 2,8% af indbyggerne (32.000), der opfyldte kravene; omtrent det samme gjaldt for hertugdømmerne. Nu var der imidlertid skabt mulighed for politiske diskussioner både i forsamlingerne, i forbindelse med de henvendelser, de modtog fra befolkningen, og når der skulle vælges repræsentanter.

Under forberedelsen af sin aktion var Lornsen stødt sammen med Christian Paulsen (1798-1854), professor i slesvig-holstensk og dansk ret samt retshistorie ved Kiels Universitet. Paulsen stammede fra en velstående flensborgsk købmandsfamilie, præget af helstatspatriotisme og kongetro-

40. *Ueber das Verfassungswerk in Schleswigholstein*. Kiel 1830, s. 13: »daß fortan allein die Ueberzeugung des großen Mittelstandes, bei dem die physische wie die intellectuelle Macht wohnt, die Welt regieren und alles, was sich gegen diese Ueberzeugung erhebt, machtlos daran zerschellen wird.« – Lornsen skriver Schleswigholstein i et ord for at understrege hertugdømmernes helhed. En oversigt over det Lornsenske røre findes bl.a. i L. Rerup: *Slesvig og Holsten efter 1830*. 1982, s. 27 ff.
41. Hans Jensen: *De danske Stænderforsamlingers Historie 1830-1848*. I. 1931, s. 122.

skab. Drengen blev sendt til gode skoler i Tyskland og tilbragte sine studieår i Göttingen, Kiel og i København. I Göttingen blev han medlem af Burschenschaft, de tyske studenters nationale og liberale bevægelse, som efter 1819 blev forbudt. I disse omgivelser blev Paulsen, der allerede som dreng opfattede sig som dansker, både national og liberal. »Gid at der kommer en Tid, da min Fædreneegn atter som Sønder-Jylland vorder en Deel af et nyfødt constitutionelt Danmark!« skrev han i 1820 i sin dagbog,[42] da han havde afsluttet en fire ugers sommerrejse gennem Sjælland, Lolland/Falster og Fyn. Retshistoriske studier førte ham dog snart til en moderat liberal helstatsopfattelse, som han fastholder til 1848. Før treårskrigen er staten for ham en dynastisk given ramme, der skal sikre borgernes moralske udvikling – deres 'Dannelse' – men hans studietids nationale begejstring holder sig i live i kravet om, at nationaliteterne bør være ligestillede. Ud fra disse synspunkter brød Paulsen med Lornsen, der også havde tilhørt Burschenschaft (omend en mere radikal kreds end Paulsen), fordi han hos ham vejrede »fordærvelige Omvæltningsgrundsætninger, aldeles de samme som de ved den første franske Revolution.«[43] Paulsen gik derefter i gang med at forfatte et modskrift til Lornsens pjece. Det udkom i januar 1832 under titlen *Ueber Volksthümlichkeit und Staatsrecht des Herzogthums Schleswig; nebst Blicken auf den ganzen Dänischen Staat* (Kiel 1832), som et af de mere end 40 indlæg, Lornsens skrift udløste.[44] Paulsen skriver i sin fortale, at han, der efter sit »indre og ydre Liv tilhører hele Fædrelandet«, anser det for sit »skønneste Kald, at mildne de Modsætninger, som unægteligt findes mellem Hertugdømmerne, specielt Holsten, og Kongeriget, hvilket ene og alene kan udvirkes ved gensidigt Kendskab og ved gensidig fuldkommen

---

42. Knud Fabricius og Johs. Lomholt-Thomsen: *Flensborgeren, Professor Christian Paulsens Dagbøger*. 1946, s. 62. Om Paulsen udvikling, liv og gerning se Johann Runge: *Sønderjyden Christian Paulsen. Et slesvigsk levnedsløb*. Flensborg 1981 og samme forf.: *Christian Paulsens politische Entwicklung*. Ein Beitrag zur Analyse der Entwicklung des dänischen Bewußtseins in der ersten Hälfte des 19.Jahrhunderts im Herzogtum Schleswig, i rækken: *Quellen und Forschungen zur Geschichte Schleswig-Holsteins*, Bd. 57. Neumünster 1969.

43. *Christian Paulsens Dagbøger*, s. 172 f.

44. Selv om skriftet blev grundlæggende for den danske bevægelse i Sønderjylland, blev det først i 1945 af Johs. Lomholt-Thomsen oversat til dansk under titlen *Om Hertugdømmet Slesvigs Folkepræg og Statsret tillige med et Blik paa hele den danske Stat* (Udg. af Grænseforeningen 1945). Den tyske originaltekst er genoptrykt i *Christians Paulsens samlede mindre Skrifter*. II. 1857, s. 355-429. – Den slesvig-holstenske historiker Alexander Scharff har givet en oversigt over den debat, Lornsens skrift vakte i samtiden i »Uwe Jens Lornsen und sein 'Verfassungswerk' in der zeitgenössischen Publizistik« i: *Zeitschrift der Gesellschaft für Schleswig-Holsteinische Geschichte*. Bd. 105. 1980, s.153-168.

Retfærdighed i Bedømmelse og Behandling.«[45] Den revolutionære tanke om at bygge staten på nationalitetsprincippet er ham endnu fremmed.

Slesvigs statsretslige stilling er det ene hovedpunkt i Paulsens skrift, det andet er Slesvigs 'folkepræg'. Herom fastslår han, at lidt over halvdelen af hertugdømmets befolkning er dansktalende, men at kun en trediedel – i Nordslesvig på landet – havde dansk kirke- og skolesprog, mens rets- og forvaltningssproget er tysk i hele hertugdømmet, tysk er også den højere dannelses sprog. Derfor foreslår han en lempelig og gradvis justering af disse forhold, ved at dansk indføres som øvrighedssprog, hvor det er kirke- og skolesprog – dette sker senere ved det såkaldte sprogreskript af 14.maj 1840 – og at der bliver indført danskundervisning, ved siden af det tyske skolesprog, i de områder hvor befolkningen taler dansk, men hvor kirke- og skolesproget er tysk. Også i de nordslesvigske købstæder – undtagen i Tønder – foreslår han dansk indført som øvrighedssprog. Disse reformforslag begrundes kun delvis med hensigtsmæssighedshensyn – det var ikke praktisk, at tysk var forvaltnings- og retssprog, hvor bønderne talte dansk, i hvert fald ikke for bønderne – men hans væsentlige begrundelse ligger i et nationalt 'dannelses'-hensyn.

Det hedder hos ham: »Sproget er en Folkenes Helligdom; det er det nødvendige Udtryk for og den mest umiddelbare Ytring af deres aandelige Liv; i det afspejler sig hvert Folks Ejendommelighed.« Det er »unaturligt«, »naar Folkeejendommeligheden paa sine højere Udviklingstrin maa betjene sig af et andet end det medfødte Udtryksmiddel.« Folkets sprog bliver ikke 'forædlet' af de dannede: »De forstaar ikke Folket helt, Folket endnu mindre dem, der for det meste taler og skriver det fremmede Sprog; og den gavnlige Indvirkning paa Folket, til hvilken de dannede er kaldede og forpligtede, den gradvise Udbredelse af almindelig Dannelse fra dem til alle Folkeklasser kan ikke finde Sted i Nordslesvig i den Grad som andet-

45. *Om Hertugdømmet Slesvigs Folkepræg og Statsret*, s. 15 – *Samlede mindre Skrifter* II, s. 361 »Seitdem ich, nach fünftehalbjährigem Aufenthalte in Kopenhagen, wieder im deutschen Theile des Vaterlandes bin, halte ich, meinem innern und äussern Leben nach, dem ganzen angehörend, es für meinen schönsten Beruf, die Gegensätze, welche sich unläugbar zwischen den Herzogthümern, besonders zwischen Holstein und dem Königreich finden, zu mildern; was einzig und allein durch gegenseitiges Bekanntwerden und durch gegenseitige vollkommenste Gerechtigkeit in Beurtheilung und Behandlung bewirkt werden kann.«

Flensborgeren Christian Paulsen (1798-1854) er blevet kaldt den 'første sønderjyde'. Allerede i sin studietid udviklede han i samværet med tyske nationalt begejstrede studenter en dansk nationalfølelse. I 1831 gjorde han opmærksom på Slesvigs særlige statsretlige stilling i forhold til Danmark og rejste for første gang kravet om dansk sprog i kirke, skole, forvaltning og i retten i de områder af Slesvig, hvor befolkningens talesprog var dansk. Trods dets tyske sprogdragt blev hans skrift hurtigt et arsenal for sønderjydernes nationale argumentation. Maleri af C.A. Jensen fra 1845. Frederiksborg.

steds.«[46] Det er imidlertid ikke kun sprogets betydning, som Paulsen frem-
hæver, thi »Folkelivet i dets Dybde beror ikke blot paa dets Fremtræden i
Nutiden, men meget mere paa dets Udvikling i hele Rækken af Tider, der er
gaaet forud ... Det Folk – om de faa Lærde taler vi ikke her – som helt opgiver
sine Fædres Sprog til Fordel for et fremmed, sønderriver derigennem sin
inderste Livstraad ... Dets eget Fædreland bliver til en vis Grad fremmed for
et saadant Folk ... Saaledes med den fortyskede Befolkning i det sydlige
Slesvig. Mere begrebsfattig end de Gamle gaar det omkring i sin Hjemstavn,
til Trods for den saa meget bedre intellektuelle Dannelse, som er blevet
meddelt den i deres Barndom i Skolen, men kun i det nye Sprog. Dog,
Skolen er fattig imod Livets Fylde.«[47]

I disse tankegange viser Christian Paulsen sig at være dybt påvirket af
den tyske filosof Johann Gottlieb Fichte (1762-1814), der ikke kun gennem
sine berømte *Reden an die deutsche Nation* (Berlin 1808) – 14 forelæsninger,
som han i vintersemestret 1807/08 holdt i det af franskmændene besatte
Berlin – påvirkede den tyske nationalisme og studenterbevægelsen, men
som også udøvede en vidtrækkende indflydelse gennem sin morallære *Die
Bestimmung des Menschen* (Berlin 1800), der identificerede livet med hand-
ling: »du er til for at handle; din handling og alene din handling bestemmer
dit værd.«[48] Denne 'handling' er en dannelsesproces, en bevidst omform-

46. *Om Hertugdømmet Slesvigs Folkepræg og Statsret*, s. 34. På tysk i *Samlede mindre Skrifter* II, s. 388
   ff.»Die Sprache ist ein Heiligthum der Völker; sie ist der nothwendige Ausdruck, die
   unmittelbarste Aeusserung ihres geistigen Lebens; in ihr spiegelt sich die Eigenthümlich-
   keit jedes ab. Wie unnatürlich nun, wenn die Volksthümlichkeit in ihrer höheren Ent-
   wicklung sich eines andern als des angebornen Ausdrucksmittels bedienen muss, ...« og
   »Sie [die Gebildeten] verstehen das Volk nicht ganz, das Volk noch weniger sie, die
   meistens in fremder Sprache sprechen und schreiben; und die wohlthätige Einwirkung
   auf das Volk, zu welcher die Gebildeten berufen und verpflichtet sind, die allmähliche
   Ausbreitung allgemeiner Bildung von ihnen über alle Volksklassen kann im nördlichen
   Schleswig nicht in dem Maasse wie anderswo Statt finden.«
47. *Om Hertugdømmet Slesvigs Folkepræg og Statsret*, s.40 f. *Samlede mindre Skrifter* II, s. 399 f. »Das
   Völkerleben in seiner Tiefe beruht nicht bloss auf seiner Erscheinung in der Gegenwart,
   sondern vielmehr auf seiner Entwicklung in der ganzen Folge der vorhergegangenen
   Zeiten ... Das Volk – von den wenigen Gelehrten sprechen wir hier nicht – welches die
   Sprache seiner Väter ganz aufgiebt gegen eine fremde, zerreisst dadurch seinen innersten
   Lebensfaden; ... Das eigene Vaterland wird einem solchen Volke gewissermaassen
   fremd ... So das deutsch gewordene Volk im südlichen Schleswig. Begriffsärmer als die
   Alten geht es in seiner Heimath umher, ungeachtet der so viel besseren Verstandes-
   bildung, die ihm in seiner Kindheit in der Schule, aber nur in der neuen Sprache, mit-
   getheilt wird. Doch die Schule ist arm gegen die Fülle des Lebens.«
48. Johann Gottlieb Fichte: *Die Bestimmung des Menschen*. Berlin 1800, s. 183: »... zum Handeln
   bist du da; dein Handeln und allein dein Handeln bestimmt deinen Werth.«

ning af 'jeget', så det kan høre samvittighedens bud. Dette vil resultere i et krav om en bedre verden. Mennesket skal stræbe efter at beherske naturen, og mennesket skal kultivere vildskaben og vilkårligheden inde i sig selv samt inden for og mellem samfundene. Hvis man betragter historien rigtigt, så vil man »uden tvivl finde, at fra historiens begyndelse og til vore dage har kulturens få lyse punkter udvidet sig fra deres midtpunkt, har grebet den ene enkelte efter den anden, og det ene folk efter det andet, og at denne fortsatte udbredelse af dannelsen varer ved for øjnene af os.«[49]

Den czekiske historiker og nationalismeforsker Miroslav Hroch har til brug for sammenlignende nationalismestudier udformet en faseinddeling for nationalismernes udvikling.[50] Han skelner mellem tre faser: en første (A), hvor nationale tanker udvikles og drøftes blandt kunstnere og intellektuelle, uden at disse tanker propageres udadtil. For den anden fase (B) er netop propagandaen og agitationen karakteristiske. Nu stræber de nationalt aktive efter at påvirke masserne eller 'vække folket'. Endelig konsolideres bevægelsen, når masserne gennemorganiseres i den tredje fase (C). Som alle skemata indfanger også dette skema virkeligheden kun delvist, men modsat Lornsen og hans få fæller, der prøver at få knæsat en kontakt med masserne – og dermed er på vej ind i fase B – befinder Paulsen sig klart i fase A: han udgiver sit skrift på tysk og sender det til høje embedsmænd og bekendte. Først nogle år senere bruger han det til at vække interesse for sprogsagen hos en af de nordslesvigske bønder, der er blevet valgt til den slesvigske stænderforsamling.

Christian Paulsen var ikke noget handlingsmenneske. Han var en lærd, der trivedes bedst i sit studerekammer. Men han havde i Christian Flor (1792-1875) en handlekraftig, udadvendt kollega, der øjensynligt først gennem Paulsens skrift får øje på de særlige problemer, som fandtes i det

49. *Bestimmung des Menschen*, s. 234 »und man wird ohne Zweifel finden, daß vom Anfange der Geschichte an, bis auf unsre Tage die wenigen lichten Punkte der Cultur sich von ihrem Mittelpunkt aus erweitert und einen Einzelnen nach dem andern, und ein Volk nach dem andern ergriffen haben, und daß diese weitere Verbreitung der Bildung unter unsern Augen fortdaure.«

50. Miroslav Hroch: *Social Preconditions of National Revival in Europe. A Comparative Analysis of the Social Composition of Patriotic Groups among the Smaller European Nations.* Cambridge 1985, s. 22-24. – Schultz Hansen: Den danske bevægelse i Sønderjylland, i: *Historie. Jyske Samlinger.* Ny række, bd. 18.3. 1990, applicerer skemaet på de danske sønderjyder (s. 392-395). Han lader fase B begynde i slutningen af 1830'rne, og fase C i 1848. Denne sidste fase ville jeg hellere placere i 1880'erne, da det nordslesvigske bondesamfund bliver gennemorganiseret til bunds.

nordlige Slesvig.[51] Han trækker efterhånden også Paulsen ind i et mere udadvendt arbejde i Nordslesig. Flor, født i København af norske forældre, var teolog af uddannelse, og havde været lærer og præst. 1826 blev han ansat ved Kiels Universitet som lektor i dansk sprog og litteratur med titel af professor. Stillingen var blevet oprettet i 1811 for at bibringe hertugdømmernes vordende embedsmænd nogle kundskaber i dansk. Flor var nidkær i sit arbejde, forbedrede også danskundervisningen i de lærde skoler og udgav 1831 en *Dansk Læsebog til Brug i de lærde Skoler* (1831).[52] Da kendte han allerede Grundtvig. De havde mødtes, da Grundtvig på tilbagerejsen fra sin første Englandsfærd havde lagt vejen over Kiel for at besøge den holstenske kirkefornyer Claus Harms (1778-1855), der ligesom han kæmpede mod rationalisme og liberalisme og for en klart luthersk forkyndelse. Meget betegnende skriver Flor i en senere anmeldelse af – eller rettere ledetråd til – Grundtvigs store *Nordens Mythologie eller Sindbilled-Sprog historisk-poetisk udviklet og oplyst* (1832): »Men kan vi i dem gjenkjende vor egen Natur, så indser enhver også let, hvilket Lys vore Mytter [sic] og Historie må gjensidig kaste på hinanden, og hvorledes begge disse tilsammen, når dertil kommer en oprigtig og sand Betragtning og Vurdering af vore naturlige Kræfter og Anlæg, kunne med Sikkerhed anvise os den Rolle, vi have at spille i Menne-[ske]slægtens jordiske Drama, når vi ikke ved unaturlige Bestræbelser og Anstrængelser skal spilde vore Kræfter til ingen Nytte for os og Menneskeslægten.«[53]

Den rolle, Flor havde at spille, fandt han i Slesvig: »Nordslesvig blev gennem Flor det første værksted for det grundtvigsk-folkelige eksperi-

51. Runge: *Sønderjyden Christian Paulsen*, s. 132; det var Flor, der anmeldte Paulsens skrift i Kjøbenhavns-Posten 21.-27.februar 1832.
52. Flors læsebog udkom i 2.forøget oplag i 1835 under titlen *Dansk Læsebog, indeholdende Prøver af dansk Sprog og Literatur ligefra Runealderen indtil nuværende Tid; tilligemed tvende Tillæg, hvori nogle Stykker af Oldnordiske Sagaer i dansk Oversættelse og nogle Prøver af Svensk Sprog og Literatur. Til Brug for de høiere Klasser samlet og udgivet.* Flors læsebog, der var banebrydende for sin tid, udsendtes enddnu i 1886 i et 9.oplag.
53. *Brage og Idun*, et nordisk Fjærdingårsskrift, udg. med Bistand af Danske, Svenske og Normænd, af Frederik Barfod. 1.Bd. 1839, s. 229. Anmeldelsen var i følge udgiverens forord blevet afvist af Maanedsskrift for Litteratur og af Heiberg's Perseus. Flor har over for Barfod ønsket, at »i Brage og Idun bör naturligvis Rasks Retskrivning i alle Hovedting gælde, for at Uligheden mellem Dansk og Svensk ej synes större, end den er.« (ssts., s. 176). – Flors Grundtvig-reception er stærkt forenklende. Flor mente ellers, at hans erfaring tvang ham til at anse sig »for at være den eneste, der har forstaaet [denne bog] foruden Grundtvig selv« og oplyser, at Grundtvig, efter at Flor havde læst anmeldelsen op for ham, havde sagt, »at jeg havde truffet hans Mening paa en Prik.« (Brev af 3.oktober 1837 fra Flor til P.C. Koch, trykt i P. Lauridsen: *Da Sønderjylland vaagnede*, Bd.1. Andet opl. 1919, s. 108.

Chr. Flor (1792-1875) blev fødselshjælperen for den danske bevægelse i Sønderjylland, da han omsatte Christian Paulsens reformtanker til praktisk politik. Den sønderjyske danske presse, de første organisationer og en dansk højskole hjalp han til verden efter hans forståelse af de tanker om folkelighed, Grundtvig kom til klarhed over i 1830'rne. Under billedet anføres – som i datiden under billederne på andre forkæmpere for danskheden i Sønderjylland – en karakteristisk Flor-udtalelse: »Jeg tror fuldt og fast, at Danmark, (: Sønderjylland indbefattet :) og Danskheden skal slippe frelst ud af sin livsfarlige Stilling og Tilstand. I den åndelige Folkerejsning, som for Tiden ytrer sig med Ønske om Folkehøjskoler rundt om i Landet, seer jeg et glædeligt Tegn og en god Begyndelse. November 1867. Chr. Flor.« Litografi af H.A. Jensen fra 1894 efter ældre daguerreotypi (fra ca. 1867). Frederiksborg.

ment,« hedder det hos kirkehistorikeren A. Pontoppidan Thyssen.[54] Ud fra den tankegang, som Paulsen bevægede sig i, var sprogsagen den afgørende faktor, og her satte Flor også ind. Der kan da heller ikke være tvivl om, at den sproglige diskriminering har generet bønderne, hvis fortvivlede kår i 1820'rne under afsætningskrisen og misvækstårene efterhånden var blevet formildet af den blide, økonomiske medbør, der satte ind i begyndelsen af 1830'rne, og som fik deres selvfølelse til at vokse. Ret beset var sprogsagen dog kun toppen af et isbjerg, som bestod af diverse tiende-, jagt-, og jurisdiktionsproblemer, ønsket om en fri kommunalforfatning, krav om indseende i amtsregnskabet samt en reform af sportelvæsenet, altså den sædvane, at embedsmænd fik betaling for en embedshandling. Bønderne ønskede også forligskommissioner for at kunne ordne indbyrdes stridigheder uden indblanding af dyre advokater, som i hertugdømmerne fandtes i usædvanlig mængde.[55] Mange bønder har sikkert også haft bitre minder om embedsmændenes fordringer under kriseårene, som drev talrige landmænd fra hus og hjem, mens flere måtte spænde livremmen hårdt ind. Alt i alt rådede et stærkt, standsbetinget spændingsforhold til den tysktalende, socialt eksklusive embedsstand. Den grundtvigske forestilling om et samvirke mellem 'kongehånd' og 'folkestemme' kom til at svare meget vel til disse brede lags antiliberale, fra gammel tid rodfæstede kongetroskab, parret med indgroet mistillid til embedsstanden. Grundtvig udviklede denne tanke i forbindelse med stænderforfatningens indførelse. Oprindeligt var han stram enevældetilhænger og ventede sig ikke noget godt af efterligningen af udenlandske forfatningsformer. Men i højskoleskrifterne, første gang i *Det danske Fiir-Kløver eller Danskheden, partisk betragtet* (1836), bestemmer han firkløveren med ordene:»Konge og Folk, Fæderneland og Modersmaal« og finder allerede hos Saxo »*Kongens Eneherredømme og Folkets aabenlydte Stemmefrihed*« som »Rigets Arilds-Lov.«[56] I tidernes løb forsvandt folkestemmen, og i adelsvældens tid blev kongens hænder bundne, men i

54. Anders Pontoppidan Thyssen: *Vækkelse, kirkefornyelse og nationalitetskamp i Sønderjylland 1815-1850,* Åbenrå 1977 (= *Vækkelsernes frembrud i Danmark i første halvdel af det 19. århundrede,* bd. 7, og *Skrifter, udg. af Historisk Samfund for Sønderjylland,* nr. 46), s. 287.
55. jf. den nyeste behandling af dette emne, Hans Schultz Hansen: Den danske bevægelse i Sønderjylland ca. 1830-50, national bevægelse, social forankring og modernisering, i: *Historie. Jyske Samlinger.* Ny række 18.3. 1990, s. 353-395. Forf. peger her – s. 393 – på, at denne overbevisende kobling af den tidlige danske bevægelse i Haderslev amt med den bondepolitik, som bønderne her førte i 1830'rne, først blev foretaget af A.Pontoppidan Thyssen, i *Vækkelse, kirkefornyelse og nationalitetskamp,* s. 308-310, 330-331.
56. *Grundtvigs Værker i Udvalg.* IV, s. 145, 185.

1660 gav folket den ene halvdel af sin »gamle, naturlige Forfatning« tilbage til kongen, og i 1830'rne tog Frederik VI det andet 'Kæmpe-Skridt' og gav folket den anden halvdel. I 1839 udtrykte Grundtvig denne tanke poetisk i digtet 'Kongen og Folket' med versene:

> »Konge-Haand og Folke-Stemme,
> Begge stærke, begge fri ...«[57]

'Liberal' i ordets ideologiske betydning var Grundtvig aldrig. Derimod blev han efter 1848 mere og mere demokratisk, efter at han i folkehøjskolen havde fundet den skoleform, der kunne give almuemanden en 'statsborgerlig' oplysning.

Da den første stændersamling i Slesvig var kommet i gang, fandtes blandt de nordslesvigske repræsentanter for de mindre landejendomsbesiddere også gårdejer Nis Lorenzen, Lilholt (1794-1860), som allerede gennem sit valg havde demonstreret mod embedsmandsvældet.[58] Formentlig tilskyndt af Flor sendte Paulsen ham sit skrift; Lorenzen svarede positivt, og Paulsen opfordrede ham til at fremskaffe petitioner og sendte ham også et udkast. Da rygtet om, at Lorenzen ville rejse sprogsagen, nåede til Kiel, sagde Flor »strax, da han hørte det, nu maa der pustes til Ilden.«[59] Nis Lorenzen motiverede sit forslag om dansk øvrighedssprog, hvor dansk var kirke- og skolesprog, i juni 1836 kort før stændersessionens afslutning. Talen førte 'kongehånd og folkestemme'-modellen frem og appellerede med ordene »Embedsmanden er dog vel i Landet for Folkets Skyld, Folket ikke for Embedsmandens Skyld« til de nordslesvigske bønders selvfølelse, også vækkelsestanken tonede frem. Talen var tydeligt nok inspireret af Flor. Forslaget blev ikke færdigbehandlet; det genfremsattes i 1838 og blev vedtaget trods forskellige modaktioner. Nogle måneder efter kongeskiftet i december 1839, udstedte Christian VIII (kg. 1839-1848) sprogreskriptet af 14.maj 1840. Nu stødte det på forbitret modstand, ledet af kongens svoger, hertug Christian August af Augustenborg (1798-1869). Da Slesvigs stænder samledes for tredje gang i årets sidste måneder, forlangte et stort flertal reskriptets ophævelse. I de fire år der var gået siden sprogsagen var blevet rejst, var den politiske nationalisme blevet født.

---

57. *Grundtvigs Værker i Udvalg.* VIII, s. 151 f.
58. *Da Sønderjylland vaagnede.* I, s. 15 ff.
59. *Christian Paulsens Dagbøger,* s. 246, 248 f. Paulsen var også i Slesvig by, da den slesvigske stænderforsamling begyndte sit arbejde og fandt sine »danske Landsmænd gandske varme for deres Sag, og glade ved at kunne betroe sig til mig, næsten forundrede over at en dannet Mand sympathiserede med dem.« (s. 249).

I Sønderjylland var det lykkedes for den utrættelige Flor i samarbejde med Paulsen at sætte gang i en dansk bevægelse: de havde fået kontakt med mænd af folket, de havde hjulpet en dansk presse til verden og støttede ivrigt dens første skridt, og de havde bistået ved underskriftindsamlinger blandt befolkningen. Men de to professorer i Kiel havde også fået den liberale bevægelse i kongeriget koblet ind på det nye røre i hertugdømmerne, selv om hverken Flor eller de nordslesvigske bønder var liberale. Paulsen havde kort efter sprogsagens rejsning leveret udtog af breve fra »nogle dannede slesvigske Bønder« til Johannes Hage (1800-1837), der aftrykte dem i *Fædrelandet*, den nye liberale ugeavis i hovedstaden. Heri slog han til lyd for, at Trykkefrihedsselskabet, den i 1835 oprettede liberale organisation, burde skaffe sine skrifter udbredelse i Slesvig.[60] Få uger senere, i november 1836 holdt det unge liberale håb, juristen Orla Lehmann (1810-1870), en tale på Trykkefrihedsselskabets generalforsamling, hvori han foreslog, at selskabets virksomhed blev udvidet til den dansktalende del af hertugdømmet Slesvigs befolkning. Lehmann henvender sig mere til forsamlingens 'demokratiske' end til dens 'nationale' sympatier; han begrunder forslaget med denne interessante betragtning, der både spiller på anti-aristokratiske følelser og på den rolle, der skal tilkomme de nye stænderforsamlinger: »Hidtil har det Danske i Slesvig nemlig været misagtet og næsten forfulgt, og saaledes er det da sket, at ikke blot dets Grændser stedse mere og mere er trængt tilbage, men hvad der er endnu langt sørgeligere, at det selv indenfor disse Grændser stedse er sunket dybere, som i Agtelse, saa og i Værd. Dette kunde have sin Rimelighed, saalænge Slesvig ikke var Andet, end den fra Holsten indtrængte tydske Adel og de ved tydske Universiteter dannede tydske Embedsmænd. Men den Tid synes kommen, da ogsaa Folkenes Ret begynder at skaffe sig Anerkjendelse, og da Slesvig nu ved Provindsialstændernes Indførelse, navnlig ved den Omstændighed, at det har erholdt sin særegne Landdag, er blevet sat istand til selv at tage nogen Del i sine Anliggenders Ordning, saa er det ikke uantageligt, at der turde forestaa et Vendepunkt i denne Sag, og at den længe undertrykte danske Folkelighed vil gribe til Modværge mod den fornemme Fortydskelse, for hvilken den hidtil saa godt som værgeløs har været given til Pris.«[61] Hvad Lehmann vidste om slesvigske forhold, var så godt som udelukkende hentet fra Paulsens skrift af 1832, men det blev afleveret

---

60. *Fædrelandet* 15.oktober 1836, jf. *Christian Paulsens Dagbøger*, s. 253.
61. Carl Ploug (udg.): *Orla Lehmanns efterladte Skrifter*. III. 1873, s. 68-86, citaterne fra s. 70 f., 80 f.

indsvøbt i hans flammende retorik: »... ikke Pergamenter og Krøniker, men ene Slesvigerne, de nuværende, de nulevende Slesvigere er det, paa hvilke det her kommer an. Hvad de ville, det er det Rette, – vel at mærke, mine Herrer, hvad Slesvigerne ville, og ikke hvad en højrøstet Flok af tydske Embedsmænd vil. Jeg gjentager det: det slesvigske Folk, det er det rette Værnething, for hvilket denne Sag skal indstævnes, men for at det med Uafhængighed og fuld Frihed skal kunne afsige sin Dom, er det nødvendigt, at der lægges et Bidsel paa den tyske Terrorisme, som nu hersker der – nødvendigt, at ogsaa den danske Del af Folket kan komme til Orde.«

Forbindelsen til Trykkefrihedsselskabet førte også til, at selskabet sendte boggaver, som gav *Dannevirke*s redaktør, Peter Chr. Koch (1807-1880) ideen om lånebogsamlinger. I 1839 dannede sønderjyder i København med tilknytning til Trykkefrihedsselskabet en 'Forening til dansk Læsnings Udbredelse i Slesvig', som i det første regnskabsår gav anledning til, at der blev oprettet 36 nord- og mellemslesvigske læseforeninger og sendt 3.500 bøger til Slesvig, i løbet af de første fire år blev det til 60-70 læseforeninger, der fik tilsendt 20.000 bøger. Endvidere bestilte selskabet hos Paulsen et skrift om *Det danske Sprog i Hertugdømmet Slesvig* (1837). Skriftet er først og fremmest en gengivelse på dansk af hans sproglige betragtninger og sprogstatistiske undersøgelser i 1832-skriftet; tillige indeholder det et kort historisk rids. Tiden er ikke gået sporløst hen over Paulsen. Han holder sig stadig inden for sin helstatsopfattelse og mener, at dansk- og tysktalende slesvigere og de forskellige stænder vil komme hinanden nærmere, »naar den bittre Følelse af uforskyldt Krænkelse og Tilsidesættelse hos den ene Part forsvinder,« men tonen er umiskendeligt skærpet, når det hedder: »Der gives mange Arter af Tvang; og saaledes er det ogsaa kun ved Tvang – ved den Autoritet, som en tydskfødt, tydskdannet, tydsksindet Embedsstand har udøvet over det danske Folk, – at det danske Sprog er blevet trængt tilbage inden altid snevrere Grændser.« Og vi ser den begyndende politisering i Paulsens opfattelse i ordene: »Der gives Forhold, saa unaturlige og stødende for den sunde Sands og Følelse, at de kun behøve at fremstilles, for at vække almindelig Interesse; Begjæringer, saa grundede paa naturlig Ret og Billighed, at de kun behøve at fremføres offentligt, for at vinde den offentlige Stemme for sig. Dette vil allerede være, og mere og mere blive Tilfældet med Sagen om det danske Sprog i den dansktalende Deel af Slesvig.«[62]

Lehmann og andre liberale ledere, heriblandt teologen, professor H.N.

62. *Christian Paulsens samlede mindre skrifter*. I. 1857, s. 169, 182 f.

Clausen (1793-1877), gammel ven til Paulsen og medlem af bestyrelsen for Trykkefrihedsselskabet, var vundet for sprogsagen, men de københavnske liberale havde tillige tætte forbindelser til de kielske liberale. Udgangspunktet i 1830'rne var den fælles opposition mod aristokraterne og mod enevælden. »Aldrig følte det unge Slesvig-Holsten sig tættere på det unge Danmark end i hine år; politisk Frihed var det store mål; Monrad, Lehmann, Tscherning og andre følte, at de stræbte efter det samme som holstenerne og var åndeligt beslægtede med dem; forfatningspolitisk smeltede helstaten virkelig sammen til een sjæl,« skrev den særprægede, slesvig-holstenske historiker Paul von Hedemann-Heespen med en hentydning til G. Mazzinis 'Giovine Italia'.[63] Uwe Jens Lornsen bliver ved sin død hyldet i hovedstadens liberale presse, og da Orla Lehmann forsøger at intervenere til fordel for det nye danske blad i Sønderjylland, *Dannevirke*, over for den bogtrykker i Haderslev, der ikke længere vil trykke det, beder han denne om at fortælle den liberale stænderdeputerede for byen, P. Hiort Lorenzen (1791-1845), at »hans ridderlige og frisindede Færd har fyldt mig med Høiagtelse og Velvilie imod ham,« og at han, Orla Lehmann »hellere vilde lade mit Liv, end medvirke til at propagere Kongeloven en Haandbred over Kongeaaen, at jeg ikke er nogen 'Stockdäne', ingen Harlekin-Patriot, men tvertimod efter ringe Evne har bekjæmpet og tugtet alt 'Dänenthümelei', hvor jeg saae Spor deraf, at min Interesse for det Danske i Slesvig ene udspringer af min Kjærlighed til Folket, til den misagtede og mishandlede Menige-Mand, og at min Fortørnelse over det tydske Aag i den danske Deel af Slesvig ikke er af anden Natur, end den, jeg vilde føle, naar f. E. Russerne vilde paatvinge Polakkerne det russiske Sprog.«[64]

Hiort Lorenzen, der drev en anselig købmandsgård i Haderslev, var også fremtrædende i byens kommunalpolitik, da han i 1834 blev valgt til Slesvig stænderforsamling. Her bliver den temperamentsfulde og handlekraftige mand hurtigt leder af de slesvigske liberale. For kredsen omkring *Dannevirke*, hvis anti-liberale tendens ikke forblev skjult for ham, har han ingen

---

63. Paul von Hedemann-Heespen: *Die Herzogtümer Schleswig-Holstein und die Neuzeit*. Kiel 1926, s. 630 f. »nie fühlte sich das junge Schleswig-Holstein dem jungen Dänemark näher als in jenen Jahren; politische Freiheit war das große Ziel; Monrad, Lehmann, Tscherning und andere fühlten sich den Holsteinern gleichstrebend und wahlverwandt; der Gesamtstaat schmolz verfassungspolitisch wirklich zu einer Seele zusammen.« – Det hemmelige selskab 'Giovine Italia' blev grundlagt 1831 i Marseille for at berede Italiens revolutionære befrielse.

64. Povl Bagge og Povl Engelstoft (udg.): *Danske politiske Breve fra 1830erne og 1840erne*. I. 1945, s. 288, brev af 1.november 1838 fra Orla Lehmann til faktor C. Sørensen.

ORLA LEHMANN.

Orla Lehmann (1810-1870) forsøgte på et landbomøde i Nykøbing Falster i januar 1841 at overbevise tilhørerne om, at enevælden ikke havde været særligt bondevenlig, og at det ikke var sikkert, at alle konger ville have samme sindelag for bønderne som Frederik VI. For denne 'Falstertale' blev Lehmann idømt tre måneders fængsel, som han afsonede januar-april 1842. Hans far, indtil sin pensionering i 1840 ledende embedsmand i Generaltoldkammer- og Kommercekollegiet, skildrer i et brev af 21. januar 1842 til en yngre søn Orlas fængsel, som var usædvanligt mildt: »Orla har fået anvist det borgerlige fængsel ved siden af Rådhuset. Der er to meget ordentlige værelser bestemt for ham og hans betjening. Han har ladet møblerne rydde ud og flytte sine egne ind. I dag kørte han i god tid derhen. Fra ukendt hånd var der kommet blomstrende vækster til udsmykning; ligervis fra ukendte venner kom madeira, cigarer etc. 'for den nye husholdning'. Værelserne er venlige og bekvemme med høje vinduer mod syd. Enhver, som han vil modtage, kan besøge ham.« Litografi af W. Koch efter tegning af P.E. Lorentzen fra 1842. Frederiksborg.

sympati: »At Dannevirkes Redacteur og Medarbeidere har været nødsaget til at falde i Absolutismens Arme, da de begyndte at nægte Hertugdømmernes Rettigheder, og Bladet derved er total forfeilet, viser noksom, hvad Skæbne Enhver vil have, som for nærværende Tid følger deres Exempel.«[65] Lehmann svarer på tysk, giver Hiort Lorenzen ret, erklærer den danske konstitution for 'forbryderisk' og betegner sig selv »als Däne, oder richtiger als Skandinavier«, men han træder i skranken for det danske sprogs rettigheder, fordi han nærer en »inderlig kærlighed til den så uretfærdigt miskendte, så skammeligt mishandlede 'menigmand', og min uvilje over tyskernes voldsherredømme i Nordslesvig er derfor i sine inderste motiver helt identisk med den modvilje, som jeg ville føle over ethvert forsøg på at danisere Holsten, over ethvert russisk attentat mod den polske nationalitet og det polske sprog osv.«[66] Denne sag interesserer fremdeles ikke Hiort Lorenzen – bortset fra den afsky han nærer over for de anti-liberale Dannevirke-folk – derimod reagerer han overmåde positivt på Lehmanns bemærkning om Skandinavismen og forudser den »store afgiørende Krisis, den fortvivlede Folkekamp i Europa ... Men naar Tydskere, Italienere, Ungarer, Polakker styrter deres Tyranner, gienvinder deres Nationalitet og Selvstændighed, saa er Gienfødelses-Timen af den calmariske Union kommen. Jeg indseer ikke, hvorfor de med Danmark under en fælleds constitutionel Regiering unierede Hertugdømmer i en saadan Krisis ikke skulde slutte sig til en saadan Skandinavisk Union, da deres Beliggenhed, om ikke deres Nationalitet opfordrer dem dertil, men skulde ogsaa Holsten lade sig henrive i den tydske Strudel, saa er Slesvig derfor hverken tvungen eller absolut tilbøielig at følge dette Exempel. Der vil skee hvad det slesvigske Folk vil, og dets Villie beroer paa, hvo[r] det finder sig meest sikkret. Muelig Nordslesvig gaaer til Danmark, Sydslesvig til Tydskland, men alle disse mine Drømmerier ere dog kuns Mueligheder ...«[67] Orla Lehmann på sin side forsikrer hen på sommeren »Hvor lidt jeg er en stokdansker, kan De se

65. *Danske politiske Breve.* I, s. 304, brev af 29.januar 1839 fra Hiort Lorenzen til Orla Lehmann og s. 306, brev af februar 1839 fra Orla Lehmann til Hiort Lorenzen. Om sidstnævntes stilling i Haderslev se H. Fangel: *Haderslev bys historie.* I, 270 f., 315-326, 340-354.
66. *Danske politiske Breve.* I, s. 306, brev af februar 1839 fra Orla Lehmann til P. Hiort Lorenzen: »innige Liebe zu dem so schnöde verkannten, so schändlich gemisshandelten 'gemeinen Mann', und mein Unwille über die Gewaltherrschaft der Deutschen in Nordschleswig ist also in seinen innersten Motiven ganz identisch mit dem Widerwillen, den ich fühlen würde gegen jeden Danisierungsversuch Holsteins, gegen jedes russische Attentat gegen die polnische Nationalität und Sprache u.s.w.«
67. *Danske politiske Breve.* I, s. 313, brev af 22.januar 1839 fra P. Hiort Lorenzen til Orla Lehmann.

deraf, at jeg intet har imod undergangen af det nuværende Danmark, som ikke er andet end det holstensk-oldenborgske hus' fideikommis og godskompleks; – den store skandinaviske folkestamme, som engang spillede en stor verdenshistorisk rolle (som beherskede og kultiverede Østersøens kyster, som grundlagde den engelske frihed, som stod i spidsen for korstogene og som reddede reformationen) og som engang vil optræde igen som et eget og enigt moment i udviklingen af menneskeslægten og med gyldighed for hele verden – den [stamme] vil aldrig forgå, men opstå kraftigere og smukkere af dette dynastiske virvars død. Danmark, Norge og Sverige, det er dens faktorer, – Finland og Slesvig, det er omstridte dele af den ...« Lehmann mener, at Slesvig i en fri og åben afgørelse selv skal træffe sit valg efter at det har hørt på det danske forsvar for Skandinavien: »At kaste sig i armene på det nuværende Tyskland ville være ligeså meningsløst som at give sig ind under det nuværende Danmark – meningsløst ikke kun set fra et nordisk, men også fra et rent slesvigsk standpunkt. *Et Slesvigholsten, kittet sammen af riddere og prælater og behersket af augustenborgerne efter beslutninger truffet på forbundsdagen i Frankfurt – det vil lige så lidt falde i Deres smag som i min.*«[68]

Hiort Lorenzen stod afgjort fast på sin afvisning af Dannevirke-kredsen. Fra maj 1839 brød imidlertid en holstensk fløj af de liberale med den hidtidige fælleslinie. Denne fløj tvivlede på en snarlig konstitution for Slesvig på grund af landets statsretslige stilling og søgte derfor at drive forfatningssagen frem for Holsten alene. Den stærke samfundsudvikling og samlingstendens, som industrialiseringen og den tyske toldforening af 1834

---

68. *Danske politiske Breve.* I, s. 331 f., brev af juli 1839 fra Orla Lehmann til P. Hiort Lorenzen: »Wie wenig ich ein Stockdäne bin, ersehen Sie daraus, daß ich nichts dagegen habe, daß dieß [!] jetzige Dänemark, das nichts ist, als ein Familienfideicommis, als ein Gütercomplexus des holsteinisch-oldenburgischen Hauses, untergehe; – der große scandinavische Volksstamm, der einst eine große Welthistorische Rolle spielte (der die Küsten der Ostsee beherrschte und cultivirte, die englische Freiheit gründete, an der Spitze der Kreuzzüge stand, die Reformation rettete) – und der einmal wieder auftreten wird als ein eigenes, einiges, weltgültiges Moment in der Entwicklung des Menschengeschlechtes – der wird nie vergehen, aber kräftiger und schöner aus dem Tode dieses dynastischen Wirwarrs erstehen. Dänemark, Norwegen und Schweden, das sind seine Factoren – Finnland und Schleswig, das sind bestrittene Theile desselben ...« og »Sich dem jetzigen Deutschland in die Arme werfen, wäre eben so großer Unsinn, als sich unter das jetzige Dänemark begeben, – Unsinn nicht nur vom nordischen, aber auch vom rein schleswigschen Standpunkt aus betrachtet. Ein Schleswigholstein, mit Rittern und Prälaten zusammengekittet, und von den Augustenburgern nach Frankfurter Bundesbeschlüssen beherrscht, das wird Ihnen so wenig schmecken, als mir.«

fremkaldte i det tyske område, fremstod for disse 'nyholstenere' som et håb, mens den bestandige hensyntagen til Slesvig og den tiltagende moderation i den slesvig-holstenske bevægelse blev en hæmsko for liberal fremgang.[69] Hiort Lorenzen kommer ved dette brud til at stå isoleret, og får nu øje for en konstitutionel udvikling i forbindelse med Danmark. Herfor taler både det forudseligt snart forestående kongeskifte og den danske liberalismes stærke organisering. De forhåbninger, han satte på et kongeskifte, bliver skuffet, men samtidig bliver Hiort Lorenzen endnu mere skuffet af, at hertug Christian August af Augustenborg – med Lehmanns ord »en Ærke-toryhertug«[70] – opnår en voksende indflydelse på den slesvigske Stænder-forsamlings medlemmer og på den slesvig-holstenske bevægelse. I juli 1840 er Hiort Lorenzen villig til at slutte Slesvig til Danmark, hvis dette »erobrer Friheden.«[71] Den 14. august 1840 nedlægger han sit stændermandat, fordi han ikke længere kan arbejde for en slesvig-holstensk forfatning. Ved det andet stændervalg i vinteren 1840/41 bliver han valgt i Sønderborg, hvor medlemmer af en lokal dansk læseforening satte hans valg igennem med 28 mod 26 stemmer for en ven af hertugen. Slesvigs stænder mødtes dog først igen i oktober 1842.

4. Skandinavismen

Den skandinavisme, som Orla Lehmann påberåbte sig i sit første brev til Hiort Lorenzen, var den liberale skandinavisme, en ny forgrening af den litterære skandinavisme, som langsomt, meget langsomt havde banet sig vej siden sidst i 1700-tallet og efter tabet af Norge i 1814.

Allerede i 1810 udsendte Grundtvig en pjece *Er Nordens Forening ønskelig? Et Ord til det svenske Folk*, i anledning af debatten om den svenske tronfølge, som tillige affødte en rad af anonyme pjecer, der henviste til det kulturelle og historiske slægtskab mellem Nordens folk, vendte sig imod Kalmarunio-nens tvangspolitik og roste Frederik VI's reformer. De var dog næppe så

69. *De danske Stænderforsamlings Historie*. II, s. 206 ff. – Også i byen synes Hiort Lorenzen at have stået over for problemer med mere moderate kredse, jf. Henrik Fangel: *Haderslev bys historie 1800-1945*. I. Haderslev 1975, s. 340 ff.
70. *Danske politiske Breve*. I, s. 317.
71. *Danske politiske Breve*. I, s. 432.

spontane som Grundtvigs ord.[72] Også Grundtvigs store oversættelsesprojekt havde et nordisk sigte. Hans betydning for den senere skandinavisme i Danmark kan næppe overvurderes. Oehlenschläger havde ligeledes tidligt og ofte brugt nordiske emner i sin digtning. 1829 besøgte han – efter indbydelse – Malmø og Lund. Den svenske gæstfrihed begejstrede ham og under dette besøg kom en deputation af studenter fra Lund – »sortklædte og med Kaarder ved Siden« – for at indbyde ham til at overvære det forestående rektorskifte og magisterpromotionen i den kommende uge. Da han indfandt sig, blev den henrykte »Skaldernas Adam ... den Nordiska Sångarekungen« under universitetsfesten i Lunds domkirke af biskoppen og digteren Esajas Tegnér (1782-1846) laurbærkranset. Tegnérs hyldestdigt indeholdt også de forjættende ord »Söndringens tid er forbi.« Kort efter dette festlige optrin fik det en officiel bekræftelse ved, at den svenske konge tildelte Oehlenschläger en orden, mens kronprinsen, universitetets patron, bifaldt, at digteren blev gjort til æresdoktor.

Ellers var det småt med forbindelser med Sverige. Det ses også af den undren, hvormed Oehlenschläger ser sig omkring. En fast dampskibsforbindelse mellem København og Malmø blev først oprettet i 1829, og endnu i samme år bemærker Oehlenschläger: »den forskiellige Dialekt, der i fordums Tid skurrede fiendtligt i det danske Øre, indsmigrede sig nu med al sin Velklang« – denne 'fordums Tid' lå dengang kun femten år tilbage i tiden. Foreløbig var der dog næppe tale om mere end en regional kontakt.[73]

Forholdene ændrede sig hastigt. Den danske studenterforening optog i 1834 officiel kontakt med de andre foreninger i Norge og Sverige. Grokraft var der også i den litterære skandinavisme, der gik helt tilbage til slutningen af 1700-tallet, da der i København blev oprettet et 'Skandinavisk Litteratur-Selskab'. En glødende forkæmper for den skandinaviske tanke blev studenten Frederik Barfod (1811-1896), senere meget læst historisk forfatter og politiker. Historien havde lært ham, skriver han i 1836 til Ingemann, »hvorledes hele Norden er et eneste stort Hele, som kuns Unatur adskilte i uvilligsindede Folkefærd, men som det derfor må være enhver ædel Krafts Mål i det mindste at forlige, om end ikke at gjenforene.«[74] Han havde på

72. Jf. Aage Friis: Frederik den Sjette og det andet svenske Tronfølgervalg 1810, i: Historisk Tidsskrift. 7.række I, især s. 311-320.
73. Oehlenschlägers Levnet fortalt af ham selv. II. 1974, s. 219-229; jf. den grundlæggende fremstilling om denne tids politiske skandinavisme, Henrik Becker-Christensen: Skandinaviske drømme og politiske realiteter. Den politiske skandinavisme 1830-1850. 1981, s. 35.
74. Breve til og fra Bernh. Sev. Ingemann nr. 154, brev af 11.juli 1836 fra Frederik Barfod

denne tid planer om at udgive en skandinavisk årbog med bidrag fra nordiske digtere og komponister. Tilsvarende ville i 1836 St.St. Blicher (1782-1848) sammen med en svensker udgive en 'Poetisk Unionskalender', to år senere er han igen på færde og vil udgive et nordisk tidsskrift, som skal hedde 'Idunna', men Blicher fik ikke realiseret sine planer. Til gengæld blev Barfod optaget i redaktionen på et nyt litterært 'Nordisk Ugeskrift', som bl.a. virkede for en retskrivningsreform, der skulle gøre det danske skriftsprog lettere tilgængeligt for svenske læsere. Her tales dog også om »det hele store Fædreland, Skandinavien.«[75] Ugeskriftet kuldsejler, og nu fostrer Barfod ideen om et nyt nordisk tidsskrift og får både Blichers, Lehmanns og Grundtvigs opbakning. Det udkom i årene 1839-1842. Efter sidstnævntes forslag fik det navnet *Brage og Idun*, et mytologisk par, hvoraf han var skjald i Valhal, mens hun af Grundtvig blev kaldt 'Höstens Muse'[76] I den givne sammenhæng står de – vist nok – for den historie, der opildner til dåd og for den folkefornyende poesi. Barfods tidsskrift tiltrak overvejende danske læsere. Tidsskriftet begynder strengt upolitisk. Barfod forsikrer i sit forord til første hæfte: »at aldrig nogen Tanke om ny Kalmariseren kom ind i min Hjærne. En sådan Tanke vilde nu vistnok også være lige så forbryderisk som afsindig, så længe forskjellige Regjentstammer, elskede af Folket, holde Spir i Norden.«[77]

I februar/marts 1838 hjalp vejrguderne skandinavismen på vej. Øresund frøs til, og fra begge sider begyndte folk at aflægge besøg i nabolandet. Helsingør-borgerne og Helsingborgerne drev det endda til gensidige fakkeltog med militærmusik. Her blev der knyttet varige kontakter, og der blev indbudt svenske gæster til 28.maj-festerne i Helsingør på stænderforfatningens udstedelsesdag. Også studenterne gik over Sundet. Først kom Lundenserne, få dage senere gæstede danske studenter Lund. Også disse kontakter fortsatte i de følgende år. Foreløbig var de stort set upolitiske. En politisk skandinavisme stak kun frem hos enkelte intellektuelle. Den højtbegavede artilleriofficerer A.F. Tscherning (1795-1874) blev 1833-38 sendt på et studieophold i udlandet, fordi han var for samfundskritisk. Til hans forsyndelser hørte en større artikel i 1833 om de nordiske rigers forening, for at Danmark ikke skulle komme i klemme mellem Preussen og Sverige/Norge. Da han vendte tilbage til Danmark, var han stadig på den skandina-

75. *Skandinaviske drømme*, s. 35-39.
76. *Nordens Mythologi eller Sindbilled-Sprog* historisk-poetisk udviklet og oplyst af Nik. Fred. Sev. Grundtvig. 2. omarb. Udg., 1832, s. 471.
77. *Skandinaviske drømme*, s. 41; *Brage og Idun*. I. 1839, s. 12.

viske galej, men trådte hurtigt uden for nummer og arbejdede i flere år i Frankrig.[78] Også Orla Lehmann var politisk skandinavist. Under et studie-ophold i Berlin i vintersemestret 1833-1834 blev han ven med den norske jurist A.M. Schweigaard (1808-1870), den senere kendte politiker, en af liberalismens bannerførere i Norge. Lehmann kom til at opfatte den norsk-svenske union som et vigtigt skridt til den enhed, hvorefter Norden stræ-ber, »og som i lige høj Grad fordres af dettes eget Vel og af Europas Politik.« Men inden Lehmann nåede til Preussens hovedstad, havde han på en fodtur i Thüringer Wald truffet selveste 'Turnvater' Jahn, en lærer og folkevækker, der under den franske besættelse af de tyske lande havde bragt Fichtes tanker ud blandt den tyske ungdom gennem »Turnvereine«, som forberedte unge mænd til den kommende frihedskamp. Ordet 'Tur-nen' – gymnastik – havde han afledt af det formentlig germanske ord 'turneringer'. Friedrich Ludwig Jahn (1778-1852) var forlængst blevet en omvandrende anakronisme, også i sit udseende »en forunderlig Blanding af en Nar og en Profet.« Lehmann fulgtes med ham en hel dag og blev både frastødt og tiltrukket af hans ordstrøm, som bl.a. fordrede Holsten og den tysktalende del af Slesvig for Tyskland, »men for øvrigt talte han med stor Velvillie om Danmark, hvorfra han paastod at nedstamme, og som han vilde have forenet med Sverrig og Norge til et Rige, der i nøie Forbindelse med Tydskland skulde udgjøre det 'Manheim', hvis Kald det var at bære Verdenshistorien og hævde Friheden baade mod Vælske og mod Tar-tarer.«[79]

Også Den tyske Toldforening, oprettet af Preussen i 1834 for at modvirke de uheldige følger af den tyske opsplitning i mange stater, satte et eksempel. I 1838-1839 gik flere artikler i *Kjøbenhavnsposten* ind for en toldfor-ening mellem de nordiske lande, endog for et forbund, som dels skulle omfatte fælles forsvar og udenrigspolitik, dels skulle medføre en sammen-smeltning af de nordiske folk. I danske aviser kunne naturligvis ikke næv-nes, hvad der omkring midten af 1830'erne lejlighedsvis blev drøftet i udenlandske aviser: muligheden for, at det danske dynasti uddøde i mandslinien. Denne mulighed blev efter udenlandske avisers sigende drøf-tet i patriotiske kredse, og de havde næppe alene rod i, at prins Frederik i 1834 var blevet skilt fra prinsesse Wilhelmine. Den engelske gesandt kunne i

78. *Skandinaviske drømme*, s. 46.
79. Hother Hage (udg.): *Orla Lehmanns efterladte Skrifter*. I. 1872, s. 103 ff. Orla Lehmanns erindringer.

hvert fald i 1837 indberette, at publikum i København mente at vide, at prinsen intet afkom kunne få. Lehmann skrev i december 1838 en anonym artikel i *Leipziger Allgemeine Zeitung*, hvori han forestillede sig en forening af Danmark, Norge og Sverige under den svenske konge, forudsat den var ledsaget af proklameringen af den norske konstitution.[80] Det samme standpunkt, han indtager i brevene til P. Hiort Lorenzen.

Ligesom der i kongeriget eksisterede en litterær og – hos enkelte – en politisk skandinavisme, fandtes der også i Sønderjylland, ved siden af den interesse, Hiort Lorenzen viste for den liberale skandinavisme, en litterær. Flor forsikrer Peter Chr. Koch, den kommende *Dannevirke*-redaktør, allerede i de første breve om, at han »arbejder lige ivrig for Grundtvigs theologiske og historiske Anskuelse, for Rasks Sproglære og for den nordiske Treenighed, kort for Alt, hvad der udspringer af den Nordiske Aands Liv.« Koch er i forvejen Grundtvigianer og subskriptionsindbydelsen for *Dannevirke* indeholdt en passus om »... den store Broder-Forening, hvori Nordens ædle Folkestammer mere og mere kappes om at byde hverandre velkommen.«[81] Flors noget specielle udgave af skandinavismen indebar for øvrigt, at den »sande« liberalisme og patriotisme ejede »kun de, der dybest i deres Hjerterod føle, de ere Nordens Børn, og som ikke vide at gjøre Forskjel paa Dansk, Norsk eller Svensk ... Og denne sande Nordens Aand – forskjellig fra den indknebne Danskhed, der hylder Æren (Æren er en Tysk Følelse) som en Gudinde – er blant de oplyste Danske saare sjælden.« Blandt slesvigerne har Flor lært tre nordboer at kende, heriblandt Koch, og han anser det ikke for usandsynligt, »at Nordens Opvaagnelse vil tidligere gaae for sig blandt Sønderjyderne end de saa kaldte egentlige Danske.«[82]

Tronskiftet i 1839 gav både liberalismen og skandinavismen vind i sejlene; skandinavismen, fordi emnet havde været ilde lidt af Frederik VI efter det mislykkede svenske tronfølgervalg i 1810 og Norges afståelse i 1814; liberalismen, fordi enevælden nu, med Orla Lehmanns ord, var sat under debat. For udviklingen inden for studenterskandinavismen var Den akademiske Læseforening, eller Akademicum, et vigtigt forum. Foreningen blev oprettet i maj 1839 for at dets medlemmer kunne få et billigt mødested og adgang til

80. Georg Nørregård: *Danmark mellem øst og vest 1824-39*, 1969, s. 147 og note 61. Se også *Skandinaviske drømme*, s. 50, om den svenske gesandt, der indberetter det samme. I øvrigt ssts., s. 48 f.
81. *Da Sønderjylland vaagnede*. I, s. 10, brev af 3.september 1837 fra Koch til Flor; s. 108, brev af 3.oktober 1837 fra Flor til Koch; subskriptionsindbydelsen se *Skandinaviske drømme*, s. 50.
82. *Da Sønderjylland vaagnede*. I, s. 121, brev 18.februar 1838 fra Flor til Koch.

aviser og tidsskrifter, især æstetiske. Studenterforeningen var blevet for dyr og klubagtig på denne tid. Carl Ploug (1813-1894) var dens formand og bærende kraft. Her blev hans sange sunget for første gang og her jublede man over hans 'atellaner', små kåde studenterkomedier.

I dette miljø blev den hidtil upolitiske studenterskandinavisme hurtigt politiseret. Barfod, ved Frederik VI's død endnu enevældetilhænger, mener allerede sidst i februar 1840, at enevælden er »... både opbrugt og forslidt og må afløses ...« og bliver idømt bøde og censur, da han i juni 1840 offentligt ligner den absolutte regeringsform ved »et udgået Æbletræ.« Også hans skandinavisme politiseres hurtigt. Til Akademicums første fødselsdag, den 5.april 1840, skrev han en sang, som vel næppe kan siges at pege på en politisk forening, men dette gjorde han til gengæld i sin tale ved samme lejlighed, som begynder med, at skulle end Nordens forening stride mod de dynastiske interesser, »da strider den sandelig ikke imod Folkenes.« Et nordisk forbund ville beskytte Danmark mod Rusland – ifald det viste sig, at dette land ikke ville tolerere en fri dansk forfatning – og også mod England, hvis det kom til en krig mellem Rusland og England. Formen for Nordens forening er dog – som Becker-Christensen fremhæver – endnu ikke afklaret, i hvert fald skal de nordiske lande stå uafhængigt ved siden af hinanden.[83] Carl Ploug, evighedsstudent som Frederik Barfod, bliver i maj 1841 *Fædrelandet*s redaktør, dels fordi han er kendt som politisk satiriker, dels fordi han ikke risikerede så meget, hvis regeringen skred ind mod ham; han levede af at oversætte unge lægers disputatser til latin.[84] Ploug var allerede ved kongeskiftet liberal. I februar 1842 opførtes i Akademicum hans atellan *Kjærlighed under Karantæne*, hvorom den gamle Ploug skrev, at den gav »en karikerende Silhouettegning af Statens ledende Aander,« og i hvilken »der henpegedes paa en fri Forfatning og et enigt Skandinavien.«[85] Der drives gæk med bl.a. kancellipræsident Stemann og med kongen; den pige, som den danske student har forelsket sig i, hedder Christiane Eidsvold, hun har oven i købet fødselsdag i maj måned. Til sidst får de unge hinanden, og »Afsluttelsen af denne skandinaviske Union« fejres med den storladne sang

83. *Skandinaviske drømme*, s. 58 ff. og H.C.A. Lund: *Studenterforeningens Historie 1820-70*. II. 1898, s. 94. Begge forfattere fremhæver Barfods digt som det første, hvori der peges på en politisk forening som mål, men digtet taler kun om Nordens tredelte stamme, hvis grene til sidst samles i »Kronens Løvtag«.

84. Hother Ploug: *Carl Ploug*. 1905, s. 94.

85. Lund: *Studenterforeningens Historie*. II, s. 107; Illustr. Tid. 18.marts 1883.

>>Længe var Nordens
Herlige Stamme
Spaltet i trende
Sygnende Skud;
Kraften, som kunde
Verden behersket,
Tyggede Sul fra
Fremmedes Bord.

Atter det Skilte
Bøjer sig sammen;
Engang i Tiden
Vorder det Et;
Da skal det frie
Mægtige Norden
Føre til Sejer
Folkenes Sag.<<

Da kontakten med de svenske studenter efter nogle års afbrydelse bliver genoptaget i maj 1842, står mødet i den politiske skandinavismes tegn. Barfod talte bl.a. for tre norske studenter, som havde indfundet sig, understregede vigtigheden af, at Norge kom med og bad dem berolige deres landsmænd med, at nok skulle Norden blive eet, men >>... i Enheden skal dog stedse Treheden finde den fuldeste Anerkendelse.<< I en anden tale ved dette møde fremhævede han, at følelsen af den påtrængende nødvendighed for Nordens åndelige forbund hang sammen med 'Malmpegefingrene' på Ålandsøerne, og på at sydgrænsen så let blev oversprunget, da Dannevirke blev nedrevet. Umiskendeligt kommer her en national tone ind i Barfods liberale skandinavisme. Da han fjorten dage senere, den 29.maj 1842 taler ved Den akademiske Forenings majfest for 'Nordens Selvstændighed og Enhed' er det nationale moment blevet fuldtonende. Baggrunden herfor var uden tvivl den tale på Københavns Skydebane, hvormed Orla Lehmann dagen i forvejen havde indvarslet Ejderpolitikken.[86]

5. Nationalliberalismen

Liberalismens vigtigste fordringer gik på en konstitution, der gav borgerne indflydelse på statslivet, på en udbygning af retssikkerheden, der beskyttede den enkelte og hans ejendom, samt på en nedbrydning af de skranker på erhvervslivets område, som hæmmede den fri vareudveksling over grænserne og de økonomiske kræfters frie spil i de gamle privilegiesamfund. Nøgleordet for disse fordringer var 'frihed'; baggrunden de økonomi-

---

86. *Skandinaviske drømme*, s. 62 f.

ske teorier, der først var fremsat af Adam Smith i *The Wealth of Nations* (1776),
og den politiske filosofi – naturretten og oplysningstidens tanker – der kom
til udtryk i den nordamerikanske uafhængighedserklæring af 1776, i den
franske revolutions menneskerettighedserklæring af 1789, samt i den prag-
matiske engelske parlamentarisme. En moderat udgave tog meget hensyn
til bestående historiske tilstande og rettigheder, som det dog også var
meningen at videreudvikle. Liberalismen tog farve af de forskellige landes
særlige problemer og af de lag, der bar den i samfundet. Til frustration for
deres radikale fløj måtte de holstenske liberale støtte sig til hertugens
arvekrav og til ridderskabet, mens de danske appellerede til bønderne,
hvad der ikke passede de danske liberales højrefløj. Og hvor liberalismen
bredte sig i nationaliteter, der ikke havde en egen stat, blev den tidligt
national, fordi 'friheden' indbefattede at blive fri for et fremmed herre- eller
overherredømme. I princippet var liberalismen imidlertid a-national og
kosmopolitisk. Hertugdømmernes og de kongerigske liberale havde den
samme hovedmodstander: den enevældige regering.

De danske liberale fik i april 1835 i 'Selskabet til Trykkefrihedens rette
Brug' noget i retning af en landsdækkende organisation, og som teologen
H.N Clausen (1793-1877) udtrykker det i sine erindringer – »en Forskole til
Deltagelse i det statsborgerlige Liv.«[87] Da Trykkefrihedsselskabet blandt
andet havde sat sig til opgave at bekæmpe trykkefrihedens forkerte brug,
d.v.s. datidens skandaleaviser, rummede det givetvis – måske især i pro-
vinsen – en del ikke-liberale medlemmer, hvad Hiort Lorenzen da også
beklagede sig over i hans brevveksling med Orla Lehmann. I dette selskab
fremførte Lehmann i november 1836 den nordslesvigske sprogsag, og sles-
vigere i København, tilknyttet selskabet, dannede 1839 en 'Forening til
dansk Læsnings Udbredelse.' Men denne kobling gjorde endnu ikke de
liberale til nationalliberale. Under lidt andre betingelser kunne Lehmann,
som han selv sagde, ligeså godt have mobiliseret sin liberale sympati til
fordel for de polakker, der blev undertrykt af russerne.

I den omstillingsproces, der gjorde de liberale til nationalliberale, spillede
Holstens dobbelte rolle som del af både Det tyske Forbund og den danske
helstat en rolle. I 1831 havde Holstens medlemskab i Forbundet ganske vist
givet anledning til, at ikke blot Holsten, men også Slesvig og kongeriget fik
en stænderforfatning, som enevælden kun skyldte det tyske hertugdømme,
men i 1836 viste det sig, at forbundsmedlemskabet også kunne udnyttes

87. H.N. Clausen: *Optegnelser om mit Levneds og min Tids Historie.* 1877, s. 186.

hæmmende. Forskellige bestemmelser fastsatte nemlig, at Forbundet eller dets ro ikke måtte antastes i sådanne stænderforsamlinger, hvis forhandlinger var offentlige. Efter kgl. kommissarius' mening var det derfor nødvendigt at indrette forretningsordenen, så at dette ikke kunne ske, eksempelvis ved at forsamlingen blev ledet af en kongeligt udnævnt præsident med udstrakte beføjelser.[88] Denne hensyntagen i et indre dansk anliggende viste, at Holstens dobbeltrolle ikke var gratis for statens øvrige dele.

Større vægt havde begivenhederne i 1840, da stormagternes rivalisering i Mellemøsten gav anledning til forviklinger, som truede med at føre til krig mellem Frankrig på den ene, England, Rusland, Preussen og Østrig på den anden side. En heftig national stemning flammede op i Det tyske Forbund, og forbundshæren blev sat på krigsfod, også det holsten-lauenborgske kontingent. Helstaten bidrog endvidere med penge til at forstærke befæstningerne omkring Ulm og Rastatt. I Danmark sympatiserede de liberale nærmest med Frankrig og bestemt ikke med Rusland, som viste en yderst negativ indstilling til både liberalisme og skandinavisme, og som var hadet for den brutalitet, hvormed det i 1831 havde kuet det polske oprør. Allerede i 1838 havde Tscherning, lige hjemkommet fra sin lange studierejse kritiseret sammenblandingen af holstenske og slesvigske tropper i hertugdømmernes garnisoner. Han forudså, at Forbundet ville komme til at interessere sig nøjere for de forbundsstater, som regeredes sammen med stater uden for Forbundet. Det fornuftigste var derfor, efter hans mening, at adskille Holstens hærvæsen fra det øvrige riges forsvar.[89] Krisen i 1840 trak over, men i august 1841 forlød det, at Forbundets troppekontingenter skulle inspiceres, og i denne anledning blev den danske pontonnérafdeling sendt til Holsten for sammen med den tilsvarende rendsborgske afdeling at deltage i inspektionen. Denne sammenblanding tog *Fædrelandet* op i en artikel under overskriften *Danmark-Holsten-Tydskland-Skandinavien*. Her spurgtes, om styrkens afsendelse »skal være en indirecte Maade, hvorpaa de Danske skulle gjøres fortrolige med Tanken om en Forening med det tydske Forbund ... ?« Artiklens forfatter foretrak en klar, administrativ adskillelse af Holsten fra de øvrige statsdele, hvis institutioner til gengæld kunne nærmes »til de efter Sprog, Beliggenhed og Landsbeskaffenhed med dem mest beslægtede Folk

88. jf. Troels Fink: Omkring Ejderpolitikkens udformning. Danmarks forhold til Holsten og til det tyske forbund omkring 1840, i: *Jyske Samlinger*. Ny række I. 1950, s. 96.
89. Just Rahbek: *Dansk Militærpolitik fra Tronskiftet i 1839 til Krigens Udbrud i 1848*. Aarhus 1973, s. 33.

i Sverige, Norge, England og Holland.« Hvis tilslutningen til Tyskland var uundgåelig, måtte Danmark i hvert fald ikke blive opfattet som et appendiks til Holsten, men som en sideordnet stat og med Slesvig hørende til den danske statsafdeling. Nogle måneder senere slog Tscherning igen til lyd for en fuldstændig adskillelse mellem den danske og den holstenske hær, medmindre Holsten kan udsondres af Det tyske Forbund. Det omvendte tilfælde, at Danmark skulle indtræde i dette, anså Tscherning for at stride mod landets sande interesse.[90] Denne artikel var et indlæg i diskussionen om den nye hærordning, som blev gennemført i juni 1842. Hovedlinierne var kendt i april 1842. De markerede tydeligt kongens helstatspolitik, idet integrationen mellem de enkelte statsdeles styrker blev forstærket. *Fædrelandet* beklagede på det dybeste nyordningens form.

Også de såkaldte 'admiralstatsplaner' skærpede de liberales agtpågivenhed. Den tyske nationaløkonom Friedrich List (1789-1846) udsendte i 1841 sit hovedværk *Das nationale System der politischen Oekonomie* (Stuttgart). Her understreger han med udgangspunkt i toldforeningen af 1834, at denne begyndelse til en tysk økonomisk forening først vil være tilendebragt, når den omfatter hele kystområdet fra Rhinens munding til den russisk-polske grænse, indbefattet Nederlandene og Danmark. Derved ville Det tyske Forbund få både fiskeri, søhandel, sømagt og kolonier. Befolkningerne i de to lande hørte i forvejen afstamningsmæssigt til den tyske nationalitet, og disse landes store statsgæld var en følge af deres unaturlige bestræbelser for at hævde sig som selvstændige stater. List forestillede sig, at byrderne efterhånden ville blive så uoverkommelige, at begge lande selv ville ønske at blive optage i det tyske nationale system. Bogen blev udførligt anmeldt i september 1841 i *Allgemeine Zeitung* (1810-1882 i Augsburg), som indtil midten af forrige århundrede var den vigtigste tyske avis. I anmeldelsen siges, at toldforeningen trænger til søhandel, og for at beskytte denne, burde Det tyske Forbund have en flåde. En flåde forudsætter havne, søfolk og officerer; alt dette har Danmark. Dens flåde er dog for dyr for staten, og landets neutralitet er afhængig af stormagternes velvilje. Derfor befinder Danmark sig »i en Pseudouafhængighed, for hvilken det langt maa foretrække at blive Det tyske Forbunds Admiralstat.«[91] Selv om *Fædrelandet* i november 1841 indvender, at denne pseudouafhængighed måtte Danmark se at komme ud

90. Fink: Omkring Ejderpolitikkens udformning, s. 100 ff.
91. Troels Fink: Admiralstatsplanerne i 1840'erne, i: *Festskrift til Erik Arup* den 22.november 1946. 1946, s. 289 ff.

FRA LITTERÆR TIL POLITISK NATIONALISME

af ved at tilslutte sig et forenet Norden, fortsatte debatten i Tyskland, bl.a. i marts 1842 i *Deutsche Vierteljahrsschrift*, som tilhørte det ansete Cotta-forlag, der for øvrigt også ejede Augsburger *Allgemeine Zeitung*. Her skærpedes argumentationen ved at tilføre den strategiske argumenter, og der tales om det næsten utænkelige i, at et land som Danmark »skulde kunne modstaa den Tiltrækningskraft, der udgaar fra et Statsforbund, som efterhaanden omfatter over 40 Millioner Mennesker af ensartede Folkestammer.«[92]

Orla Lehmann afsonede på denne tid i Københavns civile arresthus en dom på tre måneders fængsel for at have udbredt had til forfatningen (i sin Falster-tale januar 1841). Fængselsopholdet hindrede ham ikke i at svare på den tyske artikel i to indlæg i *Fædrelandet*. Disse svar forholder sig både ironisk til påstande i den tyske artikel om det begrænsede spillerum, der er levnet Danmark, og de bærer præg af den medrivende patos, som Lehmann mestrede som få andre i samtiden. I hans andet indlæg, den 22.marts 1842 hedder det:»Om Danmark vil eller ikke, er ... en højst ligegyldig Sag; om det skal eller ikke, beror ... paa Tydskland. Det er den Tankegang, der ligger i eller i alt Fald til Grund for vor Modstanders Betragtning ... Vi have trykket Brodden langsomt og dybt ind i Saaret, for at dette ret skal smerte og bløde. Thi denne Smerte er det Tøbrud, hvorigennem vor Stolthed skal rejse sig af den lange Vintersøvn, og dette Blod er det Fornyelsens Bad, hvoraf den skal opstaa til nyt, og frisk, og kraftigt Liv. Thi denne Smerte er den Sjælens Fødselsvee, hvorigennem en levende og stærk Selvbevidsthed skal komme til Verden, og dette Blod er det Daabens Sakramente, hvori vi skulle indvies til med vort Blod at besegle den Sandhed: Danmark vil ikke!«[93]

Når Lehmann tager så heftigt på vej, hænger det muligvis sammen med, at både han og hans omgivelser antog, at Christian VIII »ikke fandt denne [Admiralstats-]Tanke slet saa modbydelig, som mange af hans Undersaatter fandt den.«[94] De tyske artikler var anonyme, kun signeret af »En Dansk«. Troels Fink peger i denne forbindelse på den daværende preussiske major og senere berømte hærfører, Helmuth v. Moltke (1800-1891), som en mulig-

---

92. Fink: Admiralstatsplanerne, s. 291 f.
93. Hother Ploug: *Carl Ploug,* s. 113 ff.
94. *Orla Lehmanns efterladte Skrifter.* IV. 1874, s. 261. Plougs indledning til Ejdertalen er dog skrevet i 1870'erne. – Betegnende nok tages også kongen i ed, når Lehmann i en af sine gentagelser af »vil ikke«-motivet skriver »Og der behøves ingen Detail for at levendegjøre den Erkendelse, at Danmark ikke kan komme ind under det tydske Forbund, og at hvad enten vi ved Danmark forstaa det danske Folk eller den danske Konge og hans Regjering, bliver det lige sandt: Danmark vil ikke!« (Fink: Admiralstatsplanerne, s. 294).

hed. Han havde fået sin militære uddannelse og første officersgrad i Danmark. Men er forfatterskabet end usikkert, er der dog grund til at antage, at artiklerne var en slags 'følere', vist nok fra preussisk side, for at lodde stemningen i Danmark. Måske stod de i forbindelse med den udvidelse af den tyske toldforening til Holsten og Lauenborg, som blev foreslået i 1844, men afvist af Danmark. Ved denne lejlighed var kongen ikke stemt for toldtilslutningen – den havde han også tidligere været imod – men han ytrede sig positivt over for tanken om en militæralliance med Preussen, så den danske flåde kunne være et søværn for Tyskland.[95] Denne tanke blev dog heller ikke realiseret. De unge liberales mistanke om en kongelig interesse blev i hvert fald næret af, at J.M.G. Hollard Nielsen (1804-1870), en skribent, der var holdt af Christian VIII, kritiserede Lehmanns svar i *Dansk Ugeskrift for alle Stænder*.[96] Velkendt – og frygtet af de liberale – var desuden kongens forkærlighed for søstersønnen, prins Frederik af Hessen-Kassel (1820-1884), der var tyskpræget, og som han i 1844 fik gift med en zardatter for at sikre sig russisk støtte til en hessisk tronfølge i helstaten. Også hofmanden J.P. Trap (1810-1885) bringer kongen i nærheden af admiralstatstankerne, dels fordi Christian VIII ville ordne successionen, dels fordi han satte »Monarchiets Conservation i sin Helhed absolut øverst.«[97] Hertil kom så de opsigtsvækkende personudskiftninger, kongen foretog i statens øverste ledelse i marts og april månederne 1842. Den af den danske offentlighed ildelidte prins Friedrich af Nør (1800-1865), hertugen af Augustenborgs bror, og som denne kendt som en »Hader af Demagoger«,[98] blev gjort til statholder og kommanderende general i hertugdømmerne, mens en holstensk aristokrat med udpræget slesvig-holstenske sympatier overtog ledelsen af Det slesvig-holsten-lauenborgske Kancelli, og hans bror, som dog var en loyal helstatsmand, blev udnævnt til udenrigsminister. Disse udnævnelser var reaktionære og led i kongens noget fortænkte helstatslige balancepolitik, men de kunne ligne, hvad man senere kaldte en 'tyskerkurs', og de tirrede de danske liberale. Christian VIII's popularitet var i forvejen dalet så meget, at ca. hundrede stokkebevæbnede politibetjente måtte stå parate, da han i januar 1842 overværede en forestilling i Det kgl. Teater. Også blandt

95. Fink: Admiralstatsplanerne, s. 295-299.
96. Poul Jensen: *Presse, penge & politik 1839-48. Den sidste enevoldskonges forhold til konservative pressekredse – især i København*. 1971, s. 85-91; Fink: Admiralstatsplanerne, s. 295.
97. Harald Jørgensen (udg.): *J.P.Trap. Fra fire kongers tid*. I. 1966, s. 134 f., 140 f.
98. *Da Sønderjylland vaagnede*. III. 1916, s. 136.

teaterpublikummet var der stukket en del politi. Så mange, at korpset ved denne lejlighed måtte forstærkes med civilklædte underofficerer.[99]

På denne baggrund talte Orla Lehmann den 28.maj 1842, på mindedagen for stænderforfatningens indførelse, som året i forvejen demonstrativt ikke var blevet fejret »paa Grund af Stænderinstitutionens lidet tilfredsstillende synlige Virkninger.« Det var hans første offentlige fremtræden efter fængselsopholdet, og han holdt skåltalen for Danmark. Først harcelerer han over, at Danmarks grænse er ubestemt. Dernæst fastslår han, at den »Grændse, som Naturen, Historien og Retten have anvist os,« er Ejderen. Han latterliggør det slesvig-holstenske ridderskabs krav – »et antikvarisk Snurrepiberi uden al politisk Betydning« – og bebrejder kongen (eller regeringen, Lehmann bruger udtrykket »man«), at den højeste civile og militære magt i begge hertugdømmer er blevet lagt i hænderne på en prins, »der har kaldt Danmark et for Slesvig fremmed Land.« Han gør dernæst opmærksom på en række forhold, som kunne bruges til at løsne båndene mellem Slesvig og Holsten: den forskellige statsret, den forskellige arvefølge, Slesvigs »demokratiske Sind og dets materielle Interesser, der hendrage det til Norden og de danske Kolonier.« Mest stoler Lehmann dog på, »at under den vaagnende Folkebevidstheds Ægide den skandinaviske Nationalitet og danske Tunge af lang Fornedrelse have rejst sig i Slesvig og kraftigen fordre deres hellige Ret.« For Danmark er Ejdergrænsen militært og erhvervsmæssigt uomgængelig. Til sidst kommer Lehmanns overmodige trumf, hans svar på, hvordan Danmarks grænse skal hævdes: »Derfor forstaa vi ved Danmark alt Land mellem Øresund og Ejderen og ere rede til at forsvare vort gamle Dannevirke baade mod Nordalbingiernes højforræderske Skraal og mod alle tydske Fuglefængeres søsyge Erobringslyst. Og skulde det gjøres fornødent, da ville vi med Sværdet skrive paa deres Ryg det blodige Bevis for den Sandhed: Danmark vil ikke.«[100] Pudsigt nok forekommer just dette retoriske højdepunkts billedsprog allerede i de forudgående artikler, men omvendt appliceret og mindre dramatisk. Her ironiserede Lehmann nemlig over, hvilket kaudervælsk der kunne følge af, at Holmen blev tysk flådebase, »men det gav sig nok i Enden, naar der kom røde Streger paa Rygstykkerne for hver Grammatical.«[101] Også i artiklen af

99. *Trap. Fra fire kongers tid.* I, s. 141 og *Danske politiske Breve.* II, s. 116.
100. *Orla Lehmanns efterladte Skrifter.* IV, s. 263-267.
101. Fink: Admiralstatsplanerne, s. 293. – En grammatikal el. grammatikaler, efter ODS især skolejargon for en grov grammatikalsk fejl.

Dette kobberstik skulle have fulgt med Meïr Goldschmidts satiriske ugeblad Corsaren den 9. april 1841, men censor Reiersen beslaglagde det. Corsaren blev på denne tid skarpt forfulgt af myndighederne med en byge af retssager, i dette tilfælde fordi tegningen blev trykt, uden at kobbertrykkerens navn var angivet. Sagen endte med skrappe bøder. Stikket satiriserer over tidens forkvaklede *Stats-Borger-Liv*. *Naadens Sol*, den enevældige konge, både øser ordener og belønninger ud og truer med pisken; i midterpartiet forsøger en *Radical* og en *Servil* at overtale *Bonden*, der endnu er upolitisk, til at vælge side. Under dem nedtynges *Borgeren* af *Skatter* og *billige* (det vil sige: rimelige, forståelige) *Ønsker*, som *Embedsmanden* samt *Præsten og Asylbarnet* fremsætter. Borgeren skuer ned til det velbesøgte *Assistentshuus* i København, hvor folk kunne pantsætte deres ejendele som sikkerhed for et lille lån. Kobberstik fra 1841. Frederiksborg.

22.marts i *Fædrelandet* var det de danskes blod, der flød. Den nye version var unægteligt meget virkningsfuld.

Når Lehmann i denne tale proklamerer Ejderprogrammet, er dette tydeligt nok ikke rettet mod en aktuel tysk trussel. Adressaten er kongen. Lehmann og hans fæller vil dæmme op for dennes dynastiske, a-nationale og antiliberale politik, og de stiller et modprogram op: den 'skandinaviske nationalitet' og det 'demokratiske sind', altså en fri forfatning. Det siges direkte i talen, at slesvigerne – efter at de nu har lært hvad det har på sig med ridderskabets og forbundsdagens angivelige folkefrihed – »maa føle sig stærkere hendragne til det demokratiske Skandinavien ved Sympathier, som Indførelsen af en fri Forfatning vilde gjøre uopløselige.«[102]

Da en tredje evighedsstudent blandt lederne, H.F. Poulsen (1815-1869),[103] senere på året i *Brage og Idun* beretter om de skandinaviske studentermøder i 1842, fremgår det af hans referat, at studenterne er helt på det rene med, at der er ved at ske et omslag. Han skriver: »Tilstrækkeligt have de senere Aars Begivenheder godtgjort, at Folkene ere vaagnede til fuld Bevidsthed, og at Folkepolitiken, som en Følge deraf, allerede begynder at afløse Kabinetspolitiken, og det synes klart, at Nutiden vil danne Begyndelsespunktet til en ny Udvikling af Menneskelivet, en ny Verdenshistorisk Periode, hvis Princip skal være Nationalaanden, og hvis videre Udvikling skal skee gjennem Folkene. Derfor er det, at i det civiliserede Europa ethvert Folk, der vil anerkjendes som saadant, og betragtes, ikke som en Olding, der gaar i Barndom, men som en kraftig Deeltager i den nye Tids Værk, levende føler Nødvendigheden af at slutte sig sammen i et eneste Heelt, hvis Grændser ej bestemmes af Bjerge, Floder, Strømme eller Tractaters og Congressers Pæle- og Plankeværker, men – af *Nationaliteten*.«[104]

Også den danske bevægelse i Sønderjylland bevæger sig i 1842 hurtigt til det punkt, hvor liberalismen bliver national. Det skete, da P. Hiort Lorenzen den 11.november, efter et udfordrende slesvig-holstensk forslag om at fjerne »Trældommens Stempel«, d.v.s mærket »Dansk Eiendom« fra hertugdømmernes skibe, tog ordet på dansk og blev ved med at tale dansk. Den moderat liberale slesvig-holstener, retshistorikeren Nic. Falck (1784-1850), der var præsident for forsamlingen, forsøgte at glatte ud ved at gøre sproget til et praktisk spørgsmål om protokollering og oversættelse, men efter tre

102. *Orla Lehmanns efterladte Skrifter*. IV, s. 266.
103. *Dansk Biografisk Lexikon*, 1. udg., XIII. 1895, s. 250. De to andre er Barfod og Ploug.
104. *Skandinaviske drømme*, s. 67; *Brage og Idun*. V. 1842, s. 134f., 173f., 175f.

Haderslevkøbmanden P. Hiort Lorenzen (1791-1845) var en selvstændig og robust politiker med et vældigt temperament. I den slesvigske stænderforsamling var han de liberales selvskrevne leder. Skuffet over den slesvigske liberalismes muligheder i samarbejde med Holsten satsede han fra 1840 på en liberal udvikling sammen med Danmark. I november 1842 blev han i den slesvigske stænderforsamling »ved i det danske sprog«. Dette var en bevidst national provokation, inspireret af Chr. Flor; Hiort Lorenzen havde hidtil brugt tysk som udtryksmiddel i politisk sammenhæng. Provokationen ændrede ikke – som Flor havde håbet – kongens helstatspolitik, men den gav dansk liberalisme national vind i sejlene. Maleri af C.A. Jensen, formodentlig fra 1842. Frederiksborg.

møder fordelt på fem dage måtte han give op for den ophidselse, der havde grebet forsamlingen. Så var Hiort Lorenzens nationale demonstration nået til det punkt, hvor det skæbnesvangre replikskifte kunne ske. Han spurgte: »Skal jeg tie, fordi jeg taler dansk?« og Falck måtte svare: »Ja, fordi De taler dansk.«

Da de slesvigske stænder samledes i oktober måned, havde Hiort Lorenzen endnu planer om at spille ud med liberale forslag; kredsen omkring bladet Dannevirke forekom ham rent ud sagt at være for reaktionær. Endnu sidst i august 1842 skriver han til Peter Chr. Koch: »Dersom Forholdene ikke tillader Dem at stikke den constitutionelle Fane ud, saa bør vi gaae hver sin Vei ...« Flor havde allerede i 1841 forgæves forsøgt at overtale Hiort Lorenzen til at tale dansk – sit hjemmesprog – når stænderne mødtes, men fik tydeligvis først i sidste øjeblik det rette mål af manden. Flors problem var, at han selv heller ikke var liberal. »Det er ganske vist,« skriver han til Koch i oktober 1842, »at skal Danmark og Slesvig, jeg kunde gjerne sige, skal Norden reddes fra aandelig og borgerlig Undergang og Død, saa skal det skee ikke ved Hjælp af den sædvanlige liberale Idee, der vil lade de Ringere dele *Magten* med de Store, men ved den grundtvigske, der vil skaffe baade de Store og de Smaa Friheden.«[105] For Flor var hovedsagen, at Hiort Lorenzen med sit demonstrative sprogskifte – hidtil havde han udelukkende talt tysk i Stændersalen – fremkaldte en national konfrontation, der kunne udnyttes agitatorisk både over for sønderjyderne og over for den danske offentlighed. At få en af de danske repræsentanter i Slesvig til at tale dansk, er Flors »Yndlingsidee«, han har en forestilling om, at det »*første*, vi i vort hele Anliggende have at gjøre, er jo at vække Sønderjydens Selvfølelse eller *Stolthed*; thi det er det første af aandelig Følelse, der lader sig vække hos et underkuet Folk.«[106] Den slesvigske og den danske offentlighed er dog kun den ene adressat for Flors og Hiort Lorenzens aktion. Den anden er Christian VIII, som Flor forsøgte at påvirke gennem sin gode bekendt, kabinetssekretær J.G. Adler (1784-1852), der tillige var kongens fortrolige rådgiver. Hiort Lorenzens udførlige beretning om det forefaldne sender Flor med stafetpost til Adler med bøn om, at han personligt straks vil overrække den til kongen. Dette sidste var kun en betinget succes. Christian VIII stod

105. *Da Sønderjylland vaagnede.* IV, s. 293, brev af 29.august 1842 fra P. Hiort Lorenzen til Koch; s. 297f., brev af 6.september 1842 fra Flor til Koch og s. 305, brev af 29.oktober 1842 fra Flor til Koch.
106. *Da Sønderjylland vaagnede.* IV, s. 156, brev af 17.oktober 1840 fra Flor til Koch; s. 305, brev af 29.oktober 1842 fra Flor til Koch.

ganske vist på det standpunkt, at det var »de dansktalende Slesvigeres naturlige Ret at tale Dansk i Forsamlingen,« men nærede ingen tilbøjeligheder til at lade sig spænde for den nationale vogn. Det endelige sprogpatent af 29.marts 1844 – udstedt før de slesvigske stænder samledes igen – begrænsede retten til at tale dansk til de medlemmer, »som ikke tiltroe sig at være det tydske Sprog tilstrækkelig mægtige for at kunne betjene sig deraf ved deres Foredrag i Forsamlingen.«

I Sønderjylland gav Hiort Lorenzens aktion anledning til, at der blev afholdt et festmåltid for ham på Sommersted kro, som blev udgangspunkt for det første Skamlingsbankemøde den 18.maj 1843, der samlede henved 6.000 mennesker, helt overvejende fra den sønderjyske landbefolkning. Kort efter – i juni – grundlagde 25 solide gårdmænd fra Haderslev amt Den slesvigske Forening. Også fra slesvig-holstensk side bejlede man gennem aviser, folkemøder og sangerfester til befolkningens gunst og søgte at konsolidere stemningen gennem organisationsdannelser. Trods visse forskelle – eksempelvis havde de slesvig-holstenske møder ofte et 'finere' tilsnit end de danske – førte de endnu bittesmå, politisk aktive gruppers skarpe konkurrence om de brede befolkningslag til nogenlunde de samme agitationsformer både fra dansk-slesvigsk og fra slesvig-holstensk side.[107] Selv om der langtfra er tale om et folkeligt gennembrud på nogen af siderne, er det dog tydeligt, at de nationale bevægelser i Sønderjylland nu er trådt ind i en ny, en agitatorisk fase, hvor deres hovedsigte er at vinde tilslutning i befolkningen.

Også i kongeriget gik bølgerne højt. Bortset fra presserøret tog den jyske stænderforsamling i Viborg sprogsagen i Slesvig stændersal op og vedtog med 46 mod 3 stemmer en adresse til kongen om, at det danske folk med tak ville modtage efterretningen om enhver forholdsregel, som kongen måtte anordne til opretholdelse af dets nationalitet og statens enhed.[108] Den kgl. kommissarius i de danske stænderforsamlinger, den store jurist A.S. Ørsted (1778-1860), blev til gengæld grundigt upopulær ved at forbyde adressedebattens optagelse i *Stændertidende*. Kort efter årsskiftet blev Hiort Lorenzen hyldet på Københavns Skydebane. En takkeadresse til ham var underskrevet af 274 næringsdrivende borgere, 269 kandidater og studenter og 96 embedsmænd.[109] En fond til »dansk Underviisnings Fremme i Hertug-

---

107. Rerup, *Slesvig og Holsten efter 1830*, s. 82-93.
108. *De danske Stænderforsamlingers Historie*. II, s. 356 f.
109. *De danske Stænderforsamlingers Historie*. II, s. 361, note 1.

dømmet Slesvig« blev stiftet af syv ansete borgere med professorerne H.N. Clausen og J.F. Schouw (1789-1852) i spidsen. Bestyrelsen blev kaldt 'Syvstjernen', i løbet af det første år indsamlede den godt 26.000 rigsdaler, fordelt på 7.809 bidragydere.[110] Som svar på sprogpatentet indsamlede Syvstjernen 10.000 underskrifter, heraf 4.000 i hovedstaden, på en petition til kongen til støtte for det danske sprogs ligeberettigelse med det tyske »i det dansk-tydske Hertugdømmes Stænderforsamling.«[111] *Fædrelandet* gik fra årsskiftet over til at indarbejde den slesvigske i den skandinaviske sag ved at fremhæve den styrke og sikkerhed, en skandinavisk 'forening' ville give Danmark i tilfælde af fjendtlige sammenstød med Det tyske Forbund.[112]

I juni 1843 fortsatte rækken af skandinaviske studentermøder med et tog til Uppsala, hvis studenter havde været savnet ved mødet i Lund i 1842. Rejsen foregik med dampskib, undervejs besøgte selskabet Christiansø og beså den celle, hvor den ulykkelige fantast J.J. Dampe (1790-1867) indtil for nylig havde afsonet femten år af sin livstidsdom for at oprette en »revolutionært sindet Forening.« Også i Kalmar gjorde man holdt, og Carl Ploug talte for et »folkeligt Forbund mellem de nordiske Riger.« Han understregede: »hos os angribes Nationaliteten fra Syd, hos Eder vil Angrebet skee fra Øst.«[113] Han mindede også svenskerne om »at paa den Plads, hvor Petersborg nu spejler sine Paladser i Neva, og skjuler bag sine Mure de Statsmænd, hvis snedige Politiks fine Net mere og mere omspinder Europa, der stod engang en Sten, paa hvilken der var skrevet: *Här satte Rikets Gränse Gustaf Adolf, Sveriges Konung.*« Da denne tale blev gengivet i *Fædrelandet*, blev det pågældende nummer beslaglagt, og allerede inden zaren blandede sig i sagen var der rejst tiltale mod Ploug, og et 'Skandinavisk Samfund', en slags fortsættelse af Uppsala-toget, oprettet af deltagere sidst i juni 1843 blev forbudt. Christian VIII skærpede presseforfølgelsen kendeligt og lod Ørsted forklare regeringens politik i tre store artikler i Berlingske Tidende. Ved sagens åbning mod Ploug nedlagde generalfiskalen – statens øverste anklager – påstand på kvalificeret dødsstraf efter Danske Lov 6.4.2 og 6.4.1, d.v.s at højre hånd skulle afhugges af delinkventen i live, hvorefter han skulle halshugges, kroppen parteres og lægges på »Stægle og Hiul og

---

110. H.N. Clausen: *Optegnelser om mit Levneds og min Tids Historie*. 1877, s. 268.
111. Knud Fabricius: Tidsrummet 1805-1864, i Vilhelm la Cour, Knud Fabricius, Holger Hjelholt og Hans Lund (red.): *Sønderjyllands Historie fremstillet for det danske Folk*. IV. Bd., 1937, s. 298f.

112. *Skandinaviske drømme*, s. 96 ff.
113. Hother Ploug: *Carl Ploug*, s. 165 ff.

Erhvervelsen af Skamlingsbanken blev finansieret ved, at området sattes på 'aktier' à 8 rbd. stykket. Aktionærerne havde ret til at deltage i valget af festkomiteen, og de fik adgangsbilletter til nedsat pris. Skamlinsbankemøderne – og de tilsvarende slesvig-holstenske folke- og sangerfester – var meget effektive til at bringe politiske og nationale budskaber ud til større menneskemængder i en tid, da pressen endnu kun havde en meget beskeden udbredelse. Tegningen, litograferet på et aktiebevis og underskrevet af festkomiteen, blev omdelt til aktionærerne som optakt til det andet Skamlingsbankemøde i 1844. Tegningen må derfor forestille det første møde, som afholdtes den 18. maj 1843. Der mødte ca. 6.000 deltagere. Litografi fra 1844. Frederiksborg.

Hovedet med Haanden sættis paa en Stage.« Disse drabelige aktioner slog ynkeligt fejl for regeringen. Ploug blev frifundet – om end pålagt sagens omkostninger – og i stedet for studenternes forbudte Skandinaviske Samfund oprettede 34 fremtrædende københavnere – heraf 11 professorer med H.N. Clausen og J.F. Schouw blandt initiativtagerne – et 'Skandinavisk Selskab' i september 1843. Dette nye selskab fandt regeringen det ikke tilrådeligt at ophæve. I stedet for at få ilden kvalt, havde den pustet til den og hjulpet de unge liberale til et gennembrud til ældre liberale og til hidtil ikke-liberale kredse og til national samling omkring Norden og Slesvig.[114]

Den nye enhed demonstreredes i de følgende år. Det Andet Skamlings-bankemøde, den 4.juli 1844, samlede omtrent 12.000 mennesker, heriblandt et par tusinde fra kongeriget og 120, der var kommet med dampskib fra København på en fællestur, arrangeret af Skandinavisk Selskab. Som en demonstration mod kongens sprogpatent af 29.marts var mødet lagt på De forenede Staters uafhængighedsdag. Talerrækken indledtes af Laurids Skau, hvis tale om modersmål og nationalære var skrevet af Flor, der ikke selv mægtede den kunst at råbe en forsamling op. Han efterfulgtes af Grundtvig, der tog til orde »i saa gammel en Stil, at Mange vel vil kalde den et fremmed Tungemaal,« fordi slesvigeren allerede havde gjort »det første Skridt, 'Kæmpe-Skridtet', til at rejse [en 'Dansk Høiskole'], og for dermed at ønske Eder og Danmark, Nordens Aand og Menneske-Slægten til Lykke.« Hermed sigtede han til, at Rødding højskole skulle åbnes senere på året. Det havde for øvrigt været en af Flors genistreger at få københavnske akademi-kere i 'Syvstjernen', deriblandt Grundtvigs gamle antagonist Clausen, til at finansiere verdens første folkehøjskole. Andre talere før festmiddagen var Hiort Lorenzen, der angreb stænderforfatningens ufuldkommenhed og mindede kongen om den norske forfatning; Orla Lehmann, der var inde på »Fostbroderskab for Liv og Død i vort elskede Fædrelands, i Danmarks, i det treenige Nordens velsignede Navn,« og Christian Paulsen, der af yderste kræfter ville virke for sine »dansktalende Landsmænds Folkeejendomme-lighed.« Det ville være en svær opgave, men: »Hver Mand gjøre sin Pligt efter sine Evner og Forhold, da vil det høje, vældige Maal for vor tilladelige Stræben, det danske Sprogs Haandhævelse og Statens Opretholdelse, op-naaes!« Efter middagen var der bl.a taler af Meïr Goldschmidt og Carl Ploug, som fremmanede billedet af en stærk, næsten uovervindelig fjende, som ikke blot udgøres af tyskerne, men også af de »allerfleste af Eders Em-bedsmænd, lige fra Statholderen til Sognefogden, fra Kancellipræsidenten til Skolelæreren.« Slesvigerne har kun det danske folk at stole på, som er lille, men: »Ikke Slesvig, ikke Danmark, men hele det store Norden er Eders rette Fædreland! Vel udgør dette Fædreland kun i Tankens Verden en Enhed, ... Men gennemtrænger den fælles Nationalbevidsthed først de trende Folks hele Væsen, erkender de først, at det, for at betrygge deres

114. Om Skandinavisk Selskabs medlemskreds – ca. 1.200 – 1.400 – se *Skandinaviske drømme*, s. 123 f.

Dette billede af Carl Ploug (1813-1894) er en forstørrelse af en portrætvignet, anbragt i ind-fatningen om Regensbilledet 'Collegium Domus Regiæ', lavet på det kendte E. Bærentzen & Co.s Institut og udgivet af den Wahlske Boghandels forlag. Ploug var en af Regensens kendte alumner og havde tidligt øvet sig i oppositionel politik i forhold til en temmelig repressiv regensprovst. Billedet er samtidigt med Plougs optræden som uforfærdet bannerfører for skandinavismen. Litografi fra 1843. Frederiksborg.

Fremtid og opfylde deres historiske Bestemmelse, er nødvendigt, at de slutter sig sammen ... saa maa de opnaa en stedse fyldigere og virksommere Enhed! Altsaa, frisk Mod, Slesvigere! thi I er Skandinaver.«[115]

Skandinavismen slog ikke rigtigt an blandt de slesvigske bønder, og dens skrøbelighed viste sig, da Uppsala-studenterne ikke som aftalt gjorde genvisit i København; de var af Sveriges nye konge, Oscar I (kg. 1844-59) blevet tilskyndet til at aflyse besøget.[116] Til gengæld lykkedes det i juni 1845 at få ikke blot svenske, men for første gang også norske studenter til København; der kom mange, i alt 208 lundensere, 144 nordmænd og 186 uppsalensere; de ankom på tre dampskibe og blev modtaget med begejstring af hovedstaden; »Feststemningen bredte sig til selv de laveste stillede Klasser i Samfundet.«[117] Højdepunktet under besøget blev den store festbanket i Christiansborgs ridehus den 24.juni med omtrent 1.600 deltagere. Foruden de nordiske gæster og 839 danske akademiske borgere deltog godt 300 »Mænd af alle Klasser saasom Borgerrepræsentanterne, Kunstakademiets Medlemmer, Kunstnere, Musikere, Skuespillere, Officerer o.s.v., som alle vare indbudte.« I den løvklædte sal blev der fra en kolossal talerstol, prydet med purpur og hermelin, talt for de nordiske universiteter, der svarede tilbage. Den nu 35-årige højesteretsadvokat Orla Lehmann var blevet udset til at holde hovedtalen for Nordens enhed, vist nok hans livs retoriske mesterværk.[118]

Han tager sit udgangspunkt i Nordens oprindelige enhed i norrøn tid, »i hint kostelige Sameje af vor Slægts Barndomsminder og ... i de fælles Sagn om vor Ynglingalders heroiske Bedrifter, der have forfærdet og forynget det alderstegne Europa.« Det er dog ikke kun disse minder, som udgør grundlaget for den skandinaviske tanke, den er tværtimod »vor hele Histories inderste Kjærne og egentlige Sjæl.« I et meget kort historisk rids viser han, at den »ledende Grundtanke« i de nordiske folks historie ligger i »at fuldbyrde Nordens Enhed.« Alle tidligere forsøg har dog været dømt til at mislykkes, fordi de byggede på vold og undertrykkelse. Først sent er denne

---

115. Mødet er udførligt skildret – og talerne gengivet i let bearbejdet retskrivning – i Jacob Petersen: *Skamlingsbanken 1843-1943.* [1943], s. 82-100.
116. *Skandinaviske drømme*, s. 137.
117. *Studenterforeningens Historie.* II, s. 217 f.
118. Jf. *Skandinaviske drømme*, s. 151-154, hvor Becker-Christensen ved siden af positive ytringer om talen anfører kritik af den, blandt andet på grund af dens eksalterede slutning, som til gengæld især skal have grebet de svenske gæster. Ridehustalen er trykt i *Orla Lehmanns efterladte Skrifter.* III, s. 157-162.

Maleriet forestiller norske og svenske studenters ankomst til København den 23. juni 1845. De var dagen i forvejen kommet til Malmø og havde – sammen med enkelte danske studenter – fejret sammenkomstens første dag i Lund. Borgerskabet dominerer klart den modtagende mængde, men der ses dog enkelte repræsentanter for andre samfundsgrupper, de hører i kunstnerens bevidsthed til 'folket'. Skibene lagde til ved Nytoldbod, nu Nordre Toldbod. Maleri af Jørgen Sonne fra 1847. Frederiksborg.

tanke kommet til bevidsthed – det kan ikke »forundre Nogen, som veed, i hvilken Grad det samme gjælder om vort hele Folkeliv: det har i Aar-hundreder ligget i Dvale.« Da elendigheden omkring krigsårene 1807-1814 drev »Folkeaanden« til at søge »Trøst i Fortidens Minder – hvad Andet mødte den der, end Tanken om Nordens Enhed, som grundige Forskere og begejstrede Sangere opelskede og gemte til bedre Tider.« Da trængselens dage var endte, blev den nye slægt, Lehmanns eget slægtled, grebet af »hin Ide, hvorover vore Bedstefædre havde tænkt, og hvorom vore Fædre havde sunget;« derfor er hans fædreland »det hele, treenige Norden,« og denne tanke er »ikke udsprunget af nogle Ynglinges Vennemøder eller nogle Digteres Drømme, men den har Aarhundreders Hævd og Verdenshistori-ens hellige Daab.« Festen er for Lehmann et vidnesbyrd om, at tanken om

Nordens enhed ikke mere bygger på vold og undertrykkelse, »men paa Frihed og Kjærlighed.« På denne måde vil man også være i stand til at bevare det værdifulde i de ejendommeligheder, som »Nordens tre Hoved-folk ikke skulle fortabe, men tværtimod bevare, styrke og udvikle i den nationale Enhed, hvori de vide sig forenede til et stort, et rigt og mangfoldigt Hele.« Lehmann har nu præsenteret ideen, som »tidligst og stærkest har grebet den studerende Ungdom,« hvad der er naturligt, »thi det er dens Liv at leve i Ideernes Verden.« Nu skal »Ideens Majestæt med sit flammende Scepter ... anvise Virkelighedens dens Vej.« Netop her har de unge en opgave; det er dem, som fremtiden tilhører. Og så hedder det med et genialt greb om de unge tilhøreres selvfølelse: »Nu ere vi unge; men om et Par Decennier ligger vort Fædrelands Skæbne i vor Haand. Da sidde vi i Kon-gernes og Folkenes Raad; da have vi vor anviste Gjerning, hver i sin Kreds, trindt om i alle Nordens Lande; da have vi alle Midler ihænde til at fuld-byrde, hvad vi have sat os som vort Livs Opgave.« Han lover at forblive tro mod denne sag og tager derefter tilhørerne i ed, først om de vil indgå et ubrødeligt fostbroderskab (svaret var et langt og klangfuldt ja); derefter om dette »ja« er mere end et øjebliks flygtige rus, om det også holder i modgang og storm (svaret er igen et ja); så borer han i dette svar, om det er et »helligt Løfte, for hvilket De sætter i Pant Deres Manddoms Ære og Deres Sjæls Fred« (Ja) og har så tilhørerne i sin hule hånd til det sidste spørgsmål, om de ærligt vil holde, hvad de har lovet, om de vil være tro »indtil Enden – tro i Liv og Død?« (Her afbrødes talen i lang tid af vedholdende ja-råb). Lehmann har dog endnu en trumf i baghånden: »Ombrust af dette Løftes mægtige Bølgeslag« forekommer det festsmykkede ridehus ham at ligne det boldhus i Versailles, hvor for mere end halvtreds år siden en samling af mænd trådte sammen og aflagde ed på, at de ville blive sammen, indtil de havde frelst deres fædreland. »De holdt deres Løfte og hin Aften blev en af de store Mærkedage, der betegne et Vendepunkt i Verdenshistoriens Udvikling. Lad da ogsaa os holde sammen, indtil vi have frelst vort Fædreland, det hele, store skandinaviske Norden.« Efter et hurra for Nordens enhed blev Lehmann i guldstol båret rundt i salen. Velfortjent, for i denne tale havde han sammensmeltet den danske nationalismes hovedbestanddele.

Det var ikke kun en dagdrøm, Orla Lehmann fremmanede. I treårskrigen blev Danmark støttet af den svensk-norske dobbeltstat.[119] Skandinavismen

119. *Orla Lehmanns efterladte Skrifter.* I, s. 303-375. Her gør Lehmann rede for den svensk-norske hjælp i 1848.

har naturligvis også gennem personlige forbindelser og offentlig omtale styrket den endnu uhyre spinkle kommunikation mellem de nordiske lande. Da Carl Ploug under Uppsalatoget gjorde visit hos den store svenske historiker E.G.Geijer (1783-1847), fandt han ham »noget fremmed« for danske forhold, men betænkte så, »hvor ringe den literaire Kommunikation er mellem begge Lande.« Netop dette udgjorde skandinavismens akilleshæl: de nordiske lande kendte ikke meget til hinanden, og hvad de kendte til hinanden, den dansk-norske helstats sidste år og den svensk-norske union, kunne i hvert tilfælde ikke begejstre nordmændene for en ny 'forening'. Skandinavismen var stærkest i Danmark, vel især fordi der her var mest brug for et fremtidshåb, der kunne stå sig ved siden af den tyske enhedsbevægelse.

Nationalliberalismen i Danmark var afgrænset til en talmæssigt lille gruppe i bybefolkningens borgerskab og embedsborgerskab, aldersmæssigt formodentlig overvejende yngre lag. Den synede meget, fordi den var skrivende og veltalende. Dets mest markante dagblad *Fædrelandet* nåede før 1848 sit højdepunkt i 1842 med omtrent 1.500 abonnenter. Trykkefrihedsselskabet havde ca. 5.000 medlemmer, deraf de 3.000 uden for hovedstaden; Skandinavisk Selskab talte i Christian VIII's tid mellem 1.200 og 1.400, heraf 200 i provinsen.[120] Det lykkedes denne lille gruppe at sammenkoble liberalismen såvel med den sønderjyske sprogsag – der efterhånden blev tilspidset til det slesvigske spørgsmål og tiltrak sig mere og mere politisk opmærksomhed – som med en vision om en skandinavisk 'forening'. Begge disse 'sager' kunne samle også ikke-liberale grupper omkring en politisk nationalisme med en løsning af forfatningssagen, af Slesvigs placering og Norden på et program, som klart nok var mere visionært end konkret. Heller ikke dene nationale samling blev båret oppe af mange meningsfæller, men den stod stærkt over for det konservative establishment, som ganske vist sad på magten, men havde tabt overbevisningskraften, også troen på sig selv.

120. Hother Ploug: *Carl Ploug*, s. 121; *Skandinaviske drømme*, s. 124.

Litteraturliste

Inge Adriansen: *Fædrelandet, folkeminderne og modersmålet. Brug af folkeminder og folke-sprog i nationale identitetsprocesser – især belyst ud fra striden mellem dansk og tysk i Sønderjylland*. Sønderborg 1990.

C.F. Allen: *Det danske Sprogs Historie i Hertugdømmet Slesvig eller Sønderjylland*. I – II, 1857, 1858.

Povl Bagge og Povl Engelstoft (udg.): *Danske politiske Breve fra 1830erne og 1840erne*. Bd. I – IV. 1945-1958.

Brage og Idun, et nordisk Fjærdingårsskrift, udg. med Bistand af Danske, Svenske og Normænd, af Frederik Barfod. I.-V. 1839-1842.

Henrik Becker-Christensen: *Skandinaviske drømme og politiske realiteter. Den politiske skandinavisme 1830-1850*. 1981.

Holger Begtrup: *Det danske Folks Historie i det nittende Aarhundrede*. I – IV. 1909-1914.

Georg Christensen og Hal Koch (udg.): *N.F.S. Grundtvigs Værker i Udvalg*. I – X. 1940-1949.

H.N. Clausen: *Optegnelser om mit Levneds og min Tids Historie*. 1877.

H.P. Clausen & Jørgen Paulsen: *Augustenborgerne. Slægt – Slotte – Skæbne* (= *Fra Als og Sundeved*, Bd. 58). 1980.

Flemming Conrad: Den nationale litteraturhistorieskrivning 1800-1861, i: *Dansk iden-titetshistorie*. Bd. 2. 1991.

Vilh. la Cour: *Fædrelandet. Grundtræk i Danskhedsfølelsens Vækst*. 1913.

Otto Dann: Herder und die Deutsche Bewegung, i: G. Sauder (Hg.): *Johann Gottfried Herder 1744-1803*. Hamburg 1987.

Dansk biografisk Lexikon. 1.udg., bd. VIII, XIII, 1894, 1895.

Dansk biografisk leksikon. 3.udg.. Bd. 1 – 16. 1979-1985

Dietrich v. Engelhardt: Romanticism in Germany, i: *Romanticism in National Context*, ed. by Roy Porter & Mikulás Teich. Cambridge 1988.

Jacob Erslev. Et Mindeskrift, udgivet af hans Børn. 1904.

Knud Fabricius: Tidsrummet 1805-1864, i Vilhelm la Cour, Knud Fabricius, Holger Hjelholt og Hans Lund (red.): *Sønderjyllands Historie fremstillet for det danske Folk*. IV. Bd., 1937.

Knud Fabricius og Johs. Lomholt-Thomsen: *Flensborgeren, Professor Christian Paulsens Dagbøger*. 1946.

Henrik Fangel: *Haderslev bys historie 1800-1945*. I. Haderslev 1975.

Ole Feldbæk: Tiden 1730-1814, i: Aksel E. Christensen, H.P.Clausen, Svend Ellehøj og Søren Mørch (red.): *Danmarks historie*. Bd. 4. 1982.

Ole Feldbæk: Fædreland og Indfødsret, 1700-tallets danske identitet, *Dansk Inden-titetshistorie*. Bd. 1. 1991.

Johann Gottlieb Fichte: *Die Bestimmung des Menschen*. Berlin 1800.

Troels Fink: Admiralstatsplanerne i 1840'erne, i: *Festskrift til Erik Arup* den 22.novem-ber 1946. 1946.

Troels Fink: Omkring Ejderpolitikkens udformning. Danmarks forhold til Holsten og til det tyske forbund omkring 1840, i: *Jyske Samlinger*. Ny række I. 1950.

Chr. Flor: *Dansk Læsebog til Brug i de lærde Skoler.* Kiel 1831.

Chr. Flor: *Dansk Læsebog, indeholdende Prøver af dansk Sprog og Literatur ligefra Runealderen indtil nuværende Tid; tilligemed tvende Tillæg, hvori nogle Stykker af Oldnordiske Sagaer i dansk Oversættelse og nogle Prøver af Svensk Sprog og Literatur.* Til Brug for de høiere Klasser samlet og udgivet. 2.oplag 1835. 9.oplag 1886.

Aage Friis: Frederik den Sjette og det andet svenske Tronfølgervalg 1810, i: *Historisk Tidsskrift.* 7.række I. 1897-1899.

H.V. Gregersen: *Slesvig og Holsten før 1830.* 1981.

N.F.S. Grundtvig: *Nordens Mytologi eller Udsigt over Eddalæren for dannede Mænd, der ei selv ere Mytologer.* 1808.

N.F.S. Grundtvig: *Er Nordens Forening ønskelig? Et Ord til det svenske Folk.* 1810.

[N.F.S. Grundtvig]: *Helligtrekongerlyset eller tre Dages Hændelser paa Dannemarks Høiskole.En Beretning* ved N.F.S.G. 1814.

N.F.S. Grundtvig: *Nyaars-Morgen,* udg. ved Holger Begtrup. 1925.

[Nik. Fred. Sev. Grundtvig]: *Nordens Mythologi eller Sindbilled-Sprog* historisk-poetisk udviklet og oplyst af N.F.S.G. 2. omarb. Udg., 1832.

N.F.S. Grundtvig: *Det danske Fiir-Kløver eller Danskheden, partisk betragtet.* 1836.

Svend Grundtvig (udg.): *Grundtvig og Ingemann. Brevvexling 1821-1859.* 1882.

Hother Hage (udg.): *Orla Lehmanns efterladte Skrifter.* I. 1872.

Hans Schultz Hansen: Den danske bevægelse i Sønderjylland ca. 1830-50, national bevægelse, social forankring og modernisering, i: *Historie. Jyske Samlinger.* Ny række, bd 18.3. 1990.

Paul von Hedemann-Heespen: *Die Herzogtümer Schleswig-Holstein und die Neuzeit.* Kiel 1926.

V. Heise (udg.): *Breve til og fra Bernh. Sev. Ingemann.* 1879.

Miroslav Hroch: *Social Preconditions of National Revival in Europe. A Comparative Analysis of the Social Composition of Patriotic Groups among the Smaller European Nations.* Cambridge 1985.

Hans Jensen: *De danske Stænderforsamlingers Historie 1830-1848.* I-II. 1931, 1934.

Poul Jensen: *Presse, penge & politik 1839-48. Den sidste enevoldskonges forhold til konservative pressekredse – især i København.* 1971.

Steen Johansen: Hvorledes kom Grundtvig til at oversætte Saxo og Snorre? i: *Grundtvig Studier 1968.*

Ellen Jørgensen: *Historiens Studium i Danmark i det 19. Aarhundrede.* 1943.

Harald Jørgensen, *Trykkefrihedsspørgsmaalet i Danmark 1799-1848. Et Bidrag til en Karakteristik af den danske Enevælde i Frederik VI's og Christian VIII's Tid.* 1944.

Harald Jørgensen (udg.): *J.P.Trap. Fra fire kongers tid.* I. 1966.

Sven Møller Kristensen: *digteren og samfundet i Danmark i det 19. århundrede.* I. guldaldertiden. 2.udg. 1965.

P. Lauridsen: *Da Sønderjylland vaagnede. Skildringer og Breve.* I – VIII. 1909-1922.

Poul Linneballe og Povl Ingerslev-Jensen (udg.): *Oehlenschlägers Levnet fortalt af ham selv.* Første Deel. 1974.

Uwe Jens Lornsen: *Ueber das Verfassungswerk in Schleswigholstein.* Kiel 1830.

H.C.A. Lund: *Studenterforeningens Historie 1820-70. Dansk Studenterliv i det 19.Aar-hundrede*. II. 1898.

Flemming Lundgreen-Nielsen: *Det handlende ord: N.F.S. Grundtvigs digtning, littera-turkritik og poetik 1798-1819*, 1980.

Flemming Lundgreen-Nielsen: Grundtvigs danskhedsbegreb, i: *Dansk identitets-historie*. Bd. 3. 1992.

William Michelsen: *Tilblivelsen af Grundtvigs historiesyn*. 1954.

Georg Nørregård: *Danmark mellem øst og vest 1824-39*, 1969.

Christian Paulsen: *Ueber Volksthümlichkeit und Staatsrecht des Herzogthums Schleswig; nebst Blicken auf den ganzen Dänischen Staat*. Kiel 1832.

Christian Paulsen: *Om Hertugdømmet Slesvigs Folkepræg og Statsret tillige med et Blik paa hele den danske Stat*. Oversat af Johs. Lomholt-Thomsen. 1945.

Christians Paulsens samlede mindre Skrifter, I – II. 1857.

Jacob Petersen: *Skamlingsbanken 1843-1943*. [1943].

Carl Ploug (udg.): *Orla Lehmanns efterladte Skrifter* I-IV. 1872-74.

Hother Ploug: *Carl Ploug*. 1905.

Just Rahbek: *Dansk Militærpolitik fra Tronskiftet i 1839 til Krigens Udbrud i 1848*. Aarhus 1973.

Lorenz Rerup: *Slesvig og Holsten efter 1830*. 1982.

Marcus Rubin: *1807-14. Studier til Københavns og Danmarks Historie*. 1892.

Marcus Rubin: *Frederik VI's Tid. Fra Kielerfreden til Kongens Død*. 1895.

Johann Runge: *Sønderjyden Christian Paulsen. Et slesvigsk levnedsløb*. Flensborg 1981.

Johann Runge: *Christian Paulsens politische Entwicklung. Ein Beitrag zur Analyse der Entwicklung des dänischen Bewußtseins in der ersten Hälfte des 19.Jahrhunderts im Herzogtum Schleswig*, i rækken: *Quellen und Forschungen zur Geschichte Schleswig-Holsteins*, Bd. 57. Neumünster 1969.

F. Rønning: *N.F.S. Grundtvig. Et Bidrag til Skildring af dansk Åndsliv i det 19.Århundrede*, Bd. II. 1. 1908.

Alexander Scharff: »Uwe Jens Lornsen und sein 'Verfassungswerk' in der zeitge-nössischen Publizistik« i: *Zeitschrift der Gesellschaft für Schleswig-Holsteinische Ge-schichte* Bd. 105. 1980.

Vagn Skovgaard-Petersen: Tiden 1814-1864, i: H.P.Clausen og Søren Mørch (red.): *Danmarks historie*. Bd. 4. 1982

Jens Arup Seip: *Fra embedsmannsstat til ettpartistat og andre essays*. Oslo 1963.

L. Schrøder (udg.): *Christian Molbech og Nikolaj Frederik Severin Grundtvig. En Brevvex-ling*, samlet af Chr.K.F. Molbech. 1888.

Henrik Steffens: *Indledning til Philosophiske Forelæsninger*. 1803.

J.M. Thiele: *Af mit Livs Aarbøger. 1795-1826*. 1873.

Anders Pontoppidan Thyssen: *Vækkelse, kirkefornyelse og nationalitetskamp i Sønder-jylland 1815-1850*, Åbenrå 1977 (= *Vækkelsernes frembrud i Danmark i første halvdel af det 19. århundrede*, bd. 7, og = *Skrifter, udg. af Historisk Samfund for Sønderjylland*, nr. 46).

Vibeke Winge: Dansk og tysk 1790-1850, i: *Dansk identitetshistorie*. Bd. 2. 1991.

Adam Oehlenschläger: *Anden April 1801. En dramatisk Situation*. 1802.

Den nationale litteraturhistorieskrivning 1800-1861

Flemming Conrad

Med ordene 'den nationale litteraturhistorieskrivning' og årstallene 1800-1861 er der angivet nogle grundbegreber og tidsmæssige begrænsninger, som til en begyndelse må uddybes og begrundes nærmere.

Ved *litteraturhistorieskrivning* tænkes der i det følgende på den særlige teksttype, der i fortællende form søger at give et samlet og sammenhængende, kronologisk ordnet billede af en national litteratur fra dennes begyndelse og frem til ca. den pågældende fremstillings egen tid, altså den slags bøger, der som titel har »Dansk (eller tysk, engelsk osv.) litteraturhistorie«, eller som kunne have haft det. Kun helt undtagelsesvis vil der blive taget hensyn til litteraturhistoriske skrifter om enkelte perioder, forfatterskaber eller lignende.

Med *den nationale* sigtes i første omgang til skrifter af denne art, der omhandler den danske litteratur, og som ydermere er skrevet af danske forfattere med henblik på danske sammenhænge. De ganske få skrifter fra den behandlede periode, der ganske vist svarer til den anførte forståelse af 'litteraturhistorie', men er skrevet på forskellige europæiske hovedsprog uden specielt sigte på et dansk publikum, vil ikke blive inddraget, højst flygtigt berørt, hvis de har dansk ophavsmand og i øvrigt på anden vis kan bringes i relation til afhandlingens hovedlinje.

Den nationale danske litteraturhistorieskrivning i den omhandlede periode giver imidlertid anledning til at sondre mellem to arter af 'national' litteraturhistorie, idet der på den ene side gives skrifter, der alene fortjener betegnelsen 'national', fordi de beskriver den hjemlige litteraturs historie,

Flemming Conrad, født 1932; lektor, cand.mag. Institut for nordisk Filologi. Københavns Universitet. Tilknyttet Forskningsgruppen for dansk Identitetshistorie 1.1.89-30.6.1990.

mens andre ved siden af denne adkomst til betegnelsen fortjener den, fordi
de opfatter litteraturen som udtryk for noget specielt dansk, en særlig dansk
identitet, ser tilsynekomsten og realiseringen af denne identitet som den
litterære 'udviklings' egentlige og ønskværdige mål – og derfor ser fore-
komsten af nationale træk i et digterværk, et forfatterskab eller en større
tekstmængde som en kvalitet ved denne litteratur. I det følgende skal
overgangen fra den ene til den anden af disse typer inden for den danske
litteraturhistorieskrivning følges detaljeret med det formål at belyse den
nationale tænknings afsmitning på denne teksttype og samtidig litteratur-
historiens mulighed for at spille en rolle i det nationale opdragelsesværk.[1]

De tidsmæssige grænser for denne undersøgelse sættes af årstallene 1800
og 1861. Der kan før dette tidsrum peges på enkelte skrifter, der rummer
oversigter over fortidens litterære produktion. Filologen Peder Syv (1631-
1702) brugte således en snes sider i sin bog om det »Cimbriske Sprog«[2] til et
vue over den hjemlige digtning, der inddeles i tre kronologiske klasser: den
ældste (oldislandske), den mellemste (middelalder og reformationstid) og
»vor tiid« (dvs. fra og med Arrebo og den nyere kunstdigtnings indtog i
Danmark ca. 1620). Tyve år senere afrunder Ole Borch (1626-1690) sine
Dissertationes de Poetis[3] med et lignende overblik over de danske poeter, atter
med markering af kunstdigtningens etablering med Anders Arrebo, og
endelig rummer også Poul Pedersens fortale til det komiske fortællende digt
om *Don Pedro* fra kort før 1700[4] ansatser til en litteraturhistorisk oversigt. Der
er dog i alle tilfælde tale om udpræget skitsemæssige behandlinger.

Det første værk af større omfang, der tager den danske litteratur for sig, er
Albert Thuras (1700-1740) *Idea historiæ litterariæ Danorum*,[5] der på den ældre
lærdomshistories facon registrerer den boglige dannelse ved forskellige
lærdomscentre; 'litteratur' betyder her endnu boglig dannelse, mens 'histo-

---

1. Nærværende fremstilling bygger på en endnu ikke publiceret afhandling med arbejdstitlen
   Smagen og det nationale. Studier over dansk litteraturhistorieskrivning 1800-1861.
2. Peder Syv: *Nogle betenkninger om det Cimbriske Sprog.* Kbh. 1663, *Danske Grammatikere fra
   Midten af det syttende til Midten af det attende Aarhundrede,* udg. af Henrik Bertelsen, I. Kbh.
   1915, [2]1979 s. 174-209.
3. Olai Borrichii *Dissertationes academicæ de Poetis, Plublicis Disputationibus, in Regio Hafniensi
   Lycéo, assertæ, Ab Anno 1676. ad Annum 1681 Nunc iterum evulgatæ.* Francofurti 1683 s. 163-174.
4. *Kierligheds Endrings og Undrings Speil forestillet udi den spanske Herremand Don Pedro af Granada
   hans Lif og Levnets Historie ved Philedor.* Udg. af Georg Christensen. Kbh. 1937. Antages
   skrevet kort før 1700 af Poul Pedersen, hvis nærmere data ikke foreligger oplyst. Trykt første
   gang 1724.
5. Albert Thura: *Idea Historiæ Litterariæ Danorum.* Hamburgi 1723.

rie' betyder opregning af lærde (fx skolefolk) og deres eventuelle litterære produktion. Først med Rasmus Nyerup og K.L. Rahbeks *Bidrag til den danske Digtekunsts Historie*, der begyndte at udkomme i 1800, står vi over for et værk, som vi med vore dages begreber umiddelbart genkender som en – ganske vist særpræget – litteraturhistorie.

Tilsvarende betegner årstallet 1861 afslutningen på den næste store præstation inden for denne teksttype, N.M. Petersens *Bidrag til den danske Literaturs Historie*, der begyndte at udkomme i 1853. Med den fremlægges den forståelse af litteraturhistorien som en national evolutionshistorie, som havde dannet sig i løbet af de foregående årtier, og som nu blev normgivende for den lærde skoles lærebøger i dansk litteraturhistorie i flere generationer. Fra midten af 1800-tallet og i hvert fald hundrede år frem er dansk litteraturhistorie en uomgængelig bestanddel af det danske dannelses- og uddannelsessystem, omend med forskellig vægtning på dets forskellige niveauer. I det følgende skal vi først betragte litteraturhistoriefagets etablering i undervisningssystemet og siden undersøge teksttypens konstituerende elementer og disses forvandlinger.

1. Litteraturhistorien og skolen

Det må fastslås, at den danske litteraturhistorieskrivning bliver til som frugt af eller med henblik på pædagogisk virksomhed, overvejende i offentligt regi. Dens historie er intimt knyttet til etableringen af modersmålsfaget eller nationalfaget, som man siden sagde. Det er i kort begreb historien om, hvordan den studerende ungdoms litterært-æstetiske dannelse overflyttes fra det ikke-nationalt orienterede æstetikfags domæne til det nye nationalt og historisk funderede dansk-fag. Forskydningerne i teksttypens konstituerende elementer modsvares af de samfundsmæssige ændringer, der bl.a. viser sig som ændringer i undervisningssystemet.

Det er karakteristisk for det forløb fra kort før 1800 til midten af 1800-tallet, som vi her skal følge, at dansk litteraturhistorie eksisterer som fag, længe før det sikres egentlige institutionelle rammer i form af bevillinger til særligt definerede lærestole, studie- og eksamensordninger m.v. En særlig træghed kan iagttages i universitetsvæsenet, hvor processen tager sin begyndelse, men hvor faget først bliver fast etableret meget sent. Til gengæld betød fagets endelige anbringelse på universitetet, at dets stilling i hele den del af skolevæsenet, der har affinitet til den lærde verden, var sikret. Derimod er dansk litteraturhistorie i formaliseret form aldrig blevet et forordnet fag i den centrale del af almue- eller folkeskolen.

Universitetet (I): Den tidligste beskæftigelse med modersmålet og dets litteratur foregik som ovenfor antydet uden nogen kontakt til undervisningsvæsenet, men fra sent i 1700-tallet begynder disse fagområder at få fodfæste på universitetet.[6] Latinisten Jacob Baden (1735-1804), der var professor i latinsk veltalenhed og derfor benævntes 'professor eloquentiæ',[7] forelæste således i 1782-1783 over dansk sprog og grammatik og udsendte i 1785 sine *Forelæsninger over det Danske Sprog, eller Resonneret Dansk Grammatik.*[8] Badens lærestol er også et af arnestederne for den danske litteraturhistorie som videnskabelig disciplin.

Indtil 1790 havde undervisningen i den litterære æstetik eller de skønne videnskaber, som man sagde, sorteret under fagene græsk og ganske særlig latin, nemlig den just nævnte professor eloquentiæ. Det var formålet med denne undervisning at sikre de kommende embedsmænds æstetiske dannelse eller 'gode smag', idet de studerendes omgang med antikkens tekster formodedes at fremme dette mål. Denne særlige opgaves placering under latinfaget var bekræftet så sent som ved universitetsfundatsen af 7.5. 1788 (I. Cap. § 6).

Ligesom tilfældet var ved andre europæiske universiteter havde der dog i perioder ved siden af latinfaget fungeret en særlig poesi-professor, en såkaldt 'professor poeseos'. Stillingen oprettedes først gang i København i 1636, men var kun besat med mellemrum, således i årene 1751-1765 af barok-poeten C.F. Wadskiær, der vides at have givet lektioner over dansk poesi.[9]

Universitetsfundatsen af 1788 nævner ikke noget professorat i æstetik, men sent i 1780'erne var planer om et sådant oppe til drøftelse i kredsen om den nylig (1788) udnævnte universitetspatron, hertug Frederik Christian af

---

6. Emnet er behandlet ud fra andre synspunkter i Mogens Brøndsted: Dansk og nordisk litteraturhistorie, *Københavns Universitet 1479-1979*, red. af Svend Ellehøj, IX, 2. Kbh. 1979 s. 1-91. Jf. min anmeldelse i *Danske Studier 76.* 7. rk. 4. Kbh. 1981 s. 106-110.
7. Latinsk eloquentia = veltalenhed.
8. Jacob Baden: *Forelæsninger over det Danske Sprog, eller Resonneret Dansk Grammatik.* Kbh. 1785.
9. Ejvind Slottved: *Lærestole og Lærere ved Københavns Universitet 1537-1977.* Kbh. 1978.

Historisk Udsigt

over

den danske Litteratur

indtil Aar 1814.

Af

Dr. C. A. Thortsen,

Overlærer ved Roeskilde Cathedralskole.

Kjøbenhavn.

Paa Universitets=Boghandler C. A. Reitzels Forlag.

Trykt i Bianco Lunos Bogtrykkeri.

1839.

Overlærer C.A. Thortsens litteraturhistoriske lærebog for den lærde skole fra 1839 er den første af sin slags og således et synligt udtryk for et nyt fags begyndende etablering i en toneangivende skoleform. Det er meget sjældent, at Danmarks adskillelse fra Norge i 1814 får status som periode-skel i danske litteraturhistorier. Det kongelige Bibliotek.

Augustenborg (1765-1814). Hertugens tankegang bag oprettelsen af denne lærestol fremgår af hans noget senere skrivelse til finanskollegiet:

Hidindtil var der ingen Lærer i Æsthetiken paa 2 Kongerigers eneste Universitet. Det syntes mig at være en betydelig Mangel. Paa ethvert velordnet Universitet skulde der dog gives Leilighed ikke allene at lære de skiønne Videnskabers Theorie, men ogsaa at lære at kiende og med Kundskab og Smag at bedømme vor egen og de fremmede Nationers skiønne Literatur. Skulde ikke overalt Philosophien over det Skiønne i Begrebets hele Omfang ved Smagens Dannelse have en betydelig Indflydelse paa National-Culturens Fremme, paa Talenternes Udvikling og selv paa Moraliteten? Skulde jeg da ikke kunne haabe, at ogsaa Finants-Collegiet vil give mit Forslag at beskikke en Lærer i dette Fag sit Bifald?[10]

Vi skal senere vende tilbage til selve smags-begrebet. Her skal det bemærkes, at skønt det foreslåede æstetik-professorat ikke specielt skulle tage sigte på at behandle den danske litteratur, var en sådan beskæftigelse dog nu muliggjort.

Bl.a. var den unge digter Jens Baggesen (1764-1826) udset til denne stilling,[11] men den gik til den ligeledes unge digter, litterat og skønånd Knud Lyne Rahbek (1760-1830), der ansattes 14.5.1790 efter i nogen tid at have fungeret som privatdocent.

Rahbeks undervisning bestod dels i en gennemgang af æstetikken, poetikken og retorikken med benyttelse af J.J. Eschenburgs yndede lærebog på dette område,[12] dels bød han på oplæsning og forklaring af berømte danske digterværker, ofte helt moderne værker efter de studerendes valg.[13]

Under en national synsvinkel er det Rahbeks fortjeneste, at han i udtalt grad, men uden derfor ganske at negligere æstetikfagets bredere forpligtelser drejede opmærksomheden i retning af fædrelandets litteratur. Litteraturhistorisk blev denne beskæftigelse imidlertid først, da han fra og med vintersemesteret 1798-1799 indledte et forelæsningssamarbejde med kolle-

---

10. Fremsendt til Danske Kancelli og Kbh.s universitet i april 1793, jf. Finanskollegiets Forestillinger 1793 nr. 96 af 14.5. 1793; her citeret efter *Kiøbenhavns Universitets-Journal*, udg. ved Jac. Baden, I. Kbh. 1793 s. 147-148.

11. *Jens Baggesens Biographie*, ved August Baggesen, I. Kbh. 1843 s. 188-190.

12. Johann Joachim Eschenburg: *Entwurf einer Theorie und Literatur der schönen Wissenschaften. Zur Grundlage bey Vorlesungen*. Berlin und Stettin 1783.

13. Jf. Anne E. Jensen: *Rahbek og de danske Digtere*. U.st. 1960 s. 19.

gaen Rasmus Nyerup, der med afbrydelser strakte sig frem til deres død o. 1830.

Rasmus Nyerup (1759-1829) havde fra 1796 fungeret i universitetets professorat i 'Literairhistorie', der siden 1600-tallet havde været knyttet til stillingen som universitetsbibliotekar. Universitetsfundatsen af 1732 (§ 81) pålægger således bibliotekaren at give ugentlige orienteringer om universitetsbibliotekets bogbestand og vejlede i brugen af samme, og denne ordning fastholdes i fundatsen af 1788 (VII. Cap. § 5).

Så lidt som æstetikprofessoratet havde Nyerups lærestol noget særligt ansvar for den danske litteratur, hvortil kommer, at der heller ikke var tale om nogen fortrinsstilling for den digteriske litteratur. Vi ser ham da også livet igennem forelæse over emner spændende fra almindelig videnskabslære[14] til verdenslitteraturens historie på grundlag af Eichhorns og Wachlers ansete håndbøger.[15] I vores sammenhæng er det imidlertid afgørende, at han straks i vinteren 1796-1797 kaster sig over den danske litteraturs historie og fra 1798-1799 var engageret i det livslange samarbejde med K.L. Rahbek. Inden for rammerne af dette teamwork eller alene brugte Nyerup ca. halvdelen af sit samlede undervisningsarbejde på den nationale litteraturs historie, hvoraf med tiden den danske poesihistorie blev aldeles enerådende.

Det kan være vanskeligt at danne sig et sikkert indtryk af tilslutningen til Rahbek og Nyerups forelæsninger, men nogen større blæst omkring dem er der ikke baggrund for at forestille sig. Rahbeks forelæsninger i 1790'erne har tilsyneladende trukket tilhørere,[16] mens Nyerup for sit vedkommende sjældent kunne mønstre mere end ca. 10 tilhørere.[17] Dog tyder enkelte bevarede tilhørerlister fra Rahbek og Nyerups fællesforelæsninger fra årene 1815-1826 på noget bedre tilslutning, ligesom Nyerups forelæsninger over dansk poesihistorie synes at have haft bedre tilslutning end hans gennemgange af diverse videnskabers specielle litteraturhistorie.[18]

Den tilsyneladende beskedne tilslutning behøver naturligvis ikke at være ensbetydende med en manglende klangbund for nationale tilkendegivelser

---

14. Fx i 1806-1808 med benyttelse af W.T. Krug: *Versuch einer Systematischen Enzyklopädie der Wissenschaften* I-II. Wittenberg, Leipzig und Jena 1796-1797.
15. Ved forelæsninger 1800 og 1804 benyttede Nyerup hhv. J.G. Eichhorn: *Litterärgeschichte* I (-II). Göttingen 1799 (-1814) og Ludwig Wachler: *Handbuch der allgemeinen Geschichte der literärischen Cultur* I (-II). Marburg 1804 (-1805).
16. Jf. Hans Kyrre: *Knud Lyne Rahbek, Kamma Rahbek og Livet paa Bakkehuset*. Kbh. 1914 s. 175-176.
17. Jf. brev fra Nyerup til Chr. Molbech 16.9. 1812 (KB: Ny Kgl. Samling 2336, 4°).
18. KB: Add. 181[d], 2°.

overhovedet i offentligheden i disse år, men at noget sådant kan have været tilfældet, fremgår muligvis også af den modtagelse, den unge Chr. Molbechs (1783-1857) tilsvarende initiativ fik. Gennem nogle år havde han i skrifter om modersmålet[19] talt for de nye ideer om en mere aktiv national bevidsthed. Men da han på denne baggrund i efteråret 1822 ville holde privat-forelæsninger over den samlede danske sprog- og litteraturhistorie, måtte han aflyse projektet på grund af svigtende tilslutning fra publikum.[20] Det lille skrift om *Indledning til det danske Sprogs og den danske National-Litteraturs Historie* fra samme år vidner om det mislykkede fremstød.[21]

Statsmagtens interesse i at fremme den nationale litteraturhistories stilling i undervisningsvæsenet lader sig heller ikke entydigt bestemme. K.L. Rahbek havde i 1799 fratrådt sit professorat, der siden, i 1810, var blevet besat med digteren Adam Oehlenschläger. Da Rahbek i 1816 atter søgte om en stilling som professor, søgte han karakteristisk nok ikke om en lærestol i æstetik, men i »Fædrelandets Litteratur« og anførte i sin Ansøgning, at det

I Særdeleshed har [...] været mit Ønske at kunne fortsætte de Forelæsninger, jeg i Forening med min Ven Professor Nyerup har holdt over vor poetiske Litteratur under Højsalig Kong Frederik femte [...].[22]

Han blev imidlertid alligevel ansat »i det æstetiske Fag især i det danske Sprog og den danske Litteratur«.[23] Den nationale litteraturhistorie fik altså ikke status som selvstændigt universitetsfag ved denne lejlighed, skønt chancen var der. På en lignende ringe interesse for det senere såkaldte 'nationalfag' tyder det også, at Rasmus Rask, der allerede da havde kvalificeret sig inden for den nordiske filologi, i 1815 uden held søgte en ikke nærmere specificeret ansættelse ved universitetet, og at dette gentog sig i 1823. Da han omsider blev ansat, var det ikke i 'nationalfaget', men i »Literair-Historie i Almindelighed [...] med særdeles Hensyn til den gamle asiatiske Literatur«.[24]

---

19. Fx *Om Nationalsprogets Hellighed. Med en Efterskrift til det danske Publicum.* Kbh. 1815.
20. Se Molbechs skrivekalender for 1822: 16.-23.7., 3.8., 16.-17.9., 31.10. (KB: NkS 439,8°).
21. Chr. Molbech: *Indledning til Forelæsninger over det danske Sprogs og den danske National-Litteraturs Historie, med en Fortegnelse efter Tidsfølgen over de vigtigste Sprogværker og Forfattere.* Kbh. 1822.
22. Den kgl. Direktion for Universitetet og de lærde Skoler. Forestillinger 1815-1816, nr. 529.
23. Sst.; jf. i øvrigt *Breve fra og til Adam Oehlenschläger November 1809 – Oktober 1829*, udg. af Daniel Preisz, IV. Kbh. 1958-1968 s. 207-208.
24. *Breve fra og til Rasmus Rask*, ved Louis Hjelmslev og Marie Bjerrum, I-III. Kbh. 1941-1968: Brev nr. 104 (9.7. 1816), 471 (26.5. 1823), 594 (16.4. 1825) med tilhørende kommentarer.

H.G.F. Holms tegning fra 1830'rne viser opgangen gennem Rundetårn til Universitetsbibliotekets lokaler på loftet over Trinitatis kirke. Her – »paa Taarnet«, som de sagde, og altså for så vidt inden for rammerne af de traditionelle bibliotekar-forelæsninger – holdt Rasmus Nyerup og K.L. Rahbek oftest deres fælles forelæsninger over den danske digtekunsts historie. Det kongelige Bibliotek.

I modsætning til denne politik i forbindelse med besættelse af lærestole på Københavns Universitet var ansættelsen af digteren Baggesen som professor i dansk sprog og litteratur ved helstatens andet universitet, det i Kiel, i januar 1811 ledsaget af en begrundelse, som lader sig tolke som en national tilkendegivelse, der peger frem mod den nationale filologis senere helt centrale stilling, idet professoratets vigtighed just begrundes ved en fremhævelse af »Sproget som et af de naturligste og sikreste Midler til at grundfæste og vedligeholde National-Eenheden«.[25] Her spores en afsmitning fra historikeren og embedsmanden Laurits Engelstofts (1774-1851) tilkendegivelse få år tidligere:

Kunde Sproget døe ud, og Nationen være den samme? nei,

25. Kgl. reskript 5.1. 1811.

Sprog og Nation staae og falde med hinanden. Med Sproget falder Nationen, naar den, foragtende sig selv, afklæder sig den Character og den Originalitet, som beroer paa Modersmaalets Vedligeholdelse og Ære. Med Nationen falder Sproget, naar ydmygende Aag, paalagt af udenlandsk Hersker, tvinger det gamle Tungemaal til at vige for et fremmed.[26]

Mens det formentlig er muligt også at forstå omhuen for det danske sprogs stilling i hertugdømmerne som et udtryk for statsmagtens ønske om den enklest mulige administration af alle helstatens dele under ét, kan der derimod ikke herske tvivl om de dansk-nationale intentioner i forbindelse med genoprettelsen af Sorø Akademi i årene omkring 1820.

Inden vi ser på udviklingen efter 1820, kan vi da opsummere, at den første danske litteraturhistorie af betydning bliver til inden for rammerne af to lærestole, der ikke var etableret med henblik på varetagelse af den danske litteratur, og hvoraf den ene ganske vist havde digtningen som sit domæne, men ikke under en historisk synsvinkel, mens den anden ganske vist var forpligtet på en historisk synsmåde efter tidens begreber, men ikke i særlig grad på digtekunsten.

Samarbejdet mellem disse to institutioner førte til de fire bind *Bidrag til den danske Digtekunsts Historie* (1800-1808), der siden suppleredes med to satellitbind i 1819 og 1828.[27]

Sorø Akademi: Mens denne virksomhed foregår på og i tilknytning til undervisningen på Københavns Universitet, sker der en ændring i synet på den litterære pædagogiks opgaver og indretning, som bl.a. kommer til syne i planerne om en genoprettelse og nyindretning af Sorø Akademi i årene op mod 1820. Efter flere års overvejelser er sagen moden til formel beslutning i 1821, hvorefter åbningen af den nye læreanstalt offentliggøres året efter.[28]

26. L. Engelstoft: *Tanker om Nationalopdragelsen betragtet som det virksomste Middel til at fremme Almeenaand og Fædrelandskiærlighed*. Kbh. 1808. Jf. Ole Feldbæk: Skole og Identitet 1789-1818. Lovgivning og Lærebøger, *Dansk Identitetshistorie*, red. af Ole Feldbæk, II. Kbh. 1991 og Flemming Conrad: Konkurrencen 1818 om en Nationalsang, sst.
27. R. Nyerup og K.L. Rahbek: *Bidrag til den danske Digtekunsts Historie, uddragne af Forelæsninger* [...] I-IV. Kbh. 1800-1808; sa.: *Udsigt over den danske Digtekunst under Kong Frederik den Femte*. Kbh. 1819; sa.: *Bidrag til en Udsigt over dansk Digtekunst under Kong Christian den Syvende. Første Deel, indbefattende Tidsrummet 1766-75*. Kbh. 1828. Der henvises til de i alt seks bind ved romertal I-VI.
28. Kgl. resolutioner af 9.3. 1821 og 26.4. 1822; *Bekiendtgørelse <...> angaaende Sorøe Academie* 31.5. 1822.

Denne institution – der også rummede en skoleafdeling, som her må lades ude af betragtning – skulle ikke udgøre et tredje universitet ved siden af Københavns og Kiels, men skulle danne ramme om en humanistisk basisuddannelse og for så vidt være et alternativ til den laveste universitetsundervisning – eller føre frem til en eksamen, der i sig selv udgjorde et endemål, men på samme niveau. Set i forhold til akademiets forudgående historie er det en nydannelse, at det ikke længere skulle være et 'ridderligt akademi', men åbne sig for børn af embedsstanden og den »agtbare« borgerstand og ikke blot for de privilegerede stænders ungdom. Fagkredsens moderne præg er iøjnefaldende: ved siden af græsk, latin, filosofi osv. taler bekendtgørelsen fra 1822 om de »interessantere Dele af den danske, tydske, franske og engelske Literatur i Forbindelse med fortsat og udvidet Sprogøvelse«.[29]

Den unge digter B.S. Ingemanns (1789-1862) interesse for en ansættelse i Sorø kan spores fra efteråret 1818, men hans ansøgning tager, ligesom tilfældet var med Rasmus Rasks et par år tidligere, ikke sigte på noget bestemt fag.[30] Først senere nævnes »det danske Sprog og Literatur« som et passende ansættelsesområde for »Literatus Ingemann«.[31]

Med Ingemanns undervisning, der først kom i gang i september 1826, tegner sig konturerne af et nyt fag i det højere undervisningsvæsen. For vintersemesteret 1826-1827 lyder annonceringen af hans forelæsninger således:

> Bernhard Severin Ingemann, Lector i dansk Sprog og Litteratur, agter i tvende Timer ugentlig [...] at meddele de Studerende en Oversigt over Fædrenelandets Litteratur og dens Historie fra dens ældste Spor gjennem Oldtiden og Middelalderen til dens senere Udvikling, fornemmelig med Hensyn paa Digtekunsten og dens Indflydelse paa Folkets og Modersmaalets Uddannelse.[32]

Senere benævnes Ingemanns forelæsninger »en Oversigt over *National-Litteraturen*«.[33] Til brug ved denne undervisning, der med afbrydelser va-

29. *Bekiendtgørelse <...> angaaende Sorøe Academie* 31.5. 1822 s. 7.
30. Dateret 29.2. 1820; findes i sagens akter, jf. note 31.
31. Den kgl. Direktion for Universitetet og de lærde Skoler. Forestillinger 1821 nr. 774 (29.3. 1821).
32. *Fortegnelse over Forelæsninger og Øvelser ved Sorøe Academie i Vintersemesteret September 1826 – Marts 1827.*
33. Sst. vedr. vintersemesteret 1828-29.

rede frem til akademiets lukning i 1849, udarbejdede Ingemann et forelæsningsmanuskript, som han tog frem og supplerede og korrigerede år efter år, så dets enkelte dele nu kun med usikkerhed kan henføres til en bestemt fase i dette kronologiske forløb.[34]

Afgørende er imidlertid litteraturfagets nye institutionelle placering: Den litterære uddannelse får hermed sin plads inden for rammerne af et nyt fag, der har modersmålet og dets litteratur som emne, og samtidig gøres dette område til et historisk fag med »Udvikling« som kerneord; ved sin særlige prioritering af digtningen fortsætter dette fag linjen fra æstetikfaget, mens dets kobling med sproget og disse elementers rolle i forbindelse med »Folkets [...] Uddannelse« rummer nye signaler. At undervisningen bestrides af en digter, viser tilbage til traditionen fra æstetikfaget (Rahbek, Oehlenschläger[35]) – at fagets emne betegnes »National-Litteraturen«, peger principielt fremad. Den almene dannelse uden sigte på senere virksomhed i noget bestemt fag eller embede, der ifølge planerne fra 1822 skulle være akademi-studiernes overordnede mål, får derved tilført en afgørende national dimension. Der er lukket op for litteraturfagets kommende rolle i den nationale opdragelse.[36]

Den kongelige militaire Høiskole: Det er et vidnesbyrd om den danske litteraturhistories stadig sikrere plads i det højere undervisningssystem, at dette fag også blev indført på Den kongelige militaire Høiskole, da denne blev grundlagt i 1830 i forbindelse med en omlægning af den højeste officersuddannelse.[37] Skolen skulle tage sig af den videre uddannelse af allerede uddannede officerer, fortrinsvis fra hærens stabe og fra visse særlige korps som fx ingeniørtropperne.

Skolens høje placering i det militære system modsvares af et kræsent udvalgt lærerkorps. Blandt de ledende kræfter ved skolens oprettelse og i de første år derefter bemærker man således oberstløjtnant Joseph Abrahamson (1789-1847), der allerede o. 1820 havde demonstreret evner som under

---

34. Ingemanns forelæsninger, der findes i KB: Add. 439,4°, består af 18 upaginerede hæfter, i alt ca. 700 beskrevne sider; der henvises til hæfte med romertal og blade med arabertal.
35. Også Oehlenschlägers efterfølger Carsten Hauch, der var professor i æstetik 1851-1872, tilhører denne tradition, som derefter ophører.
36. *Bekiendtgørelse* <...> *angaaende Sorøe Academie* 31.5. 1822.
37. Jf. for det følgende *Uddannelsen af Hærens Linieofficerer 1713-1963*, red. af Mogens Rosenløv. Kbh. 1963 og *Forsvarsakademiet 1830-1980*, red. af Mogens Rosenløv. Kbh. 1980.

visningsplanlægger i forbindelse med indførelsen af den såkaldte 'ind-
byrdes undervisning' i almueskolen;[38] men i øvrigt noterer man blandt
skolens personale så markante navne som senere krigsminister A.F. Tscher-
ning (1795-1874), senere general Chr. de Meza (1792-1865) og digteren Fre-
derik Høegh-Guldberg (1771-1852); i denne lærerstab indgik også digteren,
dr.phil. Johan Ludvig Heiberg (1791-1860) som »Lærer i dansk og almindelig
skjøn Literatur«.[39]

Skolens høje ambitionsniveau var bl.a. inspireret af Joseph Abrahamsons
kendskab til den franske »École polytechnique«. Selvfølgelig lå hoved-
vægten på de militære og militærtekniske discipliner, men i uddannelsens
grundkursus indgik ud over en række naturvidenskabelige og tekniske fag
tillige

> deels som Hjælpemidler til Arbeid siden, deels som hver dannet
> Mand i vore Tider nødvendigt, det danske Sprog, ikke seet blot
> fra det grammaticalske, men fra et mere almindeligt og logiskt
> Synspunct, stilet paa at give Dygtighed i at arbeide med Klar-
> hed, Tydelighed og Lethed; Dansk skjøn Literatur og almindelig
> skjøn Literatur; Tydsk og Fransk med Udsigt over samme
> Sprogs skjønne Literatur, og Engelsk.[40]

Hertil føjes yderligere filosofi som indledning til kurset i »almindelig skjøn
Literatur«. Målet er »Forhvervelsen af *grundig almindelig Dannelse og en derpaa
bygget, ligeledes grundig særegen Dannelse for Enhver i hans Fag*.«[41] Til opnåelsen
af det første mål, erhvervelsen af den almindelige dannelse, opereres altså
bl.a. med et kursus i »den almindelige skjønne Literatur«, der i mere
filosofisk end historisk anretning skulle »danne en Æsthetik i systematisk
Form«,[42] dels et kursus i fædrelandets litteratur, der skulle give et historisk
billede af den danske litteraturs »Udvikling til sit nuværende Stand-
punct«.[43]

Ved en vurdering af det nationale litteraturfags stilling og status ved
højskolen bemærker man, at det ikke begrundes ud fra ønsket om at styrke

---

38. Jf. Joakim Larsen: *Den danske skoles historie* III. Kbh. 1984 s. 74 ff.
39. Heibergs ansættelsesbrev af 26.5. 1830 i RA: privatarkiver 5590, C.3; om Heibergs forhold
    på skolen se Morten Borup: *Johan Ludvig Heiberg* II. Kbh. 1948 s. 14-17 og E.O.A. Hedegaard:
    Johan Ludvig Heiberg og Den Kongelige Militaire Høiskole 1830-36, *Militært Tidsskrift* CIII.
    1974 s. 434-460.
40. *Plan til den Kongelige militaire Høiskole. 1830*. Trykt som Manuskript. Kbh. 1830 s. 10.
41. Sst. s. 14.
42. Sst. s. 41.
43. Sst.

officerernes dansk-nationale sindelag, hvad der måske også kunne være en tvivlsom sag ved en institution af denne art inden for den dansk-tyske helstat; på den anden side hindrede det, som vi skal se i det følgende, ikke professor Heiberg i at indrette sine forelæsninger efter nationale synspunkter. Det må også fremhæves, at fagets plads på ugeplanen var relativt beskeden, og at dansk litteraturhistorie ikke fik status som eksamensfag; større anseelse nød det heller ikke!

Ved en revision af undervisningsplanerne i 1836 mente højskolens ledelse, at eleverne i yngste afdeling savnede både tid og modenhed til at påhøre litterære forelæsninger, og at eleverne i ældste klasse hverken havde »Tid eller Nødvendighed« for sligt, idet »Sprogenes skjønne og almindelige Litteratur, som særskilte Foredrag, samt Logik og Æsthetik, ligge [...] uden for en militair Høiskoles egentlige Sphære.«[44] Men ved en ny revision i de nationalt aktive år mellem de slesvigske krige blev den danske litteraturhistorie atter indført på den militære højskole; det skete nu inden for rammerne af faget »Modersmaalet«, der bl.a. skulle omfatte »Den danske Nationalliteraturs Historie tilligemed en Udsigt over den oldnordiske Literatur«.[45] Her har det nationale litteraturfags vokabularium og horisont, bl.a. forankringen i en oldnordisk sammenhæng, vundet fodfæste inden for den højeste officersuddannelse.

Johan Ludvig Heibergs to små bøger om dansk litteraturhistorie stammer fra skolens første periode, årene 1830-1836, inden han blev afskediget som følge af den nævnte reform af undervisningsplanen. Der er i begge tilfælde tale om pligtarbejder, idet skolens lærere skulle udarbejde såkaldte »Ledetraade« til støtte for tilegnelsen af det mundtlige foredrag og til orientering for eksaminatorer og censorer ved eksamen. Heibergs opfyldelse af denne såvel som sine øvrige pligter ved skolen kan uden videre betegnes som tøvende. Først udarbejdede han et lille skrift på seks litograferede sider om *Dansk skjøn Literatur* omhandlende litteraturbegrebet og den oldislandske litteratur;[46] det var – i hvert fald fra skolens side – tanken, at det skulle følges af flere lignende hæfter, men det blev i revideret og udvidet form indarbejdet i forfatterens *Udsigt over den danske skjønne Literatur*, der –

44. RA: Den kgl. militaire Høiskole: Allerunderdanigst Rapport fra Høiskoleraadet i Aaret 1836 (Kass. A 7).
45. *Plan for den kongelige militaire Høiskole, approberet den 12ᵗᵉ Juli 1857.* Kbh. 1857 s. 16.
46. Johan Ludvig Heiberg: *Dansk skjön Literatur* Kbh. 1830.

om end til sidst i synoptisk form – fører fremstillingen frem til kort før 1800.[47] Uanset at Heibergs »Udsigt« på titelbladet bærer årstallet 1831, kan dens tilblivelse (og etapevise trykning) henføres til årene 1831, 1834 og 1835, hvad der kan forklare bogens efterhånden mere intense nationale retorik; herom mere nedenfor.

De to småskrifters karakter af interne undervisningsmidler understreges af, at de kun fremstilledes i hundrede eksemplarer og ikke kom i almindelig handel. Deres betydning i tiden har for så vidt været begrænset, hvad der imidlertid ikke mindsker deres betydning som vidnesbyrd om den danske litteraturhistories stadig større betydning som dannelsesfag i det danske samfund.

Universitetet (II): Da professoren i »Literairhistorie«, Rasmus Nyerup døde i sommeren 1829, blev han efterfulgt af 1. sekretær ved Det kongelige Bibliotek Chr. Molbech, der som allerede nævnt havde forsøgt sig med litteraturhistoriske forelæsninger i 1822. Stillingsbetegnelsen ændredes ved samme lejlighed til »Professor extraordinarius i Literairhistorien [...], i Særdeleshed med Hensyn til den europæiske og fædrelandske Literatur«.[48]

Det kunne umiddelbart se ud som en styrkelse af det nationale litteraturfag, idet den gamle Rahbek jo stadig fungerede i æstetikfaget og havde fædrelandets litteratur som særligt ansvarsområde. Da en snarlig vakance i hans stilling dog kunne forudses (den indtraf allerede i 1830), og hans stilling ikke kunne forventes genbesat, er det imidlertid mere relevant at hæfte sig ved, at varetagelsen af fædrelandets litteratur nu også på universitetet i praksis overføres til en historisk defineret lærestol. I stillingens underspecifikationer ligger en afgrænsning over for den lærestol i litteraturhistorie med særligt henblik på den asiatiske litteratur, som Rasmus Rask havde haft siden 1825, og som også kunne betragtes som en udspaltning fra Nyerups lærestol.[49]

Det må fastslås, at undervisningen i dansk litteraturhistorie fortsat var sikret meget lidt, da professoren i »Literairhistorie« kunne kaste sig over de forskelligste emner og for den sags skyld gerne kunne forsømme den

---

47. Johan Ludvig Heiberg: *Udsigt over den danske skjønne Litteratur. Som Ledetraad ved Forelæsninger paa den Kongelige militaire Høiskole*. Kbh. 1831. Citeres efter samme: *Prosaiske Skrifter* III. Kbh. 1861.
48. Kgl. resolution 17.11. 1829; jf. Ejvind Slottved, anf. skr. pkt. D.36.2.
49. Jf. Ejvind Slottved, anf. skr. pkt. D.51 og Paul Diderichsen: *Rasmus Rask og den grammatiske tradition*. Kbh. 1960 s. 226.

hjemlige litteraturhistorie totalt. Men rent faktisk fulgte Molbech sin for-
gængers eksempel og ofrede over halvdelen af sin samlede undervisning
gennem mere end 25 år på emner fra dansk litteraturhistorie, ofte i kurser
over den samlede litteratur- eller poesihistorie, der ganske vist ligesom
Ingemanns og Heibergs tilsvarende indsats nød beskeden udbredelse i
offentligheden, men som har den samme symptomatiske betydning som
vidnesbyrd om fagets nye signaler og stadig fastere plads i det samlede
undervisningsvæsen.[50]

Efter Rahbeks død i 1830 kunne situationen i fakultetet i meget minde om
situationen kort før 1800: Der var én lærestol i æstetik (Oehlenschlägers) og
én i litteraturhistorie (Molbechs); der manglede kun den traditionelle kob-
ling af det litteraturhistoriske professorat med stillingen som universitetsbi-
bliotekar, og også den situation påtænkte man at genetablere, når Molbech
engang gik af.[51] Da man gjorde sig disse overvejelser, var der tilsyneladende
ikke tanker om at ændre noget ved æstetik-professoratet, men kort efter
1840, da et nyt normalreglement (en slags ikke-tidsbestemt finanslov) for
universitetet var under forberedelse, var stemningen en anden. I 1844
opsummerer Direktionen for Universitetet og de lærde Skoler universitetets
forberedende arbejde derhen, at

> de to nuværende Professorater i Æsthetik og Literairhistorie
> kunne bortfalde, herom har der kun været een Stemme [dvs.
> enstemmighed] saavel i Facultetet som Kommitteen [dsv. et
> udvalg under konsistorium] og Konsistoriet, og Directionen kan
> ikke andet end være enig.[52]

Da Finansdeputationen (dvs. finansministeriet) imidlertid havde ytret sig til
gunst for bevarelsen af det æstetiske professorat, bemærker Direktionen
dog, at

> det er ingenlunde Meningen, at denne Videnskab ikke skulde
> doceres ved Universitetet, men kun at det i Reglen maa antages,
> at Forelæsninger over samme helst maa overdrages Professoren
> i Philosophien, uden at derfor Universitetet udelukkes fra at

50. Chr. Molbechs forelæsningsmanuskripter, der vil blive nærmere specificeret i det føl-
gende, befinder sig i KB: Collinske saml. 342,4⁰.
51. Kgl. resolution 25.11.1836; Den kgl. Direktion for Universitetet og de lærde Skoler. Fore-
stillinger for 1836 nr. 1729.
52. Den kgl. Direktion for Universitetet og de lærde Skoler. Forestillinger for 1844 nr. 2585.

Chr. Molbech (1783-1857), der bl.a. var ansat ved Det kongelige Bibliotek og Universitetet, var
først og fremmest historiker og filolog og forenede således i sin person de to områder, der i
løbet af det 19. århundrede skulle få den særlige status som »nationalfag«. H.P. Hansens
træsnit (1883) efter tegning af C.A. Jensen viser Molbech i 1820, da ideerne om en særlig
»national-litteratur« var ved at tage form for ham. Det kongelige Bibliotek.

tilegne sig en udmærket Æsthetiker, naar Leilighed frembød sig.[53]

Samtidig med denne nedskrivning af æstetikken som et litterært fag og af den almene »Literairhistorie«, er der ønske om at styrke den nationale litteraturhistorie, der tænkes placeret som deldisciplin under det nye fag »de nordiske Sprog«, om hvis oprettelse der ikke synes at have været nogen tvivl eller uenighed; der kan ikke spores nogen argumentation om denne sag.

Om det nærmere indhold af den nye national-filologiske lærestol, der således tager form op mod midten af 1840'erne, er man fra autoritativt hold påfaldende tavs, idet der alene tales om et professorat i »de nordiske Sprog og Dialekter, nemlig de gamle nordiske, de Angelsaksiske, og de ældre tydske Dialekter, hvis Studium er saa vigtigt for Modersmaalet«.[54]

Filologien dominerer, og litteraturhistorien end ikke nævnes. Men underbibliotekar P.G. Thorsen (1811-1883), der var blandt ansøgerne til stillingen, kan næppe have været ude af trit med intentionerne bag dens oprettelse, da han i sin ansøgning – som den eneste af ansøgerne – gav en detaljeret beskrivelse af dens indhold. Af fagets to »Hovedsider«, den danske (med svensk) og den gammel-islandske, står dansk sprog øverst, hævder han og uddyber nærmere:

> Men til Sproget i vidtløftigere Forstand hører selvfølgelig de litterære Frembringelser, hvori det i Tidens Løb er fremtraadt, altsaa hele Litteraturen fra først til sidst, dens Historie og Beskaffenhed i Almindelighed, og særskilt de væsentlige Partier og vigtigere Skribenter baade i ældre og nyere Tid, i Forbindelse med den specielle Litterærhistorie og Bibliografi.[55]

Thorsen anslår formentlig også de rette strenge, når han fremhæver danskfagets både »videnskabelige og nationale Vigtighed og Betydning« og påpeger, at den kommende professor ikke blot skal forelæse for fagstuderende, men også holde

> Foredrag, hvorved Litteraturerne især vilde yde Stof, beregnede paa den større studerte og dannede Almenhed, i det Haab ved

---

53. Sst.
54. Sst.
55. Ansøgning af 3.1. 1845 i RA: Den kgl. Direktion for Universitetet og de lærde Skoler. Forestillinger for 1845 nr. 2629.

Udvidelse af den fædrelandske Kundskab at befæste Kjærlig-
heden til og Følelsen for selve Fædrelandet.[56]

Med denne kobling af kundskab og kærlighed til Fædrelandet var selve
grundlaget for Ingemanns virke i Sorø (jf. nedenfor s. 463) nu også bragt
inden for Københavns Universitets mure.

Oprettelsen af en nationalfilologisk lærestol i 1845 hænger utvivlsomt
nøje sammen med interessen for den national-sproglige kamp i Slesvig efter
1840, især efter P. Hiort Lorenzens (1791-1845) demonstrative hævdelse af
det danske sprog som forhandlingssprog i stænderforsamlingen for Slesvig
d. 11.11. 1842. I det andragende, der i den anledning vedtoges på stænderfor-
samlingerne i Viborg og Roskilde i efteråret 1844, hedder det bl.a.:

> Den uundværlige Betingelse nemlig for Vedligeholdelsen af
> ethvert nationalt Liv er national Underviisning, det vil sige: en
> Underviisning, som, i det nationale Sprog og gjennem den
> nationale Literatur, fører Landets Børn til de forskjellige Grader
> af aandelig Dannelse.[57]

Skønt ytret med henblik på det slesvigske skolevæsen måtte det ligge
snublende nær for nogle i tiden at drage konsekvenser af denne holdning
også for tilstandene på Københavns Universitet. Disse 'nogle' kunne tæn-
kes at være bl.a. professorerne H.N. Clausen (1793-1877) og J.F. Schouw
(1789-1852), der dels var blandt initiativtagerne til stænderforsamlingens
andragende til kongen i efteråret 1844, dels var medlemmer af den komité
under konsistorium, som tilrettelagde universitetets behandling af det om-
talte normalreglement af 1845, hvorved dansk (nordisk) sprog og litteratur
sikredes en særskilt lærestol på universitetet.[58]

Imidlertid må oprettelsen af en lærestol i »de nordiske Sprog« også ses i
lyset af den samtidige skandinaviske bevægelse, der netop på grund af
problemerne i hertugdømmerne havde særligt greb i danskerne. Fra 1843 er,
ifølge Julius Clausen, skandinavismen en faktor, man må regne med, og i
1845 »er København skandinavisk-sindet fra kælder til kvist.«[59] Også i
denne sammenhæng gør de to professorer Clausen og Schouw sig stærkt

---

56. Sst.
57. *Tidende for Forhandlingerne ved Provindsialstænderne for Sjællands, Fyens og Lolland-Falsters
    Stifter samt for Færøerne i 1844* s. 723.
58. Hertil kan antagelig føjes juraprofessoren J.E. Larsen, der havde stor indflydelse på
    universitetets administration og var centralt impliceret i stænderforsamlingernes andra-
    gende til kongen 1844.
59. Julius Clausen: *Skandinavismen. Historisk fremstillet.* Kbh. 1900 s. 55, 49.

gældende. Spørgsmålet om besættelsen af professoratet var således til behandling i Direktionen, mens der var nordisk fest i København d. 13.1. 1845 med bl.a. H.N. Clausen som æresgæst.[60]

Med ansættelsen pr. 1.4. 1845 af N.M. Petersen som professor i »de nordiske Sprog« fuldbyrdes den proces, der over et halvt århundrede overfører den for dannelses- og uddannelsessystemet mest relevante litteraturundervisning fra det a-nationale æstetikfag til det nationalfilologiske og litteraturhistoriske fagområde. I så henseende – herunder i tendensen til at overlade æstetikken til filosofferne – følger den danske udvikling en europæisk tendens: Inden for litteraturfaget går i disse år de nationale interesser hånd i hånd med den historiske empiri.[61] Den påtænkte nedlæggelse af æstetikprofessoratet blev dog ikke til noget, men afværgedes efter sagens akter at dømme i allersidste øjeblik – i forbindelse med udfærdigelsen af den kongelige resolution. Man aner en indgriben fra Christian VIII, der som bekendt ikke støttede tidens nordiske rørelser, men som havde et godt forhold til æstetik-professor Oehlenschläger.[62]

Det nordiske sprog- og litteraturfag blev yderligere styrket i universitetssammenhænge ved nyordningen af »philologisk-historisk Embedsexamen« i 1849, hvorefter ansættelse i overordnede stillinger i den lærde skole normalt forudsatte eksamen i latin, græsk, historie og – som noget nyt i stedet for hebraisk, der nu glider ud – nordisk filologi.

Inden for rammerne af denne nye lærestol og fagordning skabte N.M. Petersen i årene 1845-1861 det fag, der i universitetssammenhæng siden 1883 benævnes »Dansk«, med oldnordisk og dansk sprog- og litteraturhistorie samt nordisk mytologi som de afgørende elementer. I denne sammenhæng hører også hans store litteraturhistorie, der kom i årene 1853-61, hjemme.[63]

Den lærde skole: Indførelsen i 1849 af den nordiske filologi som led i »philologisk-historisk Embedsexamen« begrundes med hensynet til den lærde skoles modermålsundervisning.[64] Hvis man i denne forbindelse fokuserer på undervisningen i dansk litteraturhistorie, rummer situationen det tilsynela-

60. Sst. s. 86 ff.
61. Lars Gustafsson: *Estetik i förvandling. Estetik och litteraturhistoria i Uppsala från P.D.A. Atterbom till B.E. Malmström*. Motala 1986 s. 11, 184 ff.
62. Se Den kgl. Direktion for Universitetet og de lærde Skoler. Forestillingsprotokol for 1844 nr. 2585 samt tilhørende sag.
63. N.M. Petersen: *Bidrag til den danske Literaturs Historie* I-V. Kbh. 1853-1861 samt *Slutningsheftet*. Kbh. 1864. ²1867-1872.
64. A.C. Linde: *Meddelelser angaaende Kjøbenhavns Universitet 1849-56*. Kbh. 1860 s. 202.

dende paradoks, at de almindelige læseplaner for den lærde skole over-hovedet ikke opererer med dansk litteraturhistorie på dette tidspunkt, mens på den anden side fagets første lærebog i faget – C.A. Thortsens fra 1839[65] – allerede forelå i andet oplag (1846).

Danskfaget etableredes i latinskolen med Guldbergs skoleforordning af 11.5.1775, der placerer faget inden for en grammatisk-retorisk tradition uden skæven til dansk litteraturhistorie. En ny og spæd satsen på denne sidste disciplin kan måske anes i en særlig ordning for Metropolitanskolen i 1801, der foreskriver gennemgang af »Udvalgte Stykker af de classiske National-Skribentere« med en grundighed, der svarer til den vante beskæftigelse med græske og latinske klassikere; dette kursus skulle munde ud i »en critisk Fortegnelse paa de classiske Skribentere og Digtere, især i den danske Litteratur.«[66]

Dette tidlige forsøg på at overføre den æstetiske dannelse til danskfagets domæne og i den forbindelse at etablere »en critisk Fortegnelse«, altså formentlig en art dansk skole-litteraturhistorie, blev imidlertid ikke fast-holdt i de generelle skolelove af 1805 og 1809.[67] Først i 1830'erne kommer der gang i debatten om undervisningen i modersmålet og dets litteratur.

En betænkning fra 1837 om *Oprettelse af en offentlig højere Realskole* fastslår således, at »*Modersmaalet* er en af de vigtigste Undervisningsgjenstande. [...] Læsning af den danske Literaturs bedste Skrifter [...] vil fremme [elevens] Nationalfølelse.«[68] Det blev dog ved tanken i denne omgang, men med den provisoriske plan af 25.7. 1845 for en forsøgsordning på Metropolitanskolen og skolerne i Odense og Kolding får dansk litteratur og litteraturhistorie omsider plads på fagplanen.

Den grammatisk-retoriske linje fra 1805-ordningen er fortsat gældende, men på øverste trin

> maa Eleverne gjøres bekjendte med Fædrelandets skjønne Lit-teratur, deels ved at erholde en Oversigt over den danske Lit-teratur og deels ved at enkelte classiske Værker gjennemgaaes

---

65. C.A. Thortsen: *Historisk Udsigt over den danske Litteratur indtil Aar 1814*. Kbh. 1839. 6. opl. 1866.
66. *Reglement og Anordning for Cathedral-Skolen i Kjøbenhavn*. 2.10. 1801.
67. *Underviisnings-Plan for de lærde Skoler i Danmark og Norge* 24.4. 1805; *Forordning angaaende de lærde Skoler i Danmark og Norge* 7.11. 1809.
68. H.P. Selmer: *Kjøbenhavns Universitets Aarbøger* IV. Kbh. 1841 s. 335.

med dem paa Skolen, og de i al Fald idelig opmuntres til at læse vore bedste Forfatteres Skrifter.[69]

I de kommende år udvides 1845-planen til at gælde endnu et par skoler, og i bekendtgørelse af 13.5. 1850 bliver de nye fagregler obligatoriske for hele den lærde skole. Faget skal søge at bibringe eleven god sprogbeherskelse samt grammatisk forståelse og

> efterhaanden at gjøre ham bekjendt med den danske Litteraturs Historie og de vigtigste Værker i den danske skjønne Litteratur, til hvis Forstaaelse det Nødvendige, saasom af den nordiske Gudelære, meddeles.[70]

Tilegnelsen af den danske litteratur er nu kronen på værket i undervisningsforløbet, samtidig med at den litteratur*historiske* betragtningsmåde er bragt frem i første række. Den digteriske litteratur prioriteres særlig højt, og fagets nordiske dimension er understreget. Der er således tilvejebragt overensstemmelse mellem fagets perspektiv og horisont på universitetet og i den lærde skole, undtagen for så vidt angår undervisningen i oldislandsk (eller oldnordisk). N.M. Petersen og hans kollega, docent Konrað Gíslason (1808-1891) havde allerede 1849 ytret ønske om at indføre oldnordisk i den lærde skole, men kultusministeren, den klassiske filolog J.N. Madvig (1804-1886), slog nærmest kors for sig ved tanken.[71] Først fra 1871 (til 1935) fik den lærde skoles danskundervisning denne afgørende nordiske drejning.

Inden for disse rammer, men altså allerede i 1839 – før dansk litteraturhistorie figurerer på nogen fagplan – udkommer denne skoleforms første lærebog i faget: C.A. Thortsens *Historisk Udsigt over den danske Litteratur indtil Aar 1814*.[72] Fagets situation illustreres af, at den allerede blev approberet til brug i (mindst) et par skoler samme år.[73] Lærerne synes at have stået på spring. Allerede 1846 udkommer som nævnt 2. oplag, og frem til 1866 oplever den i alt 6 oplag, hvad der utvivlsomt skyldes, at den også vandt udbredelse i den dannede almenhed.[74] Først med Torvald Strøms håndbog

---

69. *Ny Collegial-Tidende for Danmark* 5. årg. Kbh. 1845 s. 734.
70. *Departementstidenden* 28.5. 1850.
71. A.C. Linde, anf. skr. s. 194, 202; jf. Paul Diderichsen: *Sprogsyn og sproglig opdragelse. Historisk baggrund og aktuelle problemer*, udg. af Niels Rosenkjær. Kbh. 1968 s. 139 ff.
72. Se note 65.
73. Skolerne i Slagelse og Rønne, jf. Den kgl. Direktion for Universitetet og de lærde Skoler, Kopibog 10.8.1839 og 12.10. 1839.
74. Jf. diverse anmeldelser fortegnet i Thomas Hansen Erslew: *Almindeligt Forfatter-Lexicon for Kongeriget Danmark med tilhørende Bilande, fra 1814 til 1840* III. Kbh. 1853 og *Supplement* til samme, III. Kbh. 1868.

efter 1870 og for alvor med F. Rønnings i 1887 fik Thortsen afløsere af tilsvarende gennemslagskraft.[75]

At Thortsens bog kunne finde plads i danskundervisningen, uanset at litteraturhistorien ikke havde plads på fagplanen, skyldes fagets overordentlig ekspansive kraft i disse år, men også, at bogen kunne finde praktisk anvendelse inden for den herskende grammatisk-retoriske tradition, nemlig som grundlag for højtlæsning og anden mundtlig fremstilling. En medvirkende årsag er, at eksamen alene var skriftlig og udelukkende tog sigte på at måle elevernes sprogbeherskelse. Adskillig ikke-eksamensrelevant undervisning kunne således foregå inden for fagets rammer. Denne situation var selvfølgelig ikke i sig selv egnet til at give det nye fag respekt, hvorfor man oftere støder på forslag om at indføre mundtlig eksamen i dansk litteraturhistorie og således gøre indlæringssituationen mere betryggende – og bringe faget på højde med den antikke litteraturhistorie.[76]

Borger- og pigeskolen: Straks efter 1850, nærmest samtidig med at dansk litteraturhistorie bliver en obligatorisk del af danskfaget i den lærde skole og eksamensfag på universitetet, møder man også de to første danske litteraturhistorier beregnet for den del af skolen, som i dag benævnes folkeskolen.

Her var dansk litteraturhistorie ikke et obligatorisk fag og blev det heller ikke siden. Almueskole-lovene fra 1814[77] viser ikke megen sans for modersmålsfaget, bortset fra indlæringen af elementære læse- og skrivefærdigheder. En undtagelse herfra udgør dog det københavnske skolevæsen, der havde en mere avanceret sprogindlæring på programmet, og de såkaldte »borgerlige Realskoler«, som tænktes oprettet i større byer for drenge, »der vel ingen lærd Dannelse behøve, men dog bestemmes til en saadan Virkekreds, som fordrer særegne Kundskaber«.[78] I denne den folkelige skoles ubetinget mest elitære afdeling, der vistnok yderst sjældent blev oprettet, lægges der efter planerne vægt på danskfaget, fordi »Modersmaalet [...] udgiør en vigtig Deel af ethvert velopdraget Menneskes Dannelse«.[79]

75. Torvald Strøm: *Dansk Literaturhistorie*. Kbh. 1871, ³1881; F. Rønning: *Den danske Literaturs Historie i Grundrids til Brug i Skole og Hjem*. Kbh. 1887, ⁹1921.
76. Se fx *Skoleprogram for Roskilde Kathedralskole 1846-47*.
77. *Anordning for Almueskolevæsenet paa Landet i Danmark*. 29.7. 1814; *Anordning for Almue-Skolevæsenet i Kiøbstæderne i Danmark, Kiøbenhavn undtagen*. 29.7. 1814; *Reglement for Almue- og Borger-Skolevæsenet i Kiøbenhavn*. Kbh. 1814.
78. *Anordning for Almue-Skolevæsenet i Kiøbstæderne i Danmark, Kiøbenhavn undtagen*. 29.7. 1814 1. Afd. § 2.
79. *Instruktion for Lærerne i Kiøbstedernes borgerlige Realskoler*. 29.7. 1814 § 2.

Litteraturhistorien spiller altså ingen rolle. Alligevel er denne begyndende opprioritering af modersmålet som noget i sig selv og forbindelsen mellem dette og den »Dannelse«, der senere kom til at hedde den 'almene', en første forudsætning for, at dansk litteraturhistorie kunne blive undervisningsstof i den ikke-lærde skole. Der går en linje herfra frem til bekendtgørelsen om borgerskole-eksamen af 4.3. 1891, der foreskriver læsning af »Stykker af *vore* betydeligere Forfattere, hvis Liv og Virksomhed i korte Træk maa gennemgaas«,[80] og videre frem til oprettelsen i 1903 af den såkaldte mellemskole, hvis hovedfag er Dansk:

> gennem Undervisningen heri modtager Barnet Hovedparten af sin *almindelige Aandsudvikling* og *Dannelse*, foruden at den derved vundne Færdighed og Kundskab kan være til praktisk Nytte i Livet.[81]

Den vej til dannelse og åndsudvikling, der her stikkes ud, skal især bygge på læsning af værdifulde værker af den nationale litteratur samt viden om »de betydeligste af de Forfattere, hvis Værker de stifte Bekendtskab med«;[82] koblingen af dannelsesbegrebet med den danske litteratur er tydelig, men så langt som til at foreskrive et kursus i dennes historie går man altså ikke – og har ikke gjort det siden.

Men den historiske synsmåde kunne alligevel nå børnene via lærerne, idet seminariebekendtgørelsen af 9.5. 1857 supplerer danskfagets hidtidige grammatisk-retorisk profil med »Literaturkundskab«, der snart efter defineres entydigt som »Literaturhistorie«, herunder den oldnordiske med tilhørende mytologi.[83] Den literære side af seminariernes danskundervisning havde således fået en form, der i princippet svarer til forholdene på universitetet og i den lærde skole, og denne overensstemmelse fastholdes i det væsentlige frem til læreruddannelsesloven af 1954.

I hvilket omfang der faktisk er blevet undervist i dansk litteraturhistorie i den ikke-lærde skole i forrige århundrede frem til ca. 1860, foreligger ikke grundigt belyst, men spredte stikprøver tyder på, at det er sket i et betydeligt omfang, i hvert fald i den lidt mere ambitiøse københavnske »Borgerskole« (privatskoler for drenge) og den dertil svarende »Pigeskole«. Eleverne i Melchiors Borgerskole fik således regelmæssigt meddelt en »kort

80. *Bekendtgørelse om Indretning af en Borgerskoleeksamen.* 4.3. 1891, pkt b., min fremhævelse.
81. *Bekendtgørelse angaaende Undervisningen i Mellemskolen.* 1.7. 1904, min fremhævelse.
82. Sst.
83. *Oplysninger til Efterretning for dem, der agte at underkaste sig Skolelærer- eller Skolelærerinde-Examen.* 20.9. 1875.

Athalia Schwartz (1821-1871) var opvokset i den jævnere embedsklasse og virkede fra 1848 som lærer ved eller bestyrer for forskellige pigeskoler i København. Tillige var hun en meget aktiv forfatter: Hun engagerede sig i debatten om kvindernes frigørelse i kølvandet af Clara Raphael-fejden 1851, kæmpede for en højnelse af pigeskolernes standard og udgav også skrifter af skønlitterær karakter. Hendes *Vandring med Danmarks Digtere* fra 1851 er en blandt et par bøger med relation til dansk-faget. Anonymt træsnit 1871. Det kongelige Bibliotek.

Udsigt« eller det »Vigtigste« af litteraturhistorien, suppleret med et kursus i nordisk mytologi,[84] mens planerne fra Møllers Borgerskole (fra 1860: Clausens Borgerskole) viser et lignende billede, men med tydeligere markering af de afgørende momenter i en dansk nationallitterær dannelse:

> Der er givet Eleverne [i 5. klasse] en kort Udsigt over den danske Litteratur, og navnlig har Læreren dvælet ved Kæmpeviserne, hvis Betydning er blevet paaviist, ved Holberg og ved Øhlenschlæger og hans Indflydelse paa den senere Litteratur og hele Aandsretning.[85]

Også på åndsretningen i skolestuen, forstår man og bemærker i øvrigt konturerne af et national-litterært pensum (folkevise-Holberg-Oehlenschläger), som skulle få lang levetid.

Tilsvarende spredte sonderinger i den samtidige skole for piger giver et lignende billede, måske lidt mere ambitiøst ved at benytte lærebøger beregnet for den lærde skole;[86] men dette billede veksler dog med undervisning ganske uden brug af lærebøger, hvad der muligvis hænger sammen med en erklæret lav prioritering af den positive kundskabsmeddelelse i faget og en tilsvarende stærkere betoning af fagets almendannende funktion.

Med direkte henblik på borger- og pigeskoler eller i nær tilknytning til dem udkom som nævnt to danske litteraturhistorier: I 1851 en »Vandring med Danmarks Digtere«,[87] der ganske vist ikke præsenteres som en skolebog, men hvis forfatter, Athalia Schwartz (1821-1871), dog på titelbladet fremstår som »Institutbestyrerinde«, og i 1853 S.C. Müllers (f. 1821) lille bog for »Borger- og Pigeskoler«.[88]

Slutning: Det opridsede forløb fra ca. 1790 til ca. 1860 viser en klar tendens, men er dog ganske komplekst. Kort kan det opsummmeres således:

Mens en litterær uddannelse til en begyndelse alene sker på universitetsniveau, vinder den i perioden indpas også på andre niveauer; og mens undervisningen i begyndelsen af forløbet finder sted inden for rammerne af

---

84. *Program for Melchiors Borgerskole i Kjøbenhavn.* 1849/50 – 1868/69.
85. Skolens *Efterretninger* 1860-61 s. 8.
86. Fx Christian Flor: *Dansk Læsebog til Brug i de lærde Skoler.* Kiel 1831, ⁹1886 og C.A. Thortsen, anf. skr. Se *Indberetning til Directionen for Døttreskolen af 1791.* 1852/53 og flg. år; *Beretning fra Frøken Westergaards Institut.* 1858/59 s. 6.
87. Athalia Schwartz: *Vandring med Danmarks Digtere, helliget de Unge.* Kbh. 1851.
88. S.C. Müller: *Kortfattet Dansk Litteraturhistorie især for Borger- og Pigeskoler.* Kbh. 1853, ²1866.

et ikke-nationalt defineret æstetik-fag, overtages den gradvis af et national-filologisk modersmålsfag; æstetik-faget afskaffes ganske vist ikke på universitetet, men afsondres fra samfundets institutionaliserede litteraturundervisning i øvrigt.

Parallelt hermed bliver litteraturfaget et litteratur*historisk* fag og tilføres gradvis et præg af professionalisme, idet lærestolene fra ca. 1830 mere og mere besættes ikke af digtere og skønånder, men af folk med filologiske eller andre akademiske kvalifikationer.

Især må det fremhæves, at den nationale litteratur på denne måde dyrkes inden for rammerne af specielle lærestole, fagordninger osv., sådan at den får status som obligatorisk lærestof i store dele af undervisningsvæsenet.

Disse dele af undervisningssystemet omfatter universitetet og lignende institutioner (Sorø Akademi), den lærde skole og den mest elitære del af den ikke-lærde skole, derimod aldrig almueskolen eller (senere) folkeskolen i bredere almindelighed. Litteraturundervisning – og det vil altså herefter sige undervisning i fædrelandets litteratur – bliver således et anliggende for borgerskabet og ganske særligt for kommende embedsmænd. Det er denne udsøgte del af befolkningen, der skønnes at have brug for den særlige dannelse, der efterhånden fik betegnelsen den 'almene', og hvis tilegnelse allerede fra o. 1825 synes utænkelig uden kendskab til den nationale litteratur og den historie.

I takt med denne ny-indretning af det litterære uddannelsessystem sker der en omstrukturering af genren eller teksttypen 'dansk litteraturhistorie'. Som i uddannelsesvæsenets institutioner slår begrebet det 'nationale' også igennem i disse tekster, som på alle niveauer præges deraf.

I det følgende er emnet, hvordan de nye signaler får betydning for selve forestillingen om, hvad det er for en litteratur, der skal omtales i en litteraturhistorie, for litteraturhistoriens begreber om, hvad der er værdifuld eller værdiløs litteratur, og for opfattelsen af selve den litteraturhistoriske 'udviklings' retning.

2. Teksttypen og dens baggrund

Da Rahbek og Nyerups *Bidrag til den danske Digtekunsts Historie* begyndte at udkomme i 1800, havde en dansk litteraturhistorie stået på ønskesedlen et par årtier. En anmeldelse af Jens Worms forfatterleksikon i 1771[89] efterlyser således »en lærd Historie af vort Fædreneland«, der kunne vise »Aarsagerne og Grunden til Videnskabernes adskillige Afvexlinger« og herunder klarlægge, hvor der var tale om en original dansk indsats, og hvor danskerne blot var »Efterabere«. Ganske særligt finder anmelderen det ønskeligt at fremhæve de videnskaber, »som have Dannemark at takke for nogen mærkelig Tilvext eller Forbedring«.[90] Og få år efter lyder tilsvarende ønsker om en »fuldstændig Historie« om såvel de grundige som de skønne videnskaber i P.T. Wandalls studier over ældre dansk drama.[91]

I begge tilfælde efterlyses en »lærd Historie«, dvs. en litteraturhistorie, der tager ordet 'litteratur' i den gamle betydning af lærdom, bogkundskab og videnskabelig dannelse – uanset dennes udmøntning i en skriftlig produktion, som allerede eksemplificeret i Albert Thuras ovennævnte skrift fra 1723. Til dette lærdomsbegreb hører poesien på linje med andre humanistiske sysler. Men få år efter møder man hos B.C. Sandvig (1752-1786) tanken om at tilvejebringe en speciel dansk poesihistorie. Han har, siger han, ofte undret sig over, »hvorfor saa faa af vore Oldforskere have anvendt noget af deres Tid og Flid paa vort Sprogs og Digtekunsts historiske og kritiske Undersøgelse«, og stiller i udsigt, at han vil afrunde sine udgivelser af ældre dansk digtning, som han selv betegner som »Forsøg til den Danske Digtekunsts Historie«, med »en Afhandling om den Danske Digtekunsts Historie indtil den forbedrede Digtekunsts Begyndelse«, dvs. frem til Anders Arrebo ca. 1620.[92]

Udskillelsen af poesien som noget for sig, der har sin egen »Historie«, er ét blandt flere vidnesbyrd om den styrkede position, poesien indtager i de vesteuropæiske samfund efter ca. 1750, og som snart gør det muligt at lancere en fremstilling af digtekunstens historie i sig selv som en 'litteraturhistorie', mens en bog om fx astronomiens historie og skrifter aldrig har kunnet passere som en 'litteraturhistorie'. Fra ca. 1750 er da også rundt om i Vesteuropa udgivelsen af poesi-historier et stedse mere udbredt fænomen;

89. Jens Worm: *Forsøg til et Lexicon over danske, norske og islandske lærde Mænd, som ved trykte Skrifter have giort sig bekiendte, saavelsom andre Ustuderede, som noget have skrevet, hvorudi deres Fødsel, betydeligste Levnets Omstændigheder og Død ved Aarstal kortelig erindres og deres Skrifter, saavidt mueligt, fuldstændig anføres.* Helsingøer og Kbh. 1771-1784.
90. *Kgl. privilegerede Adresse-Contoirs Kritiske Journal om Bøger og Skrifter* 1771 nr. 37 sp. 290.
91. Peder Topp Wandall: *Efterretning om Danske Skuespil fra det 16. Aarhundrede.* Kbh. 1776.
92. B.C. Sandvig: *Levninger af Middel-Alderens Digtekunst* I. Kbh. 1780 s. 4.

det gælder ikke mindst i Tyskland,[93] men som model for det første danske forsøg i genren kan der være mere grund til at pege på Thomas Wartons engelske poesihistorie, der begyndte at udkomme i 1774.[94]

Fra ca. 1750 må man da regne med to slags 'litteraturhistorie': Den rendyrkede poesihistorie og den mere bredt anlagte fremstilling, der i et eller andet omfang behandler også den ikke-digteriske litteratur, men som oftest tilstår digtekunsten en ganske særlig stilling og aldrig udelader den. Danske litteraturhistorier til denne dag, i alt godt og vel et hundrede titler, der tilsammen har oplevet ca. lige så mange genoptryk, fordeler sig uden videre på disse to typer.[95]

Forudsætningen for enhver litteraturhistorieskrivning må være, at den litterære fortid forekommer interessant nok til, at man fornuftigvis kan beskæftige sig med den. I årene op mod og omkring 1800 synes et kompleks af begrundelser for ønsket om en dansk litteraturhistorie at spille ind. Centralt står ønsket om at hævde fædrelandets hæder i en mandjævning med udlandets, ganske særligt Tysklands litteratur. I protest mod at tyskeren J.J. Eschenburg ganske havde negligeret den danske digtning, sågar den dramatiske,[96] hævder en anonym skribent, at »det var Tiid, at vi afkastede den Foragt, der hviler paa os, at vi lod vore haanende Naboer kiende vor Styrke«,[97] og med tanke på en planlagt, men ikke realiseret dansk litteraturhistorie for det tyske publikum ytres nu det ønske, at denne (ikke identificerede) litteraturhistoriker vil tage sagen op igen, så at

> han ved at fremstille vore Skatte for Fremmede, tillige vilde erindre os selv, hvad vi nys have været, og dermed vække os af den Slum, hvori vi nu næsten samtlig ere hensunkne; at han ved at lade denne herlige Række, fra Kingo, og Rose, og Bording, og Falster, og Reenberg af indtil vore samtidige drage i Hædersdragt forbi Germanernes Øine, vilde giendrive den Skryder, der troede, det var et godt Indfald at sige

93. Klaus Weimar: *Geschichte der deutschen Literaturwissenschaft bis zum Ende des 19. Jahrhunderts.* München 1989, s. 139-140.
94. Thomas Warton: *The History of English Poetry* I-III. London 1774-1781.
95. Flemming Conrad: Bidrag til en bibliografi over danske litteraturhistorier, *Uriasposten*, red. af Aage Jørgensen, nr. 8. Århus 1989 s. 4-15.
96. Johann Joachim Eschenburg: *Beyspielsammlung zur Theorie und Literatur der schönen Wissenschaften* I-VIII. Berlin und Stettin 1788-1795. Relevant er specielt bd. VII, 1793.
97. S: Om vor poetiske Litteratur, *Den danske Tilskuer*, udg. af K.L. Rahbek. 12.8.1793 s. 486-487.

De Danske! knap var Herrens Haand –
Fik hverken Druer eller Aand.[98]

Artikler om det danske sprogs og den danske litteraturs trykkede situation –
med tyskerne i skurkerollen – er ret hyppige i de Rahbek'ske tidsskrifter i
disse år, men sigtet – fjendebilledet, om man vil – er dobbelt: på den ene side
er »Fremmede«, der skal »lære at blues ved den Foragt, de nu og da have
yttret mod vort litterariske Værd«, på den anden den danske sløvhed over
for de hjemlige værdier. Der er også en hjemmefront, der skal besejres.[99]

Idet nu digtningens nye status som målestok for samfundenes civilisa-
toriske stade udvides til også i nogen grad at omfatte fortidens digtning eller
litteratur i det hele taget, bliver dennes rent materielle bevarelse og over-
levering til eftertiden et vigtigt anliggende. Teksternes rent fysiske for-
svinden som ofre for tidens tand i almindelighed eller store brande og
anden ulykke var et nærværende problem for tiden. Københavns brand
1728 og slotsbranden i 1794, der havde medført tabet af uerstattelige bi-
blioteker, stod i klar erindring og blev aktualiseret for Rahbek og Nyerup
under deres arbejde med poesihistorien, da København blev bombarderet i
september 1807.[100] Her kunne litteraturhistorikere yde en vigtig indsats, og
for Rahbek og Nyerup var deres projekts karakter af redningsaktion det
eneste åbenbare argument, da de i 1799 ansøgte om økonomisk støtte til det
hos Selskabet til de skiønne og nyttige Videnskabers Forfremmelse.[101]

For Nyerup har der utvivlsomt været en indlysende sammenhæng mel-
lem hans indsats som litteraturhistoriker og hans samtidige indsats for at få
indrettet et nationalt museum for oldtidsminder. Hvis man i det følgende
oversætter »Mindesmærker« til 'litterære værker' og »Asyl« til 'litteratur-
historisk fremstilling', har man et fuldgyldigt udtryk for Nyerups motiva-
tion som dansk litteraturhistoriker; museet ønsker han indrettet sådan, at

> hver Fædernelandets-Mand, der i dette Asyl for de ellers alt
> mere og mere forsvindende gamle nationale Mindesmærker, fra
> Sal til Sal kunde studere den successive Fremgang i Nationens
> Cultur og Begreber Sæder og Skikke, derved [vilde] føle den
> mest levende Interesse; og den seneste Efterslægt skulde vel-
> signe de Herrer, hvis Raad og Forestilling hos Hans Kongelige

98. Sst. s. 487; citatets slutning gengiver et epigram af F.L. Stolberg fra ca. 1777, jf. F. Rønning: *Rationalismens Tidsalder* II. Kbh. 1890 s. 173 f.
99. K.L. Rahbek: Om vor poet. Satyres Litteratur, *Minerva, et Maanedsskrivt*, udg. af K.L. Rahbek. Sept. 1794 s. 347.
100. R. Nyerup og K.L. Rahbek, anf. skr. [note 27] I s.[IX], II s. 122, III s. 289, IV s. 192.
101. Brev fra Nyerup og Rahbek til 'Selskabet' 30.9. 1799 (KB: NkS 2385, 2⁰).

Majestæt udvirkede, at saadant et Tempel for Levningerne af Fortidens Aand og Sprog Konst og Kraft blev rejst, der forøgede Antallet af de mange stolte videnskabelige Institutter, som hædre Christian den VIIdes Tidsalder.[102]

3. Litteraturbegrebets metamorfoser

Da Rasmus Nyerup og K.L. Rahbek i 1800 begyndte udgivelsen af deres danske litteraturhistorie, angav de allerede i dens titel, hvilken af de to herskende traditioner inden for litteraturhistorieskrivningen de placerede sig indenfor: emnet skulle være »den danske Digtekunsts Historie«.[103]

Ud fra deres forudsætninger valgte de at opfatte »Digtekunst« som digtning på vers, skrevet af individuelle, navngivne digtere, hvorved de placerede sig i et område, der var defineret af poetikken, og som havde den litterære kritiks normer som øverste instans. Litteratur bliver ensbetydende med tekster, der med rimelighed kan konfronteres med æstetiske smagsnormer. Stiltiende tager de med denne stofafgrænsning stilling til den diskussion, der havde løbet gennem 1700-tallet om prosadigtningens mulige ligeberettigelse med versdigtningen – i takt med, at prosadigtningen havde vundet terræn, især i forbindelse med den nye romanlitteraturs opkomst: For Rahbek og Nyerup er digtning og prosa uforenelige størrelser. Samtidig udelukker de den anonyme såkaldte folkedigtning fra poesihistoriens domæne.

Ved siden af denne afgrænsning, der implicerer synspunkter fra den litterære æstetik og kritik, opererer de i kraft af titelordet 'danske' med et sprogpatriotisk kriterium, der har tre væsentlige konsekvenser for indretningen af deres bog. Idet »danske« nemlig betyder 'skrevet på det danske sprog', udelukkes for det første den omfattende digtning på især latin, men

102. Rasmus Nyerup: *Historisk-statistisk Skildring af Tilstanden i Danmark og Norge i ældre og nyere Tider* IV. Kbh. 1806 s. [VII]-[VIII].

103. En mere dybtgående fremstilling i Flemming Conrad: *Rahbek og Nyerup. Bidrag til den danske litteraturhistorieskrivnings historie.* Kbh. 1979 (Studier fra Sprog- og Oldtidsforskning nr. 295).

også andre fremmede sprog, som i tidens løb er skrevet af danskfødte digtere. Og dette valg skyldes ikke ønsket om som popularisatorer at komme et ikke-sprogkyndigt publikum i møde: de to litteraturhistorikere citerer med stor fornøjelse lange passager på latin; målgruppen er øjensynlig læsere, der har passeret den lærde skole.

For det andet udelukkes den norrøne oldtids- eller middelalderdigtning, der på et rent sprogligt grundlag og med historikeren Hans Gram (1685-1748) som autoritet betegnes som uvedkommende for en dansk poesihistorie.[104] Det er karakteristisk for Rahbek og Nyerups omgang med den danske digtnings historie, at de ikke er særlig opsatte på at skubbe dens begyndelse så langt tilbage mod tidernes begyndelse som muligt.

Ejendommeligere – og vanskeligere at gennemføre i praksis – er det, at de med kriteriet »danske« strengt taget også afviser oversættelseslitteraturen. Bibliografen Nyerup er mest tilbøjelig til at lukke op for denne kategori (at overføre en så berømt forfatter som Boileau til dansk er dog »altid [...] en Fortjeneste«),[105] men det er Rahbek, der formulerer de afgørende principielle overvejelser på dette punkt: Gode oversættere forøger ikke »Sprogets egentlige poetiske Skat«, men de højner dog dets stilistiske og metriske niveau, hvorfor de (og med dem også enkelte originale digtere) snarere må »være at regne til Stilistikerne, end til de egentlige Poeter«.[106]

I spørgsmålet om oversættelseslitteraturens plads i en dansk poesihistorie fører de to forfattere i praksis en ganske ujævn kurs. Men Rahbeks ræsonnement understreger et afgørende træk ved deres bog: den er ikke de poetiske motivers, men de poetiske teknikkers og det poetiske sprogs historie.

Bidrag til den danske Digtekunsts Historie er ved sit litteraturbegreb et ægte barn af 1700-tallet. Da den unge P.O. Brøndsted (1780-1842) i 1810 udsendte sin *Schöne Redekünste der Dänen*,[107] byggede han på det samme litteraturbe-

---

104. R. Nyerup og K.L. Rahbek, anf. skr. I s. [II] f.
105. Sst. IV, s. 135; Rahbek forbigår ham som »blot Oversætter«, sst. s. 173.
106. Sst. V s. 274-275; sondringen mellem stilistikere og poeter, der karakteriseres som »efter den nyere Terminologie« (sst.) er hentet fra den tyske æstetiker Jean Paul, jf. *Ordbog over det danske Sprog* XXI. Kbh. 1943 sp. 1348.
107. Schöne Redekünste der Dänen. (Von einem ungenannten Gelehrten in Dänemark), *Geschichte der Litteratur von ihrem Anfang bis auf die neuesten Zeiten*, von Johann Gottfried Eichhorn, 4. Band 3. Abt. Göttingen 1810 s. 1117-1213; se herom Flemming Conrad: P.O. Brøndsteds danske litteraturhistorie. Bidrag til den danske litteraturhistorieskrivnings historie, *Hvad Fatter gjør ... Boghistoriske, litterære og musikalske essays tilegnet Erik Dal*, red. af Henrik Glahn m.fl. Herning 1982 s. 118-129.

Erasmus Nyerup.
Nat: in Fionia 1759.

Rasmus Nyerup (1759-1829) var i sit myreflittige liv som universitetsbibliotekar og professor i »Literairhistorie« centralt placeret i sin tids humanistiske forskning med tætte kontakter til kolleger i ind- og udland, især Tyskland og Sverige. Hans skrifter omhandler talrige, meget forskellige emner. Som dansk litteraturforsker viser han sig både i sine udgivelser af bl.a. Peder Låles ordsprog og de gamle folkeviser og i sit bibliografiske arbejde især som den grundige empiriker. Stik af A. Flint 1802. Det kongelige Bibliotek.

greb som sine ældre forgængere, men supplerede det i overensstemmelse med retningslinjerne for det samleværk, han bidrog til, ved at lade gennemgangen af poesien følge af en præsentation af den danske skønne prosa. Idet poesien ifølge J.J. Eschenburgs toneangivende håndbog i æstetik og poetik m.v.[108] er poetikkens domæne, mens prosaen sorterer under retorikken, befinder Brøndsted sig således fortsat inden for rammerne af 1700-tallets tænkning; men når han under afsnittet »Poesie« inddrager fx. Holbergs komedier, som Rahbek og Nyerup jo ikke havde kunnet indlemme i deres sammenhæng, overskrider han tydeligt nok de to ældre kollegers litteraturbegreb og måtte da også indkassere en reprimande fra Nyerup for sit systematiske »Misgreb«.[109]

Sit eget næsten samtidige bidrag til Eichhorns store verdenslitteraturhistorie, *Geschichte der Litteratur. Dännemark*,[110] anlagde Nyerup som en traditionel lærdomshistorie med hovedvægten lagt på videnskabernes historie og liden opmærksomhed for den skønne litteratur.

Mens Rahbek og Nyerup fortsætter udgivelsen af deres *Bidrag til den danske Digtekunsts Historie* frem til ca. 1830 på grundlag af dette sprogpatriotisk og smagsæstetisk funderede litteraturbegreb, sker der hos deres yngre samtidige en afgørende nyorientering, der er tæt knyttet til ordet 'nationallitteratur'. Man kan hos Nyerup og Rahbek en sjælden gang – og da næppe tilfældigt i de lidt senere bind af deres værk – møde overvejelser over »vor ægte Nationalpoesies Hovedcaracter«,[111] men fra kort efter 1810 bliver begrebet 'nationallitteratur' nydefineret og får en central plads i den litteraturhistoriske tænkning.[112]

Chr. Molbech synes at være den første, der udfolder dette nye begreb; ordet forekommer ukommenteret i tilegnelsen til Videnskabernes Selskab foran i hans skrift *Om Dialecter*[113] og bliver genstand for en nærmere ud-

---

108. Jf. note 12.
109. *Dansk Litteratur-Tidende* 1811 s. 325.
110. Afsnittet »Dännemark« (Von einem ungenannten dänischen Gelehrten), *Geschichte der Litteratur von ihrem Anfang bis auf die neuesten Zeiten*, von Johann Gottfried Eichhorn, 3. Band 2. Abt. Göttingen 1812 s. 719-832.
111. R. Nyerup og K.L. Rahbek, anf. skr. IV s. 89.
112. Udførligere herom i Flemming Conrad: Der Begriff »Nationalliteratur« in der dänischen Literaturgeschichtsschreibung, *Die nordischen Literaturen als Gegenstand der Literaturgeschichtsschreibung*, hg. von Horst Bien. Rostock 1982 s. 183-189.
113. Chr. Molbech: *Om Dialecter eller Mundarter cg Samling af danske Landskabsord med en Indledning om Kiærlighed til Modersmaalet og en Indbydelse til det danske Sprogs Venner*. Kbh. 1811.

redning i artiklen *Almindeligt Oversyn af den danske Litteratur i Aaret 1813*.[114] Det hedder her, at da litteraturens redskab er sproget, og da sproget udtrykker nationens indre liv, må dette sidste følgelig »præge sig i dens Litteratur«.[115] En forfatters originalitet, kvalitet og holdbarhed vil altid knytte sig til det nationalt særegne og dermed næsten altid til hans skrifter i modersmålet.

Molbech sondrer nu mellem (1) »et Lands Litteratur«, hvorved han forstår »det samlede Hele af trykte Skrifter i dette Lands Sprog (i hvilken Bemærkelse man maa skielne imellem Litteratur (Bogvæsen) og Videnskabelighed, eller litterair, videnskabelig Cultur« – hvorved Molbech fortsat opererer med den gamle betydning af 'litteratur' som 'lærdom' (jf. ovenfor) – og (2) »den egentlige »*Nationallitteratur*««, som er den væsentlige del af landets litteratur, selve dens kærne, og som defineres som

> de Originalskrifter, som i Landets Sprog skrives af Landets Borgere, og hvori den videnskabelige Cultur, der hersker hos Nationen, for saavidt maa kundgiøre sig, som Skribenter kunne ansees for deres Nations aandige Repræsentanter.[116]

Hertil føjes yderligere den bestemmelse, at nationallitteraturen »virker paa det hele Folk«, idet Molbech dog forsigtigt erindrer om, at virkningen jo går via »Folkets Kiærne«, der findes i »den oplyste Deel af Nationen« og ikke blandt »den raae Mængde«.[117]

Molbechs skrifter fra de nærmest følgende år viser, hvordan begrebet 'nationallitteratur' vinder frem,[118] og i et lille skrift fra 1822 med den for så vidt programmatiske titel *Indledning til Forelæsninger over det danske Sprogs og den danske National-Litteraturs Historie* ligger det fuldt udfoldet: nationallitteraturen omfatter »kun saadanne Skrifter, *hvori Stof og Form giensidigen betinge hinanden, og som ophøre at være det, de ere, naar man borttager den sidste, og klæder det første i et andet Sprogs Farver*«. Begrebet omfatter således ikke »positiv Dogmatik, Retslære, Mathematik, systematisk Naturkyndighed eller Lægevidenskab«, som Molbech ikke kan forestille sig i en

---

114. Chr. Molbech: Almindeligt Oversyn af den danske Litteratur i Aaret 1813, *Athene. Et Maanedsskrift*, udg. af Chr. Molbech, II. Kbh. 1814 s. 74-92.
115. Sst. s. 76.
116. Sst. s. 77-78.
117. Sst. s. 78.
118. Fx hans Kort Udsigt over Epokerne i den svenske Nationallitteraturs Historie, *Breve fra Sverige i Aaret 1812* III. Kbh. 1817 s. 231-342.

specifikt nationalsproglig udformning, og hvis behandling sproget »sielden« vinder ved.[119]

Efter denne negative afgrænsning består nationallitteraturen først og fremmest af (1) poetiske og (2) historiske værker på modersmålet og i anden række af »*oratoriske* [værker] og saadanne, hvori en reen og fuldkommen *dogmatisk* Stiil kan udvikle sig«.[120] Hermed kunne måske i princippet enhver videnskabs skrifter tænkes at indgå i nationallitteraturen, men »i Almindelighed« drejer det sig kun om (3) filosofiske skrifter.[121]

Den umage, Molbech gør sig med definitionerne, og selve forekomsten af titelordet »National-Litteratur[s]« har nyhedspræg og programmatisk fanfare over sig, og det samme er tilfældet i B.S. Ingemanns litteraturhistoriske forelæsninger på Sorø Akademi, der påbegyndtes i efteråret 1826, og hvis indledende betragtninger netop er helliget afgrænsningen af litteraturbegrebet: den art tekster, forelæsningerne skulle dreje sig om.

Der kan næppe herske tvivl om, at Molbech i 1822 har støttet sig til Fr. Schlegels *Geschichte der alten und neuen Literatur;*[122] i Ingemanns tilfælde er denne afhængighed åbenlys. Også han sondrer mellem kategorierne 'litteratur i almindelighed' hos et givet folk og dets særlige 'nationallitteratur'; sidstnævnte definerer han (med Schlegel) som

> en Mangfoldighed af aandelige Kræfter og Frembringelser hos *et enkelt Folk* i skriftlige Mindesmærker, som ere Udtryk af en *selvstændig og eiendommelig Aand hos dette Folk.*[123]

I nationallitteraturen indgår primært (1) »en *eiendommelig Poesie*«, der skal være hjemmegroet, og som omfatter fænomener som folkepoesi, naturpoesi og historisk-national digtning, mens digtning, der bygger på efterligning af fremmede mønstre, udelukkes.[124] Desuden (2) »*National Historie*«, der skal fastholde den del af fortiden, som bærer »et høiere Præg af eiendommelig Folkeaand, uden hvilken den blotte Erindring om Statsomvæltninger Krige og Erobringer ingen Deeltagelse opvækker hos Efterslægten«.[125] I denne

---

119. Chr. Molbech, anf. skr. [note 21] s. 33.
120. Sst. s. 34.
121. Sst.
122. Friedrich Schlegel: *Geschichte der alten und neuen Literatur.* Wien 1815, ²1822; citeres efter *Kritische Friedrich Schlegel Ausgabe,* hg. von Ernst Behler, VI, hg. von Hans Eichner. Paderborn, Wien u. Zürich 1961.
123. Ingemanns forelæsninger [note 34] I, 4r.
124. Sst. I, 4r-4v.
125. Sst. I, 4v.

betydning er historien kort sagt »en Nations Selvbevidsthed«.[126] Den tredje
Schlegel'ske kategori, (3) »en eiendommelig Philosophie«, volder karak-
teristisk nok Ingemann kvaler: i en vidtløftig argumentation frakender han
den højere spekulative filosofi enhver folkelig karakter og betydning, men
søger at redde selve den filosofiske kategori for den danske nationallittera-
tur ved at hævde eksistensen af en art »Folkeviisdom« i digtning, myter og
ordsprog samt i visse religiøse skrifter. Ingemanns uvilje mod »blind og
følelsesløs Erkjendelse« er – og var alle dage – udtalt.[127] Efter en hastig
opregning af elementerne (4) »Veltalenhedens og Viddets Værker«[128] kan
Ingemann da opsummere det litteraturbegreb, han i sine forelæsninger vil
føle sig forpligtet overfor:

> Nationallitteraturen er saaledes Indbegrebet af alle de eien-
> dommelige aandelige Frembringelser, som ere Frugterne af en
> *poetisk, historisk* og *tildeels philosophisk* Bestræbelse efter at frem-
> stille og beskue med Selvbevidsthed et Folks eiendommelige
> Væsen og Characteer.[129]

Den sammenknytning af sprog, litteratur og folk (eller nation), som man
kan iagttage hos Molbech og Ingemann, viser den nye litteraturhistorie-
skrivnings forankring i den såkaldte organismetænkning, der har den tyske
filosof J.G. Herders (1744-1803) skrifter, især hans *Ideen zur Philosophie der
Geschichte der Menschheit*[130] som en vigtig forudsætning. Dette skrift indgik i
de danske litteraturhistorikeres åndelige bagage o. 1820, men dets indhold
var i høj grad almindeligt tankegods i tiden og kunne fx tilegnes via Fr.
Schlegels litteraturhistoriske forfatterskab, sådan som det er tilfældet hos
Ingemann.

I denne tankegang opfattes et folk eller en nation som en organisme med
individuelt og originalt – eller som det ofte formuleres: »eiendommeligt« –
særpræg.[131] Dette folke-individs 'naturlige' udvikling forløber gennem sta-
dier, der kan lignes ved biologiske væseners barndom-ungdom-voksenal-
der-alderdom, idet den 'naturlige' – og det vil jo sige: ønskelige – udvikling

126. Sst. I, 5r.
127. Sst. I, 5r ff.
128. Sst. I, 7r.
129. Sst.
130. Johann Gottfried Herder: *Ideen zur Philosophie der Geschichte der Menschheit* I-IV. Riga u.
     Leipzig 1784-1791.
131. 'Ejendommeligt' er som tysk 'eigentümlich' et modeord i tiden; i Chr. Molbechs *Dansk
     Ordbog*. Kbh. 1859 forklares »Eiendommelighed« bl.a. ved »Originalitet«.

betragtes som en selvberoende proces, en vækst, mens påvirkning udefra, politisk som kulturel, stort set opfattes som direkte skadelig for den afgørende målsætning, som er nationens bevarelse og rendyrkelse af sit oprindelige væsen. Det ligger i disse formuleringer, at en nation eller et folk betragtes som en psykologisk størrelse, hvad der også fremgår af tidens yndlingsudtryk som 'nationalkarakter', 'folkeånd' og lignende.

Dette indebærer dels, at et folk, med Fr. Schlegels ord, har »grosse alte National-Erinnerungen«, som det er digtningens og historieskrivningens opgave at fastholde.[132] Dels indebærer ideen om fastholdelse og rendyrkelse af nationens oprindelige væsen et moralsk vurderingskriterium, for så vidt som realiseringen af den opstillede målsætning kan tænkes gennemført eller forsømt. Endelig kan disse tanker motivere et national-pædagogisk program, sådan som den tyske filosof J.G. Fichte (1762-1814) udfoldede det i forelæsningsrækken *Reden an die deutsche Nation* i 1808[133] og historikeren Laurits Engelstoft med sine *Tanker om Nationalopdragelsen* samme år;[134] begge disse skrifter byggede Chr. Molbechs på i de afgørende år efter 1810.[135]

Fokuserer vi et øjeblik på det enkelte medlem af en nation, bliver det nationale den kategori, hvori det humane – hvis udviklingen vel at mærke følger sin 'naturlige' bestemmelse – finder sin rigeste udfoldelse, hvoraf omvendt følger, at det enkelte individ forstås bedst og selv når sin sandeste selverkendelse under en national synsvinkel.

Hvad der binder en nation eller et folk sammen, er da, anderledes udtrykt, det kulturelle fællesskab, der forbinder den enkelte med folket her og nu, men også med folke-organismen i fortid og fremtid. I en af sine første forelæsninger formulerer Ingemann det således:

> Et Folk er ikke Indbegrebet af den Menneskemasse, der i vor eller enhver enkelt Tidsal[der] beboer et Land. I samme Forhold den enkelte Generation tilegner sig alle foregaaende Generatio- ners Liv og Aand – lever det hele Folk i den -, kun forsaavidt den nærværende Slægt med Liv og Aand opfatter hvad der har aandelig levet og udviklet sig gjennem Folkets historiske Liv, lever Folket selv i den nye Slægt, og kun forsaavidt kan denne Deel af et Folk som en virkelig Repræsentant for det hele Folk,

132. Friedrich Schlegel, anf. skr. s. 15 f.
133. J.G. Fichte: *Reden an die deutsche Nation.* Berlin 1808, hg. von Fritz Medicus. Hamburg 1955.
134. Se note 26.
135. Se fx Chr. Molbech: *Om Nationalsprogets Hellighed. Med en Efterskrift til det danske Publicum.* Kbh. 1815.

hvortil den hører forplante hele Folkets Aand og Liv til en høiere
Udvikling i Efterslægten.[136]

At sproget og dermed litteraturen med fordel kan udpeges som udtryk for
folkets fælles særpræg – med tidens terminologi: 'folkeånden' – siger sig
selv: om det kan alle (skønt med begrænset ret) hævdes at være fælles. Men
deraf følger også, at litteraturhistorien tildeles en helt central opgave i
folkeopdragelsen: ligesom historieskrivningen i almindelighed beskriver
og vurderer folkeindividets 'ydre' historie, er det litteraturhistoriens op-
gave at fastholde bevidstheden om folke-individets 'indre' historie. Hvor-
dan organismetænkningens forestillinger om folkets og dermed sprogets
og litteraturens ideelle udvikling som en selvberoende proces kommer til at
præge den nye litteraturhistorieskrivnings ræsonnementer, er emnet for de
følgende afsnit om de ændringer, der finder sted inden for litteraturhistorie-
skrivningens værdibegreber og syn på historiens gang.

Litteraturbegrebets tætte sammenhæng med nationalsproget og folke-
begrebet når sin mest radikale udformning i J.L. Heibergs litteraturhistorie
fra 1831 og årene derefter.[137] Ligesom Molbech og Ingemann lægger også
han vægt på indledningsvis at definere sin fremstillings emne:

> Ved Litteratur forstaaes Indbegrebet af alle Videnskaber, for
> saavidt disse ere blevne Elementer af den almindelige Dannelse,
> og kunne foredrages saaledes, at Sprogets Udvikling bliver en
> væsenlig Betingelse

hedder det[138] med den tilføjelse, at »Ved Sproget forstaaes her det populaire
Sprog, ikke en enkelt Videnskabs specielle Terminologie.«[139] Med denne
tilføjelse kommer definitionens to indskrænkede bestemmelser til at pege i
samme retning: sproget er det 'almindelige' – ligesom dannelsen.

Heiberg anvender ikke som Ingemann og den unge Molbech betegnelsen
»National-Litteratur«, men begrebet er centralt i hans litteraturhistorie. Når
hans hævdelse af litteraturbegrebets sproglige basis må karakteriseres som
radikal, skyldes det især, at han gennemfører det (næsten) konsekvent i sin
praksis. Mens både Ingemann og Molbech, når det kommer til stykket,
skæver til den danske latinlitteratur og med mange omsvøb behandler Saxo

---

136. Ingemanns forelæsninger [note 34] I, indlagt løst ark.
137. Se note 47.
138. Johan Ludvig Heiberg, anf. skr. § 1.
139. Sst. § 1, Anm.

udførligt, holder Heiberg sin sti ren: For ham bliver Saxo først vedkommende med Anders Sørensen Vedels Saxo-oversættelse o. 1600.[140]

Det er netop denne snæverhed, N.M. Petersen mod slutningen af vor periode vender sig imod – og det med klar adresse til Heiberg, hvis navn dog ikke nævnes:

> Der er talt meget om en Nationalliteratur, som omfatter alt hvad der er nedlagt i Modersmaalet, og kun det. Deraf skal man kunne danne sig en Forestilling om hvad Nationen har virket. Og med Hensyn til Videnskabens udvikling hedder det jo ogsaa, at Videnskabernes Indbegreb ikke hører til Literaturen, førend de ere blevne til Elementer af en almindelig Dannelse, og endda kun, naar de tillige kunne foredrages saaledes, at Udviklingen af Sproget, ikke den videnskabelige Terminologi, men det populære Sprog, bliver en væsenlig Betingelse. [...] Men skulde jeg kun optage Skrifter, der ere forfattede paa Dansk, saa vilde jeg i Middelalderen ikke have haft noget at gjøre med Saxo Grammaticus og Svend Aagesen, der dog vare danske Historieskrivere; [flere parallelle eksempler]; saa vilde hverken Schlegels Der Fremde eller Cramers Nordische Aufseher, skjøndt disse Skrifter bleve forfattede i Danmark og afhandlede nordiske Æmner, erholde Plads i vor Literaturs Historie; o.s.fr. Men saa vilde jo Literaturens Historie ingenlunde komme til at omfatte Folkets hele Udvikling.[141]

Citatet rummer to vigtige udsagn: På den ene side afvises organismetænkningens ovennævnte sammenknytning af sprog og folk som grundlag for den litteraturhistoriske selektion, og det sker vel at mærke ikke, fordi en streng hævdelse af dette princip kunne gøre den danske middelalderlitteratur og en god del af den senere med til en temmelig tynd affære, men fordi en ensidig satsen på modersmåls-litteraturen ville give et skævt billede af litteraturens historie. Petersen formulerer synspunktet skarpt:

> Saaledes med Tavshed at forbigaa eller behandle som en Biting, hvad der kaster Lys over det hele, eller hvad der endog i Aarhundreder har hædret Danmark, for ene at kunne dvæle ved Modersmaalets Frembringelser, vilde dog kun være at tilfreds-

---

140. Sst. § 153 ff.
141. N.M. Petersen, anf. skr. [note 63] II s. 6-7.

Indledning

til

Forelæsninger

over

det danske Sprogs

og

den danske National-Litteraturs Historie,

med en Fortegnelse efter Tidsfølgen over de vigtigste
Sprogværker og Forfattere i Modersmaalet.

Af

Christian Molbech,

Professor, Bibliotheksecretair ved det store Kongelige Bibliothek, Medlem
af det Kongelige danske Selskab for Fædrelandets Historie og Sprog, og
af det skandinaviske Litteraturselskab, corresponderende Æresmedlem af
Selskabet for den ældre tydske Historie i Frankfurt.

Kiøbenhavn, 1822.
Trykt i det Schultziske Officin.
Paa Arvingernes Forlag.

Chr. Molbechs lille skrift fra 1822 illustrerer allerede ved sin titel litteraturhistoriens kobling
med den nationale filologi. Som titel-ord fik begrebet »National-Litteratur« aldrig den samme
store udbredelse i Danmark som i Tyskland, hvor det kendes siden 1790'erne og var særdeles
populært omkring midten af det 19. århundrede. Men dets forekomst hos Molbech er et
tydeligt signal om fagets ny-orientering. Det kongelige Bibliotek.

stille en sygelig Patriotisme, der higer efter Hæder, hvor den ingen havde.[142]

Det hindrer ikke Petersen i at beklage, at Danmarks litteratur ofte fremstår i fremmed sprogdragt; men han er realist.

På den anden side understreger det anførte citat, at N.M. Petersen på linje med sine samtidige kolleger i det litteraturhistoriske fag ser litteraturens historie *ikke* som historien om nogle i sig selv beroende tekster, men som en beretning om »Folkets hele Udvikling«; han troede næppe, at litteraturen var noget, der havde en 'historie' i sig selv, og understreger gentagne gange sit arbejdes overordnede målsætning:

> Strax fra først af stillede jeg mig derfor som et Formaal, der uafladelig maatte haves for Øje: ved et tro Billede af den hele Literatur at give et Billede af Folket.[143]

N.M. Petersen ville en national evelutionshistorie og så derved sit arbejde – med alle de mangler ved det, som han bestandig fremhævede – som led i et stort folkeligt opdragelsesværk:

> naar engang Literaturens Historie, ikke blot dens Yderværker, men dens indre Væsen, bliver Alles Sag, saa vil ogsaa den blive et væsenligt Middel til at befordre Folkets Dannelse, ved igjennem den ny Tid, der er Nutidens Forgaard, at lade det skue sig selv.[144]

Opgivelsen af nationalsproget som grundlag for litteraturbegrebet formuleres allerede i Chr. Molbechs forelæsninger 1835;[145] hos N.M. Petersen bliver den helt tydelig. Opgivelsen af dette princip hænger imidlertid hos Petersen sammen med en stedse åbenhjertigere underkendelse af det sociologisk set nærmest uspecificerede folke-begreb, som fx Ingemann så ivrigt fastholder. Tidligt i værket taler han lidt uldent om »den danske Almenhed, den ædleste Del af Folket, det i Purpur og det i Kofte«,[146] men det er i forbindelse med en refleksion over sit sprogbegreb sent i værket, at han –

---

142. Sst. s. 7.
143. Sst. s. 7-8.
144. Sst. III s. 698; konteksten viser, at »den ny Tid« betyder 1700-tallet. Passagen »igjennem [...] Forgaard« udelades ofte ved citering, jf. Flemming Conrad, anf. skr. [note 6] s. 110.
145. Chr. Molbech: *Forelæsninger over den danske Literaturs Historie. En historisk Skildring af den danske Literatur og Danmarks literaire Cultur i dens Hovedtræk.* 1835 (KB: Collins samling 342,4⁰).
146. N.M. Petersen, anf. skr. I s. 185.

indirekte – giver tydeligst besked om, hvad han (i hvert fald nu, o. 1860) mener, når han siger »Folk«:

> Et Skriftsprog! Det er kun dette vi her have med at gjøre. Om Dialekterne, Sprogarterne, tale vi ikke. Det virkelige, reelle, Folkesprog hænger fast ved det gamle, [...]. Det har ingen Literatur (hvad der seer saaledes ud er kun noget eftergjort), og er derfor udannet og raat; [...] Endelig skrider det ikke fremad med Folkedannelsen, men svækkes og fortyndes, ja udslettes endog ved Skoleundervisningen. Skriftsproget derimod, der i Følge sin Natur er en Idealisering, er ikke virkelig til nogensteds, [...] og dets Uddannelse [...] beror ikke umiddelbar paa Folket i dets Helhed, men paa de enkelte Mænd, som have sat sig i Spidsen for Folkets Kulturudvikling. Det skulde være et bestandig lifligere Ideal af det gamle Sprog og af Folkesproget, der ligger det gamle saa nær [...].[147]

Det »Folk«, der modsvarer N.M. Petersens sprog- og litteraturbegreb, og som derfor i første omgang er relevant under en litteraturhistorisk synsvinkel, er altså, efter god nationalliberal forståelse, den dannede portion; denne social-gruppe kunne han i konsekvens af sin tankegang have karakteriseret som en idealisering af folket som helhed, ligesom de dannedes skriftsprog er en idealisering af folkesproget – når udviklingen går, som den skal. Men i anden række står jo »Folket i dets Helhed« som genstand for »Kulturudvikling«. Målet er »en fædrelandsk Udvikling, der skal omfatte det hele Folk, alle Stænder indtil den trælbaarne Bonde«.[148]

Kulturudvekslingen går imidlertid begge veje: »alle Stænder« skal bibringes dannelse, men samtidig skal de dannedes kontakt med deres oprindelige udspring sikres, så de ikke isoleres; derved kan folket blive ét folk, og i denne proces ser N.M. Petersen litteraturhistoriens centrale rolle.

På grundlag af de teoretiske overvejelser, der her er refereret relativt udførligt, udvikler der sig i årene ca. 1820-1860 en praksis vedrørende det litteraturhistoriske tekstbegreb, der aldeles sprænger rammerne for den hidtidige litteraturhistorieskrivnings emneområde, og som med forbigåelse af visse detaljer og nuanceringer kan beskrives således:

Først og fremmest udvides tekstbegrebet til at omfatte også de ikke æstetisk relevante tekster. Man kan her tale om en tilnærmelse til den ældre

147. Sst. V² s. 141-142.
148. Sst. III s. 551.

lærdomshistoriske litteraturhistorie, hvorfra de yngre imidlertid afviger ved at give såvel tekster på dansk som (for det meste) poetiske tekster en særlig forrang. Inden for videnskabernes litteraturhistorie dominerer humaniora og er ofte næsten enerådende. Inden for poesihistorien får nu 'folkedigtningen', først og fremmest de såkaldte middelalderlige folkeviser[149] en afgørende plads i det samlede billede. Begrebet har sin rod i tysk og dansk romantik og er knyttet til forestillingen om fx folkevisernes oprindelse af det folkelige kollektiv uden medvirken af individuelle digtere;[150] det florerer hos Ingemann, Heiberg og den yngre Molbech, men N.M. Petersen polemiserer mod denne udbredte opfattelse ved at frakende teksternes tilblivelsesform enhver betydning for deres karakter af »Folkepoesi« og i stedet at fremhæve teksternes emne, stil og reception i denne sammenhæng;[151] i forbindelse med en revision af kapitlet om folkeviserne o. 1860 skærper Petersen denne polemik, idet nu også tanken om 'folkepoesi' og 'kunstpoesi' som modpoler frakendes gyldighed.[152]

Den danske latindigtning bliver kun negligeret af Molbech i 1822, af Heiberg, i Thortsens latinskolebog, hvad der nok kan undre, og endelig i Athalia Schwartz' pigeskolebog. Hos de fleste andre behandles denne del af litteraturen nærmest gedulgt og med bortvendt åsyn. Kun hos N.M. Petersen hersker der overensstemmelse mellem teori og praksis på dette punkt.

En lignende behandling får den tysksprogede litteratur, især digtningen, der – udtalt i tilfældet Jens Baggesen – betragtes som resultat af en afsporing eller ligefrem karakterbrist.

Spørgsmålet om den norrøne oldtids- eller middelalderdigtnings relation eller tilhørsforhold til den danske fandt ikke sin løsning inden for den her behandlede periode. Nyerup og Rahbek havde som nævnt afvist, at det oldnordiske havde nogen plads i en dansk litteraturhistorie, men dette standpunkt forlades af de tidligste romantiske litteraturhistorikere. Ingemann træffer sit valg efter en lang og inkonsistent argumentation – under henvisning til de norrøne teksters »Aand og Indhold« og bryder således med sit nationalsproglige grundsynspunkt i øvrigt, hvad der en passant

---

149. Betegnelsen 'folkevise', dannet efter det tyske 'Volkslied' afløser de ældre betegnelser 'kæmpevise' eller 'romance', fx i Chr. Molbech: *Bemærkninger over vore danske Folkeviser fra Middelalderen*. Kbh. 1823.

150. Jf. Erik Dal: *Nordisk folkeviseforskning siden 1800*. Kbh. 1956 s. 338 ff.

151. N.M. Petersen, anf. skr. I s. 171.

152. N.M. Petersen, anf. skr.²I s. 123-124; jf. Erik Dal, anf. skr. s. 342 f.

bringer ham til at oprette kategorien »den *egentlige* danske Litteratur«;[153] faktisk fylder det norrøne stof 30% af Ingemanns forelæsningsmanuskript!

Også Heiberg giver det oldnordiske stof stor plads. Derimod er Molbechs stilling uafklaret. For en litteraturhistoriker med hans sproghistoriske indsigt må det stå klart, at oldislandsk ikke er dansk, men han fulgte Rasmus Rask i dennes opfattelse af oldnordisk som stamsprog for bl.a. moderne dansk. Altså siger han principielt nej til spørgsmålet om oldislandske tekster i den danske litteraturhistorie, men bruger samtidig uforholdsmæssig meget plads på emnet; hans kritik af N.M. Petersens litteraturhistorie i 1854 drejede sig bl.a. om, at denne havde forsømt at skildre den danske litteraturs 'forhistorie' i det oldnordiske.

Over for denne fløj, der kan betegnes som 'oldnordisk-dansk', står så – i Rahbeks og Nyerups fodspor – Thortsen, Athalia Schwartz og S.C. Müller samt N.M. Petersen, der tilsvarende kan betegnes som en rendyrket 'dansk' fløj. Denne fordeling indebærer altså, på dette isolerede felt, en modifikation af Paul Diderichsens i øvrigt holdbare placering af N.M. Petersen som eksponent for »Den oldnordisk-skandinaviske retning« og Molbech som eksponent for »Den dansk-nationale retning«.[154]

I yderligere kort begreb kan man bestemme forløbet 1800-1861 som en bevægelse fra et smagsæstetisk og sprogpatriotisk litteraturbegreb over et nationalt sprogligt (Molbech 1822, Ingemann, Heiberg) frem til et kulturhistorisk defineret litteraturbegreb. Den sidste forskydning kan iagttages i Molbechs ændrede praksis mellem 1822 og 1835[155] og kan bl.a. måles på Fr. Schlegels stadig aftagende betydning ved litteraturbegrebets fastlæggelse.

Der var hermed på dette punkt skabt en norm for de næste ca. hundrede års danske litteraturhistorieskrivning. Den særlige prioritering af visse dele af den nationale litteratur inden for en mere omfattende ramme samt dette tekstkorpus' forankring i et folkelighedsbegreb afspejler sig således i Vilhelm Andersens ord om, at han i sin gennemgang af 1800-tallets litteratur kun medtager »den nationale, altsaa foruden Digtningen de Dele af den

---

153. Ingemanns forelæsninger I, 10r; Ingemanns argumentation kan følges sst. 9v-10r.
154. Paul Diderichsen, anf. skr. [note 71] s. 132-145.
155. Fremgår ved en sammenligning af Molbechs trykte forelæsninger fra 1822 [note 21] og deres utrykte fortsættelse (KB: Collinske Samling 342, 4⁰) med forelæsningerne 1835 [note 145] samt en »Indledning« m.v. til en dansk litteraturhistorie (udat.; formentlig 1854; Collinske Samling 342,4⁰).

religiøse og filosofiske, historiske og naturvidenskabelige Litteratur, der ved Form og Indhold har folkelig Betydning.«[156]

Det med N.M. Petersen endeligt knæsatte litteraturbegreb har specielt været holdbart i latin- og gymnasieskolens håndbøger. Det er imidlertid også her, man har videreført den af Petersen underkendte praksis at medregne den oldislandske litteratur til den danske. Denne tendens er tydelig fra 1871, samtidig med at oldnordisk bliver indført som en del af danskfaget i den lærde skole.[157]

4. Litterær værdi og national betydning

Rasmus Nyerup og K.L. Rahbek delte arbejdet med deres danske poesihistorie sådan imellem sig, at Nyerup besørgede de bio- og bibliografiske dele, mens Rahbek leverede de æstetiske karakteristikker og vurderinger.[158] Derved illustrerer de det forhold, at den europæiske litteraturhistorieskrivning i løbet af 1700-tallet til sine oprindelige bio- og bibliografiske dimensioner havde føjet en æstetisk-kritisk med kriterier hentet fra den litterære kritik. Litteraturhistorien var på vej til at blive den 'gode litteraturs' historie.

Rahbeks kritiske domme har to grundlæggende kriterier: »Smagen« og det sæt af især genreæstetiske regler, der forelå i tidens æstetiske håndbøger, fx Eschenburgs.[159]

»Smagen« var fra o. 1750 et æstetisk begreb – på linje med det franske goût – i forbindelse med nyhumanismens forsøg på under den litterære kulturs omvæltninger at hævde antikkens æstetiske normer. Det kan bl.a. studeres hos franskmanden Charles Batteux (1713 – 1780), hvis europæisk berømte æstetik fra 1746 snart kom også i dansk oversættelse.[160]

»Smagen« er her et naturgivet anlæg, en »Kierlighed til Orden«,[161] der er nært beslægtet med begrebet »Dyd«, og som må fremmes aktivt i det

---

156. *Illustreret dansk Litteraturhistorie*, ved Carl S. Petersen og Vilhelm Andersen III. Kbh., Kria m.v. 1924 s. [3].
157. Fx Torvald Strøm, anf. skr. [note 75].
158. Udførligere i Flemming Conrad, anf. skr. [note 103] s. 63-80.
159. Se note 12.
160. Charles Batteux: *Indledning til de skiønne Konster og Videnskaber*. Oversat og Formered ved Jens Hvass, I-IV. Kbh. 1773-1774.
161. Sst. I s. 195.

enkelte menneske. Den kan udledes af selve naturen og nåede sin første blomstring i antikkens Grækenland; efter en lang nedgangstid middelalderen igennem indebar renæssancen under denne synsvinkel, at man atter »erkiendte Naturen«,[162] og i Batteux' egen tid mentes »Smagen [at være] stegen til den Høide, som Nationerne kunde bringe den til«.[163] Hele denne lære er således et udtryk for 1700-tallets fremskridtsoptimisme.

Smagsbegrebet, hvis enkeltheder ikke kan udredes her, er grundlæggende karakteriseret ved »en angenem Orden, ved skiønne Vendinger, ved Harmoni i Udtrykkene«[164] og kendetegner ideelt set såvel den skabende kunstner som den æstetiske reception.

Batteux ved nok, at kunsten har været »indklædt i forskiellige Gestalter efter Tidernes Forskiel hos de forskielige Nationer«,[165] men ser ikke dette som en anfægtelse af »Tingenes Grund«.[166] Fundamentalt er hans og tidens smagsbegreb universelt og statisk. Dets 'historie' er da vekslende tilstande af større eller mindre afstand fra dette faste ideal.

Rahbek ser smagens højeste manifestation i den harmoni, stilistiske økonomi, elegance, korrekthed og værdighed, som han mente at finde hos sin samtids digtere ca. 1770-1800, og dømmer fortiden ud fra disse normer; det bliver da en hæder for Kingo at benævnes »det forrige Aarhundredes Thaarup«.[167] Inden for denne æstetiske horisont spiller synspunkter, der kontrasterer dansk og udenlandsk en mindre rolle. De dukker for det første op som et konstant ønske om at kunne karakterisere en litterær præstation som originalt dansk og ikke som oversættelse eller plagiat:

> Jeg skal ikke nægte, jeg er dansksindet nok til at ønske, at den sidste Betragtning var fra første Haand voxet paa Arreboes egen Grund; men Billighed byder at vedgaae, at den er omplantet fra Dubartas [...].[168]

Synspunktet må snarest karakteriseres som patriotisk; men i de fleste til-

---

162. Sst. I s. 142.
163. Sst. I s. 143.
164. Sst. I s. 51.
165. Sst. I s. 154.
166. Sst.
167. R. Nyerup og K.L. Rahbek, anf. skr. II s. 254; om Rahbeks agtelse for Thomas Thaarup se Flemming Conrad: Konkurrencen 1818 om en nationalsang, *Dansk Identitetshistorie* II. Kbh. 1991 s. 183 ff.
168. R. Nyerup og K.L. Rahbek, anf. skr. II s. 280-281.

fælde er den slags ytringer formentlig (også) præget af 1700-tallets (Edward Youngs) tanker om digteren som en originalt skabende ånd.[169]

For det andet dukker kontrasten dansk:udenlandsk op som en puristisk uvilje mod fremmedsproglige elementer i dansk poesi, latinismer, men især germanismer som fx »fanged an« eller »Gevalt«: »saare seent have vi begyndt at lære, hvor slem en Virkning slige fremmede Ord giøre i den ædlere Digtekunst«.[170]

Rahbeks purisme er overalt et udslag af hans og tidens krav om et harmonisk, ensartet stilniveau – inden for 'den gode smags' rammer – og kan ikke tolkes som noget direkte udtryk for en national tendens.[171]

For så vidt som Nyerup og Rahbek måler fortidens digtning med den gode smags alen, kan deres poesihistorie karakteriseres som en kronologisk arrangeret og eksemplificeret æstetik. Men fra ca. 1820 ændres dette billede, idet selve det nationale præg i litteraturen ophøjes til værdikriterium; dette indebærer ikke, at de hidtidige smagsforestillinger med én gang forkastes, men de må nu indgå i et samspil med det nye nationale værdibegreb, der kan falde lidt forskelligt ud i de forskellige litteraturhistorier. Det er et symptom på denne forandring, at oprettelsen i 1759 af Selskabet til de skiønne og nyttige Videnskabers Forfremmelse af Rahbek og Nyerup fremstilles som selve vidnesbyrdet om den gode smags gennembrud i Danmark,[172] mens Heiberg lægger det samme selskab for had for dets manglende hensyntagen til den danske litteraturs nationale traditioner og anlæg.[173]

De nye signaler viser sig tydeligst i Ingemanns forelæsninger, hvor æstetiske præferencer ikke kan isoleres fra ideerne om det nationale. National »Eiendommelighed« bliver overordnet værdikriterium. Derfor bestemmes den gode litteratur ved begreber som *rodfæstethed* (modsat »fremmed Plante uden Rod, en konstig fremdrevet Drivhuusvæxt – blot Udtryk af universel Kultur uden Nationalitet og Eiendommelighed«[174]), *folkelighed* (modsat »academisk Aandsindskrænkning«, der ligeledes ytrer sig ved imitation af frem-

---

169. Fx sst. VI s. 66; jf. René Wellek: *The Rise cf English Literary History*. Chapel Hill 1941 s. 49.
170. R. Nyerup og K.L. Rahbek, anf. skr. IV s. 102, jf. sst. I s. 223, V s. 254.
171. Fx sst. III s. 135, IV s. 25, 194.
172. Jf. nedenfor s. 444 med note 202.
173. Johan Ludvig Heiberg: *En Afhandling om Skjøn Litteratur* s. 3 ff.; manuskript, der supplerer Heibergs trykte litteraturhistorie [note 47], og som formentlig stammer fra midten af 1830'erne (RA: Personarkiv 5590).
174. Ingemanns forelæsninger I, 1v.

Knud Lyne Rahbek (1760-1830) gjorde fra ca. 1800 sammen med sin hustru Kamma deres hjem på »Bakkehuset« uden for København til et centrum i tidens kulturliv. Som forfatter, litterat og kritiker var han orienteret i retning af det 18. århundredes idealer og kunne allerede kort efter århundredskiftet virke – og selv føle sig – passé. Men som ræsonnerende journalist og tidsskriftudgiver var han en foregangsmand. Pastel af C. Hornemann, udstillet 1815. Studenter- foreningen. Foto Frederiksborg.

mede mønstre eller ved digtning på latin[175]) og *stabilitet* (modsat »fredløs og ustadig Vaklen fra Afgud til Afgud«[176]).

Også Molbech giver tidligt udtryk for sammenhængen mellem kvalitet og nationalitet:

> ligesom Sprogfuldkommenhed, selv i en høi Grad, ikke er nok for at frembringe en udmærket Digter, saa vil man heller ikke kunne fremvise nogen saadan Digter, der skulde have vundet almindeligt og varigt Bifald, uden at være *national*, og uden at være Mester over sin Nations Sprog. Det er dette Digtekonstens Materiale, dette Stof, hvoraf Digteren former de Skikkelser, hvori hans Ideer fremtræde i Skiønhedens Klædebon, som danner det inderligste, og det mest omfattende Baand imellem ham og hans Læsere. Derfor er et Digt, som egentligt Konstværk, kun eengang til: i *Grundsproget*.[177]

Hos Molbech skal det nationale kriterium imidlertid gå i spand med andre kriterier såsom originalitet, sproglig politur og korrekthed. Problemet er ikke så stort i forbindelse med ikke-digteriske tekster, fx de middelalderlige landskabslove, der får ham til at føle sig

> tiltrukket af den Nationalitet, den oprindelige *Danskhed* (thi hvad andet Ord skulde jeg bruge for at betegne det, som nærmest og eiendommeligst tilhører vort Folk og vort Land?) og som vi finde i disse Loves Sprog og Sprogcharakteer.[178]

Når det gælder poesihistorien, kan det nationale kriterium også bruges til at skille fårene fra bukkene. Det er således det danske og nordiske præg, der gør Oehlenschlägers digtning til »en lykkelig og mægtig Modkraft mod Romantikkens luftige, tomme og phantastiske [læs: tysk-inspirerede] Sværmeri«,[179] mens omvendt Baggesens flirten med det tyske sprog viser hans farlige »Janus Charakteer« og svækker hans digteriske kvalitet.[180] Ræsonnementet er blandet moralsk-psykologisk-æstetisk.

Men det er selvfølgelig i poesihistorien, at ophøjelsen af nationalitet til

---

175. Sst., jf. XVII, 24v.
176. Sst. I, 1v.
177. Chr. Molbech: *Forelæsninger over den nyere danske Poesie, særdeles efter Digterne Ewalds, Baggesens og Oehlenschlägers Værker* I. Kbh. 1832 s. 19.
178. Chr. Molbechs forelæsninger 1835 [note 145] hft. XV s. 8.
179. Chr. Molbech: *Forelæsninger over den danske Poesies Historie.* 1846 s. 103 (KB: Collins samling 342, 4⁰).
180. Ss. s. 88.

værdikriterium volder kvaler, når nemlig en i øvrigt højt skattet digter ergo også må være national, men måske ikke indlysende er det. Eksemplet, som vi vender tilbage til, er Johannes Ewald.

Selv hos Johan Ludvig Heiberg, sin tids æstetiske kritiker par ecxellence, spiller det nationale en central rolle. Om Heibergs kritik og dens forhold til Hegels filosofi må henvises til Paul V. Rubows kritikhistorie,[181] men hos Hegel kunne Heiberg også finde støtte for, at digtningen skulle være national;[182] og selv om han vistnok ikke leverer nogen samlet argumentation herfor, er der ikke tvivl om, at for ham hører nationalitet og digterisk værd sammen. I en opsummerende omtale af den danske litteraturs bestandig udsatte stilling mellem tysk og fransk indflydelse hedder det således opmuntrende, at »De store Forf. vare nationale selv under denne, f.Ex. Holberg og Oehl.«.[183]

Det er nu Heibergs postulat, at det nationale i dansk sammenhæng består i en sans for det vittige og skæmtende, det korrekte, klare og elegante. Negativt hedder det da om Johs. Ewald, at

> Den lette Skjæmt var imod hans Natur, og for saa vidt manglede der ham et vigtigt nationalt Element. [Han afviger derved fra Norske Selskabs digtere] deels fordi han, som lyrisk Digter, dannede sig efter Klopstock, og idet han undertiden forlod det Klare og Simple, [...]. I Henseende til Nationaliteten er det da ikke at nægte, at den ewaldske Tendens er mindre nationalt [sic], end det norske Selskabs.[184]

Chr. Molbech havde samtidig, 1831-1835, en karakteristisk konfrontation med de to Heibergianere C.A. Thortsen og F.C. Olsen om Ewalds nationale karakter. Mod Molbechs dom om Ewald: »saa fædrelandsk i Aand og Sprog, som om han aldrig havde hørt et fremmedt Ord«[185]står Thortsens: »uden nationalt Præg«[186] og direkte polemisk mod Molbech F.C. Olsens fremhævelse af »det Veemodig-Sentimentale og Høie« som Ewalds særpræg, hvorimod »dierv Forstandighed«, »det tørre Comiske« og »jevn og rolig Følelse« turde være typisk danske træk.[187] Molbech må da replicere, at Olsen

181. Paul V. Rubow: *Dansk litterær Kritik i det nittende Aarhundrede indtil 1870*. Kbh. 1921 s. 95 ff.
182. Sst. s. 158.
183. Johan Ludvig Heiberg, anf. skr. [note 173] s. 189-190.
184. Sst. s. 3-6.
185. Chr. Molbech: *Johannes Evalds Levnet*. Kbh. 1831 s. 193.
186. *Maanedsskrift for Litteratur* I. Kbh. 1829 s. 232.
187. Sst. XV. Kbh. 1836 s. 44-45.

på urimelig vis indsnævrer danskernes psykiske mobilitet, der aldeles ikke er fremmed for den høje tone hos Ewald.[188]

Således kan en generel påstand om nationalpræg som afgørende forudsætning for tilstedeværelsen af digterisk kvalitet føre til påstande om folkeslags generelle karakter – og således til en fejlslutning.

Det er imidlertid først og fremmest et vidnesbyrd om det nationale spørgsmåls brændende aktualitet i 1830'erne, at det er så afgørende for både Molbech og Heiberg at sikre prædikatet »national« eller »dansk« for den poesi, de i øvrigt hver for sig værdsætter.

Det er en naturlig følge af den ændrede vurderingsnorm, at der sker en nyvurdering af en række forfatterskaber; placeringen af modernisten Anders Arrebo o. 1620, delvis i samspil med traditionalisten Lyschander og andre nogenlunde samtidige digtere, kan tjene som eksempel.

Hos Rahbek og Nyerup må Lyschander nøjes med en præsentation,[189] men kendes aldeles ikke værdig til at underkastes en æstetisk vurdering, hvorimod Arrebo er en af deres hovedskikkelser, thi med ham

> frembrød igien den danske Poesies Morgenrøde efter en lang og
> mørk Nat, og alle de Skribentere, som have omtalt Poesiens
> Skjebne i Danmark, ere enige i, at regne den forbedrede Digte-
> konsts Begyndelse fra Arreboes *Hexaëmeron*.[190]

Omvendt hos Ingemann, der hos Lyschander finder »en ægte dansk naturlig Ligefremhed uden nogen paaklinet Stads af Lærdom og Udtværing med opbyggelige Betragtninger (som gjør Arrebo saa ofte baade smagløs [!] og kjedsommelig)«.[191]

Denne dom går ikke uden videre igen i de følgende års litteraturhistorier, men det er et gennemgående træk, at fremhævelsen af Arrebos betydning for kunstdigtningen stilles i lys af hans beklageligt manglende nationale eller folkelige orientering. Således hos Heiberg, der minder om, at Arrebo dog kun var en efterligner af udenlandsk forbillede,[192] mens det straks efter om Dannevirke-visens digter L. Kok venligt hedder, at han »foruden Sorterup [var] den Eneste, der syntes at tage Hensyn paa Folke-Poesien.«[193]

---

188. Chr. Molbech: *Forelæsninger over udvalgte danske Lyriske Digte*. 1835-36. Forelæsning XVIII s. 4 (KB: Collins samling 342,4⁰).
189. R. Nyerup og K.L. Rahbek, anf. skr. II s. 194-208 (ved Nyerup).
190. Sst. II s. 209.
191. Ingemanns forelæsninger XVIII, 5r.
192. Johan Ludvig Heiberg, anf. skr. [note 47] § 160.
193. Sst. § 162.

Selv hos C.A. Thortsen, der blandt de yngre nærmest viderefører den ældre generations sprogrigtighedsnormer til gavn og glæde for latinskoledrengene, spiller det nationale en rolle som værdikriterium, om end i anden række. Jævnligt fremhæves den »fædrelandske Tone«, den »ægte danske Sprogtone« eller »ægte nationale Scener«, ja, Baggesen vil »altid beundres som en af de meest begavede, originaleste og nationaleste Digtere, Danmark har frembragt«, hedder det med den gradbøjning af »national«, som er karakteristisk for disse årtier.[194]

Ganske anderledes hyppigt optræder det nationale som plusord i Athalia Schwartz' pigeskole-bog; hos Blicher fremhæves således »den oprigtige fædrelandskjærlige Begeistring«, hos Chr. Winther »en fædrelandsk Tone« og så fremdeles, mens Staffeldts fremmedartede præg noteres: »Staffeldts Poesie er ei national«.[195]

Hvis vi betragter N.M. Petersens litteraturhistorie som slutstenen på det forløb siden 1800, som vi her har søgt at ridse op, og hvis vi betragter Heiberg, Thortsen og i nogen grad Athalia Schwartz som modificeringer af hovedtendensen, er den da, at litteraturen – fornemmelig poesien – fra at få tildelt en æstetisk *værdi* på grundlag af et universelt og statisk smagbegreb mere og mere får tillagt en *betydning*, nemlig for den nationale evolution. I N.M. Petersens litteraturhistorie spiller æstetiske placeringer en ganske underordnet, ja forsvindende rolle.

5. Litteraturhistoriens retning og mål

Det siger sig selv, at det ændrede litteraturbegreb og de nye værdinormer måtte føre til et radikalt ændret billede af det litteraturhistoriske forløb, forstået som en fortælling, der har en begyndelse, en slutning og noget derimellem.

Til grund for Nyerup og Rahbeks fremstilling lå fra første færd en overraskende klart struktureret forestilling om de store linjer i litteraturhistori-

194. C.A. Thortsen, anf. skr. [note 65] s. 114, 158, 113, 120.
195. Athalia Schwartz, anf. skr. [note 87] s. 149, 216, 90.

ens gang, der lader sig relatere til dele af Batteux' allerede omtalte ideer om den gode smags vekslende grader af realisering til skiftende tider.

Som Batteux ser de to danskere for sig en gloriøs litterær fortid, in casu (og lidt besynderligt) Edda- og skjaldedigtningen, hvis status som dansk digtning de jo ikke anerkendte.[196] Den tidligste danske digtning, de kan regne med, nemlig den middelalderlige, falder i en nedgangsperiode, som stort set kun byder på efterligninger af middelmådig tysk digtning;[197] Peder Låles ordsprogssamling, hr. Michaels rimværker og enkelte andre tekster fremstår med diverse forbehold som undtagelser fra dette dystre billede,[198] som bliver så mørkt, fordi Nyerup og Rahbek jo kun behandler skrifter af navngivne forfattere og derfor må forbigå folkeviserne, selv om de erkender, at inddragelsen af denne tekstgruppe ville ændre billedet af den danske middelalder i gunstig retning.[199]

Idet nu Rahbek gør status ved ca. år 1600, hedder det da:

> Med Føje kan man altsaa sige, at vi, saavidt vi endnu ere komne, ingen egen dansk Digtekunst, og ingen os med fuld Rette tilhørende dansk Digter have fundet; og desværre er dette endnu et Tid Stund saa temmelig Tilfældet; [...] Disse første Oversættere og Efterlignere være end saa slette, som de tildeels maa erkjendes, de bidroge dog til at danne og bøje Sproget, saa hine senere og bedre deslettere kunde give det Skik.[200]

Med en metaforik, der spiller på overgangen fra mørke til lys,[201] er det nu de to forfatteres ambition at skildre »vor Litteraturs lange og seene, ofte omtaagede, Morgen« frem til dens »Middag«, der dateres til »den Hædersepoke, da Selskabet til de skjønne Videnskabers Forfremmelse begyndte sine Samlinger med *Tullins* første Mesterdigt.«[202] Dvs. til 1759 og de første år derefter.

At de to forfattere senere supplerede værkets hovedstamme med de to nævnte satellit-bind, slører nok, men ændrer ikke dets bærende idé.

Statusopgørelsen ved 1600 viser, at Nyerup og Rahbek med et snit her

196. R. Nyerup og K.L. Rahbek, anf. skr. I s. [I] – [III].
197. Sst. s. [IV].
198. Sst.
199. Sst. s. [VII].
200. Sst. s. [VI] – [VII].
201. Jf. René Wellek, anf. skr. s. 180, Johann Eschenburg, anf. skr. [note 12] s. 12, Louise Vinge: *Morgonrodnadens stridsmän*. Lund 1978, s. 21 ff.
202. R. Nyerup og K.L. Rahbek, anf. skr. I s. [X].

deler det litteraturhistoriske forløb i to faser: den danske digtnings morgengry indtræffer med Arrebos indførelse af den europæiske kunstdigtnings normer; hans *Hexaëmeron* (1661, skrevet i 1630'erne) er »den forbedrede Digtekonsts Begyndelse«,[203]han selv »vor danske Digtekunsts Fader«.[204] Som vi tidligere har set, havde større digterisk originalitet været et plus hos Arrebo, men når valget står mellem den danske tradition og den nye kunstdigtning, er Nyerup og Rahbek ikke i tvivl. De er på det punkt europæere.

Forløbets anden fase fra Arrebo frem til 1759 viser da den bølgende kamp mellem den misledte og den gode smag og sidstnævntes endelige sejr; da Tullin og Stenersen »traadte op, forvandlede den forud allerede frembrydende gode Smags Morgenrøde sig til den klare Dag.«[205]

Den gode smag er imidlertid ikke uden videre identisk med den europæiske kunstdigtnings normer, men repræsenteres især ved navne som Anders Bording, Tøger Reenberg, Ambrosius Stub, Chr. Falster, Ludvig Holberg og som nævnt Tullin og flere o. 1760, dvs. repræsentanter for, hvad Rahbek opfatter som en behersket og 'korrekt' stil, mens den misledte smag især knyttes til senbarokkens digtere; den svulstighed, der ifølge Rahbek karakteriserer de tyske barok-digtere Hoffmannswaldau og Lohenstein, kredser han jævnligt om – og med væmmelse.[206]

At vejen frem mod virkeliggørelsen af den gode smag ikke kan beskrives som en jævnt stigende kurve, illustreres ikke mindst af, at tiden lige inden den paradisiske tilstand indtræder, udgør et absolut lavpunkt på smagens tunge vej fremad: Rahbek og Nyerup kan ikke blive trætte af at lægge »den pietistiske Sirocco« under Christian VI for had[207] – og stiller på den måde »Danmarks Guldalder« under Christian VII og kronprins Frederik (VI) i relief.[208]

Med tanke på Batteux' lære om smagens vekslende grader af realisering fra højdepunktet i antikken og fornedrelsen i den mørke middelalder frem til renæssancens og hans egen tids nye højder kan man da hævde, at også Nyerup og Rahbek beskriver den danske litteraturhistorie i en sådan v-formet model, dog med den modifikation, at det oprindelige højdepunkt

203. Sst. II s. 209.
204. Sst. II s. 286.
205. Sst. IV s. 472.
206. Sst. fx III s. 300, 305.
207. Sst. V s. 4, jf. IV s. 363, 382, 426 f., VI s. 106.
208. Sst. VI s. 120.

ikke ligger inden for de kronologiske rammer af deres tekstkorpus; de skildrer fornedrelsens tid med dens enkelte lyspunkter, men skuer frem mod en ny herlighed, nemlig deres egen tid, om hvis fortrin de ikke tvivlede.

Det er karakteristisk for den nye litteraturhistorieskrivning efter 1820, at denne v-model overtages, men at den får en ny substans, idet den knyttes til den ovenfor omtalte ontogenetiske forestilling om et 'folk' som en organisme, der udvikler sig gennem stadier fra barndom og ungdom over voksenalder frem til alderdom.

Selv om Ingemanns forelæsninger lider af den mangel, at de ikke når at konkretisere hele denne model, skal de tjene til illustration, fordi de udgør et ret kompromisløst og rigt facetteret, men derfor også stedvis mindre konsistent eksempel på denne model. Det må forudskikkes, at v-modellen ikke slår igennem i hans forelæsningers disposition, men at den må udlæses af talrige spredte bemærkninger og snarest har karakter af en tolknings-nøgle til det samlede forløb;[209] også derved er hans forelæsninger tids-typiske.

I skematisk form ser Ingemanns historiesyn sådan ud:

	Historisk tid	Organisme-metaforik	Åndspræg	Religion
I	(1) Oldtid	Barndom	Fantasi	Hedenskab
	(2) Middelalder	Ungdom	Følelse	Katolicisme
II	(3) Reformatio-nen til ca. 1800	Voksenalder	Forstand	Lutheranisme
III	(4) Romantik	?	Harmoni af 1-2-3 (?)	?

Ingemanns historiesyn hænger nøje sammen med hans æstetik, der jo placerer elementerne fantasi og følelse over forstanden,[210] men ideelt ser dem alle i en harmonisk balance, som må formodes at indtræffe i fase III, hans egen samtid eller nærmeste eftertid. Derved kommer forløbet til at minde om dannelsesromanens ofte påviste 3-fasede forløb fra harmoni gennem krise frem til harmoni af højere orden,[211] også deri, at den af-

209. Ingemanns forelæsninger, fx I, 1v; XVII, 23v.
210. Jf. ovenfor s. 427.
211. Se fx Søren Schou: Phantasterne, *Omkring Phantasterne*, udg. af Hans Hertel. Kbh. 1969 s. 250-278.

sluttende og idealiserede fase oftest afhandles kortfattet og noget spag-
færdigt.

I oldtiden og den første del af middelalderen drejer det sig for Ingemann
om at påvise danskernes oprindeligt nordiske grundpræg: »Fremstillingen
er uden Konstlerie poetisk og kraftfuld, Tonen aander ægte oldnordisk
Begeistring«, hedder det om *Hákonarmál* med en karakteristik, der er typisk
både ved sine negative og positive bestemmelser.[212]

Men kristendommen med dens intellektuelle latinkultur og snart også
den tyske ekspansion medfører en begyndende krisetilstand i denne blom-
strende nordiske kultur. Fra ca. 1300 er nedgangslinjen markant, idet »Re-
flexioner og theologisk-scholastiske Spidsfindigheder« vinder frem på be-
kostning af »lyrisk Begeistring eller naiv og livlig lyrisk-episk Fremstilling« i
den hjemlige litteratur.[213]

I fase II undertrykkes den oprindelige dansk-nordiske dannelse næsten
aldeles af et kompleks af elementer, som delvis betinger hinanden, men
hvis indbyrdes relationer og vægtfordeling Ingemann ikke formulerer klart.
Det drejer sig om den tyske indflydelse, den kristne latin-kultur og for-
standens stadig større dominans.

Det følger af den europæiske kunstdigtnings fremmarch i denne periode,
at Ingemann må søge 'folkeåndens' skønneste udtryk i andre dele af littera-
turen. I 1500-tallet er hans helte modersmåls-dyrkere som Chr. Pedersen og
Anders Sørensen Vedel, i 1600-tallet kommer den nationale filolog Peder
Syv (med en omtale på 12 sider) karakteristisk nok til ganske at overskygge
både Kingo og Bording (med hver 1-2 sider).

I den sidste fase (III), der ikke foreligger udarbejdet, skulle det så demon-
streres, hvordan det i »en ny Æra« efter 1800 omsider var folkepoesien, der
»i Folkets Aand med de gamle National-Minder virkelig gjenfødte Poesien i
Danmark«.[214] Det er Ingemanns fortolkning af det såkaldte romantiske
gennembrud.

Folkepoesiens rolle i den litteraturhistoriske begrebsdannelse i disse år
kan ikke overvurderes; fra nu af er en dansk litteraturhistorie, der negligerer
folkeviserne, utænkelig. Men trods al den kærlighed, hvormed folkedigt-
ningen omgives, bliver den dog bragt i et samspil med kunstdigtningen, der

212. Ingemanns forelæsninger, XII, 6v.
213. Sst. XVII, 4v; »livlig« betyder formentlig »inderlig«.
214. Sst. I, 11v – 12r.

tillægges de vægtige prædikater »nødvendig« og »naturlig« for »Culturens Fremskridt«:

> Idet Poesien vilde blive sig bevidst og blive til Konst, maatte den ligesom lade sig dræbe og begrave i Studerekammere og i konstige Liigkister af videnskabelige Systemer og døde Sprogformer; men hos et Folk som havde et saa dybt poetisk Grundlag som det danske og hos hvem de nationalpoetiske Minder med saamegen Kjærlighed vare bevarede, kunde National-Poesien ikke gaa aldeles tilgrunde og hvor den nye Konstpoesie vilde virke paa Folket, maatte den gjensøge det tabte Liv ved at optage den ringeagtede Folkepoesies Aand i sig: dette var ogsaa øiensynlig Tilfældet ved Poesiens Gjenfødelse i Danmark i det 18de og 19de Aarhundrede.[215]

Det er et slående vidnesbyrd om 'folkepoesi-linjens' gennemslagskraft i disse år, at den findes hos to så indbyrdes divergerende ånder som Ingemann og J.L. Heiberg. Også Heiberg opererer med et 3-faset litteraturhistorisk forløb: »Den islandske Periode«, hvor den olddanske litteratur ses som en del af den fælles-skandinaviske. Dernæst »Den latinske Periode« (ca. 1100-1600), hvor landets litteratur væsentligst består af latinsprogede tekster, idet folkevisen som ikke-individualiseret digtning (herom mere nedenfor) falder uden for Heibergs poesi-begreb i denne sammenhæng.[216] Endelig »Den danske Periode«, der strækker sig fra ca. 1600 til Heibergs samtid og endnu videre.

Denne sprogligt funderede 3-deling suppleres imidlertid af en idé om den litterære kulturs iboende tendens til en udvikling – også i tre trin – fra en tilstand, hvor religion, filosofi, poesi etc. udgør »et uadskilleligt Heelt«;[217] udviklingen består i en differentiering af dette heles bestanddele, således at (i 2. trin) litteraturen og senere (i 3. trin) »den skjønne Litteratur« opstår som selvstændige fænomener.[218] Dette forløb kan imidlertid også ses som en – nu ikke klart faseopdelt – udvikling fra umiddelbarhed i retning af refleksion[219] – eller i retning af stedse højere individualisering af det digteriske

---

215. Sst. XVIII, 8v; sidst i passagen, men nu overstreget: »fornemmelig ved Evald og Øhlenschlæger«.
216. Johan Ludvig Heiberg, anf. skr. [note 47] § 85.
217. Sst. § 5.
218. Sst., jf. § 3-4.
219. Sst. § 5, Anm.

Johan Ludvig Heiberg (1791-1860) var fra midten af 1820'rne den ny tids mand i dansk litteratur og kritik. Også som litteraturhistoriker holdt han sig til den Hegelske filosofi og så sin ansættelse på Den kongelige militaire Høiskole som en kærkommen anledning til yderligere at udbrede denne lære. Litografi 1836 af A. Kaufmann efter maleri af E. Bærentzen. Det kongelige Bibliotek.

udtryk.[220] Oversat til et andet begrebssæt betyder dette overgang fra folke-
poesi til kunstdigtning frembragt af individuelle digtere.[221]

Heiberg, kritikeren par excellence, har også et kritisk blik for litteratur-
historiens forkerte eller, som han siger: »unaturlige« gang,[222] som først og
fremmest viser sig ved en betragtning af folke- og kunstdigningens ind-
byrdes forhold. Det er Heibergs påstand, at »Vor Folke-Poesie nedstammer
fra den skandinaviske Mythologie«,[223] og at »Romancerne fra Middelal-
deren [...] ere [...] for denne Periode det Samme som Mythologien for den
første, nemlig den eneste Skikkelse, hvori Tidsalderens æsthetiske Idee
yttrer sig i sin Totalitet, og udtaler sig fuldstændigen!«[224]

Men denne rolle kan folkedigtningen ikke fastholde i »Den danske Pe-
riode« (ca. 1575 ff.), fordi

> Tiderne, da den poetiske Litteratur begyndte, vare upoetiske;
> Digterne vare *lærde* Mænd, især Geistlige, som meer for at ud-
> danne Sproget, end af poetisk Begeistring gave sig af med at
> digte.[225]

Denne elendighedstilstand forværres kun for at kulminere i årtierne før
1800, hvorefter Oehlenschläger, just i sin egenskab af romancedigter og
altså i kraft af sit genremæssige slægtskab med folkeviserne, knytter den for
Heiberg afgørende tråd mellem kunst- og folkepoesi:

> Hans Poesie besidder alle Folke-Poesiens Mærker, for saa vidt
> som disse kunne finde Sted under den nyere Culturs Indvirk-
> ning. Og disse Yttringer ere forædlede.[226]

V-modellen og tanken om folkedigtningen som det afgørende i det littera-
turhistoriske forløb hører nøje sammen hos disse litteraturhistorikere, idet
v-kurvens udsving markerer folkedigtningens adskillelse fra eller sammen-
fald med finkulturen. Under tysk og latinsk dominans går folkedigtningen
så at sige 'under jorden', men bryder tilsidst som en undergrundsbevægelse
frem og erobrer finkulturen, samtidig med at den påvirkes af denne, så at de
to adskilte størrelser bliver ét. Ud over de allerede nævnte litteraturhistori-
kere styres også Chr. Molbech og – skønt mindre konsekvent i detaljen –

220. Sst. § 85.
221. Sst.
222. Sst. § 210, Anm. 1.
223. Johan Ludvig Heiberg, anf. skr. [note 173] s. 139.
224. Johan Ludvig Heiberg, anf. skr. [note 47] § 84, Anm. 2.
225. Sst. § 154, Anm.
226. Johan Ludvig Heiberg, anf. skr. [note 173] s. 141.

S.C. Müller af denne tankegang, hvorimod den næsten ingen rolle spiller hos C.A. Thortsen og Athalia Schwartz, der begge præsterer påfaldende retnings- eller pointeløse litteraturhistorier.

For så vidt angår N.M. Petersen, er billedet speget. Hvis man nemlig går ud fra Petersens store vue over den danske litteraturhistories perioder fra middelalderen til 1850,[227] aftegner der sig her et forløb, der viser modersmålets, den nordiske bevidstheds og folkelighedens sejr over latinsk og anden fremmedsproglig dominans og over eksklusiv lærdom, samtidig med at der sker en omfattende forsoning af de hidtil ofte ensidigt dyrkede »menneskelige Evner«.[228] Men som værket skrider frem, slår Petersens pessimisme igennem. Han søger godt nok med ildhu og registrerer også omhyggeligt ethvert nok så svagt spor af den »tynde Traad af det ægte danske«, der forbinder den nordiske fortid med nutiden.[229] Og i værkets tidlige dele ser han endnu

> en aabenbar Forbindelse [...] imellem de ældste nordiske Digte
> og Middelalderens Kjæmpevise, der igjen er Moder til den mo-
> derne, ægte danske, Ballade og Romance.[230]

Akkurat som Heiberg. Men det afsluttende billede af Oehlenschläger, om hvis indsats det jo her drejer sig, er overmåde besk. Man må, hævder Petersen, sætte sig helt ind i 1790'ernes åndelige armod og fordærv

> for at fatte den overordenlige Virkning, som Oehlenschläger
> gjorde selv ved sit Ruskomsnusk, og den uforsvarlige Maade,
> hvorpaa Nationen i ham fordærvede den ypperste aandige
> Ejendom, som den nogensinde har besiddet.[231]

Folkets ypperste ejendom er jo ikke dannerskjalden, men den nordiske arv, som han forvaltede så slet.

Petersen følger da den nyere litteraturhistorieskrivnings linje ved at sætte den litterære kulturs lavpunkt til lige før 1800, men det er mere end tvivlsomt, om dansk litteratur faktisk nåede eller nogen sinde har nået frem til »den straalende Top, / Hvorfra vi er siunken og atter skal op«, som netop Oehlenschläger talte om i århundredets begyndelse.[232]

227. N.M. Petersen, anf. skr. II s. 15-20.
228. Jf. ovenfor s. 446.
229. N.M. Petersen, anf. skr. IV s. 488.
230. Sst. I s. 158.
231. Sst. v^2 s. 433.
232. Adam Oehlenschläger: Sanct Hansaften-Spil, *Digte*. Kbh. 1803, sa: *Poetiske Skrifter*, ved H. Topsøe-Jensen, I. Kbh. 1926 s. 274.

Med tilsvarende pessimisme ser Petersen fundamentalt Holbergs – også af ham anerkendte – indsats for at indføre dansk som litteratursprog for bredere kredse som et fatalt brud med det gamle danske sprog:

> Det er da aabenbart, at Holberg brød med det gamle. [...]. Vi, som skjønne derpaa [nemlig på det gamle sprog], som finde Liv deri, som elske det, sige med Ret, at han deri gjorde Uret.[233]

En sådan smertelig erkendelse af den manglende kontinuitet i sprogets og folkets liv går selvfølgelig kun dårligt i spand med den i grunden optimistiske organismetænkning. Denne optræder da også kun spredt og tilfældigt hos Petersen, især i de tidlige bind, overvejende på det retoriske plan og dækker uden for det store periode-vue (i bind II) kun begrænsede sammenhænge.[234]

Slutning: Den forandring i det litteraturhistoriske billede, vi har søgt at tegne op, kan da kort bestemmes som en bevægelse *fra* en forestilling om fremskridt i retning af en bedre smag, der er final-deterministisk, for så vidt som det statiske endemål, den gode smag, er givet på forhånd, *til* en udviklingshistorie, der til syvende og sidst ikke handler snævert om litteraturen, men vedrører det folk, hvis udtryk litteraturen er; denne sidste historie kan ende lykkeligt, som det gennemgående er tilfældet, når folket finder 'hjem' til sig selv (Ingemann, Heiberg, Molbech), eller den kan ende i tristesse (N.M. Petersen). Idet 'smag' udskiftes med 'folkelig selvrealisering', sker der samtidig en omprioritering af genrer og enkelt-tekster, så at det litteraturhistoriske billede, der blev eftertidens, tager form.

6. Det særligt danske

I betragtning af den stærke understregning af det nationale, der trods alle gradsforskelle og nuancer forekommer overalt i litteraturhistorieskrivningen efter 1820, kunne man nok forvente at finde udførlige bestemmelser af danskhedens væsen. Hvordan måle graden af litteraturens national-præg eller fordre nationalt sindelag af sin læser (sit auditorium) uden en klar angivelse af, hvori danskhed består? Bestemmelserne i så henseende er

233. N.M. Petersen, anf. skr. IV s. 486-487.
234. Sst. fx I s. 184, II s. 13, 14.

imidlertid relativt få og spredte og antager ikke form af større samlede udredninger, hvad der ellers ikke ville have været ude af trit med den plads, som betragtninger over grundbegreber som fx litteraturbegrebet får lov at lægge beslag på. 'Det nationale' kommer derved i nogen grad til at optræde som en 'tom ramme', en art pronominal henvisning, og minder i så henseende om den ældre litteraturhistorieskrivnings grundbegreb: 'smagen', hvorom Batteux med rette bemærker, at den »er saa bekiendt, saa afhandled og ingensinde tilstrekkelig forklared!«[235]

Vistnok først i bind II af deres poesihistorie (1801) optræder nogle endnu ret løse bemærkninger om »Nationens Smag«,[236] men i bind III (1805) hævdes Bordings digte at repræsentere

> vor poetiske *Nationalcaracter*, der spøgende Satires, og den bonhommistiske Jovialitets, da det i det mindste vil være vanskeligt at nævne nogen dansk Digter af erkiendt Fortieneste – – den eneste C.A. Lund undtagen – der ikke, saa forskiælligt hans Fag i øvrigt har været, har givet Prøver paa, at han kun har savnet Lyst, og ikke Ævne til dette.[237]

Til denne bestemmelse, der formentlig har en unævnt Holberg-læsning som mellemregning,[238] knytter sig den påstand, at Bording »*har sat den første Skik paa vor Poesie* ɔ: truffet den Tone og Aandsvending der fremfor andre synes os egen, [...].[239]

Rahbek vender oftere tilbage til sansen for det komiske og satiriske, den godmodigt »leende Bonhommie« som noget særligt dansk,[240] men fremhæver også i anden sammenhæng (digteren Jørgen Sorterup) »det Naive der synes vor ægte Nationalpoesies Hovedcaracter«.[241]

Til Rahbeks (og formentlig Nyerups) danskhedsbegreb er for det første at bemærke, at det altid er muligt – og i visse tilfælde er den eneste mulighed – at forstå deres ord som udsagn om den danske poesi uden tanke på en bagved liggende 'folkekarakter'. Derved adskiller de sig fra deres yngre kolleger efter 1820.

For det andet er det tydeligt, at deres opmærksomhed for noget specifikt

---

235. Charles Batteux, anf. skr. [note 160] I s. 124.
236. R. Nyerup og K.L. Rahbek, anf. skr. II s. 41.
237. Sst. III s. 138.
238. Om relationen Holberg-Bording sst. IV s. 291.
239. Sst. III s. 146.
240. Sst. IV s. 236, 261.
241. Sst. IV s. 89.

dansk tager til med årene. Der synes i så henseende at ligge et inspirations-punkt mellem bind II (1801) og bind III (1805), og det forekommer at være et rimeligt gæt at pege på slaget på Københavns red i april 1801 som en tilskyndelse i denne sammenhæng.

Hvis vi til det indholdsmæssige lægger det rent retoriske, er det iøjnefaldende, at fædrelandet spiller en stedse større rolle i dette værk, i særdeleshed i bind V (1819) og VI (1828), hvor ord som »Nation« og sammensætninger med »National-«, »Fædrene-« og Danner-« forekommer hyppigt, stundom tæt:

> den velgiørende Indflydelse, dette sande Dannerkongebud
> [dvs. censurens ophævelse] paa vor poetiske Litteratur har havt,
> ved at opflamme og nære den Danneraand og Dannerild, der fra
> Ewald til Grundtvig er Hæderspræget paa Dannerdigterne fra
> Christian den Syvendes signede Dage.[242]

Men selv en sådan koncentration af national retorik kan ikke måle sig med tilsvarende forekomster i Rahbeks »Beslutning« sidst i folkeviseudgaven fra 1814,[243] hvad enten det skyldes emnet eller den særlige stemning omkring England-krigen 1807-1814.

Aflæst på dette – indrømmet: meget snævre materiale – synes sansen for danskhed og det nationale at vækkes efter 1801, at vokse frem til 1814 og derpå falde, men atter at stige fra o. 1820 og fremefter.[244]

Danskheds-begrebet hos de yngre litteraturhistorikere, som vi allerede har strejfet hist og her i det foregående, viser både en fortsættelse af og en afstandtagen fra Rahbeks billede heraf – og især en ny begyndelse på ændret grundlag.

Hos Ingemann forekommer hyppige bestemmelser af det danske væsen, der defineres ved ord som »Begeistring«, »naiv og livlig«, »kraftfuld« etc.;[245] i sin grundigste diskussion af den danske folkekarakter polemiserer han imod Rahbeks ord om den »spøgende Satire« og »bonhommistisk Jovialitet«, idet han vel ikke benægter disse egenskabers forekomst hos danskerne, men finder dem underordnede og undertiden endog skadelige for den 'sande' folkekarakter:

> Folket har en characteristisk historisk-poetisk Aand – eiendom-

---

242. Sst. VI s. 220; eksempler på national retorik sst. V, s. 176, 203, 207, VI s. 3, 4, 45, 271, 357.
243. *Udvalgte Danske Viser fra Middelalderen* [...], udgivne af Nyerup og Rahbek, V. Kbh. 1814 fx s. 130.
244. Jf. Flemming Conrad, anf. skr. [note 167] s. 241 ff.
245. Ingemanns Forelæsninger XVII, 4v; se note 213.

melig Blanding af dyb Alvor og godmodigt Lune – af inderlig Andagt[246] og dyb Følelse, der ofte[247] er forbundet med en humoristisk Ironie over Livet og Mennesket – dyb Sands saavel for det Tragiske og Store som for det sande Komiske og Latterlige.[248]

Det sidste, mener Ingemann, er i visse perioder gået over gevind, og han fortsætter:

> Sandhed, Inderlighed og Hjertelighed er dog stedse det overveiende Element i de danske nationale Aandsfrembringelser – Kjærlighed til Konge og Fædreland [...] Begeistring for de høieste Ideer for Religion Frihed og Menneskeværd – for Oplysning og Aandsfrihed – for Fædrenes Minder og Daad – for Krigerberømmelse som for Sang Digtning og fredelig Glæde. Hvorledes denne eiendommelige Characteer gaaer gjennem de vigtigste danske Aandsfrembringelser, vil enhver sande som kjender dem.[249]

Med Rahbeks udspil og Ingemanns modspil er de ingredienser, der indgår i de kommende årtiers påstande om danskhedens væsen, stort set fremlagt.

Tydeligere end Ingemann bakker alle således op bag Rahbeks tanke om det godmodigt humoristiske som noget særligt dansk. Molbech taler om »det nationale danske Lune«,[250] Thortsen om »den Munterhed og Lyst til Skjemt, som man holder for en væsentlig Bestanddeel af den danske Nationalcharacteer«,[251] Athalia Schwarts om »skjemtefulde Ord og djærv Munterhed«[252] og endelig Heiberg – som led i *sin* litteraturpolitiske kamp – om »den af Holberg saa kraftigen og til saa stor national Betydning vakte Sands for det Lystige, Vittige og Skjemtefulde«.[253]

Den danske sans for humor er så tydeligt fri for enhver tendens til excesser, fremgår det, og det gælder også folkesindets mere alvorlige komponenter. Molbech fremhæver således

> en vis naturlig Alvor, trosindig Ærlighed, Jævnhed og Oprigtighed, som vi kunne kalde den ene – den *alvorlige* Side af den

---

246. Senere rettet til: Religiøsitet.
247. Overstreget: hos det samme Individ.
248. Sst. I, 8v.
249. Sst.
250. Chr. Molbech, anf. skr. [note 179] s. 25.
251. C.A. Thortsen, anf. skr. s. 17.
252. Athalia Schwartz, anf. skr. s. 10.
253. Johan Ludvig Heiberg, anf. skr. [note 47] § 215.

ældre danske Sprogcharakteer, saaledes som den upaatvivleli-
gen i sin Tid afprægede Nationen.[254]

Dette afdæmpede billede af dansk trosindighed ledsages af en energisk
afvisning af »det Pathetiske og Høittonende«[255] eller, med Thortsens ord: »al
Sentimentalitet og Enthusiasme, som de Danske ere tilbøielige til at ansee
for Affectation«.[256]

Det er karakteristisk, at den evne til »Begeistring«, der måtte findes blandt
danskerne (jf. Ingemann-citatet), forrinsvis drejer sig om noget fortidigt
eller uhåndgribeligt og abstrakt. Den gennemgående tendens til beher-
skelse eller beroligelse af enhver hang til yderligheder og den tilsvarende
satsen på det overskuelige, fortrolige, i sidste ende de anerkendte dele af det
menneskelige væsen ligger egentlig også bag ved Heibergs tidligere omtalte
fremhævelse af »Simpelhed, Klarhed, Correcthed og Elegance« som noget
karakteristisk for den danske udtryksform.[257] Det er et tidstypisk Bieder-
meier-ideal, der her opstilles,[258] og som på et andet niveau også styrer
Athalia Schwartz' ord om, at »det danske Folk elsker saa dybt alt det
Hjemlige og Tilvante«.[259]

Da det danske landskab blev inddraget i den danske identitetsdannelse,
er det afdæmpede og mildt kultiverede (»duftende Enge«[260]) også her af-
gørende:

> vi Danske [have] en levende Fornemmelse af vor fædrelandske
> Natur, af Havet, Bøgeskoven og de duftende Enge; i dem gjen-
> kjende vi danske Følelser og dansk Tænkemaade.[261]

N.M. Petersen, som vi i dette kapitel har ladet ligge, fordi han i den her
diskuterede sammenhæng er mere nuanceret end sine fagfæller, tilslutter
sig det ovenfor skitserede billede; også han finder hos det danske folk »naiv

254. Chr. Molbech, anf. skr. [note 179] s. 46.
255. Johan Ludvig Heiberg, anf. skr. [note 47] § 215.
256. C.A. Thortsen, anf. skr. s. 47; jf. Poul Martin Møllers 1837 påbegyndte afhandling, trykt
     som Forberedelser til en Afhandling om Affectation i hans *Efterladte Skrifter* III. Kbh. 1843,
     3. udg. Kbh. 1856 s. 163-188.
257. Johan Ludvig Heiberg, anf. skr. [note 47] § 215.
258. Jf. Erik Lunding: Biedermeier og romantismen, *Kritik. Tidsskrift for Litteratur, Forskning,
     Undervisning*, red. af Aage Henriksen og Johan Fjord Jensen, nr. 7. Kbh. 1968 s. 32-67.
259. Athalia Schwartz, anf. skr. [note 87] s. 1.
260. Jf. J. Jetsmarks yndede sang *Duftende Enge og kornrige Vange*, skrevet til nationalsangskon-
     kurrencen 1818; se Flemming Conrad, anf. skr. [note 167] s. 227 f.
261. S.C. Müller, anf. skr. [note 88] s. 5; passagen er citat fra J.L. Heiberg: Om den romantiske
     Tragedie Svend Dyrings Huus (1837), optrykt i hans *Prosaiske Skrifter* IV. Kbh. 1861 s. 173;
     udsagnet gælder »vore danske Kæmpeviser«.

B.S. Ingemann (1789-1862) udgav 1824-1836 en serie af nationalt og kristeligt opbyggelige historiske romaner og fortællende digte med emner fra Danmarks middelalder. Hans indsats som lektor i dansk sprog og litteratur ved Sorø Akademi er inden for sit snævrere virkefelt en parallel til dette snart meget populære forfatterskab. Litografi i »Portefeuillen« 1840. Det kongelige Bibliotek.

Godmodighed«, »hjertelig Følelse«, »usigelig gribende Inderlighed«, »Maadehold (Mediocritet)« og – med Rahbek – »bonhommie«, endelig fraværet af enhver »Tilbøjelighed til Spekulation«.[262] Petersens tone er ofte varm; han er en elsker af det danske folk.

Men også dets revser. De positive momenter ses nemlig især som en rest fra de gode, gamle dage, mens folkekarakteren her og nu præges af

dens Blødhed, dens Eftergivenhed, dens Mangel paa Selvstændighed, ja dens Higen efter det fremmede, dens Ligegyldighed imod egne Frembringelser.[263]

I sit mørkeste lune viger han ikke tilbage for – med M.C. Bruun (1775-1826) – at konstatere, at »Maven! Det er det store Foreningspunkt for National-Interesse og vor *public spirit*.«[264]

Slutning: Fra Rahbek til N.M. Petersen ændrer litteraturhistoriernes udsagn om det nationale og særligt danske sig fra at være sjældent forekommende og dreje sig om det litterære udtryk til at være et afgørende islæt i teksttypen og tage sigte på folkets generelle karakter og kun derigennem på det litterære præg.

Der udvikler sig efter 1820 et billede af folket, som er fri for alle ekstremer, men også for nogen påfaldende intellektuel udrustning. Hellere godhed og gemytlighed end høj begavelse, lyder parolen, der vistnok har haft lange eftervirkninger i dansk selvforståelse.[265]

Dette afdæmpede billede af danskeren i hans evigt sommerlige ø-Danmark er en side af periodens såkaldte Biedermeier-kultur og en pendant til det billede af et »lille Danmark«, som kan ses i dansk digtning fra omkring 1820. Derimod afviger det markant fra det noget krigeriske billede, der kendes i de fædrelandske sange ca. 1800-1820.[266]

De excesser, som danskerne ifølge dette billede er så velsignet fri for, kan projiceres ud i to hver for sig historisk håndterlige fjendebilleder:

Det unaturligt patetiske og højtravende samt det overdrevent fantasifulde eller spidsfindige placeres i henholdsvis tysk senbarok og tysk roman-

---

262. N.M. Petersen, anf. skr. IV, s. 489, 80, 119-120; V¹ s. 211; Petersen bygger på Ludvig Holbergs Dannemarks og Norges Beskrivelse (1729), *Samlede Skrifter*, udg. af Carl S. Petersen, V. Kbh. 1920 s. 175; jf. N.M. Petersen, anf. skr. IV s. 119-121.
263. Sst. V¹ s. 6.
264. Sst. s. 7.
265. Jf. fx den gængse positive vurdering af Oehlenschläger versus Baggesen og J.L. Heiberg.
266. Jf. Flemming Conrad, anf. skr. [note 167] s. 199 ff., 213 f., 229.

tik, mens gold intellektualisme er latinkulturens arvegods. Den gyldne middelvej forbliver da så inderligt dansk.

At virkeligheden også rummede skumlere elementer, er især N.M. Petersens dobbelte attitude et talende vidnesbyrd om. Men også Rahbek havde haft sine bekymringer over danskernes manglende interesse for den hjemlige kultur,[267] ligesom også Chr. Molbech i sine forelæsninger over »den danske Poesies Historie« (1846) vender tilbage til

> den Uvidenhed Ringeagt og Forsømmelse, hvormed vi overhovedet betragte vor egen Literatur i dens historiske Dannelse under forskiellige Stadier.[268]

Den folkelige dannelsesproces, som litteraturhistorien er en enkelt brik i, og som man nu og da kunne tro lykkeligt tilendebragt, tegner sig i sådanne sammenhænge som knap nok påbegyndt.

7. En politisk genre?

Der kan drages mange paralleller mellem modersmålsfagets stilling i Tyskland og Danmark og mellem litteraturhistorieskrivningens idégrundlag i de to lande. At gøre litteraturhistorieskrivningen til et middel i den nationale identitetsdannelse er således en tysk opfindelse, der importeres i Danmark; men den væsentlige politiske forskel mellem Tyskland og Danmark, nemlig at førstnævnte kunne karakteriseres som én nation splittet op i flere stater, mens sidstnævnte kunne karakteriseres som flere nationer samlet i én (hel-)stat, bevirker meget forskellige vilkår for germanister, herunder litteraturhistorikere, i Tyskland og dyrkere af modersmålet og dets litteratur i Danmark. Ved at plædere for national enhed bragte de tyske lærde sig i opposition til de politiske magthavere i de enkelte tyske stater med den konsekvens, at ca. en fjerdedel af samtlige germanister i Tyskland i perioden 1806-1848 var genstand for politisk forfølgelse i form af fængsling,

267. Jf. ovenfor s. 420.
268. Chr. Molbech, anf. skr. [note 179] s. 106.

Berufsverbot eller andre repressalier.[269] I Danmark var det derimod ufarligt at dyrke nationalfaget, men den langvarige tøven på Københavns Universitet over for indførelsen af modersmålsstudier kan muligvis skyldes et ønske hos statsmagten om ikke at bidrage til at opløse helstaten i dens enkelte nationale dele. Dette foreligger ikke oplyst; derimod er det sikkert, at de danske litteraturhistorikere ikke var udsat for direkte politisk forfølgelse – nogle ville måske mene: tværtimod.

Dette er ikke ensbetydende med, at periodens litteraturhistorieskrivning er upolitisk. Tværtimod bliver denne teksttype udtryk for én bestemt samfundsklasses synspunkter, nemlig det siden 1700-tallet hastigt fremmarcherende borgerskabs. Det sker dels, som vi har set, derved, at litteraturhistorien får sin institutionelle basis i borgerskabets undervisningsanstalter og derfra breder sig til visse andre områder som fx folkehøjskolen. Dels sker det ved, at borgerskabet – tydeligt fra o. 1820 – i selve den litteraturhistoriske tekst fremstilles som litteraturens ophav og sociale forudsætning. Borgerskabet annekterer litteraturen.

Chr. Molbech frakender rigtignok ikke adel og gejstlighed deres betydning for litteraturens liv, men folkets opnåelse af kulturel selvstændighed – og det er jo kampens mål! – fremstilles som borgerskabets indsats.[270] På tilsvarende måde karakteriseres Holberg af J.L. Heiberg som »en Yttring af vor Borgerstands Emancipation«.[271]

Den pro-borgerlige holdning viser sig især som en uvilje mod stænderprivilegier og retter sig derfor specielt mod adelen. I Molbechs forelæsninger støder man således gentagne gange på udsagn om adelens voksende magt i senmiddelalderen og »Folkefrihedens heraf fremkaldte Undergang«,[272] og tilsvarende noterer Ingemann om 1500-tallet, at

> den uduelige Adel- og Ridderstand higede efter Enevælden [dvs. adelens eneherredømme], og den undertrykte Almue rasede som et vildt Dyr, der bryder sit Fængsel, til det bliver overvældet og tvunget til at bøie sig under Aaget.[273]

---

269. Jf. Jörg Jochen Müller: Germanistik – eine Form bürgerlicher Opposition, *Germanistik und deutsche Nation 1806-1848. Zur Konstitution bürgerlichen Bewusstseins*, hg. von Jörg Jochen Müller. Stuttgart 1974. (Literaturwissenschaft und Sozialwissenschaften 2) s. 39-45.

270. Chr. Molbech, anf. skr. [note 179] s. 32, 37, 40-42.

271. Johan Ludvig Heiberg, anf. skr. [note 47] § 203, Anm.

272. Chr. Molbech, anf. skr. [note 145] hft. XVII s. 1, jf. Molbechs utrykte forelæsninger 1822 [note 155] hft. II, 9r.

273. Ingemanns forelæsninger XVII, 14r.

Uviljen mod adelsvældet synes hos Ingemann parret med nogen utryghed ved den rasende almue. Men uviljen mod adelen vejer tungest og leder ham til urimelige domme; trods Holger Rosenkrantz (1574-1642), Arild Huitfeldt (1546-1609) og flere skildres videnskabens vækst under Christian IV nærmest som en proces på trods af adelens indsats.[274]

Enevældens indførelse i 1660 betragtes i dette perspektiv ikke primært som kongens magtovertagelse, men som en milepæl på borgerstandens vej opad

> til en Frihed og Dygtighed, der ogsaa i videnskabelig Henseende havde de gavnligste Følger. Selv for den udartede danske Adel var den[n]e Modvægt af kraftig Borgeraand et gavnligt Opvækkelsesmiddel; [...].[275]

Der er i det hele taget en tendens til at se begivenhederne o. 1660 som et fortilfælde til begivenhederne o. 1814: Ikke blot borgerskabets voksende betydning i begge tidsrum, men også de truende militære begivenheder med tabet af landområder til følge, ledsaget af en voksende interesse for danske oldtidsminder og i det hele taget en besindelse på indre værdier, gør det muligt for Ingemann at lade de to perioder spejle hinanden.[276]

Fremhævelsen af begivenhederne i 1660 er også et vidnesbyrd om, at de danske litteraturhistorikere altid betoner alliancen mellem kongemagt og borgerskab og bestandig fremhæver den side af enevoldsmagtens handlinger, der fremstår som positive, men kun indirekte berører de følgelig negativt vurderede tilstande, som derved bringes til ophør.

Det gælder især holdningen til trykkefriheden, hvis udvidelse alle disse litteraturhistorikere ser som en stor velsignelse for litteratur og åndsliv og et vidnesbyrd om kongens visdom, uden at den lejlighedsvise skærpelse af censurlovgivningen fører til kritik af monarkens dispositioner – knap nok til direkte omtale.[277]

Jo nærmere vi kommer grundloven 1849, jo mere uforbeholdent fremhæves censurens skadevirkninger,[278] og i S.C. Müllers lille lærebog for borgerskolen fra 1853 indgår censur-temaet i et omfattende kompleks, der kombinerer modersmålets »Ret« med »Frihed«, »Folkenes Bevidsthed« og

274. Sst. XVIII, 1v.
275. Sst. 8v – 9r.
276. Sst. 9v.
277. Se fx R. Nyerup og K.L. Rahbek, anf. skr. VI s. 224 ff. og R. Nyerup, anf. skr. [note 110] s. 804-806.
278. Se fx C.A. Thortsen, anf. skr. s. 32, 37, 57, 70-76, 129.

lutheranisme, mens den negative modpol hertil udgøres af latinen og lærdomsvæsenet, der kobles med begreberne »Censurtvang« og »Orthodoxie«.[279]

Denne borgerlige liberalisme viser sig også som en udbredt sympati for 1700-tallets lovgivning til fremme af bøndernes frihed, der »*bidrog meget til at vække Nationalaanden*«;[280] men igen er det Müllers bog for borgerskolen, der tydeligst toner flag til fordel for den borgerlige liberalisme ved at lade portrættet af den i hans bog sidst omtalte digter, den nationalliberale fører Carl Ploug (1813-1894), munde ud i en hyldest til »Frihed og Fædreland, skandinavisk Eenhed og Studenteraand«,[281] mens portrættet af bogens sidste faglitterære forfatter og dermed bogens sidste præsentation overhovedet munder ud i en minderune over den nationalliberale politiker, botanikeren J.F. Schouws (1789-1852) indsats for at »klare Folkets politiske Begreber.«[282]

Også det nordiske tema, der jo i litteraturhistorierne efter 1820 er den tyske trussels permanente positive modpol som led i den danske identitetsdannelse, fremstår i Müller-citatet ovenfor i en aktuel politisk terminologi (»skandinavisk Eenhed«), der viser hans nære forbindelse til de nye borgerlige magthaveres herskende tankegang. Et ejendommeligt tilløb til noget lignende finder man hos J.L. Heiberg, der lader sine utrykte forelæsninger fra 1830'erne munde ud i en skandinavisk løsning på Danmarks litterære problemer. Hvordan gøre den danske litteratur mere betydningsfuld? spørger han og peger på

> en Uddannelse af det Nationale ved forenede Kræfter. Men dette forudsætter en Nation; vor er for liden. En scandinavisk Litteratur vilde faa Betydenhed. Dette venter paa en ny Valdemar Atterdag. Indtil videre kunde det skee ved en Tilnærmelse (gjensidig) af dansk og svensk Litteratur. Allerede herved vilde den danske Lit. staa mindre Fare for at [spatium = ca. ét ord] paa tydske og franske Afveie. Men først naar begge Sprog blive eet, er Foreningen fuldkommen.[283]

Her er de politiske implikationer endnu vage, hvad alene den totale negligering af Norge viser. Derimod er den position, N.M. Petersen efterhånden

---

279. S.C. Müller, anf. skr. s. 6, 15.
280. Ingemanns forelæsninger XVIII, 22r – 22v.
281. S.C. Müller, anf. skr. s. 52.
282. Sst. s. 58.
283. Johan Ludvig Heiberg, anf. skr. [note 173] s. 191.

skriver sig frem til ca. 25 år senere, hævet over enhver tvivl: Hans nationale engagement kommer nu, i 1861, til udtryk i en politisk terminologi, idet hans dansk-nordiske kompleks benævnes »»Skandinavisme« og den tyske modpol »Holstenisme« med klar front mod helstatspolitikken. Petersen er kompromisløs: »Forenes kunne de ikke, Skandinavisme og Holstenisme.«[284] Den forståelse for de politiske manifestationer af det nationale engagement, som man kan spore hos N.M. Petersen fra midten af 1850'erne,[285] er til sidst også umiskendelig i hans litteraturhistorie.

I virkeligheden var N.M. Petersen den eneste af de her omtalte litteraturhistorikere, der gav anledning til politiske reaktioner. Hans efterhånden skærpede tone over for det tyske fik modtagelseskritikken til at tale om ensidighed og umådehold, ligesom den videre forplantning af hans synspunkter kunne fremkalde kommentarer om det politisk ukloge heri. Da således Haderslev-avisen *Dannevirke* under overskriften »Tyskheden i Danmark i Slutningen af forrige Aarhundrede« bragte et referat af Petersens fremstilling af 1700-tallet, fremkom en bekymret politisk kommentar om hans ensidige anti-tyskhed i den helstatsorienterede *Flyve Posten*.[286]

Men først og sidst bliver litteraturhistorieskrivningen en politisk tilkendegivelse ved fra kort efter 1820 at gøre det nationale begreb til sit idégrundlag. Det sker ofte i form af direkte hensigtserklæringer som fx Ingemanns ord om med sine forelæsninger at ville

> styrke Deres [dvs. auditoriets] Kjærlighed til Modersproget og dets Litteratur og til de Fædre og den Nation hvorfra vi ere udrundne, og i hvis aandelige Liv vi maa søge Spirerne til vort eget.[287]

Det er karakteristisk for Ingemann at nævne »Kjærlighed« og ikke fx 'kundskaber'. Chr. Molbech er i sine universitetsforelæsninger mindre direkte nationalt appellerende, men benytter dog i 1846 anledningen til at foreslå oprettelse af »et *dansk Selskab* for vor egen Nationalitet, og dens Pleie og Opdyrkelse.«[288]

Gløden i den nationale appel er selvfølgelig betinget af individualpsykologiske forskelle såvel som af traditioner på forskellige lærdomsanstalter:

---

284. N.M. Petersen, anf. skr. v² s. 578.
285. Jf. *Brevvexling mellem N.M. Petersen og Carl Säve*, udg. af Carl S. Petersen. Kbh. 1908 s. 98.
286. *Dannevirke* 5.-7. samt 10.7. 1860; *Flyve Posten* 11.7. 1860. Jf. A.G. Rudelbachs anmeldelse i *Evangelisk Ugeskrift* 30.11. 1860 og N.M. Petersens reaktion i hans anf. skr. v² s. 3 ff.
287. Ingemanns forelæsninger I, 12r – 12v.
288. Chr. Molbech, anf. skr. [note 179] s. 2-3, jf. P.G. Thorsens ansøgning 1845, ovenfor s. 408 f.

tonen i den højakademiske ende af undervisningsvæsenet er gennem-gående mere tempereret end på dettes lavere etager. Selv med Ingemann som en lidt forstyrrende brik i denne generalisering om miljø-præg kan man under ét betragtet fornemme en stedse mere selvfølgelig – sejrsbevidst – formulering af det nationale program i årene fra 1820 til 1850. Det program-matiske afløses i nogen grad af det konstaterende.[289]

En sammenligning af Ingemanns og Athalia Schwartz' fremstillinger bestyrker denne fornemmelse: Hvor Ingeman *ønsker* at styrke fædrelands-kærligheden ved at søge tilbage til fortiden, befinder Athalia Schwartz sig – så vidt genren nu engang tillader det – i et nutidigt rum, hvor Ingemanns mål synes realiseret. Det beror på, at store dele af den litteratur, hun forholder sig til, ikke forelå, da Ingemann lagde ud 25 år tidligere; men det beror også på det postulat hos Athalia Schwartz, at den foreliggende digteri-ske rigdom ikke tilhører sine ophavsmænd, men det »elskede Fædreland«, som er »vort«. Digteren har med andre ord skabt en rigdom, som vi uden videre er fælles om qua danskere, sådan at vores beskæftigelse med den er en national handling. Det gælder selvfølgelig også frk. Schwartz' elever.[290] En betydelig del af bogens retorik udspringer af denne trekantkonstruktion af digter, læser og fædreland: Oehlenschlägers digtning »lever paa de danske Læber« etc.[291]

Det retoriske er et uomgængeligt moment ved vurderingen af litteratur-historiske tekster som national påvirkningslitteratur. I tilfældet J.L. Heiberg er det muligt at konstatere den stigende national-retoriske temperatur fra 1831 til 1835, fordi han som nævnt skrev sin bog hen over et par år, sådan at de enkelte dele kan tidsfæstes ganske nøje. I de partier, der stammer fra 1830'ernes midte, er den nationale glød betydeligt stærkere end i de tidligste dele; det er således symptomatisk, at betegnelsen »National-Romancer« om folkeviserne ikke forekommer i det tidligt skrevne folkevise-afsnit, men først langt senere.[292] I de utrykte dele af forelæsningerne, der må antages at stamme fra en sen fase af dette forløb, er frekvensen af »Nation« med tilhørende sammensætninger og afledninger høj og stigende for at kulmi-nere på de sidste sider.[293] –

289. N.M. Petersens pessimisme omfattes ikke af denne påstand.
290. Athalia Schwartz, anf. skr. s. 1.
291. Sst. s. 123, jf. s. 14.
292. Johan Ludvig Heiberg, anf. skr. [note 47] § 210, Anm.; se også §§ 153, 175, 205.
293. Johan Ludvig Heiberg, anf. skr. [note 173] s. 2 ff., 58 ff., 101 f., 135 ff., 186 ff.; se også citatet ovenfor s. 462.

Vi kan opsummere, at litteraturhistorieskrivningen indgår en alliance med det fremvoksende borgerskab. Interessefællesskabet er til stede fra begyndelsen, dvs. fra 1800, hvor det viser sig derved, at litteraturhistorien som fag hører til i borgerskabets uddannelsesvæsen, hvorfra især fremtidige embedsmænd rekrutteredes.

Men fra ca. 1820 forstærkes billedet af denne alliance, idet litteraturhistorien i stigende grad udtrykker denne klasses liberale og efterhånden også nationale ideer.

Især befordrer litteraturhistorieskrivningen borgerskabets stilling som den litterære kulturs ophav og sociale basis og i videre forstand borgerskabets annektering af 'det nationale' og af litteraturen som 'det nationales' udtryk.

Borgerskabet og dets kultur fremstår følgelig som mere national end andre samfundsklassers, til hvem borgerskabet da i muligt (ønskeligt) omfang må søge at videregive sine indsigter. Borgerskabet bliver selve 'nationen' – eller i hvert fald dens 'hoved' – med deraf følgende rettigheder (pligter).

Vi har anvendt ordet 'nation' i denne opsummering, men kunne have skrevet 'folk' og i den forbindelse mindet om, at i den her omhandlede periode får de gamle kæmpeviser deres nye betegnelse 'folkeviser'[294] – og kan med denne ændrede betegnelse spille deres centrale rolle i det her skitserede univers.

8. 'Vor' litteratur

Den etablering af et nationalt og historisk litteraturfag og en dertil svarende teksttype, som er skildret i det foregående, skal ikke dokumenteres yderligere. Ej heller disse fænomeners relation til det borgerskab, der samtidig var på vej til at overtage den politiske magt.

Processen bliver tydelig efter 1820 og accellererer for alvor fra ca. 1830. Vidnesbyrdene om den tiltagende interesse for den danske litteraturhistorie på dette tidspunkt er flere. Nævnt er allerede fagets udbredelse til flere undervisningsanstalter; dertil kan føjes, at dele af Nyerup og Rahbeks

294. Fx i Chr. Molbech: *Bemærkninger over vore danske Folkeviser fra Middelalderen.* Kbh. 1823.

poesihistorie genudgives i 1828,[295] og samtidig sætter flere lærde selskaber en helt ny litteraturhistorie på programmet.[296] Uden nogen påviselig sammenhæng med disse planer udkommer C.A. Thortsens skolelitteraturhistorie som den første af slagsen i 1839, og i samme periode bliver den historiske beskæftigelse med dansk litteratur styrket ved udgivelsen af den første kronologisk disponerede antologi over nationallitteraturen for den lærde skole, Chr. Flors fra 1831.[297] Der var således skabt forudsætninger for, at disciplene kunne følge 'udviklingen' i den litterære kultur og dermed i det åndelige liv hos det folk, de selv tilhørte.

Fremhævelsen af årene efter 1830 bekræftes også af den intensivering af den nationale retorik, som den gradvise tilblivelse af J.L. Heibergs litteraturhistorie giver mulighed for at registrere. Men overhovedet er 1830'erne, også uden for litteraturhistorieskrivningen, en tid, der ivrigt bestræber sig på at formulere det særligt danske væsen,[298] hvad der utvivlsomt hænger sammen med den almindelige opstemthed i forbindelse med beslutningen om oprettelsen af stænderforsamlingerne 1831 og de første valg dertil i 1834.[299]

Med det nationale litteraturfag i dets historiske anretning skabes et bestemt tekstkorpus, en forestilling om, hvad der udgør den nationale litteratur eller 'vor' litteratur. Antologier og litteraturhistorier til skolebrug fra ca. 1830 og frem til (næsten?) vore dage har været meget enige om dennes hovedtræk, store navne etc.

Udtryk som 'vor litteratur', 'vore bedste digtere' og lignende, som efterhånden også trænger ind i den officielle sprogbrug,[300] implicerer et 'vi', der kun kan vise hen til 'folket' eller 'nationen'; derved opfører ord som 'litteratur' og 'fodboldlandshold' sig ens, mens fx udtrykket 'vore damer' implicerer et helt andet 'vi'.

---

295. Idet kun titelbladene er trykt på ny, genudgives de oprindelige bind I-II [jf. note 27] som R. Nyerup og K.L. Rahbek: *Den danske Digtekunsts Historie, uddragne af Forelæsninger holdne over dette Æmne* I-II. Kbh. 1828.

296. Samfundet til den danske Literaturs Fremme, jf. Chr. Bruun: *Samfundet til den danske Literaturs Fremme i Tidsrummet 1827-1877*. Kbh. 1877 s. 16, 18; Den danske historiske Forening, jf. Ellen Jørgensen: Chr. Molbech, den danske historiske Forenings Stifter, *Historisk Tidsskrift* 10.rk.5. Kbh. 1939-1941 s. 39.

297. Chr. Flor, anf. skr. [note 86].

298. Fx H.C. Ørsted: Danskhed. Tale holdt i Selskabet for den danske Literaturs Fremme 4.2. 1836, *Dansk Folkeblad* 1836 nr. 43-54.

299. Jf. B.S. Ingemann: Tale, holden paa Sorøe Academie d. 28. Jan. 1837, trykt i Kjeld Galster: *Fra Ahasverus til Landsbybørnene*. Kolding 1927 s. 49-57.

300. Se ovenfor s. 412 og 414.

Universitetet på Frue Plads i København udviklede sig i løbet af 17- og 1800-tallet fra den traditionelle rolle som først og fremmest præsteskole til at være en vigtig faktor i kulturlivet. Den danske litteraturhistories indpas på universitetet er et vidnesbyrd herom, og samtidig vandt faget autoritet ved denne alliance. Tegning af H.G.F. Holm mellem 1830 og 1860. Det kongelige Bibliotek.

Litteraturen bidrager således til forestillingen om et kollektiv, som har det tilfælles, at det 'har' denne litteratur; danskerne fx 'har' Kierkegaard på en anden måde end japanerne, uanset hvor hans forfatterskab læses mest, mens nordmænd og danskere har kunnet strides om, hvem af dem der 'har' Holberg. Det er karakteristisk for litteraturens rolle som identitetsskabende faktor, at vi overhovedet opererer med begreber som 'folk' og 'nation' i sådanne sammenhænge.

Det forhold, der i kraft af pronominet 'vor' etableres mellem 'folket' og litteraturen, implicerer imidlertid kun i kraft af et postulat hele befolkningen; en nøgtern betragtning tilsiger, at det fornuftigvis kun kan omfatte den del af befolkningen, der har et forhold til denne litteratur, læser eller kender den, og derved indskrænkes 'folket' de facto til at omfatte en snævrere gruppe, i 1800-tallet især det borgerskab, i hvis skolepensum og dannelsesprogram 'vore bedste digtere' blev et vigtigt element.

Denne rolle kunne litteraturen og litteraturhistorien fastholde i ca. hundrede år. De nationale forestillingers ringere anseelse efter Anden Verdenskrig, formentlig også den bredere rekruttering til de gymnasiale og videregående uddannelser og måske endnu flere forhold har bidraget til at problematisere beskæftigelsen med 'vor litteraturs' traditionelle tekstkorpus. I hvert fald for en tid. Om den danske litteraturhistories stilling efter år 2000 skal der ikke spås her.